[宋]朱熹 撰
朱傑人 嚴佐之 劉永翔 主編

新訂朱子全書

附外編

19

上海古籍出版社

本册書目

朱子語類（五）

鄭明等校點　莊輝明審讀
胡秀娟修訂

朱子語類卷第一百一十

朱子七

論兵

「今州郡無兵無權。先王之制：内有六鄉、六遂、都鄙之兵，外有方伯、連帥之兵，内外相維，緩急相制。」賀孫。

「本强則精神折衝，不强則招殃致凶。」僩。

或言：「古人之兵當如子弟之衛父兄，而孫、吳之徒必曰與士卒同甘苦而後可，是子弟必待父兄施恩而後報〔一〕也。」先生曰：「『巡而拊之，『三軍之士皆如挾纊』，此意也少不得。」賀孫。木之同。

「凡爲守帥者，止教閲將兵足矣。程其年力，汰斥癃老衰弱，招補壯健，足可爲用，何必更添寨置軍？其間衣糧或厚或薄，遂致偏廢。如此間將兵，則皆差出接送矣。」方子〔二〕。

「辛棄疾頗諳曉兵事，云：『兵老弱，不汰可慮。向在湖南收茶寇，令統領揀人，要一可當十者，押得來便看不得，盡是老弱。問何故如此，云〔三〕：只揀得如此，間有稍壯者，諸處借事去。州郡兵既弱，皆以大軍可恃，又如此。爲今之計，大段着揀汰，但所汰者又未有安頓處〔四〕。』某向見張魏公，説以分兵殺虜之勢。只緣虜人調發極難，元顔要犯江南，整整兩〔五〕年，方調發得聚。彼中雖是號令簡，無此間許多周遮，但彼中人纔逼迫得太急，亦易變，所以要調發甚難。只有沿淮有許多捍禦之兵。爲吾之計，莫若分幾軍趨關、陝，他必擁兵於關、陝；又分幾軍向西京，他必擁兵於西京；又分幾軍望淮北，他必擁兵於淮北，其他去處必空弱。又使海道兵擣海上，他又着擁兵捍海上。吾密揀精鋭幾萬在此，度其勢力既分，於是乘其稍弱處一直收山東。虜人首尾相應不及，再調發來添助，又卒未聚，而吾已據山東。纔據山東，中原及燕京自不消得大段用力，蓋精鋭萃於山東而虜勢已截成兩段去。又先下明詔，使中原豪傑自爲響應。是時魏公答以『某只受一方之命，此事恐不能主之』。」蔡云：「今兵政如此，終當如何？」曰：「須有道理。」蔡曰：

「莫著改更法制?」曰:「這如何得? 如同父云『將今法制重新洗換一番方好』。某看來,若便使改換得井牧其田、民皆爲兵,若無人統率之,其爲亂道一也。」「然則如之何?」曰:「只就這腔裏自有道理,這極易。只呼吸之間,便可以弱爲强,變怯爲勇,振柔爲剛,易敗爲勝,直如反掌耳。」賀孫。

先生云:「當今要復太祖兵法,方可復中原。」又云:「諸州禁軍皆不可用。幾年説要揀冗兵,但只説得,各圖苟且安便,無有爲者。故新者來,舊者又不去,來而又來,相將積得,皆不可用。如澄冗官,見這人不可用,便除一人。而今不可用者又復留而不去,故軍冗不練,官冗不澄。」壽昌。

問:「今日之軍政,只有君相上下一心,揀之又揀,如太祖時方好。」曰:「只有揀練便用,太祖時即用。如揀而養十數年,又老了,依舊無用。」揚。

「今〔六〕兵官愈多,兵愈不精。」道夫。

「今日兵不濟事。兵官不得人,專務刻削兵,且驕弱安養,不知勞苦,一旦如何用? 某嘗言宜散京師之兵,却練諸郡之兵,依太祖法,每年更戍趲去淮上衛邊。謂如福建之兵趲去饒州,饒州之兵趲去衢、信,衢、信趲去行在,迤邐趲去淮上。今年如此,明年又趲去,則京師全無養兵之費,豈不大好!」僩。

言今兵政之弊，曰：「唐制節度、兵。觀察、財。處置等使，即節鎮也；使持節某州諸軍事、兵。某州刺史，民〔七〕。即支郡也。支郡隸於節鎮，而節鎮、支郡各有衙前左右押衙，管軍都頭，並掌兵事，又皆是士人爲之。其久則根勢深固，反視節度有客主之勢。至有誅逐其上，而更代爲之。凡陸梁跋扈之事，因兹而有。惟是節度得人〔八〕，方能率服人心，歸命朝廷。若論唐初兵力最盛，斥地最廣，乃在於統兵者簡約而無牽制之患。然自唐末，大抵節鎮之患深，如人之病，外强中乾，其勢必有以通其變而後可。故太祖皇帝知其病而疏理之，於是削其支郡，以斷其臂指之勢；當時至有某州某縣直隸京師，而不屬節度者。置通判，以奪其政；命都監監押，以奪其兵；立倉場庫務之官，以奪其財；向之所患，今皆無憂矣。其後又有路分、鈐轄、總管等員，神宗時又增置三十七將，亂離之後，又有都統、統領、統制之名。大抵今日之患，又却在於主兵之員多。朝廷雖知其無用，姑存其名。日費國家之財，不可勝計，又刻剥士卒，使士卒困怨於下。若更不變而通之，則其害未艾也。要之，此事但可責之郡守。他分明謂之郡將，若使之練習士卒，修治器甲，築固城壘，以爲一方之守，豈不隱然有備而可畏！古人謂：『生之者衆，食之者寡，爲之者疾，用之者舒。』今一切反之。」道夫。

問：「後世雖養長征兵，然有緩急，依舊徵發於民，終是離民兵不得。兼長征兵終不足靠，如杜子美石壕吏詩可見。」曰：「自秦漢以下至六國，皆未有長征兵，都是徵發於民。及唐府衛法壞，然後方有長征兵。」因論荆襄義勇〔九〕，州縣官吏反擾之。當時朝廷免徵科，官吏不得役使〔一〇〕。今徵科既不得免，民反倍有所費，又官吏役使如故〔一一〕。曰：「某當初見劉共父説，他制得義勇極好，且是不屬官吏，官不得擾之。某應之曰：『無緣有不屬州縣之理。』固疑其末流如此。」僩。

「兵甲詭名不可免，善兵者亦不於此理會。纔有一人可用，便令其兼數人之料。軍中若無此，便不足以使人。故朝廷只是擇將，以其全數錢米與之，只責其成功，不來此屑屑計較。近來刮刷得都盡，朝廷方以爲覈實得好。」先生云「聞前輩云云」。揚。

「兵法以能分合爲變，不獨一陣之間有分合，天下之兵皆然。今日之兵，分者便不可合，合者便不可分。本朝舊來只郡國禁兵而已，但在西北者差精鋭耳。渡江後又添上御前軍，却是張、韓輩自起此項兵。後來既不可得而去，只得如此聚屯。今以不如祖宗時財賦，養祖宗時所無之兵，安得不窮也。」嵤。

「唐時州縣上供少，故州縣富。兵在藩鎮，朝廷無甚養兵之費。自本朝罷了藩鎮，州郡之財已多歸於上。熙、豐間，又令州郡見看軍額幾人，折了者不得補，却以其費樁管上供，而朝廷得錢物甚多。今天下兵約四五十萬，又皆羸弱無用之人，所費不可計。今若要理會，須從此起。」揚。

論財賦曰：「財用不足，皆起於養兵。十分，八分是養兵，其他用度止在二分之中。古者刻剥之法本朝皆備，所以有靖康之亂。已前未有池、揚、江、鄂之兵，止謂張宣撫兵、某人兵。今增添許多兵，合當精練禁兵，汰其老弱，以爲廂兵。」節。

「今朝廷盡力養兵，而兵常有不足之患。自兵農既分之後，計其所費，却是無日不用兵也。」時舉。

「今天下財用費於養兵者十之八九，一百萬貫養一萬人。」此以一歲計。僩。

「今日民困，正緣沿江屯兵費重。只有屯田可減民力，見説襄漢間儘有荒地。」某云：「當用甚人耕墾？」曰：「兵民兼用，各自爲屯。彼地沃衍，收穀必多。若做得成，敵人亦不敢窺伺。兵民得利既多，且耕且戰，便是金城湯池。兵食既足，可省漕運，民力自蘇。然後盡驅州郡所養歸明北軍，往彼就食，則州郡自寬。遲之十年，其效必著。須是擇帥。既得其人，專一委任，許令辟召寮屬，同心措置，勿數更易，庶幾有濟。」浩。屯田。

「范伯達有文字，説淮上屯田須與畫成一井，中爲公田以給軍。令軍中子弟分耕，取公田所入以給軍。」德明。

因言：「淮上屯田，前此朝廷嘗差官理會。其人到彼，都不曾敢起人所與者。却只令人築起沿江閑地以爲屯，此亦太不立。大抵世事須是出來擔當，不可如此放倒。人是天地中最靈之物，天能覆而不能載，地能載而不能覆，恁地大事，聖人猶能裁成輔相之，況於其他。」因舉齊景公荅夫子「君臣君臣」之語，又與晏子言「美哉室」之語，皆放倒説話。「且如五代時，兵驕甚矣。周世宗高平一戰既敗，却忽然誅戮不用命者七十餘人〔一二〕，三軍大振，遂復合戰而克之。凡事都要人有志。」壯祖〔一三〕。

「屯田，須是分而屯之，統帥屯甚州，總司屯甚州，漕司屯甚州，以户部尚書爲屯田使〔一四〕，使各考其所屯之多少，以爲殿最，則無不可行者。今則不然，每欲行一文字，則經由數司僉押相牽制，事何由成！」道夫。

趙昌父相見，因論兵事。先生曰：「兵以用而見其强弱，將以用而見其能否。且如本朝諸公游陝西者，多知邊事，此亦是用兵之故。今日諸將坐於屋下，何以知其能？縱有韓、白復生，亦何由辨之？」可學。擇將帥。

問選擇將帥之術。曰：「當無事之時，欲識得將，須是具大眼力，如蕭何識韓信方得。不然，邊警之時，兩兵相抗，恁時人才自急。且如國家中興，張、韓、劉、岳突然而出，豈平時諸公所嘗識者？不過事期到此，厮拶出來耳。」道夫。

「不令宦官賣統軍官職，是今日軍政第一義。」方。

「今日將官全無意思，只似人家驕子弟了。褒衣博帶，談道理，説詩書，寫好字，事發遺。如此，何益於事！」謙。

「今諸道帥臣，只曾作一二任監司即以除之；有警，則又欲其親督戰士。此最不便，萬一爲賊所虜，爲之奈何？彼固不足卹，然失一帥，其勢豈不張大？前輩謂祖宗用帥取以二路：一是曾歷邊郡，一是帥臣子弟曾諳兵事者。此最有理。或謂戎幕宜用文臣三四員，此意亦好。蓋經歷知得此等利害，向後皆可爲帥。然必須精選而任，不可泛濫也。」道夫〔一五〕。

或問：「諸公論置二大帥以統諸路之帥，如何？」曰：「不消如此。只是擇得一個人了，君相便專意委任他，却使之自擇參佐，事便歸一。今若更置大帥以監臨之，少間必有不相下之意，徒然紛擾。須是得一個人委任他，聽他自漸漸理會許多軍政，將來自有條理。」㝢。

「蜀遠朝廷萬有餘里。擇帥須用嚴毅、素有威名、足以畏壓人心，則喜亂之徒不敢作矣。」道夫。

或問古今治亂者，先生言：「古今禍亂必有病根，漢宦官后戚、唐藩鎮，皆病根也。今之病根，在歸正人忽然放教他來，州縣如何奈得他何？所幸老者已死，少者無彼中人氣象，似此間人一般，無能爲矣。」謙。

「邊防馬政甚弊。廬州舊夾肥水而城，今只築就一邊。」揚。

論刑

「天下事最大而不可輕者，無過於兵刑。臨陳時，是胡亂錯殺了幾人，所以老子云『夫佳兵者不祥之器，聖人不得已而用之』。獄訟，面前分曉事易看，其情僞難通。或旁無佐證，各執兩説，繫人性命處須喫緊思量，猶恐有誤也。」僩。

論刑云：「今人説輕刑者，只見所犯之人爲可憫，而不知被傷之人尤可念也。如劫盜殺人者，人多爲之求生，殊不念死者之爲無辜，是〔一六〕知爲盜賊計而不爲良民地也〔一七〕。若如酒税僞會子，及飢荒竊盜之類，猶可以情原其輕重大小而處之。」時舉。

「今之法家，惑於罪福報應之説，多喜出人罪以求福報。夫使無罪者不得直，而有罪者得倖免，是乃所以爲惡爾，何福報之有？書曰：『欽哉，欽哉，惟刑之恤哉！』所謂欽恤者，欲其詳審曲直，令有罪者不得免，而無罪者不得濫刑也。今之法官惑於欽恤之説，以爲當寬人之罪而出其死，故凡罪之當殺者必多爲可出之塗，以俟奏裁，則率多減等：當斬者配，當配者徒，當徒者杖，當杖者笞。是乃賣弄條貫，舞法而受賕者耳，何欽恤之有？罪之疑者從輕，功之疑者從重，所謂疑者，非法令之所能決，則罪從輕而功從重，惟此一條爲然耳。

非謂凡罪皆可以從輕，而凡功皆可以從重也。今之律令亦有此條，謂法所不能決者，則俟奏裁。今乃明知其罪之當死，亦莫不爲可生之塗以上之。惟壽皇不然，其情理重者皆殺之。」僩。

李公晦問：「『恕』字，前輩多作愛人意思説，如何？」曰：「畢意愛人意思多。」因云：「人命至重，官司何故斬之於市？蓋爲此人曾殺那人，不斬他，則那人之冤無以伸，這愛心便歸在被殺者一邊了。然古人『罪疑惟輕』，『與其殺不辜，寧失不經』，雖愛心只在被殺者一邊，却又溢出這一邊些子。」佐。

校勘記

〔一〕報 朝鮮本此下增：稱。

〔二〕方子 朝鮮本「子」下另有五十字，云：「按竇從周録略同，附於下。云：『近世守帥不於見有軍兵，程其年力，汰斥衰弱，招補壯健，乃添寒創額。其間衣糧或厚或薄，遂至偏廢。』」

〔三〕云 朝鮮本作：對云。

〔四〕但所汰者又未有安頓處 「安」字原脱，據朝鮮本補。

〔五〕兩　朝鮮本此下增：三。

〔六〕今　朝鮮本此則段首增一節文字，作：經總製錢，因一時軍與權宜所立，後遂不罷。要之。

〔七〕民　原作「氏」，據朝鮮本、萬曆本改。

〔八〕惟是節度得人　朝鮮本「惟」上有「其間」二字。

〔九〕因論荆襄義勇　「因論」，朝鮮本作「良久因又論」五字。

〔一〇〕官吏不得役使　朝鮮本「使」下有「指揮」二字。

〔一一〕如故　朝鮮本作：指揮。

〔一二〕却忽然誅戮不用命者七十餘人　「戮」字原脱，據朝鮮本補。

〔一三〕壯祖　朝鮮本作：處謙。

〔一四〕以户部尚書爲屯田使　朝鮮本「以」上有「上面即」三字。

〔一五〕道夫　朝鮮本此下增一節小字：按童伯羽録同而略，今附云：皆不擇帥才，只曾作一二任監司者，即爲之，甚不便，且又有警，即今親戰，尤不便，方一被賊捉了，固不足恤，然失了帥目之體，豈不益張賊勢乎？前輩論帥，謂只有二路取之，一曾歷邊郡，一是帥目子弟，曾諳習帥事者，外此皆不可。此言最有理。

〔一六〕是　朝鮮本「是」前增「如此則」三字。

〔一七〕是知爲盗賊計而不爲良民地也　朝鮮本「是」上有「如此則」三字。

朱子語類卷第一百一十一

朱子八

論民

建寧迎神，先生曰：「孟子言『我亦欲正人心，息邪説，詎詖行，放淫辭』，今人心都喝邪了，所以如此。泉州一富室，捨財造廟，舉室乘舟往廟所，致祭落成，中流舟溺，無一人免者。民心不得其正，眼前利害猶曉不得，況欲曉之以義理哉？」必大。人傑録略〔一〕。教民。

「今欲行古制，欲法三代，煞隔霄壤。今説爲民減放，幾時放得到他元肌膚處〔二〕？且如〔三〕轉運使每年發十萬貫，若大段輕減，減至五萬貫可謂大恩。然未減放那五萬貫，尚是〔四〕無名額外錢。須一切從民正賦〔五〕，凡所增名色，一齊除盡，民方始得脱净，這裏方可以議行古制。如今民生日困，頭只管重，更起不得。爲人君，爲人臣，又不以爲急，又不相知，如何得好！這須是上之人一切掃除妄費，卧薪嘗膽，合天下之智力，日夜圖求，一起而更新之，方始得。某在行在不久，若在彼稍久，須更見得事體可畏處。不知名園麗圃其費幾何？日費幾何？下面頭會箕斂以供上之求，又有上不至天子，下不在民，只在中間，白乾消没者何限。」因言賦重民困，曰：「此去更須重在。」賀孫。取民。

程正思言，當今守令取民之弊，渠能言其弊，畢竟無策。就使臺官果用其言而陳於上前，雖戒敕州縣，不過虛文而已。先生云：「今天下事只礙個失人情，便都做不得。蓋事理只有一個是非，今朝廷之上，不敢辨别是非。如宰相固不欲逆上意，上亦不欲忤宰相意。今聚天下之不敢言是非者在朝廷，又擇其不敢言之甚者爲臺諫，習以成風，如何做得事！」人傑。

「今上下匱乏，勢須先正經界。賦入既正，總見數目，量入爲出，罷去冗費，而悉除無名之賦，方能救百姓於湯火中。若不認百姓是自家百姓，便不恤。」必大。

「荀悦云：田制須是大亂之後方可定。」揚。

「今之賦，輕處更不可重，只重處減似那輕處可矣。」淳。

「今世産賦百弊極甚〔六〕。砧基簿，只是人户私本。在官中本，天下更無一處有。税賦本末，更無可稽尋處。」義剛〔七〕。

朋友言某官失了税簿，先生曰：「此豈可失了！此是根本。無這個後如何稽考？所以周官建官便皆要那史。所謂史，便是掌管那簿底。」義剛。

「福建賦税猶易辦，浙中全是白撰，横斂無數，民甚不聊生，丁錢至有三千五百者〔八〕。人便由此多去計會中使作宫中名字以免税。向見辛幼安説糞船亦插德壽宫旗子，某初不信，後提舉浙東，親見如此〔九〕。嘗有人充保正，來論某人當催秋税〔一〇〕，某人當催夏税。某初以爲催税只一般，何爭秋夏。問之，乃知秋税苗産有定色，易催，夏税是和買絹，最爲重苦。蓋始者一疋，官先支得六百錢，後來變得令人先納絹，後請錢，已自費力了；後又無錢可請，只得白納絹；今又不納絹，只令納價錢，錢數又重。催不到者，保正出之，一番當役，則爲之困矣。故浙中不如福建，浙西又不如浙東，江東又不如江西〔一一〕，越近都處越不好。」淳。義剛同。

浩曰：「江浙税重，昨日來，路問村人，見得此間只成十一之税。」曰：「嘗見前輩説閩中真是樂國，某初只在山間，不知外處事，及到浙東，然後知吾鄉果是樂地。今只汀州全做不得，彼處屢經寇竊，逃亡者多。遺下産業，好者上户占去，不好者勒隣至耕佃。隣至無力，又逃亡。所有田業或抛荒，或隱没，都無歸著。又官科鹽於民，歲歲增添。此外有名目科斂不一，官艱於催科，民苦於重斂，更無措手足處。守倅只利俸厚，得俸便了，更不恤大體，須是得監司與理會。亦近説與應倉了，不知如何。」浩云：「要好，得監司去地頭置局，與理會一番，直是見底方可住。」先生擊節曰：「此是至切之論，某之見正是如此。」浩。

黄仁卿將宰樂安，論及均税錢，曰：「今説道『税不出鄉』，要之，税有輕重，如何不出鄉得？若教税不出州時，庶稍均得。」先生曰：「『税不出鄉』，只是古人一時間尋得這説，去防那一時之弊。而今耳裏聞得，却把做個大説話。但只均税錢，也未盡，須是更均税物方得。且如福州納税，一錢可以當這裏十錢，而今便須是更均那税物。」又曰：「往在漳州，見有退税者，不是一發退了。謂如春退了税後，秋又要退苗，却不知别郡如何？然畢竟是名目多，後恁地。據某説時，只教有田底便納米，有地底便納絹，只作兩鈔，官司亦只作一倉一場。如此，百姓與官司皆無許多勞攘。」又曰：「三十年一番經界方好。」又曰：「元稹均田圖惜乎不見，今將他傳來考，只有兩疏，却無那圖。然周世宗一見而喜之，便欲行，想見那圖大段好。嘗見陸宣公奏議後面説那口分世業，其纖悉畢盡，古人直是恁地用心。今人若見均田圖時，他只把作鄉司職事看了，定是不把作書讀。今如何得有陸宣公樣秀才！」又曰：「林勳本政書每鄉開具若干字號田，田下注人姓名，是以田爲母，人爲子，説得甚好。」義剛。

楊通老相見，論納米事，先生曰：「今日有一件事最不好，州縣多取於民，監司知之當禁止，却要分一分，此是何義理！」又論廣西鹽曰：「其法亦不密。如立定格，六斤不得過百錢，不知去海遠處，搬擔所費重。此乃許子之道。但當任其所之，隨其所嚮，則其價自平。天下之事所以可權衡者，正謂輕重不同。乃今一定其價，安得不弊！」又論汀寇止四十人，至調泉、建、福三州兵，臨境無寇，須令汀守分析。先生曰：「纔做從官不帶職出，便把這事做欠闕。見風吹草動，便喜做事，不顧義理，只是簡利多害少者爲之，今士大夫皆有此病。」可學。

「嘗謂爲政者當順五行，修五事，以安百姓。若曰賑濟於凶荒之餘，縱饒措置得善，所惠者淺，終不濟事。」道夫。賑民。

「今賑濟之事，利七而害三，則當冒三分之害而全七分之利。不然，必欲求全，恐併與所謂利者失之矣。」人傑。

「余正甫說時煞說得好，雖有智者爲之計，亦不出於此。然所說救荒賑濟之意固善，而上面取出之數不節不可。」直卿云：「制度雖只是這個制度，用之亦在其人。如糴米賑饑此固是，但非其人，則做這事亦將有不及事之患。」曰：「然。」賀孫。

「賑濟之策，初且大綱，如抄人口之類，亦且待其抄來如何。如不實，有人訟，然後或添或去，却罪官吏。一細碎，便生病。屯田亦然，且理會大處。如薛士龍輩皆有一定格子，細細碎碎，皆在我手，尚得。只一出使委人，如何了得？又此等事須是上下一心方行得。」揚。

直卿言：「辛幼安帥湖南，賑濟榜文祇用八字，曰『劫禾者斬！閉糴者配！』」先生曰：「這便見得他有才。此八字若做兩榜，便亂道。」又曰：「要之，只是粗法。」道夫。

李壽翁啓請要移義倉放鄉下，令簿尉月巡之，丞三月一巡之。先生曰：「如此，則丞、簿、尉只幹辦此事也不給，都無力及其他事矣。又月月官出擾鄉人一番，也是行不得。」後被朝廷寫下常平法一卷下來，也不道是行得行不得，只休了。又有一官人，要令逐縣試過了方得來就試，先生云：「且如福州十二縣，今只一處弊；逐處試過，却有十二處弊。」揚。

「今日莫備於役法，亦莫弊於役法。」振。役民。

問：「差役、雇役孰便？」曰：「互有得失。而今所謂雇役便者，即謂不擾稅人。然聚浮浪無根着之人在那裏，又多害事。所謂差役便者，即謂稅人自顧籍愛惜。然其爲之者，多有破家蕩産之患。蓋緣既教他作衙前，少間庫厨都教他管，便自備這物事以供應官員，大有不便。祖宗時却有坊場、河渡以補之，謂之『優重』也。」夔孫。

因論役法，曰：「差役法善，鼂以道嘗有劄子論差役有十利。」僩。

「彭仲剛子復作台州臨海縣，理會役法甚善。朝廷措置役法，看如何措置，終是不公。

且如鄉有寬狹，寬鄉富家多，狹鄉富家少，狹鄉富家靳靳自足，一被應役，無不破家蕩產，極可憐憫。彭計一縣有幾鄉，鄉有闊狹，某鄉多富家，某鄉少富家，却中分富家，以畀兩鄉，令其均平。其有不均處，則隨其道里遠近分割裨補，令其恰好，人甚便之。」或曰：「恐致人怨。」曰：「不怨。蓋其公心素有以信於民，民自樂之。雖非法令之所得爲，然使民宜之，亦終不得而變也。又有所在利於爲保正，而不利於爲保長者。蓋保長催稅，其擾極多。某在紹興，有人訴不肯爲保長，少間却計會情願做保正，某甚嘉之，以爲捨易而就難。及詢之士人，乃云保長難於保正。又有計會欲爲保正保長者〔一二〕，蓋有所獲於其中。所在風俗不同，看來只用倍法：若產錢滿若干，當爲保正；外又計其餘產若干，當爲保長；若產錢倍多，則須兩番爲保正。如此，則無爭。又催稅之法，頃見崇安趙宰使人俵由子，分爲幾限，令百姓依限當廳來納，甚無擾。及過隆興，見帥司令諸邑俵由子催稅，而責以十限。縣但委之吏手，是時饑餓，民甚苦之，恣爲吏人乞覓。或所少止七百，而限以十限，每限自用百錢與吏。或欲作一項輸納，吏又以違限拒之；或所少不滿千錢，而趁限之錢則已踰千矣。其擾不可言。所以做官難，非通四方之風俗情僞，如何了得。」僩。

李丈問：「保正可罷否？」曰：「這個如何罷得，但處之無擾可矣。」曰：「此自王荆公始否？」曰：「保正自古有，但所管人户數有限。今只論都，則人數不等，然亦不干人數多寡。若無擾，雖所管千百家亦不爲勞苦；若重困之，雖二十家亦不勝矣。」淳。

因論保伍法，或曰：「此誠急務。」曰：「固是。先王比閭保伍之法，便是此法，都是從這裏做起，所謂『分數』是也。兵書云『御衆有多寡，分數是也』，看是統馭幾人，只是分數明，所以不亂。王介甫銳意欲行保伍法，以去天下坐食之兵，不曾做得成。范仲達名如璋，太史之弟。爲袁州萬載令，行得保伍極好，自來言保伍法無及之者。此人有心力，行得極整肅，雖有姦細，更無所容。每有疑似無行止人，保伍不敢著，互相傳送至縣，縣驗其無他，方令傳送出境。訖任滿，無一寇盜。頃張定叟知袁州，託其詢問，則其法已亡，偶有一縣吏略記大概。」僩。

「某保甲草中所說縣郭四門外置隅官四人，此最緊要，蓋所以防衛縣郭以制變。縣有官府、獄訟、倉庫之屬，須是四面有個防衛始得。一個隅官，須各管得十來里方可。諸鄉則只置彈壓之類，而不復置隅官，默寓個大小相維之意於其間。又後面『子弟』一段須是着意理會。這個子弟，真個要他用，非其他泛泛之比，須是別有個拔擢旌賞以激勸之乃可。此等事難處，須是理會教他整密無些罅縫方可。」僩。

「『歸正人』元是中原人，後陷於蕃而復歸中原，蓋自邪而歸於正也〔一三〕。『歸明人』元不是中原人，是猺洞之人來歸中原，蓋自暗而歸於明也。」如西夏人歸中國，亦謂之「歸明」。燾。

論財

「今朝廷之財賦不歸一〔一四〕，分成兩三項，所以財匱。且如諸路總領贍軍錢，凡諸路財賦之入總領者，户部不得而預也。其他則歸户部，户部又未盡得。凡天下之好名色錢容易取者多者，皆歸于内藏庫、封樁庫，惟留得名色極不好、極難取者，乃歸户部。故户部所得者皆是枷棒拷箠得來〔一五〕，所以户部愈見匱乏。封樁内藏，孝宗時鋭意恢復，故愛惜此錢，不肯妄用。問欲支，則有司執奏，旋悟而止。及至今日，則供浮費不復有矣。今之户部、内藏，正如漢之大農、少府錢。大農，則國家經常之費；少府，則人主之私錢。」

「今之户部，但逐時了得些以支撥都下軍馬之類。如無，又借出内藏錢以充之。凡天下財賦到，即分幾多入内庫，幾多入何處，幾多入户部。王宣子爲户部時，曾去理會，虞并甫不樂，罷黜之。」揚。

因致道説國家財用耗屈，某人曾記得在朝文臣每月共支幾萬貫，武臣及内侍等五六十萬貫。曰：「唐初節度使皆是臨陳對敵，平定禍亂，故得此官。今因唐舊，而節度使之名不罷，皆安居暇食，安然受節度使之重禄，豈不是無謂？似聞蔡京當國，曾欲罷之。」賀孫。

「宗室俸給一年多一年，駸駸四五十年後，何以當之？事極必有變。如宗室生下便有孤遺請給，初立此條止爲貧窮全無生活計者，那曾要得恁地泛及。」賀孫。

因言宗室之盛，曰：「頃在漳州，因壽康登極恩，宗室量試出官〔一六〕，一日之間，出官者凡六十餘人。州郡頓添許多俸給，幾無以支吾。朝廷不慮久遠，宗室日盛，爲州郡之患。今所以已有一二州郡倒了，緣宗室請受浩瀚，直是孤遺多。且如一人有十子，便用十分孤遺請受。有子孫多則寧不肯出官者〔一七〕。蓋出官則其子孫孤遺之俸皆止，而一官之俸反不如孤遺衆分之多也。在法，宗室無依倚者方得請孤遺俸，有依倚者不得請。有依倚，謂其伯叔兄弟有官可以相依倚而不至於困乏。今則有伯叔兄弟爲官者反得憑勢以請孤遺之俸，而真孤遺無依倚者反艱於請，以其無援而州郡沮抑之也。不知當初立法如何煞有不公處！如宗室丁憂，依舊請俸；宗室選人待闕，亦有俸給，恩亦太重矣。朝廷更不思久遠，他日爲州郡之害未涯也。如漢法：宗室惟天子之子則裂土地而王之；其王之子則嫡者一人繼王，庶子則皆封侯；侯惟嫡子繼侯，而其諸子則皆無封。故數世之後，皆與庶人無異，其勢無以自給，則不免躬農畝之事，如光武少年自販米是也。漳、泉宗室最多。南外、西外，在彼宮中不能容，則皆出居於外。」因問西外、南外。曰：「徽宗以宗室衆多〔一八〕，京師不能容，故令秦王位下子孫出居西京，謂之『西外』；太祖位下子孫出居南京，謂之『南外』。及靖康之亂，遭虜人殺戮虜掠之餘，能渡江自全者，高宗亦遣州郡收拾。於是皆分置福、泉二州〔一九〕，依舊分太祖、秦王位下而居之也。居于京師者，皆太宗以下子孫。太宗子孫是時世次未遠，皆有緦麻服，故皆處於京師。而太宗以下，又自分兩等，濮園者尤親，蓋濮邸比那又爭兩從也。濮園之親，所謂『南班宗室』是也。近年如趙不流之屬皆是南班，其恩禮又優。故濮園位下女事人者〔二〇〕，其夫皆有官。」因言：「京師破時，黃唐傳爲宗正官，以宗室簿籍獻于虜，虜依簿搜索〔二一〕，無一人能逃匿者。又徽宗淵聖諸子，皆是官者指名取索〔二二〕，亦無一人能免者，言之痛傷。虜人初破京城時，只見來索近上寵倖用事底官者數人，人莫測之，但疑其欲效此間置官，依倣宮闈間事耳。乃是呼去問諸王諸公主所在，宮人有幾位，諸王有幾位，兩宮各有多少，並宮中寶玉之藏各有幾所。官者一一聲說，略不敢隱。其有宮中秘藏寶玉之物，外人不得知者，虜人皆來索取，皆是官者教之也〔二三〕。方搜捕諸王宗室時，吳革獻議於孫傅，欲藏匿淵聖之子〔二四〕，年十許歲，以續趙祀，而取外人一子狀貌年數相似者殺之以獻虜，云皇子出閤爲衆人爭奪蹂踐而死。孫傅不敢擔當，竟不敢爲，只得兩手付之，無一個骨肉能免者，可痛〔二五〕！」問：「吳革是時結連義兵，欲奪二聖，爲范瓊誘殺之。不知當時若從中起，能有濟否？」曰：「也做不得，大勢去矣！古人云『懍乎若朽索之馭六馬』，豈不是如此？只這裏才操縱少緩，其終便有此禍，可不慄慄危懼。從古以來如此。如唐高祖、太宗之子孫被武后殺盡，其間不絕如綫。唐明皇奔迸流離，其子孫皆餓死，中更幾番禍亂，殺戮無遺，哀哉！」卓。

或論會子之弊。曰：「這物事輕了，是誘人入於死地。若是一片白紙，也直一錢在。而今要革其弊，須是從原頭理會方得。」燾。

或欲通銅錢出淮，先生深以爲不然，云：「東南銅錢已是甚少，其壞之又多端。私鑄銅器者，動整四五緡壞了。只某鄉間舊有此，想見別處更多〔二六〕。又有海船之泄，海船高大，多以貨物覆其上，其内盡載銅錢，轉之外國。朝廷雖設官禁，那曾檢點得出，其不廉官吏反以此爲利。又其一，則淮上透漏，監官點閱税物，但得多納幾錢，他不復問。銅錢過彼極有利，六七百文可得好絹一匹。若更不禁，那個不要帶去？又聞入川中用，若放入川蜀，其透漏之路更多。」賀孫。

論淮西鐵錢交子曰：「交子本是代錢，今朝廷只以紙視之。今須是銅錢交子不得用於淮，鐵錢交子不得用於江南。又須江南官司置場，兑換銅錢交子，乃可行耳。」人傑。

「兩淮鐵錢交子，試就今不行處作個措置，不若禁行在會子不許過江，只專令用交子。如淮人要過江買賣，江南須自有人停榻，交子便能换錢。又不若朝廷捐數萬貫錢在江南收買交子，却發過淮南，自可流通。」必大曰：「不許行在會子過淮，此恐難禁。」先生以爲然。必大因言：「鐵錢之輕，亦緣積年鑄得多了，又只用之淮上十餘郡，所以至此益賤。」先生遂言：「古者只是荒歲方鑄錢。周禮所謂『國凶荒扎喪，則市無征而作布』，既可因此以養饑民，又可以權物之重輕。蓋古人錢闕，方鑄將來添。今淮上亦可且住鑄數歲，候少時却鑄。」次年臣僚請罷舒、蘄鼓鑄。必大。

「閩下四州鹽法分稅，上四州官賣。浙東紹興四州邊海亦合如閩下四州法，而官賣之，故其法甚弊。」揚。

校勘記

〔一〕人傑録略　朝鮮本有完整「人傑」所記語録，作：因説建寧府四月八日社火之盛，云：「民有舉債入社終歲不能償者，有自遠處來燒香而溺死者。孟子言：『我亦欲正人心』，民間眼前利害猶曉不得，況責其曉禮義乎！」人傑。

〔二〕幾時放得到他元肌膚處　「肌膚」，朝鮮本作「脱净」。

〔三〕且如　朝鮮本此下增：今。

〔四〕尚是　朝鮮本作：内只是。

〔五〕須一切從民正賦　「一」字原爲空格，據朝鮮本、萬曆本補填。

〔六〕今世産賦百弊極甚　原無「極甚」二字，據朝鮮本補。
〔七〕義剛　朝鮮本此下增小字：淳録同。
〔八〕丁錢至有三千五百者　「三」，朝鮮本作「人」。
〔九〕親見如此　朝鮮本「見」下有「果是」二字。
〔一〇〕來論某人當催秋税　「人」字原脱，據朝鮮本補。
〔一一〕故浙中不如福建浙西又不如浙東江東又不如江西　此句朝鮮本作：「故福建不如江西，江西不如江東，江東不如浙東，浙東不如浙西。」
〔一二〕又有計會欲爲保正保長者　原脱「保正」二字，據朝鮮本補。
〔一三〕蓋自邪而歸於正也　「也」字原爲空格，據萬曆本補。
〔一四〕今朝廷之財賦不歸一　「今朝」二字原爲空格，「廷」原爲「處」，據朝鮮本、萬曆本改。
〔一五〕故户部所得者皆是枷棒拷箠得來　「户」原作「只」，據朝鮮本、萬曆本改。
〔一六〕宗室量試出官　「量」，朝鮮本不異，萬曆本作「重」。
〔一七〕有子孫多則寧不肯出官者　「者」字原脱，據朝鮮本補。
〔一八〕徽宗以宗室衆多　朝鮮本「徽」上有「創於徽宗朝」五字。
〔一九〕於是皆分置福泉二州　朝鮮本「州」下有小注云：「西外在福州，南外在泉州。」凡十字。
〔二〇〕故濮園位下女事人者　朝鮮本「女」下有「子」字。

〔二一〕以宗室簿籍獻于虜虜依簿搜索　朝鮮本二「虜」字下均有「人」字。

〔二二〕皆是官者指名取索　「官者」，朝鮮本同原刊，萬曆本作「宦者」，下文同。

〔二三〕皆是官者教之也　朝鮮本「者」下有「指名」二字。

〔二四〕欲藏匿淵聖之子　朝鮮本「之子」作「太子」，下又有「淵聖是時一子」六字。

〔二五〕可痛　朝鮮本「可痛」二字重。

〔二六〕想見別處更多　朝鮮本「多」下有「此壞錢之端」五字。

朱子語類卷第一百一十二

朱子九

論官

「周不置三公之官，只是冢宰以下六卿爲之。周公嘗以冢宰爲太師，顧命乃同召太保奭、芮伯、彤伯、畢公、衛侯、毛公，注謂此六卿也，稱公則三公矣。」揚。

或問：「漢三公之官與周制不同，何耶？」曰：「漢初未見孔壁古文尚書中周官一篇說太師、太傅、太保爲三公，或録云「自古文尚書出，方有周官篇。伏生口授二十五篇，無周官，故漢只置太尉、司徒、司空爲三公，而無周三公三少，蓋未見古文尚書。」但見伏生口授牧誓、立政篇中所説司徒、司馬、司空，遂誤以是爲三公而置之。愚按：漢高后元年初置少傅，平帝元始元年又置太保、太師。

然當時所建三公，實司徒、司馬、司空，非此之謂。但因其字義，以爲師、保之職，故亦甚尊崇之，位在三公上。東漢稱爲上公，後世易爲三師，皆是意也。使西漢明見周官，有所據依，必不若是舛矣。又按：漢書百官表中却曰「太師、太傅、太保是爲三公」，又曰「或説司馬主天，司徒主人，司空主土，是爲三公」，其説與周官合者，豈孔氏書所謂「傳之子孫以貽後代」者，至是私有所傳授，故班固得以述之歟？抑但習聞其説無所折衷，故兩存之而不廢耶？ 古文尚書至東晉時因内史梅頤始行于世，東晉之前如揚雄以酒誥爲虚談，趙岐、杜預以説命、皋陶謨等篇爲逸書，則其證也。 古者，諸侯之國只得置司徒、司馬、司空三卿，爲天子方得置三公三孤六卿。牧誓、立政所紀，周是時方爲諸侯，乃侯國制度。周官所紀則在成王時，所以不同。三公三孤以師道輔佐天子，本是加官。周公以太師兼冢宰，召公以太保兼宗伯，是以加官而兼宰相之職也。 上數語疑有未圓處〔一〕。 後世官職益紊，今遂以三公、三孤之官爲階官貼職之類，不復有師保之任、論道經邦之責矣。舊來猶是文臣之有勳德重望者方除〔二〕，以其有輔教天子之名故也。後世或以諸王、或以武臣爲之，既是天子之子與武臣，豈可任師保之責耶？訛謬承襲，不復釐正。祖宗之法，除三孤三公者必須建節，或録云「今加三公者，又須加節度使。朝廷又極惜節度使，蓋節度使每月請俸千餘緡，所以不輕授人。本朝如韓、富、文、杜諸公欲加三公少，須建節，不知是甚意」。 加檢校太子少保少師之類，然後除開府儀同三司。既除開府，然後除三孤三公。南渡以來，如張、韓、劉、岳諸武臣猶是如此。今則不然，既建節後，便抹過檢校，徑除開府，至三孤三公矣。或録云「『或和開府抹過，加三公三少者有之』。又曰：『檢校開府以上，蔭子便得文官。文臣爲樞密直學士者，蔭子反得武官，如富鄭公家子弟有爲武官者是也。五代以武臣爲樞密使，武臣或不識字，故置樞密直學士，令文臣輔之，故奏子皆得武官，本朝因而不廢。文臣自金紫轉特進開府，然後加三公三少，加富、韓諸公是如此。本朝置三太三少，而無司徒、司馬、司空之三公。然韓、杜諸公有兼司徒、司空，又有守司空者，皆不可曉。』」神宗贈韓魏公尚書令，令後世不得更加侍中中書令，著爲定制，其禮極隆。本朝惟韓公爲然。饒録云：「蓋已前贈者皆是以中書令兼尚書令，神宗特贈尚書令者，其禮極重。」後來蔡京改官制，遂奏云：『昔太宗皇帝嘗爲尚書令，今後更不除尚書令。』殊不知爲尚書令者，乃唐太宗也，故唐不除尚書令。惟郭子儀功高特除，子儀堅不敢受〔三〕，曰：『昔者太宗皇帝嘗爲此官，非人臣敢居。』朝廷遂加『尚父』之號。蔡京名爲紹述熙、豐故事，却恣意紛更，不知訛舛，舉朝莫不笑之，而不敢指其非。又奏徽宗云：『嘗面奉神宗聖旨，令改造尚書省。』尚書省者，神宗所造，規模極雄偉，國朝以來，官府所未有。訖工，神宗幸之，見壯麗如此，出令云：『今後輒敢少有更易者，以違制論。』自後宰相居之輒不利，王珪病死，章子厚、韓忠彦、蔡確皆相繼斥去，京惡之。是時蜀中有一士人姓家，迎合其意，獻唐尚書省圖，云：『唐尚書省正廳在前，六曹諸司房在後〔四〕，今皆反是。又土地堂在正廳之前，今却在後，所以宰相數不利。』京信其説，遂毀拆重造，比前苟簡逼仄之甚，無忌憚如此。」又曰：「本朝太宗嘗以中書令爲開封尹，由開封尹入禪大統，故後來不除中書令，尹開府者亦不敢正除〔五〕，必加『權』字。蔡京改官制，遂除中書令，當除底不除，謂尚書令。不當除底却除。又尹開封者更不帶『權』字。其悖亂無知，皆此類也。又京以三公爲宰相，令人以『公相』呼己，而不得呼『相公』。後來秦檜亦如此，蓋倣此也。」或問：「僕射名義如何？」曰：「舊云秦時置僕射專主射，恐不然。禮云『僕人師扶左，射人師扶右，即周官大僕之職。君薨以是舉』，僕射之名蓋起於此。以其朝夕親近人主，後世承誤，輒失其真，遂以爲宰相之號。如侍中、中書令、尚書令，亦是如此。侍中，秦官，漢因之，多是侍衛人主，或録云「或執唾壺虎子之屬，行幸則從，其初職甚微」。行則參錯於宦官之間。其初猶以儒者爲之，如武帝時孔安國爲侍中，嘗掌唾壺是也。以其日與人主相親，故浸以用事。尚書是掌群臣書奏，如州郡開拆司，管進呈文字，凡四方章奏皆由之以達。其初亦甚微，只如尚衣、尚食、尚輦、尚藥之類，亦緣居中用事，所以權日重。按：秦時少府遣吏四人，在殿中主發書，故謂之尚書。尚，猶主也。中書，因漢武帝游宴後庭，去外庭遠，始用宦者典事，謂之『中書謁者』，或録云「故置中尚書，以宦者爲之」。置令、僕射，尤與人主親狎，故其權愈重。元帝時弘恭爲令，石顯爲僕射，嘗權傾内外。按：蕭望之云：「中書政本，宜用士人。」蓋自武帝始用宦官出入奏事，非舊制也。及光武即位，政事不任三公，而盡歸臺閣，或録云「臺即尚書，閣即禁中也」。三公皆擁虛器，凡天下事盡入於中書。或録作「中尚書」。嘗見後漢群臣章奏首云：臣某『奏疏尚書』，猶今言『殿下』、『陛下』之類，雖是不敢指斥而言，亦足以見其居要地而秉重權矣。當時事無巨細，皆是尚書行下三公，或不經由三公，徑下九卿。或録云：「三公之權反不如九卿，所以漢世宦者弄權用事。」故東漢時不惟尚書之權重，九卿之權亦重者，此也。按：光武不任三公，事歸臺閣者，蓋當時謂六尚書臺，猶今言尚書省也。曹操開魏王府，未敢即擬朝廷建官，或録云「置中書」。但置祕書令，或録作「監」。篡漢之後，始改爲中書監。以其素承寵任，故荀勗自中書遷尚書監，人賀之，勗曰：『奪我鳳凰池，諸君何賀耶？』或録云「『蓋尚書又不如中書之居中用事親密也。』問：『侍中是時爲何官？』曰：『黄門監即今之門下省，左右散騎常侍皆黄門監之屬也。』」西漢時中書之權重，東漢時尚書之權重，至此則中書之權復重而尚書之權漸輕矣。」問：「『省』字何義？」曰：「省即禁也，舊謂之『禁』，避漢元后父諱，遂改爲『省』〔六〕。」儒用。或録少異。

「古者人主左右携提，執賤役，若虎賁、綴衣之類皆是士大夫，日相親密，所謂『侍御僕從，罔匪正人，以旦夕承弼厥辟，出入起居，罔有不欽，發號施令，罔有不臧』。不似而今太隔絶，人主極尊嚴，真如神明。人臣極卑屈，望拜庭下，不交一語而退。漢世禁中侍衛亦是士大夫，以孔安國大儒而執唾盂，雖儀盆亦是士人執之。宋文帝時，大臣劉湛〔七〕入見，則與坐語，初間愛之，視日影之斜，惟恐其去，後來厭之，視日景之斜，惟恐其不去，後竟殺之〔八〕。魏明帝初説「大臣太重則國危，小臣太親則身蔽」，當時於大臣已爲之處置。後來左右小臣親密，至使中書令某人上床執手，强草遺詔，流弊便有此事。漢宣懲霍光之弊，事必躬親，又有宦者恭、顯出來。光武懲王莽之弊，不任三公，事歸臺閣。尚書、御史大夫、謁者，謂之「三臺」。」義剛〔九〕。

「昔周公立許多官制，都有統攝連屬。自秦漢而下，皆是因一事立一官，便無些統攝連屬了。」燾。

「尚書、尚衣、尚食，尚乃主守之意，秦語作平音。」淳。

「漢御史大夫，如本朝參知政事。」義剛。

「唐官皆家京師。」賀孫。

「唐之僕射即今之特進，他只是恁地轉將去。」義剛。

「唐之兵盡付與刺史、節度使，其他牙將之類皆由刺史、節度使辟置，無如今許多官屬。」廣。

「唐之朝廷有親衛，有勳衛，有翊衛。親衛，則以親王侯之子爲之。勳衛，則以功臣之子弟爲之。翊衛，則惟其所選。」公謹。

或問東宮官屬。曰：「唐六典載東宮官制甚詳，如一小朝廷。置詹事以統衆務，則猶朝廷之尚書省也。置左右二春坊以領衆局，則猶中書、門下省也。左右春坊又皆設官，有各率其屬之意。崇文館猶朝廷之館閣，贊善大夫猶朝廷之諫議大夫。其官職一視朝廷而爲之降殺，此等制度猶好。今之東宮官屬極苟簡。左右春坊，舊制皆用賢德者爲之，今遂用武弁之小有才者，其次惟有講讀數員而已。如贊善大夫諸官，又但爲階官，非實有職業。神宗以唐六典改官制，乃有疏略處，如東宮官屬之不備是也。某舊嘗入一劄子，論東宮官制疏略，宜放舊損益之，不報。」又曰：「唐之官制亦大率因隋之舊，府、衞、租、庸、調之法皆是也。當時大亂，殺傷之後，幾無人類，所以宇文泰與蘇綽能如此經營。三代而下，制度稍可觀者，唯宇文氏耳。蘇綽一代之奇才，今那得一人如此。」儒用。

「唐六典，明皇時所撰，雖有是書，然其建官却不依此。其書却是齊整，然其說一切繁冗迂曲。神宗喜之，一一依此定官制。神宗本欲富强，其後因此皆迂曲緩弱了。左僕射行事，右丞相取旨，温公元祐間甚苦之，入文字要改祖宗官制，雖名不齊整，然其實徑直。紹興間以其不便，方改之，二相之權均矣。」揚。

因論神宗官制右相反重，「前漢官制雖亂道，却是實主事，神宗時反徇名亡實。漢初制中書，後武帝倦勤，遂置内中書，宦官爲之，石顯之類是也。温公亦私造得一制度：左相主禮、吏、户三部，右相主兵、刑、工三部。後有一人要令六部尚書得自執奏，亦不行。今左右相兼掌三省事。」揚。

「方今朝廷只消置一相，三參政兼六曹，如吏兼禮，户兼工，兵兼刑。樞密可罷，如此則事易達。又如宰相擇長官，長官却擇其寮。今銓曹注擬小官，繁劇而又不能擇賢。每道只令監司差除，亦好。每道仍只用一監司。」人傑因舉陸宣公之言，以爲「豈有爲臺閣長官則不能擇一二屬吏，爲宰相則可擇千百具寮。」曰：「此説極是，當時如沈既濟亦有此説之意。」人傑。

嘗與劉樞言：「某做時，且精選一個吏部尚書，使得盡搜羅天下人才。諸部官長得自辟屬官，却要過中書、吏部尚書考察。朝官未闕人時，亦未得薦。俟次第闕人，却令侍從以下各舉一人二人。只舉一二人，彼亦不敢以大段非才者進。今常常薦人，一切都淡了。又併天下監司，一路只著一漕一憲，茶鹽將兼了。」因論尹穡不著胸中不好時，却尚解理會事。當時多併了官司，後來又復了。」揚。

陳同父謂〔一〇〕：「今要得國富兵强，須是分諸路爲六段，六曹尚書領之。諸州有事，祗經諸曹尚書奏裁取旨。又每一歲或二歲使一巡歷，庶幾下情可達。」先生曰：「若廣中、四川之類，使之巡歷，則其本曹亦有廢弛之患。」陳曰：「劇曹則所領者少，若路遠則兵、工部可爲也。」曰：「此亦是一說。」道夫。

「古者王畿千里而已，然官屬已各令其長推擇。今天下之大，百官之衆皆總于吏部。下至宰執幹辦使臣，特其家私僕爾，亦須吏部差注，所以只是衮衮地鶻突差將去，何暇論其人之材否。今朝廷舉事，三省下之六部，六部下之監寺，監寺却申上六部，六部又備申三省，三省又依所申行下。只祠祭差官，其人不過在朝職事官，其姓名亦豈難記。然省中必下之禮部，禮部行下太常，太常方擬定申部，部申省，省方從其所申差官，不知何用如此迂回？只三省事亦然，尚書關中書取旨，中書送門下審覆，門下送尚書施行。又如既有六部，即無用九卿。周家只以六卿分職，漢人只以九卿釐庶務，事各歸一。本朝建官重三疊四，多少勞擾？此須大有爲後痛更革之。若但宰相有志，亦不能辦，必得剛健大有爲之君自要做時，方可。書曰：『亶聰明作元后，元后作民父母。』須是剛明智勇、出人意表之君，方能立天下之事。又如今諸路兵將官，有總管、路分、路鈐、都監、監押、正將、副將，都不曾管一事。厢軍既無用，又養禁軍。禁軍又分揀中、不揀中兩等，然亦無用。又别養大軍，今大軍亦漸如厢、禁軍矣。此是耗蠹多少！『通其變，使民不倦』，今變而不通，民皆倦了，故鼓舞不動。國初緣藩鎮彊，故收其兵權，置通判官。今已無前日可防之弊，却依舊守此法，可謂不知變也。只通判是要何用？繆者事事不管，只任知州自爲；彊者又必妄作以撓郡政，是何益哉？」必大。

「自秦置守、尉、監，漢有郡守、刺史，如今監司，專主按察。至漢末令刺史掌兵，遂侵郡守之權，兼治民事，而刺史之權獨重。後來或置或否。漢有十二州百三郡，郡有太守，州有刺史。歷代添置州名愈多而郡愈少，又其後也遂去郡而爲州，故刺史兼治軍民而守廢。至隋又置郡守，後又廢守置刺史，而刺史遂爲太守之職。某嘗説不用許多監司，每路只置一人，復刺史之職，正其名曰按察使，令舉刺州縣官吏。其下却置判官數員以佐之，如轉運判官、刑獄判官、農田判官之類。農田專主婚田，轉運專主財賦，刑獄專主盜賊刑獄，而刺史總之。稍重諸判官之權，資序視通判，而刺史視太守。判官有事欲奏聞，則刺史爲之發奏。刺史不肯發，則許判官自徑申御史臺、尚書省，以分刺史之權。蓋刺史之權獨專，則又不便。若其人昏濁，則害貽一路，百姓無出氣處，故又須略重判官之權。諸判官下却置數員屬官，如職幕官之類。如此，則重權歸一，太守自治州事，而刺史則舉刺一路，豈不簡徑省事而無煩擾耗蠹之弊乎？」問：「今之主管，資格亦視通判？」曰：「然。但權輕不能有所爲，只得奉承運使而已。若分爲判官，俾得專達，則其權重，而監司亦不敢妄作矣。」僩。

「姚崇擇十道使之説甚善，范富天章所條亦只説到擇監司而已。今諸路監司猥衆，恰如無一般。不若每路只擇一賢監司，其餘悉可省罷。」㽦。

「監司每路只須留一人，揀其無風力者，且與一郡而漸去之。」必大〔一二〕。

「銓擇之法，只好京官付之監司，選人付之郡守，各令他隨材擬職。州申監司，監司申吏部，長貳審察聞奏，下授其職。却令宰相擇監司，吏部擇郡守。如此，則朝廷亦可無事，又何患其不得人！」道夫。

「朝廷只當擇監司、太守，自餘職幕縣官，容他各辟所知，方可責成。天下須是放開做，使恢恢有餘地乃可。」浩。

因論薦舉之弊，曰：「亦不難革。只是擇諸路監司，並得一好吏部尚書，揀薦得不是人材者退去，便須得人。今胡亂薦來，但不犯贓罪便得。若犯了贓，不過降得兩官，安得不胡薦？」僩。

「監司薦人，後犯贓犯罪，須與鐫三五資，正郎則降爲員郎，員郎則降爲承議郎以下。若已爲侍從，或無職名可鐫，則鐫其俸，或一郊不與奏薦。如此，則方始得它痛，恁地也須怕，今都不損他一毫。」道夫。

「只管説官冗，何不於任子上更減？今員外所得恩數，展至正郎，正郎恩數迤邐展上。合奏京官者，且與選人，又何害？不肯索性理會一番，只是恐人怨謗。祖宗時亦幾次省削了，久而自定，何足恤耶？」浩。

「兵制、官制、田制,便考得三代、西漢分明,然與今日事勢名實皆用不得。如官制,不若且就今日之官罷其冗員,存其當存者,亦自善。」必大。

「某嘗謂宰相是舜、禹、伊、周差遣,下此,亦須房、杜、姚、宋之徒方能處置得天下事。後之當此任者,怪他不能當天下之事不得。是他人品只如此,力量有所不足,如何强得。」振。

客有爲固始尉,言淮甸無備甚,先生曰:「大臣慮四方,若位居宰相,也須慮周於四方,始得。今宰相思量得一邊,便全然掉却那一邊。如人爲一家之長,一家上下也須常常都計掛在自家心下始得。」賀孫。

「今日言事官欲論一事一人,皆先探上意如何,方進文字。」振。

先生閲報狀,見臺中有論列章疏,嘆曰:「『射人須射馬,擒賊須擒王』,如何却倒了。」道夫。

「古人云『左史書言,右史書動』,今也恁地分不得,只合合而記之。」直卿曰:「所可分者,事而已。」曰:「也分不得。所言底,便行出此事來。」道夫。

「國子司業學官尚可爲。天下人材所聚,庶幾有可講學成就者。然今日爲之,明日便當改作,使士人毋以利爲心。若君無尊德樂道之誠,必不能用。」方。

「治愈大則愈難爲，監司不如做郡，做郡不如做縣。蓋這裏有仁愛心，便隔這一重。要做件事，他不爲做，便無緣得及民。」淳。

「某嘗謂：今做監司不如做州郡，做州郡不如做一邑，事體却由自家。監司雖大於州，州雖大於邑，然都被下面做翻了，上面如何整頓。」道夫。

「爲守令〔一二〕，第一是民事爲重，其次則便是軍政，今人都不理會。」道夫。

俞亨宗云：「某做知縣，只做得五分。」曰：「何不連那五分都做了？」自脩。

「襄陵許子禮作縣，法『開收人丁，推割産税』二句。」方。

「『開落丁口，推割産錢』，是治縣八字法。詞牒無情理者不必判，先減書鋪及勒供罪狀不得告訐之類。葉子昂催税，只約民間逐限納錢上州，縣不留錢。」德明。

「有一朋友作宰，通監司書，先說無限道理。陳公亮作帥，謂之曰：『若要理會職事，且不須如此迂闊。』某以爲名言。」人傑。

「前輩説話可法。某嘗見吳公路云：『他作縣，不敢作旬假。一日假，則積下一日事，到底自家用做，轉添得繁劇，則多粗率不子細，豈不害事？』」道夫。

謂李思永曰：「衡陽訟牒如何？」思永曰：「無根之訟甚多。」先生曰：「與他研窮道理，分別是非曲直，自然訟少。若厭其多，不與分別，愈見事多。」蓋卿。

問德粹：「婺源旱如何？」滕答云云。先生曰：「最有一件事，是今日大弊。旱則申雨，檢荒則云熟，火燒民家則減數奏，到處如此。」可學。

「某人爲太守，當見客日分，先見過客，方接同官及寄居官人。問其故，曰：『同官有稟議待商量區處，頗費時節。過客多是略見即行，若停車在後，恐妨行色。』」此事可法。賀孫。

「朝廷設教官一件，大未是。後生爲教官，便做大了。只歷一兩任教官，便都不了世事。須是不拘科甲，到五十方可爲之。不然，亦須四十五。」淳。

「律：主簿管押一縣簿，凡事盡與之知。録事録一郡事，太守有事，許知録奏聞。謂之『知録』者，以官稍大，如今知縣之類。」揚。

「官無大小，凡事只是一個公。若公時，做得來也精采。便若小官，人也望風畏服。若不公，便是宰相，做來做去，也只得個没下梢。」與立。

「今之仕宦不能盡心盡職者，是無那『先其事而後其食』底心。」端蒙。

「嘗歎州縣官碌碌，民無所告訴。兼民情難知，耳目難得其人，看來如何明察，亦多有不知者。以此觀之，若是見得分明決斷時，豈可使有豪髮不盡。」又歎云：「民情難知如此，只是將甚麼人爲耳目之寄。」賀孫。

「如看道理，辨是非，又須是自高一著，方判決得别人説話。如堂上之人方能看堂下之人，若身在堂下，如何看見子細？又如今兩人厮炒，自家要去決斷他，須是自家高得他。若與他相似，也斷他不得，況又不如他。李雖不與熟，嘗於其見先人時望見之，先人稱其人有才略。」因云：「今做官人，幾時個個是闒冗人？多是要立作向上。那個不説道先着馭吏？少間無有不拱手聽命於吏者，這只是自家不見得道理，事來都區處不下。吏人弄得慣熟，却見得高於他，只得委任之。」又云：「如圍棊一般〔一三〕：兩人初著，那個不要勝？誰肯去就死地自做活計？這只是見不高，無奈何。」賀孫。

「胡致堂言〔一四〕：『吏人不可使他知我有恤他之意。』此説極好〔一五〕。」又曰：「此已是恤，他不可恤。小處可恤，大處不可恤。」又曰：「三五十錢底可恤，若有人來理會，亦須治他。」節。

「某與諸公説：『下梢去仕宦，不可不知。須是有旁通曆，逐日公事，開項逐一記，了即勾之。未了，須理會教了，方不廢事。』」賀孫。

「當官文書簿曆，須逐日結押，不可拖下。」僩。

「前輩檢驗皆有書，當官者不可不知。」極多樣。僩。

因民户計較，沮撓社倉倉官，而知縣不恤，曰：「此事從來是官吏見這些米不歸於官吏〔一六〕，所以皆欲沮壞其事。今若不存官倉，數年之間，立便敗壞。雖二十來年之功，俱爲胡亂做！」因説：「吴公路爲本路憲，崇安宰上世與之有契，在邑恣行，無所不至。有訴于吴，其罪甚衆。吴謂其上世有恩於我，我今居官，終不成以法相繩，遂寬釋訟者遣之。斯人益肆其暴虐，邑民皆無所告訴。看來固當不忘上世之恩，若以私恩一向廢法，又如何當官？漢武帝不以隆慮公主之故而赦其子，昭平君雖其初以金錢豫贖死罪，後竟付之法，云：『法令者，先帝之所造也。奈何以弟故廢先帝法，吾何面目入高廟乎？』東方朔上壽曰：『臣聞聖王爲政，賞不避仇讎，誅不擇骨肉。書曰「不偏不黨，王道蕩蕩」，此二帝三王之所重也。陛下行之，天下幸甚！』夫『天討有罪』是大小大事，豈可以私廢？」直卿云：「若是吴憲待崇安宰，雖當一付之法，還亦有少委曲否？」曰：「如恩舊在部屬，未欲一寘于法，亦須令尋醫去可也。」賀孫。

「人居官要應副親戚，非理做事。只説道囑託所得貨賄，親戚受之。這是甚麽底事，敢無益。」賀孫。

「爲税官，若是父兄宗族舟船過，只得禀白州府，請别委官檢税，豈可直拔放去？所以祖宗立法，許相迴避。」又曰：「臨事須是分豪莫放過。如某當官，或有一相識親戚之類，如此越用分明，不肯放過。」道夫。

或欲圖押綱厚賞者〔一七〕。曰：「譬如一盤珍饌，五人在坐，我愛喫，那四人亦都愛喫。

我伸手去拏，那四人亦伸手去拏，未必果誰得之。能恁地思量，便自不去圖〔一八〕。古者權謀之士〔一九〕，雖千萬人所欲得底，他也有計術去必得。」淳。

過到温陵回，以所聞岳侯對高廟「天下未太平」之問，云「文臣不愛錢，武臣不惜命，天下當太平」告之先生之前。只笑云：「後來武官也愛錢。」過。

校勘記

〔一〕上數語疑有未圓處　「疑」原作「類」，據朝鮮本、萬曆本改。

〔二〕舊來猶是文臣之有勳德重望者方除　「方除」，朝鮮本作「方得除此」。

〔三〕子儀堅不敢受　朝鮮本「堅」下有「辭」字。

〔四〕六曹諸司房在後　「房」，朝鮮本作「多」。

〔五〕尹開府者亦不敢正除　「尹開府者」，朝鮮本作「其開封府者」。

〔六〕遂改爲省　朝鮮本「省」下有「猶今言省中禁中」七字。

〔七〕劉湛　朝鮮本作：某人。

〔八〕「初間」至「殺之」　朝鮮本作：初間愛之，視日影之斜，惟恐其去，後竟殺之！

〔九〕義剛　朝鮮本作：淳。

〔一〇〕陳同父謂　朝鮮本「陳」下有「亮」字。

〔一一〕必大　朝鮮本作：伯豐。

〔一二〕爲守令　朝鮮本「爲」上另有二十二字，云：「辛幼安爲閩憲，問政。答曰：臨民以寬，待士以禮，馭吏以嚴。」

〔一三〕如圍棊一般　「棊」原作「基」，據萬曆本改。朝鮮本作「碁」，義同。

〔一四〕胡致堂言　朝鮮本「胡致堂」作「胡侍郎」。

〔一五〕此説極好　朝鮮本「好」下有十二字，其文如下：「節問：『胡侍郎是誰？』曰：『做管見底。』」

〔一六〕此事從來是官吏見這些米不歸於官吏　朝鮮本「米」下有「糧出入於士民」六字。

〔一七〕或欲圖押綱厚賞者　朝鮮本作：或論及欲圖押綱厚賞者。

〔一八〕便自不去圖　朝鮮本作：便可備知來物。

〔一九〕古者權謀之士　朝鮮本作：如古者横議權謀之士。

朱子語類卷第一百一十三

朱子十

訓門人一

問："氣質弱者如何涵養到剛勇？"曰："只是一個勉强，然變化氣質最難。"以下訓德明。"今學者皆是就册子上鑽，却不就本原處理會，只成講論文字，與自家身心都無干涉，須是將身心做根柢。"德明問："向承見教，須一面講究，一面涵養，如車兩輪，廢一不可。"曰："今只就文字理會，不知涵養，便是一輪轉，一輪不轉。"問："今只論涵養，却不講究，雖能閑邪存誠，懲忿窒慾，至處事差失，則奈何？"曰："未説到差處，且如所謂'居處恭，執事敬'，若不恭敬，便成放肆。如此類不難知，人却放肆不恭敬。如一個大公至正之路甚分明，不肯行，却尋得一線路與自家私意合，便稱是道理。今人每每如此。」

問：「涵養於未發之初，令不善之端旋消，則易爲力。若發後，則難制。」曰：「聖賢之論，正要就發處制。惟子思説『喜怒哀樂未發謂之中』。孔孟教人，多從發處説。未發時固當涵養，不成發後便都不管。」德明云：「這處最難。」因舉横渠「戰退」之説。曰：「此亦不難，只要明得一個善惡。每日遇事須是體驗，見得是善，從而保養取，自然不肯走在惡上去。」

次日又云：「雖是涵養於未發，源清則流清，然源清却未見得，被它流出來已是濁了。須是因流之濁以驗源之未清，就本原處理會。未有源之濁而流之能清者，亦未有流之濁而源清者，今人多是偏重了。只説涵養於未發，而已發之失乃不能制，是有得於静而無得於動，只知制其已發，而未發時不能涵養，則是有得於動而無得於静也。」

問：「看先生所解文字，略通大義，只是意味不如此浹洽。」曰：「只要熟看。」又云：「且將正文熟誦，自然意義生。有所不解，因而記録，它日却有反覆。」

德明問：「編喪、祭禮當依先生指授，以儀禮爲經，戴記爲傳，周禮作旁證。」曰：「和通典也須看，就中却又議論更革處。」語畢却云：「子晦正合且做切己工夫，只管就外邊文字上走，支離雜擾，不濟事。孔子曰：『操則存，舍則亡。』孟子曰：『學問之道無他，求其放心而已矣。』須如此做家計。程子曰：『心要在腔子裏，不可騖外。』此個心須是管着他始得。

且如曾子於禮上纖細無不理會過，及其語孟敬子則曰〔一〕：『動容貌，斯遠暴慢矣；正顏色，斯近信矣；出辭氣，斯遠鄙倍矣。籩豆之事，則有司存。』須有緩急先後之序，須有本末，須將操存工夫做本，然後逐段逐義去看，方有益，也須有倫序。只管支離雜看，都不成事去。『行有餘力，則以學文』。『志於道，據於德，依於仁』，然後『遊於藝』。今只就册子上理會，所以每每不相似。」又云：「正要『克己』上做工夫。」

先生舉遺書云：「根本須先培擁，然後可立趨向。」又云：「學者須敬守此心，不可急迫，當栽培深厚，涵泳於其間，然後可以自得。今且要收斂此心，常提撕省察。且如坐間說時事，逐人說幾件，若只管說，有甚是處？便截斷了，提撕此心，令在此。凡遇事應物皆然。」問：「當官事多，膠膠擾擾，奈何？」曰：「他自膠擾，我何與焉？濂溪云『定之以中正仁義而主靜』，中與仁是發動處，正是當然定理處，義是截斷處，常要主靜，豈可只管放出不收斂？『截斷』二字最緊要。」

又云：「須培擁根本，令豐壯。以此去理會學，三代以下書，古今世變治亂存亡，皆當理會。今只看此數書，又半上落下。且如編禮書不能就，亦是此心不壯，須是培養令豐碩。呂子約『讀三代以下書』之說，亦有謂。大故有書要讀，有事要做。」

問：「五典之彝、四端之性，推尋根源，既知爲我所固有，日用之間，大倫大端，自是不爽。少有差失，只是爲私欲所撓，其要在窒慾。」曰：「有一分私慾，便是有一分見不盡。見有未盡，便勝他私欲不過。若見得脱然透徹，私欲自不能留。大要須是知至，才知至，便到意誠心正一向去。」又舉虎傷事。當時再三深思所見，及推太極動靜、陰陽五行與夫仁義中正之所以主静者求教。曰：「據説亦只是如此，思索亦只到此，然亦無可思索。此乃『雖欲從之，末由也已』處，只要時習，常讀書，常講貫，令常在目前，久久自然見得。」

問：「山居頗適，讀書罷，臨水登山，覺得甚樂。」曰：「只任閑散不可，須是讀書。」又言上古無閑民。其説甚多，不曾記録，大意似謂閑散是虚樂，不是實樂。

因説某人「開廣可喜，甚難得，只是讀書全未有是處。學者須是有業次。竊疑諸公亦未免如此。」德明與張顯父在坐，竦然聽教。先生言：「前輩諸賢多只是略綽見得個道理便休，少有苦心理會者。須是專心致意，一切從原頭理會過。且如讀堯、舜典『曆象日月星辰』、『律度量衡』、『五禮五玉』之類，禹貢山川、洪範九疇，須一一理會令透。又如禮書冠、昏、喪、祭、王朝、邦國許多制度，逐一講究。」因言：「趙丞相論廟制不取荆公之説，編奏議時已編作細注〔二〕，不知荆公所論，深得三代之制。又不曾講究毁廟之禮，當時除拆，已甚不應儀禮，可笑！子直一生工夫只是編奏議。今則諸人之學又只做奏議以下工夫。一種稍勝者，又只做得西漢以下工夫，無人就堯、舜、三代原頭處理會來。」又與敬之説：「且如做舉業，亦須苦心理會文字，方可以決科。讀書若不苦心去求，不成業次，終不濟事。」

臨別再言：「學者須是有業次，須專讀一書了，又讀一書。」德明起稟：「數日侍行，極蒙教誨。若得師友常提撕警省，自見有益。」曰：「如今日議論，某亦因而得温起一遍。」

問：「前承先生書云『李先生云「賴天之靈，常在目前」，如此安得不進？蓋李先生爲默坐澄心之學，持守得固。後來南軒深以默坐澄心爲非，自此學者工夫愈見散漫，反不如默坐澄心之專。』」先生曰：「只爲李先生不出仕，做得此工夫。若是仕宦，須出來理會事。向見吳公濟爲此學，時方授徒，終日在裏默坐。諸生在外，都不成模樣，蓋一向如此不得。」

問：「龜山之學云『以身體之，以心驗之，從容自得於燕閒靜一之中』，李先生學於龜山，其源流是如此。」曰：「龜山只是要閑散，然却讀書。尹和靖便不讀書。」

初七日稟辭，因求一言爲終身佩服，先生未答。且出，晚謁再請，先生曰：「早間所説用功事，細思之，只是昨日説『戒謹不睹，恐懼不聞』，是要切工夫。佛氏説得甚相似，然而不同。佛氏要空此心，道家要守此氣，皆是安排。子思之時，異端並起，所以作中庸發出此事，只是戒謹恐懼，便自然常存，不用安排。『戒謹恐懼』雖是四個字，到用著時無它，只是緊鞭約令歸此窠臼來。」問：「佛氏似亦能謹獨？」曰：「它只在靜處做得，與此不同。佛氏只是占便宜，討閑靜處去。老莊只是占姦，要它自身平穩。」先生又自言：「二三年前，見得此事尚鶻突，爲它佛説得相似。近年來方見得分曉，只是『戒謹所不睹，恐懼所不聞』，如顏子約禮事是如此，佛氏却無此段工夫。」

先生極論戒謹恐懼，以爲學者要切工夫。因問：「遺書中『敬義夾持直上達天德』之語亦是要切工夫？」曰：「不理會得時，凡讀書語言，各各在一處。到底只是一事。」又問：「『必有事焉而勿正』一段亦是不安排，亦是戒謹恐懼則心自存之意？」曰：「此孟子言養氣之事。『必有事焉』謂集義也。集義，則氣自長。亦難正他，亦難助他長。必有事而勿忘於集義，則積漸自長去〔三〕。」

安卿〔四〕問：「前日先生與廖子晦書云『道不是有一個物事閃閃爍爍在那裏』，固是如此。但所謂『操則存，捨則亡』，畢竟也須有個物事。」曰：「操存只是教你收斂，教那心莫胡思亂量，幾曾捉定有一個物事在裏。」又問：「『顧諟天之明命』，畢竟是個甚麼？」曰：「只是説見得道理在面前，不被物事遮障了。『立則見其參於前，在輿則見其倚於衡』，皆是見得理如此，不成是有一塊物事光輝輝地在那裏〔五〕。」義剛。

廖子晦得書來云：「『有本原，有學問。』某初曉不得〔六〕，後來看得他們都是把本原處是别有一塊物來模樣。聖人教人，只是致知格物，不成真個是有一個物事，如一塊水銀樣，走來走去那裏。這便是禪家説『赤肉團上自有一個無位真人』模樣。」義剛。

「以前看得心只是虛蕩蕩地，而今看得來湛然虛明，萬理便在裏面。向前看得便似一張白紙，今看得，便見紙上都是字，廖子晦門便只見得是一張紙。」義剛。

直卿〔七〕言：「廖子晦作宰，不庭參，當時忤了上位，但此一節最可服。」先生曰：「庭參底固不是，然待上位來爭，到底也不是。」義剛〔八〕。

廖德明赴潮倅，來告別，臨行求一安樂法。曰：「聖門無此法。」僩。

或問「誠敬」二字云云，先生曰：「也是如此。但不去做工夫，徒說得，不濟事。且如公一日間，曾有幾多時節去體察理會來？若不曾如此下工夫，只據册上寫底把來口頭說，雖說得是，何益？某常說與學者，此個道理，須是用工夫自去體究。講論固不可闕，若只管講，不去體究，濟得甚事？蓋此義理儘廣大無窮盡，今日恁地說，亦未必是。又恐他只說到這裏，入深也更有在，若便領略將去，不過是皮膚而已，又不入思慮，則何緣會進？須是把來橫看豎看，子細窮究，都理會不得底，固當去看，便是領略得去者，亦當如此看。看來看去，方有疑處也。此個物事極密，豪釐間便相爭，如何恁地疏略說得？若是那真個下工夫到田地底人，說出來自別。漢卿所問雖若近似，也則看得淺。須是理會來理會去，理會得意思到，似被膠漆粘住時，方是長進也。」因問：「『誠敬』二字如何看？」廣云：「先敬，然後誠。」曰：「且莫理會先後。敬是如何？誠是如何？」廣曰：「敬是把捉工夫，誠則到自然處。」曰：「敬也有把捉時，也有自然時；誠也有勉爲誠時，亦有自然誠時。且説此二字義，敬只是個收斂畏懼，不縱放；誠只是個樸直慤實，不欺誑。初時須著如此不縱放，不欺誑，到得工夫到時，則自然不縱放，不欺誑矣。」以下訓廣。

廣云：「昨日聞先生教誨做工夫底道理，自看得來，所以無長進者，政緣不曾如此做工夫，故於看文字時不失之膚淺，則入於穿鑿。今若據先生之説，便如此著實下工夫去，則一日須有一日之功，一月須有一月之功，決不到虛度光陰矣。」先生曰：「昨日也偶然説到此。某將謂凡人讀書都是如此用功，後來看得却多不如此。蓋此個道理問也問不盡，説也説不盡，頭緒儘多，須是自去看。看來看去，則自然一日深似一日，一日分曉似一日，一日簡易似一日，只是要熟。孟子曰：『仁，亦在乎熟之而已。』熟則一喚在面前，不熟時，纔被人問著，便須旋去尋討。迨尋討得來時，意思已不如初矣。」

先生謂廣：「看文字傷太快，恐不子細。雖是理會得底，更須將來看。此不厭熟，熟後更看，方始滋味出。」因笑曰：「此是做『僞學』底工夫。」

先生諭廣曰：「今講學也只如此，更須於主一上做工夫。若無主一工夫，則所講底義理無安著處，都不是自家物事。若有主一工夫，則外面許多義理方始爲我有，都是自家物事。工夫到時，才主一，便覺意思好，卓然精明。不然，便緩散消索了，没意思。」廣云：「到此侍教誨三月，雖昏愚，然亦自覺得與前日不同，方始有個進脩底田地，歸去當閉户自做工夫。」曰：「也不問在這裏不在這裏，也不説要如何頓段做工夫，只自脚下便做將去。固不免有散緩時，但才覺便收斂將來，漸漸做去。但得收斂時節多，散緩之時少，便是長進處。故孟子説：『學問之道無他，求其放心而已。』所謂求放心者，非是別去求個心來存著，只才覺放，心便在此。孟子又曰：『雞犬放則知求之，心放則不知求。』某嘗謂雞犬猶是外物，才放了，須去外面捉將來。若是自家心，更不用別求，才覺，便在這裏。雞犬放，猶有求不得時，自家心則無求不得之理。」因言：「横渠説做工夫處，更精切似二程。二程資禀高，潔淨，不大段用工夫〔九〕。横渠〔一〇〕資禀有偏駁夾雜處，他大段用工夫來。觀其言曰：『心清時少，亂時多。其清時，視明聽聰，四體不待羈束而自然恭謹；其亂時，反是。』説得來大段精切。」

先生又謂廣：「見得義理雖稍快，但言動之間，覺得輕率處多。子曰『仁者其言也訒』，仁者之言自不恁地容易。謝氏曰：『視聽言動不可易，易則多非禮。』須時時自省覺，自收斂，稍緩縱則失之矣。」翌日廣請曰：「先生昨日言廣言動間多輕率，無那『其言也訒』底意思，此深中廣之病。蓋舊年讀書，到適然有感發處，不過贊歎聖言之善耳，都不能玩以養心。自到師席之下，一日見先生泛説義理不是面前物，皆〔一一〕吾心固有者，如道家説存想法,所謂『鉛汞龍虎』之屬,皆人身内所有之物。又數日因廣誦義理又向外去,先生云:『前日説與公,道皆吾心固有,非在外之物。』廣不覺怵然有警于心。又一日侍坐,見先生説『如今學者大要在唤醒上』,自此方知得做工夫底道理。而今於静坐時、讀書玩味時,則此心常在;一與事接,則心便緩散了。所以輕率之病見於言動之間,有不能掩者。今得先生警誨,自此更當於此處加省察收攝之功。然侍教只數日在,更望先生痛加教飭。」先生良久舉伊川説曰:「『人心有主則實,無主則虚』,又一説却曰『有主則虚,無主則實』,公且説看是如何?」廣云:「有主則實,謂人具此實然之理,故實。無主則實,謂人心無主,私欲爲主,故實。」先生曰:「心虚則理實,心實則理虚。『有主則實』,此『實』字是好,蓋指理而言也;『無主則實』,此『實』字是不好,蓋指私欲而言也。以理爲主,則此心虚明,一豪私意著不得。譬如一泓清水,有少許砂土便見。」

或問:「人之思慮,有邪有正。若是大段邪僻之思却容易制,惟是許多無頭面不緊要底思慮,不知何以制之?」曰:「此亦無他,只是覺得不當思量底,便莫要思,便從脚下做將去。久久純熟,自然無此等思慮矣。譬如人坐不定者,兩脚常要行。但纔要行時,便自省覺莫要行。久久純熟,亦自然不要行而坐得定矣。前輩有欲澄治思慮者,於坐處置兩器,每起一善念,則投白豆一粒於器中,每起一惡念,則投黑豆一粒於器中。初時黑豆多,白豆少，後白豆多，黑豆少，後來遂不復有黑豆，最後則雖白豆亦無之矣。然此只是個死法，若更加以讀書窮理底工夫，則去那般不正當底思慮，何難之有！又如人有喜做不要緊事，如寫字作詩之屬。初時念念要做，更遏捺不得。若能將聖賢言語來玩味，見得義理分曉，則漸漸覺得此重彼輕，久久不知不覺，自然剥落消殞去。何必横生一念，要得别尋一捷徑，盡去了意見，然後能如此？隔夕嘗有爲「去意見」之説者，此皆是不奈煩去修治他一個身心了，作此見解。譬如人做官，則當至誠去做職業，却不奈煩去做，須要尋個倖門去鑽，道鑽得這裏透時，便可以超躐將去。今欲去意見者，皆是這個心。學者但當就意見上分真妄，存其真者，去其妄者而已。若不問真妄，盡欲除之，所以游游蕩蕩，虚度光陰，都無下工夫處。」因舉中庸曰：「『喜怒哀樂未發謂之中，發而皆中節謂之和。中也者，天下之大本；和也者，天下之達道。致中和，天地位焉，萬物育焉。』只如喜怒哀樂，皆人之所不能無者，如何要去得？只是要發而中節爾。所謂致中，如孟子之『求放心』與『存心養性』是也。所謂致和，如孟子論平旦之氣與充廣其仁義之心是也。今却不奈煩去做這樣工夫，只管要求捷徑去意見。只恐所謂去意見者，正未免爲意見也。聖人教人，如一條大路，平平正正，自此直去，可以到聖賢地位。只是要人做得徹。做得徹時，也不大驚小怪，只是私意剥落净盡，純是天理融明爾。」又曰：「『興於詩，立於禮，成於樂』，聖人做出這一件物事來，使學者聞之，自然歡喜，情願上這一條路去，四方八面攛掇他去這路上行。」又曰：「所謂致中者，非但只是在中而已，纔有些子偏倚便不可〔一二〕。須是常在那中心十字上立，方是致中。譬如射，雖射中紅心，然在紅心邊側，亦未當，須是正當紅心之中，乃爲中也。」廣云：「此非常存戒謹恐懼底工夫不可。」曰：「固是。只是個戒謹恐懼，便是工夫。」廣云：「數日敬聽先生教誨做工夫處，左右前後、内外本末無不周密，所謂盛水不漏。」曰：「『博我以文，約我以禮』，聖門教人只此兩事，須是互相發明。約禮底工夫深，則博文底工夫愈明；博文底工夫至，則約禮底工夫愈密。」

廣請于先生，求「居敬窮理」四字。曰：「自向裏做工夫〔一三〕，何必此？」因言昔羅隱從錢王巡錢塘城，見樓櫓之屬，陽爲不曉而問曰：「此何等物？」錢曰：「此爲樓櫓。」又問：「何用？」錢曰：「所以禦寇。」曰：「果能爾，則當移向内施之。」蓋風之以寇在内故也。

先生問廣：「到此幾日矣？」廣云：「八十五日。」曰：「來日得行否？」廣曰：「來早拜辭。」曰：「有疑更問。」廣云：「今亦未有疑。自此做工夫去，須有疑，却得拜書請問。」曰：「且自勉做工夫。學者最怕因循，莫説道一下便要做成。今日知得一事亦得，行得一事亦得，只不要間斷，積累之久，自解做得徹去。若有疑處，且須自去思量，不要倚靠人，道待去問他。若無人可問時，不成便休也。人若除得個倚靠人底心，學也須會進。」

先生語漢卿：「有疑未決，可早較量。」答云：「眼下亦無所疑，且看做去有礙，方敢請問。」先生因云：「人説道頓段做工夫，亦難得頓段工夫。莫説道今日做未得，且待來日做。若做得一事，便是一事工夫；若理會得這些子，便有這些子工夫。若見處有積累，則見處自然貫通；若存養處有積累，則存養自然透徹。」賀孫。〔一四〕

大雅謁先生於鉛山觀音寺，納贄拜謁。先生問所學，大雅因質所見。先生曰：「所謂事事物物各得其所，乃所謂時中之義，但所説大意却錯雜。據如此説，乃是欲求道於無形無象之中，近世學者大抵皆然。聖人語言甚實，且即吾身日用常行之間可見。惟能審求經義，將聖賢言語虚心以觀之，不必要著心去看他，久〔一五〕之道理自見，不必求之太高也。今如所論，却只於渺渺茫茫處想見一物懸空在，更無捉摸處，將來如何頓放，更没收殺。如此，則與身中日用自然判爲二物，何緣得有諸己？只看論語一書，何嘗有懸空説底話？只爲漢儒一向尋求訓詁〔一六〕，更不看聖人意思，所以二程先生不得不發明道理，開示學者，使激昂向上，求聖人用心處，故放得稍高。不期今日學者乃捨近求遠，處下窺高，一向懸空説了，扛得兩脚都不著地〔一七〕。其爲害反甚於向者之未知尋求道理，依舊只在大路上行。今之學者却求捷徑，遂至鑽山入水。吾友要知，須是與他古本相似者，方是本分道理。若不與古本相似，盡是亂道。」以下訓大雅。

臨别請教，以爲服膺之計。曰：「老兄已自歷練，但目下且須省閑事，就簡約上做工夫。若舉業亦是本分事。且如前日令老兄作告子未嘗知義論，其説亦自好，但終是摶量，非實見得。如今人説人文字辭太多，不是辭多，自緣意少。若據某所見，『義内』即是『行有不慊於心則餒』，便自見得義在内。若徹頭徹尾一篇説得此理明，便是吾人日用事，豈特一篇時文而已。」

再見，因言：「去冬請違之後，因得一詩云：『三見先生道愈尊，言提切切始能安。如今決破本根説，不作從前料想看。有物有常須自盡，中倫中慮覺猶難。願言克己工夫熟，要得周旋事仰鑽。』」看畢，云：「甚好。」大雅云：「近却盡去得前病，又覺全然安了，忒煞無疑，恐難進步。且如南軒説『無適無莫』，『適是有所必，莫是無所主』，便見得不妥貼。程氏謂『無所往，無所不往，且要「義之與比」處重』，便安了。」曰：「此且做得一個粗粗底基址在，尚可加功〔一八〕。但古人訓釋字義，無用『適』字爲『往』字者，此『適』字當如『吾誰適從』之『適』，音『的』，是端的之意。言無所定，亦無不定耳。張欽夫云：『「無適無莫」，釋氏謂有適、莫。』此亦可通。」問：「如何是粗粗底基址？」曰：「無所往，亦無所不往，亦無深害。但認得『義』字重，亦是。所謂粗者，如匠人出治材料，且成樸在，然後刻畫可加也。如云『義』字，豈可便止？須要見之於事，那裏是義，那裏是不義，不可謂心安於此便是義。如宰我以食稻衣錦爲安，不成便是義。今所以要於聖賢語言上精加考究，從而分別輕重，辨明是非，見得粲然有倫，是非不亂，方是所謂『文理密察』是也。自此應事接物，各當事幾，而不失之過，不失之不及，此皆精於義理之效也。」問：「此是『精義入神以致用』否？」曰：「所謂『精義入神』，不過要思索令精之又精，則見於日用自然合理。所謂『入神』，即此便是，非此外別有入神處也。如老兄詩云『中倫中慮』，只恁泛説何益？倫慮，只是個倫理所在，要使言行有倫理爾。須是平時精考後躬行之，使凡一言一行皆出乎此理，則這邊自重。所謂『仰不愧，俯不怍』，浩然之氣亦從是生。若用工如此，方有進處。若如此進時，一齊俱進。聖賢見處，雖卒未可遽盡，然進進不已，隨力量自當有到處。若非就這上見得義理之正，則非特所學不可見於行，亦非此道之至。」因問：「『苟不至德，至道不凝焉〔一九〕。』離事物、捨躬行以爲道，則道自道，我自我，尚不能合一，安得有進？」曰：「然。」

再見，即問曰：「三年不相見，近日如何？」對云：「獨學悠悠，未見進處。」曰：「悠悠於學者最有病，某前此説話，亦覺悠悠，而學於某者皆不作切己工夫，故亦少見特然可恃者。且如孟子初語滕文公，只道『性善』。善學者只就這上便做工夫，自應有得。及後再見孟子，則不復更端矣。只説『世子疑吾言乎？夫道一而已矣。』顔淵曰：『舜何人也？予何人也？有爲者亦若是。』以至『若藥弗瞑眩，厥疾弗瘳』，其言激切如此，只是欲其著緊下工夫耳。又如語曹交一段，意亦同此。大抵爲學，須是自家發憤振作，鼓勇做去，直是要到一日須見一日之效，一月須見一月之效。諸公若要做，便從今日做去。不然，便截從今日斷，不要務爲説話，徒無益也。」大雅云：「從前但覺寸進，不見特然之效。」曰：「正爲如此，便不曾離得舊窟〔二〇〕，何緣變化得舊氣質？」

又曰：「學者做切己工夫，要得不差，先須辨義利所在。如思一事，非特財利、利欲，只每事求自家安利處便是，推此便不可入堯舜之道。切須勤勤提省，察之於纖微豪忽之間，不得放過。如此，便不會錯用工夫。」

問：「程先生云：『周羅事者，先有周羅之病在心；多疑者，先有疑病在心。』大雅則浩然無疑，但不免有周羅事之心。」曰：「此正是無切己工夫，故見他人事須攬一分。若自己曾實做工夫，則如忍痛然。我自痛且忍不暇，何暇管他人事？自己若把得重，則彼事自輕。」

因論古今聖賢千言萬語，不過只要睹是爾。曰：「睹是固好，然却只是結末一著，要得睹是，須去求其所以。」大雅曰：「不過致知窮理。」曰：「實做去，便見得所以處。」

再見，即曰：「吾輩此個事，世俗理會不得。凡欲爲事，豈可信世俗之言爲去就，彼流俗何知？所以王介甫一切屏之。他做事雖是過，然吾輩自守所學，亦豈可爲流俗所梗？如今浙東學者多陸子靜門人，類能卓然自立，相見之次，便毅然有不可犯之色。自家一輩朋友又覺不振，一似忘相似，彼則又似助長。」又曰：「大抵事只有一個是非，是非既定，却揀一個是處行將去。必欲回互得人人道好，豈有此理？然事之是非久却自定，時下須是在我者無慊，仰不愧，俯不怍。別人道好道惡，管他！」

臨別請益。曰：「大要只在『求放心』。此心流濫無所收拾，將甚處做管轄處？其他用工總閑慢，須先就自心上立得定。決定不雜，則自然光明四達，照用有餘，凡所謂是非美惡亦不難辨矣。況天理人欲決不兩立，須得全在天理上行，方見人欲消盡。義之與利，不待分辨而明。至若所謂利者，凡有分豪求自利便處皆是，便與克去，不待顯著，方謂之利。此心須令純，純只在一處，不可令有外事參雜。遇事而發，合道理處便與果決行去，勿顧慮。若臨事見義，方復遲疑，則又非也。仍須勤勤把將做事，不可俄頃放寬。日日時時如此，便須見驗。人之精神，習久自成。大凡人心若勤緊收拾，莫令寬縱逐物，安有不得其正者。若真個提得緊，雖半月見驗可也。」

再見，首見教云：「今日用功，且當以格物爲事。不曰『窮理』却說『格物』者，要得就事物上看教道理明。見得是處，便斷然行將去，不要遲疑。將此逐日做一段工夫，勿令作輟，夫是之謂『集義』。天下只要一個是，若不研究得分曉，如何行得？書所謂『惟精惟一』，最要。是他上聖相傳來底，只是如此。」

問：「吾輩之貧者，令不學子弟經營，莫不妨否？」曰：「止經營衣食，亦無甚害，陸家亦作鋪買賣。」因指其門閾云：「但此等事如在門限裏，一動着脚便在此門限外矣。緣先以利存心，做時雖本爲衣食不足，後見利入稍優，便多方求餘，遂生萬般計較，做出礙理事來。須思量止爲衣食，爲仰事俯育耳。此計稍足，便須收斂，莫令出元所思處，則粗可救過。」因令看「利用安身，以崇德也」，大雅云：「『利者，義之和也。』順利此道，以安此身，則德亦從而進矣。」曰：「孔子遭許多困厄，身亦危矣，而德亦進，何也？」大雅云：「身安而後德進者，君子之常。孔子遭變，權之以宜，寧身不安，德則須進。」曰：「然。」答曰然，意似未盡。劉仲升云：「横渠説『「精義入神」，事豫吾内，求利吾外也。「利用安身」，素利吾外，致養吾内也。』」曰：「他説自分明〔二〕。」

正叔有支蔓之病，先生每救其偏，正叔因習静坐。後復有請，謂因此遂有厭書册之意。先生曰：「豈可一向如此？只是令稍稍虚閑，依舊自要讀書。」文蔚。

校勘記

〔一〕及其語孟敬子則曰「孟敬子」，朝鮮本作「門弟子」。

〔二〕編奏議時已編作細注　朝鮮本作：編奏議時已删去。

〔三〕則積漸自長去　朝鮮本「去」下有小字注云：「以上德明自録，下見諸録。」凡十字。

〔四〕安卿　朝鮮本作：陳安卿。

〔五〕不成是有一塊物事光輝輝地在那裏　朝鮮本作：不成别有個物事光爍在那裏。

〔六〕某初曉不得　萬曆本「曉不」二字互乙，朝鮮本不異。

〔七〕直卿　朝鮮本作：黄直卿。

〔八〕義剛　朝鮮本卷一三收録一則語録與此相似，作：因説知縣不庭參，有以起上位之爭，曰：「庭參底不是，便侍上位，爭到底時畢竟也不是。」淳。

〔九〕工夫　朝鮮本此下增：只恁地便可到。

〔一〇〕横渠　朝鮮本作：若横渠。

〔一一〕皆　朝鮮本作：昔。

〔一二〕纔有些子偏倚便不可　「偏」原作「知」，據萬曆本改。

〔一三〕工夫　朝鮮本此下增：可也。

〔一四〕賀孫　朝鮮本此則末尾增小字：以上並廣自録，下見諸録。

〔一五〕久　朝鮮本此上增：如此。

〔一六〕只爲漢儒一向尋求訓詁　「詁」原作「詁」，據朝鮮本、萬曆本改。

〔一七〕扛得兩脚都不著地　「兩」，朝鮮本作「四」。

〔一八〕尚可加功　萬曆本「功」作「工」，朝鮮本不異。

〔一九〕至道不凝焉　「凝」原作「疑」，據朝鮮本、萬曆本改。

〔二〇〕舊窟　朝鮮本作：窠窟。

〔二一〕他説自分明　朝鮮本「明」下有小字注云：以上並大雅自録。

朱子語類卷第一百一十四

朱子十一

訓門人二

先生問：「看甚文字？」曰〔一〕：「看論語。」「看得論語如何？」曰：「自看論語後，逼得做工夫緊〔二〕，不似每常悠悠。」曰：「做甚工夫？」曰〔三〕：「只是存養。」曰：「自見住不得時，便是。某怕人說『我要做這個事』，見飯便喫，見路便行，只管說『我要做這個事』，何益？」文蔚又言：「近來覺有一進處：畏不義，見不義事不敢做。」曰：「甚好。但亦要識得義與不義。若不曾睹當得是，顛前錯後，依舊是胡做。」又曰：「須看大學。聖賢所言，皆是自家元有此理，但人不肯着意看。若稍自着意，便自見得，却不是自家無此理，他鑿空撰來。」以下訓文蔚。

問：「私意竊發，隨即鉏治。雖去枝葉，本根更在，感物又發，如何？」曰：「只得如此，所以曾子『戰戰兢兢，如臨深淵，如履薄冰』。」

一日侍食，先生曰：「只易中『節飲食』三字，人不曾行得。」

「子融、才卿是許多文字看過，今更巡一遍，所謂『温故』，再巡一遍，又須較見得分曉。如人有多田地，須自照管，曾耕得不曾耕得〔四〕。若有荒廢處，須用耕墾。」子融曰：「每自思之：今亦不可謂不知，但知之未至；不可謂不誠，但其誠未至；不可謂不行，但行之未至。若得這三者皆至，便是了得此事。」曰：「須有一個至底道理。」

因説僧家有規矩嚴整，士人却不循禮，曰：「他却是心有用處。今士人雖有好底，不肯爲非，亦是他資質偶然如此。要之，其心實無所用，每日閑慢時多。如欲理會道理〔五〕，理會不得，便掉過三五日、半月日不當事，鑽不透便休了。既是來這一門，鑽不透，又須別尋一門。不從大處入，須從小處入；不從東邊入，便從西邊入。及其入得，却只是一般。今頭頭處處鑽不透，便休了。如此，則無説矣。有理會不得處，須是皇皇汲汲然，無有理會不得者。譬如人有大寶珠失了，不着緊尋，如何會得〔六〕。」

謂文蔚曰：「公却是見得一個物事，只是不光彩。」一日，呈所送崇甫序。觀畢，曰：

「前日說公不光彩，且如這般文字，亦不光彩。」

問：「『色容莊』最難。」曰：「心肅則容莊，非是外面做那莊出來。」陳才卿亦說「九容」。次早〔七〕，才卿以右手拽涼衫，左袖口偏於一邊。先生曰：「公昨夜說『手容恭』，今却如此。」才卿赧然，急叉手鞠躬，曰：「忘了。」先生曰：「爲己之學有忘耶？向徐節孝見胡安定，退，頭容少偏，安定忽厲聲云：『頭容直！』節孝自思：『不獨頭容要直，心亦要直。』自此更無邪心。學者須是如此始得。」友仁〔八〕。

次日相見，先生偶脚氣發。因蘇宜久欲歸，先生蹙然曰：「觀某之疾如此，非久於世間者，只是一兩年間人。亦欲接引後輩一兩人傳續此道，荷公門遠來，亦欲有所相補助。只是覺得如此苦口，都無一分相啓發處。不知如何，横說竪說，都說不入。如昨夜才卿問：『程先生如此謹嚴，何故諸門人皆不謹嚴？』因隔夜說程門諸弟子及後來失節者〔九〕。某答云：『是程先生自謹嚴，諸門人自不謹嚴，干程先生何事？』某所以發此者，正欲才卿深思而得，反之於身，如針之劄身，皇恐發憤，無地自存！思其所以然之故，却再問某。李先生〔一〇〕資質如何，全不相干涉。非惟不知針之劄身，便是刀鋸在身也不知痛了。每日讀書，心全不在上，只是要自說一段文義便了。如做一篇文義相似，心中全無所作爲。恰似一個無圖之人，飽食終日，無所用心。若是心在上面底人，說得話來自別，自相湊合。敢說公門無一日心在上面。莫説一日，便十日心也不在；莫説十日，便是數月心也不在；莫説數月，便是整年心也不在！每日讀書，只是讀過了便了，更不知將此心去體會，所以説得來如此疏。」先生意甚不樂〔一一〕。僩。

陳才卿説詩，先生曰：「謂公不曉文義，則不得，只是不見那好處。正如公適間説窮理，也知事事物物皆具此理，隨事精察，便是窮理，只是不見所謂好處。所謂『民生日用而不知』，所謂『小曉得而大曉不得』，這個便是大病！此句厲聲説。某也只説得到此，要公自去會得。」久之又曰：「大凡物事須要説得有滋味〔一二〕，方見有功。而今隨文解義，誰人不解？須要見古人好處。如昔人賦梅云：『疏影横斜水清淺，暗香浮動月黄昏。』這十四個字誰人不曉得？然而前輩直恁地稱嘆，説他形容得好，是如何？這個便是難説，須要自得言外之意始得，須是看得那物事有精神方好。若看得有精神，自是活動有意思，跳躑叫喚，自然不知手之舞、足之蹈。這個有兩重，曉得文義是一重，識得意思好處是一重。若只是曉得外面一重，不識得他好底意思，此是一件大病。如公看文字，都是如此。且如公看詩，自宣王中興諸詩至此。至節南山。公於其他詩都説來，中間有一詩最好，如白駒是也，公却不曾説。這個便見公不曾看得那物事出，謂之無眼目。若是具眼底人，此等詩如何肯放過。只是看得無意思，不見他好處，所以如此。」又曰：「須是踏翻了船，通身都在那水中，方看得出。」僩。建別録文蔚録云：「文蔚一日説太極、通書，不説格物致知工夫，先生甚訝之。後數日，文蔚拈起中間三語，先生曰：『趯翻却船，通身下水裏去。』文蔚始有所悟。」今池録却將文蔚別話頭合作一段，記者誤矣。

袁州臨別請教，先生曰：「守約兄弟皆太拘謹，更少放寬。謹固好，然太拘則見道理不盡，處事亦往往急迫。道理不只在一邊，須是四方八面看始盡。」訓閎祖〔一三〕。

「邵武人個個急迫，此是氣禀如此。學者先須除去此病，方可進道。」先生謂方子曰：「觀公資質自是寡過，然開闊中又須縝密，寬緩中又須謹敬。」訓方子〔一四〕。

又問：「如孟子言『勿忘，勿助長』却簡易，而今要細碎做去，怕不能貫通。」曰：「孟子言『勿忘，勿助長』處，自是言養氣。試取孟子説處子細看，便見。大凡爲學，最切要處在吾身心，其次便是做事，此是的實緊切處。學者須是把聖人之言來窮究〔一五〕，見得身心要如此，做事要如此。天下自有一個道理在，若大路然。聖人之言，便是一個引路底。」

李公晦問「忠恕」。曰：「初讀書時，且從易處看。待得熟後，難者自易理會。如捉賊，先擒盡弱者，則賊魁自在這裏，不容脱也。且看論語前面聽説分曉處。」蓋卿。

「前日得公書，備悉雅意。聖賢見成事迹，一一可考而行。今日之來，若捨六經之外，求所謂玄妙之説，則無之。近世儒者不將聖賢言語爲切己可行之事，必於上面求新奇可喜之論，屈曲纏繞，詭秘變怪，不知聖賢之心本不如此。既以自欺，又轉相授受，復以欺人。某嘗謂：雖使聖人復生，亦只將六經、語、孟之所載者循而行之，必不更有所作爲。伏羲再出，依前只畫八卦；文王再出，依前只衍六十四卦；禹再出，依前只是洪範九疇。此外更有甚詫異事？如今要緊，只是將口讀底便做身行底，說出底便是心存底。居父相聚幾一年，覺得渠只怕此事有難者，某終曉渠意不得。」以下訓賀孫。

問在鄉如何讀書，賀孫云：「少失怙恃，凡百失教。既壯，所從師友不過習爲科舉之文，然終不肯安心於彼，常欲讀聖賢之書。自初得先生所編論孟精義讀之，至今不敢忘。然中間未能有所決擇，故未有定見。」先生曰：「大凡人說要去從師，然未及從師之時，也須先自着力做工夫。及六七分，到得聞緊切說話，易得長進。若是平時不曾用力，終是也難一頓下手。」

「今須先正路頭，明辨爲己爲人之別，直見得透，却旋旋下工夫，則思慮自通，知識自明，踐履自正。積日累月，漸漸熟，漸漸自然。若見不透，路頭錯了，則讀書雖多，爲文日工，終做事不得。比見浙間朋友或自謂能通左傳，或自謂能通史記，將孔子置在一壁，却將左氏、司馬遷駁雜之文鑽研推尊，謂這個是盛衰之由，這個是成敗之端。反而思之，干你身已甚事？你身己有多多少少底事合當理會，有多多少少底病未曾去，却來說甚盛衰興亡治亂，這個直是自欺。」

「仁父味道却是別，立得一個志趨却正，下工夫却易」〔一六〕。

先生因學者少寬舒意，曰：「公讀書恁地縝密，固是好。但恁地逼截成一團，此氣象最不好，這是偏處。如一項人恁地不子細，固是不成個道理。若一向蹙密，下梢却展拓不去。明道一見顯道，曰：『此秀才展拓得開，下梢可望。』」又曰：「於辭氣間亦見得人氣象。如明道語言，固無甚激昂，看來便見寬舒意思。龜山，人只道恁地寬，看來不是寬，只是不解理會得，不能理會得。范純夫語解比諸公說理最平淺〔一七〕，但自有寬舒氣象，儘好。」

問：「看大學，覺得未透，心也尚〔一八〕粗在。」曰：「這粗便是細，只是恁地看熟了自通透。公往前在陳君舉處，如何看文字？」曰：「也只就事上理會，將古人所說來商量，須教可行。」曰：「怕恁地不得。古人見成法度不用於今，自是如今有用不得處。然不可將古人底折合來，就如今爲可用之計。如鄭康成所說井田，固是難得千里平地如此方正，可疆理溝洫之類。但古人意思，必是如此方得，不應零零碎碎做得成。古人事事先去理會大處正處，到不得已處方有變通，今却先要去理會變通之說。」

問〔一九〕：「初學心下恐空閑未得。試驗之平日，常常看書，否則便思索義理，其他邪妄不見來。才心下稍空閑，便思量別所在去，這當奈何？」曰：「才要閑便不閑，才要靜便不靜，某向來正如此。可將明道答横渠書看。」因舉其間「非外是内」之説。

問〔二〇〕：「前日承教辨是非，只交遊中便有是有非，自家須分别得，且不須誦言。這莫是只説尋常泛交？若朋友，則有責善琢磨之義。」曰：「固是。若是等閑人，亦自不可説。只自家胸次，便要得是非分明，事事物物上都有個道理，都有是有非。所以『舜好問，而好察邇言』。雖淺近閑言語中，莫不有理，都要見得破。『隱惡而揚善』，自家這裏善惡便分明。然以聖明昭鑒，纔見人不好，便説出來，也不得。只是揚善，那惡底自有不得掩之理。纔説揚善，自家已自分明，這亦聖人與人爲善之意。」又云：「一件事走過眼前，匹似閑，也有個道理，也有個是非。緣天地之間，上蟠下際都無别事，都只是這道理。」

「如今理會道理，且要識得個頭。若不識得個頭，只恁地散散逐段説，不濟事。假饒句句説得，段段記得，有甚精微奥妙？都理會得，也都是閑話。若識得個頭，上有源頭，下有歸着，看聖賢書便句句着實，句句爲自家身己設，如此方可以講學。要知這源頭是甚麽，只在身己上看。許多道理，盡是自家固有底。仁義禮智，『知皆廣而充之，若火之始然，泉之始達』。這個是源頭，見得這個了，方可講學，方可看聖賢説話。恰如人知得合當行，只假借聖賢言語作引路一般。不然，徒記得説得，都是外面閑話。聖賢急急教人，只在這些子。纔差過那邊去，便都無些子着身己，都是要將去附合人，都是爲别人，全不爲自家身己。纔就這邊來，便是自工夫。這正是爲己爲人處。公今且要理會志趣是要如何。若不見得自家身己道理分明，看聖賢言語，那裏去捉摸？」又云：「如今見得這道理了，到得進處，有用力慤實緊密者，進得快；有用力慢底，便進得鈍。何況不見得這源頭道理，便緊密也徒然不濟事。何況慢慢地，便全然是空。如今拽轉亦快，如船遭逆風，吹向别處去，若得風翻轉，是這一載不問甚麽物色，一齊都拽轉；若不肯轉時，一齊都不轉。見説『毋不敬』，便定定着『毋不敬』始得〔二一〕；見説『思無邪』，便定定着『思無邪』始得。書上説『毋不敬』，自家口讀『毋不敬』，身心自恁地怠慢放肆；詩上説『思無邪』，自家口讀『思無邪』，心裏却胡思亂想，這不是讀書。口即是心，心即是口。又如説『足容重』，須着重，是天理合下付與自家，便當重；自家若不重，便自壞了天理。『手容恭』，須着恭，是天理合下付與自家，便當恭；自家若不恭，便自壞了天理。『目容端，口容止，聲容静，頭容直，氣容肅，立容德，色容莊』云云〔二二〕，把聖賢説話將來學，便是要補填得元初底教好。又如説『非禮勿視』，自是天理付與自家雙眼，不曾教自家視非禮；纔視非禮，便不是天理。『非禮勿聽』，自是天理付與自家雙耳，不曾教自家聽非禮；纔聽非禮，便不是天理。『非禮勿言』，自是天理付與自家一個口，不曾教自家言非禮；纔言非禮，便不是天理。『非禮勿動』，自是天理付與自家一個身心，不曾教自家動非禮；纔動非禮，便不是天理。」

賀孫請問,語聲末後低,先生不聞,因云:「公仙鄉人何故聲氣都恁地?說得個起頭,後面賴將去。孔子曰:『聽其言也厲。』公只管恁地,下梢不好。見道理不分明,將漸入於幽暗,含含胡胡,不能到得正大光明之地。說話須是一字是一字,一句是一句,便要見得是非。」

先生謂賀孫:「也只是莫巧。公鄉間有時文之習,易得巧。」

問:「往前承誨,只就窮理說較多。此來如『尊德性,致廣大,極高明』上一截數數蒙提警,此意是如何?」曰:「已前也說了,只是夾雜說,如大學中亦自說。但覺得近日諸公去理會窮理工夫多,又自漸漸不着身己。」

「嘗見陸子靜說:『且恁地依傍看。』思之,此語說得好。公看文字,亦且就分明注解依傍看教熟。待自家意思與他意思相似,自通透。也自有一般人敏捷,都要看過,都會通曉。若不恁地,只是且就曉得處依傍看。如公讀論語,還常文義曉得了未?若文義未曉得,又且去看某家如此說、某家如彼說,少間都攪得一場沒理會。尹和靖只是依傍伊川許多說話,只是他也沒變化,然是守得定。」

辭先生,同黄敬之歸鄉赴舉。先生曰:「仙里士人在外,孰不經營僞牒?二公獨遥還鄉試,殊强人意。」

先生問：「赴試用甚文字？」賀孫以春秋對。曰：「春秋爲仙鄉陳、蔡諸公穿鑿得盡。諸經時文愈巧愈鑿，獨春秋爲尤甚，天下大抵皆爲公鄉里一變矣！」〔一一三〕

先生問時舉「觀書如何」，時舉自言：「常苦於粗率，無精密之功，不知病根何在？」曰：「不要討甚病根。但知道粗率，便是病在這上，便更加子細便了。今學者亦多來求病根，某向他説：『頭痛灸頭，脚痛灸脚。病在這上，只治這上便了，更別討甚病根也！』」以下訓時舉。

又讀「回也三月不違仁」一段，曰：「工夫既能向裹，只要常提省此心，心才在這裹，外面許多病痛自然不見。」〔一一四〕

問「管仲之器小哉」處，説及王伯之所以異，先生曰：「公看文字，好立議論。是先以己意看他，却不以聖賢言語來澆灌胸次中，這些子不好，自後只要白看乃好。」

先生歷言諸生之病甚切，謂時舉「看文字也却細膩親切，也却去身上做工夫，但只是不去正處看，却去偏傍處看。如與人説話相似，不向面前看他，却去背後尋索，以爲面前説話皆不足道，此亦不是些小病痛。想見日用工夫，也只去小處理會。此亦是立心不定故爾，切宜戒之。」

先生問〔一一五〕云：「子善別後做甚工夫？」時舉云：「自去年書院看孟子至告子，歸後雖日在憂患中，然夜間亦須看一二章。至今春看了，却看中庸，見讀程易，此讀書工夫如此。若裏面工夫，尚多間斷，未接續成片段，將如之何？」先生曰：「書所以維持此心，若一時放下，則一時德性有懈。若能時時讀書，則此心庶可無間斷矣。」因問：「『日夜之所息』，舊兼止息之義，今只作生息之義，如何？」曰：「近看得只是此義。」時舉云：「凡物日夜固有生長，若良心既放而無操存之功，則安得自能生長？」曰：「放去未遠，故亦能生長。但夜間長得三四分，日間所爲又做了七八分，却摺轉來都消磨了這些子意思，此所以終至於梏亡也〔二六〕。」

早拜朔，先生說：「諸友相聚已半年，光陰易過，其間看得文義分明者，所見亦未能超詣，不滿人意。兼是爲學須是己分上做工夫，有本領，方不作言語說。若無存養，儘說得明，自成兩片，亦不濟事。況未必說得明乎？要須發憤忘食，痛切去做身分上功夫，莫荏苒，歲月可惜也。」是日，問時舉：「看詩外別看何書？」時舉答：「欲一面看近思録。」曰：「大凡爲學有兩樣：一者是自下面做上去，一者是自上面做下來。自下面做上者，便是就事上旋尋個道理揍合將去，得到上面極處，亦只一理。自上面做下者，先見得個大體，却自此而觀事物，見其莫不有個當然之理，此所謂自大本而推之達道也。若會做工夫者，須從大本上理會將去，便好。昔明道在扶溝謂門人曰：『爾輩在此只是學某言語，盍若行之？』

謝顯道請問焉，却云：『且靜坐。』」時舉因云：「『雷在地中，復。先王以至日閉關，商旅不行，后不省方。』在學者分上説，便是要安靜涵養這些子善端耳。」曰：「若着實做工夫，要知這説話也不用説。若會做工夫，便一字也來這裏使不着。此説，某不欲説與人，却恐學者聽去，便做空虛認了。且如程門中如游定夫，後來説底話大段落空無理會處，未必不是在扶溝時只恁地聽了。」時舉因言平日學問次第云云，先生曰：「此心自不用大段拘束他，他既在這裏，又要向那裏討他？要知只是爭個醒與睡着耳。人若醒時，耳目聰明，應事接物便自然無差錯處。若被私慾引去，便一似睡着相似，只更與他喚醒。才醒，又便無事矣。」時舉因云：「釋氏有『豁然頓悟』之説，不知使得否？不知倚靠得否？」曰：「某也曾見叢林中有言『頓悟』者，後來看這人也只尋常。如陸子靜門人，初見他時常云有所悟，後來所爲却更顛倒錯亂。看來所謂『豁然頓悟』者，乃是當時略有所見，覺得果是淨潔快活，然稍久則却漸漸淡去了，何嘗倚靠得？」時舉云：「舊時也有這般狂底時節，以爲聖人便即日可到。到後來，果如先生所云漸漸淡了。到今日，却只得逐旋挨去。然早上聞先生賜教云『諸生工夫不甚超詣』，時舉退而思之，不知如何便得超詣？」曰：「只從大本上理會，亦是逐旋挨去，自會超詣。且如今學者考理，一如在淺水上撐船相似，但覺辛苦不能鄉前，須是從上面放得些水來添，便自然撐得動，不用費力，滔滔然去矣。今有學者在某門者，其於考理非不精當，説得來置水不漏，直是理會得好，然所爲却顛倒錯繆，全然與所知者相反。人只管道某不合引他，如今被他累却。不知渠實是理會得，某如何不與他説？他凡所説底話，今世俗人往往有全曉不得者。他之所説非不精明，然〔二七〕所爲背馳者，只是不曾在源頭上用力故也。往往他一時明敏，隨處理會，便自曉得分明。然源頭上不曾用功，只是徒然耳。」時舉因云：「如此者不是知上工夫欠，乃是行上全然欠耳。」曰：「也緣知得不實，故行得無力。」時舉云：「惟其不見於行，是以知不能實。」時舉嘗謂知與行互相發明之説，誠不可易之論。」先生又云：「此心虚明，萬理具足，外面理會得者，即裏面本來有底，只要自大本而推之達道耳。」先生又謂時舉曰：「朋友相處，要得更相規戒，有過則告。」時舉應喏。先生曰：「然小過只曉曉底説，又似没緊要相似。大底過失又恐他已深痼，不容易説，要知只盡公之誠意耳。」又云：「本領上欠了工夫，外面都是閑。須知道大本若立，外面應事接物上道理，都是大本上發出。如人折這一枝花，只是這花根本上物事〔二八〕。」

問〔二九〕：「久侍師席，今將告違〔三〇〕。氣質偏蔽，不能自知，尚望賜以一言，使終身知所佩服。」曰：「凡前此所講論者，不過如此，亦別無他説，但於大本上用力。凡讀書窮理，須要看得親切。某少年曾有一番專看親切處，其他器數都未暇考。此雖未爲是，却與今之學者泛然讀過者似亦不同。」

丙午四月五日見先生，坐定。問：「從何來？」某云：「自丹陽來。」問：「仙鄉莫有人講學？」某說：「鄉里多理會文辭之學。」問：「公如何用心？」某說：「收放心。慕顏子克己氣象。游判院教某常收放心，常察忘與助長。」曰：「固是。前輩煞曾講說：差之豪釐，繆以千里。今之學者理會經書，便流爲傳注；理會史學，便流爲功利；不然，即入佛老。最怕差錯。」問：「公留意此道幾年，何故向此？」某說：「先妣不幸，某憂痛無所措身。因讀西銘，見說『乾父坤母』，終篇皆見說得是，遂自此棄科舉。某十年願見先生，緣家事爲累。今家事盡付妻子，於世務絶無累，又無功名之念，正是侍教誨之時。」先生說：「公已得操心之要。」問：「公常讀何書？」答云：「看伊川易傳、語孟精義、程氏遺書、近思録。」先生說：「語孟精義皆諸先生講論，其間多異同，非一定文字，又在人如何看。公畢竟如何用心？」某說：「仰慕顏子，見其氣象極好，如『三月不違仁』、『得一善則拳拳服膺』，如克己之目。某即察私心，欲去盡，然而極難。頃刻不存則忘，才着意又助長，覺得甚難。」先生云：「且只得恁地。」先生問：「君十年用功，莫須有見處？」某謝：「資質愚鈍，未有見處，望先生教誨。」先生云：「也只是這道理，先輩都說了。」問：「仙鄉莫煞有人講學？」某說：「鄉里多從事文詞。」先生說：「早來說底，學經書者多流爲傳注，學史者多流爲功利，不則流入釋、老。」某即說：「游判院說釋氏亦格物，亦有知識，但所見不精。」先生說：「近學佛者又生出許多知解，各立知見，又却都不如它佛元來説得直截。」問：「都下曾見誰？」某説：「只見游判院，薛象先略曾見。」先生説：「聞説薛象先甚好，只是不相識，曾有何説？」某説：「薛太博教某『居仁由義』、『仁者人之安宅，義者人之正路』。」「別有何説？」某説：「薛太博論顔子克己之目，舉伊川四箴。」某又説：「薛太博説：『近多時不聞人説這話。』謂某學問實頭，但不須與人説。退之言不可公傳。道之在孟子，已私淑諸人。」先生云：「却不如此。孟子説『君子之教者五』，上四者皆親教誨之。如『私淑艾』，乃不曾親見，私傳此道自治，亦猶我教之一等。如私淑諸人，乃孟子説，我未得爲孔子徒也，但私傳孔子之道淑諸人。」又説與同座二客：「如竇君説話比公別〔三二〕，池録作「此公却别」。不用心於外。」晚見先生，同坐廖教授子晦、敬之。先生説：「向來人見尹和靖云：『諸公理會得個「學」字否？只是學做個人。人也難做，如堯舜方是做得個人。』」某説：「天地人謂之三極，人才有些物欲害處，便不與天地流通，如何得相似？誠爲難事。」先生曰：「是。」問：「鎮江耿守如何？」某説：「民間安土樂業。」云：「見説好，只是不相識。」先生説與廖子晦：「適間文卿説：『明道語學者：要鞭辟近裏，切問而近思，仁在其中矣。』」又曰：「言忠信，行篤敬，雖蠻貊之邦行矣。言不忠信，行不篤敬，雖州里行乎哉？立則見其參於前也，在輿則見其倚於衡也，夫然後行。只此是學。質美者明得盡，查滓便渾然，却與天地同體。其次莊敬持養，及其至則一也。明得盡時，查滓已自化了。莊敬持養，未能與己合。」以下訓從周。

先生問：「曾理會『敬』字否？」曰：「程先生說：『主一之謂敬，無適之謂一。』」曰：「畢竟如何見得這『敬』字？」曰：「端莊嚴肅，則敬便存。」曰：「須是將敬來做本領，涵養得貫通時，才『敬以直内』，便『義以方外』。義便有敬，敬便有義，如居仁便由義，由義便居仁。」某說：「敬莫只是涵養，義便分别是非？」曰：「不須恁地說。不敬時，便是不義。」

「學者理會道理，當深沉潛思。」又曰：「讀書如煉丹，初時烈火鍛煞，然後漸漸慢火養。又如煮物，初時烈火煮了，却須慢火養。讀書初勤敏着力，子細窮究，後來却須緩緩温尋，反復玩味，道理自出。又不得貪多欲速，直須要熟，工夫自熟中出。文卿病在貪多欲速。」

「公看道理〔三二〕，失之太寬。譬如小物而用大籠罩，終有轉動。又如一物，上下四旁皆有所添引，如此則必不精矣。當如射者，專心致志，只看紅心。若看紅心，又覷四邊，必不能中。列子說一射者懸蝨於户，視之三年，大如車輪。想當時用心專一，不知有他。雖實無這事，要當如此，所見方精。」

某說：「『克、伐、怨、欲』此四事，自察得却絶少。昨日又思量『剛』字，先聖所取甚重，曰：『吾未見剛者。』某驗之於身，亦庶幾焉。且如有邪正二人，欲某曲言之，雖死不可。」先生曰：「不要恁地說。惟天性剛强之人，不爲物欲所屈，如『克、伐、怨、欲』，亦不要去尋來勝他。如此，則胸中隨從者多反害事，只此便是『克、伐、怨、欲』。只是虛心看物，物來便知是與非，事事物物皆有個透徹無隔礙，方是。才一事不透，便做病。且如公說不信陰陽家說，亦只孟浪不信。夜來說神仙事不能得了當，究竟知否？」某對：「未知的當，請問。」先生曰：「伊川曾說『地美，神靈安，子孫盛』。如『不爲』五者，今之陰陽家却不知，惟近世呂伯恭不信，然亦是橫說，伊川言方爲至當。古人卜其宅兆，是有吉凶方卜。譬如草木，理會根源，則知千條萬葉上各有個道理，事事物物各有一線相通，須是曉得。敬夫說無神仙，也不消得。便有，也有甚奇異。彼此無相干，又管他什麼？却須要理會是與非。且如說閑話多，亦是病；尋不是處去勝他，亦是病。便將來做『克、伐、怨、欲』看了，一切掃除。若此心湛然，常如明鏡，物來便見，方是。如公前日有些見處，只管守着歡喜則甚？如漢高祖得關中，若見寶貨婦女喜後便住，則敗事矣。又如既取得項羽，只管喜後，不去經畫天下，亦敗事。正如過渡，既已上岸，則當向前，不成只管讚歎渡船之功。」〔三三〕

「聖人言語，一重又一重，須入深去看。若只見皮膚，便有差錯。須深沉，方有得。夜來所說是終身規橅，不可便要使，便有安頓。」〔三四〕

先生問：「如何理會致知格物？」從周曰：「涵養主一，使心地虛明，物來當自知未然之理。」曰：「恁地則兩截了。」〔三五〕

先生問寶云：「尋常看『敬』字如何？」曰：「心主於一而無有它適。」先生曰：「只是常要提撕，令胸次湛然分明。若只塊然獨坐，守着個敬，却又昏了。須是常提撕，事至物來，便曉然判别得個是非去。」寶云：「每常胸次湛然清明時，覺得可悦。」曰：「自是有可悦之理。只是敬好。『敬以直内』，便能『義以方外』。有個敬，便有個不敬，常如此戒懼。方不睹不聞，未有私欲之際，已是戒懼了。及至有少私意發動，又却謹獨如此，即私意不能爲吾害矣。」德明。

寶問：「讀大學章句、或問，雖大義明白，然不似聽先生之教親切。」曰：「既曉得此意思，須持守相稱方有益，『誠敬』二字是涵養它底。」德明。

寶自言夢想顛倒，先生曰：「魂與魄交而成寐，心在其間，依舊能思慮，所以做成夢。」因自言：「數日病，只管夢解書。向在官所，只管夢爲人判狀。」寶曰：「此猶是日中做底事。」曰：「只日中做底事，亦不合形於夢。」德明。

校勘記

〔一〕曰　朝鮮本作：文蔚曰。

〔二〕逼得做工夫緊　「逼」，萬曆本作「覺」。

〔三〕曰　朝鮮本作：文蔚曰。

〔四〕曾耕得不曾耕得　朝鮮本作：還曾耕得。

〔五〕如欲理會道理　朝鮮本作：且如欲理會一個道理。

〔六〕如何會得　朝鮮本「得」下有小注，云：「以上並陳文尉自録，下見諸録。」凡十二字。

〔七〕次早　朝鮮本作：次早復見先生。

〔八〕友仁　朝鮮本此下有小注，云：「按黄卓録此條云：『郭兄問：「色容莊甚難。」曰：「非用功於外，如心肅則容莊。」』」凡二十七字。

〔九〕因隔夜説程門諸弟子及後來失節者　「程」原作「有」，據朝鮮本改。

〔一〇〕李先生　朝鮮本作：延平李先生。

〔一一〕先生意甚不樂　朝鮮本作：先生意甚蹙然。

〔一二〕大凡物事須要説得有滋味　「味」原作「來」，據萬曆本改。

〔一三〕訓閎祖　朝鮮本末尾小字作：訓閎祖自録。

〔一四〕訓方子　朝鮮本末尾小字作：訓方子自録。

〔一五〕學者須是把聖人之言來窮究　朝鮮本作：又那裏見得如此，須是聖人之言。今之學者須是把聖人之言來窮究。

〔一六〕下工夫却易　朝鮮本「易」下有小注云：「以上並賀孫自録。」凡七字。

〔一七〕范純夫語解比諸公説理最平淺　「比」原作「北」，據萬曆本改。

〔一八〕尚　朝鮮本此下增：自。

〔一九〕問　朝鮮本作：賀孫問。

〔二〇〕問　朝鮮本作：賀孫問。

〔二一〕便定定着毋不敬始得　「毋」原作「無」，據萬曆本改。

〔二二〕目容端口容止聲容靜頭容直氣容肅立容德色容莊云云　朝鮮本此作：「目容端，須着端是天理，合下付與自家便當端，自家若不端，便自壞了天理；口容止，須着止是天理，合下付與自家便當止，自家若不止，便自壞了天理；聲容靜，須着靜是天理，合下付與自家便當靜，自家若不靜，便自壞了天理；頭容直，須着直是是天理，合下付與自家便當直，若不直，便自壞了天理；氣容肅，須着肅是天理，合下付與自家便當肅，自家若不肅，便自壞了天理；立容德，須着德是天理，合下付與自家便當德，自家若不德，便自壞了天理；色容莊，須着莊是天理，合下付與自家便當莊，自家若不莊，便自壞了天理。」凡二百零二字。

〔二三〕一變矣　朝鮮本末尾增：賀孫。

〔二四〕不見　朝鮮本卷三一收録此則，且末尾記録者姓名作：時舉。

〔二五〕先生問　朝鮮本此下增：時舉。

〔二六〕此所以終至於梏亡也　朝鮮「也」下有小注云：以下訓時舉。

〔二七〕然　朝鮮本此下增：所以。

〔二八〕只是這花根本上物事　朝鮮本「事」下有小注云：「以上並時舉自録。按董銖録同，但次序小異，更不復出。」凡二十一字。

〔二九〕問　朝鮮本作：時舉請問云。

〔三〇〕違　朝鮮本此下增：不勝依戀。

〔三一〕如寶君説話比公別　「比」，萬曆本作「與」。

〔三二〕看道理　朝鮮本作：看文字。

〔三三〕渡船之功　朝鮮本此下增一節文字：五峰曾説，如齊宣王不忍觳觫之心，乃良心，當存此心。敬夫説「觀過知仁」，當察過心則知仁。二説皆好意思。然卻是尋良心與過心，也不消得。只此心常明，不爲物蔽，物來自見。以上並從周録，下見諸録。

〔三四〕不可便要使便有安頓　朝鮮本作：不可便要使有安頓。且末尾增記録者姓名：從周。

〔三五〕恁地則兩截了　朝鮮本此則内容爲小字，段首作：從周録云。此上有一則正文，作：先生問寶：「看格物之義如何？」曰：「須先涵養清明，然後能格物。」曰：「亦不必專執此説。事到面前，須與他分別去。到得無事，又且持敬。看自家這裏敬與不敬如何，若是不敬底意思來，便與屏徹去。久之，私欲自留不得。且要切己做工夫。且如今一坐之頃，便有許多語話，豈不是動。才不語話，便是靜。一動一靜，循環無已，便就此窮格，無有空闕時，不可作二事看。某向時亦曾説，未有事時且涵養，到得有事卻將此去應物，卻成兩截事。今只如此格物，便只是一事。且如『言忠信，行篤敬』，只見得言行合如此；下一句『蠻貊之邦行矣』，便未須理會。及其久也，只見得合如此言，合如此行，亦不知其爲忠信篤敬如何，而忠信篤敬自在裏許，方好。」德明。

朱子語類卷第一百一十五

朱子十二

訓門人三

問「曾點、漆雕開已見大意」。曰：「曾點、漆雕開是合下〔一〕見得大了，然但見大意，未精密也。」因語人傑曰：「正淳之病，大概説得渾淪，都不曾嚼破殼子，所以多有纏縛，不索性，絲來線去，更不直截，無那精密潔白底意思。若是實識得，便自一言兩語斷得分明。如今工夫，須是一刀兩段，所謂『一棒一條痕，一摑一掌血』，如此做頭底，方可無疑慮。如項羽救趙，既渡，『沉船破釜，持三日糧，示士卒必死，無還心』，故能破秦。若更瞻前顧後，便不可也。」因舉禪語云：「『寸鐵可殺人』，無殺人手段，則載一車鎗刀，逐件弄過，畢竟無益。」以下訓人傑。

屢與人傑說「謹思之」一句，言思之不謹，便有枉用工夫處。

先生問別後工夫。曰：「謹守教誨，不敢失墜。舊來於先生之說，猶不能無疑。自昨到五更後〔二〕，乃知先生之道斷然不可易。近看中庸，見得道理只從下面做起，愈下愈實。」先生曰：「道理只是如此，但今人須要說一般深妙，直以爲不可曉處方是道。展轉相承，只將〔三〕一個理會不得底物事互相欺謾，如主管假會子相似。如二程說經義直是平常，多與舊說相似，但意味不同。伊川曰：『予年十七八時已曉文義，讀之愈久，但覺意味深長。』蓋只是這個物事，愈說愈明，愈看愈精，非別有個要妙不容言者也。近見湖南學者非復欽夫之舊，當來若到彼中，須與整理一番，恨不能遂此意耳。」

看人傑論語疑義，云：「正淳之病，多要與衆說相反。譬如一柄扇子，衆人說這一面，正淳便說那一面以詰之；及衆人說那一面，正淳却說這一面以詰之。舊見欽夫解論語，多有如此處。某嘗語之云：如此是別爲一書，與論語相詰難也。」

先生問人傑：「學者多入於禪，何也？」人傑答以「彼蓋厭吾儒窮格工夫，所以要趨捷徑」。先生曰：「『操則存，舍則亡』，吾儒自有此等工夫，然未有不操而存者。今釋子謂我有個道理，能不操而存，故學者靡然從之。蓋爲主一工夫，學者徒能言而不能行，所以不能當抵他釋氏之説也。」人傑因曰：「人傑之所見，却不徒言，乃真得所謂操而存者。」曰：「畢竟有欠闕。」人傑曰：「工夫欠闕則有之，然此心則未嘗不存也。」曰：「正淳只管來爭，便是源頭有欠闕。」反覆教誨數十言，人傑曰：「荷先生教誨，然説人傑不着。」曰：「正淳自主張，以爲道理只如此，然以某觀之，有得者自然精明不昧。正淳更且靜坐思之，能知所以欠闕，則斯有進矣。」因言：「程門諸公，如游、楊者，見道不甚分明，所以説著做工夫處，都不緊切。須是操存之際，常看得在這裏，則愈益精明矣。」次日見先生，曰：「昨日聞教誨，方知實有欠闕。」先生曰：「聖人之心如一泓止水，遇應事時〔四〕，但見個影子，所以發必中節。若自心黑籠籠地，則應事安能中節。」

「靜時見此理，動時亦當見此理。若靜時能見，動時却見不得，恰似不曾。」

問：「索理未到精微處，如何？」曰：「平日思慮夾雜，不能虛明。用此昏底心，欲以觀天下之理，而斷天下之疑，豈能究其精微乎？」

人傑將行，請教，先生曰：「平日工夫，須是做到極時，四邊皆黑，無路可入，方是有長進處，大疑則可大進。若自覺有些長進，便道我已到了，是未足以爲大進也。顏子仰高鑽堅，瞻前忽後，及至『雖欲從之，末由也已』，直是無去處了，至此可以語進矣。」

問：「每有喜好適意底事，便覺有自私之心。若欲見理，莫當便與克下，使其心無所喜

好，雖適意亦視爲當然否？」曰：「此等事，見得道理分明，自然消磨了。似此迫切，却生病痛。」〔五〕

「學問亦無個一超直入之理，直是銖積寸累做將去。某是如此喫辛苦，從漸做來。若要得知，亦須是喫辛苦了做，不是可以坐談僥倖而得。」正淳曰：「連日侍先生〔六〕，教自做工夫，至要約貫通處，似已詳盡。」先生曰：「只欠做。」㽦。

道夫以疑目質之先生，其別有九：其一曰〔七〕：「涵養、體認、致知、力行，雖云互相發明，然畢竟當於甚處著力？」曰：「四者據公看，如何先後？」曰：「據道夫看，學者當以致知爲先。」曰：「四者本不可先後，又不可無先後，須當以涵養爲先。若不涵養而專於致知，則是徒然思索；若專於涵養而不致知，却鶻突去了。以某觀之，四事只是三事，蓋體認便是致知也。」二曰：「居常持敬，於靜時最好，及臨事則厭倦。或於臨事時著力，則覺紛擾。不然，則於正存敬時，忽忽爲思慮引去。是三者將何以勝之？」曰：「今人將敬來別做一事，所以有厭倦，爲思慮引去。敬只是自家一個心常醒醒便是，不可將來別做一事。又豈可指擎跽曲拳，塊然在此而後爲敬。」又曰：「今人將敬、致知來做兩事。持敬時只塊然獨坐，更不去思量；却是今日持敬，明日去思量道理也。豈可如此？但一面自持敬，一面去思量道理，二者本不相妨。」三曰：「人之心，或爲人激觸，或爲利欲所誘，初時克得下。不覺突起，更不可禁禦，雖痛遏之，卒不能勝，或勝之，而已形於辭色。此等爲害不淺〔八〕。」曰：「只是養未熟爾。」四曰：「知言云：『天理人欲，同體而異用，同行而異情。』竊謂凡人之生，粹然天地之心，不與物爲對，是豈與人欲同體乎？」曰：「五峰『同體而異用』一句説得不是〔九〕，天理人欲如何同得？故張欽夫嶽麓書院記只使他『同行而異情』一句，却是他合下便見得如此。他蓋嘗曰：『凡人之生，粹然天地之心，道義完具，無適無莫，不可以善惡辨，不可以是非分』，所以有『天理人欲，同體而異用』之語。只如『粹然天地之心』即是至善，又如何不可分辯？天理便是性，人欲便不是性，自是他合下見得如此。當時無人與他理會，故恁錯了。」五曰：「遺書云：『今志于義理，而心不安樂者，何也？此則正是剩一個助之長。雖則心「操之則存，捨之則亡」，然而持之太甚，便是「必有事焉」而正之也。亦須且恁地去。如此者，只是德孤。「德不孤，必有鄰」。到德盛後，自無窒礙，左右逢其原也。』此一段多所未解。」曰：「這個也自分明。只有『且恁地去』此一句難曉〔一〇〕。其意只是不可説道持之太甚，便放下了，亦須且恁持去。德孤，只是單丁有這些道理，所以不可靠，易爲外物侵奪。緣是處少，不是處多。若是處多，不是處少，便不爲外物侵奪。到德盛後，自然『左右逢其原』也。」六曰：「南軒答吳晦叔書云『反復其道』，正言消長往來乃是道也。程子所謂『聖人未嘗復，故未嘗見其心』，蓋有往則有復。以天地言之，陽氣之生，所謂復也。

固不可指此爲天地心，然於其復也，可見天地心焉，蓋所以復者是也。在人有失則有復。復，賢者之事也。於其復也，亦可見其心焉。竊謂聖人之心，天地之心也。天地之心可見，則聖人之心亦可見。況夫復之爲卦，一陽復於積陰之下，乃天地生物之心也。聖人雖無復，然是心之用因時而彰，故堯之不虐、舜之好生、禹之拯溺、湯之救民於水火、文王之視民如傷，是皆以天地之心爲心者也。故聖賢之所推尊，學者之所師慕，亦以其心顯白而無暗曖之患耳。而謂不可見，何哉〔一二〕？」曰：「不知程子當時説如何，欽夫却恁説。大抵易之言陰陽，有指君子小人而言，有指天理人欲而言，有指動靜之機而言，初不可以一偏而論。如天下皆君子而無小人，皆天理而無人欲，其善無以加。有若動不可以無靜，靜不可以無動，蓋造化不能以獨成。或者見其相資而不可相無，遂以爲天下不可皆君子而無小人，不能皆天理而無人欲，此得其一偏之論。只如『有不善未嘗不知，知之未嘗復行』，此賢者之心因復而見者。若聖人則無此，故其心不可見。然亦有因其動而見其心者，正如公所謂堯之不虐、舜之好生，皆是因其動而見其心者。只當時欽夫之語亦未分明。」七曰：「李延平教學者於靜坐時看喜怒哀樂未發之氣象爲如何，伊川謂『既思即是已發』。道夫謂：李先生之言主於體認，程先生之言專在涵養，其大要實相爲表裏。然於此不能無疑。夫所謂體認者，若曰體之於心而識之，猶所謂默會也。信如斯言，則未發自是一心，體認又是一心，以此一心認彼一心，不亦膠擾而支離乎？李先生所言決不至是〔一二〕。」曰：「李先生所言自是他當時所見如此。」問：「二先生之説何從？」曰：「也且只得依程先生之説。」八問邵康節男子吟。曰：「康節詩乃是説先天圖中數之所從起處。『天根月窟』，指復、姤二卦而言。」九問：「濂溪遺事載邵伯温記康節論天地萬物之理以及六合之外，而伊川稱歎。東見録云：『人多言天地外，不知天地如何説内外？外面畢竟是個甚？若言著外，則須似有個規模。』此説如何？」曰：「六合之外，莊周亦云『聖人存而不論』，以其難説故也。舊嘗見漁樵問對〔一三〕：『問：「天何依？」曰：「依乎地。」「地何附？」曰：「附乎天。」「天地何所依附？」曰：「自相依附。天依形，地附氣，其形也有涯，其氣也無涯。」』意者當時所言，不過如此。某嘗欲注此語於遺事之下，欽夫苦不許，細思無有出是説者。」因問：「向得此書，而或者以爲非康節所著。」先生曰：「其間儘有好處，非康節不能著也。」以下訓道夫。

請〔一四〕問爲學之要。曰：「公所條者便是。須〔一五〕於日用間下工，只恁説歸虚空，不濟事。温清定省，這四事亦須實行方得，只指摘一二事，亦豈能盡？若一言可盡，則聖人言語豈止一事？聖人言語明白，載之書者，不過孝弟忠信。其實精粗本末，秖是一理。聖人言『致知、格物』，亦豈特一二而已？如此則便是德孤。致，推致也。格，到也。亦須一一推到那裏方得。」又曰：「『如人君〔一六〕，止於仁』，姑息也是仁，須當求其所以爲仁。『爲臣，止於敬』，孿跽曲拳也是敬，亦當求其所以爲敬。且如公自浦城來崇安，亦須偏歷崇安境界，方是到崇安。人皆有是良知〔一七〕，而前此未嘗知者，只爲不曾推去爾。愛親從兄，誰無是心？於此推去，則溫凊定省之事，亦不過是愛。自其所知，推而至於無所不知，皆由人推耳。」子昂曰：「敢問推之之說？」曰：「且如孝，只是從愛上推去，凡所以愛父母者，無不盡其至。不然，則曾子問孝至末梢，却問『子從父之令，可以爲孝乎』？蓋父母有過，已所當諍，諍之亦是愛之所推。不成道我愛父母，姑從其令。」

問〔一八〕：「向見先生教童蜚卿於心上着工夫，數日來專一靜坐，澄治此心。」曰：「若如此塊然都無所事，却如浮屠氏矣。所謂『存心』者或讀書以求義理，或分別是非以求至當之歸。只那所求之心，便是已存之心，何俟塊然以處而後爲存耶。」

「大率爲學雖是立志，然書亦不可不讀，須將經傳本文熟復。如仲思早來所說專一靜坐，如浮屠氏塊然獨處，更無酬酢，然後爲得。吾徒之學，正不如此。遇無事則靜坐，有書則讀書，以至接物處事，常教此心光晗晗地，便是存心。豈可凡百放下，祇是靜坐？向日蜚卿有書，亦說如此，某答之云：『見有事自那裏過，却不理會，却只要如此，如何是實下工夫。』」

「大凡人須是存得此心。此心既存，則雖不讀書，亦有一個長進處。纔一放蕩，則放下書册，便其中無一點學問氣象。舊來在某處朋友，及今見之，多茫然無進學底意思，皆恁放蕩了。」道夫曰：「心不存，雖讀萬卷，亦何所用？」曰：「若能讀書，就中却有商量。只他連這個也無，所以無進處。」道夫曰：「以此見得孟子『求放心』之説緊要。」曰：「如程子所説『敬』字亦緊要也〔一九〕。」

問〔二〇〕：「尋常操存處，覺纔着力，則愈紛擾，這莫是太把做事了？」曰：「自然是恁地。能不操而常存者，是到甚麽地位！孔子曰：『操則存，舍則亡。』操則便在這裏，若着力去求，便蹉過了。今若説操存，已是剩一個『存』字，亦不必深着力。這物事本自在，但自家略加提省，則便得。『必有事焉，而勿正，心勿忘，勿助長也』。」

問：「處鄉鄰宗族，見他有礙理不安處，且欲與之和同，則又不便。欲正己以遠之，又失之孤介而不合中道。如何？」曰：「這般處也是難，也只得無忿疾之心爾。」

先生一日謂飛卿與道夫曰：「某老矣，公輩欲理會義理，好着緊用工，早商量得定。將來自求之，未必不得。然早商量得定，尤好。」

道夫辭拜還侍，先生曰：「更硬着脊梁骨。」

道夫問：「劉季文所言心病，道夫常恐其志不立，故心爲氣所動。不然，則志氣既立，思慮凝靜，豈復有此？」曰：「此亦是不讀書，不窮理，故心無所用，遂生出這病。某昨日之言，不曾與説得盡。」道夫因言：「季文自昔見先生後，敦篤謹畏，雖居於市井，人罕有見之者。自言向者先生教讀語、孟，後來於此未有所見，深以自愧，故今者復來。」曰：「得他恁地也好。或然窮來窮去，久之自有所見，亦是一事。」又曰：「讀書須是專一，不可支蔓。且如讀孟子，其間引援詩、書處甚多。今雖欲檢本文，但也只須看此一段，便依舊自看本來章句，庶幾此心純一。」道夫曰：「此非特爲讀書之方，抑亦存心養性之要法也。」

問〔二一〕：「向者以書言仁，雖蒙賜書有進教之意，然仁道至大，而道夫所見只以存心爲要，恐於此當更有恢廣功夫。」曰：「也且只得恁做去，久之自見。」頃之復曰：「這功夫忙不得，只常將上來思量，自能有見。橫渠云：『蓋欲學者存意之不忘，庶游心浸熟，有一日脱然如大寐之得醒耳。』」〔二二〕

先生問：「别看甚文字？」〔二三〕曰：「只看近思録。今日問個，明日復將來温尋，子細熟看。」曰：「如適間所説『元亨利貞』是一個道理之大綱目，須當時復將來子細研究。如濂溪通書，只是反復説這一個道理。蓋那裏雖千變萬化，千條萬緒，只是這一個做將去。」〔二四〕

問〔二五〕：「敬而不能安樂者，何也？」曰：「只是未熟在，如飢而食，喫得多，則須飽矣。」

問〔二六〕：「道夫在門下雖數年，覺得病痛尚多。」曰：「自家病痛，他人如何知得盡？今但見得義理稍不安，便勇決改之而已。」久之復曰：「看來用心專一，讀書子細，則自然會長進，病痛自然消除。」

「於今爲學之道，更無他法，但能熟讀精思，久久自有見處。『尊所聞，行所知』，則久久自有至處。」若海。蜀本作道夫録〔二七〕。

仲思言：「正大之體難存。」曰：「無許多事。古人已自説了，言語多則愈支離。如公昨來所問涵養，致知、力行三者，便是以涵養做頭，致知次之，力行次之。不涵養則無主宰。如做事須用人，纔放下或困睡，這事便無人做主，都由別人，不由自家。既涵養，又須致知；既致知，又須力行。若致知而不力行，與不知同。亦須一時並了，非謂今日涵養，明日致知，後日力行也。要當皆以敬爲本，敬却不是將來做一個事。今人多先安一個『敬』字在這裏，如何做得？敬只是提起這心，莫教放散。恁地，則心便自明，這裏便窮理格物。見得當如此便是，不當如此便不是。既見了，便行將去。今且將大學來讀，便見爲學次第，初無許多屈曲。」又曰：「某於大學中所以力言小學者，以古人於小學中已自把捉成了，故於大學之道無所不可。今人既無小學之功，却當以敬爲本。」驤。

「爲學之道，在諸公自去著力。且如這裏有百千條路，都茅塞在裏，須自去揀一條大底行。如仲思昨所問數條，第一條涵養、致知、力行，這便是爲學之要。」驤。

「讀書要須耐煩，努力翻了巢穴。譬如煎藥，初煎時須猛著火，待衮了却退著，以慢火養之。讀書亦須如此。」頃之，復謂驤曰：「觀令弟却自耐煩讀書。」驤。

「慤實有志而又才敏者，可與爲學。」道夫曰：「苟慤實有志，則剛健有力。如此，雖愚必明矣，何患不敏！」曰：「要之，也是恁地。但慤實有志者，於今實難得。」驤。

庚戌五月，初見先生于臨漳。問：「前此從誰學？」寓答：「自少只在鄉里從學。」先生曰：「此事本無嶢崎，只讀聖賢書，精心細求，當自得之。今人以爲此事如何祕密，不與人說，何用如此！」問看易。曰：「未好看，易自難看。易本因卜筮而設，推原陰陽消長之理，吉凶悔吝之道。先儒講解，失聖人意處多。待用心力去求，是費多少時光，不如且先讀論語。」又問讀詩。曰：「詩固可以興，然亦自難。先儒之說亦多失之。某枉費許多年工夫，近來於詩、易略得聖人之意。今學者不如且看大學、語、孟、中庸四書，且就見成道理精心細求，自應有得。待讀此四書精透，然後去讀他經，却易爲力。」寓舉子宜宗兄云：「人最怕拘迫，易得小成。」且言「聖賢規模如此其大。」曰：「未好說聖賢。但隨人資質，亦多能成就。如伯夷高潔，不害爲聖人之清。若做不徹，亦不失爲謹厚之士，難爲徇虛名。」以下訓寓。

問：「初學精神易散，靜坐如何？」曰：「此亦好，但不專在靜處做工夫，動作亦當體驗。聖賢教人，豈專在打坐上？要是隨處着力，如讀書，如待人處事，若動若靜，若語若默，皆當存此。無事時，只合靜心息念。且未説做他事，只自家心如何令把捉不定？恣其散亂走作，何有於學？孟子謂『學問之道無他，求其放心而已矣』。不然，精神不收拾，則讀書無滋味，應事多齟齬，豈能求益乎？」

問〔二八〕：「有事時應事，無事時心如何？」曰：「無事時只得無事，有事時也如無事時模樣。只要此心常在，所謂『動亦定，靜亦定』也。」問：「程子言『未有致知而不在敬者』。」曰：「心若走作不定，何緣見得道理？如理會這一件事未了，又要去理會那事，少間都成無理會。須是理會這事了，方好去理會那事，須是主一。」問：「思慮難一，如何？」曰：「徒然思慮，濟得甚事？某謂：若見得道理分曉，自無閑雜思慮。人所以思慮紛擾，只緣未見道理耳。『天下何思何慮』？是無閑思慮也。」問：「程子常教人靜坐，如何？」曰：「亦是他見人要多慮，且教人收拾此心耳，初學亦當如此。」

先生謂寓曰：「文字可汲汲看，悠悠不得。急看，方接得前面看了底。若放慢，則與前面意思不相接矣。莫學某看文字，看到六十一歲，方略見得道理恁地。賀孫録作「方略見得通透」。今老矣，看得，做甚使得？學某不濟事，公宜及早向前。」

問〔二九〕：「如古人詠歌舞蹈，到動盪血脉流通精神處，今既無之，專靠義理去研究，恐難得悦樂，不知如何？」曰：「只是看得未熟耳。若熟看，待浹洽則悦矣。」先生因説寓：「讀書看義理，須是開豁胸次，令磊落明快，恁地憂愁作甚底？亦不可先責效。才責效，便見有憂愁底意思。只管如此，胸中結聚一餅子不散，須是胸中寬閑始得。而今且放置閑事，不要閑思量，只專心去玩味義理。便會心精，心精便會熟。涵養當用敬，進學則在致知。無事時，且存養在這裏，提撥警覺，不要放肆。到那講習應接，便當思量義理，用義理做將去。無事時，便着存養收拾此心。」

問：「前夜先生所答一之動靜處，曾舉云：『譬如與兩人同事，須是相救始得。』寓看來，靜却救得動，不知動如何救得靜？」曰：「人須通達萬變，心常湛然在這裏。亦不是閉門靜坐，塊然自守。事物來，也須去應。應了，依然是靜。看事物來，應接去也不難，便是『安而後能慮』。動了靜，靜了動，動靜相生，循環無端。如人之噓吸，若只管噓，氣絶了，又須吸。若只管吸，氣無去處，便不相接了。噓之所以爲吸，吸之所以爲噓。『尺蠖之屈，以求伸也；龍蛇之蟄，以存身也。』屈伸消長，闔闢往來，其機不曾停息。大處有大闔闢，小處有小闔闢；大處有大消息，小處有小消息。此理萬古不易。如目有瞬時，亦豈能常瞬？定又須開，不能常開。定又須瞬，瞬了又開，開了又瞬。至纖至微，無時不然。」又問：「此説相救，是就義理處説動靜。不知就應事接物處説動靜如何？」曰：「應事得力，則心地靜；心地靜，應事分外得力，便是動救靜，靜救動。其本只在湛然純一，素無私心始得。無私心，動靜一齊當理，才有一豪之私，便都差了。」淳録云〔三〇〕：「徐問：『前夜説動靜功用相救，靜可救得動，動如何救得靜？』曰：『須是明得這理，使無不盡，直到萬理明徹之後，此心湛然純一，便能如此。如靜也不是閉門獨坐，塊然自守〔三一〕，事物來都不應。若事物來，亦須應，既應了，此心便又靜。心既靜，虚明洞徹，無一豪之累，便從這裏應將去，應得便徹，便不難，便是「安而後能慮」。事物之來，須去處置他。這一事合當恁地做，便截然斷定，便是「慮而後能得」。得是靜，慮是動。如「艮其止」，止是靜，所以上之便是動。如「君止於仁，臣止於敬」，仁敬是靜，所以思要止於仁敬，便是動。固是靜救動，動救靜，然其本又自此心湛然純一，素無私始得。心無私，動靜便一齊當理。心若自私，便都差了。動了又靜，靜了又動，動靜只管相生，如循環之無端。若要一於動靜，不得。如人之嘘吸，若一向嘘，氣必絶了，須又當吸；若一向吸，氣必滯了〔三二〕，須又當嘘。嘘之所以爲吸，吸之所以爲嘘。「尺蠖之屈，以求申也；龍蛇之蟄，以存身也；精義入神，以致用也；利用安身〔三三〕，以崇德也。」一屈一伸，一闢一闔，一消一息，一往一來，其機不曾停。大處有大闢闔、大消息，小處有小闢闔、小消息，此理更萬古而不息。如目豈能不瞬時？亦豈能常瞬？又須開。開了定，定了又瞬，瞬了又定，只管恁地去。消息闔闢之機，至纖至微，無物不有。』」

寓臨漳告歸，禀云：「先生所以指教，待歸子細講求。」曰：「那處不可用功？何待歸去用功。古人於患難尤見得着力處，今夜在此便是用功處〔三四〕。」

居甫請歸作工夫。曰：「即此處便是工夫。」可學。

居甫問：「平日只是於大體處未正。」曰：「大體，只是合衆小理會成大體。今不窮理，如何便理會大體？」可學。

「居甫、敬之是一種病，都緣是弱，仁父亦如此，定之亦如此。只看他前日信中自說『臨事而懼』，不知孔子自說行三軍。自家平居無事，只管恁地懼個甚麽？」賀孫說：「定之之意，是當先生前日在朝，恐要從頭拆洗，決裂做事，故說此。」曰：「固是。若論來如今事體，合從頭拆洗，合有決裂做處，自是定著如此。只是自家不曾當這地位，自是要做不得。若只管懼了，到合說處都莫說。」賀孫。

「居父如僧家禮懺，今日禮多少拜，說懺甚罪過；明日又禮多少拜，又說懺甚罪過，日日只管說。如浙中朋友，只管說某今日又如此，明日又說如此。若是見得不是，便須掀翻做教是當。若只管恁地徒說，何益？如宿這客店，不穩便，明日須進前去好處宿。若又只在這裏住，又只說不好，豈不可笑！」賀孫。

洪慶將歸，先生召入與語，出前卷子〔三五〕示曰：「議論也平正。兩日來反覆爲看，所說者非不是，但其中言語多似不自胸中流出，原其病只是淺耳，故覺見枯燥，不甚條達。合下原頭欠少工夫。今先須養其源，始得。此去且存養，要這個道理分明常在這裏，久自有覺，覺後自是此物洞然通貫圓轉。」乃舉孟子「求放心」、「操則存」兩節及明道語録中「聖賢教人千言萬語，下學上達」一條，云：「自古聖賢教人也只就這理上用功。所謂放心者，不是走作向別處去。蓋一瞬目間便不見，纔覺得便又在面前，不是苦難收拾。公且自去提撕，便見得〔三六〕。」又曰：「如今要下工夫，且須端莊存養，獨觀昭曠之原，不須枉費工夫，鑽紙上語。待存養得此中昭明洞達，自覺無許多窒礙。恁時方取文字來看，則自然有意味，道理自然透徹，遇事時自然迎刃而解，皆無許多病痛。此等語，不欲對諸人説，恐他不肯去看文字，又不實了。且教他看文字，撞來撞去，將來自有撞着處。公既年高，又做這般工夫不得，若不就此上面着緊用工，恐歲月悠悠，竟無所得。」又曰：「近來學者，如漳泉人物，於道理上發得都淺，却是作文時文采發越粲然可觀。謂堯卿、至之。浙間士夫〔三七〕又却好就道理上壁角頭着工夫，如某人輩，子善、叔恭。恐也是風聲氣習如此。」又云：「今之學者有三樣人才：一則資質渾厚，却於道理上不甚透徹；一則儘理會得道理，又生得直是薄；一則資質雖厚，却飄然説得道理儘多，又似承當不起。要個恰好底，難得。此間却有一兩個朋友理會得好，如公資質如此，何不可爲？只爲源頭處用工較少，而今須喫緊著意做取。尹和靖在程門直是十分鈍底，被他只就一個『敬』字上做工夫，終被他做得成。」因説及陳後之、陳安卿二人爲學頗得蹊徑次第。又曰：『顏子與聖人不爭多，便是聖人地位。但顏子是水初平、風浪初靜時，聖人則是水已平、風恬浪靜時。』又曰：「爲學之道，須先存得這個道理，方可講究。若居處必恭，執事必敬，與人必忠。要如顏子，直須就視、聽、言、動上警戒到復禮處。仲弓『出門如見大賓，使民如承大祭』，是無時而不主敬。如今亦不須較量顏子、仲弓如何會如此，只將他那事，就自家切己處便做他底工夫，然後有益。」又曰：「爲學之道，如人耕種一般，先須辨了一片地在這裏了，方可在上耕種。今却就別人地上鋪排許多種作底物色，這田地元不是我底。又如人作商，亦須先安排許多財本，方可運動。若財本不贍，則運動未得。到論道處，如説水，只説是冷，不能以『不熱』字説得。如説湯，只説是熱，不能以『不冷』字説得。又如飲食，喫着酸底，便知是酸底；喫着鹹底，便知是鹹底，始得。」語多不能盡記，姑述其大要者如此。訓洪慶。恪録云〔三八〕：「石子餘將告歸，先生將子餘問目出，曰〔三九〕：『兩日反覆與公看，見得公所説非是不是，其病痛處只是淺耳。淺，故覺得枯燥，不恁條達，是源頭處元不曾用工夫來。今須是整肅主一，存養得這個道理分明，常在這裏。持之以久，自然有得，看文字自然通徹，遇事自然圓轉，不見費力。』乃舉孟子『學問之道無它，求其放心而已矣』、『操則存，舍則亡，出入無時，莫知其鄉』二節及明道語録『聖賢千言萬語，只是欲人將已放之心約之使反復入身來，下學而上達』，云：『自古聖賢教人，只是就這個道理上用功。放心，不是走作別處去。一劄眼間即便不見，才覺便又在面前，不是難收拾。公自去提撕，便見得。今要下工夫，且獨觀昭曠之原，不須枉用工夫，鑽紙上語。存得此中昭明條暢，自覺無許多窒礙，方取文字來看，便見有味。道理通透，遇事則迎刃而解，無許多病痛。然此等語，不欲對諸公説。且教它自用工夫，撞來撞去，自然撞著。公既年高，若不如此下工夫，恐悠悠歲月竟無所得。』又云：『某少時爲學，十六歲便好理學，十七歲便有如今學者見識。後得謝顯道論語，甚喜，乃熟讀。先將朱筆抹出語意好處，又熟讀得趣，覺見朱抹處太煩，再用墨抹出，又熟讀得趣，別用青筆抹出。又熟讀得其要領，乃用黄筆抹出。至此，自見所得處甚約，只是一兩句上。却日夜就此一兩句上用意玩味，胸中自是洒落。』」

先生謂徐容父曰：「爲學須是裂破藩籬，痛底做去，所謂『一杖一條痕，一摑一掌血』，使之歷歷落落，分明開去，莫要含糊。」道夫。訓容。

問〔四〇〕學問之端緒。曰：「且讀書依本分做去。」以下訓節。

問〔四一〕：「何以驗得性中有仁義禮智信？」先生怒曰：「觀公狀貌不離乎嬰孩，高談每及於性命。」與衆人曰：「他只管來這裏摸這性，性若是去捕捉他，則愈遠。理本實有條理。五常之體，不可得而測度，其用則爲五教，孝於親，忠於君。」又曰：「必有本，如惻隱之類，知其自仁中發；事得其宜，知其自義中出；恭敬，知其自禮中出；是是非非，知其自智中出；信者，實有此四者。眼前無非性，且於分明處作工夫。」又曰：「體不可得而見，且於用上着工夫，則體在其中。」次夜曰：「吉甫昨晚問要見性中有仁義禮智。無故不解發惻隱之類出來，有仁義禮智，故有惻隱之類。」

問〔四二〕：「事有合理而有意爲之，如何？」曰：「事雖義而心則私。如路，好人行之亦是路，賊行之亦是路。合如此者是天理，起計較便不是。」

「只是揮扇底，只是不得背着他」。節問曰：「只順他？」曰：「只是循理。」

問〔四三〕：「應事心便去了。」曰：「心在此應事，不可謂之出在外。」

問〔四四〕：「欲求大本以總括天下萬事。」曰：「江西便有這個議論。須是窮得理多，然後有貫通處。今理會得一分，便得一分受用；理會得二分，便得二分受用。若『一以貫之』，儘未在。陸子靜要盡掃去，從簡易。某嘗說：且如做飯，也須趁柴理會米，無道理合下便要簡易。」

「以某觀之，做個聖賢，千難萬難。如釋氏則今夜痛說一頓，有利根者當下便悟，只是個無星之秤耳。」

「將與人看不得。公要討個無聲無臭底道，雖視之不見，聽之不聞，然却開眼便看見，開口便說着。雖『無極而太極』，然只是眼前道理，若有個高妙底道理而聖人隱之，便是聖人大無狀！不忠不信，聖人首先犯著。」

問：「節嘗見張無垢解雍『徹』一章，言夫子氣象雍容。節又見明道先生爲人亦和，節自後處事亦習寬緩，然却至於廢事。」曰：「曾子剛毅，立得牆壁在，而後可傳之子思、孟子。伊川、橫渠甚嚴，游、揚之門倒塌了。若天資大段高，則學明道；若不及明道，則且學伊川、橫渠。」

問〔四五〕：「篤行允蹈，皆是作爲。畢竟道自道，人自人，不能爲一。」曰：「爲一，則聖人矣，『不勉而中，不思而得，從容中道』。」又問：「顏子『不遠復』，『擇乎中庸』，顏子亦未到此地。」曰：「固是。只爲後人把做易了，後遂流爲異端。」

問〔四六〕：「事事當理則必不能容，能容則必不能事事當理。」曰：「容只是寬平不狹。如這個人當殺則殺之，是理合當殺，非是自家不容他。」

問〔四七〕：「節昔以觀書爲致知之方，今又見得是養心之法。」曰：「較寬，不急迫。」又曰：「『不曾說教胡亂思，說『謹思』』。」

「一舉兩得，這邊又存得心，這邊理又到。」節復問：「心在文字，則非僻之心自入不得。」先生應。

問〔四八〕：「觀書或曉其意，而不曉字義。如『從容』字，或曰『橫出爲從，寬容爲容』，如何？」曰：「這個見不得。莫要管他橫出、包容，只理會言意。」

節初到一二日，問「君子義以爲質」一章。曰：「不思量後，只管去問人，有甚了期？

向來某人自欽夫處來，録得一册將來看。問他時，他説道那時陳君舉將伊川易傳在看，檢兩版又問一段，檢兩版又問一段。欽夫他又率略，只管爲他説。據某看來，自當不答。大抵問人，必説道古人之説如此，某看來是如此，未知是與不是。不然，便説道據某看來不如此，古人又如此説，是如何。不去思量，只管問人，恰如到人家見有椅子，去問他道『你安頓這椅子是如何？』」

問〔四九〕：「精神收斂便昏，是如何？」曰：「也不妨。」又曰：「昏，畢竟是慢。如臨君父〔五〇〕、淵崖，必不如此。」又曰：「若倦，且瞌睡些時，無害。」問：「非是讀書過當倦後如此，是纔收斂來稍久便困。」曰：「便是精神短後如此。」

校勘記

〔一〕合下　朝鮮本此下增：求。

〔二〕自昨到五更後　成化本、朝鮮本均作「五夫」下歷本作「五更」。此處應從成化本、朝鮮本，「五夫」即五夫里，爲崇安縣地名，地處武夷山市東南部。

〔三〕將　朝鮮本作：得。

〔四〕遇應事時　朝鮮本作：遇事時。

〔五〕却生病痛　朝鮮本末尾增記録者姓名，作小字：人傑。

〔六〕連日侍先生　「連」原作「通」，據萬曆本改。

〔七〕其一曰　朝鮮本「其」上有「先生曰正願得之」七字。

〔八〕此等爲害不淺　朝鮮本「淺」下有「望先生明教先生」七字。

〔九〕曰五峰同體而異用一句説得不是　朝鮮本此句作：「『五峰之言必有深意，望先生詳論。』先生曰：『五峰天理人欲「同體而異用」此一句説得不是。』」凡三十四字。

〔一〇〕只有且恁地去此一句難曉　「地」字原無，據萬曆本補。又，朝鮮本「難曉」上有「教人」二字。

〔一一〕何哉　朝鮮本「哉」下有三十五字：「『張先生發明程子之指，雖云昭著，然愚意終所未諭，用敢攄其臆説，以求正於先生焉。』先生」。

〔一二〕李先生所言決不至是　朝鮮本「是」下有十六字：「『但道夫愚陋，切所未曉，幸先生詳教』。先生」。

〔一三〕舊嘗見漁樵問對　「問對」原作「對問」，據萬曆本乙正。

〔一四〕請　朝鮮本「請」上增：道夫。

〔一五〕須　朝鮮本「須」上增：大凡。

〔一六〕如人君　萬曆本作「爲人君」。

〔一七〕良知　朝鮮本作：真知。
〔一八〕問　朝鮮本作：道夫云。
〔一九〕如程子所説敬字亦緊要也　朝鮮本「也」下有小注，云：「此併前段蓋先生自政和縣省墓回，因言之。」凡十七字。
〔二〇〕問　朝鮮本作：道夫問。
〔二一〕問　朝鮮本作：道夫問。
〔二二〕醒耳　朝鮮本此則末尾增小字：道夫。
〔二三〕先生問別看甚文字　朝鮮本作：先生問道夫曰：「公別看甚文字？」
〔二四〕做將去　朝鮮本末尾增小字：道夫。
〔二五〕問　朝鮮本作：道夫問。
〔二六〕問　朝鮮本作：道夫問。
〔二七〕若海蜀本作道夫録　朝鮮本此則末尾小字作：以上並道夫自録。
〔二八〕問　朝鮮本作：寓問。
〔二九〕問　朝鮮本作：寓問。
〔三〇〕淳録云　朝鮮本詳作：按：陳淳是一時所同聞而略詳不同，今附云。
〔三一〕塊然自守　「守」原作「存」，據朝鮮本、萬曆本改。

〔三二〕氣必滯了　「滯」原作「帶」，據朝鮮本、萬曆本改。

〔三三〕利用安身　「利」原作「仲」，據朝鮮本、萬曆本改。

〔三四〕今夜在此便是用功處　朝鮮本句下有小注，云：「以上並寓自録，以下見諸録。」

〔三五〕前卷子　朝鮮本作：洪慶前所問卷子。

〔三六〕便見得　朝鮮本此下增：是如此。

〔三七〕士夫　朝鮮本作：士人。

〔三八〕訓洪慶至此　朝鮮本作：訓餘慶自録。按林恪亦録此條，前略而後異，今附云。

〔三九〕訓洪慶恪録云石子餘將告歸先生將子餘問目出曰　朝鮮本作：「訓餘慶，自録。按林恪亦録此條，前略而後異，今附云：『右子餘將告歸，先生留飯。飯罷，召入與語，將子餘所問目出，曰。』」凡四十四字。

〔四〇〕問　朝鮮本作：節問。

〔四一〕問　朝鮮本作：節問。

〔四二〕問　朝鮮本作：節問。

〔四三〕問　朝鮮本作：節問。

〔四四〕問　朝鮮本作：節問。

〔四五〕問　朝鮮本作：節問。

〔四六〕問　朝鮮本作：節問。
〔四七〕問　朝鮮本作：節問。
〔四八〕問　朝鮮本作：節問。
〔四九〕問　朝鮮本作：節問。
〔五〇〕如臨君父　「父」原作「文」，據朝鮮本、萬曆本改。

朱子語類卷第一百一十六

朱子十三

訓門人四

問：「平時處事，當未接時，見得道理甚分明，及做着，又便錯了。不知如何恁地？」曰：「這是難事。但須是知得病痛處，便去着力。若是易爲，則天下有無數聖賢了。」以下訓義剛〔一〕。

問〔二〕：「打坐也是工夫否？」曰：「也有不要打坐底，如果老〔三〕之屬，他最説打坐不是。」又問：「而今學者去打坐後，坐得瞌睡時，心下也大故定。」曰：「瞌睡時，却不好。」

問：「氣質昏蒙，作事多悔。有當下便悔時，有過後思量得不是方悔時，或經久所爲因事機觸得悔時。方悔之際，惘然自失，此身若無所容，有時恚恨至於成疾。不知何由可以免此〔四〕？」曰：「既知悔時，第二次莫恁地便了，不消得常常地放在心下。那『未見能見其過而內自訟』底，便是不悔底。今若信意做去後，蕩然不知悔，固不得。若既知悔，後次改便了，何必常常恁地悔。」淳録云：「既知悔，便住了，莫更如此做。只管悔之，又悔作甚。」

「世間只是這個道理，譬如晝日當空，一念之間合着這道理，則皎然明白，更無纖毫窒礙，故曰『天命之謂性』。不只是這處有，處處皆有。只是尋時先從自家身上尋起，所以說『性者，道之形體也』，此一句最好。蓋是天下道理尋討將去，那裏不可體驗？只是就自家身上體驗，一性之內，便是道之全體。千人萬人，一切萬物，無不是這道理。不特自家有，它也有；不特甲有，乙也有：天下事都恁地。」

「書有合講處，有不必講處。如主一處，定是如此了，不用講〔五〕。只是便去下工夫，不要放肆，不要戲慢，整齊嚴肅，便是主一，便是敬。聖賢說話，多〔六〕方百面，須是如此說〔七〕。但是我恁地說他個無形無狀，去何處證驗？只去切己理會，此等事久自會得。」

問說「漆雕開章」云云，先生不應。又說「與點章」云云，先生又不應。久之，却云：「公那江西人只管要理會那漆雕開與曾點，而今且莫要理會。所謂道者，只是君之仁、臣之敬、父之慈、子之孝便是。而今只去理會『言忠信，行篤敬』、『博學而篤志，切問而近思，仁在其中矣』，須是步步理會。『坐如尸』，便須要常常如尸；『立如齊』，便須要常常如齊。而今却只管去理會那流行底，不知是個甚麽物事？又不是打破一桶水，隨科隨坎皆是。」

義剛啓曰：「向時請問平生多悔之病，蒙賜教，謂第二番莫爲便了，也不必長長存在胸中。義剛固非欲悔，但作一事時，千思萬量，若思量不透處，又與朋友相度。合下做時，自謂做得圓密〔八〕了，及事纔過，又便猛省着有欠缺處。纔如此思着，則便被氣動了志，便是三兩日精神不定。不知此病生於何處？」曰：「便是難，便是難！不能得到恰好處。顏子『仰之彌高，鑽之彌堅，瞻之在前，忽焉在後』，便是如此，便是不能得見這個物事定帖，這也無着力處。聖人教人，但不過是『博文約禮』，須是平時只管去講明，講明得熟時後却解漸漸不做差了。」

又問〔九〕：「格物工夫至爲浩大，如義剛氣昏，也不解泛然格得。欲且將書細讀，就上面研究義理，如何？」曰：「書上也便有面前道理在。」義剛又言：「古人爲學，皆是自小得人教之有方，所以長大來易入於道。義剛日前只是習作舉業，好書皆不曾講究，而今驟收其放心，覺用力倍難。今欲將小學等書理會，從洒掃應對進退、禮樂書數射御從頭再理會起，不知如何？」曰：「也只是事事致謹，常常持養，莫教放慢了便是。若是自家有個操柄時，便自不解到得十分走作了。」

義剛啓曰：「半年得持洒掃，曲蒙提誨，自此得免小人之歸。但氣質昏蒙，自覺易爲流俗所遷。今此之歸，且欲閉門不出，刻意讀書，皆未知所向，欲乞指示。」先生曰：「只杜門便是所向，别也無所向。只是就書上子細玩味，考究義理，便是。」義剛之初拜先生也，具述平日之非與所以遠來之意，力求陶鑄及所以爲學之序。先生曰：「人不自訟，則没奈何他。今公既自知其過，則讀書窮理便是爲學，也無他陶鑄處。」問：「讀書以何者爲先？」曰：「且將論語、大學共看。」至是，又請曰：「大學已看了，先生解得分明，也無甚疑。論語已看九篇，今欲看畢此書，更看孟子，如何？」曰：「好。孟子也分明，甚易看。」

「侍教半年，仰蒙〔一〇〕提誨。自正月間看論語，覺得略知入頭處。先生所以教人，只要逐章逐句理會，不要揀擇，敬遵明訓〔一一〕。但此番歸去，恐未便得再到侍下。如語、孟中設有大疑，則無可問處。今欲於此數月揀大頭段來請教，不知可否？」曰：「好。」〔一二〕

先生問晏淵：「平日如何做工夫？看甚文字？」曰：「舊治春秋並史書。」曰：「春秋如何看？」曰：「只用劉氏説看。」曰：「公數千里來見某，其志欲如何？」曰：「既拜先生，只從先生之教。」曰：「春秋是學者末後事，惟是理明義精，方見得。春秋是言天下之事，今不去理會身己上事，却去理會天下之事，到理會得天下事，於身己上却不曾處置得。所以學者讀書，先要理會自己本分上事。」又言：「劉德修向時章疏中説『道學』字，用錯了。」先生因論：「德修向時之事，不合將許多條法與壽皇看，暴露了，被小人知之，却做了脚手。某以爲：大率若小人勢弱時節，只用那虛聲，便可恐得他去。若小人勢盛時節，便不可如此暴露，被他先做脚手。雖然，德修亦自好，當時朝廷大故震動。」訓淵。

晏亞夫將上趙子直、黄文叔二書呈先生，先生曰：「公有志於當世，亦自好。但若要從自家身上做將來，須是捨其所已學，從其所未學。」恪。

先生語晏亞夫云：「亞夫歸去，且須杜門安坐數年，虛心玩味他義理，教專與自家心契合。若恁地時，病痛自去，義理自明。大抵靜方可看義理。」佐。

「須是靜，方可爲學。」謂亞夫曰：「公既歸，可且杜門潛心數年。」方子。蓋卿録云：「亞夫稟辭，先生勉之曰：『歸後且杜門潛心二三年，仍虛須心以讀書。』」

甲寅八月三日，蓋卿以書見先生于長沙郡齋，請隨諸生遇晚聽講（一三），是晚請教者七十餘人。或問：「向蒙見教，讀書須要涵泳，須要浹洽。因看孟子千言萬語，只是論心。七篇之書如此看，是涵泳工夫否？」曰：「某爲見此中人讀書大段鹵莽，所以説讀書須當涵泳，只要子細尋繹，令胸中有所得爾。如吾友所説，又襯貼一件意思，硬要差排，看書豈是如此？」又一士友曰：「先生『涵泳』之説乃杜元凱『優而柔之』之意。」曰：「固是如此，亦不用如此解説。所謂涵泳者，只是子細讀書之異名也。大率與人説話便是難。某只説一個

『涵泳』，一人硬來差排，一人硬來解説。此是隨語生解，支離延蔓，閑説閑講，少間展轉，只是添得多，説得遠。如此讀書，如此聽人説話，全不是自做工夫，全無巴鼻。可知是使人説學是空談。此中人所問大率如此，好理會處不理會，不當理會處却支離去説，説得全無意思。」以下訓蓋卿〔一四〕。

蓋卿因言：「致知、格物工夫既到，然後應事接物始得其宜。若工夫未到，雖於應事接物之際，未盡合宜，亦只得隨時爲應事接物之計也。」曰：「固是如此，若學力未到時，不成不去應事接物？且如某在長沙時，處之固有一個道理，今在路途，道理又別。人若學力未到，其於應事接物之間，且隨吾學力所至而處之。善乎明道之言曰：『學者全體此心。學雖未盡，若事物之來不可不應，但隨分限應之，雖不中不遠矣。』」〔一五〕

蓋卿禀辭，且乞贈言，先生曰：「逐日所相與言者，宜著工夫，不用重説。」曰：「尚得爲遠謁函文之計〔一六〕。」曰：「人事不可預期。歸日，宜一面着實做工夫〔一七〕。」

初見，先生云：「某自到此，與朋友亦無可説，古人學問只是爲己而已。聖賢教人，具有倫理。學問是人合理會底事，學者須是切己方有所得。今人知爲學者，聽人説一席好話，亦解開悟。到切己工夫，却全不曾做，所以悠悠歲月無可理會。若使切己下工，聖賢言語雖散在諸書，自有個通貫道理。須實有見處，自然休歇不得。如人趁養家一般，一日不去趁，便受飢餓。今人事無小大，皆潦草過了〔一八〕。只如讀書一事，頭邊看得兩段，便揭過後面，或看得一二段，或看得三五行〔一九〕。殊不曾子細理會，如何會有益？」或問：「人講學不明，用處全差了。」曰：「不待酬酢應變時，若學不切己，自家一個渾身自無處着，雖三魂七魄，亦不知下落，何待用時方差？」坐間有言及傅子囦者。曰：「人雖見得他偏，見得他不是，此邊却未有肯着力做自家工夫，如何不爲他所謾？近世人大被人謾，可笑！見人胡亂一言一動，便被降下了。只緣自無工夫，所以如此。便又有不讀書之説，可以誘人，宜乎陷溺者多！」先生又云：「彼一般説話雖是説禪，却能鞭逼得人緊。後生於此邊既無所得，一溺其説，便把做件事做，如何可回？終竟他底不是，愈傳愈壞了人。」或又云：「近世學者多躐等。」曰：「亦更有不及等人。」以下訓謙。

問謙：「曾與戴肖望相處，如何？」曰：「亦只商量得舉子程文。」曰〔二〇〕：「此是一厄。人過了此一厄，當理會學問。今人過了此一厄，又去理會應用之文，作古文，作詩篇，亦是一厄。須是打得破，方得。」〔二一〕

問〔二二〕：「爲學工夫，以何爲先？」曰：「亦不過如前所説，專在人自立志。既知這道理，辨得堅固心，一味向前，何患不進！只患立志不堅，只恁聽人言語，看人文字，終是無得於己。」或云：「須是做工夫，方覺言語有益。」曰：「別人言語，亦當子細窮究。孟子説：

『我知言，我善養吾浩然之氣。』知言便是窮究別人言語〔一二三〕。他自邪說，何與我事？被他謾過，理會不得，便有陷溺。所謂『生於其心，害於其政；作於其政，害於其事』，蓋謂此也。」

「德之看文字尖新，如見得一路光明，便射從此一路去。然爲學讀書，寧詳毋略，寧近毋遠，寧下毋高，寧拙毋巧。若一向罩過，不加子細，便看書也不分曉。然人資質亦不同，有愛趨高者，亦有好務詳者。雖皆有得，然詳者終是看得溥博浹洽。」又言：「大學等書，向來人只就某說得詳，如何不略說，使人自致思？此事大不然。人之爲學，只是爭個肯不肯耳。他若無得，不肯向這邊，略亦不解致思；他若肯向此一邊，自然有味，愈詳愈有意味〔一二四〕。」

「生知之聖，不待學而自至。若非生知，須要學問〔一二五〕。學問之先，止是致知。所知果至，自然透徹，不患不進。」謙請云：「知得，須要踐履。」曰：「不真知得，如何踐履得？若是真知，自住不得，不可似他門只把來說過了。」又問：「今之言學者滿天下，家誦中庸、大學、語、孟之書，人習中庸、大學、語、孟之說。究觀其實，不惟應事接物與所學不相似，而其爲人舉足動步全不類學者所爲。或做作些小氣象，或事治一等議論〔一二六〕，專一欺人。此豈其學使然歟？抑踐履不至歟？抑所學之非歟？」曰：「此何足以言學？某與人說學問，止是説得大概，要人自去下工。譬如寶藏一般，其中至寶之物，何所不有？某止能指與人説此處有寶。若不下工夫自去討，終是不濟事。今人爲學，多是爲名，不肯切己。某甚不滿於長沙士友。胡季隨特地來一見，却只要相閃，不知何故？南軒許久與諸公商量，到如今只如此，是不切己之過。」〔二七〕

廖兄請曰：「某遠來求教，獲聽先生雅言至論，退而涵泳，發省甚多。旅中只看得先生大學章句、或問一過，所以誨人者至矣。爲學入德之方，無以加此，敢不加心。明日欲别誨席，更乞一言之賜。」曰：「他無説，只是自下工夫，便有益。此事元不用許多安排等待，所謂『造次顛沛必於是』也，人只怕有悠悠之患。」廖復對曰：「學者之病，多在悠悠，極荷提策。」曰：「見得分曉，便當下工夫。時難得而易失，不可只恁地過了。」蓋卿。

先生問〔二八〕：「前此得書，甚要講學，今有可説否？」自脩云：「適值先生去國匆匆，不及款承教誨。」曰：「自家莫匆匆便了。」訓自脩〔二九〕。

問〔三〇〕平日工夫，泳對：「理會時文。」先生曰：「時文中亦自有工夫。」請讀何書？曰：「看大學。」以下訓泳。

説〔三一〕大學首章不當意，先生説：「公讀書如騎馬不會鞭策得馬行，撑船不會使得船動。」

讀大學畢，次論、孟及中庸，兼看近思録。先生曰：「書讀到無可看處，恰好看。」先生與泳説：「看文字罷，常且靜坐〔三二〕。」問：「而今看道理不出，只是心不虛靜否？」曰：「也是不曾去看。會看底，就看處自虛靜，這個互相發。」以下訓夔孫。

先生謂夔孫云：「公既久在此，可將一件文字與衆人共理會，立個程限，使敏者不得而先，鈍者不得而後。且如這一件事，或是甲思量不得，乙或思量得，這便是朋友切磋之義。」夔孫請所看底文字。曰：「且將西銘看。」及看畢，夔孫依先生解説過，先生曰：「而今解得分曉了，便易看，當初直是難説〔三三〕。」夔孫請再看底文字。索近思録披數板，云：「也揀不得，便漏了他底也不得。」遂云：「『無極而太極』，而今人都想象有個光明閃爍底物事在那裏，却不知本是説無這物事，只是有個理，解如此動靜而已。及至一動一靜，便是陰陽。一動一靜，循環無端。『太極動而生陽』，亦只是從動處説起。其實，動之前又有靜，靜之前又有動。推而上之，其始無端；推而下之，以至未來之際，其卒無終。自有天地，便只是這物事在這裏流轉，一日便有一日之運，一月便有一月之運，一歲便有一歲之運。都只是這個物事衮衮將去，如水車相似：一個起，一個倒；一個上，一個下。其動也，便是中是仁；其靜也，便是正是義。不動則靜，不靜則動。如人不語則默，不默則語，中間更無空處。又如善惡，不是善，便是惡，不是惡，便是善。『聖人定之以中正仁義』，便是主張這個物事。蓋聖人之動便是元亨，其靜便是利貞，都不是閑底動靜。所謂繼天地之志，述天地之事，便是如此。如知得恁地便生，知得恁地便死，知得恁地便消，知得恁地便長，此皆是繼天地之志。隨他恁地進退消息盈虛，與時偕行，小而言之，飢食渴飲，出作入息。大而言之，君臣便有義，父子便有仁，此都是述天地之事。只是這個道理，所以君子修之便吉，小人悖之便凶。這物事機關一下撥轉，便攔他不住，如水車相似，才踏發這機，更住不得。所以聖賢『兢兢業業，一日二日萬幾』，戰戰兢兢，至死而後知免。大化恁地流行，只得隨他恁地，故曰『存心養性，所以事天也；夭壽不貳，修身以俟之，所以立命也』。這與西銘都相貫穿，只是一個物事。如云：『五行，一陰陽也；陰陽，一太極也。太極，本無極也。五行之生也，各一其性。無極之真，二五之精，妙合而凝，乾道成男，坤道成女，二氣交感，化生萬物，萬物生生，而變化無窮焉。』便只是『天地之塞吾其體，天地之帥吾其性』，只是説得有詳略緩急耳。而今萬物到秋冬時各自斂藏，便恁枯瘁。忽然一下春來，各自發生條暢，這只是一氣，一個消，一個息。那個滿山青黄碧緑，無非天地之化流行發見。而今自家喫他，著他，受用他，起居食息都在這裏，離他不得。所以仁者見之便謂之仁，智者見之便謂之智，無非是此個物事。『繼之者善』，便似日日裝添模樣；『成之者性』，便恰似造化都無可做了，與造化都不相關相似。到得『成之者性』，就那上流行出來，又依前是『繼之者善』。譬如穀，既有個穀子，裏面便有米，米又會生出來。如果子，皮裏便有核，核裏便有仁，那仁又會發出來。人物莫不如此。如人方其在胞胎中，受那父母之氣，則是『繼之者善』。及其生出來，便自成一個性了，便自會長去，這後又是『繼之者善』，只管如此。仁者謂之仁，便是見那發生處；智者謂之智，便是見那收斂處。『百姓日用而不知』，便是不知所謂發生，亦不知所謂收斂，醉生夢死而已。周先生太極通書便只是衮這幾句。易之爲義，也只是如此。只是陰陽交錯，千變萬化，皆從此出，故曰『易有太極』。這一個便生兩個，兩個便生四個，四個便生八個，八個便生十六個，十六個便生三十二個，三十二個便生六十四個，故『八卦定吉凶，吉凶生大業』。聖人所以說出時，只是使人不迷於利害之途耳。」少頃，又舉「誠幾德」一章說云：「『誠無爲』只是自然有實理恁地，不是人做底，都不曾犯手勢。『幾善惡』便是心之所發處有個善有個惡了。『德』便只是善底，爲聖爲賢，只是這材料做。」又舉第三「大本達道章」說云：「未發時便是那靜，已發時便是那動。方其靜時，便是有個體在裏了，如這卓子未用時，已有這卓子在了。及其已發，便有許多用。一起一倒，無有窮盡。若靜而不失其體，便是天下之大本立焉；動而不失其用，便是天下之達道行焉。若其靜而或失其體，則天下之大本便昏了；動而或失其用，則天下之達道便乖了。說來說去，只是這一個道理。」夔孫問云：「此個道理，孔子只説『一陰一陽之謂道，繼之者善，成之者性』，却不會分别出性是如何。孟子乃分别出，説是有此四者，然又只是以理言。到周先生説方始盡，方始見得人必有是四者，這四者亦有所附着。」先生曰：「孔子説得細膩，説不曾了。孟子説得粗，疏略，只是説『成之者性』，不曾從原頭推説來。然其界分，自孟子方説得分曉。」

陳仲蔚因問：「龜山説：『知其理一，所以爲仁；知其分殊，所以爲義。』仁便是體，義便是用否？」曰：「仁只是流出來底，義是合當做底。如水，流動處是仁，流爲江河，匯爲池沼，便是義。如惻隱之心便是仁，愛父母，愛兄弟，愛鄉黨，愛朋友故舊，有許多等差，便是義。且如敬，只是一個敬，到敬君、敬長、敬賢，便有許多般樣。禮也是如此。如天子七廟，諸侯五廟，這個便是禮。其或七或五之不同，便是義。禮是理之節文，義便是事之所宜處。吕與叔説『天命之謂性』云：『自斬而緦，喪服異等，而九族之情無所憾。自王公至皂隸，儀章異制，而上下之分莫敢爭。自是天性合如此。』且如一堂有十房父子，到得父各慈其子，子各孝其父，而人不嫌者，自是合如此也。其慈其孝，這便是仁；各親其親，各子其子，這便是義。這個物事分不得，流出來便是仁；仁打一動，義禮智便隨在這裏了。不是要仁使時，義却留在後面，少間放出來。其實只是一個道理，論着界分，便有許多分别。且如心性情虚明應物，知得這事合恁地，那事合恁地，這便是心；當這事感則這理應，當那事感則那理應，這便是性；出頭露面來底便是情：其實只是一個物事。而今這裏略略動，這三個便都在，子細看來，亦好則劇。」又舉邵子「性者道之形體」處曰：「道雖無所不在，然如何地去尋討他，只是回頭來看，都在自家性分之内。自家有這仁義禮智，便知得他也有仁義禮智，千人萬人，一切萬物無不是這道理。推而廣之，亦無不是這道理。他說『道之形體』，便是說得好〔三四〕。」

林子武初到時，先生問義剛云：「在何處安下？」曰〔三五〕：「未曾移入堂長房。」曰：「它便是有思量底。蘇子容押花字常要在下面，後有一人官在其上，却挨得他花字向上〔三六〕面去。他遂終身悔其初無思量，不合押花字在下。」及包顯道等來，遂命子武作堂長，後竟不改。義剛。

問〔三七〕：「承先生賜教讀書之法，如今看來，聖賢言行本無相違，其間所以有可疑者，只是不逐處研究得通透，所以見得牴牾。若真個逐處逐節逐段見得精切，少間却自到貫通地位。」曰：「固是。如今若苟簡看過，只一處便自未曾理會得了，却要別生疑義，徒勞無益。」訓木之〔三八〕。

慶元丁巳三月，見先生於考亭。先生曰：「甚荷遠來〔三九〕，然而不是時節。公初從何人講學？」曰：「少時從劉衡州問學。」曰：「見衡州如何？」曰：「衡州開明大體，使人知所向慕。」曰：「如何做工夫？」曰：「却是無下手處。」曰：「向來亦見廬陵諸公有問目之類，大綱寬緩，不是斬釘截鐵，真個可疑可問，彼此只做一場話說休了。若如此悠悠，恐虛過歲月。某已前與朋友往來，亦是如此。後來欽夫說道：『凡肯向此者，吾二人只如此放過了，不特使人泛然來行一遭，便道我曾從某人處講論，一向胡說，反爲人取笑，亦是壞了多少好氣質底。若只悠悠地去，可惜。今後須是截下，看晚年要成就得一二人，不妨是吾輩事業。』自後相過者，這裏直是不放過也。」祖道又曰：「頃年亦嘗見陸象山。」先生笑曰：「這却好商量。公且道象山如何？」曰：「象山之學，祖道曉不得，更是不敢學。」曰：「如何不敢學？」曰〔四〇〕：「象山與祖道言：『目能視，耳能聽，鼻能知香臭，口能知味，心能思，手足能運動，如何更要甚存誠持敬，硬要將一物去治一物，須要如此做甚？詠歸舞雩，自是吾子家風。』祖道曰：『是則是有此理，恐非初學者所到地位。』象山曰：『吾子有之，而必欲外鑠以爲本，可惜也。』祖道曰：『此恐只是先生見處。今使祖道便要如此，恐成猖狂妄行，蹈乎大方者矣。』象山曰：『纏繞舊習，如落陷穽，卒除不得。』」先生曰：「陸子靜所學，分明是禪。」又曰：「江西人大抵秀而能文，若得人點化，是多少明快。蓋有不得不任其責者。然今黨事方起，能無所畏乎？忽然被他來理會，礙公進取時如何？」曰：「此是自家身己上事，進取何足議？」曰：「可便遷入精舍。」以下訓祖道。

先生謂祖道曰：「讀書，且去鑽研求索。及反覆認得時，且蒙頭去做，久久須有功效。吾友看文字忒快了，却不沉潛，見得他子細意思。莫要一領他大意，便去摶摸，此最害事。且熟讀，就他注解爲他說一番。說得行時，却又爲他精思，久久自落窠臼。略知瞥見，便立見解，終不是實。恐他時無把捉，虛費心力。」

問進德之方。曰：「大率要修身窮理。若修身上未有工夫，亦無窮理處。」問：「修身如何？」曰：「且先收放心。如心不在，無下手處。要去體察你平昔用心，是爲己爲人。若讀書計較利禄，便是爲人。」

「資禀純厚者，須要就上面做工夫。」問：「如何？」曰：「人生與天地一般，無些欠闕處。且去子細看秉彝常性是如何，將孟子言性善處看是如何善，須精細看來。」

一日拜別，先生曰：「歸去各做工夫，他時相見，却好商量也。某所解論、孟和訓詁注在下面，要人精粗本末，字字爲咀嚼過。此書某自三十歲便下工夫，到而今改猶未了，不是草草看者，且歸子細。」（四一）

曾兄問：「讀大學已知綱目次第了，然大要用工夫，恐在『敬』之一字。前見伊川說『敬以直內，義以方外』處。」先生曰：「能『敬以直內』矣，亦須『義以方外』。能知得是非，始格得物。不以義方外，則是非好惡不能分別，物亦不可格。」又問：「恐敬立則義在其中，伊川所謂『弸諸中，彪諸外』是也。」曰：「雖敬立而義在，也須認得實，方見得。今有人雖胸中知得分明，說出來亦是見得千了百當，及應物之時，顛倒錯謬，全是私意，亦不知。聖人所謂敬義處全是天理，安得有私意？今釋老能立個門户恁地，亦是它從旁窺得近似。他所謂敬時，亦却是能敬，更有『笠影』之喻。」〔四二〕

「某嘗喜那鈍底人，他若是做得工夫透徹時，極好。却煩惱那敏底，只是略綽看過，不曾深去思量，當下說也理會得，只是無滋味，工夫不耐久。如莊仲便是如此。某嘗煩惱這樣底，少間不濟事。敏底人，又却用做那鈍底工夫方得。」以下訓僩。

問：「尋常遇事時，也知此爲天理，彼爲人欲。及到做時，乃爲人欲引去，事已却悔，如何〔四三〕？」曰：「此便是無克己工夫。這樣處，極要與他掃除打疊方得。如一條大路，又有一條小路，明知合行大路，然小路面前有個物引着，自家不知不覺行從小路去，及至前面荊棘蕪穢，又却生悔。此便是天理人欲交戰之機，須是遇事之時，便與克下，不得苟且放過。此須明理以先之，勇猛以行之。若是上智聖人底資質，不用着力，自然循天理而行，不流於人欲。若賢人資質，次於聖人者，到遇事時固不會錯，只是先也用分別教是而後行之。若是中人之資〔四四〕，須大段着力，無一時一刻不照管克治，始得。曾子曰：『仁以爲己任，不亦重乎！死而後已，不亦遠乎！』又曰：『戰戰兢兢，如臨深淵，如履薄冰。』而今而後，吾知免夫，小子！』直是恁地用功方得。」

問每日做工夫處。曰：「每日工夫只是常常喚醒，如程子所謂『主一之謂敬』、謝氏所謂『常惺惺法』是也。然這裏便有致知底工夫，程子曰：『涵養須用敬，進學則在致知』，須居敬以窮理。若不能敬，則講學又無安頓處。」

問：「『色容莊』持久甚難。」曰：「非用功於外也，心肅而容莊。」問：「若非聖人說下許多道理，則此身四支耳目更無安頓處。」曰：「然，古人固嘗言之『非禮則耳目手足無所措〔四五〕』。」

「道理極是細膩，公門心都粗大，入那細底不得。」

「公而今只是說他人短長，都不自反己看。如公適間說學者來此不講誦，蚤來莫去，是理會甚事？自初來至去，是有何所得？聽得某說話，有何警發？每日靠甚麼做本，從那裏做去？公却會說得個頭勢如此大。及至末梢，又却只是檢點他人某事某事，元未有緊要，那人亦如何服公說？且去理會自己身心，煞有事在〔四六〕。」

「今公掀然有飛揚之心，以爲治國平天下如指諸掌。不知自家一個身心都安頓未有下落，如何說功名事業？怎生治人？古時英雄豪傑不如此。張子房，不問着他不說。諸葛孔明甚麼樣端嚴！公浙中一般學，是學爲英雄之學，務爲跅弛豪縱，全不點檢身心。某這裏須是事事從心上理會起，舉止動步，事事有個道理。一豪不然，便是欠闕了他道理。固是天下事無不當理會，只是有先後緩急之序，須先立其本，方以次推及其餘。今公門學都倒了，緩其所急，先其所後，少間使得這身心飛揚悠遠，全無收拾處。而今人不知學底，他心雖放，然猶放得近。今公雖曰知爲學，然却放得遠，少間會失心去，不可不覺。」

「讀書之法，既先識得他外面一個皮殼了，又須識得他裏面骨髓方好。如公看詩，只是識得個模象如此，他裏面好處全不見得。自家此心都不曾與他相黏，所以眊燥無汁漿，如人開溝而無水，如此讀得何益？未論讀古人書，且如讀近世名公詩，也須知得他好處在那裏。如何知得他好處？亦須吟哦諷詠而後得之。今人都不曾識，好處也不識，不好處也不識，不好處以爲好者有之矣，好者亦未必以爲好也。其有知得某人詩好，某人詩不好者，亦只是見已前人如此説，便承虚接響説取去。如矮子看戲相似，見人道好，他也道好。及至問著他那裏是好處，元不曾識。舉世皆然，只是不曾讀，熟讀後自然見得。『人而不爲周南、召南，其猶正墻面而立也歟！』今公讀二南了，還能不正墻面而立否？意思都不曾相黏，濟得甚事！前日所舉韓退之、蘇明允二公論作文處，他都是下這般工夫，實見得那好處，方做出這般文章。他都是將三代以前文字熟讀後，故能如此。如向者吕子約書來，説近來看詩甚有味，録得一册來，盡是寫他讀詩有得處。及觀之，盡是説詩序。如關雎只是說一個『后妃之德也』，葛覃只是說得個『后妃之本』與『化天下以婦道也』。自『關關雎鳩』、『葛之覃兮』已下，更不說着。如此讀詩是讀個甚麽？吕伯恭大事記亦是如此，盡是編排詩序、書序在上面。他門讀書，盡是如此草草。以言事，則不實；以立辭，則害意。」

問：「『鳶飛魚躍』，南軒云：『「鳶飛魚躍」，天地之中庸也。』」曰：「只看公如此說，便是不曾理會得了。莫依傍他底說，只問取自家是真實見得不曾？自家信，是信得個甚麽？這個道理，精粗小大、上下四方一齊要看到，四邊合圍起理會，莫令有些小走透。少間方從一邊〔四七〕理會得，些小有個見處，有個入頭處。若只靠一邊去理會，少間便偏枯了，尋捉那物事不得。若是如此悠悠，只從一路去攻擊他，而又不曾着力，何益於事！」李敬子曰：「覺得已前都是如此悠悠過了。」曰：「既知得悠悠，何不便莫要悠悠，便是覺得意思都不曾痛切〔四八〕。每日看文字，只是輕輕地拂過，寸進尺退，都不曾依傍築磕着那物事來。此間說時，旋紐捏湊合，說得些小，才過了又便忘了。或他日被人問起，又逐旋紐捏說得些小，過了又忘記了。如此濟得甚事！早間說如負痛相似。因言：「持敬，如書所云『若有疾』，如此方謂之持敬。」如人負一個大痛，念念在此，日夜求所以去之之術。理會這一件物，須是徹頭徹尾，全文記得，始是如此，末是如此，中間是如此，如此謂之是，如此謂之非。須是理會教透徹，無些子疑滯方得。若只是如此輕輕拂過，是濟甚事？如兩軍厮殺，兩邊擂起鼓了，只得拚命進前，有死無二，方有個生路，更不容放慢。若才放慢，便被他殺了。」

友仁初參拜畢，出疑問一册，皆大學、語、孟、中庸平日所疑者。先生略顧之，謂友仁曰：「公今須是逐一些子細理會，始得，不可如此鹵莽。公之意，自道此是不曉者，故問。然其他不問者，恐亦未必是，豈能便與聖賢之意合？須是理會得底也來整理過方可。」以下訓友仁。

問「邦畿千里，惟民所止」。曰：「此是大率言物各有所止之處。且如公，其心雖止得是，其迹則未在。心迹須令爲一，方可。豈有學聖人之道，服非法之服，享非禮之祀者？程先生謂『文中子言心迹之判，便是亂説』者，此也。」友仁曰：「舍此則無資身之策。」曰：「『君子謀道不謀食』，豈有爲人而憂此者？」

先生曰：「公向道甚切，也曾學禪來？」曰：「非惟學禪，如老莊及釋氏教典亦曾涉獵。」自説法華經至要處乃在「是法非思量分別之所能解」一句。先生曰：「我這裏正要思量分別。能思量分別，方有豁然貫通之理。如公之學也不易。」因以手指書院曰：「如此屋相似，只中間潔浄，四邊也未在。未能博學，便要約禮。窮理處不曾用工，守約處豈免有差？若差之豪忽，便有不可勝言之弊。」又顧同舍曰：「德元却於此理見得彷彿，惜乎不曾多讀得書。」却謂友仁曰：「更須痛下工夫讀書始得。公今所看大學或問格物致知傳，程子所說許多說話，都一一記得，方有可思索玩味。」

張問：「先生論語或問甚好，何故不肯刊行？」曰：「便是不必如此。文字儘多，學者愈不將做事了，只看得集注儘得。公還盡記得集注說話否？非唯集注，恐正文亦記不全，此皆是不曾子細用工夫。且如邵康節始學於百原，堅苦刻厲，冬不爐，夏不扇，夜不就席者有年，公門曾如此否？論語且莫說別處，只如說仁處，這裏是如此說，那裏是如此說，還會合得否？」友仁曰：「先生有一處解『仁』字甚曉然，言『仁者，人心之全德，必欲以身體而力行之，可謂「重」矣！一息尚存，此志不容少懈，可謂「遠」矣。』」先生不應，次日却問：「公昨夜所舉解仁說在何處？」曰：「在曾子言『仁以爲己任』章。」〔四九〕先生曰：「德元看文字，却能記其緊要處。有萬千人看文字者，却不能於緊要處理會，只於瑣細處用工。前日他問中庸或問『不一其內，無以制其外；不齊其外，無以養其中；靜而不存，無以立其本；動而不察，無以勝其私』，此皆是切要處。學者若能於切要處做工夫，又於細微處不遺闕了，久之自然有得。」

拜辭，先生曰：「公識性明，精力短，每日文字不可多看。又，記性鈍，但用工不輟，自有長進矣〔五〇〕。」

因誨郭兄云：「讀書者當將此身葬在此書中，行住坐卧，念念在此，誓以必曉徹爲期。

看外面有甚事，我也不管，只恁一心在書上，方謂之善讀書。若但欲來人面前説得去，不求自熟，如此濟得甚事？須是著起精神，字字與他看過，不惟念得正文注字，要自家暗地以俗語解得方是。如今自家精神都不曾與書相入，念本文注字猶記不得，如何曉得？」卓。僩同。

「讀書，須立下硬寨，定要通得這一書，方看第二書。若此書既曉未得，我寧死也不看那個。如此立志，方成工夫。」郭德元言〔五一〕：「記書不得。」〔五二〕曰：「公不可欲速，且讀一小段。若今日讀不得，明日又讀；明日讀不得，後日又讀，須被自家讀得。若只記得字義訓釋，或其中有一兩字漏落，便是那腔子不曾填得滿，如一個物事欠了尖角處相似。少間自家做出文字，便也有所欠闕，不成文理。嘗見蕃人及武臣文字，常不成文理，便是如此。他心中也知得要如此説，只是字義有所欠闕，下得不是。這個便是『不得於言，勿求於心』之患。是他心有所蔽，故如此。司馬遷史記用字也有下得不是處，賈誼亦然，如治安策説教太子處云『太子少長知妃色，則入于學』，這下面承接便用解説此義，忽然掉了，却説上學去云『學者所學之官也』，又説『帝入東學，上親而貴仁』一段了，却方説上太子事，云『及太子既冠成人，免於保傅之嚴』云云，都不成文義，更無段落。他只是乘才快，胡亂寫去，這般文字也不可學。董仲舒文字却平正，只是又困善。仲舒、匡衡、劉向諸人文字皆善弱無氣餤，司馬遷、賈生文字雄豪可愛，只是逞快，下字時有不穩處，段落不分明。匡衡文字却細密，他看得經書極子細，能向裏做工夫，只是做人不好，無氣節。仲舒讀書不如衡子細，疏略甚多，然其人純正開闊，衡不及也。」又曰：「荀子云：『誦數以貫之，思索以通之。』誦數，即今人讀書記遍數也，古人讀書亦如此。只是荀卿做得那文字不帖律處也多。」僩。

郭德元告行，先生曰：「人若於日間閑言語省得一兩句，閑人客省見得一兩人，也濟事。若渾身都在鬧場中，如何讀得書？人若逐日無事，有見成飯喫，用半日靜坐，半日讀書，如此一二年，何患不進！」僩。

校勘記

〔一〕以下訓義剛　朝鮮本此句置下段語録之末。

〔二〕問　朝鮮本作：義剛問。

〔三〕果老　朝鮮本作：杲老。

〔四〕不知何由可以免此　「何」原作「可」，據萬曆本改。

〔五〕如主一處定是如此了不用講　朝鮮本作：且如一處，定是如此了，别更不用講。

〔六〕多　朝鮮本作：千。

〔七〕須是如此説　朝鮮本此下内容少異，作：亦須逐一去看，然到極處，不過如此，只是這個。且末尾增小字：義剛。

〔八〕圓密　朝鮮本作：謹密。

〔九〕又問　朝鮮本作：義剛又問。

〔一〇〕仰蒙　朝鮮本此下增「曲賜」二字。

〔一一〕敬遵明訓　朝鮮本此下增「豈敢違越」四字。

〔一二〕好　朝鮮本此下增小字：以上並義剛自録。

〔一三〕請隨諸生遇晚聽講　「諸」原作「請」，據朝鮮本、萬曆本改。又，朝鮮本此句增作：「請曰：『蓋卿願從學久矣，乃今得遂所圖。然先生以召命戒途有日，殊爲匆匆，即欲隨諸生遇晚聽講。』」凡三十八字。

〔一四〕以下訓蓋卿　朝鮮本作：以上蓋卿自録。

〔一五〕雖不中不遠矣　朝鮮本此則末尾增小字：以下訓蓋卿。

〔一六〕曰尚得爲遠謁函文之計　朝鮮本此句詳作「蓋卿又請曰：『此來幸甚，侍傳約之誨所得洪多，然於承教之願猶未深愜。來歲儻尚未死，繼得爲謁函文之計。』」凡四十二字。

〔一七〕宜一面着實做工夫　朝鮮本「工夫」下有小注云：「蓋卿猶在先人服中。」

〔一八〕皆潦草過了　「潦」原作「老」，據萬曆本改。

〔一九〕或看得三五行　朝鮮本此下增：或都不看。

〔二〇〕曰　朝鮮本作：謙對云曰。

〔二一〕方得　朝鮮本此則末尾增小字：謙。

〔二二〕問　朝鮮本作：謙問。

〔二三〕知言便是窮究別人言語　「究」原作「理」，據萬曆本改。

〔二四〕愈詳愈有意味　朝鮮本「味」下有小注云：「以上皆謙自録，下見諸録。」

〔二五〕須要學問　朝鮮本段首至此少異，作：學問無賢愚，無小大，無貴賤，自是人合理會底事。且如聖賢不生，無許多書册，無許多發明，不成不去理會！也只當理會。今有聖賢言語，有許多文字，卻不去做。

〔二六〕或事治一等議論　「事」，萬曆本作「專」。

〔二七〕是不切己之過　朝鮮本此下增小字：謙。

〔二八〕先生問　朝鮮本作：先生問自脩云。

〔二九〕訓自脩　朝鮮本作：訓自脩自録。

〔三〇〕問　朝鮮本段首增一節文字：八日見文之。甲戌生。午後過東書院，侍坐。

〔三一〕説　朝鮮本此則段首增一節文字：九日挈行李過崇報精舍。晚過樓下。

〔三二〕常且靜坐　朝鮮本「坐」下有小注云：「以上泳自録。」
〔三三〕難説　朝鮮本作：難曉。
〔三四〕便是説得好　朝鮮本「好」下有小注云：「以上夔孫自録，下見諸録。」
〔三五〕曰　朝鮮本作：劉曰。
〔三六〕上　朝鮮本作：下。且在此下增小字：恐是下字。
〔三七〕問　朝鮮本作：木之問。
〔三八〕訓木之　朝鮮本「之」下有「自録」二字。
〔三九〕甚荷遠來　朝鮮本此下增：此意良厚。
〔四〇〕曰　朝鮮本作：祖道對曰。
〔四一〕且歸子細　朝鮮本此下增小字：以上並祖道自録。
〔四二〕笠影之喻　朝鮮本末尾增記録者姓名：卓。
〔四三〕如何　朝鮮本作：此時如何。
〔四四〕若是中人之資　萬曆本「資」下有「質」字。
〔四五〕非禮則耳目手足無所措　朝鮮本「措」下有小注云：「此條卓同。」
〔四六〕煞有事在　朝鮮本「在」下有小注云：「以上並僩自録。」
〔四七〕一邊　朝鮮本作：四邊。

〔四八〕痛切　朝鮮本作：痛卻。
〔四九〕曰在曾子言仁以爲己任章　朝鮮本作：友仁曰：「在泰伯篇曾子言『仁以爲己任』章。」
〔五〇〕自有長進矣　朝鮮本「矣」下有小注云：「以上友仁自録。下見諸録。」
〔五一〕郭德元言　「元」原作「此」，據朝鮮本改。
〔五二〕記書不得　朝鮮本此下增一節文字，作：「須是如此做工夫，方得。公等每日只是閑用心，問閑事、説閑話底時節多；問緊要事，究竟自己底事時節少。若是真個做工夫底人，他自是無閑工夫説閑話、問閑事。聖人言語有幾多緊要大節目，都不曾理會。小者固不可不理會，然大者尤緊要。」且朝鮮本此下内容另作一則語録，段首增一節文字，作：書只貴讀，讀多自然曉。今只思量得，寫在紙上底，也不濟事，終非我有，只貴乎讀。這個不知如何，自然心與氣合，舒暢發越，自是記得牢。縱饒熟看過，心裏思量過，也不如讀。讀來讀去，少間曉不得底，自然曉得，已曉得者，越有滋味。若是讀不熟，都没這般滋味。而今未説讀得注，且只熟讀得正經，行住坐卧，心嘗在此，自然曉得，嘗思之，讀是學。夫子説「學而不思則罔，思而不學則殆」，便是讀。讀了又思，思了又讀，自然有意，若讀而不思，又不知其意。

朱子語類卷第一百一十七

朱子十四

訓門人五

黄直卿會看文字，只是氣象小，間或又有看得不好處。」文蔚。

因説正思小學字訓，直卿云：「此等文字亦難做，如『中』只説得無倚之中，不曾説得無過不及之中。」曰：「便是此等文字難做，如『仁』只説得偏言之仁，不曾説得包四者之仁。」若海録云：「一部大爾雅。」至。

先生聞程正思死，哭之哀。賀孫。

有程正思一學生來謁，坐定，蹙頞云：「正思可惜，有骨肋，有志操。若看道理，也粗些子在。」自脩。

問功夫節目次第。曰：「尋常與學者說做功夫甚遲鈍，但積累得多，自有貫通處。且如論、孟，須從頭看，以正文爲正，却看諸家說狀得正文之意如何。且〔一〕自平易處作功夫，觸類有得，則於難處自見得意思。如養氣之說，豈可驟然理會？候玩味得七篇了，漸覺得意思。如一件木頭，須先剗削平易處，至難處一削可除也。今不先治平易處，而徒用力於其所難，所以未有得而先自困也。」以下訓謨。

問：「謨於鄉曲自覺委靡隨順處多，恐不免有同流合汙之失。」曰：「『孔子於鄉黨，恂恂如也，似不能言者。』處鄉曲固要人情周盡，但須分別是非，不要一向隨順，失了自家。天下事，只有一個是，一個非。是底便是，非底便非。」問：「是非自有公論？」曰：「如此說，便不是了。是非只是是非，如何是非之外更有一個公論？才說有個公論，便又有個私論也。此却不可不察。」以下訓謨。

「謨於私欲未能無之，但此意萌動時，却知用力克除，覺方寸累省，頗勝前日，更當如何〔二〕？」曰：「此只是强自降伏，若未得天理純熟，一旦失覺察，病痛出來，不可不知也。」

問：「五峰所謂『天理人欲，同行異情』，莫須這裏要分別否？」曰：「『同行異情』只如飢食渴飲等事，在聖賢無非天理，在小人無非私欲，所謂『同行異情』者如此。此事若不曾尋着本領，只是説得他名義而已。説得名義儘分曉，畢竟無與我事。須就自家身上實見得私欲萌動時如何，天理發見時如何，其間正有好用工夫處。蓋天理在人，亘萬古而不泯，任甚如何蔽固〔三〕，而天理常自若，無時不自私意中發出，但人不自覺。正如明珠大貝，混雜沙礫中，零零星星逐時出來。但只於這個道理發見處，當下認取，簇合零星，漸成片段。到得自家好底意思日長月益，則天理自然純固。向之所謂私欲者，自然消靡退散，久之不復萌動矣。若專務克治私欲，而不能充長善端，則吾心所謂私欲者日相鬭敵，縱一時按伏得下，又當復作矣。初不道隔去私意後，别尋一個道理主執而行，才如此，又只是自家私意。只如一件事，見得如此爲是，如此爲非，便從是處行將去，不可只恁休。誤了一事，必須知悔，只這知悔處便是天理。孟子説『牛山之木』，既曰『若此其濯濯也』，又曰『萌蘗生焉』；既曰『旦晝梏亡』，又曰『夜氣所存』。如説『求放心』，心既放了，如何又求得？只爲這些道理根於一性者，渾然至善，故發於日用者多是善底。道理只要人自識得，雖至惡人，亦只患他頑然不知省悟。若心裏稍知不穩，便從這裏改過，亦豈不可做好人？孟子曰：『人之所以異於禽獸者幾希，庶民去之，君子存之。』去，只是去着這些子；存，只是存着這些子：學者所當深察也。」謨再三稱贊〔四〕，先生曰：「未可如此便做領略過去。有些説話且留在胸次烹治煅煉，教這道理成熟。若只一時以爲説得明白，便道是了，又恐只做一場話説。」

寒泉之別，請所以教。曰：「議論只是如此，但須務實。」請益。曰：「須是下真實工夫。」未幾，復以書來曰：「臨別所説務實一事，途中曾致思否？今〔五〕日學者不能進步，病痛全在此處，不可不知也。」

既受詩傳，併力抄録，頗疏侍教。先生曰：「朋友來此，多被册子困倒，反不曾做得工夫，何不且過此説話？彼皆紙上語爾，有所面言，資益爲多。」又問：「與周茂元同邸，所論何事？」曰：「周宰云：『先生著書立言，義理精密。既得之，熟讀深思，從此力行，不解有差。』」曰：「周宰才質甚敏，只有些粗疏，不肯去細密處求，説此便可見。載之簡牘，縱説得甚分明，那似當面議論，一言半句，便有通達處？所謂『共君一夜話，勝讀十年書』。若説到透徹處，何止十年之功也〔六〕！」

問〔七〕：「未知學問，知有人欲，不知有天理。既知學問，則克己工夫有着力處。然應事接物之際，苟失存主，則心不在焉。及既知覺，已爲間斷。故因天理發見而收合善端，便成片段。雖承見教如此，而工夫最難。」曰：「此亦學者常理，雖顔子亦不能無間斷。正要常常點檢，力加持守，使動静如一，則工夫自然接續。」問：「中庸或問所謂『誠者物之終始』，以理之實而言也；『不誠無物』，以此心不實而言也。謂此心不存，則見於行事雖不悖理，亦爲不實，正謂此歟？」曰：「大學所謂『知至、意誠』者，必須知至然後能誠其意也。今之學者只說操存，而不知講明義理，則此心憒憒，何事於操存也！某嘗謂『誠意』一節正是聖、凡分別關隘去處，若能誠意，則是透得此關後，滔滔然自在，去爲君子。不然，則崎嶇反側，不免爲小人之歸也。」「致知所以先於誠意者，如何？」曰：「致知者，須是知得盡，尤要親切〔八〕。尋常只將『知至』之『至』作『盡』字說，近來看得合是作『切至』之『至』。知之者切，然後貫通得誠意底意思，如程先生所謂『真知』者是也。」

舜弼以書來問「仁」及以仁義禮知與性分形而上下，先生答書略曰：「所謂仁之德，即程子『穀種』之說，愛之理也。愛乃仁之已發，仁乃愛之未發。若於此認得，方可說與天地萬物同體。不然，恐無交涉。仁義禮知，性之大目，皆形而上者，不可分爲二也。」因云：「舜弼爲學，自來不切己體認，却只是尋得三兩字來撑拄，亦只說得個皮殼子。」㽦。

一日同舜弼遊屏山歸，因說山園甚佳，曰：「園雖佳而人之志則荒矣。」方子。

問：「尋常於存養時，若擾起心，則急迫而難久；才放下，則又散緩而不收，不知如何用工方可？」曰：「只是君元不曾放得下也。」以下訓柄。

問：「凡人之心不存則亡，而無不存不亡之時，故一息之頃不加提省之力，則淪於亡而不自覺。天下之事不是則非，而無不是不非之處，故一事之微，不加精察之功則陷於惡而不自知。柄近見如此，不知如何？」曰：「道理固是如此，然初學後亦未能便如此也。」〔九〕

魏元壽問大學，先生因云：「今學者不會看文字〔一〇〕，多是先立私意，自主張己說，只借聖人言語做起頭，便自把己意接說將去。病痛專在這上，不可不戒。」又云：「近有一學者來，欲說『皇極』，某令他說看，都不相近，只做一個『大中』字說了，便更無可說處。不知自孔、孟以後千數百年間，讀書底更不子細，把聖人言語略思量看是如何。且人一日間，此心是起多少私意，起多少計較，都不會略略回心轉意去看，把聖賢思量，不知是在天地間做甚麽也。」時舉。訓椿。

「學者精神短底，看義理只到得半途，便以爲前面没了」。必大曰：「若工夫不已，亦須有向進。」曰：「須知得前面有，方肯做工夫。今之學者，大概有二病：一以爲古聖賢亦只此是了，故不肯做工夫；一則自謂做聖賢事不得，不肯做工夫。」以下訓必大。

拜違，先生曰〔一一〕：「所當講者亦略備矣，更宜愛惜光陰，以副願望。」又曰：「別後正好自做工夫，攢積下，一旦相見，庶可舉出商量，勝如旋來理會〔一二〕。」

必大初見，曰：「必大日來讀大學之書，見得與己分上益親切，字字句句皆己合做底事。但雖見得道理合如此，然反而𥌓括其念慮踐履之間，却有未能如此者。蓋緣向來自待，未免有失之姑息處。始謂氣習物欲之蔽，不能頓革，當以漸銷鑠之而已。不知病根未盡除，則爲善去惡之際固已爲之繫累，不能勇決。操存少懈，則其隱伏於中者往往紛起，而不自覺其動於惡者，固多有之。今須是將此等意思便與一刀兩斷，勿復凝滯。於道理合如此處，便擔當著做，不得遲疑，庶可補既往之過，致日新之功，如何？」曰：「要得如此。」必大又曰：「向因子夏『大德、小德』之說，遂只知於事之大者致察，而於小者苟且放過。德之不修，實此爲病。張子曰：『纖惡必除，善斯成性矣。察惡未盡，雖善必粗矣。』學者須是豪髮不得放過，德乃可進。」曰：「若能如此，善莫大焉。以小惡爲無傷，是誠不可。」

「某一生與人說話多矣，會看文字，曉解明快者，却是吳伯豐。方望此人有所成就，忽去年報其死，可惜，可惜！若稍假之年，其進未可量也。伯豐有才氣，爲學精苦，守官治事皆有方法。」僩。

「吳伯豐好個人，近日死了，可惜！頗留意，也展托得開。江西如萬正淳亦純實，只是昏鈍，與他說，都會不得。」因問：「『展托得開』，向來明道有此語，莫是擴充得去否？」曰：「適說吳伯豐，只是據他才也展托得行。渠與沈是親，近日力要收拾，它更不爲屈可取。」德明。

問：「嘗讀何書？」曰：「讀語、孟。」曰：「如今看一件書，須是著力至誠去看一番，將聖賢說底一句一字都理會過。直要見聖賢語脈所在，這一句一字是如何道理，及看聖賢因何如此說。直是用力與他理會，如做冤讎相似，理會教分曉，然後將來玩味方盡見得意思出來。若是泛濫看過〔一三〕，今次又見是好，明次又見是好，終是無功夫，不得力。」以下訓嚳。

「議論中譬如常有一條線子纏縛，所以不索性，無那精密潔白底意思。若是實見得，便自一言半句，斷當分明。」〔一四〕

先生問㽦與伯豐、正淳：「此去做甚工夫？」伯豐曰：「政欲請教，先易後詩，可否？」曰：「既嘗讀詩，不若先詩後易。」㽦曰：「亦欲看詩。」曰：「觀詩之法，且虛心熟讀尋繹之，不要被舊説粘定，看得不活。伊川解詩，亦説得義理多了。詩本只是恁地説話，一章言了，次章又從而歎詠之，雖别無義，而意味深長，不可於名物上尋義理。後人往往見其言只如此平淡，只管添上義理，却窒塞了他。如一源清水，只管將物事堆積在上，便壅隘了。某觀諸儒之説，唯上蔡云『詩在識六義體面，却諷味以得之』深得詩之綱領，他人所不及。所謂『以意逆志』者，逆如迎待之意。若未得其志，只得待之，如『需於酒食』之義。後人讀詩，便要去捉將志來，以至束縛之。呂氏詩記有一條收數説者，却不定。云此説非詩本意，然自有個安頓用得他處，今一概存之。正如一多可底人，來底都是，如所謂『要識人情之正』。夫『詩可以觀』者，正謂其間有得有失，有黑有白，若都是正，却無可觀。今不若且置小序於後，熟讀正文〔一五〕。如收得一詩，其間説香，説白，説寒時開，雖無題目，其爲梅花詩必矣。每日看一經外，大學、論語、孟子、中庸四書自依次序循環看。然史亦不可不看，若只看通鑑，通鑑却是連長記去，一事只一處説，别無互見，又散在編年，雖是大事，其初却小，後來漸漸做得大，故人初看時不曾着精神，只管看向後去，却記不得，不若先草草看正史一過。正史各有傳，可見始末，又有他傳可互考，所以易記。每看一代正史訖，却去看通鑑，亦須作綱目，隨其大事劄記某年有某事之類，準春秋經文書之。温公亦有本朝大事記，附稽古録後。」

先生問罃及二友：「俱嘗看易傳，看得如何是好？何處是緊要？看得愛也不愛？愛者是愛他甚處？」罃等各對訖。先生曰：「如此只是鶻盧提看，元不曾實得其味。此書自是難看，須經歷世故多，識盡人情物理，方看得入。蓋此書平淡，所説之事皆是見今所未嘗有者。如言事君及處事變患難處，皆未嘗當着，可知讀時無味。蓋他説得闊遠，未有底事預包在此。學者須先讀詩書他經，有〔一六〕個見處，及曾經歷過〔一七〕此等事，方可以讀之，得其無味之味，此初學者所以未可便看。某屢問讀易傳人，往往皆無所得，可見此書難讀。如論語所載皆是事親、取友、居鄉黨，目下便用得者，所言皆對着學者即今實事。孟子每章先言大旨了，又自下注脚。大學則前面三句總盡致知格物而下一段綱目，『欲明明德』以下一段又總括了傳中許多事，一如鎖子骨，才提起便總統得來。所以教學者且看二三書。若易傳，則卒乍裏面無提起處。蓋其間義理闊多，伊川所自發，與經文又似隔一重皮膜，所以看者無個貫穿處。蓋自孔子作傳時，解『元亨利貞』已與文王之詞不同，伊川之説又與經文不相着。讀者須是文王自作文王意思看，孔子自作孔子意思看，伊川自作伊川意思看。況易中所言事物，已是譬喻，不是實指此物而言，固自難曉。伊川又別發明出義理來。今須先得經文本意了，則看程傳便不至如門扇無臼，轉動不得。亦是一個大底胸次，識得世事多者，方看得出。大抵程傳所以好者，其言平正，直是精密，無少過處，不比他處有抑揚，讀者易發越。如上蔡論語，義理雖未盡，然人多喜看，正以其説有過處，啓發得人，看者易入。若程傳，則不見其抑揚，略不驚人，非深於義理者未易看也。」人傑録略，見易類。

淳冬至以書及自警詩爲贄見，翌日入郡齋，問功夫大要。曰：「學固在乎讀書〔一八〕，而亦不專在乎讀書。公詩甚好，可見亦曾用工夫〔一九〕。然以何爲要？有要則三十五章可以一貫。若皆以爲要，又成許多頭緒，便如東西南北禦寇一般。」曰：「晚生妄意未知折衷，惟先生教之。」先生問：「平日如何用工夫？」曰：「只就己上用工夫。」「己上如何用工夫？」曰：「只日用間察其天理人欲之辨。」「如何察之？」曰：「只就秉彝良心處察之。」曰：「心豈直是發？莫非心也。今這裏説話也是心，對坐也是心，動作也是心，何者不是心？然則緊要着力在何處？」扣之再三，淳思未答。先生縷縷言曰：「凡看道理，須要窮個根源來處。如爲人父，如何便止於慈？爲人子，如何便止於孝？爲人君，爲人臣，如何便止於仁，止於敬？如論孝，須窮個孝根原來處；論慈，須窮個慈根原來處。仁敬亦然。凡道理皆從根原來處窮究，方見得確定，不可只道我操修踐履便了。多見士人有謹守資質好者，此固是好。及到講論義理，便偏執己見，自立一般門户，移轉不得，又大可慮。道理要見得真，須是表裏首末極其透徹，無有不盡，真是得是如此，決然不可移易，始得。不可只窺見一班半點，便以爲是。如爲人父，須真知是決然止於慈而不可易，爲人子須真知是決然止於孝而不可易。善，須真見得是善，方始決然必做；惡，須真見得是惡，方始決然必不做。如看不好底文字，固是不好，須自家真見得是不好；好底文字固是好，須自家真見得是好。聖賢言語須是真看得十分透徹，如從他肚裏穿過，一字或輕或重移易不得，始是。看理徹，則我與理一。然一下未能徹，須是浹洽始得。這道理甚活，其體渾然而其中粲然。上下數千年，真是昭昭在天地間，前聖後聖相傳，所以斷然而不疑。夫子之所教者，教乎此也；顔子之所樂者，樂乎此也。圓轉處儘圓轉，直截處儘直截。先知所以覺後知，先覺所以覺後覺。」問：「顔子之樂，只是天地間至富至貴底道理樂去。樂可求之否？」曰：「非也。此一下未可便知，須是窮究萬理，要令極徹。」已而曰：「程子謂：『將這身來放在萬物中一例看，大小大快活。』又謂：『人於天地間並無窒礙處，大小大快活。』此便是顔子樂處。這道理在天地間，須是真窮到底，至纖至悉，十分透徹〔二〇〕，無有不盡；則與萬物爲一，無所窒礙。胸中泰然，豈有不樂？」以下訓淳。饒録作五段。

問：「日用間今且如何用工夫？」曰：「大綱只是恁地。窮究根原來處，直要透徹，又且須『敬以直内，義以方外』此二句爲要。」

「『擇善而固執之』，如致知、格物，便是擇善；誠意、正心、修身，便是固執：只此二事而已。」淳舉南軒謂：「知與行互相發。」曰：「知與行須是齊頭做〔一一〕，方能互相發。程子曰：『涵養須用敬，進學則在致知』，下『須』字『在』字便是皆要齊頭着力，不可道知得了方始行。有一般人儘聰明，知得而行不及〔一二〕，是資質弱，又有一般人儘行得而知不得。」因問：「淳資質懦弱，行意常緩於知，克己不嚴，進道不勇，不審何以能嚴能勇？」曰：「大綱亦只是適間所説。於那根原來處真能透徹，這個自都了。」

問：「靜坐觀書，則義理浹洽。到幹事後，看義理又生，如何？」曰：「只是未熟。」

問：「看道理，須尋根原來處，只是就性上看否？」曰：「如何？」曰：「天命之性，萬理完具；總其大目，則仁義禮智，其中遂分別成許多萬善。大綱只如此，然就其中須件件要徹。」曰：「固是如此，又須看性所因是如何？」曰：「當初天地間元有這個渾然道理，人生稟得便是性。」曰：「性只是理，萬理之總名。此理亦只是天地間公共之理，稟得來便爲我所有。天之所命，如朝廷指揮差除人去做官。性如官職，官便有職事。」

天下萬事都是合做底，而今也不能殺定合做甚底事。聖賢教人，也不曾殺定教人如何做，只自家日用間看甚事來便做工夫。今日一樣事來，明日又一樣事來，預定不得。若指定是事親，而又有事長；指定是事長，而又有事君。只日用間看有甚事來，便做工夫。

「這道理不是如堆金積寶在這裏，便把分付與人去，亦只是說一個路頭，教人自去討。討得便是自底，討不得也無奈何。須是自着力，着些精彩去做，容易不得。」

「譬如十里地頭，自家行到五里，見人說十里地頭事，便把爲是，更不進去。那人說固不我欺〔二三〕，然自家不親到那裏，不見得真，終是信不過。」

「須是理會得七八分功夫了，被人決一決，便有益。說十分話，便領得。若不曾〔二四〕做功夫，雖說十分話，亦了不得。」

「若道生做一世人，不可泛泛隨流，須當了得人道，便有可望。若道不如且過了一生，更不在說。須思量到如何便超凡而達聖，今日爲鄉人，明日爲聖賢，如何會到此，便一聳拔。聳身着力言。如此，方有長進。若理會得也好，理會不得也好，便悠悠了。」

「讀書理會一件了，又一件。不止是讀書，如遇一件事，且就這事上思量合當如何做，處得來當，方理會別一件。書不可只就皮膚上看，事亦不可只就皮膚上理會。天下無書不是合讀底，無事不是合做底。若一個書不讀，這裏便缺此一書之理；一件事不做，這裏便缺此一事之理。大而天地陰陽，細而昆蟲草木，皆當理會。一物不理會，這裏便缺此一物之理。」

「天下無不可說底道理。如爲人謀而忠，朋友交而信，傳而習，亦都是眼前事，皆可說，只有一個熟處説不得。除了熟之外，無不可説者。未熟時，頓放這裏又不穩帖拈，放那邊又不是。然終不成住了，也須從這裏更著力始得。到那熟處，頓放這邊也是，頓放那邊也是，七顛八倒無不是，所謂『居之安則資之深，資之深則左右逢其原』。譬如梨柿，生時酸澀喫不得，到熟後自是一般甘美。相去大遠，只在熟與不熟之間。」寓録同。

謂淳曰：「大學已是讀過書，宜朝夕常常温誦勿忘。」

「講究義理，不下得工夫也不得。如舉業不下得功夫，也不解精。老蘇年已壯，方學文，煞用力，到所謂『若人之言固當然者』，這處便是悟。做文章合當如此，亦只是熟，便如此。恰如自家門講究義理到熟處，悟得爲人父確然是止於慈，爲人子確然是止於孝。老蘇文豪傑，只是熟，子由取他便遠。」〔一五〕

問：「看文字只就本句，固是見得古人本意。然不推廣之，則用處又易得不相浹，如何？」曰：「須是本句透熟，方可推。若本句不透熟，不惟推便錯，於未推時已錯了。」〔一六〕

「學，則處事都是理；不學，則看理便不恁地周匝，不恁地廣大，不恁地細密。然理亦不是外面硬生道理，只是自家固有之理。『堯舜性之』，此理元無失。『湯武反之』，已有些子失，但復其舊底，學只是復其舊底而已。蓋向也交割得來，今却失了，可不汲汲自修而反之乎？此其所以爲急。不學，則只是硬隄防，處事不見理，一向任私意。平時却也强勉去得，到臨事變，便亂了。」

問：「持敬致知，互相發明否？」曰：「古人如此説，必須是如此，更問他發明與不發明要如何？古人言語寫在册子上，不解錯了。只如此做工夫，便見得滋味。不做持敬，只説持敬作甚？不做致知，只説致知作甚？譬如他人做得飯熟，盛在碗裏，自是好喫，不解毒人，是定。自家但喫將去，便知滋味，何用問人？不成自家這一邊做得些小持敬工夫，計會那一邊致知發明與未發明；那一邊做得些小致知工夫，又來計會這一邊持敬發明與未發明。如此，有甚了期？」季文問：「持敬、致知，莫是並行而不相礙否？」曰：「也不須如此，都要做將去。」〔二七〕

「看道理須要就那大處看，便前面開闊。不要就壁角裏，地步窄，一步便觸，無去處了。而今且要看天理人欲，義利公私，分別得明，將自家日用底與他勘驗，須漸漸有見處，前頭漸漸開闊。那個大壇場，不去上面做，不去上面行，只管在壁角裏，縱理會得一句，只是一句透，道理小了。如破斧詩須看那『周公東征，四國是皇』，見得周公用心始得。」

諸友問疾，請退，先生曰：「堯卿、安卿且坐。相别十年，有甚大頭項工夫、大頭項疑難可商量處？」淳曰：「數年來見得日用間大事小事分明，件件都是天理流行，無一事不是合做底，更不容挨推閃避。撞着〔二八〕這事，以理斷定，便小心盡力做到尾去。兩三番後，此心磨刮出來，便漸漸堅定。雖有大底，不見其爲大；難底，不見其爲難；至磽确至勞苦處，不見其爲磽确勞苦；横逆境界，不見其有憾恨底意；可愛羡難割捨底，不見其有粘滯底意。見面前只是理，覺如水到船浮，不至有甚悭澀。而夫子與點之意、顏子樂底意、漆雕開信底意、中庸鳶飛魚躍底意、周子洒落及程子活潑潑底意，覺見都在面前，真個是如此。而『禮儀三百，威儀三千』，亦無一節文非天理流行。易三百八十四爻時義，便正是就日用上剖析個天理流行底條目。前聖後哲，都是一揆。而其所以爲此理之大處，却只在人倫；而身上工夫切要處，却只在主敬。敬則此心常惺惺，大綱卓然不昧，天理無時而不流行。而所以爲主敬工夫，直是不可少時放斷。心常敬，則常仁。」先生曰：「恁地泛說也容易。」久之曰：「只恐勞心落在無涯可測之處。」因問：「向來所呈與點說一段如何？」曰：「某平生便是不愛人說此話。論語一部自『學而時習之』至『堯曰』，都是做工夫處。不成只說了『與點』，便將許多都掉了。聖賢說事親便要如此，事君便要如此，事長便要如此，言便要如此，行便要如此，都是好用工夫處。通貫浹洽，自然見得在面前。若都掉了，只管說『與點』，正如喫饅頭，只撮個尖處，不喫下面餡子，許多滋味都不見。向來此等無人曉得，說出來也好。今說得多了，却是好笑，不成模樣。近來覺見說這樣話，都是閑說，不是真積實見。昨廖子晦亦說『與點』及鬼神，反覆問難，轉見支離没合殺了。聖賢教人，無非下學工夫。一貫之旨，如何不便説與曾子，直待他事事都曉得，方説與他？子貢是多少聰明，到後來方與説：『汝以予爲多學而識之者與？』曰：『然，非與？』曰：『非也，予一以貫之。』此意是如何？萬理雖只是一理，學者且要去萬理中千頭百緒都理會，四面湊合來，自見得是一理。不去理會那萬理，只管去理會那一理，説『與點』，顔子之樂如何。程先生語録事事都説，只有一兩處説此，何故説得恁地少？而今學者何故説得恁地多？只是空想象。程先生曰：『學者識得仁體，實有諸己，只要義理栽培。』恐人不曉栽培，更説『如求經義，皆栽培之意。』吕晉伯問伊川：『語、孟且將緊要處理會如何？』伊川曰：『固是好。若有所得，終不浹洽。』後來晉伯終身坐此病，説得孤單，入禪學去。聖賢立言垂教，無非着實。如『博我以文，約我以禮』，如『尊德性而道問學，致廣大而盡精微，極高明而道中庸，温故而知新，敦厚以崇禮』，如『博學之，審問之，謹思之，明辯之，篤行之』，如『君子食無求飽，居無求安，敏於事而慎於言，就有道而正焉』等類，皆一意也。大抵看道理，要得寬平廣博，平心去理會。若實見得，只説一兩段，亦見得許多道理。不要將一個大底語言都來罩了，其間自有輕重不去照管，説大底説得太大，説小底又説得都無巴鼻。如昨日説破斧詩，恐平日恁地枉用心處多。」淳曰：「昨聞先生教誨，其他似此樣處，無所疑矣。」曰：「學問不比做文字，不好便改了。此却是分別善惡邪正，須要十分是當，方與聖賢契合。如破斧詩，恁地説也不錯，只是不好。説得一角，不落正腔窠，喎斜了。若恁地看道理淺了，不濟事。恰似撐船放淺處，不向深流，運動不得，須是運動游泳於其中。」淳又曰：「聖人千言萬語，都是日用間本分合做底工夫。只是立談之頃，要見總會處，未易以一言決。」曰：「不要説總會。如『博我以文，約我以禮』，博文便是要一一去用工，何曾説總會處？又如『深造之以道，欲其自得之也』，深造以道，便是要一一用工。到自得，方是總會處。如顏子『克己復禮』，亦須是『非禮勿視，非禮勿聽，非禮勿言，非禮勿動』，不成只守個『克己復禮』，將下面許多都除了。如公説易，只大綱説個三百八十四爻皆天理流行。若如此，一部周易只一句便了，聖人何故作許多十翼，從頭説『大哉乾元』云云、『至哉坤元』云云？聖賢之學，非老氏之比。老氏説『通於一，萬事畢』，其他都不説，少間又和那『一』都要無了方好。學者固是要見總會處。而今只管説個總會處，如『與點』之類，只恐孤單没合殺，下梢流入釋、老去，如何會有『詠而歸』底意思？」義剛同。

晚再入臥内，淳稟曰：「適間蒙先生痛切之誨，退而思之，大要『下學而上達』。『下學』與『上達』固相對是兩事，然下學却當大段多著工夫。」曰：「聖賢教人，多説下學事，少説上達事。説下學工夫要多也好，但只理會下學，又局促了。須事事理會過，將來也要知個貫通處。不去理會下學，只理會上達，即都無事可做，恐孤單枯燥。程先生曰：『但是自然，更無玩索。』既是自然，便都無可理會了。譬如耕田，須是種下種子，便去耘鋤灌溉，然後到那熟處。而今只想像那熟處，却不曾下得種子，如何會熟？如『一以貫之』，是聖人論到極處了。而今只去想像那一，不去理會那貫。譬如討一條錢索在此，都無錢可穿〔二九〕。」又問：「爲學工夫，大概在身則有個心，心之體爲性，心之用爲情；外則目視耳聽，手持足履，在事則自事親事長以至於待人接物，洒掃應對，飲食寢處，件件都是合做工夫處。聖賢千言萬語，便只是其中細碎條目。」曰：「講論時是如此講論，做工夫時須是着實去做。道理聖人都説盡了。論語中有許多，詩、書中有許多，須是一一與理會過方得。程先生謂『或讀書講明道義，或論古今人物而别其是非，或應接事物而處其當否』，如何而爲孝？如何而爲忠？以至天地之所以高厚，一物之所以然，都逐一理會，不只是個一便都了。」胡叔器因問：「下學莫只是就切近處求否？」曰：「也不須恁地揀，事到面前，便與他理會。且如讀書，讀第一章，便與他理會第一章；讀第二章，便與他理會第二章。今日撞着這事，便與他理會這事；明日撞着那事，便理會那事。萬事只是一理，不成只揀大底要底理會，其他都不管。譬如海水，一灣一曲，一洲一渚，無非海水。不成道大底是海水，小底不是？程先生曰：『窮理者，非謂必盡窮天下之理，又非謂止窮得一理便到。但積累多後，自當脱然有悟處。』又曰：『自一身之中以至萬物之理，理會得多，自當豁然有個覺處。』今人務博者，却要盡窮天下之理；務約者又謂反身而誠，則天下之物無不在我，此皆不是。且如一百件事，理會得五六十件了，這三四十件雖未理會，也大概可曉了。某在漳州有訟田者，契數十本，自崇寧起來，事甚難考。其人將正契藏了，更不可理會。某但索四畔衆契比驗，四至昭然。及驗前後所斷，情僞更不能逃。」又說：「嘗有一官人斷爭田事，被其掇了案，其官人却來那穿款處考出。窮理亦只是如此。」義剛同。

先生召諸友至臥內，曰：「安卿更有甚說話？」淳曰：「兩日思量爲學道理，日用間做工夫，所以要步步縝密者，蓋緣天理流行乎日用之間，千條萬緒，無所不在，故不容有所欠缺。若工夫有所欠缺，便於天理不湊得著。」曰：「也是如此。理只在事物之中。做工夫須是密，然亦須是那疏處斂向密，又就那密處展放開。若只拘要那縝密處，又却局促了。」李丈問：「放開底樣子如何？」曰：「亦只是見得天理是如此，人欲是如此，便做將去。」李丈說：「『廖倅惠書有云：「無時不戒謹恐懼，則天理無時而不流行；有時而不戒謹恐懼，則天理有時而不流行。」』此語如何？」曰：「不如此也不得。然也不須得將戒謹恐懼說得太重，也不是恁地驚恐。只是常常提撕，認得這物事，常常存得不失。今人只見他說得此四個字重，便作臨事驚恐看了。『如臨深淵，如履薄冰』，曾子也只是順這道理，常常恁地把捉去。義剛録作：「恁地兢謹把捉去，不成便恁地驚恐。學問只是要此心常存。」若不用戒謹恐懼，而此理常流通者，惟天地與聖人耳。聖人『不勉而中，不思而得，從容中道』，亦只是此心常存、理常明，故能如此。賢人所以異於聖人，衆人所以異於賢人，亦只爭這些子境界，存與不存而已。嘗謂人無有極則處，便是堯舜周孔，不成說我是從容中道，不要去戒謹恐懼。他那工夫，亦自未嘗得息。義剛録此下云：「良久，復問安卿：『適來所説天理人欲，正謂如何？』對曰：『天下事事物物，無非是天理流行。』曰：『如公所説，只是想像個天理流行，却無下面許多工夫。』」子思説『尊德性』，又却説『道問學』；『致廣大』，又却説『盡精微』；『極高明』，又却説『道中庸』；『温故』又却説『知新』；『敦厚』又却説『崇禮』，這五句是爲學用功精粗，全體説盡了。如今所説，却只偏在『尊德性』上去，揀那便宜多底占了，無『道學問』底許多工夫。義剛録作「無緊要看了」。恐只是占便宜自了之學，出門動步便有礙，做一事不得。今人之患，在於徒務末而不究其本。然只去理會那本，而不理會那末，義剛作「賜下了那末」。亦不得。時變日新而無窮，安知他日之事，非吾輩之責乎？若是少間事勢之來，當應也只得應。若只是自了，便待工夫做得二十分到，終不足以應變。到那時，却怕人説道不能應變，也牽强去應，應得便只成杜撰，便只是人欲，又有誤認人欲作天理處。若應變不合義理，則平日許多工夫依舊都是錯了。吾友僻在遠方，無師友講明，又不接四方賢士，又不知遠方事情，又不知古今人事之變，這一邊易得暗昧了。一日之間，事變無窮，小而一身有許多事，一家又有許多事，大而一國，又大而天下，事業恁地多，都要人與他做。不是人做，却教誰做？不成我只管得自家？若將此樣學問去應變，如何通得許多事情，做出許多事業？學者須是立定此心，泛觀天下之事，精粗巨細，無不周徧。下梢打成一塊，亦是一個物事，方可見於用。不是揀那精底放在一邊，粗底放在一邊。嘗見胡文定答曾吉甫書有『人只要存天理，去人欲』之論，後面一向稱贊，都不與之分析，此便是前輩不會爲人處，此處正好捉定與他剖判始得。所謂『天理人欲』只是一個大綱如此，下面煞有條目。須是就事物上辯別那個是天理，那個是人欲，不可恁地空說，將大綱來罩却，籠統無界分。恐一向暗昧，更動不得。如做器具，固是教人要做得好，不成要做得不好。好底是天理，不好底是人欲。然須是較量所以好處，如何樣做方好，始得。義剛錄云：「然亦大概是如此。如做這湯瓶，須知是如何地是好，如何地是不好。而今只儱侗說道好，及我問你好處是如何時，你却又不曉，如何恁地得。」今且將平日看甚書中，見得古人做甚事，那處是，那處不是，那處可疑，那處不可疑，自見得又看是如何；於平日做底事，甚麽處是，舉數段來，便見得所以爲天理，所以爲人欲。」淳因舉向年居喪，喪事重難，自始至終皆自擔當，全無分文責備舍弟之意。曰：「此也是合做底。」淳曰：「到臨葬時，同居尊長皆以年月不利爲說，淳皆無所徇，但治壙事辦，則卜一日爲之。」曰：「此樣天理，又是硬了。」李丈曰：「亦是尊長説得下。」曰：「幸而無齟齬耳。若有不能相從，則少加委曲，亦無妨。」淳曰：「大祥次日，族中尊長爲酒食之會，淳走避之。後來聞尊長鎮日相尋，又令人皇恐，如何？」曰：「不喫也好，然此亦無緊要。禮：『君賜之食，則食之；父之友食之，則食之，不避粱肉。』某始嘗疑此，後思之，只是當時一食，後依舊不食爾。父之友既可如此，則尊長之命一食亦無妨。若有酒醴，則辭。」義剛同。

是夜再召淳與李丈入臥内，曰：「公歸期不久，更有何較量？」淳讀與點說。曰：「大概都是，亦有小小一兩處病。」又讀廖倅書所難與點說，先生曰：「有得有失。」又讀淳所回廖倅書，先生曰：「天下萬物當然之則，便是理。所以然底，便是原頭處。今所說，固是如此。但聖人平日也不曾先說個天理在那裏，方教人做去湊。只是說眼前事，教人平平恁地做工夫去，自然到那有見處。」淳曰：「因做工夫後，見得天理也無妨。只是未做工夫，不要先去討見天理否？」曰：「畢竟先討見天理，立定在那裏，則心意便都在上面行，易得將下面許多工夫放緩了。孔門惟顏子、曾子、漆雕開、曾點見得這個道理分明。顏子固是天資高，初間『仰之彌高，鑽之彌堅』，亦自討頭不着。從『博文約禮』做來，『欲罷不能，竭吾才』，方見得『如有所立卓爾』，向來髣髴底，到此都合聚了。曾子初亦無討頭處，只管從下面捱來捱去，捱到十分處，方悟得一貫。漆雕開曰：『吾斯之未能信。』斯是何物？便是他見得個物事。曾點不知是如何，合下便被他綽見得這個物事。『曾點、漆雕開已見大意』，方是程先生恁地說。漆雕開較靜，曾點較明爽，亦未見得他無下學工夫，亦未見得他合殺是如何。只被孟子喚做狂，及觀檀弓所載，則下梢只如此而已。曾子父子之學自相反，一是從下做到，一是從上見得。子貢亦做得七八分工夫，聖人也要喚醒他，喚不上。聖人不是不說這道理，也不是便說這道理，只是說之有時，教人有序。子晦之說無頭。如吾友所說從原頭來，又却要先見個天理在前面，方去做，此正是病處。子晦疑得也是，只說不出。吾友合下來說話，便有此病，是先見『有所立卓爾』，然後『博文約禮』也。若把這天理不放下相似，把一個空底物放這邊也無頓處，放那邊也無頓處，放這邊也恐攧破，放那邊也恐攧破。這天理說得蕩樣，似一塊水銀衮來衮去，捉那不着。又如水不沿流遡源，合下便要尋其源，鑿來鑿去，終是鑿不着。下學上達，自有次第。於下學中又有次第，致知又有多少次第，力行又有多少次第。」淳曰：「下學中，如致知時，亦有理會那上達底意思否？」曰：「非也。致知，今且就這事上，理會個合做底是如何？少間，又就這事上思量合做底，因甚是恁地？便見得這事道理合恁地。又思量因甚道理合恁地？便見得這事道理原頭處。逐事都如此理會，便件件知得個原頭處。」淳曰：「件件都知得個原頭處，湊合來，便成一個物事否？」曰：「不怕不成一個物事。只管逐件恁地去，千件成千個物事，萬件成萬個物事，將間自然撞着成一個物事，方如水到船浮。而今且去放下此心，平平恁地做，把文字來平看，不要得高。第一番，且平看那一重文義是如何？第二番，又揭起第一重，看那第二重是如何？第三番，又揭起第二重，看那第三重是如何？看來看去，二十番、三十番，便自見得道理有穩處。不可才看一段，便就這一段上要思量到極，要尋見原頭處。如『天命之謂性』，初且恁地平看過去，便看下面『率性之謂道』。若只反倒這『天命之謂性』一句，便無工夫看『率性之謂道』了。『喜怒哀樂未發之謂中』，亦且平看過去，便看『發而皆中節謂之和』，若只反倒這未發之中，便又無工夫看中節之和了。」又曰：「聖人教人，只是一法，教萬民及公卿大夫士之子皆如此。如『父子有親，君臣有義』，初只是有兩句，後來又就『父子有親』裏面推說許多，『君臣有義』裏面推說許多。而今見得有親有義合恁地，又見得因甚有親，因甚有義，道理所以合恁地。節節推上去，便自見原頭處。只管恁地做工夫去，做得合殺，便有采。」又曰：「聖人教人，只是說下面一截，少間到那田地又挨上些子，不曾直說到上面。『子以四教：文、行、忠、信。』又曰：『博學而篤志，切問而近思，仁在其中矣。』做得許多，仁自在其中。『志於道，據於德，依於仁』，又且『游於藝』，不成只一句便了。若只一句便了，何更用許多說話？如『詩三百，一言以蔽之，曰「思無邪」。』聖人何故不只存這一句，餘都刪了？何故編成三百篇，方說『思無邪』？看三百篇中那個事不說出來？」又曰：「莊周、列禦寇亦似曾點底意思，他也不是專學老子，吾儒書他都看來，不知如何被他綽見這個物事，便放浪去了。今禪學也是恁地。」又曰：「『二三子以我爲隱乎？吾無隱乎爾。吾無行而不與二三子者，是丘也。』向見衆人說得玄妙，程先生說得絮，黄作「切怛」。後來子細看，方見得衆人說，都似禪了，不似程先生說得穩。」義剛同。

問〔三〇〕：「前夜承教誨，不可先討見天理，私心更有少疑，蓋一事各有一個當然之理，真見得此理，則做此事便確定，不然，則此心末梢又會變了。不審如何？」曰：「這自是一事之理。前夜所說，只是不合要先見一個渾淪大底物攤在這裏，方就這裏放出去做那萬事，不是於事都不顧理，一向冥行而已。事親中自有個事親底道理，事長中自有個事長底道理；這事自有這個道理，那事自有那個道理。各理會得透，則萬事各成萬個道理。四面湊合來，便只是一個渾淪道理。而今只先去理會那一，不去理會那貫，將尾作頭，將頭作尾，没理會了。曾子平日工夫只先就貫上事事做去到極處，夫子方喚醒他說：我這道理只用一個去貫了，曾子便理會得。不是只要抱一個渾淪底物事，教他自流出去。」義剛同。

淳有問目段子，先生讀畢曰：「大概說得也好，只是一樣意思。」義剛録云：「先生曰：『末梢自反之說，說「大而化之」做甚麽？何故恁地儱侗？』」又曰：「公說道理，只要撮那頭一段尖底，末梢便要到那『大而化之』極處，中間許多都把做查滓，不要理會。相似把個利刃截斷，中間都不用了，這個便是大病。曾點、漆雕開不曾見他做工夫處，不知當時如何被他逴見這道理。然就二人之中，開却是要做工夫。『吾斯之未能信』，『斯』便是見處，『未能信』便是下工夫處。曾點有時是他做工夫，但見得未定。或是他天資高後，被他瞥見得這個物事，亦不可知。雖是恁地，也須低着頭，隨衆從『博學、審問、謹思、明辯、篤行』底做工夫，襯貼起來方實，證驗出來方穩，不是懸空見得便了。博學、審問五者工夫，終始離他不得。只是見得後，做得不費力也。如曾子平日用功極是子細，每日三省，只是忠信傳習底事，何曾說著『一貫』？曾子問一篇都是問喪、祭變禮微細處。想經禮聖人平日已說底，都一一理會了。只是變禮未說，也須逐一問過。『一貫』之說，夫子只是謾提醒他。縱未便曉得，且放緩亦未緊要，待別日更一提之。只是曾子當下便曉得，何曾只管與他說？如論語中百句，未有數句說此。孟子自得之說，亦只是說一番，何曾全篇如此說？今却是懸虛說一個物事，不能得了，只要那一去貫，不要從貫去到那一，如不理會散錢，只管要去討索來穿。如此，則中庸只消『天命之謂性』一句及『無聲無臭至矣』一句便了。中間許多『達孝』、『達德』、『九經』之類皆是粗迹，都掉却，不能耐煩去理會了。如『禮儀三百，威儀三千』，只將一個道理都包了，更不用理會中間許多節目。今須是從頭平心讀那書，許多訓詁名物度數一一去理會。如禮儀，須自一二三四數至於三百；威儀，須自一百二百三百數至於三千。逐一理會過，都恁地通透始得。若只恁懸虛不已，恰似村道說無宗旨底禪樣，瀾翻地說去也得，將來也解做頌，燒時也有舍利，只是不濟得事。」又曰：「一底與貫底，都只是一個道理。如將一貫已穿底錢與人，及將一貫散錢與人，只是一般，都用得，不成道那散底不是錢？」義剛同。泳録云：「如用一條錢貫一齊穿了。」

問氣弱膽小之病。曰：「公只去做功夫，到理明而氣自强，而膽自大矣。」

問：「事各有理，而理各有至當十分處。今看得七八分，只做到七八分處，上面欠了分數。莫是窮來窮去，做來做去，久而且熟，自能長進到十分否？」曰：「雖未能從容，只是熟後便自會從容。」再三詠「熟」字〔三二〕。

諸友入侍，坐定，先生目淳申前説曰：「若把這些子道理只管守定在這裏，則相似山林苦行一般，便都無事可做了，所謂『潛心大業』者何有哉？」淳曰：「已知病痛，大段欠了下學工夫。」曰：「近日陸子靜門人寄得數篇詩來，只將顏淵、曾點數件事重疊説，其他詩書禮樂都不説。如吾友下學，也只是揀那尖利底説，粗鈍底都掉了。今日下學，明日便要上達。如孟子，從梁惠王以下都不讀，只揀告子、盡心來説，只消此兩篇，其他五篇都删了。緊要便讀，閑慢底便不讀，精底便理會，粗底便不理會。書自是要讀，恁地揀擇不得。如論語二十篇，只揀那曾點底意思來涵泳，都要蓋了。單單説個『風乎舞雩，詠而歸』，只做個四時景致，論語何用説許多事。前日江西朋友來問，要尋個樂處。某説『只是自去尋，尋到那極苦澀處，便是好消息。人須是尋到那意思不好處，這便是樂底意思來，却無不做功夫自然樂底道理。』而今做工夫，只是平常恁地去理會，不要把做差異看了。粗底做粗底理會，細底做細底理會，不消得揀擇。論語、孟子恁地揀擇了，史書及世間粗底書如何地看得！」義剛同。

諸友揖退，先生留淳獨語，曰：「何故無所問難？」淳曰：「數日承先生教誨，已領大意，但當歸去作工夫。」曰：「此別定不再相見。」淳問曰：「已分上事已理會，但應變處更望提誨。」曰：「今且當理會常〔三一〕，未要理會變。常底許多道理未能理會得盡，如何便要理會變？聖賢說話，許多道理平鋪在那裏，且要闊着心胸平去看，通透後自能應變。不是硬捉定一物，便要討常，便要討變。今也須如僧家行脚，接四方之賢士，察四方之事情，覽山川之形勢，觀古今興亡治亂得失之迹，這道理方見得周徧。『士而懷居，不足以爲士矣！』不是塊然守定這物事在一室，關門獨坐便了，便可以爲聖賢。自古無不曉事情底聖賢，亦無不通變底聖賢，亦無關門獨坐底聖賢。聖賢無所不通，無所不能，那個事理會不得？如中庸『天下國家有九經』，便要理會許多物事。如武王訪箕子陳洪範，自身之視、聽、言、貌、思，極至於天人之際，以人事則有八政，以天時則有五紀，稽之於卜筮，驗之於庶徵〔三二〕，無所不備。如周禮一部書，載周公許多經國制度，那裏便有國家當自家做？只是古聖賢許多規模，大體也要識。蓋這道理無所不該，無所不在。且如禮、樂、射、御、書、數，許多周旋升降文章品節之繁，豈有妙道精義在？ 只是也要理會。 理會得熟時，道理便在上面。 又如律曆、刑法、天文、地理、軍旅、官職之類，都要理會。 雖未能洞究其精微，然也要識個規模大概，道理方浹洽通透。 若只守個些子，捉定在這裏，把許多都做閑事，便都無事了。 如此，只理會得門内事，門外事便了不得。 所以聖人教人要博學！ 二字力說。 須是『博學之，審問之，謹思之，明辯之，篤行之』。『子曰：「我非生而知之者，好古敏以求之者也。」』『文武之道，布在方册。』『在人，賢者識其大者，不賢者識其小者。 夫子焉不學？ 而亦何常師之有？』聖人雖是生知，然也事事理會過，無一之不講。 這道理不是只就一件事上理會見得便了。 學時無所不學，理會時，却是逐件上理會去。 凡事雖未理會得詳密，亦有個大要處，縱詳密處未曉得，而大要處已被自家見了。 今公只就一線上窺見天理，便說天理只恁地了〔三四〕，便要去通那萬事，不知如何得？ 萃百物，然後觀化工之神； 聚衆材，然後知作室之用。 於一事一義上欲窺聖人之用心，非上智不能也，須撤開心胸去理會。 天理大，所包得亦大。 且如五常之教，自家而言，只有個父子夫婦兄弟，才出外，便有朋友。 朋友之中，事已煞多。 及身有一官，君臣之分便定，這裏面又煞多事，事事都合講過。 他人未做工夫底，亦不敢向他說。 如吾友於己分上已自見得，若不說與公，又可惜了。 他人於己分上不曾見得，泛而觀萬事，固是不得。 而今已有個本領，却只捉定這些子便了，也不得。 如今只道是持敬，收拾身心，日用要合道理無差失，此固是好。然出而應天下事，應這事得時，應那事又不得。學之大本，中庸、大學已説盡了。大學首便説『格物致知』，爲甚要格物致知？便是要無所不格，無所不知。物格知至，方能意誠、心正、身修，推而至於家齊、國治、天下平，自然滔滔去，都無障礙。」義剛同。

淳禀曰：「伏承教誨，深覺大欠下學工夫，恐遐陬僻郡，孤陋寡聞，易致差迷，無從就正，望賜下學説一段，以爲朝夕取準。」曰：「而今也不要先討差處，待到那差地頭，便旋旋理會。下學只是放闊去做，局促在那一隅，便窄狹了。須出四方游學一遭，這朋友處相聚三兩月日，看如何；又那朋友處相聚三兩月日，看如何。」胡叔器曰：「游學四方固好，恐又隨人轉了。」曰：「要我作甚〔三五〕？義剛録云〔三六〕：「胡叔器曰：『恐又被不好底人壞了。』先生曰：『我須是先知得他是甚麼樣人，及見後與他相處，數日便見。若是不合，便去。』」不合便去。若恁地隨人轉，又不如只在屋裏孤陋寡聞。」義剛同。

先生謂淳曰：「安卿須是『友天下之善士爲未足，又尚論古之人。』須是開闊，方始展拓。若只如此，恐也不解十分。」

先生餞席，酒五行，中筵，親酌一杯勸李丈云：「相聚不過如此，退去反而求之。」次一杯與淳〔三七〕，曰：「安卿更須出來行一遭。村裏坐，不覺壞了人。昔陳了翁説：『一人棋甚高，或邀之入京參國手。日久在側，並無所教，但使之隨行攜棋局而已。或人詰其故，國手曰：「彼棋已精，其高着已盡識之矣。但淺着未曾識〔三八〕，教之隨行，亦要都經歷一過。」』」

臨行拜別，先生曰：「安卿今年已許人書會，冬間更須出行一遭〔三九〕。」李丈禀曰：「書解乞且放緩，願早成禮書，以幸萬世。」曰：「書解甚易，只等蔡三哥來便了。禮書大段未也〔四〇〕。」

安卿〔四一〕問：「前日先生與廖子晦書云『道不是有個物事閃閃爍爍在那裏』，固是如此。但所謂『操則存，捨則亡』，畢竟也須是有個物事。」曰：「操存只是教你收斂，教你心莫胡思亂量，幾曾捉定有個物事在裏。」又問：「『顧諟天之明命』，畢竟是個甚麽？」曰：「此只是說要得道理在面前，不被物事遮障了。『立則見其參於前，在輿則見其倚於衡』，皆只是見得理如此，不成別有個物事光爍爍在那裏。」

「漳州陳淳會問，方有可答，方是疑。」賀孫。

賀孫問：「安卿近得書否？」曰：「緣王子合與他答問，諱他寫將來，以此漳州朋友都無問難來。」因說：「子合無長進，在學中將實録課諸生，全不識輕重先後。許多學者近來覺得都不濟事。」賀孫云：「也是世衰道微，人不能自立，纔做官便顛沛。」曰：「如做官、科舉，皆害事。」或曰：「若在此說得甚好，做却如此。」曰：「只緣無人說得好。說得好乃是知得到，若知得到，雖摩頂至足，也只是變他不得。」因言：「器之昨寫來問幾條，已答去。今再説來，亦未分曉。公之爲仁，公不可與仁比並看。公只是無私，纔無私，這仁便流行。程先生云『唯公爲近之』，却不是近似之近。纔公，仁便在此，故云近。猶云『知所先後，則近道矣』，不是道在先後上，只知先後，便近於道。如去其壅塞，則水自流通。水之流通，却不是去壅塞底物事做出來。水自是元有，只被塞了，纔除了塞便流。仁自是元有，只被私意隔了，纔克去己私，做底便是仁。」賀孫云：「公是仁之體，仁是理。」曰：「不用恁地説，徒然不分曉。只公是無私，無私則理無或蔽。今人喜也是私喜，怒也是私怒，哀也是私哀，懼也是私懼，愛也是私愛，惡也是私惡，欲也是私欲。苟能克去己私，擴然大公，則喜是公喜，怒是公怒，哀、懼、愛、惡、欲，莫非公矣，此處煞係利害。顏子所授於夫子，只是『克己復禮爲仁』。讀書最忌以己見去説，但欲合己見，不知非本來旨意。須是且就他説〔四二〕，説教分明，有不通處，却以己意較量。」賀孫。

校勘記

〔一〕且　朝鮮本此下增：如此。

〔二〕如何　朝鮮本此下增：進修。

〔三〕恁甚如何蔽固　「恁」原作「選」，據萬曆本改。

〔四〕謨再三稱讚　朝鮮本作：議論至此，謨再三稱讚所言之善。

〔五〕今　朝鮮本「今」上增：觀之。

〔六〕何止十年之功也　朝鮮本此下有小注，云：「以上並周謨自録，下見諸録。」

〔七〕問　朝鮮本作：謨問。

〔八〕尤要親切　朝鮮本作：尤要切。

〔九〕便如此也　朝鮮本此則末尾增記録者姓名：柄。

〔一〇〕今學者不會看文字　「字」，萬曆本作「章」。

〔一一〕拜違先生曰　朝鮮本作：是日，拜違先生，先生相送出門，曰。

〔一二〕勝如旋來理會　朝鮮本此下有小注云：「以上並畓自録。」

〔一三〕若是泛濫看過　朝鮮本作：若是泛然。

〔一四〕斷當分明　朝鮮本末尾增記録者姓名：畓。

〔一五〕正文　朝鮮本此下增：爲善。

〔一六〕有　朝鮮本「有」上增：自。

〔一七〕經歷過　朝鮮本此下增：前件。

〔一八〕翌日入郡齋問功夫大要曰學固在乎讀書　朝鮮本此句作：「先生翌日延入郡齋，與語曰：『某踰分到此，恨識面之晚。』淳起稟曰：『淳年齒壯長，蹉跎無立，仰視聖賢，大有愧心。今日初侍，未知所以爲問，望先生指示其工夫要處。』先生曰：『學固在乎讀書。』」凡七十一字。

〔一九〕可見亦曾用工夫　朝鮮本作：可見其志，亦是曾用工夫。

〔二〇〕十分透徹　朝鮮本作：十分洞徹。

〔二一〕知與行須是齊頭做　「知」原作「如」，據朝鮮本、萬曆本改。

〔二二〕行不及　朝鮮本作：行不得。

〔二三〕不我欺　朝鮮本此處增：不我誣。

〔二四〕不曾　朝鮮本此下增：這裏。

〔二五〕子由取他便遠　朝鮮本卷九收録此則，末尾增記録者姓名：淳。

〔二六〕已錯了　朝鮮本末尾記録者姓名作：淳。

〔二七〕都要做將去　朝鮮本自「季文」至末尾單作一則語録，末尾增小字：淳。

〔二八〕撞着　朝鮮本「撞着」上增：「吾身」二字。

〔二九〕穿　朝鮮本此下增小字：去聲。

〔三〇〕問　朝鮮本段首作：淳問。

〔三一〕再三詠一熟字　朝鮮本末尾增記録者姓名：淳。

〔三二〕今且當理會常　「理會常」三字，原刊作「俚會當」，據朝鮮本、萬曆本改。

〔三三〕驗之於庶徵　「徵」原作「證」，據萬曆本改。

〔三四〕便説天理恁地了　「了」，萬曆本作「樣子」。

〔三五〕要我作甚　朝鮮本「甚」下增「不合便去若隨人轉又不如在屋裏孤陋寡聞」十八字。

〔三六〕義剛録云　此段「義剛録云」至「便去」一段注文，朝鮮本作：「按黃義剛録少異，今附云：『陳安卿下學説有「恐差了」之語，先生曰：「也不須説，而今也不要先計那差處，待到地頭旋旋理會下學，只是放開去做。局促去，那一段便窄狹了，須是出四方游一遭。這朋友處相聚三兩月日看如何，又那朋友處三兩月日看如何，恁地便見。」胡叔器曰：「遊學固好，恐又被不好底人壞了。」先生曰：「我須是先知得他是甚麼樣人，及見後不與他相處數月便見。若是不合，便去。若恁地隨人轉，不如只在屋裏孤陋寡聞。」』」

〔三七〕次一杯與淳　朝鮮本「淳」下增「起趨而前先生力止之坐」十字。

〔三八〕但淺着未曾識　「淺」，萬曆本作「低」。

〔三九〕出行一遭　朝鮮本此下增：不然，亦望自嗄。

〔四〇〕禮書大段未也　朝鮮本此下有小注云：「以上並淳自録，下見諸録。」

〔四一〕安卿　朝鮮本作：陳安卿。

〔四二〕須是且就他説　萬曆本「他」下有「頭」字。

朱子語類卷第一百一十八

朱子十五

訓門人六

先生問伯羽：「如何用工？」曰：「且學靜坐，痛抑思慮。」曰：「痛抑也不得，只是放退可也。若全閉眼而坐，却有思慮矣。」又言：「也不可全無思慮，無邪思耳。」以下訓伯羽。

「學者博學審問、謹思明辯等，多有事在。然初學且須先打疊去雜思慮，作得基址，方可下手。如起屋須有基址，許多梁柱方有頓處。」

「觀書須寬心平易看，先見得大綱道理了，然後詳究節目。公今如人入大屋，方在一重門外，裏面更有數重門未入未見，便要説他房裏事，如何得！」

「公大抵容貌語言皆急迫，須打疊了，令心下快活。如一把棼絲，見自棼而未定，才急下手去拿，愈亂了。」

「人須打疊了心下閑思雜慮。如心中紛擾，雖求得道理，也沒頓處。須打疊了後，得一件方是一件，兩件方是兩件。」

「公看文字子細，却是性急，太忙迫，都亂了。又是硬鑽鑿求道理，不能平心易氣看。且用認得定，用玩味寬看。」

問：「讀書莫有次序否？余正叔云：不可讀，讀則蹉過了。」曰：「論語章短者誠不可讀，讀則易蹉過後章去。若孟子、詩、書等，非讀不可。蓋它首尾自相應，全籍讀，方見。」問：「伯羽嘗覺固易蹉了，專看，則又易入於硬鑽之弊，如何？」曰：「是不可鑽。書不可進前一步看，只有退看。譬如以眼看物，欲得其大體邪正曲直，須是遠看方定。若近看愈狹了，不看見。」「凡人謂以多事廢讀書，或曰氣質不如人者，皆是不責志而已。若有志時，那問他事多？那問他氣質不美？」曰：「事多質不美者，此言雖若未是太過，然耶此可見其無志，甘於自暴自棄，過孰大焉。真個做工夫人，便自不說此話。」

蜚卿問：「致知後，須持養〔一〕，方力行？」曰：「如是，則今日致知，明日持養，後日力行。只持養便是行，正心誠意豈不是行？但行有遠近，治國平天下則行之遠耳。」可學。

蜚卿問：「不知某之主一如何？」曰：「凡人須自知，如已喫飯，豈可問他人飢飽？」又問：「或於無事時，更有思量否？」曰：「無事時只是無事，更思個甚？然人無事時少，有事時多，才思便是有事。」蜚卿曰：「靜時多爲思慮紛擾。」曰：「此只爲不主一，人心皆有此病。不如且將讀書程課繫縛此心，逐旋行去，到節目處自見功效淺深。大凡理只在人心中〔二〕，不在外面。只爲人役役於不可必之利名，故本原固有者，日加昏蔽，豈不可惜！」道夫。

蜚卿欲類仁説看。曰：「不必録。只識得一處，他處自然如破竹矣。」道夫。

先生謂蜚卿：「看公所疑，是看論語未子細。這讀書，是要得義理通，不是要做趕課程模樣。若一項未通，且就上思索教通透，方得。初間疑處，只管看來，自會通解。若便寫在策上，心下便放却，於心下便無所得。某若有未通解處，自放心不得，朝朝日日，只覺有一事在這裏。」賀孫。

蜚卿以書謁先生，有棄科舉之説。先生曰：「今之士大夫應舉干禄，以爲仰事俯育之計，亦不能免。公生事如何？」曰：「粗可伏臘。」曰：「更須自酌量。」道夫。

蜚卿曰：「某欲謀於先生，屏棄科舉，望斷以一言。」曰：「此事在公自看如何，須是度自家可以仰事俯育。作文字，比之他人有可得之理否，亦須自思之。如人飢飽寒煖，須自知之，他人如何説得？」道夫。

蜚卿云：「某正爲心不定，不事科舉。」曰：「放得下否？」曰：「欲放下。」曰：「才説『欲』字，便不得，須除去『欲』字。若要理會道理，忙又不得，亦不得懶。」驤。

「看今世學者病痛，皆在志不立。嘗見學者不遠千里來此講學，將謂真以此爲事。後來觀之，往往只要做二三分人，識些道理便是。不是看他不破，不曾以此語之。夫人與天地並立爲三，自家當思量，天如此高，地如此厚，自家一個七尺血氣之軀，如何會並立爲三？只爲自家此性元善，同是一處出來。一出一入，若存若亡，元來固有之性不曾見得，則雖具人衣冠，其實與庶物不爭多。伊川曰：『學者爲氣所奪，習所勝，只可責志。』顔淵曰：『仰之彌高，鑽之彌堅，瞻之在前，忽焉在後。既竭吾才，如有所立卓爾。』在顔子分明見此物，須要做得。如人在戰陣，雷鼓一鳴，不殺賊，則爲賊所殺，又安得不向前？又如學者應舉覓官，從早起來，念念在此，終被他做得。但移此心向學，何所不至？孔子曰『吾十有五而至于學』，至『三十而立』以上，節節推去。五峰曰：『爲學在立志，立志在居敬〔三〕。』此言甚佳。夫一陰一陽相對。志纔立，則已在陽處立。雖時失脚入陰，然一覺悟則又在於陽。今之學者皆曰：『它是堯舜，我是衆人，何以爲堯舜？』爲是言者，曾不如佛家善財童子曰：『我已發菩提心，行何行而作佛？』渠却辧作佛，自家却不辧作堯舜。」某因問：「立志固是，然志何以立？」曰：「自端本立。以身而參天地，以匹夫而安天下，實有此理。」方伯謨問：「使齊王用孟子，還可以安天下否？」曰：「孟子分明往見齊王，以道可行。只是他計些小利害，愛些小便宜，一齊昏了。自家只立得大者定，其他物欲一齊走退。」有舉中庸一段：「曰德性，曰高明，曰廣大，皆是元來底。問學、中庸、精微，所以接續此也。」某問：「孔門弟子問仁問智，皆從一事上做去。」曰：「只爲他志已立，故求所以趨向之路。然孔門學者亦有志不立底，如宰予、冉求是也。顏子固不待説，如『子路有聞，未之能行，惟恐有聞』，豈不是有志？至如漆雕開、曾點，皆有志。孔子在陳，思魯之狂士。狂士何足思？蓋取其有志。得聖人而師之，皆足爲君子。」以下訓可學。璘録云：「同録異。」見後訓璘〔四〕。

先生問：「昨日與吾友説立志一段，退後思得如何？」某曰：「因先生之言，子細思之，皆是實理。如平日見害人之事不爲，見非義之財不取，皆是自然如此。」曰：「既自然如此，因何做堯舜不得？」某謂：「盡其心，則知其性。」曰：「此不是答策題，須是實見得。『徐行後長者謂之弟』，須見得如何弟，是作得堯舜。」因語：「『執德不弘，信道不篤，焉能爲有？焉能爲亡？』所謂天理人欲也。更將孟子答滕文公、曹交問孟子章熟讀，纔見得此，甚省力。」

問：「作事多始鋭而終輟，莫是只爲血氣使？」曰：「雖説要義理之氣，然血氣亦不可無。孟子『氣，體之充』，但要以義理爲主耳。」

問：「講學須當志其遠者大者？」曰：「固是。然細微處亦須研窮。若細微處不研窮，所謂遠者大者，只是揣作一頭詭怪之語，果何益？須是知其大小，測其淺深，又別其輕重。」因問：「平時讀書，因見先生説，乃知只得一模樣耳。」曰：「模樣亦未易得，恐只是識文句。」

問：「反其性如何？」曰：「只吾友會道個反時，此便是天性；只就此充之，別無道理。滕文公纔問孟子，孟子便道『性善』，自今觀之，豈不躐等？不知此乃是自家屋裏物，有甚過當？既立得性了，則每事點檢，視事之來，是者從之，非者違之。此下文甚長，且於根本上用工夫，既尚留此，更宜審觀自見。」〔五〕

再見，請教。因問：「平日讀書時似亦有所見，既釋書則別是一般，又每若思慮紛擾，雖持敬亦未免弛慢，不知病根安在？」曰：「此乃不求之於身，而專求之於書，固應如此。古人曰：『爲仁由己，而由人乎哉！』凡吾身日用之間，無非道，書則所以接湊此心耳。故必先求之於身，而後求之於書，則讀書方有味。」又曰：「持敬而未免弛慢，是未嘗敬也，須是無間斷乃可。至如言思慮多，須是合思即思，不合思者不必思，則必不擾亂。」又問：「凡求之於心，須是主一，爲或於事事求之？」曰：「凡事無非用心處，只如於孝則求其如何是孝，於弟則求其如何是弟。大抵見善則遷，有過則改。聖人千言萬語，不出此一轍。須積習持久，游泳浸積〔六〕，如飲醇酒，其味愈長，始見其真是真非。若似是而非，似有而實未嘗有，終日恍惚，然此最學者之大病。」又問：「讀書宜以何爲法？」曰：「須少看。凡讀書，須子細研窮講究，不可放過。假如有五項議論，開策時須逐一爲別白，求一定說。若他日再看，又須從頭檢閱，而後知前日之讀書草略甚矣。近日學者讀書，六經皆云通，及問之，則往往失對，只是當初讀時綽過了。孟子曰『仁在乎熟』，吾友更詳思之。大抵古人讀書與今人異，如孔門學者於聖人，纔問仁問知，終身事業已在此。今人讀書，仁義禮智總識而却無落泊處，此不熟之故也。昔五峰於京師問龜山讀書法，龜山云：『先讀論語』，五峰問：『論語二十篇，以何爲緊要？』龜山曰：『事事緊要。』看此可見。」

問：「可學稟性太急，數年來力於懲忿上做工夫，似減得分數。然遇事不知不覺忿暴，何從而去此病？」曰：「亦在乎熟耳。如小兒讀書遍數多，自記得，此熟之驗也。大抵稟賦得深，多少年月，一旦如何便盡打疊得。須是日夜懲戒之以至於熟，久當自去。」

一日晚，同王春、先生親戚。魏才仲請見。問：「吾友年幾何？」對云：「三十七。」曰：「已自過時。若於此因循，便因循了。昔人讀書，二十四五時須已立得一門庭。」某因說：「平日亦有志於學，只是爲貧奔走，雖勤讀書，全無趨向。」曰：「讀書須窮研道理。吾友日看論、孟否？」對以常看。曰：「如何看？」曰：「日間只是看精義。」曰：「看精義，有利有害。若能因諸家之說以考聖人之意而得於吾心，則精義有益。若只鶻突綽過，如風過耳，雖百看何補〔七〕？善看論、孟者，只一部論、孟自亦可，何必精義？」因舉「學而時習之」問曰：「吾友何說？」某依常解云云，先生曰：「聖人下五個字，無一字虛。學然後時習之，不學則何習之有？所謂學者，不必前言往行，凡事上皆是學。如個人好，學其爲人；個事好，學其爲事。習之者，習其所學也。習之而熟，能無悦乎？近日學者多習而不學。」某又問：「『學而不思則罔』亦是此意？」曰：「且就本文理會。牽傍會合，最學者之病。」又問：「『有朋自遠方來』，何故樂？」對以得朋友而講習，故樂。曰：「若是已得於己，何更待朋友？」再三請益。曰：「且自思之。」

語次，因道：「某平日讀書不識塗徑，枉費心力，適得先生問喻，方知趨向。自此期早夜孜孜，無負教誨。」曰：「吾友既如此說，須與人作樣子。第一，下工夫莫草略。研究一章義理已得，方別看一章。近日學者多緣草略過了，故下梢頭攢無去處，一齊棄了。大凡看書粗，則心粗；看書細，則心細。若研窮不熟，得些義理，以爲是亦得，以爲非亦得。須是見得『差之豪釐，繆以千里』方可。」

問：「昨日先生所問，退而以滕文公數章熟讀。只如昨日所說四端，此便是真心，便是性善。今只是於天理人欲上判了，去得人欲，天理自明。自家家裏事，豈有不向前？」先生曰：「然。未要論到人欲，人欲亦難去。只且自體認這個理，如何的見是性善、堯舜是可爲？如何是仁？如何是義？若於此有見，要已自已不得。孟子曰：『求則得之，捨則失之。』今學者求不見得，捨不見失，只是悠悠，今日待明日，明日又待後日。」語未畢，伯謨至。先生云：「適來所言，子上却有許多說話，德粹無說，然皆是不勉力作工夫。謝上蔡於明道前舉史書成文，明道曰：『賢却會記得，可謂玩物喪志。』上蔡發汗，須是如此感動方可。今只且於舊事如此過，豈是感發？須是不安方是。所謂『不能以一朝居』。」

問德粹：「數日作何工夫？」曰：「讀告子。」曰：「見得如何？」曰：「固是要見，亦當於事上見之。」曰：「行事上固要見，無事時亦合理會。如看古人書，或靜坐皆可以見。」又問某：「見得如何？」曰：「只是『操捨』二字分判。」曰：「操捨固是，亦須先見其本。不然，方操而則存時，已捨而則亡矣。」又問：「前說『有朋自遠方來』，看見如何？」曰：「前日說不是。『有朋自遠方來』，乃是善可以及人。善可以及人，則合彼己爲一，豈不樂？」先生曰：「此是可以及人？爲或已及人？」曰：「惟其可以及人，所以能及人。」先生曰：「樂是可以及人而樂？是已及人而樂？」曰：「已及人而樂。」先生曰：「然。伊川說已盡，後來諸公多變其說，云朋友講習。我若未有所得，誰肯自遠方來？要之，此道天下公共，既已得於己，必須及於人。『不知而不慍』，非君子成德不能。慍，非怒之謂。自君子以降，人不知己，亦不能無芥蒂於胸中。」

先生問：「近日所見如何？」某對：「間斷處頗知提撕。」曰：「更宜加意。」

先生問：「近日如何？」曰：「頗覺心定。」「如何心定？」曰：「每常遇無事，却散漫；遇有事，則旋求此心。今却稍勝前。」曰：「讀甚書？」曰：「讀告子，昨讀至『夜氣』之說，因覺病痛全在此心上。」曰：「亦未説至此，須是見得有踊躍之意，方可。」是日德粹又語小學。先生曰：「德粹畢竟昏弱，子上尚雜，更宜加意。」

問：「人有剛果過於中，如何？」曰：「只爲見彼善於此，剛果勝柔，故一向剛。周子曰：『剛善爲義，爲直，爲斷，爲嚴毅，爲幹固；惡爲猛，爲隘，爲强梁。』須如此別，方可。」璘録云：「問：『孫吉甫説「性剛未免有失」，如何？』先生舉通書云：『剛善、剛惡。』『固是剛比之暗弱之人爲勝，然只是彼善於此而已，畢竟未是。』」問：「何以制之使歸於善？」曰：「須於中求之。」問：「昨日承先生教誨矯激事，歸而思之。務爲長厚固不可，然程氏教人却云『當學顔子之渾厚』。看近日之弊，莫只是真僞不同？」曰：「然。顔子却是渾厚，今人却是聶夾，大不同。且如當官，必審是非，明去就。今做事至於危處却避禍，曰『吾爲渾厚』，可乎？且如後漢諸賢與宦官爲敵，既爲冀州刺史，宦官親戚在部内爲害，安得不去之？安得謂之矯激？

須是不做它官。故古人辭尊而居卑，辭富而居貧，居卑則不與權豪相抗，亦無甚職事。」符舜功云：「如陳寔弔宦官之喪，是太要渾厚。」曰：「然。」某問：「如范滂之徒，太甚。」曰：「只是行其職。大抵義理所在，當爲則爲，無渾厚，無矯激，如此方可。」某又問：「李膺赦後殺人，莫不順天理？」曰：「然。士不幸遇亂世，不必仕。如趙臺卿乃於杜子賓夾壁中坐過數年，又如蔡邕更無整身處。」

問：「吾友昔從曾大卿遊，於其議論云何？」曰：「曾先生靜嘿少言，有一二言不及其躬行者。」曰：「曾卿齊家正身，不欺暗室，真難及。」

鄭子上因赴省經過，問左傳數事。先生曰：「數年不見公，將謂有異問相發明，却問這般不緊要者，何益？人若能於大學、語、孟、中庸四書窮究得通透，則經傳中折莫甚大事，以其理推之，無有不曉者，況此末事。今若此，可謂是『颺了甜桃樹，沿山摘醋梨』也。」友仁。

璘注鄂渚教官闕，先生曰：「某嘗勸人，不如做縣丞，隨事猶可以及物。做教官没意思，説義理人不信，又須隨分做課試，方是閙熱。」以下訓璘。

問：「做何工夫？」璘對以未曾。曰：「若是做得工夫，有疑可問，便好商量。若未做功夫，只説得一個爲學大端，他日又如何得商量？嘗見一般朋友，見事便奮發要議論，胡亂將經書及古人作議論，看來是没意思。又有一般全不做功夫底，更没下手商量處。又不如彼胡亂做功夫，有可商議得。且如論古人，便是論錯了，亦是曾考論古人事迹一過。他日與説得是，將從前錯底改起，便有用。」

問爲學大端。曰：「且如士人應舉，是要做官，故其功夫勇猛，念念不忘，竟能有成。若爲學，須立個標準，我要如何爲學。此志念念不忘，功夫自進。蓋人以眇然之身與天地並立而爲三，常思我以血氣之身如何配得天地？且天地之所以與我者，色色周備，人自汙壞了。」因舉「萬物皆備於我，反身而誠，樂莫大焉」一章：「今之爲學，須是求復其初，求全天之所以與我者，始得。若要全天之所以與我者，便須以聖賢爲標準，直做到聖賢地位，方是全得本來之物而不失。如此，則功夫自然勇猛。臨事觀書常有此意，自然接續。若無求復其初之志，無必爲聖賢之心，只見因循荒廢了。」因舉「孟子道性善，言必稱堯舜」一章，云：「『道性善』是説天之所以與我者，便以堯舜爲樣子。説人性善，皆可以爲堯舜，便是立個標準了。下文引成覸、顏淵、公明儀之言，以明聖賢之可以必爲。末後『若藥不瞑眩，厥疾不瘳』，最説得好。人要爲聖賢，須是猛起服瞑眩之藥相似，教他麻了一上了，及其定疊，病自退了。」又舉顏子「仰之彌高」一段，又説：「人之爲學，正如説恢復相似。且如東南亦自有許多財賦，許多兵甲儘自好了，如何必要恢復？只爲祖宗元有之物，須當復得；若不復得，終是不了。今人爲學，彼善於此，隨分做個好人，亦自足矣，何須必要做聖賢？只爲天之所以與我者，不可不復得；若不復得，終是不了，所以須要講論。學以聖賢爲準，故問學須是復性命之本然，求造聖賢之極，方是學問。可學録云：「如尋常人説，且作三五分人，有甚不可？何必須早夜孳孳？只爲自家元初一個性〔八〕，甚是善，須是還其元物。不還元物，畢竟欠闕。此一事乃聖人相傳，立定一鐵椿，移動不得。」然此是大端如此。其間讀書，考古驗今，工夫皆不可廢。」因舉「尊德性而道問學」一章，又云：「有一般人，只説天之所以與我者，都是光明純粹好物。其後之所以不好者，人爲有以害之〔九〕。吾之爲學，只是去其所以害此者而已。害此者盡去，則工夫便了。故其弊至於廢學不讀書，臨事大綱雖好，而所見道理便有偏處。爲學既知大端是欲復天之所與而必爲聖賢，便以『父子有親，君臣有義，夫婦有別，長幼有序，朋友有信』，此五者爲五個大椿相似，念念理會，便有工夫可做。所以大學『在止於至善』，只云：『爲人君，止於仁；爲人臣，止於敬；爲人子，止於孝；爲人父，止於慈；與國人交，止於信。』」

「從前朋友來此，某將謂不遠千里而來，須知個趣向了，只是隨分爲他説個爲學大概去，看來都不得力，此某之罪。今日思之，學者須以立志爲本。如昨日所説爲學大端，在於求復性命之本然，求造聖賢之極致，須是便立志如此，便做去始得。若曰我之志只是要做個好人，識些道理便休，宜乎工夫不進，日夕漸漸消靡。今須思量天之所以與我者，必須是光明正大，必不應只如此而止，就自家性分上儘做得去，不到聖賢地位不休。如此立志，自是歇不住，自是儘有工夫可做。如顔子之『欲罷不能』，如小人之『孳孳爲利』，念念自不忘。若不立志，終不得力。」因舉程子云：「學者爲氣所勝，習所奪，只可責志。」又舉云：「『立志以定其本，居敬以持其志』，此是五峰議論好處。」又舉「士尚志。何謂尚志？曰『仁義而已矣』」，又舉「舜爲法於天下，可傳於後世，我猶未免爲鄉人也，是則可憂也。憂之如何？如舜而已矣」，又舉「三軍可奪帥，匹夫不可奪志也」，「如孔門亦有不能立志者，如冉求『非不説子之道，力不足也』是也。所以其後志於聚斂，無足怪」。

又曰：「要知天之與我者，只如孟子説『無惻隱之心，非人也；無羞惡之心，非人也；無是非之心，非人也；無辭遜之心，非人也』。今人非無惻隱、羞惡、是非、辭遜發見處，只是不省察了。若於日用間試省察此四端者，分明迸贊出來，就此便操存涵養將去，便是下手處。只爲從前不省察了，此端才見，又被物欲汩了。所以秉彝不可磨滅處雖在，而終不能光明正大，如其本然。」

「試思人以眇然之身，可以贊天地之化育，以常人而可以爲聖賢，以四端之微，而充之可以保四海，是如何而致？若分明見此，志自立，工夫自住不得。」

「昨日所説，爲學大端在於立志必爲聖賢，曾看得『人皆可以爲堯舜』道理分明否？又見得我可以爲堯舜而不爲，其患安在？固是孟子説『性善』、『徐行後長』之類。然今人四端非不時時發見，非不能徐行，何故不能爲堯舜？且子細看。若見得此分明，其志自立，其工夫自不可已。」因舉「執德不弘，信道不篤，焉能爲有，焉能爲亡」，謂：「不弘不篤，不當得一個人數，無能爲輕重。」

「須常常自問：云人之性善，而己之性却不見其善；『人皆可以爲堯舜』，而己之身即未見其所以爲堯舜者，何故？常常自問，知所愧恥，則勇厲奮發，而志立矣。更將孟子告子篇反覆讀之，『指不若人』之類數段，可以助人興發必爲之志。」

問所觀書，璘以讀告子篇對。曰：「古人『興於詩』、『詩可以興』，又曰『雖無文王，猶興』。人須要奮發興起必爲之心，爲學方有端緒。古人以詩吟詠起發善心，今既不能曉古詩，某以爲告子篇諸段，讀之可以興發人善心者，故勸人讀之。且如『理義之悦我心，猶芻豢之悦我口』，讀此句，須知義理可以悦我心否？果如芻豢悦口否？方是得。」璘謂：「理義悦心，亦是臨事見得此事合理義，自然悦懌。」曰：「今則終日無事，不成便廢了理義，便無悦處。如讀古人書，見其事合理義，思量古人行事，與吾今所思慮欲爲之事，才見得合理義，則自悦；才見不合理義，自有羞愧憤悶之心。不須一一臨事時看。」

問璘：「昨日卧雲庵中何所爲？」璘曰：「歸時日已暮，不曾觀書，靜坐而已。」先生舉横渠「六有」説：「『言有法，動有教，晝有爲，宵有得，息有養，瞬有存』，以爲雖静坐，亦有所存主始得。不然，兀兀而已。」可學録云：「先生問德粹：『夜間在庵中作何工夫？』德粹云云。先生曰：『横渠云「言有教，動有法，晝有爲，宵有得，息有養，瞬有存。」此語極好。君子「終日乾乾」，不可食息閑，亦不必終日讀書，或静坐存養，亦是。天地之生物以四時運動，春生夏長，固是不息。及至秋冬凋落，亦只藏於其中，故明年復生。若使至秋冬已絶，則來春無緣復有生意。學者常唤令此心不死，則日有進』。」

德粹問：「在四明守官，要顧義理。纔到利害重處，則顧忌，只是拚一去，如何？」先生曰：「無他，只是志不立，却隨利害走了。」可學。

問德粹：「此心動時應物，不動時如何？」曰：「只是散漫。」曰：「便是錯了。自家一個心却令成兩端，須是檢點他。」可學。

「人在官，固當理會官事。然做得官好，只是使人道是一好官人。須講學立大本，則有源流。若只要人道是好官人，今日做得一件，明日又做一件，却窮了。」德粹云：「初到明州，問爲學於沈叔晦，叔晦曰：『若要讀書，且於婺源山中坐。既在四明，且理會官事。』」先生曰：「縣尉既做了四年，滕德粹元不曾理會。」可學。

誨力行云：「若有人云孔孟天資不可及，便知此人自暴自棄，萬劫千生無緣見道，所謂

『九萬里則風斯下』。」以下訓力行。

「講學切忌研究一事未得，又且放過別求一事。如此，則有甚了期？須是逐件打結，久久通貫。」力行退讀先生「格物」之説，見李先生所以教先生有此意。

力行連日荷教，府判張文退謂力行曰：「士佺到此餘五十日，備見先生接待學者多矣，不過誘之掖之，未見如待吾友著氣用力，痛下鉗鎚如此。以九分欲打煉成器，不得不知此意。」

問：「事有最難底奈何？」曰：「亦有數等，或是外面阻遏做不得，或是裏面紛亂處不去，亦有一種紛拏時，及纖豪委曲微細處難處，全只在人自去理會。大概只是要見得道理分明，逐事上自有一個道理。易曰：『探賾索隱。』賾處不是奥，是紛亂時，隱是隱奥也，全在探索上。紛亂是他自紛亂，我若有一定之見，安能紛亂得我？大凡一等事固不可避，避事不是工夫。又有一等人情底事，得遣退時且遣退，無時是了，不要摟攬。凡可以省得底事，省亦不妨，應接亦只是不奈何。有合當住不得底事，此却要思量處置，裏面都自有個理。」或謂：「人心紛擾時難把捉。」曰：「真個是難把持，不能得久，又被事物及閑思慮引將去。孟子『牛山之木』一章，最要看『操之則存，捨之則亡』。」或又謂：「把持不能久，勝物欲不去。」曰：「這個不干別人事，雖是難，亦是自着力把持，常惺惺，不要放倒。覺得物欲來，便着緊不要隨他去。這個須是自家理會。若説把持不得，勝他不去，是自壞了，更説甚『爲仁由己，而由人乎哉』！」又曰：「把心不定，喜怒憂懼四者皆足以動心。」因問：「憂患恐懼，四字似一般。」曰：「不同。恐懼是目下逼來得緊底，使人恐懼失措；憂患是思慮，預防那將來有大禍福利害底事。此不同。」又問：「忿懥好樂，乃在我之事，可以勉强不做。如憂患恐懼，乃是外面來底，不由自家。」曰：「都不得。便是外面來底，須是自家有個道理處置得下。恐懼憂患，只是徒然。事來亦合當思慮不妨，但只管累其本心，也不濟得事。孔子畏匡人，文王囚羑里，死生任前了，聖人元不動心，處之恬然。只看此，便是要見得道理分明，自然無此患。所以聖人教人致知格物，考究一個道理。自此以上，誠意正心皆相連上去也。」以下訓明作。

「凡日用工夫，須是自做要緊把捉。見得不是處，便不要做，勿徇他去。所説事有善者可從，又有不善者間之，依舊從不善處去。所思量事忽爲別思量勾引將去，皆是自家不曾把捉得住，不干別人事。須是自把持，不被他引去方是。顔子問仁，孔子答許多話，其末却云：『爲仁由己，而由人乎哉！』看來不消此一句亦得，然許多話不是自己着力做，又如何得？明知不善又去做，看來只是知得不親切。若真個知得，定不肯做。正如人説飲食過度傷生，此固衆所共知，然不是真知。偶一日飲食過度爲害，則明日決不分外飲食，此真知其傷，遂不復再爲也。把捉之説固是自用着力，然又以枯槁無滋味，卒急不易着力。須平日多讀書，講明道理，以涵養灌培，使此心常與理相入，久後自熟，方見得力處。且如讀書，便今日看得一二段，來日看三五段，殊未有緊要。須是磨以歲月〔一〇〕，讀得多，自然有用處。且約而言之：論、孟固當讀，六經亦當讀，史書又不可不讀，講究得多，便自然熟。但始初須大段着力窮究，理會教道理通徹。不過一二番稍難，向後也只是以此理推去，更不艱辛，可以觸類而長。正如入仕之初看公案，初看時自是未相諳，較難理會。須着些心力，如法考究。若如此看得三五項了，自然便熟。向後看時，更不似初間難，亦可類推也。又如人要知得輕重，須用秤方得。有拈弄得熟底，只把在手上，便知是若干斤兩，更不用秤。此無他，只是熟。今日也拈弄，明日也拈弄，久久自熟。也如百工技藝做得精者，亦是熟後便精。孟子曰：『夫仁，亦在乎熟之而已。』所以貴乎熟者，只是要得此心與義理相親。苟義理與自家相近，則非理之事自然相遠。思慮多走作，亦只是不熟，熟後自無。又如説做事偶合于理則心安，或差時則餒，此固是可見得本然之理，所以差時便覺不安。然又有做得不是時〔一一〕，不知覺悟。須是常惺惺省察，不要放過。據某看，學問之道只是眼前日用底便是，初無深遠玄妙。」〔一二〕

「大凡學問不可只理會一端，聖賢千言萬語，看得雖似紛擾，然却都是這一個道理。而今只就緊要處做固好，然别個也須一一理會，湊得這一個道理都一般，方得。天下事硬就一個做，終是做不成。如莊子説『風之積也不厚，則其負大翼也無力』，須是理會得多，方始襯簟得起。且如『籩豆之事，各有司存』，非是説籩豆之事置之度外，不用理會。『動容貌』三句亦只是三句是自家緊要合做底，籩豆是付與有司做底，其事爲輕。而今只理會三句，籩豆之事都不理會，萬一被有司喚籩做豆，若不曾曉得，便被他瞞。又如田子方説『君明樂官，不明樂音』，他説得不是。若不明得音，如何明得官？次第被他易宫爲商也得？所以中庸先説個『博學之』，孟子曰『博學而詳説之』。且看孔子雖曰生知，是事去問人，若問禮問喪於老聃之類甚多。只如官名不曉得，莫也無害，聖人亦汲汲去問郯子。蓋是我不識底，須是去問人始得。」因説：「南軒洙泗言仁編得亦未是，聖人説仁處固是仁，然不説處不成非仁？天下只有個道理，聖人説許多説話，都要理會，豈可只去理會説仁處，不説仁處便掉了不管？子思做中庸，大段周密不易，他思量如是。『德性』五句，須是許多句方該得盡，然第一句爲主。『致廣大、極高明、温故、敦厚』，此上一截是『尊德性』事；如『道中庸，盡精微、知新、崇禮』此下一截是『道問學』事，都要得纖悉具備，無細不盡，如何只理會一件？」或問知新之理。曰：「新是故中之事，故是舊時底，温起來以『尊德性』，然後就裏面討得新意，乃爲『道問學』。」〔一三〕

一日因論讀大學，答以每爲念慮攪擾，頗妨工夫。曰：「只是不敬。敬是常惺惺底法，以敬爲主，則百事皆從此做去。今人都不理會我底，自不知心所在，都要理會他事，又要齊家、治國、平天下。心者，身之主也。撑船須用篙，喫飯須使匙〔一四〕。不理會心，是不用篙、不使匙之謂也。攝心只是敬，才敬，看做甚麼事，登山亦只這個心，入水亦只這個心。」訓僩〔一五〕。

與立同問：「常若志氣怯弱，恐懼太過，心下常若有事，少悦豫底意思，不知此病痛是如何？」曰：「試思自家是有事？是無事？」曰：「本無事，自覺得如此。」曰：「若是無事，便是無事，又恐懼個甚？只是見理不徹後如此。若見得理徹，自然心下無事。然此亦是心病。」因舉遺書捉虎及滿室置尖物事，又曰：「且如今人害淨潔病，那裏有淨潔病，只是疑病，疑後便如此。不知在君父之前，還如此得否？」巘又因論氣質各有病痛不同。曰：「纔明理後，氣質自然變化，病痛都自不見了。」以下訓與立、巘。

先生誨與立等曰：「爲學之道無他，只是要理會得目前許多道理。世間事無大無小，皆有道理。如中庸所謂『率性之謂道』，也只是這個道理道；『不可須臾離』，也只是這個道理。見得是自家合當做底，便做將去；不當做底，斷不可做。只是如此。」又曰：「爲學無許多事，只是要持守身心，研究道理，分別得是非善惡，直是『如好好色，如惡惡臭』。到這裏方是踏着實地，自住不得。」又曰：「經書中所言只是這一個道理，都重三疊四説在裏，只是許多頭面出來。如語、孟所載也只是這許多話。一個聖賢出來説一番了，一個聖賢又出來從頭説一番。如書中堯之所説也只是這個，舜之所説也只是這個，以至於禹湯文武所説也只是這個。又如詩中周公所贊頌文武之盛德亦只是這個，便若桀紂之所以危亡亦只是反了這個道理。若使别撰得出來，古人須自撰了。惟其撰不得，所以只共這個道理。」又曰：「讀書須是件件讀，理會了一件，方可换一件。這一件理會得通徹是當了，則終身更不用再理會，後來只須把出來温尋涵泳便了。若不與逐件理會，則雖讀到老，依舊是生底，又却如不曾讀一般，濟甚事？如喫飯，不成一日都要喫得盡，須與分做三頓喫，只恁地頓頓喫去，知一生喫了多少飯。讀書亦如此。」𣾰因説：「學者先立心志爲難。」曰：「也無許多事，只是一個敬。徹上徹下，只是這個道理。到得剛健，便自然勝得許多物欲之私。」温公謂：「人以爲如制悍馬，如幹盤石之難也。静而思之，在我而已。如轉户樞，何難之有？」〔一一六〕

𣾰問：「『思無邪』，固要得如此，不知如何能得如此？」曰：「但邪者自莫思便了。」又問：「且如持敬，豈不欲純一於敬？然自有不敬之念固欲與已相反，愈制則愈甚。或謂只自持敬，雖念慮妄發，莫管他，久將自定，還如此得否？」曰：「要之，邪正本不對立，但恐自家胸中無個主。若有主，邪自不能入。」又問：「不敬之念非出於本心，如忿慾之萌，學者固當自克，雖聖賢亦無如之何。至於思慮妄發，欲制之而不能。」曰：「才覺恁地，自家便挈起了，但莫先去防他。然此只是自家見理不透，做主不定，所以如此。大學曰：『物格而後知至，知至而後意誠。』才意誠，則自然無此病。」

拜先生訖，坐定，先生云：「文振近看得文字較細，須用常提掇起得惺惺，不要昏晦。若昏晦，則不敬莫大焉。才昏晦時，少間一事來，一齊被私意牽將去，做主不得。須用認取那個是身，那個是心，卓然在目前，便做得身主。少間事物來，逐一區處得當。」以下訓南升。

又云：「看文字須以鄭文振爲法，理會得便說出，待某看甚處未是，理會未得，便問。」

又云：「渠今退去，心中却無疑也。」

先生曰：「文振近來看得須容易了。」南升曰：「不敢容易看。但見先生集注字字着實，故易得分明。」先生曰：「潘兄、鄭兄要看文字，可明日且同文振從後段看起，將來却補前面。廖兄亦可從此看起。」謂潘立之、鄭神童、廖晉卿也。

「朋友多是方理會得文字好，又歸去。」似指植言。又云：「鄭文振能平心看文字，看得平正周匝，只無甚精神。如立之，則有說得到處。如文振，無甚卓然到處，亦無甚不到處。」植。

先生問俔：「已前做甚工夫？」曰：「只是理會舉業。」曰：「須有功夫。」曰：「只是習春秋。」又問：「更做甚工夫？」曰：「曾涉獵看先生語孟精義。」曰：「近來作春秋義，穿鑿殊甚。如紹興以前，只是諱言攘夷復讎事，專要説和戎，却不至如此穿鑿。某那時亦自説春秋不可做，而今穿鑿尤甚。」倪曰：「緣是主司出題目，多是將不相屬處出，致舉子不得不如此。」曰：「却是引得他如此。」又曰：「向來沈司業曾有申請，令主司不得斷章出題，後來少變。」曰：「向在南康日，教官出題不是，也不免將他申請下郡學，令不得如此。近來省試，如書題，依前如此。」又曰：「看來不要作春秋義，可別治甚經。」訓倪。時舉云：「問游和之：『曾看甚文字？』曰：『某以春秋應舉，粗用力於此經，但不免有科第之心，故不知理義之要。』曰：『春秋難治，故〔一七〕出經義，往往都非經旨。某見紹興初治春秋者，經義中只避數項説話，如復讎討賊之類而已。如今却不然，往往所避者多，更不復依傍春秋經意説，只自做一種説話，知他是説甚麽？大凡科舉之事，士子固未能免，然只要識得輕重。若放那一頭重，這一頭輕，是不足道。然兩頭輕重一般，也只不得，便一心在這裏，一心在那裏，於本身易得悠悠。須是教令這頭重，那頭輕，方好。孟子云：「今之人，脩其天爵，以要人爵。」凡〔一八〕要人爵者，固是也理會天爵。然以要人爵而爲之，則所脩者皆非切己之學。』」

問倪「未識下手工夫」。曰：「舉業與這個道理，一似個藏子。做舉業，只見那一邊。若將此心推轉看這一邊，極易。孟子云：『古人修其天爵，而人爵從之；今人修其天爵，以要人爵。』」又將起扇子云：「公只是將那頭放重，這頭放輕了，便得。若兩頭平，也不得。」

僩求下手功夫。曰：「只是要收斂此心，莫要走作，走作便是不敬，須要持敬。堯是古今第一個人，書說堯，劈頭便云『欽明文思』，欽便是敬。」問：「敬如何持？」曰：「只是要莫走作。若看見外面風吹草動，去看覷他，那得許多心去應他？便也是不收斂。」問：「莫是『主一之謂敬』？」曰：「主一是敬表德，只是要收斂。處宗廟只是敬，處朝廷只是嚴，處閨門只是和，便是持敬。」時舉聞同，見後。

僩曰：「自幼既失小學之序，願授大學。」曰：「授大學甚好，也須把小學書看，只消旬日功夫。」

「諸公固皆有志於學，然持敬工夫大段欠在。若不知此，何以爲進學之本？程先生云：『涵養須用敬，進學則在致知。』此最切要。」和之問：「不知敬如何持？」曰：「只是要收斂此心，莫令走失便是〔一九〕。今人精神自不曾定，讀書安得精專！凡看山看水，風驚草動，此心便自走失，視聽便自眩惑。此何以爲學？諸公切宜勉此。」時舉。

「緊切詳密。」以下訓至。

書云：「千萬更加勉力，就日用實事上提撕，勿令昏縱爲佳。」

至自謂：「從來於喜怒哀樂之發，雖未敢自謂中節，自覺亦無甚過差。」曰：「若不窮理，則喜怒哀樂之發，便有過差處也不覺，所以貴於窮理。」

書云：「日用之間，常切操存。讀書窮理，亦勿廢惰，久久當自覺有得力處。」

又書云：「要須反己深自體察，有個火急痛切處，方是入得門户。若只如此悠悠，定是閑過日月。向後無得力處，莫相怪也。」三書文集未載。

楊子順、楊至之、趙唐卿辭歸請教，先生曰：「學不是讀書，然不讀書，又不知所以爲學之道。聖賢教人，只是要誠意正心、修身、齊家、治國、平天下。所謂學者，學此而已。若不讀書，便不知如何而能修身，如何而能齊家、治國。聖賢之書説修身處便如此，説齊家、治國處便如此，節節在那上，自家都要去理會，一一排定在這裏。來，便應將去。」淳。

楊問：「某多被思慮紛擾，思這事，又慮做那一事去。雖知得了，自是難止。」曰：「既知不是，便當絶斷，更何必問？」寓。

「至之少精深，蜚卿少寬心，二病正相反。」道夫。

植再舉曾子「忠恕一貫」及子貢「聞一知二」章。曰：「大概也是如此，更須依曾子逐事經歷做過，方知其味。」先生繼問或人：「理會得所舉忠恕否？」陳因問集注中舉程子第一段，先生曰：「明道説此一段甚好，非程子不能道得到。自『忠恕一以貫之』以後説忠恕，至『違道也』住，乃説『一以貫之』之忠恕。其曰『此與違道不遠異者，動以天爾』何也？蓋此數句乃動以天爾。如『推己及人〔二〇〕，違道不遠』，則動以人爾。」又問：「如此，則有學者之忠恕？」曰：「聖人不消言恕，故集注中云，借學者之事而言。」以下訓植。

植舉「仁者，愛之理，心之德」，紬繹說過。曰：「大概是如此，而今只是做仁工夫。」植因問：「顔子『博文約禮』，是循環工夫否？」曰：「不必說循環。如左脚行得一步了〔二一〕，右脚方行得一步；右脚既行得一步，左脚又行得一步。此頭得力，那頭又長；那頭既得力，此頭又長，所以欲罷而不能。所謂『欲罷不能』者，是它先見得透徹，所以復乎天理，欲罷不能。如顔子教他復天理，他便不能自已；教他徇人欲，便没舉止了。蓋惟是見得通透，方無間斷。不然，安得不間斷？」

過見先生，越數日，問曰：「思得爲學之要，只在主敬以存心，格物以觀當然之理。」曰：「主敬以存心，却是。下句當云『格物所以明此心』。」以下訓過。

先生教過爲學不可粗淺，因以橘子譬云：「皮内有肉，肉内有子，子内有仁。」又云：「譬如掃地，不可只掃面前，如椅子之下及角頭背處亦須掃着。」

先生語過以爲學須要專一用功，不可雜亂，因舉異教數語云：「用志不分，乃疑於神。置之一處，無事不辦。」

謂林正卿曰：「理會這個，且理會這個，莫引證見，相將都理會不得。理會『剛而塞』，且理會這一個『剛』字，莫要理會『沉潛剛克』，各自不同。」節。訓學蒙。

問思慮紛擾。曰：「公不思慮時，不識個心是何物。須是思慮時，知道這心如此紛擾，漸漸見得，却有下工夫處。」以下訓賜。

問：「存心多被物欲奪了。」曰：「不須如此說，且自體認自家心是甚物。自家既不曾識得個心，而今都說未得。纔識得，不須操而自存。如水火相濟，自不相離。聖賢說得極分明，夫子說了，孟子恐後世不識，又說向裏。後之學者依舊不把做事，更說甚閑話。孟子四端處，儘有可玩索。」〔一二〕

問：「每日暇時，略靜坐以養心，但覺意自然紛起，要靜越不靜。」曰：「程子謂：『心自是活底物事，如何窒定教他不思？只是不可胡亂思。』纔着個要靜底意思，便是添了多少思慮。且不要恁地拘迫他，須自有寧息時。」又曰：「要靜，便是先獲，便是助長，便是正。」以下訓胡泳。

問：「程子教人，每於己分上提撕，然後有以見流行之妙。正如先生昨日答語中謂『理會得其性情之德，體用分別，各是何面目』一段一般。」曰：「是如此。」問：「人之手動足履，須還是都覺得始得。看來不是處，都是心不在後，挫過了。」曰：「須是見得他合當是恁地。」問：「『立則見其參於前，在輿則見其倚於衡』，只是熟後自然見得否？」曰：「也只是隨處見得那忠信篤敬是合當如此。」又問：「舊見敬齋箴中云『擇地而蹈，折旋蟻封』，遂欲如行步時，要步步覺得他移動。要之，無此道理，只是常常提撕。」曰：「這個病痛須一一識得，方得。且如事父母，方在那奉養時，又自著注脚解説道：這個是孝；如事兄長，方在那順承時，又自著注脚解説道：這個是弟，便是兩個了。」問：「只是如事父母，當勞苦有倦心之際，却須自省覺説這個是當然。」曰：「是如此。」

伯量問：「南軒所謂『敬者通貫動靜内外而言』，泳嘗驗之，反見得靜時工夫少，動時工夫多，少間隨事逐物去了。」曰：「隨事逐物，也莫管他。有事來時，須著應他，也只得隨他去。只是事過了，自家依舊來這裏坐，所謂『動亦敬，靜亦敬』也。」又問：「但恐靜時工夫少，動時易得撓亂耳。」曰：「如何去討靜得？有事時須著應。且如早間起來，有許多事，不成説事多撓亂人，我且去靜坐。不是如此。無事時固是敬，有事時敬便在事上。且如早間人客來相見，自家須著接它。接它時，敬便在交接處。少間又有人客來，自家又用接他。若自朝至暮，人客來不已，自家須盡著接它，不成不接他，無此理。接他時，敬便隨著在這裏。人客去後，敬亦是如此。若厭人客多了心煩，此却是自撓亂其心，非所謂敬也。所以程子説：『學問到專一時方好。』蓋專一，則有事無事皆是如此。程子答或人之問，説一大片，末梢只有這一句是緊要處。」又曰：「不可有厭煩好靜之心。人在世上，無無事底時節。

要無事時，除是死也。隨事來，便著應他。有事無事，自家之敬元未嘗間斷也。若事至面前，而自家却自主靜，頑然不應，便是心死矣。」僩。

壽昌問：「鳶飛魚躍，何故仁便在其中？」先生良久微笑曰：「公好說禪，這個亦略似禪，試將禪來說看。」壽昌對：「不敢。」曰：「莫是『雲在青天水在瓶』麽？」壽昌又不敢對。曰：「不妨試說看。」曰：「渠今正是我，我且不是渠。」曰：「何不道我今正是渠？」既而又曰：「須將中庸其餘處一一理會，令教子細。到這個田地時，只恁地輕輕拈掇過，便自然理會得，更無所疑，亦不著問人。」訓壽昌。

先生顧壽昌曰：「子好說禪，禪則未必是。然其所趣向，猶以爲此是透脱生死底等事。其見識猶高於世俗之人，紛紛然抱頭聚議，不知是照證個甚底事。」

先生曰：「子所謂『賢者過之也』，夫過猶不及，然其玩心於高明，猶賢於一等輩。」因問：「子遊廬山，嘗聞人說一周宣幹否？」壽昌對以聞之，今見有一子頣字龜父者在。先生曰：「周宣幹有一言極好：『朝廷若要恢復中原，須要罷三十年科舉始得。』」

先生問壽昌：「近日教浩讀甚書？」壽昌對以方伯謨教他午前即理論語，仍聽講，曉些義理；午後即念些蘇文之類，庶學作時文。先生笑曰：「早間一服朮附湯，午後又一服清涼散。」復正色云：「只教讀詩書便好。」

先生問壽昌：「子好説禪，何不試説一上？」壽昌曰：「明眼人難謾。」先生曰：「我則異於是，越明眼底，越當面熱謾他。」

先生問壽昌：「子見疏山，有何所得？」對曰：「那個且拈歸一壁去。」曰：「是會了拈歸一壁？是不會了拈歸一壁？」壽昌欲對云「總在裏許」，然當時不曾敢應，會先生爲壽昌題手中扇云：「長憶江南三月裏，鷓鴣啼處百花香。」執筆視壽昌曰：「會麽？會也不會？」壽昌對曰：「總在裏許。」

先生奉天子命，就國于潭，道過臨江。長孺自吉水山間越境迎見。某四拜，先生受半答半跪，進劄子〔二三〕，略云：「竊〔二四〕觀聖賢之間，惟兩答問最親切極至〔二五〕：『子路、曾皙、冉有、公西華侍坐，子曰：「居則曰，不吾知也。如或知爾，則何以哉？」』子路以使勇對，冉有以足民對，子華以小相對。三子者，夫子皆未之領許也。獨曾點下一轉語：『「異乎三子者之撰。莫春者，春服既成，冠者五六人，童子六七人，浴乎沂，風乎舞雩，詠而歸。」夫子喟然歎曰：「吾與點也。」』此是一問答。『子貢問：「有一言而可以終身行之者乎？」子曰：「其恕乎。」』此是一問答。是故善答莫如點，善問者莫如賜。長孺〔二六〕懵不知道，先生若曰：『如或知爾，則何以哉？』長孺未有以對也。長孺狂妄，將有請問於先生曰：『有一言而可以終身行之者乎？』先生推先聖之心，慰學者之望，不孤長孺所以委身受教之誠，賜金聲玉振之音。」〔二七〕先生閱劄子，笑〔二八〕曰：「恁地却不得。子貢問夫子：『有一言而可以終身行之者乎？』子曰：『其恕乎。』此只是就子貢身上與他一個『恕』字。若其他學者要學聖人，煞有事件，如何將一個字包括得盡。」問曰：「先生云『一個字包不盡』，極是。但大道茫茫，何處下手？須有一個切要可以用功夫處〔二九〕。」先生乃舉中庸「大哉聖人之道」至「敦厚以崇禮」一章〔三〇〕，誦訖，遂言曰：「『尊德性，道問學，致廣大，盡精微，極高明，道中庸，温故，知新，敦厚，崇禮』，只從此下功夫理會。」曰：「何者是德性？何者是問學？」曰：「不過是『居處恭，執事敬』、『言忠信，行篤敬』之類，都是德性。至於問學，却煞闊，條項甚多。事事物物皆是問學，無窮無盡。」曰：「德性却如何尊？問學却如何道？」曰：「將這德性做一件重事，莫輕忽他，只此是尊。」時先生手中持一扇，因舉扇而言：「且如這一柄扇，自家不會做，去問人扇如何做。人教之以如何做，如何做，既聽得了，須是去做這扇便得，如此方是道問學。若只問得去，却掉下不去做，如此便不是道問學。」曰：「如先生之言，『道』字莫只是訓『行』否？」先生頷之而曰：「自『尊德性』而下，雖是五句，却是一句總四句；雖是十件，却兩件統八件。」「如〔三一〕何是一句總四句？」曰：「『尊德性，道問學』這一句爲主，都總得『致廣大，盡精微；極高明，道中庸；温故，知新；敦厚，崇禮』四句。」問：「如何是兩件統八件？不知分別那個四件屬『尊德性』，那個四件屬『道問學』？」曰：

「『致廣大、盡精微、極高明、道中庸』這四件屬『尊德性』，『温故、知新、敦厚、崇禮』這四件屬『道問學』。」按：章句：「『尊德性，所以存心』，致廣大，極高明，温故，敦厚，皆存心之屬也。『道問學所以致知』，盡精微，道中庸，知新，崇禮，皆致知之屬也。」此録蓋誤。問：「如何『致廣大？』」如何『盡精微』？」曰：「自家須要做聖賢事業，到聖賢地位，這是『致廣大』。然須是從洒掃應對進退間色色留意，方得，這是『盡精微』。」問：「如何『極高明』？如何『道中庸』？」曰：「此身與天地並，這是『極高明』。若只説却不踏實地，無漸進處，亦只是胡説。也須是自家周旋委曲於規矩準繩之中，到俯仰無愧怍處始得，這是『道中庸』。」問：「如何『温故』？如何『知新』？」曰：「譬如讀論語，今日讀這一段，所得是如此；明日再讀這一段，所得又如此。兩日之間所讀同，而所得不同，這便是『温故知新』。」問：「如何『敦厚』？如何『崇禮』？」曰：「若只是恁地敦厚，却塊然無用。也須是見之運量酬酢，施爲注措之間，發揮出來始得。」長孺謝云：「教誨親切明白，後學便可下工夫。」先生又諷誦「大哉聖人之道。洋洋乎發育萬物，峻極于天。優優大哉，禮儀三百，威儀三千，待其人然後行。故曰『苟不至德，至道不凝焉』。」等數語而贊之曰：「這全在人。且如『發育萬物，峻極于天。禮儀三百，威儀三千』，甚次第大事，只是一個人做了。然而下面又特地拈出，謂『苟不至德，至道不凝焉』，結這兩句，最爲要切。須先了得『禮儀三百，威儀三千』，然後到得『發育萬物，峻極于天』去處。這一個『凝』字最緊，若不能凝，則更没些子屬自家，須是凝時方得。所謂『至德』便是『禮儀三百，威儀三千』，所謂『至道』便是『發育萬物，峻極于天』。切須著力理會。」按：章句「至德」指其人，「至道」指「發育萬物，峻極于天」與「禮儀三百，威儀三千」兩節，此録亦誤。長孺請曰：「愚陋恐不能盡記先生之言，不知先生可以書爲一説如何？〔三二〕」先生笑曰：「某不立文字，尋常只是講論，適來所説盡之矣。若吾友得之於心，推而行之，一向用工，儘有無限，何消某寫出？若於心未契，縱使寫在紙上，看來是甚麽物事？吾友只在紙上尋討，又濟甚事？」長孺謝曰：「敢不自此探討力行〔三三〕。」曰：「且着力勉之，勉之！」長孺起，先生留飯，置酒三行，燕語久之，飯罷辭去，退而記之。訓長孺〔三四〕。

因言異端之學，曰：「嘗見先生答『死而不亡』説，其間數句『太宰禪學只是於自己精神魂魄上認取一個有知覺之物，把持玩弄，至死不肯放捨』，可謂直截分曉。」曰：「何故只舉此數句，其他平易處都不説？只是務要痛快説話，只此便是病處。初在臨江，見來劄，固已疑其有此，今見果然。」問：「平日自己不知病痛，今日得蒙點破，却望指教，如何醫治？」曰：「大凡自家見得都是，也且做一半是，留取一半且做未是。萬一果是，終久不會變著；萬一未是，將久浹洽，自然貫通。不可才有所見，便就上面扭捏。如孟子中『養氣』一段，是學者先務。」問：「『養氣』一段不知要緊在甚處？」曰：「從頭至尾都要緊。」因指靜香堂言：「今人説屋，只説棟梁要緊，不成其他椽桷事事都不要？」以下訓琮。

問：「程子之言有傳遠之誤者，願先生一一與理會過。」曰：「今之所言，與程子異者亦多矣。」曰：「節目小者不必論。且如金縢一説，程子謂此但是周公發於誠心，不問有此理無此理。如聖人自在天理上行，豈有無此理而聖人乃爲之者？此等語恐誤。」曰：「然則有此理乎？」曰：「詳考金縢首尾，周公初不曾代武王死。」曰：「『以旦代某之身』却是如何？」曰：「武王有疾，周公恐是三后在天有所譴責，故以身代行事而請命焉耳。」先生舉「予仁若考」以下至「無墜天之降寶命」曰：「此一段却如何解？」曰：「如古注之説，恐待周公太薄。」曰：「今却要如何説？」曰：「竊詳周公之意，蓋謂盡其材藝於鬼神之事者，己所能也。己所能，則己所當任其責，非武王之責也。受命帝庭而敷佑四方，定爾子孫而使民祗畏，是則武王之所能。若今三后以鬼神之事責武王，是『墜天之降寶命』也。」曰：「只務説得響快。前聖後賢都是恁地解説將來，如何一旦要改换他底？此非學者之先務。須於自家身己上理會，方是實學問。格物之學，須是窮見實理。今若於聖人分上不能實見，何以學聖人？」曰：「自己一個身心元不理會，却只管去議論别人不是，枉了工夫。」曰：「平日讀至此有疑，願求是正。」曰：「只緣自己處工夫少，所以别人處議論多。且理會自家應事接物處，與未應接時，此心如何？」曰：「昨日先生與諸人答問心説，或謂存亡出入，皆是神明之妙，或謂存底入底亦不是。先生之説云：『入而存者，道心也；出而亡者，人心也。』琮謂通四句只是説人心，『操之則存，捨之則亡』，於是『出入無時，莫知其鄉』，言其所以危者如此。若是道心，則湛然常存，不惟無出，亦自無入，不惟不捨，雖操亦無所用。」曰：「且道如何是人心？如何是道心？」曰：「心一也。方寸之間，人欲交雜，則謂之人心；純然天理，則謂之道心。」曰：「人心，堯舜不能無；道心，桀紂不能無。蓋人心不全是人欲，若全是人欲，則直是喪亂，豈止危而已哉？只飢食渴飲、目視耳聽之類是也，易流故危。道心即惻隱羞惡之心，其端甚微故也。」問：「『惟精惟一』，不知學者工夫多在『精』字上？或多在『一』字上？」曰：「『惟精惟一』是一樣説話。」曰：「琮意工夫合多在『精』字上。」曰：「如何見得？」曰：「譬如射，藝精則一，不精則二三。」曰：「如何得精？」曰：「須從克己中來。若己私未克，則被粗底夾和在，何止二三？」曰：「『精』字只是於縫脈上見得分明，『一』字却是守處。」問：「如此，恐『允執厥中』更無着力處？」曰：「是其效也。」

或問：「今日挑講，諸生所請何事？」曰：「萍鄉一士人問性無復，其説雖未是，其意却可進。」因言：「『克己復禮』，今人全不曾子細理會。」琮問：「克己銘一篇，如顏子分上，恐不必如此？」曰：「何故？」曰：「顏子『不遠復』，『有不善未嘗不知，知之未嘗復行』，安用張皇如此？」曰：「又只是議論別人。」又曰：「此『己』字未與物爲對，只己意發處便自克了。」問：「是『克家』之克，非『克敵』之克也。」曰：「林三山亦有此説。大凡孔門爲仁，言雖不同，用工處都一般。」又問：「如『子貢問爲仁，子曰：「工欲善其事，必先利其器。居是邦也，事其大夫之賢者，友其士之仁者。」』不知此言是築底處？或尚有進步處？」曰：「如何？」曰：「事賢友仁，方是利其器處。」曰：「亦是如此。」

「聖賢言語，只管將來玩弄，何益於己？」曰：「舊學生以論題商議，非敢推尋立論。」曰：「不問如此。只合下立脚不是，偏在語言上去，全無體察工夫，所以神氣飛揚。且如仲方主張『克己』之説只是治己，還曾如此自治否？仁之爲器重，爲道遠，舉莫能勝，行莫能至。果若以此自任，是大小大事。形神自是肅然，『無有師保，如臨父母』。曾子所謂『戰戰兢兢，如臨深淵，如履薄冰』，如此氣象，何暇輕於立論？仲方此去，須覺識見只管遲鈍，語言只管畏縮，方是自家進處。」琮起謝云：「先生教誨之言，可謂深中膏肓，如負芒刺。自惟病根生於『思而不學』，於是不養之氣襲而乘之，『徵於色，發於聲』，而不自知也。孟子曰：『持其志，毋暴其氣。』琮雖不敏，請事斯語矣。」曰：「此意固然。志不立後，如何持得？」曰：「更願指教。」曰：「『大學之道，在明明德，在新民』，是立志處。」

校勘記

〔一〕須持養　「持」原作「待」，據朝鮮本改。

〔二〕大凡理只在人心中　「心」原作「身」，據朝鮮本、萬曆本改。

〔三〕立志在居敬　「在」字原無，據朝鮮本、萬曆本補。

〔四〕璘録云同録異見後訓璘　「云」原作「聞」，據朝鮮本、萬曆本改。

〔五〕自見　朝鮮本末尾增記録者姓名：可學。

〔六〕游泳浸積　「積」，朝鮮本、萬曆本作「清」。

〔七〕雖百看何補　「何」原作「可」，據朝鮮本、萬曆本改。

〔八〕只爲自家元初一個性　「初」，朝鮮本作「有」。

〔九〕人爲有以害之　「爲」原作「僞」，據朝鮮本、萬曆本改。

〔一〇〕須是磨以歲月　「須」原作「堆」，據朝鮮本、萬曆本改。

〔一一〕然又有做得不是時　「時」，朝鮮本、萬曆本作「處」。

〔一二〕初無深遠玄妙　朝鮮本末尾增記録者姓名：明作。

〔一三〕乃爲道問學　朝鮮本末尾增記録者姓名：明作。

〔一四〕喫飯須使匙　「使」，朝鮮本、萬曆本作「用」。

〔一五〕訓愳　朝鮮本末尾小字作：訓愳自録。

〔一六〕何難之有　朝鮮本末尾增小字：以上黻自録，下見諸録。

〔一七〕故　朝鮮本作：做。

〔一八〕凡　朝鮮本作：只。

〔一九〕莫令走失便是　「便」原作「而」，據朝鮮本、萬曆本改。

〔二〇〕推己及人　「人」原作「物」，據朝鮮本、萬曆本改。

〔二一〕如左脚行得一步了　「了」原作「子」，據朝鮮本、萬曆本改。

〔二二〕儘有可玩索　朝鮮本末尾增小字：以上賜自録。

〔二三〕「先生奉天子命」至「劄子」　朝鮮本作：紹熙甲寅四月二十一日，晦庵朱先生奉天子命，就國於潭，道過臨江。長孺自吉州吉水縣山間越境迎見。先生與之進，某四拜，先生受半答半，某跪進劄子。

〔二四〕竊　朝鮮本「竊」上增一節文字，作：某嘗謂問答之際，此最學者之大機也。蓋問必有疑，疑必有釋，答必有要，要不容隱。

〔二五〕極至　朝鮮本此下增：學者不可忽也。

〔二六〕長孺　朝鮮本無「長孺」二字，然此處增一節文字：點之答而有德，賜之問搜徑而無岐。其有德者，顏子不改其樂之意，其無岐，道一以貫之之意，故曰「善答者莫如點，善問者莫如賜」。晚進末學。

〔二七〕賜金聲玉振之音　朝鮮本此下增「舉中説云通於夫子受罔極之恩」十三字。

〔二八〕笑　朝鮮本作：欣然一笑。

〔二九〕功夫處　朝鮮本此下增：顧先生指教。

〔三〇〕一章　朝鮮本增一節文字：云：「大哉聖人之道，洋洋乎發育萬物，峻極於天，優優大哉，禮儀三百，威儀三千，待其人而後行。故曰：『苟不至德，至道不凝焉。』故君子尊德性而道問學，致廣大而盡精微，極高明而道中庸，温故而知新，敦厚以崇禮。」既。

〔三一〕如　朝鮮本「如」上增「某問」二字。

〔三二〕「長孺請曰」至「如何」　朝鮮本作：某請曰：「先生之教某既得而聞之矣。恒愚陋恐不能盡記先生之言，論風□，不知先生或可以書爲一説，使某奉承而退，朝夕服膺，如何？」

〔三三〕長孺謝曰敢不自此探討力行　朝鮮本作：某謝曰：「先生之教誨敢不敬聽，當自此探討力行！」

〔三四〕訓長孺　朝鮮本作：訓長孺自録。

朱子語類卷第一百一十九

朱子十六

訓門人七

「欲速之患終是有，如一念慮間便出來，如看書欲都了之意，是也。」以下訓方。

方行屋柱邊轉，擦下柱上黑。見云：「若『周旋中規，折旋中矩』，不到得如此。」大率多戒方欲速也。

方云：「此去當自持重以矯輕。」先生曰：「舊亦嘗戒擇之以安重。」

方云：「此去欲看論語，如何？」曰：「經皆好看，但有次第耳。」前此嘗令方熟看禮記。

臨行請教。曰：「累日所講，無非此道，但當勉之。」又曰：「持守可以自勉，惟窮理須講論，此尤當勉。」又曰：「經書正須要讀。如史書要見事變之血脈，不可不熟。」又曰：「持敬工夫，愈密愈精。」因曰：「自浮沉了二十年，只是說取去，今乃知當涵養。」

包顯道言：「楊子直論孟子『四端』，也說得未是。」先生笑曰：「他舊曾去晁以道家作館，晁教他校正闢孟子說，被以道之說入心後〔一〕，因此與孟子不足。後來所以抵死要與他做頭抵，這亦是拗。人才拗，便都不見正底道理。諸葛誠之嘗言：孟子說『性善』，說得來緩，不如說惡底較好。那說惡底，便使得人戒謹恐懼後方去爲善。不知是怎生見得偏後，恁地嶢崹。嘗見他執得一部呂不韋呂覽，說道裏面煞有道理〔二〕，不知他見得是如何。晁以道在經筵講論語畢，合當解孟子，他說要莫講。高宗問他如何。曰：『孟子與孔子之道不同，孔子尊王，孟子却教諸侯行王道。』由此遭論去國。他當時也是博學，負重名，但是而今將他幾個劄子來看，都不可曉，不知是如何。李覯也要罵孟子，不知只管要與孟子做頭抵做甚？你且揀個小底來罵，也得。」義剛。

包顯道領生徒十四人來，四日皆無課程。先生令義剛問顯道所以來故，於是次日皆依精舍規矩說論語，一生說「時習」章。先生曰：「只是熟，故說，到說時，自不肯休了。而今人所以恁地作輟者，只是未熟。『以善及人，而信從者衆』，此說地步闊。蓋此道理天下所公共，我獨曉之而人不曉得，也自悶。今『有朋自遠方來』，則從者衆，故可樂。這個自是地位大段高了，『人不知而不慍』，也是難。慍不是大段怒，但心裏略有不平底意便是慍。此非得之深、養之厚，何以至此？」一生説「務本」章。先生曰：「『君子務本，本立而道生』，這是掉開説。凡事若是務本時，道便自然生。此若拈定孝弟説，下面自不要這兩句了。」又曰：「愛是仁之發，謂愛是仁，却不得。論性，則仁是孝弟之本。惟其有這仁，所以能孝弟。仁是根，孝弟是發出來底；仁是體，孝弟是用；仁是性，孝弟是仁裏面事。某嘗謂孟子論『四端』處説得最詳盡，裏面事事有，心、性、情都説盡。心是包得這兩個物事，性是心之體，情是心之用。性是根，情是那芽子。惻隱、羞惡、辭遜、是非皆是情。惻隱是仁之發，謂惻隱是仁，却不得。所以説道是仁之端也。端，便是那端緒子。讀書須是子細，『思之弗得，弗措也；辨之弗明，弗措也』，如此方是。今江西人皆是要偷然自在，才讀書，便要求個樂處，這便不是了。某説：若是讀書尋到那苦澀處，方解有醒悟。康節從李挺之學數，而曰：『但舉其端，勿盡其言，容某思之。』它是怕人説盡了，這便是有志底人。」因言：「聖人漉得那天理似泥樣熟。只看那一部周禮，無非是天理，纖悉不遺。」一生説「三省」章。先生曰：「忠是發於心而形於外，信也是心裏發出來，但却是就事上説。而今人自謀時，思量得無不周盡；及爲人謀，則只思量得五六分便了，這便是不忠。『與朋友交』，非謂要安排去罔他爲不信，只信口説出來，説得不合於理，便是不信。謀是主一事言，信是泛説。」一生説

「敬事而信」章。先生曰：「大事小事皆要敬，聖人只是理會一個『敬』字。若是敬時，方解信與愛人、節用、使民；若是不敬，則其他都做不得。學而一篇皆是就本領上說。如治國，禮樂刑政，尚有多少事，而夫子却只說此五項者，此蓋本領所在。」一生說「入孝出弟」章。先生曰：「夫子只是泛恁地說，說得較寬，子夏說得較力。他是說那誠處，『賢賢易色』，是誠於好善；『事父母能竭其力』，是誠於事親；『事君能致其身』，是誠於事君；『與朋友交，言而有信』，是誠於交朋友。這說得都重，所以恁地說。他是要其終而言。道理也是恁地，但不合說得大力些。」義剛問：「『賢賢易色』，如何在先？」曰：「是有那好善之心底，方能如此。」一生說「温良恭儉」章。先生曰：「夫子也不要求之於己而後得，也不只是有此五德。若說求之於己而後得，則聖人又無這般意思。這只是說聖人謹厚退讓，不自以爲聖賢，人自然樂告之。『夫子之求之也』，此是反語。言夫子不曾求，不似其它人求後方得，這是就問者之言以成語，如『吾聞以堯舜之道要湯，未聞以割烹也』。伊尹不是以堯舜之道去要湯是定，這只是表得不曾割烹耳。」一生說「顏子不愚」章。先生曰：「聖人便是一片赤骨立底天理，光明照耀，更無蔽障，顏子則是有一重皮了。但其他人則被這皮子包裹得厚，剝了一重又一重，不能得便見那裏面物事。顏子則皮子甚薄，一剝便爆出來。夫子與他說，只是要與它剝這一重皮子。它緣是這皮子薄，所以一說便曉，更不要再三。如說與它『克己復禮』，它更不問如何是克己，如何是復禮，它便曉得，但問其目如何而已。」以下訓揚。義剛。

先生謂顯道曰：「久不相見，不知年來做得甚工夫？」曰：「只據見成底書讀。」夔孫録云：「包顯道侍坐，先生方脩書，語之曰：『公輩逍遥快活，某便是被這事苦。』包曰云云。」先生曰：「聖賢已説過，何待更去理會他？但是不恁地，恁地都不濟事。」次日又言：「昨夜睡不着，因思顯道恁地説不得。若是恁地，便不是『自强不息』底道理。人最是怕陷溺其心，而今顯道輩便是以清虚寂滅陷溺其心。劉子澄輩便是以務求博雜夔孫録作「求多務溥」。陷溺其心。『周公思兼三王以施四事。其有不合者，仰而思之，夜以繼日；幸而得之，坐以待旦。』聖賢之心直是如此。」已而其生徒復説「孝弟爲仁之本」。先生曰：「説得也都未是。」因命林子武説一過。既畢，先生曰：「仁是根，惻隱是根上發出底萌芽，親親、仁民、愛物，便是枝葉。」次日，先生親下精舍，大會學者。夔孫録云：「顯道請先生爲諸生説書」。先生曰：「荷顯道與諸兄遠來，某平日説底便是了，要特地説，又似無可説。而今與公鄉里平日説不同處，只是爭個讀書與不讀書，講究義理與不講究義理。如某便謂是須當先知得，方始行得。如孟子所謂詖、淫、邪、遁之辭，何與自家事？而自家必欲知之，何故？若是不知其病痛所自來，少間自家便落在裏面去了。孔子曰：『詩可以興，可以觀，可以群，可以怨。邇之事父，遠之事君，多識於鳥獸草木之名。』那上面六節，固是當理會。若鳥獸草木之名，何用自家知之？但是既爲人，則於天地之間物理，須要都知得方可。若頭上髻子，便十日不梳後待如何？便一月不梳待如何？但須是用梳，方得。張子曰：『書所以維持此心，一時放下，則一時德性有懈。』也是説得『維持』字好。蓋不讀書，則此心便無用處。今但見得些子，便更不肯去窮究那許多道理。陷溺其心於清虛曠蕩之地，却都不知，豈可如此？直卿與某相聚多年，平時看文字甚子細，數年在三山，也煞有益於朋友，今可爲某説一遍。」直卿起辭。先生曰：「不必多讓。」顯道云：「可以只將昨日所説『有子』章申之。」於是直卿略言此章之指，復歷述聖賢相傳之心法。既畢，先生曰：「仁便是本，仁更無本了。若説孝弟是仁之本，則是頭上安頭，以脚爲頭，伊川所以將『爲』字屬『行』字讀，蓋孝弟是仁裏面發出來底。『性中只有個仁義禮智，何嘗有個孝弟來？』它所以恁地説時，緣是這四者是本，發出來却有許多事；千條萬緒，皆只是從這四個物事裏面發出來。如愛，便是仁之發，才發出這愛來時，便事事有：第一是愛親，其次愛兄弟，其次愛親戚，愛故舊，推而至於仁民，皆是從這物事發出來。人生只是個陰陽，那陰中又自有個陰陽，陽中又自有個陰陽，物物皆不離這四個。而今且看，如天地便有個四方；以一歲言之，便有個四時；以一日言之，便有個晝夜昏旦；以十二時言之，便是四個三；若在人，則只是這仁義禮智這四者。如這火爐有四個角樣，更不曾折了一個。方未發時，便只是仁義禮智；及其既發，則便有許多事。但孝弟至親切，所以行仁以此爲本。如這水流來下面，做幾個塘子，須先從那第一個塘子過。那上面便是水源頭，上面更無水了。仁便是本，行仁須是從孝弟裏面過，方始到那第二個第三個塘子。但據某看，孝弟不特是行仁之本，那三者皆然。如親親長長，須知親親當如何？長長當如何？『年長以倍，則父事之；十年以長，則兄事之；五年以長，則肩隨之』，這便是長長之道。事君時是一般，與上大夫言是一般，與下大夫言是一般，這便是貴貴之道。如此便是義。事親有事親之禮，事兄有事兄之禮。如今若見父不揖後，謂之孝弟，可不可？便是行禮也由此過。孟子說：『孩提之童，無不知愛其親；及其長也，無不知敬其兄。』若是知得親之當愛，兄之當敬，而不違其事之之道，這便是智。只是這一個物事，推於愛，則爲仁；宜之，則爲義；行之以遜，則爲禮；知之，則爲智。」良久，顯道云：「江西之學，大要也是以行己爲先。」先生曰：「如孝弟等事數件合先做底，也易曉，夫子也只略略説過。如孝弟、謹信、泛愛、親仁，也只一處恁地説。若是後面許多合理會處，須是從講學中來。不然，爲一鄉善士則可；若欲理會得爲人許多事，則難。」義剛。

先生因論揚書，謂「江南人氣粗勁而少細膩，浙人氣和平而力弱，皆其所偏也」。揚。

浩作卷子，疏已上條目爲問，先生逐一説過了。浩乞逐段下疏數語，先生曰：「某意思到處，或說不得；說得處，或寫不得。此據所見，盡說了。若寫下，未必分明，却失了先間言語，公只記取。若未安，不妨反覆。」訓邵浩。

砥初見，先生問：「曾做甚工夫？」對以「近看大學章句，但未知下手處。」曰：「且須先操存涵養，然後看文字，方始有浹洽處。若只於文字上尋索，不就自家心裏下工夫，如何貫通？」問：「操存涵養之道如何？」曰：「才操存涵養，則此心便在。」仲思問：「操存未能無紛擾之患。」曰：「才操便存，今人多於操時不見其存，過而操之，愈有執捉，故有紛擾之患。」以下訓砥。

問：「有事時須應事接物，無事時此心如何？」曰：「無事時亦只如有事時模樣，只要此心常在也。」又問：「程子言『未有致知而不在敬』，如何？」曰：「心若走作不定，如何見得道理？且如理會這一件事未了，又要去理會那一件事，少間都成沒理會。須是理會這事了，方去理會那事。」又問：「只是要主一？」曰：「當如此。」又問：「思慮難一，如何？」曰：「徒然思慮，濟得甚事？某謂若見得道理分曉，自無閑雜思慮。人之所以思慮紛擾，只緣未實見得此理。若實見得此理，更何暇思慮？『天下何思何慮』，不知有甚事可思慮也？」又問：「伊川嘗教人靜坐，如何？」曰：「亦是他見人要多思慮，且以此教人收拾此心耳，若初學者亦當如此。」

用之問：「動容周旋未能中禮，於應事接物之間，未免有礙理處，如何？」曰：「只此便是學。但能於應酬之頃，逐一點檢，便一一合於理，久久自能中禮也。」砥。訓礪。

問論孟疑處。曰：「今人讀書有疑，皆非真疑。某雖說了，只做一場話說過，於切己工夫何益？向年在南康，都不曾無諸公說。」次日求教切己工夫。曰：「且如論語說『孝弟爲仁之本』，因甚後便可以爲仁之本？『巧言令色鮮矣仁』，却爲甚不鮮禮，不鮮義，而但鮮仁？須是如此去着實體認，莫要才看一遍不通，便掉下了。蓋道本無形象，須體認之可矣。」以下訓煇。

問：「私欲難克，奈何？」曰：「『爲仁由己，而由人乎哉！』所謂『克己復禮爲仁』者，正如以刀切物。那刀子乃我本自有之器物，何用更借別人底？只認我一己爲刀子而克之，則私欲去而天理見矣。」

陳芝廷秀以謝昌國尚書書及嘗所往來詩文來見，且曰：「每嘗讀書，須極力苦思，終爾不似。」曰：「不知所讀何書？」曰：「尚書、語、孟。」曰：「不知又何所思？」曰：「只是於文義道理致思爾。」曰：「也無大段可思，聖賢言語平鋪說在裏。如夫子說『學而時習之』，自家是學何事？便須著時習。習之果能說否？『有朋自遠方來』，果能樂不樂？今人學所以求人知，人不見知，果能不慍否？至孟子見梁王，便說個仁義與利。今但看自家所爲是義乎？是利乎？向内便是義，向外便是利，此甚易見。雖不讀書，只恁做將去。若是路陌正當，即便是義。讀書是自家讀書，爲學是自家爲學，不干别人一錢事，别人助自家不得。若只是要人道好，要求人知，便是爲人，非爲己也。因誦子張『問達』一章，語音琅然，氣節慷慨，聞者聳動。」道夫。以下訓芝。

廷秀問：「今當讀何書？」曰：「聖賢教人，都提切己説話，不是教人向外，只就紙上讀了便了。自家今且剖判一個義利，試自睹當自家，今是要求人知？要自爲己？孔子曰：『君子喻於義，小人喻於利。』又曰：『古之學者爲己，今之學者爲人。』孟子曰：『亦有仁義而已矣，何必曰利。』孟子雖是爲時君言，在學者亦是切身事。大凡爲學，且須分個内外，這便是生死路頭。今人只一言一動，一步一趨，便有個爲義爲利在裏。從這邊便是爲義，從那邊便是爲利。向内便是入聖賢之域，向外便是趨愚不肖之途。這裏只在人劄定脚做將去，無可商量。若是已認得這個了，裏面煞有工夫，却好商量也。」顧謂道夫曰：「曾見陸子静『義利』之説否？」曰：「未也。」曰：「這是他來南康，某請他説書，他却説這義利分明，是説得好。如云『今人只讀書便是爲利，如取解後，又要得官；得官後，又要改官。自少至老，自頂至踵，無非爲利。』説得來痛快，至有流涕者。今人初生稍有知識，此心便恁疊疊地去了。干名逐利，浸浸不已，其去聖賢日以益遠，豈不深可痛惜！」道夫。

先生謂陳廷秀曰：「今只理會下手做工夫處，莫問他氣禀與習。只是是底便做，不是底莫做，一直做將去。那個萬里不留行，更無商量。如今推説雖有許多般樣，到做處只是是底便做。一任你氣禀物欲，我只是不恁地。如此，則『雖愚必明，雖柔必强』，氣習不期變而變矣。」道夫。

「爲學有用精神處，有惜精神處，有合著工夫處，有枉了工夫處。要之，人精神有得亦不多，自家將來枉用了，亦可惜。惜得那精神，便將來看得這文字。某舊讀書，看此一書，只看此一書，那裏得恁閑工夫録人文字。廷秀、行夫都未理會得這個工夫在，今當截頭截尾，劄定脚跟，將這一個意思帖在上面。上下四旁，都不管他，只見這物事在面前。任你孔夫子見身，也還我理會這個了，直須抖擻精神，莫要昏鈍。如救火治病，豈可悠悠歲月。」道夫。

廷秀問：「某緣不能推廣？」曰：「而今也未要理會如此，如佛家云：『只怕不成佛，不怕成佛後不會説話。』如公却是怕成佛後不會説話了。」廷秀又問：「莫是見到後自會恁地否？」曰：「不用恁地問。如今只用下工夫去理會，見到時也着去理會，見不到時也着去理會。且如見得此段後，如何便休得？自着去理會。見不到時，也不曾説自家見不到便休了，越着去理會，理會到死。若理會不得時，亦無可奈何。」道夫。

陳芝拜辭，先生贈以近思録，曰：「公事母，可撿『幹母之蠱』看，便自見得那道理。」因言：「易傳自是成書，伯恭都摭來作閫範，今亦載在近思録。某本不喜他如此，然細點撿來，段段皆是日用切近功夫而不可闕者，於學者甚有益。」友仁。

問：每日做工夫處。曰：「每日工夫，只是常常喚醒，如程先生所謂『主一之謂敬』，謝氏所謂『常惺惺法』是也。」「然這裏便是致知底工夫。程先生曰：『涵養須是敬，進學則在致知。』須居敬以窮理，若不能敬，則講學又無安頓處。」以下訓卓。

問：「『主一無適』，亦是遇事之時也須如此。」曰：「於無事之時這心却只是主一，到遇事之時也是如此。且如這事當治不治，當爲不爲，便不是主一了。若主一時，坐則心坐，行則心行，身在這裏，心亦在這裏。若不能主一，如何做得工夫？」又曰：「人心之不正，只是好惡昏了他。孟子言：『平旦之氣，其好惡與人相近者幾希。』蓋平旦之時，得夜間息得許久，其心便明，則好惡公。好則人之所當好，惡則人之所當惡，而無私意於其間。過此，則喜怒哀樂紛擾於前，則必有以動其氣，動其氣則必動其心，是『梏之反覆』而夜氣不能存矣。雖得夜間稍息，而此心不能自明，是終不能善也。」

問：「每常遇事時也分明知得理之是非，這是天理，那是人欲。然到做處，又却爲人欲引去，及至做了，又却悔，此是如何？」曰：「此便是無克己工夫，這樣處極要與他掃除打疊。如一條大路，又有一條小路。自家也知得合行大路，然被小路有個物事引着，不知不覺走從小路去，及至前面荆棘蕪穢，又却生悔。此便是天理人欲交戰之機，須是遇事時便與克下，不得苟且放過。明理以先之，勇猛以行之。若是上智聖人底姿質，它不用着力，自然循天理而行，不流於人欲。若賢人之姿次於聖人者，到得遇事時，固不會錯，只是先也用分別教是，而後行之。若是中人之姿，須大段着力，無一時一刻不照管克治，是得〔三〕。曾子曰：『仁以爲己任，不亦重乎！死而後已，不亦遠乎！』須是如此做工夫。其言曰：『戰戰兢兢，如臨深淵，如履薄冰。而今而後，吾知免夫，小子！』直是恁地用功方得。」

語黄先之病處，數日諄諄。先之云：「自今敢不猛省〔四〕？」曰：「何用猛省？見得這個是要緊，便拽轉來。如東邊不是，便望過西邊，更何用猛省？只某夜來説得不力，故公領得尤未切。若領會得切，只眼下見不是，便一下打破沙瓶便了。公今只看一個身心，是自家底？是别人底？是自家底時，今纔挈轉，便都是天理，挈不轉便都是人欲。要識許多道理，是爲自家，是爲别人？看許多善端，是自家本來固有？是如今方從外面强取來附在身上？只恁地看，便灑然分明。『未之思也，夫何遠之有？』纔思，便在這裏。某嘗説孟子雞犬之喻也未甚切。雞犬有求而不得，心則無求而不得，纔思便在這裏，更不離步。莊子云：『其熱焦火，其寒凝冰，其疾俛仰之間，而再撫四海之外。』心之變化如此，只怕人自不求。如桀、紂、盜跖，他自向那邊去，不肯思。他若纔會思，便又在這裏。心體無窮，前做不好，便換了後面一截，生出來便是良心善性。」賀孫。

「昨夜與先之說『思則得之』。纔思便在這裏，這失底已自過去了。自家纔思，這道理便自生。認得着莫令斷，始得。一節斷，一節便不是。今日恁地一節斷了，明日又恁地一節斷，只管斷了，一向失去。」賀孫。

德輔言：「自承教誨，兩日來讀書，覺得只是熟時自見道理。」曰：「只是如此。若忽下趨高以求快，則都不是。『下學而上達』，初學直是低。」以下訓德輔。

德輔言：「今人看文字義理，如何得恁不細密？」曰：「只是不曾子細讀那書，枉用心，錯思了。孔子說：『吾嘗終日不食，終夜不寢以思，無益，不如學也。』正謂這樣底。所謂『思而不學則殆』，殆者，心隉杌危殆不安。尹和靖讀得伊川說話煞熟，雖不通透，渠自有受用處。吕堅中作尹墓誌、祭文云：尹於六經之書『耳順心通，如誦己言』，嘗愛此語說得好，但和靖却欠了思。」

問汪長孺所讀何書，長孺誦大學所疑。先生曰：「只是輕率。公不惟讀聖賢之書如此，凡說話及論人物亦如此，只是不敬。」又云：「長孺氣粗，故不子細。爲今工夫須要靜，靜多不妨，今人只是動多了靜。靜亦自有說話，程子曰：『爲學須是靜。』」又曰：「靜多不妨，才靜，事都見得，然總亦只是一個敬。」懇。

「長孺向來自謂有悟，其狂怪殊不可曉，恰與金溪學徒相似。嘗見受學於金溪者，便一似燕下個甚物事，被他撓得來恁地。又如有一個蠱在他肚中，螬得他自不得由己樣。某又皆譬云：長孺、叔權皆是爲酒所使，一個善底只是發酒慈，那一個便酒顛。」必大。

「姜叔權也是個資質好底人，正如吳公濟相似，汪長孺正好得他這般人相處。但叔權也昏鈍，不是個撥着便轉、挑着便省底。於道理只是慢慢思量後，方說得。若是長孺說話恁地橫後跳躑，他也無奈他何。」道夫。

問孟子「如不得已」一段。曰：「公念得『如不得已』一句字重了，聲高。但平看，便理會得。」因此有警，以言語太粗急也。訓振。

先生問：「日間做甚工夫？」震曰：「讀大學章句、或問，玩味先生所以警策學者著實用工處。」曰：「既知工夫在此，便把大學爲主，我且做客，聽命於大學。」又問：「或問中載諸先生敬之說，震嘗以『整齊嚴肅』體之於身，往往不能久，此心又未免出入，不能自制。」曰：「只要常常操守，人心如何免得出入？一如人要去〔五〕，又且留住他，莫教他去得遠。」訓震。

椿臨行請教。曰：「凡人所以立身行己，應事接物，莫大乎誠敬。誠者何？不自欺、不妄之謂也。敬者何？不怠慢、不放蕩之謂也。今欲作一事，若不立誠以致敬，説這事不妨胡亂做了，做不成又付之無可奈何，這便是不能敬。人面前底是一樣，背後又是一樣，外面做底事，内心却不然，這個皆不誠也。學者之心，大凡當以誠敬爲主。」訓椿。

紹熙甲寅良月，先生繇經筵奉祠，待命靈芝，杞往見。首問：「曾作甚工夫？」曰：「向蒙程先生端蒙賜教，謂人之大倫有五，緊要最是得寸守寸，得尺守尺。」曰：「如何得這寸，得這尺？」曰：「大概以持敬爲本，推而行之於五者之間。」曰：「大綱是如此。」顧蘇兄云：「凡人爲學須窮理，窮理以讀書爲本。孔子曰：『好古敏以求之。』若不窮理，便只守此，安得有進底工夫？如李兄所云固是。且更窮理，就事物上看。窮得這個道理到底了，又却窮那個道理。如此積之以久，窮理益多，自然貫通。窮理須是窮得到底，方始是。」杞云：「莫『致知在格物』否？」曰：「固是。大學論治國、平天下許多事，却歸在格物上。凡事事物物各有一個道理，若能窮得道理，則施之事物莫不各當其位。如『人君止於仁，人臣止於敬』之類，各有一至極道理。」又云：「凡萬物莫不各有一道理，若窮理，則萬物之理皆不出此。」曰：「此是『萬物皆備於我？』」曰：「極是。」訓杞。

初投先生書，以此心不放動爲主敬之説，先生曰：「『主敬』二字只恁地做不得，須是内外交相養。蓋人心活物，吾學非比釋氏，須是窮理。」書中有云：「近乃微側爲學功用，知此事乃切己事，所係甚重。」先生舉以語朋友云：「誠是如此。」以下訓士毅。

問：「窮理〔六〕莫如隨事致察，以求其當然之則。」曰：「是如此。」問：「人固有非意於爲過而終陷於過者，此則不知之失。然當不知之時，正私意物欲方蔽固，竊恐雖欲致察而不得其真。」曰：「却恁地兩相擔閣不得，須是察。」問：「程子所謂『涵養須用敬，進學則在致知』，不可除一句。」曰：「如此方始是。」又曰：「知與敬是先立底根脚。」

「講論自是講論，須是將來自體驗。說一段過又一段，何補？某向來從師，一日說話，晚頭如温書一般，須子細看過。有疑，則明日又問。」問：「士毅尋常讀書，須要將說心處自體之以心，言處事處推之以事，隨分量分曉，方放過，莫得體驗之意否？」曰：「亦是。」又曰：「體驗是自心裏暗自講量一次。」廣録云：「或問：『先生謂講論固不可無，須是自去體認，如何是體認？』曰：『體認是把那聽得底，自去心裏重複思繹過。伊川曰：「時復思繹浹洽於中，則說矣。」某向來從師，日間所聞說話，夜間如温書一般，一一子細思量過。才有疑，明日又問。』」

士毅稟歸，請教。曰：「只前數日說底便是，只要去做工夫。如飲食在前，須是去喫他，方知滋味。」又曰：「學者最怕不知蹊徑，難與他說。今日有一朋友將書來，說從外面去，不知何益。不免說與他，教看孟子『存心』一段。人須是識得自家物事，且如存，若不識得他，如何存得？如今既知蹊徑，且與他做去。只如主敬、窮理，不可偏廢。這兩件事，如踏一物一般，踏着這頭，那頭便動。如行步，左足起，右足自來。」又曰：「更有一事，如今學者須是莫把做外面事看。人須要學，不學便欠闕了他底，學時便得個恰好。」〔七〕

「人須做工夫方有疑。初做時，定是觸着相礙，没理會處。只如居敬、窮理，始初定分作兩段。居敬則執持在此，纔動則便忘了。」問：「始學必如此否？」曰：「固然。要知居敬在此，動時理便自窮。只是此話，工夫未到時難説。」又曰：「但能無事時存養教到，動時也會求理。」

問：「如何是反身窮理？」曰：「反身是着實之謂。」又曰：「向自家體分上求。」以下訓枅。

問：「天理真個難明，己私真個難克，望有以教之。」先生罵曰：「公不去用力，只管説道是難。孟子曰：『道若大路然，豈難知哉？人病不求耳！』往往公亦知得這個道理好，纔下手，見未有入頭處，便説道是難，而不肯用力，所以空過了許多月日，可惜，可惜！公若用力久，亦自有個入頭處，何患其難？」

枅嘗問先生：「自謂矯揉之力雖勞，而氣稟之偏自若，警覺之念雖至，而惰怠之習未除。異端之教雖非所願學，而芒忽之差未能辨；善利之間雖知所決擇，而正行、惡聲之念或僭行而不自覺。先覺之微言奥論，讀之雖間有契，而不能浹洽於心意之間」云云。曰：

「所論皆切問近思。人之爲學，惟患不自知其所不足，今既知之，則亦即此而加勉焉耳。爲仁由己，豈他人所能與？惟讀書窮理之功不可不講也。」

先生語枅曰：「看公意思好，但本原處殊欠工夫，莫如此過了日月，可惜！」

校勘記

〔一〕被以道之説入心後　「入」原作「人」，據萬曆本改。

〔二〕説道裏面煞有道理　「説」，朝鮮本、萬曆本作「到」。

〔三〕是得　「是」，朝鮮本、萬曆本作「始」。

〔四〕自今敢不猛省　「敢」原作「取」，據朝鮮本、萬曆本改。

〔五〕一如人要去　「一」，朝鮮本、萬曆本作「正」。

〔六〕問窮理　朝鮮本作：士毅問：先生訓以窮理，疑謂。

〔七〕恰好　朝鮮本末尾增小字：以上士毅自録。

朱子語類卷第一百二十

朱子十七

訓門人八 雜訓諸門人者爲此卷。

因説林擇之曰："此人曉事，非其他學者之比。"徐又曰："到他已分，事事却暗。"文蔚。

先生問堯卿："近看道理，所得如何？"曰："日用間有些着落，不似從前走作。"曰："此語亦是鶻突，須是端的見得是如何。譬如飲食，須見那個是好喫，那個滋味是如何，不成説道都好喫。"淳。

問堯卿："今日看甚書？"曰："只與安卿較量下學處。"曰："不須比安卿。公年高，且據見定底道理受用。安卿後生有精力，日子長，儘可闊着步去。"淳。

李丈問：「前承教，只據見定道理受用。某日用間已見有些落着，事來也應得去，不似從前走作。」曰：「日用間固是如此，也須隨自家力量成就去看如何。」問：「工夫到此，自是不能問所得〔一〕？」曰：「『博學、審問、謹思、明辯、篤行』，這個工夫常恁地。昔李初平欲讀書，濂溪曰：『公老無及矣，只待某説與公，二年方覺悟。』他既讀不得書，濂溪説與他，何故必待二年之久覺悟？二年中説多少事，想見事事説與他。不解今日一説，明日便悟，頓成個別一等人，無此理也。公雖年高，更著涵養工夫。如一粒菜子，中間含許多生意，亦須是培壅澆灌，方得成。不成説道有那種子在此，只待他自然生根生苗去。若只見道理如此，便要受用去，則一日止如一日，一年止如一年，不會長進。正如菜子無糞去培壅，無水去澆灌。也須是更將語、孟、中庸、大學中道理來涵養。」淳。義剛同。

堯卿問：「事來斷制淳録作「置」。不下，當何以處之？」曰：「便斷制不得，也着斷制，不成掉了。」又問：「莫須且隨力量做去？」曰：「也只得隨力量做去。」又問：「事有至理，理有至當十分處。今已看得七八分，待窮來窮去，熟後自解到那分數足處〔二〕。」曰：「雖未能從容，只是熟後便自會，只是熟，只是熟。」義剛。淳録畧。

傅誠至叔請教。曰：「聖賢教人甚分曉，但人不將來做切己看，故覺得讀所做時文之書與這個異。要之，只是這個書。今人但見口頭道得，筆下去得，紙上寫得，以爲如此便了。殊不知聖賢教人初不如是，而今所讀亦自與自家不相干涉也。」道夫。

與楊通若説：「學問最怕悠悠，讀書不在貪多，未能讀從後面去，且温習前面已曉底。一番看，一番別。」賀孫。

通老問：「孟子説『浩然之氣』，如何是浩然之氣？」先生不答，久之曰：「公若留此數日，只消把「孟子曰」去熟讀。他逐句自解一句，自家只排句讀將去，自見得分明，却好來商量。若驀地問後，待與説將去，也徒然。康節學於穆伯長，每有扣請，必曰：『願開其端，勿盡其意。』他要待自思量得。大凡事理，若是自去尋討得出來，直是別。」賀孫。

語通老：「早來説無事時此理存，有事時此理亡。無他，只是把事做等閑。須是於事上窮理，方可。理於事本無異，今見事來，別把做一般看，自然錯了。」可學。

周公謹問：「學者理會文字，又却昏了。若不去看，恐又無路可入。」曰：「便是難。且去看聖賢氣象，識他一個規模。若欲盡窮天下之理，亦甚難，且隨自家規模大小做去。若是迫切求益，亦害事，豈不是私意？」泳。

李公謹問：「讀書且看大意，有少窒礙處，且放過，後來旋理會，如何？」曰：「公合下便立這規模，便不濟事了。才恁地立規模，只是要苟簡。小處曉不得，也終不見大處。若説窒礙，到臨時十分不得已，只得且放下，如何先如此立心？」賀孫。

語敬子云：「讀書須是心虛一而靜，方看得道理出。而今自家心只是管外事，硬定要如此，要別人也如此做，所以來這裏看許多時文字，都不濟事，不曾見有長進。是自家心只在門外走，與人相抵拒在這裏，不曾入得門中，不知屋裏是甚模樣。這道理本自然，不消如此。如公所言，説得都是，只是不曾自理會得公身上事，所以全然無益。只是硬椿定方法抵拒將去，全無自然意思，都無那活底水，只是聚得許多死水。」李曰：「也須是積將去。」曰：「也只積得那死水，那源頭活水不生了。公只是每日硬用力推這車子，只見費力。若是有活水來，那車子自轉，不用費力。」李曰：「恐才如此説，不善聽者放寬，便不濟事。」曰：「不曾教你放寬。所以學問難，才説得寬，便不着緊。才太緊，又不濟事。寬固是便狼狽，然緊底下稍頭也不濟事。」僩。

敬子問：「人患多懼，雖明知其不當懼，然不能克，莫若且强制此心使不動否？」曰：「只管强制，也無了期。只是理明了，自是不懼，不須强制。」僩。

胡叔器問：「每常多有恐懼，何由可免？」曰：「須是自下工夫，看此事是當恐懼不當恐懼。遺書云：『治怒難，治懼亦難。克己可以治怒，明理可以治懼。』若於道理見得了，何懼之有？」義剛。

問叔器：「看文字如何？」曰：「兩日方在思量顏子樂處。」先生疾言曰：「不用思量！

他只是『博我以文，約我以禮』後〔三〕，見得那天理分明，日用間義理純熟後，不被那人欲來苦楚，自恁地快活。而今只去博文約禮，便自見得。今却索之於杳冥無成之際，去何處討這樂處？將次思量得成病。而今一部論語説得恁地分明，自不用思量，只要着實去用工。前日所説人心、道心，便只是這兩事。只去臨時思量那個是人心，那個是道心。便顔子也只是使人心聽命於道心，不被人心勝了道心。今便須是常常揀擇教精，使道心常常在裏面如個主人，人心只如客様。常常如此無間斷，便能『允執厥中』。」義剛。

胡問靜坐用功之法。曰：「靜坐只是恁靜坐，不要閑勾當，不要閑思量，也無法。」問：「靜坐時思一事，則心倚靠在事上；不思量，則心無所倚靠，如何？」曰：「不須得倚靠。若然，又是道家數出入息，目視鼻端白一般。他亦是心無所寄寓，故要如此倚靠。若不能斷得思量，又不如且恁地，也無害。」淳。義剛録同。又曰：「靜坐息閑雜思量，則養得來便條暢。」

胡叔器患精神短。曰：「若精神少，也只是做去。不成道我精神少，便不做？公只是思索義理不精，平日讀書只泛泛地過，不曾貼裏細密思量。公與安卿之病正相反。安卿思得義理甚精，只是要將那粗底物事都掉了。公又不去義理上思量，事物來，皆奈何不得。只是不曾向裏去理會。如入市見鋪席上都是好物事，只是自家没錢買得；如書册上都是好説話，只是自家無奈他何。如黄兄前日説忠恕，忠恕只是體用，只是一個物事，猶形影，要除一個除不得。若未曉，且看過去，却時復把來玩味〔四〕，少間自見得。」叔器曰：「安之在遠方，望先生指一路脈，去歸自尋。」曰：「見行底便是路，那裏有别底路來？道理星散在事物上，却無總在一處底。而今只得且將論、孟、中庸、大學熟看，如論語上看不出，少間就孟子上看得出。孟子上底，只是論語上底，不可道孟子勝論語。只是自家已前看不到，而今方見得到。」又問：「『優游涵泳，勇猛精進』字如何？」曰：「也不須恁地立定牌榜，淳録作「做題目」。也不須恁地起草，只做將去。」又問：「應事當如何？」曰：「士人在家有甚大事？只是着衣喫飯，理會眼前事而已。其他天下事，聖賢都説十分盡了。今無他法，爲高必因丘陵，爲下必因川澤，自家只就他説話上寄搭些工夫，便都是我底。某舊時看文字甚費力，如論、孟，諸家解有一箱，每看一段，必檢許多各就諸説上推尋意脉，各見得落着，然後斷其是非。是底都抄出，一兩字好亦抄出。雖未如今集注簡盡，然大綱已定。今集注只是就那上删來，但人不着心，守見成説，只草草看了。今試將精義來參看一兩段，所以去取底是如何，便自見得。大抵〔五〕事要思量，學要講。如古人一件事，有四五人共做。自家須看那人做得是，那人做得不是。又如眼前一件事，有四五人共議，甲要如此，乙要如彼，自家須見那人説得是，那人説得不是。便待思量得不是，此心曾經思量一過，有時那不是底發我這是底。如十個物事，團九個不着，那一個便着，則九個不着底也不是枉思量。又如講義理有未通處，與朋友共講，十人十樣説，自家平心看那個不是。或他説是底，却發得自家不是底，或十人都説不是，有時因此發得自家是底。所以適來説，有時是這處理會得，有時是那處理會得，少間便都理會得。只是自家見識到，别無法。學者須是撤開心胸，事事逐件都與理會過。未理會得底，且放下，待無事時復將來理會，少間甚事理會不得？」義剛。

林恭甫問：「論語記門人問答之辭，而堯曰一篇乃記堯、舜、湯、武許多事，何也？」曰：「不消恁地理會文字，只消理會那道理。譬如喫飯，碗中盛得飯，自家只去喫，看那滋味如何，莫要問他從那處來。堯曰一篇，某也嘗見人説來，是夫子嘗誦述前聖之言，弟子類記於此，先儒亦只是如此説。然道理緊要却不在這裏，這只是外面一重，讀書須去裏面理會。譬如看屋，須看那房室間架，莫要只去看那外面墻壁粉飾。如喫荔枝，須喫那肉，不喫那皮。公而今却是剥了那肉，却喫那皮核。讀書須是以自家之心體驗聖人之心，少間體得熟，自家之心便是聖人之心。某自二十時看道理，便要看那裏面。嘗看上蔡論語，其初將紅筆抹出，後又用青筆抹出，又用黄筆抹出，三四番後，又用墨筆抹出，是要尋那精底。看道理，須是漸漸向裏尋到那精英處方是。如射箭，其初方上垜，後來又要中帖，少間又要中第一暈，又要中第二暈，後又要到紅心。公而今只在垜之左右，或上或下，却不要中的，恁地不濟事。須是子細看，看得這一般熟後，事事書都好看。便是七言雜字，也有道理。

未看得時，正要去緊要處鑽，少間透徹，則無書不可讀。而今人不去理會底，固是不足説，去理會底，又不知尋緊要處，也都討頭不着。」義剛。

子升問：「向來讀書，病於草草，所以多疑而無益。今承先生之教，欲自大學温去。」曰：「然。只是着便把做事。如説持敬，便須入隻脚在裏面做，不可只作説話看了。」木之。

子升問：「主一工夫兼動靜否？」曰：「若動時收斂心神在一事上，不胡亂思想，東去西去，便是主一。」又問：「由敬可以至誠否？」曰：「誠自是真實，敬自是嚴謹。如今正不要如此看，但見得分曉了，便下工夫做將去。如『整齊嚴肅』、『其心收斂』、『常惺惺』數條，無不通貫。」木之。

子升問遇事心不存之病。曰：「只隨處警省，收其放心，收放只在自家俄頃瞬息間耳。」或舉先生與吕子約書有「知其所以爲放者而收之，則心存矣」，此語最切要。又問曾子謂孟敬子「君子所貴乎道者三」之意。曰：「曾子之意，且將對下面『籩豆之事則有司存』説，言君子動容貌，要得遠暴慢；正顔色，要得近信；出辭氣，要得遠鄙倍，此其本之所當先者。至於『籩豆之事則有司存』，蓋末而當後者耳，未説到做工夫上。若説三者工夫，則在平日操存省察耳。」木之。

黎季成問：「向來工夫零碎，今聞先生之誨，乃見得人之所任甚重，統體通貫。」曰：

「季成只是守舊窠窟，須當進步。」蓋卿。

敬之黄名顯子。問：「理既明於心，須又見這樣子，方始安穩。」曰：「學問思辨，亦皆是學。但學是習此事，思是思量此理者。只說見這樣子又不得，須是依樣去做。然只依本畫葫蘆又不可，須是百方自去尋討始得。」寓。

語敬之：「今看文字，專要看做裏面去。如何裏面也更無去處，不着得許多言語〔六〕？這裏只『主一無適』、『敬以直内』涵養去。嘗謂文字寧是看得淺，不可太深；寧是低看，不可太高。蓋淺近雖未能到那切近處，更就上面推尋，却有見時節。若太深遠，更無回頭時。恰似人要來建陽，自信州來，行到崇安歇了，却不妨，明日更行，須會到。若不問來由，一向直走過均亭去，迤邐前去，更無到建陽時節。」寓。

語敬之曰：「這道理也只是如此看，須是自家自奮迅做去始得。看公大病痛只在個懦弱，須是便勇猛果決，合做便做，不要安排，不要等待，不要靠别人，不要靠書籍言語，只是自家自檢點。公曾看易，易裏説陽剛陰柔，陰柔是極不好。」賀孫。

語黄敬之：「須是打撲精神，莫教恁地慢。慢底須是撟教緊，緊底須是莫放教慢。」賀孫。

語敬之曰：「敬之意氣甚弱，看文字都恁地遲疑不決，只是不見得道理分明。」賀孫問：「先生向令敬之看孟子，若讀此書透，須自變得氣質否？」曰：「只是道理明，自然會變。今且説讀孟子，讀了只依舊是這個人，便是不曾讀，便是不曾得他裏面意思。孟子自是孟子，自家身己自是自家身己。讀書看道理，也須着些氣力，打撲精神，看教分明透徹，方於身上有功。某近來衰晚，不甚着力看文字。若舊時看文字，有一段理會未得，須是要理會得，直是辛苦。近日却看得平易。舊時須要勉强説教得方了，要知初間也着如此着力。看公如今只恁地慢慢，要進又不敢進，要取又不敢取，只如將手恁地探摸，只怕物事觸了手相似。若恁地看文字，終不見得道理，終不濟事，徒然費了時光。須是勇猛向前，匹馬單鎗做將去，看如何。只管怕個甚麽？『彼丈夫也，我丈夫也，吾何畏彼哉！』他合下也有許多義理，自家合下也有許多義理；他做得，自家也做得。某近看得道理分明，便是有甚利害〔七〕，有甚禍福，直是不怕。只是見得道理合如此，便做將去。」賀孫。

黄敬之有書，先生示人傑，人傑云：「其説名義處，或中或否。蓋彼未有實功，説得不濟事。」曰：「也須要理會。若實下工夫，亦須先理會名義，都要着落。彼謂『易者心之妙用，太極者性之本體』，其説有病。如伊川所謂『其體則謂之易，其理則謂之道，其用則謂之神』，方説得的當。然伊川所謂『體』字與『實』字相似，乃是該體、用而言。如陰陽動静之類，畢竟是陰爲體，陽爲用，静而動，動而静，是所以爲易之體也。」人傑云：「向見先生云體是形體，却是着形氣説，不如説該體、用者爲備耳。」曰：「若作形氣説，然却只説得一邊。惟説作該體、用，乃爲全備，却統得下面『其理則謂之道，其用則謂之神』兩句。」人傑。

「某平生不會懶，雖甚病，然亦一心欲向前做事，自是懶不得。今人所以懶，未必是真個怯弱，自是先有畏事之心。纔見一事，便料其難而不爲。緣先有個畏縮之心，所以習成怯弱而不能有所爲也。」昌父云：「某平生自覺血氣弱，日用工夫多只揀易底事做。或尚論人物，亦只取其與己力量相近者學之，自覺難處進步不得也。」曰：「便當因這易處而益求其所謂難，因這近處而益求其所謂遠，不可只守這個而不求進步。縱自家力量到那難處不得，然不可不勉慕而求之。今人都是未到那做不得處，便先自懶怯了。雖是怯弱，然豈可不向前求其難者遠者。但求之，無有不得。若真個着力求而不得，則無如之何也。」趙曰：「某幸聞諸老先生之緒言，粗知謹守，而不敢失墜爾。」曰：「固是好，但終非活法爾。」僩。

昌父辭，請教。曰：「當從實處作工夫。」可學。

饒幹廷老問：「今之學者不是忘，便是助長。」曰：「這只是見理不明耳。理是自家固有底，從中而出，如何忘得？使他見之之明，如飢而必食，渴而必飲，則何忘之有？如食而至於飽則止，飲而至於滿腹則止，又何助長之有？此皆是見理不明之病。」道夫。

先生謂饒廷老曰：「觀公近日都汩没了這個意思，雖縣事叢冗，自應如此，更宜做功夫。」蓋卿。

二彭尋、蠡。初見，問平居做甚工夫。曰：「爲科舉所累，自時文外不曾爲學。」曰：「今之學者多如此。然既讀聖人書，當反身而求可也。」二公頗自言其居家實踐等事。曰：「躬行固好，亦須講學。不講學，遇事便有嵲屼不自安處。講學明，則坦坦地行將去。此道理無出聖人之言，但當熟讀深思。且如人看生文字與熟文字，自是兩般。既熟時，他人説底便是我底。讀其他書，不如讀論語最要，蓋其中無所不有。若只躬行而不講學，只是個鶻突底好人。」又曰：「論語只是個坯璞子，若子細理會，煞有商量處。」謨。

語泉州趙公曰：「學固不在乎讀書，然不讀書則義理無由明。要之，無事不要理會，無書不要讀。若不讀這一件書，便闕了這一件道理；不理會這一事，便闕這一事道理。要他底，須着些精彩方得，然泛泛做又不得。故程先生教人以敬爲本，然後心定理明。孔子言『出門如見大賓』云云，也是散説要人敬。但敬便是個關聚底道理，非專是閉目靜坐，耳無聞，目無見，不接事物，然後爲敬。整齊收斂，這身心不敢放縱，便是敬。嘗謂『敬』字似甚字？恰似個『畏』字相似。」寓。

蕭兄問心不能自把捉。曰：「自是如此。蓋心便能把捉自家，自家却如何把捉得他，唯有以義理涵養耳。」又問：「『持其志』，如何却又要主張？」曰：「志是心之發，豈可聽其自放而不持之？但不可硬守定耳。」蓋卿。

問曾光祖曰：「公讀書有甚大疑處？」曰：「覺見持敬不甚安。」曰：「初學如何便得安？除是孔子方始『恭而安』，今人平日恁地放肆，身心一下自是不安。初要持敬，也須有些勉强。但須覺見有些子放去，便須收斂提掇起，教在這裏，常常相接，久後自熟。」又曰：「雖然這個也恁地把捉不得，須是先理會得個道理。而今學問，便只要理會一個道理。『天生烝民，有物有則。』有一個物，便有一個道理。所以大學之道，教人去事物上逐一理會得個道理。若理會一件未得，直須反覆推究研窮，行也思量，坐也思量；早上思量不得，晚間又把出思量；晚間思量不得，明日又思量。如此，豈有不得底道理？若只略略地思量，思量不得便掉了，如此千年也理會不得，只管責道是自家魯鈍。某常謂此道理無他，只是要熟，只是今日把來恁地看過，明日又把來恁地看過，看來看去，少間自然看得。或有看不得底，少間遇着別事没巴没鼻，也會自然觸發，蓋爲天下只是一個道理。」賀孫。

光祖說：「大學首尾該貫，此處必有脱字。初間看，便不得如此。要知道理只是這個道理，只緣失了多年，卒急要尋討不見。待只管理會教熟，却便這個道理，初間略見得些少時也似。」曰：「生恁地，自無安頓去處。到後來理會熟了，便自合當如此。如一件器用掉在所在多年，卒乍要討，討不得。待尋來尋去，忽然討見，即是元初的定底物事。」賀孫。

光祖說：「治國、平天下，皆本於致知格物，看來只是敬。」又舉伊川說「內直則外無不方」。曰：「伊川亦只是大體如此說。看來世上自有一般人，不解恁地內直外便方正，是只了得自身己，遇事應物都顛顛倒倒没理會。大學須是要人窮理。今來一種學問，正坐此病。只說我自理會得了，其餘事皆截斷，不必理會，自會做得，更不解商量〔八〕，更不解講究，到做出都不合義理。所以聖人說『敬以直內』，又說『義以方外』，是見得世上有這般人。學者須是要窮理，不論小事大事都識得通透。直得自本至末，自頂至踵，並無些子夾雜處。若說自家資質恁地好，只消恁地做去，更不解理會其他道理，也不消問别人，這倒是夾雜，倒是私意。」賀孫。

光祖告行，云：「蒙教誨讀大學，已略知爲學之序。平日言語動作，亦自常去點檢。又恐有發露而不自覺，乞指示箴戒。」曰：「看公意思遲重，不到有他過。只是看文字上更子細加功，更須着些精采。」賀孫。

曾問：「讀大學已知綱目次第了，然大要用工夫，恐在『敬』之一字。前見伊川說『敬以直內，義以方外』處。」先生曰：「能『敬以直內』矣，亦須『義以方外』，方能知得是非，始格得物。不以義方外，則是非好惡不能分别，物亦不可格。」曾又問：「恐敬立則義在其中，伊川所謂『弸諸中，彪諸外』是也。」曰：「雖敬立而義在，也須認得實，方見得。今有人雖胸中知得分明，説出來亦是見得千了百當，及到應物之時，顛倒錯繆，全是私意。不知聖人所謂敬義處，全是天理，安得有私意？」因言：「今釋老所以能立個門户恁地，亦是他從旁窺得近似。他所謂敬時，亦却是能敬，更有『笠影』之喻。」卓。

程次卿自述：「向嘗讀伊洛書，妄謂人當隨事而思，視時便思明，聽時便思聰。視聽不接時，皆不可有所思，所謂『思不出其位』。若無事而思，則是紛紜妄想。」曰：「若閑時不思量義理，到臨事而思，已無及。若只塊然守自家個軀殼，直到有事方思，閑時都莫思量，這却甚易，只守此一句足矣。聖賢千千萬萬，在這裏何用？如公所説，則六經、語、孟之書皆一齊不消存得。以孔子之聖，也只是好學：『我非生而知之者，好古敏以求之者也』，『文武之道未墜於地，在人；賢者識其大者，不賢者識其小者，莫不有文武之道焉。夫子焉不學？而亦何常師之有』！若説閑時都莫思，則世上大事小事都莫理會。如此，却都無難者。事事須先理會，知得了方做得行得。何故中庸却不先説『篤行之』，却先説『博學之，審問之，謹思之，明辯之』？大學何故却不先説『正心誠意』，却先説致知是如何如何？孟子却説道『詖辭知其所蔽，淫辭知其所陷，邪辭知其所離，遁辭知其所窮』？若如公説，閑時都不消思量。」季通問：「程君之意是如何？」曰：「他只要理會自家這心在裏面，事至方思，外面事都不要思量理會。」蔡云：「若不理會得世上許多事，自家裏面底也怕理會不得。」曰：「只據他所見，自守一個小小偏枯底物事，無緣知得大體。」因顧賀孫曰：「公鄉間陳叔向正是如此。如他説格物云：『物是心，須是格住這心。致知如了了的當，常常知覺。』他所見既如彼，便將聖賢説話都入他腔裏面。不如此，則他所學無據。這都是不曾平心讀聖賢之書，只把自家心下先頓放在這裏，却捉聖賢説話壓在裏面。如説隨事而思，無事不消息，聖賢也自有如此説時節，又自就他地頭説。只如公説『思不出其位』，也不如公説，這『位』字却不是只守得這軀殼。這『位』字煞大，若見得這意思，天下甚麽事不關自家身己。極而至於參天地，贊化育，也只是這個心，都只是自家分内事。」蔡云：「陸子靜正是不要理會許多。王道夫乞朝廷以一監書賜象山，此正犯其所忌。」曰：「固是。」蔡云：「若一向是禪時，也終是高。」曰：「只是許多模様，是甚道理如此？若實見得自家底分明，看破許多道理，不待辯而明。如今諸公説道這個也好，某敢百口保其自見不曾分明。如云洛底也是，蜀底也是，某定道他元不曾理會得。如熙豐也不是，元祐也不是，某定保他自元不曾理會得。如云佛氏也好，老氏也好，某定道他元不曾理會得。若見得自底分明，是底直是是，非底直是非，那得恁地含含胡胡，怕觸着人，這人也要周旋，那人也要周旋！」賀孫。

程又問：「某不是説道閑時全不去思量，意謂臨事而思，如讀書時只思量這書。」曰：「讀書時思量，書疊了策時，都莫思量去，行動時心下思量書都不得。在這裏坐，只思量這裏事，移過那邊去坐，便不可思量這裏事。今日只思量今日事，更不可思量明日事。這不成説話！試自去平心看聖賢書，都自説得盡。」賀孫。

吳伯英初見，問：「書如何讀？」曰：「讀書無甚巧妙，只是熟讀，字字句句，對注解子細辯認語意。解得一遍是一遍工夫，解得兩遍是兩遍工夫。工夫熟時，義理自然通貫，不用問人。」先生問：「居常看甚文字？」曰：「曾讀大學。」曰：「看得如何？」曰：「不過尋行數墨，解得文義通，自不會生眼目於言外求意〔九〕。」曰：「如何是言外意？」曰：「且如臣之忠、子之孝、火之熱、水之寒，只知爲臣當忠，爲子當孝，火性本熱，水性本寒，不知臣之所以忠、子之所以孝、火之所以熱、水之所以寒。」曰：「格物只是就事物上求個當然之理。若臣之忠，臣自是當忠；子之孝，子自是當孝；爲臣試不忠，爲子試不孝，看自家心中如何？火熱水寒，水火之性自然如此。凡事只是尋個當然，不必過求，便生鬼怪。」僩。

吳伯英問：「某當從致知持敬，如此用工夫？」曰：「此自吾友身上合做底事，不須商量。」蓋卿。

吳伯英問持敬之義。曰：「且放下了持敬，更須向前進一步。」問：「如何是進步處？」曰：「心中若無一事時，便是敬。」蓋卿。

吳伯英講書，先生因曰：「凡人讀書，須虛心入裏玩味道理，不可只説得皮膚上。譬如一食物，滋味盡在裏面，若只舐噬其外，而不得其味，無益也。」

問器遠所學來歷。曰：「自年二十從陳先生，其教人讀書，但令事事理會，如讀周禮，便理會三百六十官如何安頓；讀書，便理會二帝三王所以區處天下之事；讀春秋，便理會所以待伯者予奪之義。至論身己上工夫，説道：『形而上者謂之道，形而下者謂之器。』器便有道，不是兩樣，須是識禮樂法度皆是道理。」曰：「禮樂法度，古人不是不理會。只是古人都是見成物事，到合用時便將來使。如告顏淵『行夏之時，乘殷之輅』，只是見成物事。如學字一般，從小兒便自曉得，後來只習教熟。如今禮樂法度都一齊散亂，不可稽考，若着心費力在上面，少間弄得都困了。」賀孫。

器遠言：「少時好讀伊洛諸書，後來見陳先生，却説只就事上理會，較着實。若只管去理會道理，少間恐流於空虛。」曰：「向見伯恭亦有此意，却以語、孟爲虛着〔一〇〕。語、孟開陳許多大本原，多少的實可行，反以爲恐流於空虛，却把左傳做實，要人看。殊不知少間自都無主張，只見許多神頭鬼面，一場没理會，此乃是大不實也。又只管教人看史書，後來諸生都衰了。如潘叔度臨死，却去討佛書看，且是止不得。緣是他那裏都無個捉摸，却來尋討這個。如人乘船，一齊破散了，無奈何，將一片板且守得在這裏。」又曰：「孟子曰：『作於其心，害於其事；作於其事，害於其政。』若不就自家身心理會教分明，只道有些病痛不妨，待有事來旋作安排。少間也把捉得一事了，只是有些子罅縫，少間便是一個禍端。這利害非輕，假饒你盡力極巧，百方去做，若此心有些病根，只是會不好。」又曰：「又有說道：身己自着理會，一種應出底事又自着理會，這分明分做兩邊去。不知古人說修身而天下平，須說做不是始得。大學云『物格而後知至，知至而後意誠』云云，今來却截斷一項，只便要理會平天下，如何得？」又曰：「聖門之中，得其傳者惟顏子。顏子之問，夫子之答有二項：一則問爲仁，一則問爲邦。須知得那個是先，那個是後。也須從『克己復禮』上做來，方可及爲邦之事，這事最分曉可見。」又曰：「公適來說君舉要理會經世之學。今且理會一件要緊事，如國家養許多歸明、歸正及還軍年老者，費糧食供之，州郡困乏，展轉二三十年，都縮手坐視其困。器遠且道合如何商量？去之則傷恩，養之則益困。若壯資其力，而老棄其人，是大不可，須有個措置〔一一〕。」器遠言：「鄉間諸先生嘗懷見先生之意，却不得面會剖析，使這意思合。」又曰〔一二〕：「某不是要教人步步相循，都來入這圈套。只是要教人分別是非教明白，是底還他是，不是底還他不是，大家各自着力，各自撐拄。君盡其職，臣效其功，各各行到大路頭，自有個歸一處。是乃不同之同，乃所以爲真同也。若乃依阿鶻突，委曲包含，不別是非，要打成一片，定是不可。」賀孫。

器遠問：「初學須省事，方做得工夫。」曰：「未能應得事，終是省好。然又怕要去省，却有不省病痛。某嘗看有時做事要省些工夫，到得做出却有不好，却不厭人意。且如出路要減些用度令簡便，到要用時没討處，也心煩，依前是不曾省得。若可以無事時，且省儘好。若主家事，及父母在上，當代勞役，終不成掉了，去閑所在坐不管？省事固好，然一向不經歷，到得事來，却會被他來倒了。」問：「處鄉黨固當自盡，不要理會別人。若有事與己相關，不可以不説，當如何？」曰：「若合説，便着説，如所謂『若要我頭也須説。』若是不當自家説，與其人不可説，則只得不説。然自家雖然是不説，也須示之以不然之意。只有個當説與不當説，若要把他不是處做是説，便決是不可。」賀孫。

曹問：「先生所解『致知格物』處，某即就這上做去。如未能到貫通處，莫也無害否？」曰：「何謂無害？公只是不曾學，豈有不貫通處？學得熟便通。且如要去所在，須是去到方得。若行得一日，又説恐未必能到，若如此，怎生到得？天下只有一個道理，緊包在那下，撤破便光明，那怕不通。」曹叔遠。

又問：「如孟子言『勿忘，勿助長』却簡易，而今要從細碎做去，却怕不能貫通？」曰：「『勿忘，勿助長』自是言養氣，試取孟子説處子細看，大凡爲學，最切要處在吾心身，其次便是做事，此是的實緊切處。又那裏見得如此？須是聖人之言。今之學者須是把聖人之言來窮究，見得身心要如此，做事要如此。天下自有一個道理若大路然，聖人之言，便是那引路底。」

江文卿博識群書，因感先生之教，自咎云：「某五十年前，枉費許多工夫，記許多文字。」曰：「也不妨，如今若理會得這要緊處，那許多都有用。如七年十載積疊得柴了，如今方點火燒。」賀孫。

謂江文卿曰：「『多聞，擇其善者而從之，多見而識之。』公今却無擇善一着。聖人擇善，便是事不遺乎理。公今知得，便拽轉前許多工夫自不妨。要轉便轉，更無難者。覺公意思尚放許多不下，説幾句又漸漸走上來，如車水相似，又衮將去。」又曰：「東坡説話固多不是，就他一套中間又自有精處。如説易，説甚性命，全然惡模樣。如説書，却有好處。如説帝王之興，受命之祥，如河圖、洛書、玄鳥、生民之詩〔一三〕，固有是理，然非以是爲先。恨學者推之過詳，流入讖緯，後人舉從而廢之，亦過矣。這是他説得好處，公却不記得這般所在，亦是自家本領不明。若理會得原頭正，到得看那許多，方有辨别。如程先生與禪子讀碑，云：『公所看都是字，某所看都是理。』似公如今所説亦都是字，自家看見都是理。」賀孫。

周兄良問：「某平時所爲，把捉這心教定。一念忽生，則這心返被他引去。」曰：「這個亦只是認教熟，熟了便不如此。今日一念纔生，有以制之；明日一念生，又有以制之，久後便無此理。只是這邊較少，那邊較多，便被他勝了。如一車之火，以少水勝之，水撲處才滅，而火又發矣。又如弱人與强人相牽一般，强人在門外，弱人在門裏，弱底不能勝，便被他强底拖去了。要得勝他，亦只是將養教力壯後，自然可以敵得他去。非別有個道理，也只在自家心有以處之耳。孟子所謂捨則亡，操則常存在此，大學所謂忿懥、好樂等事，亦是除了此心，則心自然正，不是把一個心來正一個心。」又曰：「心只是敬。程子所謂『主一無適』，主一只是專一。如在這裏讀書，又思量做文字，又思量別事去，皆是不專。」又曰：「見得徹處，徹上徹下，只是一個道理，須是見得實方是。見得鐵定，如是便爲善，不如是便爲惡，此方是見得實。」卓。

諸生說書畢，先生曰：「諸公看道理，尋得一線子路脉着了。說時也只是恁地，但於持守處更須加工夫。須是着實於行己上做得三兩分是得〔一四〕，只恁說過不濟事。」周貴卿曰：「非不欲常常持守，但志不能帥氣，後臨事又變遷了。」曰：「只是亂道！豈是由他自去？正要待他去時撥轉來。『爲仁由己，而由人乎哉』，『止，吾止也；往，吾往也』。」義剛。

李周翰請教，屢歎年歲之高，未免時文之累。曰：「這須是自見得，從小兒也須讀孝經、論語來，中間何故不教人如此？曾讀書，也須疑着。某所編小學，公且子細去看，也有古人說話，也有今人說話，且看是如何。古人都自少涵養好了。」後因說「至善」，又問作時文，先生曰：「讀書才說要做文字使，此心便錯了。若剩看得了，到合說處便說，當不說處不說也得，本來不是要人說得便了。如時文，也只不出聖賢許多說話翻謄出來。且如到說忠信處，他也會說做好，只是與自身全不相干。」因舉「在漳州日，詞訟訖，有一士人立庭下。待詢問，乃是要來從學。居泉州，父母遺學舉業，乃厭彼，要從學。某以其非父母命，令且歸去，得請再來，始無所礙。然其有所見如此，自別。」賀孫。

吳寀直翁問：「學亦頗知自立，而病痛猶多，奈何？」曰：「未論病痛。人必全體是，而後可以言病痛。譬如純是白物事了，而中有黑點，始可言病痛。公今全體都未是，何病痛之可言？設雖有善，亦只是黑上出白點，特其義理之不能已與氣質之或美耳。大抵人須先要趨向是。若趨向正底人，雖有病痛，也是白地上出黑花。此特其氣稟之偏，未能盡勝耳，要之白地多也。趨向不正底人，雖有善，亦只是黑地上出白花，却成差異事。如孔門弟子，亦豈能純善乎？然終是白地多，可愛也。人須先拽轉了自己趨向始得。孔子曰：『苟志於仁矣，無惡也。』既志於義理，自是無惡；雖有未善處，只是過耳，非惡也。以此推之，不志於仁，則無善矣。蓋志在於利欲，假有善事，亦偶然耳。蓋其心志念念只在利欲上。世之志利欲與志理義之人自是不干事。志利欲者，便如趨夷狄禽獸之徑；志理義者，便是趨正路。鄉里如江德功、吳公濟諸人，多少是激惱人，然其志終在於善。世亦有一種不激惱人底，又見人說道理，他也從而美之；見人非佛老，他亦從而非之。但只是胡亂順人情說，而心實不然，不肯真個去做，此最不濟事。」伯羽。

「某人來說書，大概只是捏合來說，都不詳密活熟。此病乃是心上病，蓋心不專靜純一，故思慮不精明。要須養得此心令虛明專靜，使道理從裏面流出，便好。」銖曰：「豫六二『介于石，不終日，貞吉』，正謂此。」曰：「然。」張仁叟問：「何以能如此？莫只在靜坐否？」曰：「自去檢點。且一日間試看此幾個時在內，幾個時在外。小說中載趙公以黑白豆記善惡念之起，此是古人做工夫處。如此檢點，則自見矣。」又曰：「讀書須將心帖在書册上，逐字看得各有着落，方好商量。須是收拾此心，令專靜純一，日用動靜間都在，不馳走散亂，方看得文字精審。如此，方是有本領。」銖。

先生語陳公直曰：「讀書，且逐些子理會，莫要攙動他別底。今人讀書，多是從頭一向看到尾，都攪渾了。」道夫。

先生嘗謂劉學古曰：「康節詩云『閑居謹莫說無妨』，蓋道無妨，便是有妨。要做好人，則上面煞有等級；做不好人，則立地便至，只在把住放行之間爾。」道夫。

彥忠問：「居常苦私意紛攪，雖即覺悟而痛抑之，然竟不能得潔靜不起。」先生笑曰：「此正子靜『有頭』之說，却是使得。惟其此心無主宰，故爲私意所勝。若常加省察，使良心常在，見破了這私意只是從外面入。縱饒有所發動，只是以主待客，以逸待勞，自家這裏亦容他不得。此事須是平日着工夫，若待他起後方省察，殊不濟事。」道夫。

林士謙初見，問仁智自得處。曰：「仁者得其爲仁，智者得其爲智，豈仁智之外更有自得？公此問不成問。且去將論語從『學而時習』讀起，孟子將『梁惠王』讀起，大學從『大學之道在明明德』讀起，中庸從『天命之謂性』讀起，某之法是如此，不可只摘中間一兩句來理會，意脉不相貫。」淳。

蘇宜久辭，問歸欲觀易。曰：「而今若教公讀易，只看古注并近世數家注，又非某之本心。若必欲教公依某之易看，某底又只説得三分，自有六七分曉不得，亦非所以爲教。看來易是個難理會底物事，卒急看未得，不若且未要理會。聖人云：『詩、書、執禮，皆雅言也。』看來聖人教人不過此數者。公既理會詩了，只得且理會書；理會書了，便當理會禮。禮之爲書，浩瀚難理會，卒急如何看得許多？且如個儀禮，也是幾多頭項。某因爲思得一策，不若且買一本温公書儀歸去子細看。看得這個，不惟人家冠、昏、喪、祭之禮，便得他用。兼以之看其他禮書，如禮記、儀禮、周禮之屬，少間自然易，不過只是許多路逕節目。温公書儀固有是有非，然他那個大概是。」僩。

廖晉卿請讀何書。曰：「公心放已久，精神收拾未定，無非走作之時。可且收斂精神，方好商量讀書。」繼謂之曰：「玉藻九容處，且去子細體認。待有意思，却好讀書。」時舉。

厚之臨別請教，因云：「看文字生。」曰：「日子足，便熟。」可學。

陳希周請問讀書修學之門。曰：「所謂讀書者，只是要理會這個道理。治家有治家道理，居官有居官道理，雖然頭面不同，然又只是一個道理。如水相似，遇圓處圓，方處方，小處小，大處大，然亦只是一個水耳。」時舉。植録作「傅希周」。

先生謂鄭光弼子直曰：「書雖是古人書，今日讀之，所以蓄自家之德。却不是欲這邊讀得些子，便搬出做那邊用。易曰：『君子以多識前言往行，以蓄其德。』公今却是讀得一書，便做得許多文字，馳騁跳躑，心都不在裏面。如此讀書，終不干自家事。」又曰：「義利之辨，正學者所當深知。」道夫。

「子合純篤，膚仲疏敏。」道夫。

先生謂正甫任忠厚，遂安人。「精神專一」。僩。

鍾唐傑問「窮理持敬」。曰：「此事不用商量。若商量持敬，便不成持敬；若商量窮理，便不成窮理。須令實理在題目之後。」蓋卿。

閭丘次孟言：「嘗讀曲禮遺書康節詩，覺得心意快活。」曰：「他本平鋪地說在裏，公却帖了個飛揚底意思在上面，可知是恁地。康節詩云『真樂攻心不奈何』，某謂此非真樂也，真樂便不攻心，如顏子之樂何嘗恁地？」曰：「次孟何敢望康節，直塗之人爾。」曰：「塗人却無許多病。公正是肚裏有許多見識道理，攬得恁地叫喚來。」又舉曲禮成誦。先生曰：「但曲禮無許多叫喚。」曰：「次孟氣不足。」曰：「非氣不足，乃氣有餘也。」道夫。

語元昭：「且要虛心，勿要周遮。」元昭以十詩獻，詩各以二句命題，如「實理」之類，節節推之。先生指立命詩兩句「幾度風霜猛摧折，依前春草滿池塘」：「既說道佛老之非，又却流於佛老，此意如何？」元昭曰：「言其無止息。」曰：「觀此詩與賢說話又異，此只是要鬬勝，知道，安用許多言？顏子當時不曾如此，此只是要人知，安排飣餖出來，便不是。末篇極致尤不是。如何便到此，直要撞破天門。前日說話如彼，今日又如此〔一五〕，只是說話。」可學。

元昭告歸，先生曰：「歸以何爲工夫？」曰：「子細觀來，平生只是不實，當於實處用工夫。」曰：「只是粗。除去粗，便是實。」曰：「每嘗觀書，多只理會大意，元不曾子細講究。」曰：「大意固合理會，文義亦不可不講究，最忌流於一偏。明道曰：『與賢說話，却似扶醉漢，救得一邊，倒了一邊。』今之學者大抵皆然。如今人讀史成誦，亦是玩物喪志。學者若不理會得，聞這說話，又一齊棄了。只是停埋攤布，使表裏相通方可。然亦須量力，若自家力不及，多讀無限書，少間埋没於其間，不惟無益，反爲所害。近日學者又有一病，多求於理而不求於事，求於心而不求於身。如說『一日克己復禮，天下歸仁』，既能克己，則事事皆仁，天下皆歸仁於我，此皆有實迹。而必曰『天下皆歸吾仁之中』，只是無形無影。自龜山以來皆如此說。徐承叟亦云，見龜山說如此。」

先生問：「元昭近來頗覺得如何？」曰：「自覺此心不實。」曰：「但不要窮高極遠，只於言行上點檢便自實。今人論道，只論理，不論事；只說心，不說身。其說至高，而蕩然無守，流於空虛異端之說。且如『天下歸仁』，只是天下與其仁，程子云『事事皆仁』是也。今人須要說天下皆歸吾仁之中，其說非不好，但無形無影，全無下手脚處。夫子對顏子『克己復禮』之目，亦只是就視聽言動上理會。凡思慮之類，皆動字上包了，不曾更出非禮勿思一條。蓋人能制其外，則可以養其內。固是內是本，外是末，但偏說存於中，不說制於外，則無下手脚處，此心便不實。外面儘有過言、過行更不管，却云吾正其心，有此理否。浙中王蘋信伯親見伊川來，後來設教作怪。舒州有語録之類，專教人以『天下歸仁』。才見人，便說『天下歸仁』，更不說『克己復禮』。」璘。

楊丞問心思擾擾。曰：「程先生云：『嚴威整肅，則心便一，一則自無非僻之干。』只才整頓起處，便是天理，别無天理。但常常整頓起，思慮自一。」璘。

黄達才言思不能精之病。曰：「硬思也不得。只要常常提撕，莫放下，將久自解有得。」義剛。

立之問：「某常於事物未來思慮未萌時，覺見有惺惺底意思，故其應變接物，雖動，却有不動之意存，未知是否？」曰：「應變接物，只要得是。如『敬以直内，義以方外』，此可以盡天下之事。若須要不動，則當好作事處，又蹉過了。」時舉。

李伯誠曰：「打坐時意味也好。」曰：「坐時固是好，但放下脚，放開眼，便不恁地了。須是臨事接物時，長如坐時方可。如挽一物樣，待他要去時，硬挽將轉來方得。」義剛。

張以道請誨。曰：「但長長照管得那心便了。人若能提掇得此心在時，煞爭事。」義剛。

劉炳韜仲以書問格物未盡，處義未精。曰：「此學者之通患。然受病不在此，這前面別有受病處。」余正叔曰：「豈其自然乎？」曰：「都不干別事，本不立耳。」伯羽。

鄭昭先景紹請教。曰：「今人却是倒置。古人學而後仕，今人却反仕而後學。其未仕也，非不讀書，但心有所溺，聖賢意思都不能見。科舉也是奪志，今既免此，亦須汲汲於學。爲學之道，聖經賢傳所以告人者，已竭盡而無餘，不過欲人存此一心，使自家身有主宰。今人馳騖紛擾，一個心都不在軀殼裏。孟子曰『學問之道無他，求其放心而已』，又曰『存其心，養其性，所以事天也』，學者須要識此。」道夫。

丘玉甫作別，請益。曰：「此道理儘説只如此，工夫全在人。人却聽得頑去聲。了，不曾真個做。須知此理在己，不在人；得之於心而行之於身，方有得力，不可只做册子工夫。

如某文字説話，朋友想都曾見之。想只是看過，所以既看過，依舊只如舊時。只是將身掛在理義邊頭，不曾真個與之爲一，須是決然見得未嘗離，不可相捨處，便自然着做不能已也。」又曰：「學者肯做工夫，想是自有時。然所謂時者，不可等候，只自肯做時便是也。今學者自不以爲飢，如何强他使食？自不以爲渴，如何强他使飲？」必大。

江元益問入德。曰：「德者己之所自有，入德，只是進得底。且如仁義禮智，自家不得，便不是自家底。」榦。

江元益問：「門人勇者爲誰？」曰：「未見勇者。」榦。

林叔和别去，請教。曰：「根本上欠工夫，無歸宿處。如讀書應事接物，固當用功。不讀書，不應事接物時如何？」林好主葉正則之説。曰：「病在先立論，聖賢言語，却只將來證他説。凡讀書須虚心，且似未識字底。將本文熟讀平看，今日看不出，明日又看。看來看去，道理自出。」閎祖。

周元卿問：「讀書，有時半板前心在書上，半板後忽然思慮他事，口雖讀，心自在别處，如何得心只在書上？」曰：「此最不可。『不誠無物』，雖讀，猶不讀也。『誠者物之終始。』如半板已前心在書上，則只在半板有始有終，半板以後心不在焉，則無物矣。」壯祖。

謂諸友曰：「鄭仲履之學，只管從小小處看，不知經旨初不如此，觀書當從大節目處看。程子有言：『平其心，易其氣，闕其疑，則聖人之意可見矣。』」蓋卿。

方叔弟問：「平居時習，而習中每覺有愧，何也？」曰：「如此，只是工夫不接續。要習，須常令工夫接續則得。」又問：「尋求古人意思。」曰：「某嘗謂：學者須是信，又須不信，久之，却自尋得個可信底道理，則是真信也。」大雅。

先生以林一之問卷示諸生，曰：「一之恁地沉淪，不能得超脱。他說生物之心，我與那物同，便會相感。這生物之心，只是我底，觸物便自然感；非是因那物有此心，我方有此心。且赤子不入井，牛不觳觫時，此心何之？須常粧個赤子入井，牛觳觫在面前，方有此惻隱之心；無那物時，便無此心乎？又說義利作甚？此心才有不存，便錯了。未說到那義利處。」淳。

林一之問：「先生說動靜，莫只是動中有靜，靜中有動底道理？」曰：「固是如此，然何須將來引證？某僻性最不喜人引證。動中靜，靜中動，古人已說了，今更引來，要如何引證得是？但與此文義不差耳，有甚深長？今自家理會這處，便要將來得使。恁地泛泛引證，作何用？明道言介甫說塔，不是上塔，今人正是說塔。須是要直上那頂上去始得，說得濟甚事？如要去取咸陽，一直去取便好，何必要問咸陽是如何廣狹、城池在那處、宮殿在那處，亦何必說是雍州之地，但取得其地便是。今恁地引證，恰似要說咸陽，元不曾要取他地。」寓。

郭叔雲問：「爲學之初，在乎格物。物物有理，從何處下手？」曰：「人個個有知，不成都無知，但不能推而致之耳。格物，是格物理至徹底處。」又云：「致知、格物只是一事，非是今日格物，明日又致知。格物以理言，致知以心言。」恪。

先生教郭曰：「爲學切須收斂端嚴，就自家身心上做工夫，自然有所得。」恪。

與馮德貞説爲己爲人〔一六〕，曰：「若不爲己，看做甚事都只是爲別人。雖做得好，亦不關己。自家去從師，也不是要理會身己；自家去取友，也不是要理會身己。只是漫恁地，只是要人説道也曾如此，要人説道〔一七〕好。自家又識得甚麽人，自家又有幾個朋友，這都是徒然。説道，看道理，不曾着自家身己，如何會曉得？世上如此爲學者多，只看爲己底是如何，他直是苦切。事事都是自家合做底事，如此方可，不如此定是不可。今有人苦學者，他因甚恁地苦？只爲見這物事是自家合做底事。如人喫飯，是自家肚飢，定是要喫。又如人做家主，要錢使，在外面百方做計，壹錢也要將歸。這是爲甚如此？只爲自家身上事。若如此爲學，如何會無所得。」賀孫。

余國秀問治心修身之要。以爲雖知事理之當爲，而念慮之間多與日間所講論者相違。曰：「且旋恁地做去，只是如今且説個『熟』字，這熟字如何便得到這地位？到得熟地位，自有忽然不可知處。不是被你硬要得，直是不知不覺得如此。」賀孫。

國秀問：「向曾問身心性情之德，蒙批誨云云。宋傑竊於自己省驗，見得此心未發時，自有其仁義禮智之體渾然未有區別。於此敬而無失，則發而爲惻隱羞惡、辭遜是非之情，自有條理而不亂。如此體認，不知是否？」曰：「未須說那『敬而無失』，與未有區別，及自有條理而不亂在，且要識認得這身心性情之德是甚底模樣。說未有區別，亦如何得？雖是未發時無所分別，然亦不可不有所分別。蓋仁自有一個仁底模樣物事在內，義自有個義底模樣物事在內，禮、智皆然。今要就發處認得在裏面物事是甚模樣。故發而爲惻隱，必要認得惻隱之根在裏面是甚底物事；發而爲羞惡，必要認得羞惡之根在裏面是甚底物事，禮、智亦如之。譬如木有四枝，雖只一個大根，然必有四根，一枝必有一根也。」又問：「宋傑尋常覺得資質昏愚，但持敬則此心虛靜，覺得好。若敬心稍不存，則裏面固是昏雜，而發於外亦鶻突，所以專於『敬而無失』上用功。」曰：「這裏未消說敬與不敬在。蓋敬是第一節事，而今便把來夾雜說，則鶻突了，愈難理會。且只要識得那一是一，二是二。便是虛靜，也要識得這物事；不虛靜，也要識得這物事。如未識得這物事時，則所謂虛靜，亦是個黑底虛靜，不是白底虛靜。而今須是要打破那黑底虛靜，換做個白淨底虛靜，則八窗玲瓏，無不融通。不然，則守定那裏底虛靜，終身黑淬淬地，莫之通曉也。」燾。

問：「先生答余國秀云『須理會得其性情之德』。」曰：「須知那個是仁義禮智之性，那個是惻隱羞惡、恭敬是非之情，始得。」問：「且如與人相揖，便要知得禮數合當如此。不然，則『行矣而不著，習矣而不察』。」曰：「常常恁地覺得，則所行也不會大段差舛。」胡泳。

用之舉似：「先生向日曾答蔡文書，承喻『以禮爲先』之説。又『「似識造化」之云，不免倚於一物，未是親切工夫耳〔一八〕。大抵濂溪説得的當，通書中數數拈出「幾」字。要當如此瞥地，即自然有個省力處，無規矩中却有規矩，未造化時已有造化』。此意如何？」曰：「幾是要得〔一九〕。且於日用處省察，善便存放這裏，惡便去而不爲，便是自家切己處。古人禮儀，都是自少理會了，只如今人低躬唱喏，自然習慣。今既不可考，而今人去理會，合下便別將做一個大頭項。又不道且理會切身處，直是要理會古今因革一副當，將許多精神都枉耗了，元未切自家身己在。」又曰：「只有大學教人致知、格物底，便是就這處理會；到意誠、心正處展開去，自然大。若便要去理會甚造化，先將這心弄得大了，少間都没物事説得滿。」賀孫。

林仲參問下學之要受用處。曰：「潑底倚卓在屋下坐，便是受用。若貪慕外面高山曲水，便不是受用底。」舉詩云：「貧家淨掃地，貧女好梳頭。下士晚聞道，聊以拙自修。」「前人只恁地説了。」銖。

劉淮求教。曰：「某無別法，只是將聖賢之書虛心下氣以讀之，且看這個是，那個不是。待得一回推出一回新，便是進處。不然，只是外面事，只管做出去，不見裏面滋味，如何責得他？」

趙恭父再見。問：「別後讀書如何？」曰：「近覺得意思却不甚迫切。」曰：「若只恁地據見定做工夫，却又有苟且之病去。」曰：「安敢苟且？」曰：「既不迫切，便相將向這邊來，又不可不察。」又問：「切己工夫，如何曰愈見得己私難勝？」曰：「這個也不須苦苦與他爲敵。但纔覺得此心隨這物事去，便與他唤回來，便都没事。」

謂南城熊曰：「聖賢語言，只似常俗人説話。如今須是把得聖賢言語，湊得成常俗言語，方是，不要引東引西。若説這句未通，又引那句，終久兩下都理會不得。若這句已通，次第到那句自解通。」銖。

「看文字，不可過於疏，亦不可過於密。如陳德本有過於疏之病，楊志仁有過於密之病。蓋太謹密，則少間看道理從那窮處去，更插不入。不若且放下，放開闊看。」燾。

「器之看文字見得快，叔蒙亦看得好，與前不同。」賀孫。

許敬之侍教，屢與言，不合。曰：「學未曉理，亦無害；説經未得其意，亦無害。且須靜聽説話，尋其語脉是如何。一向强辯，全不聽所説，胸中殊無主宰，少間只成個狂妄人去。」淳。

純叟問：「方讀書時，覺得無靜底工夫。須有讀書之時，有虛靜之時。」曰：「某舊見李先生，嘗教令靜坐。後來看得不然，只是一個『敬』字好。方無事時，敬於自持。凡心不可放入無何有之鄉，須收斂在此。及應事時，敬於應事；讀書時，敬於讀書；便自然該貫動靜，心無時不存。」德明。

先生見劉淳叟閉目坐，曰：「淳叟待要遺物，物本不可遺。」大雅。

坐間有及劉淳叟事，曰：「不意其變常至此。某向往奏事時來相見，極口說陸子靜之學大謬。某因詰之云：『若子靜學術自當付之公論，公如何得如此說他？』此亦見他質薄處。然某初間深信之，畢竟自家喚做不知人。」賀孫。

「辨姦論謂『事之不近人情者，鮮不爲大姦慝。』每常嫌此句過當，今見得亦有此樣人。某向年過江西與子壽對語，而劉淳叟堯夫獨去後面角頭坐，都不管，學道家打坐，被某罵云：『便是某與陸丈言不足聽，亦有數年之長，何故恁地作怪！』」義剛。

因論劉淳叟事云：「添差倅亦可以爲。」論治三吏事云：「漕自來爲之亦好。不然，委別了事人。淳叟自爲太掀揭，故生事。」因論今趙帥可語，鹽弊何不一言？云：「某如何敢與？大率以沉審爲是，出位爲戒。」振。

陳寅仲問劉淳叟。曰：「劉淳叟，方其做工夫時，也過於陳正己；及其狼狽，也甚於陳正己。陳正己輕薄，向到那裏，覺得他意思大段輕薄，每事只説道他底是。他姿質本自撈攘，後來又去合那陳同父。兼是伯恭教他時，只是教他權數了。伯恭教人，不知是怎生地至此。」笑云：「向前見他門人有個祭文云，其有能底，則教他立功名作文章；其無能底，便語他『正心、誠意』。」義剛。

先生説：「陳正己、薛象先喜之者何事？」賀孫云：「想是喜其有才。」汪長孺謂：「倂無其才，全做事不成。」曰：「叔權謂長孺：『他日觀氣質之變，以驗進道之淺深。』此説最好。大凡人須是子細沉靜，大學謂『知止而後有定〔一〇〕，定而後能靜，靜而後能安，安而後能慮，慮而後能得』。如一件物事，自家知得未曾到這裏，所見未曾定。以無定之見遂要決斷此事，如何斷得盡？一件物事有長有短，自家須實見得他那處是長，那處是短。如今便一定把着他短處，便一齊没他長處。若只如此，少間一齊不通。禮記云：『疑事毋質，直而勿有。』看古人都是恁地不敢草草。周先生所以有『主靜』之説，如蒙、艮二卦皆有靜止之體。洪範五事『聽曰聰，聰作謀』，謀屬金，金有靜密意思；人之爲謀，亦欲靜密；『貌曰恭，恭作肅』，恭屬水，水有細潤意思；人之舉動，亦欲細潤。聖人所以爲聖人，只是『動靜不失其時，時止則止，時行則行』。聖人這般所在，直是則得好。自家先恁地浮躁，如何要發得中節？做事便事事做不成，説人則不曾説得着實。」又曰：「老子之術，自有退後一着。事也不攙前去做，説也不曾説將出，但任你做得狼狽了，自家徐出以應之。如人當紛爭之際，自去僻靜處坐，任其如何。彼之利害長短，一一都冷看破了，從旁下一着，定是的當。此固是不好底術數，然較之今者浮躁胡説亂道底人，彼又較勝。」因舉老子語「豫兮若冬涉川，猶兮若畏四鄰，儼若客，涣若冰將釋」。「子房深於老子之學，曹參學之，有體而無用。」賀孫。

問：「姜叔權自言終日無思慮，有『寂然不動』之意，德輔疑其已至。」曰：「只問他還能『感而遂通天下之故』否？須是窮理，若只如此，則不須説格物致知。」問：「如此，則叔權之静未是至？」曰：「固是。」德輔。

戴明伯請教。曰：「且將一件書讀。聖人之言，即聖人之心；聖人之心，即天下之理。且逐段看令分曉，一段分曉，又看一段。如此至一二十段，亦未解便見個道理，但如此心平氣定，不東馳西騖，則道理自逐旋分明。去得自家心上一病，便是一個道理明也。道理固是自家本有，但如今隔一隔了，須逐旋揩磨呼唤得歸，然無一唤便見之理。如金溪只要自得，若自得底是，固善；若自得底非，却如何？不若且虚心讀書，讀書切不可自謂理會得了，便理會得，且只做理會不得。某見説不會底，便有長進；不長進者，多是自謂已理會得了底。如此，則非特終身不長進；便假如釋氏三生十六劫，也終理會不得。」又云：「此心先錯用向東去，及至喚回西邊，又也只是那向東底心；但只列轉些頓放，元不曾改換。有一學者先佞佛，日逐念金剛大悲呪不停口。後來雖不念佛，來誦大學、論、孟，却依舊趕遍數，荒荒忙忙誦過，此亦只是將念大悲呪時意思移來念儒書爾。」必大。

括蒼徐元明名琳。鄭子上同見，先生說：「『博學而詳說之，將以反說約也。』今江西諸人之學，只是要約，更不務博。本來雖有些好處，臨事盡是鑿空杜撰。至於呂子約，又一向務博，而不能反約。讀得書多，左牽右撰，橫說直說，皆是此理；只是不潔浄，不切要，有牽合無謂處。沈叔晦不讀書，不教人，只是所守者淺狹，只有些子道理，便守定了，亦不博之弊。」璘。

陸深甫問爲學次序。曰：「公家庭尊長平日所以教公者如何？」陸云：「刪定叔祖所以見教者，謂此心本無虧欠，人須見得此心，方可爲學。」曰：「此心固是無虧欠，然須是事事做得是，方無虧欠。若只說道本無虧欠，只見得這個便了，豈有是理。」因說：「江西學者自以爲得陸刪定之學，便高談大論，略無忌憚。忽一日自以爲悟道，明日與人飲酒，如法罵人。某謂賈誼云秦二世今日即位而明日射人，今江西學者乃今日悟道而明日罵人，不知所悟者果何道哉？」時舉。

包詳道書來言「自壬子九月一省之後」云云，先生謂顯道曰：「人心存亡之決，只在出入息之間。豈有截自今日今時便鬼亂，已後便悄悄之理？聖賢之學，是揩揩定做，不知不覺，自然做得徹。若如所言，則是聖賢修爲講學都不須得，只等得一旦恍然悟去，如此者起人僥倖之心。」義剛。

「看孫吉甫書，見得是要做文字底氣習。且如兩漢、晉、宋、隋、唐風俗，何嘗有個人要如此變來？只是其風俗之變，袞來袞去，自然如此。漢末名節之極，便變作清虛底道理。到得陳、隋以後，都不理會名節，也不理會清虛，只是相與做一般纖豔底文字。君臣之間，把這文字做一件大事理會。如進士舉是隋煬帝做出來，至唐三百年以至國初，皆是崇尚文辭。」鄭子上問：「風俗袞來袞去，如何到本朝程先生出來便理會發明得聖賢道理？」曰：「周子、二程説得道理如此，亦是上面諸公那趲將來。當楊、劉時，只是理會文字，到范文正、孫明復、石守道、李泰伯、常夷甫諸人，漸漸刊落枝葉，務去理會政事，思學問見於用處。及胡安定出，又教人作『治道齋』，理會政事，漸漸那得近裏，所以周、程發明道理出來，非一人之力也。」璘。

先生謂杜叔高曰：「學貴適用。」節。

先生謂魯可幾曰：「事不要察取盡。」道夫。

或問徐子顔。曰：「其人有守，但未知所見如何？」文蔚。

「今學者有兩樣，意思鈍底，又不能得他理會得；到得意思快捷底，雖能當下曉得，然又恐其不牢固。如龔郯伯理會也快，但恐其不牢固。」賀孫。

先生問郭廷碩：「今如何？」曰：「也只如舊爲學。」曰：「賢江西人，樂善者多，知學者少。」又説：「楊誠齋廉介清潔，直是少。謝尚書和易寬厚，也煞樸直。昔過湘中時，曾到謝公之家，頽然在敗屋之下，全無一點富貴氣，也難得。」又曰：「聞彭子壽造居甚大，何必如此？」又及一二人，曰：「以此觀謝尚書，直是樸實。」祖道。

先生問：「湘鄉舊有從南軒遊者，爲誰？」佐對以周奭允升、佐外舅舒誼周臣。外舅没已數歲，南軒答其論知言疑義一書，載文集中。允升藏修之所正枕江上，南軒題曰『漣溪書室』。鄉曲後學講習其間，但允升今病不能出矣。」先生曰：「南軒向在靜江曾得書，甚稱説允升，所見必別，安得其一來？次第送少藥物與之。」佐。

直卿告先生以趙友裕復有相招之意，先生曰：「看今世務已自没可奈何，只得隨處與人説，得識道理人多，亦是幸事。」賀孫。

吕德遠辭，云將娶，擬某日歸。及期，其兄云：「與舍弟商量了，且更承教一月，却歸。」曰：「公將娶了，如何又恁地説？此大事，不可恁地。宅中想都安排了，須在等待，不可如此。」吕即日歸〔一二〕。義剛。

季繹勸蔡季通酒，止其泉南之行。蔡決於先生，先生笑而不答，良久云：「身勞而心安者爲之，利少而義多者爲之。」人傑。廣録云「或有所欲爲，謀於先生。曰：『心佚而身勞，爲之，利少而義多，爲之』。」

先生看糊窗，云：「有些子不齊整，便不是他道理。」朱季繹云：「要好看，却從外糊。」直卿云：「此自欺之端也。」賀孫。

校勘記

〔一〕自是不能問所得　「問所」，朝鮮本、萬曆本作「間斷」。

〔二〕熟後自解到那分數足處　「自」原作「白」，據朝鮮本改。

〔三〕他只是博我以文約我以禮後　「是」，朝鮮本、萬曆本作「道」。

〔四〕却時復把來玩味　「却」，朝鮮本作「那」。

〔五〕大抵　朝鮮本作：大凡。

〔六〕不着得許多言語　「着」，朝鮮本、萬曆本作「看」。

〔七〕便是有甚利害　「利」原作「刑」，據朝鮮本、萬曆本改。

〔八〕更不解商量　「商」原作「個」，據朝鮮本、萬曆本改。

〔九〕自不會生眼目於言外求意　「會」，朝鮮本、萬曆本作「曾」。
〔一〇〕却以語孟爲虛着　「着」原作「看」，據朝鮮本、萬曆本改。
〔一一〕須有個措置　「措置」，萬曆本作「指實」。
〔一二〕又曰　原作「一曰」，據朝鮮本、萬曆本改。
〔一三〕如河圖洛書玄鳥生民之詩　「河」原作「何」，據朝鮮本、萬曆本改。
〔一四〕須是着實於行己上做得三兩分是得　下「是」，朝鮮本、萬曆本作「始」。
〔一五〕今日又如此　「日」原作「目」，據朝鮮本、萬曆本改。
〔一六〕與馮德貞説爲己爲人　「貞」原作「英」，據朝鮮本、萬曆本改。
〔一七〕説道　朝鮮本此下增「理」字。
〔一八〕未是親切工夫耳　「是」，朝鮮本、萬曆本作「知」。
〔一九〕幾是要得　「是」，朝鮮本、萬曆本作「個」。
〔二〇〕大學謂知止而後有定　「知」原作「之」，據朝鮮本、萬曆本及大學原文改。
〔二一〕吕即日歸　「吕」，朝鮮本、萬曆本作「了」，屬上讀。

朱子語類卷第一百二十一

朱子十八

訓門人九總訓門人而無名氏者爲此卷。

朋友乍見先生者，先生每曰：「若要來此，先看熹所解書也。」過。

世昌問：「先生教人，有何宗旨？」曰：「某無宗旨，尋常只是教學者隨分讀書。」文蔚。

「讀書須是成誦，方精熟。今所以記不得，説不去，心下若存若亡，皆是不精不熟之患。若曉得義理，又皆記得，固是好。若曉文義不得，只背得，少間不知不覺，自然相觸發，曉得這義理。蓋這一段文義横在心下，自是放不得，必曉而後已。若曉不得，又記不得，更不消讀書矣。横渠云：『讀書須是成誦。』今人所以不如古人處，只爭這些子。古人記得，故曉得；今人鹵莽，記不得，故曉不得。緊要處、慢處皆須成誦，自然曉得也。今學者若已曉得大義，但有一兩處阻礙說不去，某這裏略些數句撥動，自然曉得。今諸公盡不曾曉得，縱某多言何益？無他，只要熟看熟讀而已，別無方法也。」卓。僩略〔一〕。

一學者患記文字不起，先生曰：「只是不熟，不曾玩味入心，但守得册子上言語，所以見册子時記得，纔放下便忘了。若使自家實得他那意思，如何會忘？譬如人將一塊生薑來，須知道是辣。若將一塊砂糖來，便不信是辣。」端蒙。

謂一士友曰：「向嘗收書，云『讀書不用精熟』，又云『不要思惟』。讀書正要精熟，而言不用精熟；學問正要思惟，而言不可思惟，只爲此兩句在胸中做病根。正如人食冷物留於脾胃之間，十數年爲害。所以與吾友相別十年只如此者，病根不除也。」蓋卿。

嘗見老蘇說他讀書：「孟子、論語、韓子及其他聖人之文，兀然端坐終日以讀者十八年。方其始也，入其中而惶然，博觀於其外而駭然以驚。及其久也，讀之益精，而其胸中豁然以明，若人之言固當然者，猶未敢自出其言也。時既久，胸中之言日益多，不能自制。試出而書之，已而再三讀之，渾渾乎覺其來之易矣。」又韓退之答李翊、柳子厚答韋中立書言讀書用功之法，亦可見。某嘗歎息，以爲此數人者，但求文字言語聲響之工，用了許多功夫，費了許多精力，甚可惜也。今欲理會這個道理，是天下第一至大至難之事，乃不曾用得旬月功夫熟讀得一卷書，只是泛然發問，臨時湊合，元不曾記得本文，及至問著，元不曾記得一段首尾。其能言者，不過敷演己說，與聖人言語初不相干，是濟甚事？今請歸家正襟危坐，取大學、論語、中庸、孟子逐句逐字分曉精切，求聖賢之意，切己體察，著己踐履，虛心體究。如是兩三年，然後方去尋師證其是非，方有可商量，有可議論，方是『就有道而正焉』者。入道之門，是將自家身己入那道理中去，漸漸相親，久之與己爲一。而今人道理在這裏，自家身在外面，全不曾相干涉。」

因言及釋氏，而曰：「釋子之心却有用處，若是好叢林，得一好長老，他直是朝夕汲汲不捨，所以無有不得之理。今公等學道，此心安得似他？是此心元不曾有所用，逐日流蕩放逐，如無家之人。思量一件道理不透，便颺去聲。掉放一壁，不能管得，三日五日不知拈起，每日只是悠悠度日，說閑話逐物而已。敢說公等無一日心在此上！莫說一日，一時也無；莫說一時，頃刻也無。悠悠漾漾，似做不做，從生至死，忽然無得而已。今朋友有謹飭不妄作者，亦是他資禀自如此。然其心亦無所用，只是閑慢過日。」或云：「須是汲汲。」曰：「公只會說汲汲，元不曾汲汲。若是汲汲用功底人，自別。他那得工夫說閑話？精專懇切，無一時一息不在裏許。思量一件道理，直是思量得徹底透熟，無一豪不盡。今公等思量這一件道理，思量到半間不界，便掉了，少間又看那一件；那件看不得，又掉了，又看那一件。如此没世不濟事。若真個看得這一件道理透，入得這個門路，以之推他道理，也只一般。只是公等不曾通得這個門路，每日只是在門外走，所以都無入頭處，都不濟事。」又曰：「若是大處入不得，便從小處入；東邊入不得，便從西邊入。及至入得了，觸處皆是此理。今公等千頭萬緒，不曾理會得一個透徹，所以東觸西摸，更無一個入頭處。」又曰：「學道做工夫，須是奮厲警發，悵然如有所失，不尋得則不休。如自家有一大光明寶藏，彼人偷將去，此心還肯放捨否？定是去追捕尋捉得了方休。做工夫亦須如此。」僩。

「諸公來聽說話，某所說亦不出聖賢之言。然徒聽之亦不濟事，須是便去下工夫始得。近覺得學者所以不成頭項者，只緣聖賢說得多了，既欲爲此，又欲爲彼。如夜來說『敬以直內，義以方外』。若實下工夫，見得真個是敬立則內直，義形而外方，這終身可以受用。今人却似見得這兩句好，又見說『克己復禮』也好，又見說『出門如見大賓』也好。空多了，少間却不把捉得一項周全。」賀孫。

「今學者看文字，不必自立說，只記得前賢與諸家說，便得。而今看自家如何說，終是不如前賢。須盡記得諸家說，方有個襯簟處，這義理根脚方牢，這心也有殺泊處。心路只在這上走，久久自然曉得透熟。今公輩看文字，大概都有個生之病，所以說得來不透徹。只是去巴攬包籠他，元無實見處。某舊時看文字極難，諸家說盡用記。且如毛詩，那時未似如今説得如此條暢。古今諸家説，盡用記取，閑時將起思量。這一家説得那字是，那字不是；那一家説得那字不是，那字是；那家説得全是，那家説得全非；所以是者是如何，所以非者是如何。只管思量，少間這正當道理，自然光明燦爛在心目間，如指諸掌。今公門只是紐捏巴攬來説，都記得不熟，所以這道理收拾他不住，自家也使他不動，他也不服自家使。相聚得一朝半日，又散去了，只是不熟。這個道理，古時聖賢也如此説，今人也如此説。説得大概一般。然今人説終是不似，所爭者只是熟與不熟耳。縱使説得十分全似，猶不似在，何況和那十分似底也不曾看得出。」敬子云：「而今每日只是優游和緩，分外看得幾遍。分外讀得幾遍，意思便覺得不同。」曰：「而今使未得優游和緩，須是苦心竭力下工夫方得。那個優游和緩，須是做得八分九分成了，方使得優游和緩。而今便説優游和緩，只是泛泛而已矣。這個做功夫，須是放大火中鍛煉，鍛教他通紅，熔成汁，瀉成鋌，方得。今只是略略火面上熁得透，全然生硬，不屬自家使在，濟得甚事？須是縱横舒卷皆由自家使得，方好搦成團，捺成匾，放得去，收得來，方可。某嘗思：今之學者所以多不得力、不濟事者，只是不熟。平生也費許多功夫看文字，下稍頭都不得力者，正緣不熟耳。只緣一個不熟，少間無一件事理會得精。呂居仁記老蘇説平生因聞『升裏轉，斗裏量』之語，遂悟作文章妙處。這個須是爛泥醬熟，縱横妙用皆由自家，方濟得事也。」僩。

「某煞有話要與諸公説，只是覺次序未到，而今只是面前小小文義尚如此理會不透，如何説得到其他事。這個事，須是四方上下、小大本末，一齊貫穿在這裏，一齊理會過。其操存踐履處，固是緊要，不可間斷。至於道理之大原，固要理會；纖悉委曲處，也要理會；制度文爲處，也要理會；古今治亂處，也要理會；精粗大小，無不當理會。四邊一齊合起，功夫無些罅漏。東邊見不得，西邊須見得；這下見不得，那下須見得。既見得一處，則其他處亦可類推。而今只從一處去攻擊他，又不曾着力，濟得甚事？如坐定一個地頭，而他支脚也須分布擺陣。如大軍厮殺相似，大軍在此坐以鎮之，游軍依舊去別處邀截，須如此作功夫方得。而今都只是悠悠，礙定這一路，略略拂過，今日走來挨一挨，又退去，明日亦是如此。都不曾抓着那痒處，何況更望掐着那痛處。所以五年十年只是恁地，全不見長進。這個須是勇猛奮厲，直前不顧去做，四方上下一齊着到，方有個入頭。孔子曰：『仁遠乎哉？我欲仁，斯仁至矣。』這個全要人自去做。孟子所謂弈秋，只是爭這些子，一個進前要做，一個不把當事。某八九歲時讀孟子到此，未嘗不慨然奮發，以爲爲學須如此做功夫！當初便有這個意思如此，只是未知得那棋是如何着，是如何做功夫。自後更不肯休，一向要去做功夫。今學者不見有奮發底意思，只是如此悠悠地過。今日見他是如此，明日見他亦是如此。」

因建陽士人來請問，先生曰：「公門如此做工夫，大故費日子。覺得今年只似去年，前日只是今日，都無昌大發越底意思。這物事須教看得精透後，一日千里始得。而今都只泛泛在那皮毛上理會，都不曾抓着那痒處，濟得甚事？做工夫一似穿井相似，穿到水處，自然流出來不住，而今都乾燥，只是心不在，不曾着心。如何説道出去一日便不曾做得工夫？某常説：正是出去路上好做工夫。且如出十里外，既無家事炒，又無應接人客，正好提撕思量道理。所以學貴『時習』，到『時習』，自然『説』也。如今不敢説『時習』，須看得見那物事方能『時習』。如今都看不見，只是不曾入心，所以在窗下看，才起去便都忘了。須是心心念念在上，便記不得細注字，也須時時提起經正文在心，也爭事。而今都只在那皮毛上理會，盡不曾抓着痒處。若看得那物事熟時，少間自轉動不得。自家脚才動，自然踏着那物事行。」又云：「須是得這道理入心不忘了，然後時時以義理澆灌之。而今這種子只在地面上，不曾入地裏去，都不曾與土氣相接着。」

「學者悠悠是大病。今覺諸公都是進寸退尺，每日理會些小文義，都輕輕地拂過，不曾動得皮毛上。這個道理規模大，體面闊，須是四面去包括，方無走處。今只從一面去，又不曾着力，如何可得？且如曾點、漆雕開兩處，漆雕開事言語少，難理會，曾點底須子細看他是樂個甚底，是如何地樂。不只是聖人説這個事可樂，便信着。他須是自見得個可樂底，依人口說不得。」又曰：「而今持守，便打疊教浄潔。看文字，須著意思索；應接事物，都要是當。四面去討他，自有一面通處。」又曰：「如見陳厮殺，擂着鼓，只是向前去，有死無二，莫更回頭始得。」胡泳。

或言：「在家衮衮，但不敢忘書册，亦覺未免間斷。」曰：「只是無志，若説家事，又如何汩没得自家？如今有稍高底人，也須會擺脱得過，山間坐一年半歲，是做得多少工夫。只恁地，也立得個根脚。若時往應事，亦無害，較之一向在事務裏衮，是爭那裏去。公今三五年不相見，又只恁地悠悠，人生有幾個三五年耶？」賀孫。

或有來省先生者。曰：「别後讀何書？」曰：「雖不敢廢學，然家間事亦多，難得全功。」曰：「覺得公今未有個地頭在，光陰可惜，不知不覺便是三五年。如今又去赴官，官所事尤多，益難得餘力。人生能得幾個三五年？須是自强。若尋得個僻静寺院，做一兩年工夫，須尋得個地頭，可以自上做將去。若似此悠悠，如何得進。」廣。

「某見今之學者皆似個無所作爲，無圖底人相似。人之爲學，當如救火追亡，猶恐不及。如自家有個光明寶藏被人奪去，尋求趕捉，必要取得始得。今學者只是悠悠地無所用心，所以兩年、三年、五年、七年相别，及再相見，只是如此。」僩。

謂諸生曰：「公皆如此悠悠，終不濟事。今朋友着力理會文字，一日有一日工夫，然尚恐其理會得零碎，不見得周匝。若如諸公悠悠，是要如何？光陰易過，一日減一日，一歲無一歲，只見老大。忽然死着，思量來這是甚則劇，恁地悠悠過了。」賀孫。

「某平日於諸友看文字，相待甚寬，且只今自看。前日因病，覺得無多時月，於是大懼。若諸友都只恁悠悠，終於無益。只要得大家盡心，看得這道理教分明透徹。所謂道理，也只是將聖賢言語體認本意。得其本意，則所言者便只此道理，一一理會令十分透徹，無些罅縫蔽塞，方始住。每思以前諸先生盡心盡力，理會許多道理，當時亦各各親近師承，今看來各人自是一説。本來諸先生之意，初不體認得，只各人挑載得些去，自做一家説話，本不曾得諸先生之心。某今惟要諸公看得道理分明透徹，無些小蔽塞。某之心即諸公之心，諸公之心即某之心，都只是這個心，如何有人説到這地頭，又如何有人説不到這地頭？這是因甚恁地？這須是自家大段欠處。」賀孫。

先生痛言諸生工夫悠悠，云：「今人做一件没緊要底事，也着心去做，方始會成，如何悠悠會做得事？且如好寫字底人，念念在此，則所見之物無非是寫字底道理。又如賈島學作詩，只思『推』、『敲』兩字，在驢上坐，把手作推敲勢。大尹出，有許多車馬人從，渠更不見，不覺犯了節。只此『推』、『敲』二字，計甚利害？他直得恁地用力，所以後來做得詩來極是精高。今吾人學問，是大小大事，却全悠悠若存若亡，更不着緊用力，反不如他人做没要緊底事，可謂倒置。諸公切宜勉之！」時舉。

「諸友只有個學之意，都散漫，不恁地勇猛，恐度了日子。須著火急痛切意思，嚴了期限，趲了工夫，辦幾個月日氣力去攻破一過，便就裏面旋旋涵養。如攻寨，須出萬死一生之計，攻破了關限，始得。而今都打寨未破，只循寨外走。道理都咬不斷，何時得透？」淳。

謂諸生曰：「公說欲遷善改過而不能，只是公不自去做工夫。若恁地安安排排，只是做不成。如人要赴水火，這心才發，便入裏面去。若說道在這裏安排，便只不成。看公來此，逐日只是相對默坐無言，恁地慢滕滕，如何做事？」數日後復云：「坐中諸公有會做工夫底，有病痛底，某一一都看見，逐一救正他。惟公恁地循循默默，都理會公心下不得，這是幽冥暗弱，這是大病。若是剛勇底人，見得善，便還他做得透。做不是處，也顯然在人耳目〔二〕，人皆見之。前日公說『風雷益』，看公也無些子風意思，也無些子雷意思。」賀孫。

「某於相法，却愛苦硬清癯底人，然須是做得那苦硬底事。若只要苦硬，而不知爲學，何貴之有？而今朋友遠處來者，或有意於爲學。眼前朋友大率只是據見定了，更不求進步。而今莫說更做甚工夫，只真個看得百十字精細底，也不見有。」或曰：「今之朋友，大率多爲作時文妨了工夫。」曰：「也不曾見做得好底時文，只是剽切亂道之文而已。若要真個做時文底，也須深資廣取以自輔益，以之爲時文，莫更好。只是讀得那亂道底時文，求合那亂道底試官，爲苟簡蔑裂底工夫。他亦不曾子細讀那好底時文，和時文也有時不子細讀得。某記少年應舉時，嘗下視那試官，説『他如何曉得我底意思』。今人盡要去求合試官，越做得那物事低了。嘗見已前相識間做賦者，甚麼樣讀書？無書不讀。而今只念那亂道底賦，有甚見識？若見識稍高，讀書稍多，議論高人，豈不更做得好文字出？他見得底只是如此，遂互相倣傚，專爲苟簡滅裂底工夫。」歎息者久之。僩。

「看來如今學者之病，多是個好名。且如讀書，却不去子細考究義理，教極分明。只是纔看過便了，只道自家已看得甚麼文字了，都不思量於身上濟得甚事。這個只是做名聲，其實又做得甚麼名聲？下梢只得人説他已看得甚文字了。這個非獨卓丈如此，看來都如此。若恁地，也是枉了一生。」賀孫。

「今學者大抵不曾子細玩味得聖賢言意，却要懸空妄立議論。一似喫物事相似，肚裏其實未曾飽，却以手鼓腹，向人説『我已飽了』。只此乃是未飽，若真個飽者，却未必説也。人人好做甚銘，做甚贊，於己分上其實何益？既不曾實讀得書，玩味得聖賢言意，則今日所説者是這個話，明日又只是這個話，豈得有新見邪？切宜戒之！」時舉。

「今朋友之不進者，皆有『彼善於此爲足矣』之心，而無求爲聖賢之志；故皆有自恕之心，而不能痛去其病。故其病常隨在，依舊逐事物流轉，將求其彼善於此亦不可得矣。」

太雅。

昌父言：「學者工夫多間斷。」曰：「聖賢教人，只是要救一個間斷。」文蔚。

因說學者工夫間斷，謂：「古山和尚自言：『喫古山飯，阿古山矢，只是看得一頭白水牯。』今之學者却不如他。」文蔚。

「有一等朋友，始初甚銳意，漸漸疏散，終至於忘了。如此，是當初不立界分做去。」士毅。

「今來朋友相聚，都未見得大底道理。還且謾恁地逐段看，還要直截盡理會許多道理，教身上没些子虧欠。若只恁地逐段看，不理會大底道理，依前不濟事。這大底道理，如曠闊底基址，須是開墾得這個了〔三〕，方始架造安排，有頓放處。見得大底道理，方有立脚安頓處。若不見得大底道理，如人無個居着，趁得百十錢歸來，也無頓放處；況得明珠至寶，安頓在那裏？自家一身都是許多道理。人人有許多道理，蓋自天降衷，萬理皆具仁義禮智〔四〕，君臣父子兄弟朋友夫婦，自家一身都擔在這裏。須是理會了，體認教一一周足，略欠闕些子不得。須要緩心，直要理會教盡。須是大作規模，闊開其基，廣闢其地，少間到逐處，即看逐處都有頓放處。日用之間，只在這許多道理裏面轉，喫飯也在上面，上床也在上面，下床也在上面，脱衣服也在上面，更無些子空闕處。堯、舜、禹、湯也只是這道理。如人刺繡花草，不要看他繡得好，須看他下針處；如人寫字好，不要看他寫得好，只看他把筆處。」賀孫。

先生問：「諸公莫更有甚商量？」坐中有云：「此中諸公學問皆溺於高遠無根，近來方得先生發明，未遽有問。將來有所疑，却寫去問。」先生曰：「却是『以待來年然後已』說話，此只是不曾切己立志。若果切己立志，睡也不着，起來理會，所以『發憤忘食』、『終日不食，終夜不寢』去理會。今人有兩般見識：一般只是談虛說妙，全不切己，把做一場說話了；又有一般人說此事難理會，只恁地做人自得，讓與他門自理會。如人交易，情願批退帳，待別人典買。今人情願批退學問底多。」謙。

「諸公數日看文字，但就文字上理會，不曾切己。凡看文字，非是要理會文字，正要理會自家性分上事。學者須要主一，主一當要心存在這裏，方可做工夫。如人須尋個屋子住，至於爲農工商賈，方惟其所之。主者無個屋子，如小人趁得百錢亦無歸宿。孟子說『求其放心』，已是兩截。如常知得心在這裏，則心自不放。」又云：「無事時須要知得此心，不知此心，恰似睡睏，都不濟事。今看文字，又理會理義不出，亦只緣主一工夫欠闕。」植。時舉同。

先生一日謂諸生曰：「某患學者讀書不求經旨，談說空妙，故欲令先通曉文義，就文求意。下梢頭往往又只守定册子上言語，却看得不切己。須是將切己看，玩味入心，力去行之，方有所益。」端蒙。

學者說文字或支離泛濫，先生曰：「看教切己。」文蔚。

「學者講學，多是不疑其所當疑，而疑其所不當疑。不疑其所當疑，故眼前合理會處多蹉過；疑其所不當疑，故枉費了工夫。金溪之徒不事講學，只將個心來作弄，胡撞亂撞。此間所以令學者入細觀書做工夫者，正欲其熟考聖賢言語，求個的確所在。今却考索得如此支離，反不濟事。如某向來作或問，蓋欲學者識取正意。觀此書者，當於其中見得此是當辨，此不足辨，删其不足辨者，令正意愈明白可也。若更去外面生出許多議論，則正意反不明矣。今非特不見經文正意，只諸家之說，亦看他正意未著。」又曰：「中庸言『慎思』，何故不言深思？又不言勤思？蓋不可枉費心去思之，須是思其所當思者，故曰『慎思』也。」必大。

或問：「向蒙見教，讀書須要涵泳，須要浹洽。因看孟子千言萬語，只是論心。七篇之書如此看，是涵泳工夫否？」曰：「某爲見此中人讀書大段鹵莽，所以說讀書須當涵泳，只要子細看玩尋繹，令胸中有所得爾。如吾友所說，又襯貼一件意思，硬要差排，看書豈是如此？」或曰：「先生涵泳之說，乃杜元凱『優而柔之』之意？」曰：「固是如此，亦不用如此解人説話便是難，某只是説一個『涵泳』，一人硬來安排，一人硬來解説。此是隨語生解，支離延蔓，閑説閑講，少間展轉只是添得多，説得遠，却要做甚？若是如此讀書，如此聽人説話，全不是自做工夫，全無巴鼻。可知是使人説學是空談。此中人所問，大率如此，好理會處不理會，不當理會處却支離去説，説得全無意思。」蓋卿。

或解「居處恭，執事敬，與人忠」，云：「須是從裏面做出來，方得他外面如此。」曰：「公讀書便是多有此病，這裏又那得個裏面做出來底説話來？只是居處時便用恭，執事便用敬，與人時便用忠，『雖之夷狄，不可棄也』，不過只是如此説。大凡看書，須只就他本文看教直截，切忌如此支離蔓衍，拖脚拖尾，不濟得事。聖賢説話，那一句不直截，如利刃削成相似。雖以孔子之語渾然温厚，然他那句語更是斬截。若如公説一句，更用數十字去包他，則聖賢何不逐句上更添幾字，教他分曉？只看濂溪、二程、横渠門説話，無不斬截有力，語句自是恁地重。無他，所以看得如此寬緩無力者，只是心念不整肅，所以如此。緣心念不整肅，所以意思寬緩，都湊泊他那意思不着，説從別處去。須是整肅心念，看教他意思嚴緊，説出來有力，四方八面截然有界限，始得。如今説得如此支蔓，都不成個物事，其病只在心念不整肅上。」僩。

「讀書之法，只要落窠槽。今公門讀書，盡不曾落得那窠槽，只是走向外去思量，所以都説差去。如初間大水瀰漫，少間水既退，盡落低窪處，方是入窠槽，今盡是泛泛説從別處去。某常以爲書不難讀，只要人緊貼就聖人言語上平心看他，文義自見。今都是硬差排，思其所不當思，疑其所不當疑，辨其所不當辨，盡是枉了，濟得甚事？」僩。

「某嘗説：文字不難看，只是讀者心自嶢崎了，看不出。若大著意思反覆熟看〔五〕，那正當道理自湧出來。不要將那小意智私見識去間亂他，如此無緣看得出。如千軍萬馬從這一條大路去，行伍紀律自是不亂。若撥數千人從一小路去，空攪亂了正當底行陳，無益於事。」又曰：「看書且要依文看得個大概意思了，却去考究細碎處。如今未曾看得正當底道理出，便落草了，墮在一隅一角上，心都不活動。這個似轉水車相似，只撥轉機關子，他自是轉，連那上面磨子篩籮一齊都轉，自不費力。而今一齊説得枯燥，無些子滋味，便更看二十年，也只不濟事。須教他心裏活動轉得，莫着在那角落頭處。而今諸公看文字，如一個船閣在淺水上，轉動未得，無那活水泛將去，更將外面物事搭載放上面，越見動不得。都是枉用了心力，枉費日子。天下道理更有幾多，若只如此看，幾時得了？某而今也自與諸公門説不辨，只覺得都無意思。所願諸公寬著意思，且看正當道理，教他活動有長進處，方有所益。如一條死蛇，弄教他活。而今只是弄得一條死蛇，不濟事。」僩。

「學者須要無事時去做得功夫，然後可來此剖決是非。今才一不在此，便棄了這個。至此，又却臨時逐旋尋得一兩句言語來問，則又何益？」壽昌。

或曰：「某尋常所學，多於優游浹洽中得之。」曰：「若遽然便以爲有所見，亦未是。大抵於『博學、審問、謹思、明辨』，且未可説『篤行』，只這裏便是浹洽處。孔子所以『好古敏以求之』，其用力如此。」謨。

「人合是疑了問，公今却是揀難處來問，教人如何描摸？若説得，公又如何便曉得？若升高必自下。今人要入室奥，須先入門入庭，見路頭熟，次第入中間來。如何自階裏一造要做後門出？伊川云：『學者須先就近處。』」賀孫。

「而今人聽人説話未盡，便要争説。亦須待他人説教盡了，他人有説不出處，更須反覆問，教説得盡了，這裏方有處置在。」賀孫。

或人請諸經之疑，先生既答之，復曰：「今雖盡與公説，公盡曉得，不於自家心地上做工夫，亦不濟事。」道夫。

「諸公所以讀書無長進，緣不會疑。某雖看至没緊要底物事，亦須致疑。纔疑，便須理會得徹頭。」僩。

或謂：「問難只是作話頭，不必如此。」曰：「不然。到無疑處不必問，疑則不可不問。

今如此云云，不是惡他人問，便是自家讀書未嘗有疑。」可學。

「讀語録玩了，却不如乍見者勇於得，此是病。」方。

諸生請問不切。曰：「群居最有益，而今朋友乃不能相與講貫，各有疑忌自私之意。不知道學問是要理會個甚麽？若是切己做工夫底，或有所疑，便當質之朋友，同共商量。須有一人識得破者，已是講得七八分，却到某面前商量，便易爲力。今既各自東西，不相講貫，如何得會長進？欲爲學問，須要打透這些子，放令開闊，識得個『以能問於不能，以多問於寡』底意思，方是切於爲己。」時舉。

或問太極。曰：「看如今人與太極多少遠近？」或人自説所讀書。曰：「徒然説得一片，恁地多不濟事。如今且要虚心，心若不虚，雖然恁地問，待别人恁地説自不入。他聽之如不聞，只是他自有個物事横在心下。如顔子，人道他『得一善則拳拳服膺而不失』，他不曾自知道『得一善拳拳服膺而不失』；他『見不善未嘗不知，知之未嘗復行』，他不曾自知道『見不善未嘗不知，知之未嘗復行』；他『不遷怒，不貳過』，他不曾自知道『不遷怒，不貳過』。他只見個道理當如此。易曰：『君子以虚受人。』書曰：『惟學遜志。』舊有某人來問事，略不虚心，一味氣盈色滿。當面與他説，他全不聽得。」賀孫。

「天下之理有長有短，有大有小，當各隨其義理看。某看得學者有個病：於他人如此說處，又討個義理，責其不如彼說；於其如彼說處，又責其不如此說。」因舉所執扇反覆爲喻，曰：「此扇兩邊各有道理，今學者待他人說此邊道理，便翻轉那一邊難之；及他說那一邊，却又翻轉這一邊難之。」必大。

問：「氣質之害，直是今人不覺。非特讀書就他氣質上說，只如每日聽先生說話，也各以其所偏爲主。如十句有一句合他意，便硬執定這一句。」曰：「是如此。且如仲山甫一詩，蘇子由專歎美『既明且哲，以保其身』二句，伯恭偏喜『柔嘉維則』一句。某問何不將那『柔亦不茹，剛亦不吐』以下四句做好？某意裏又愛這四句。」問：「這四句如何？」曰：「也自剛了。」問：「剛底終是占得分數多？」曰：「也不得，只是比柔又較爭。」胡泳。

「質敏不學，乃大不敏。有聖人之資必好學，必下問。若就自家杜撰，更不學，更不問，便已是凡下了。聖人之所以爲聖，也只是好學下問。舜自耕稼陶漁以至于帝，無非取諸人以爲善。孔子說：『禮，吾聞諸老聃。』這也是學於老聃，方知得這一事。」賀孫。

先生因學者少寬舒意，曰：「公讀書恁地縝密，固是好，但恁地逼截成一團，此氣象最不好，這是偏處。如一項人恁地不子細，固是不成道理。若一向蹙密，下梢却展拓不去。明道一見謝顯道，曰：『此秀才展拓得開，下梢可望。』」又曰：「於詞氣間亦見得人氣象。如明道語言固無甚激昂，看來便見寬舒意思。龜山，人只道恁地寬，看來不是寬，只是不解理會得，不能理會得。范純夫語解比諸公説理最平淺，但自有寬舒氣象，儘好。」賀孫。

因人之昏弱而箴之曰：「人做事，全靠這些子精神。」節。

有言貧困不得專意問學者。曰：「不干事。世間豈有無事底人？但十二時看那個時閑，一時閑便做一時工夫，一刻閑便做一刻工夫。積累久，自然別。」或又以離遠師席，不見解注爲説。曰：「且如某之讀書，那曾得師友專守在裏？初又曷嘗有許多文字？也只自着力耳。」或曰：「先生高明，某何敢望？」曰：「如此則全未知自責。『堯舜與人同耳』，曷嘗有異？某嘗謂：此皆是自恕之語，最爲病痛。」道夫。

或言氣稟昏弱，難於爲學。曰：「誰道是公昏弱？但反而思之，便强便明，這氣色打一轉。日日做工夫，日日有長進。」子蒙。

或問：「某欲克己而患未能。」曰：「此更無商量。人患不知耳，既已知之，便合下手做，更有甚商量？『爲仁由己，而由人乎哉？』」雉。

或言：「今且看先生動容周旋以自檢。先生所著文義，却自歸去理會。」曰：「文義只是目下所行底，如何將文義别做一邊看？若不去理會文義，終日只管相守閑坐，如何有這道理？文義乃是躬行之門路，躬行即是文義之事實。」賀孫。

或問：「人固欲事事物物理會，然精力有限，不解一一都理會得。」曰：「固有做不盡底，但立一個綱程，不可先自放倒。也須靜着心，實着意，沉潛反覆，終久自曉得去。」祖道。

或説「居敬，窮理。」曰：「都不須如此説。如何説又怕居敬不得？窮理有窮不去處？豈有此理〔六〕。只是自家元不曾居敬，元不曾窮理，所以説得如此。若真個去窮底，豈有窮不得之理？若心堅，便是石也穿，豈有道理了窮不得之理？而今説又怕有窮不得處，又怕如何，又計較如何，都是枉了。只恁勇猛堅決向前去做，無有不得之理，不當如此遲疑。如人欲出路，若有馬，便騎馬去；有車，便乘車去；無車，便徒步去。只是從頭行將去，豈有不到之理？」僩。燾録云：「問：『理有未窮，且只持敬否？』曰：『不消恁地説。持敬便只管持將去，窮理便只管窮將去。如説前面萬一有持不得、窮不得處，又去別生計較，這個都是枉了思量。然亦只是不曾真個持敬窮理，若是真個曾持敬窮理，豈有此説？譬如出路，要乘轎便乘轎，要乘馬便乘馬，要行便行，都不消思量前面去不得時，又着如何，但當勇猛堅決向前。那裏要似公説居敬不得處又着如何，窮理不得處又着如何。古人所謂心堅石穿，蓋未嘗有做不得底事。如公幾年讀書不長進時，皆緣公恁地，所以搭滯了。』又曰：『聖人之言，本自直截。若裏面有屈曲處，聖人亦必説在上面。若上面無底，又何必思量從那屈曲處去？都是枉了工夫。』」

或問：「格物一項稍支離。」曰：「公依舊是個計較利害底心下在這裏。公且試將所説行將去，看如何。若只管在這裏擬議，如何見得？如做得個船，且安排槳楫，解了繩，放了索，打將去看，却自見涯岸。若不放船去，只管在這裏思量，怕有風濤，又怕有甚艱險，如何得到岸？公今恰似個船全未曾放離岸，只管計較利害，聖賢之説那尚恁地？『子路有聞，未之能行，唯恐有聞。』如今說了千千萬萬，却不曾去下得分寸工夫。」又曰：「聖人嘗說『有殺身以成仁』，今看公那邊人，教他『殺身以成仁』，道他肯不肯？決定是不肯！才說着，他也道是怪在。」又曰：「『吾未見剛者』，聖人只是要討這般人，須是有這般資質，方可將來磨治。詩云『追琢其章，金玉其相』，須是有金玉之質，方始琢磨得出。若是泥土之質，假饒你如何去裝飾，只是個不好物事，自是你根脚本領不好了。」又曰：「如讀書，只是理會得，便做去。公却只管在這裏說道如何理會。伊川云：『人所最可畏者，便做。』」賀孫。

先生問學者曰：「公今在此坐，是主靜，是窮理？」久之未對。曰：「便是公不曾做工夫。若不是主靜，便是窮理，只有此二者。既不主靜，又不窮理，便是心無所用，閑坐而已。如此做工夫，豈有長進之理？佛者曰：『十二時中，除了着衣喫飯是別用心。』夫子亦云：『造次必於是，顛沛必於是。』須是如此做工夫方得。公等每日只是閑用心，問閑事、說閑話底時節多；問緊要事，究竟自己事底時節少。若是真個做工夫底人，他自是無閑工夫說閑話、問閑事。聖人言語有幾多緊要大節目，都不曾理會。小者固不可不理會，然大者尤緊要。」僩。

或問：「致知當主敬。」又問：「當如先生説次第觀書。」曰：「此只是説話，須要下工夫方得。」蓋卿。

「諸公且自思量，自朝至暮，還曾有頃刻心從這軀殼裏思量過否？」僩。

「賢輩但知有營營逐物之心，不知有真心，故識慮皆昏。觀書察理，皆草草不精，眼前易曉者亦看不見，皆由此心雜而不一故也。所以前輩語初學者必以敬，曰：『未有致知而不在敬者。』今未知反求諸心，而胸中方且叢雜錯亂，未知所守。持此雜亂之心以觀書察理，故凡工夫皆從一偏一角做去，何緣會見得全理。某以爲諸公莫若且收斂身心，盡掃雜慮，令其光明洞達，方能作得主宰，方能見理。不然，亦終歲而無成耳。」□雅〔七〕。

「諸公皆有志於學，然持敬工夫大段欠在。若不知此，何以爲進學之本？程先生云：『涵養須用敬，進學則在致知。』此最切要。」游和之問：「不知敬如何持？」曰：「只是要收斂身心，莫令走失而已。今人精神自不曾定，讀書安得精專？凡看山看水，風吹草動，此心便自走失，何以爲學？諸公切宜勉此。」南升。

先生語諸生曰：「人之爲學，五常百行，豈能盡常常記得？人之性惟五常爲大，五常之中仁尤爲大，而人之所以爲是仁者，又但當守『敬』之一字。只是常求放心，晝夜相承，只管提撕，莫令廢惰，則雖不能常常盡記衆理，而義禮智信之用，自然隨其事之當然而發見矣。子細思之，學者最是此一事爲要，所以孔門只是教人求仁也。」壯祖。

或曰：「每常處事，或思慮之發，覺得發之正者心常安，其不正者心常不安。然義理不足以勝私欲之心，少間安者却容忍，不安者却依舊被私欲牽將去。及至事過，又却悔，悔時依舊是本心發處否？」曰：「然。只那安、不安處便是本心之德。孔子曰：『志士仁人無求生以害仁，有殺身以成仁。』求生如何便害仁？殺身如何便成仁？只是個安與不安而已。」又曰：「不待接事時方流入於私欲，只那未接物時此心已自流了。須是未接物時，也常剔抉此心，教他分明，少間接事便不至於流。上蔡解『爲人謀而不忠』云：『爲人謀而忠，非特臨事而謀；至於平居靜慮，思所以處人者一有不盡，則非忠矣。』此雖於本文說得來大過，然却如此。今人未到爲人謀時方不忠，只平居靜慮閑思念時，便自懷一個利便於己，將不好處推與人之心矣。須是於此處常常照管得分明方得。」僩。

或問：「靜時見得此心，及接物時又不見。」曰：「心如何見得？接物時只要求個是。應得是，便是心得其正；應得不是，便是心失其正，所以要窮理。且如人唱喏，須至誠還他喏。人問何處來，須據實說某處來。即此便是應物之心，如何更要見此心？浙間有一般學問，又是得江西之緒餘，只管教人合眼端坐，要見一個物事如日頭相似，便謂之悟，此大可笑。夫子所以不大段說心，只說實事，便自無病。至孟子始說『求放心』，然大概只要人不馳騖於外耳，其弊便有這般底出來，以此見聖人言語不可及。」學蒙。

或問：「覺得意思虛靜時，應接事物少有不中節者。纔是意思不虛靜，少間應接事物便都錯亂。」曰：「然。然公又只是守得那塊然底虛靜，雖是虛靜，裏面黑漫漫地，不曾守得那白底虛靜，濟得甚事？所謂虛靜者，須是將那黑底打開成個白底，教他裏面東西南北玲瓏透徹，虛明顯敞，如北方喚做虛靜。若只確守得個黑底虛靜，何用？」僩。

有問：「程門教人說敬，却遺了恭。中庸說『篤恭而天下平』，又不說敬。如何恭、敬不同？」曰：「昔有人曾以此問上蔡，上蔡云：『不同，恭是平聲，敬是側聲。』」舉坐大笑。先生曰：「不是如此理會，隨他所說處理會。如只比並作個問頭，又何所益？」謙。

先生嘗語在坐者云：「學者常常令道理在胸中流轉。」過。

先生見學者解說之際，或似張大，即語之曰：「說道理，不要大驚小怪。」過。

「今之學者只有兩般，不是玄空高妙，便是膚淺外馳。」

張洽因先生言近來學者多務高遠，不自近處著工夫，因言：「近來學者誠有好高之弊。昔有問伊川：『如何是道？』伊川曰：『行處是。』又問明道：『如何是道？』明道令於君臣父子兄弟上求。諸先生之言，不曾有高遠之說？」先生曰：「明道之說固如此。然君臣父子兄弟之間，各有個當然之理，此便是道。」

因說今人學問，云：「學問只是一個道理。不知天下說出幾多言語來，若内無所主，一隨人脚跟轉，是壞了多少人。吾人日夜要講明此學，只爲要理明學至，不爲邪說所害，方是見得道理分明。聖賢真可到，言話真不誤人。今人被人引得七上八下，殊可笑。」謙。

或問左傳疑義。曰：「公不求之於六經、語、孟之中，而用功於左傳，且左傳有甚麼道理？縱有，能幾何？所謂『棄却甜桃樹，緣山摘醋梨』。天之所賦於我者，如光明寶藏，不會收得，却上他人門教化一兩錢，豈不哀哉！只看聖人所說，無不是這個大本。如云：『天高地下，萬物散殊，而禮制行矣。流而不息，合同而化，而樂興焉。』不然，子思何故說個『天命之謂性，率性之謂道，脩道之謂教』，此三句是怎如此說？是乃天地萬物之大本大根，萬化皆從此出。人若能體察得，方見得聖賢所說道理，皆從自己胸襟流出，不假他求。某向嘗見呂伯恭愛與學者說左傳，某嘗戒之曰：『語、孟、六經許多道理不說，恰限說這個。縱那上有些零碎道理，濟得甚事？』伯恭不信，後來又說到漢書。若使其在，不知今又說到甚處，想益卑矣，固宜爲陸子靜所笑也。子靜底是高，只是下面空疏，無物事承當。伯恭底甚低，如何得似他？」又曰：「人須是於大原本上看得透，自然心胸開闊，見世間事皆瑣瑣不足道矣。」又曰：「每日開眼，便見這四個字在面前，仁、義、禮、智。只趯着脚指頭便是。這四個字若看得熟，於世間道理，沛然若決江河而下，莫之能禦矣。若看得道理透，方見得每日所看經書，無一句一字、一點一畫不是此理之流行；見天下事，無大無小、無一名一件不是此理之發見。如此，方見得這個道理渾淪周遍，不偏枯，方見得所謂『天命之謂性』底全體。今人只是隨所見而言，或見得一二分，或見得二三分，都不曾見那全體，不曾到那極處，所以不濟事。」僩。

「浙中朋友，一等底只理會上面道理，又只理會一個空底物事，都無用，少間亦只是計較利害。一等又只就下面裏會事，眼前雖粗有用，又都零零碎碎了，少間只見得利害。如橫渠說釋氏有『兩末之學』，兩末，兩頭也，都是那中間事物轉關處都不理會。」賀孫問：「如何是轉關處？」曰：「如致知格物，便是就事上理會道理。理會上面底，卻棄置事物爲陳迹，便只說個無形影底道理。然若還被他放下來，更就事上理會，又卻易。只是他已見得上面一段物事，不費氣力，省事了，又那肯下來理會。理會下面底，又都細碎了。這般道理，須是規模大，方理會得。」遂舉伊川說：「曾子易簀，便與有天下行一不義，殺一不辜不爲一同。」「後來說得來，便無他氣象。大底卻可以做小，小底要做大卻難，小底就事物細碎上理會。」賀孫。

先生問浙間事，某曰：「浙間難得學問。會說者，不過孝悌忠信而已。」曰：「便是守此四字不得，須是從頭理會來，見天理從此流出便是。」炎。

謂邵武諸友：「公看文字，看得緊切好。只是邵武之俗，不怕不會看文字，不患看文字不切，只怕少寬舒意思。」賀孫。

方伯謨以先生教人讀集注爲不然，蔡季通丈亦有此語，且謂「四方從學之士稍自負者皆不得其門而入，去者亦多」。某因從容侍坐，見先生舉似與學者云：「讀書須是自肯下工夫始得。某向得之甚難，故不敢輕説與人。至於不得已而爲注釋者，亦是博採諸先生及前輩之精微寫出與人看，極是簡要，省了多少工夫。學者又自輕看了，依舊不得力。」蓋是時先生方獨任斯道之責，如西銘、通書、易象諸書方出，四方辨詰紛然。而江西一種學問，又自善鼓扇學者，其於聖賢精義皆不暇深考。學者樂於簡易，甘於詭僻，和之者亦衆，然終不可與入堯舜之道。故先生教人，專以主敬窮理爲主，欲使學者自去窮究，見得道理如此，便自能立，不待辨説而明。此引而不發之意，其爲學者之心蓋甚切，學者可不深味此意乎？」炎。

或問：「所謂『窮理』，不知是反己求之於心？惟復是逐物而求於物？」曰：「不是如此。事事物物皆有個道理，窮得十分盡，方是格物。不是此心，如何去窮理？不成物自有個道理，心又有個道理，枯槁其心，全與物不接，却使此理自見？萬無是事！不用自家心，如何别向物上求一般道理？不知物上道理却是誰去窮得？近世有人爲學，專要説空説妙，不肯就實，却説是悟。此是不知學，學問無此法。才説一『悟』字，便不可窮詰，不可研究，不可與論是非，一味説入虛談，最爲惑人。然亦但能謾得無學底人，若是有實學人，如何被他謾？才説『悟』，便不是學問。奉勸諸公，且子細讀書。書不曾讀，不見義理，乘虛接渺，指摘一二句來問人，又有漲開其説來問，又有牽甲證乙來問，皆是不曾有志朴實頭讀書。若是有志朴實頭讀書，真個逐些理會將去，所疑直是疑，亦有可答。不然，彼已無益，只是一場閑説話爾，濟得甚事？且如讀此一般書，只就此一般書上窮究，册子外一個字且莫兜攬來炒。將來理明，却將已曉得者去解得未曉者。如今學者將未能解説者却去參解説不得者，鶻突好笑。悠悠歲月，只若人耳。」謙。

或問：「所守所行，似覺簡易，然茫然未有所獲。」曰：「既覺得簡易，自合有所得，却曰茫然無所獲者，如何？」曰：「比之以前爲學多岐〔八〕，今來似覺簡略耳。愚殊不敢望得道，只欲得一個入頭處。」曰：「公之所以無所得者，正坐不合簡易。揚子雲曰：『以簡以易，焉支焉離？』蓋支離所以爲簡易也。人須是『博學之，審問之，謹思之，明辨之，篤行之』，然後可到簡易田地。若不如此用工夫，一蹴便到聖賢地位，却大段易了，古人何故如此『博學、審問、謹思、明辨、篤行』乎？夫是五者，無先後，有緩急。不可謂博學時未暇審問，審問時未暇謹思，謹思時未暇明辨，明辨時未暇篤行。五者從頭做將下去，只微有少差耳，初無先後也。如此用工，他日自然簡易去。謨録注云「包顯道以書論此，先生面質如此」。孟子曰：『博學而詳說之，將以反說約也。』語云：『博我以文，約我以禮。』須是先博然後至約，如何便先要約得？人若先以簡易存心，不知『博學、審問、謹思、明辨、篤行』，將來便入異端去。」去僞。謨同。

先生言：「此兩日甚思諸生之留書院者，不知在彼如何。孔子在陳，思魯之狂士。孟子所記，本亦只是此說。『狂狷』即『狂簡』，『不忘其初』即『不知所以裁之』，當時隨聖人在外底，却逐日可照管他，留魯者却不見得其所至如何，然已說得『成章』了。成章是有首有尾，如異端亦然。釋氏亦自說得有首有尾，道家亦自說得有首有尾，大抵未成者尚可救，已成者爲足慮。」時先生在郡中。必大。

或云：「嘗見人說，凡是外面尋討入來底，都不是。」曰：「喫飯也是外面尋討入來，若不是時，須在肚裏做病，如何又喫得安穩？蓋飢而食者，即是從裏面出來，讀書亦然。書固在外，讀之而通其義者却自是裏面事，如何都喚做外面入來得？必欲盡捨詩書而別求道理，異端之說也。」琮。

「天下道理自平易簡直，人於其間，只是爲剖析人欲以復天理，教明白洞達，如此而已。今不於明白處求，却求之於偏旁處，縱得些理，其能幾何？今日諸公之弊，却自要說一種話云『我有此理，他人不知』，安有此事？理只是一般理，只是要明得，安有人不能而我獨能之事？如此，則是錯了。」可學。

「學者同在此，一般講學，及其後説出來，便各有差誤。要其所成，有上截底無下截，有下截底無上截，有皮殼底無肚腸，有肚腸底無皮殼，不知是如何？」必大曰：「工夫有間斷，亦是氣質之偏使然。」曰：「固是氣質，然大患是不子細。嘗謂今人讀書，得如漢儒亦好。漢儒各專一家，看得極子細。今人才看這一件，又要看那一件，下梢都不曾理會得。」必大。

看二十五條，曰：「此正與前段相反，却有上截無下截。天資高底，固有能不爲富貴所累，然下此者亦必思所以處之。『貧而樂』者固勝如『無諂』，『富而好禮』者固勝如『無驕』。若未能『無諂無驕』底，亦須且於此做工夫。頃見一文集云：有一人天資善弈，極高，遂入京見國手。國手與之下了，但云『可隨我諸處，看我與人弈』。如此者半年，遂遣之。其人曰：『某隨逐許時，未蒙教得有所長。』國手曰：『汝棊本高，但未曾識低着，却恐與人下時錯了。我帶你去半年，只是欲汝識低着耳。』」因論棊，又曰：「默堂集中亦載一説：有兩個對弈，方爭一段，甚危。其人忽捨所爭，却別於閑處下一着，衆所不曉。既畢，或問之，曰：『所爭處已自定，此一着亦有利害，不可不急去先下一着，然對者固未必曉。』問者曰：『既見得其人未必曉，又何用急去下？』曰：『在彼雖可忽，在我者不可不盡耳。』天下事皆當如此，不獨弈也。」𠑊。

政和有客同侍坐，先生曰：「這下人全不讀書，莫說道教他讀別書，只是要緊如六經、漢書、唐書、諸子也須着讀始得。又不是大段直錢了，不能得他讀。只問人借將來讀，也得。如何一向只去讀時文？如何擔當個秀才名目在身己上？既做秀才，未說道要他理會甚麼高深道理，也須知得古聖賢所以垂世立教之意是如何，古今盛衰存亡治亂事體是如何，從古來人物議論是如何，這許多眼前底都全不識，如何做士人？須是識得許多，方始成得個人。」又云：「向來人讀書爲科舉計，已自是末了。如今又全不讀而赴科舉，又末之末者。若以今世之所習，雖做得官，貴窮公相，也只是個没見識底人。若依古聖賢所教做去，雖極貧賤，身自躬耕，而胸次亦自浩然，視彼污濁卑下之徒，曾犬彘之不若。」又曰：「如今人也須先立個志趣，始得。還當自家要做甚麼人，是要做聖賢，是只要苟簡做個人？天教自家做人，還只教恁地便是了？閑時也須思量着。聖賢還是元與自家一般，還是有兩般？天地交付許多與人，不獨厚於聖賢而薄於自家，自家是有這四端，是無這四端？只管在塵俗裏面衮，還曾見四端頭面，還不曾見四端頭面？且自去看。最難說是意趣卑下，都不見上面許多道理。公今如只管去喫魚鹹，不知有芻豢之美。若去喫芻豢，自然見魚鹹是不好喫物事。」又云：「如論語說『學而時習之』，公且自看平日是曾去學，不曾去學？曾去習，不曾去習？學是學個甚麽，習是習個甚麽？曾有説意思，無説意思？且去做好。讀聖賢之書，熟讀自見。如孟子説『亦有仁義而已』，這也不待注解。如何孟子須教人捨利而就義？如今人如何只去義而趨利？」賀孫。

問「曾點」。曰：「今學者全無曾點分毫氣象，今整日理會一個半個字育下落，猶未分曉，如何敢望他？他直是見得這道理活潑潑地快活，若似而今諸公樣做工夫，如何得似它？」問：「學者須是打疊得世間一副當富貴利禄底心，方可以言曾點氣象，方有可用功處？」曰：「這個大故是外面粗處。某常説：這個不難打疊，極未有要緊，不知別人如何。正當是裏面工夫極有細碎難理會處，要人打疊得。若只是外面富貴利禄，此何足道？若更這處打不透〔九〕，説甚麽學？正當學者裏面工夫多有節病。人亦多般樣。而今自家只見得這個重，便説難打疊，它人病痛又有不在是者。若人人將這個去律它，教須打併這個了，方可做那個，則其無此病者，却覺得緩散無力。急這一邊，便緩却那一邊。所以這道理極難，要無所不用其力。莫問他急緩先後，只認是處便奉行，不是處便緊閉，教他莫要出來。所以説『是故君子無所不用其極』，『是故君子戒慎乎其所不覩，恐懼乎其所不聞。莫見乎隱，莫顯乎微』。」又曰：「『仁以爲己任，不亦重乎。』四方八面，盡要照管得到。若一處疏闕，那病痛便從那疏處入來。如人厮殺，凡山川途徑、險阻要害，無處不要防守。如姜維守蜀，它只知重兵守着正路，以爲魏師莫能來，不知鄧艾却從陰平、武都而入，反出其後。它當初也説那裏險阻，人必來不得，不知意之所不備處，才有縫罅，便被賊人來了。做工夫都要如此，所以這事極難，只看『是故君子無所不用其極』一句便見。而今人有終身愛官職不知厭足者；又有做到中中官職便足者；又有全然不要，只恁地懶惰因循，我也不要官職，我也無力爲善，平平過者；又有始間是好人，末後不好者；又有始間不好，到末好者，如此者多矣；又有做到宰相了，猶未知厭足〔一〇〕，更要經營久做者，極多般樣。」僩。

先生過信州，一士子請見，問爲學之道。曰：「『道二，仁與不仁而已矣。』聖人千言萬語，只是要教人做人。」文蔚。

先生曰：「相隨同歸者，前面未必程程可説話；相送至此者，一別又不知幾年。有話可早商量。」久而無人問。先生遂云：「學者須要勇決，須要思量，須要著業。」又云：「此間學者只有過底，無有不及底。」在大桂鋪説。震。

與或人説：「公平日説甚剛氣，到這裏爲人所轉，都屈了。凡事若見得了，須使堅如金石。」賀孫。

「舊看不尚文華薄勢利之類説話，便信以爲然，將謂人人如此。後方知不然，此在資質。」

「學者輕俊者不美，朴厚者好。」振。

先生因言：「學者平居議論多頹塌，臨事難望它做得事。」遂說：「一姓王學者，後來狼狽，是其平時議論，亦專是回互。有一處責曾子許多時用大夫之簀，臨時不是童子說，則幾失易簀。王便云：『這是曾子好處。既受其簀，若不用之，必至取怒季孫，故須且將來用。』大抵今之學者多此病，如學夫子，便學他『微服過宋』，『君命召，不俟駕』，『見南子』與『佛肸召』之類。有多少處不學，只學他這個。」胡泳。

「大率爲善須自有立。今欲爲善之人，不可謂少，然多顧浮議，浮議何足恤。蓋彼之是非，干我何事？亦是我此中不痛切耳。若自着緊，自痛切，亦何暇恤它人之議哉！」大雅。

或言某人好善。曰：「只是徇人情與世浮沉，要教人道好。又一種人見如此，却欲矯之，一味只是說人短長，道人不是，全不反己。且道我是甚麽人？它是如何人？全不看他所爲是如何，我所爲是如何，一向只要胡亂說人。此二等人皆是不知本領，見歸一偏，坐落在窠臼中，不能得出，聖賢便不如此。」謙。

因說：「而今人須是它曉得，方可與它說話。有般人說與眼前事尚不曉，如何要他知得千百年英雄心事。」燾。

有一朋友輕慢，去後因事偶語及之。先生曰：「何不早說，得某與他道？」坐中應曰：

「不欲說。」曰：「他在却不欲說，去後却後面說他，越不是。」端蒙。

因論諸人爲學，曰：「到學得爭綱爭紀，學却反成個不好底物事。」揚曰：「大率是人小故然。又各人合下有個肚私見識，世間書人無所不有，又一切去附會上，故皆偏側違道去。」先生甚然之。揚。

門人有與人交訟者，先生數責之云：「欲之甚，則昏蔽而忘義理；求之極，則爭奪而至怨仇。」賀孫。

每夜諸生會集，有一長上，纔坐定便閑話。先生責曰：「公年已四十，書讀未通，纔坐便說別人事。夜來諸公閑話至二更，如何如此相聚，不回光反照，作自己工夫，却要閑說。」歎息久之。賀孫。

有侍坐而睏睡者，先生責之。敬子曰：「僧家言，常常提起此志令堅强，則坐得自直，亦不昏睏。纔一縱肆，則嗒然頹放矣。」曰：「固是。道家修養，也怕昏睏，常要直身坐，謂之『生腰坐』。若昏睏倒靠，則是死腰坐矣。」因舉小南和尚少年從師參禪，一日偶靠倚而坐，其師見之，叱曰：「『得恁地無脊梁骨！』小南悚然，自此終身不靠倚坐。」又舉徐處仁知北京日，早晨會僚屬治事訖，復穿秉會坐，設廳上。徐多記覽，多說平生履歷州郡利害，政事得失，及前言往行。終日危坐，僚屬甚苦之。嘗暑月會坐，有秦兵曹者瞌睡，徐厲聲叱之起曰：「某在此説話，公却瞌睡，豈以某言爲不足聽耶！未論某是公長官，只論鄉曲，亦是公丈人行，安得如此！」叫客將掇取秦兵曹坐椅子去。問：「徐後來做宰相，却無聲譽。」曰：「他只有治郡之才。」僩。

有學者每相揖畢，輒縮左手袖中，先生曰：「公常常縮着一隻手是如何？也似不是舉止模樣。」義剛。

先生讀書屏山書堂，一日，與諸生同行登臺，見草盛，命數兵耘草，分作四段，令各耘一角。有一兵逐根拔去，耘得甚不多，其它所耘處一齊了畢。先生見耘未了者，問諸生曰：「諸公看幾個耘草，那個快？」諸生言諸兵皆快，獨指此一人以爲鈍。曰：「不然。某看來，此卒獨快。」因細視諸兵所耘處，草皆去不盡，悉復呼來再耘。先生復曰：「那一兵雖不甚快，看它甚子細，逐根去令盡。雖一時之難，却只是一番工夫便了。這幾個又着從頭再用工夫，只緣其初欲速苟簡，致得費力如此。看這處，便是學者讀書之法。」寓。

留丞相以書問詩集傳數處，先生以書示學者曰：「他官做到這地位，又年齒之高如此，雖在貶所，亦不曾閑度日，公等豈可不惜寸陰？」友仁。

先生氣疾作，諸生連日皆無問難。一夕，遣介召入卧内，諸生亦無所請。先生怒曰：「諸公恁地閑坐時，是怎生地？恁地便歸去强，不消得恁地遠來。」義剛。

「大有事用理會在，某今只是覺得後面日子短促了，精力有所不逮。然力之所及，亦不敢不勉。思量着有萬千事要理會在，自是不容已。只是覺得後面日子大故催促人，可爲慨歎耳！」

先生言：「日來多病，更無理會處，恐必不久於世。諸公全靠某，不得須是自去做工夫，始得。且如看文字，須要此心在上面。若心不在上面，便是不曾看相似，所謂『視之不見，聽之不聞』，只是心不在焉耳。」時舉。

先生不出，令入卧内相見，云：「某病此番甚重。向時見文字，也要議論，而今都怕了。諸友可各自努力，全靠某不得。」時舉。

「講學須要著實。向來諸公多見得不明，却要做一罩説。」語次云：「目前諸友亦多有識門户者。某旦暮死耳，不敢望大行。且得接續三四十年，説與後進令知亦好。」可學。

先生一日腰疼甚，時作呻吟聲，忽曰：「人之爲學，如某腰疼方是。」在坐者皆不能問，泳久而思之，恐是爲學工夫意思接續，自然無頃刻之忽忘，然後進進不已。痛楚在身，雖欲無之而不可得，故以開諭學者，其警人之意深矣。胡泳。

因説工夫不可間斷，曰：「某苦臂痛，常以手擦之，其痛遂止。若或時擦，或時不擦，無緣見效，即此便是做工夫之法。」正叔退，謂文蔚曰：「擦臂之喻最有味。」文蔚。

校勘記

〔一〕僩略　朝鮮本收詳細「僩」録，作：横渠云：「讀書須是成誦。」今人所以不如古人處，只争這些子。古人記得，故曉得；今人鹵莽，記不得，故曉不得。不論緊要處、慢處，皆須成誦，少間不知不覺自然相觸發，曉得義理。蓋這一段文義横在心下，自是放不得，必曉得而後已。今所以記不得，説不去，心若存，若亡，皆不精不熟之患也。僩。

〔二〕耳目　朝鮮本此下增：問。

〔三〕須是開墾得這個了　「了」，朝鮮本、萬曆本作「些」。

〔四〕萬理皆具仁義禮智　「具」原作「其」，據朝鮮本、萬曆本改。

〔五〕若大著意思反覆熟看　「意」原作「志」，據朝鮮本、萬曆本改。

〔六〕豈有此理　「理」，朝鮮本、萬曆本作「意」。

〔七〕□雅　原無方框，據朝鮮本、萬曆本補。

〔八〕比之以前爲學多岐　「岐」原作「政」，據朝鮮本、萬曆本改。

〔九〕若更這處打不透　「不」，朝鮮本、萬曆本作「一个」。

〔一〇〕猶未知厭足　「未」原作「木」，據朝鮮本、萬曆本改。

朱子語類卷第一百二十二

呂伯恭

因說南軒、東萊，或云：「二先生若是班乎〔一〕？」壽昌曰：「不然。」先生適聞之，遂問如何。曰：「南軒非壽昌所敢知，東萊亦不相識。但以文字觀之，東萊博學多識則有之矣，守約恐未也。」先生然之。壽昌。

「某嘗謂：人之讀書，寧失之拙，不可失之巧；寧失之低，不可失之高。伯恭之弊盡在於巧。」伯羽。

「伯恭說義理太多傷巧，未免杜撰。子靜使氣，好爲人師，要人悟。」一云：「呂太巧，杜撰。陸喜同己，使氣。」閎祖。

或問東萊、象山之學。曰：「伯恭失之多，子靜失之寡。」柄。

或問：「東萊謂變化氣質，方可言學。」曰：「此意甚善。但如鄙意，則以爲學乃能變化氣質耳。若不讀書窮理，主敬存心，而徒切切計較於昨非今是之間，恐亦勞而無補也。」

「伯恭更不教人讀論語。」方子。

「伯恭〔二〕教人看文字也粗。有以論語是非問者，伯恭曰：『公不會看文字，管他是與非做甚？但有益於我者，切於我者，看之足矣。』且天下須有一個是與不是，是處便是理，不是處便是咈理，如何不理會得？」賜。

「『躬自厚而薄責於人，則遠怨矣。』吕丈舊時性極偏急，因病中讀論語，於此有省，後遂如此好。」廣録云：「伯恭言，少時愛使性，才見使令者不如意，便躁怒。後讀論語云云。某嘗問路德章：『曾見東萊説及此否？』」

「伯恭要無不包羅，只是撲過，都不精。詩小序是他看不破。薛常州周禮制度都不能言。邵數亦教季通説過一遍，又休了。」揚。

「東萊聰明，看文理却不子細。向嘗與較程易，到噬嗑卦『和而且治』，一本『治』作『洽』。據『治』字於理爲是，他硬執要做『洽』字。『和』已有洽意，更下『洽』字不得。緣他先讀史多，淳録作：「讀史來多而雜」。所以看粗着眼〔三〕。讀書須是以經爲本，而後讀史。」義剛。淳同〔四〕。

李德之問：「繫辭精義編得如何？」曰：「編得亦雜，只是前輩說話有一二句與繫辭相雜者皆載，只如『觸類而長之』，前輩曾說此便載入，更不暇問是與不是。」蓋卿。

或問繫辭精義〔五〕。曰：「這文字雖然是裒集得做一處，其實於本文經旨多有難通者。如伊川說話與橫渠說話都有一時意見如此，故如此說。若用本經文一二句看得亦自通，只要成片看，便上不接得前，下不帶得後。如程先生說孟子『勿忘，勿助長』只把幾句來說敬，後人便將來說此一章，都前後不相通，接前不得，接後不得。若知得這般處是假借來說敬，只恁地看，也自見得程先生所以說之意，自與孟子不相背馳。若此等處，最不可不知。」賀孫。

「人言何休爲公、穀忠臣，某嘗戲伯恭爲毛、鄭之佞臣。」道夫。

問〔六〕東萊之學。曰：「伯恭於史分外子細，於經却不甚理會。有人問他『忠恕』楊氏、侯氏之說孰是，他却說：『公如何恁地不會看文字？這個都好。』不知是如何看來。他要說爲人謀而不盡心爲忠，傷人害物爲恕，恁地時他方說不是？」義剛曰：「他也是相承那江浙間一種史學，故恁地。」曰：「史甚麽學？只是見得淺。」義剛。

先生問：「向見伯恭，有何說？」曰：「呂丈勸令看史。」曰：「他此意便是不可曉。某尋常非特不敢勸學者看史，亦不敢勸學者看經，只語、孟亦不敢便教他看，且令看大學。伯恭動勸人看左傳、遷史，今子約諸人擡得司馬遷不知大小，恰比孔子相似。」必大。

「伯恭、子約宗太史公之學，以爲非漢儒所及，某嘗痛與之辨。子由古史言馬遷『淺陋而不學，疏略而輕信』，此二句最中馬遷之失，伯恭極惡之。古史序云：『古之帝王，其必爲善，如火之必熱，水之必寒；其不爲不善，如騶虞之不殺，竊脂之不穀。』此語最好。某嘗問伯恭：『此豈馬遷所能及？』然子由此語雖好，又自有病處。如云『帝王之道以無爲宗』之類，他只說得個頭勢大，下面工夫又皆空疏。亦猶馬遷禮書云：『大哉禮樂之道，洋洋乎鼓舞萬物，役使群動。』說得頭勢甚大，然下面亦空疏，却引荀子諸說以足之。又如諸侯年表，盛言形勢之利，有國者不可無，末却云：『形勢雖强，要以仁義爲本。』他上文本意主張形勢，而其末却如此說者，蓋他也知仁義是個好底物事，不得不說，且說教好看。如禮書所云，亦此意也。伯恭極喜渠此等說，以爲遷知『行夏之時，乘殷之輅，服周之冕』，爲得聖人爲邦之法，非漢儒所及。此亦衆所共知，何必馬遷？然遷嘗從董仲舒游，史記中有『余聞之董生云』此等語言，亦有所自來也。遷之學也，說仁義，也說詐力，也用權謀，也用功利，然其本意却只在於權謀功利。〔七〕孔子說伯夷『求仁得仁，又何怨』，他一傳中首尾皆是怨辭，盡說壞了伯夷。子由古史皆删去之，盡用孔子之語作傳，豈可以子由爲非，馬遷爲是？可惜子約死了，此論至死不曾明。聖賢以六經垂訓，炳若丹青，無非仁義道德之說。今求義理，不於六經而反取疏略淺陋之子長，亦惑之甚矣！」僩。

問〔八〕：「東萊大事記有續春秋之意，中間多主史記。」曰：「公鄉里主張史記甚盛，其間有不可説處，都與他出脱得好。如貨殖傳，便説他有諷諫意之類，不知何苦要如此？世間事是還是，非還非，黑還黑，白還白，通天通地，貫古貫今，决不可易。若使孔子之言有未是處，也只還他未是，如何硬穿鑿説？」木之又問：「左氏傳合如何看？」曰：「且看他記載事迹處。至如説道理，全不似公、穀。要知左氏是個曉了識利害底人，趨炎附勢。如載劉子『天地之中』一段，此是極精粹底。至説『能者養之以福，不能者敗以取禍』，便只説向禍福去了。大率左傳只道得禍福利害底説話，於義理上全然理會不得。」又問：「所載之事實否？」曰：「也未必一一實。」子升問：「如載卜妻敬仲與季氏生之類，是如何？」曰：「看此等處，便見得是六卿分晉、田氏簒齊以後之書。」又問：「此還是當時特故撰出此等言語否？」曰：「有此理。其間做得成者，如斬蛇之事；做不成者，如丹書狐鳴之事。看此等書，機關熟了，少間都壞了心術。莊子云：『有機械者必有機事，有機事必有機心，則純白不備。純白不備者，道之所不載也。』今浙中於此二書極其推尊，是理會不得。」因言：「自孟子後，聖學不傳，所謂『軻之死不得其傳』。如荀卿説得頭緒多了，都不純一。至揚雄所説底話，又多是莊老之説。至韓退之喚做要説道理，又一向主於文詞。至柳子厚却反助釋氏之説。因言異端之教，漢魏以後，只是老莊之説。至晉時肇法師，釋氏之教始興。其初只是説，未曾身爲。至達磨面壁九年，其説遂熾。」木之。

看大事記，云：「其書甚妙，考訂得子細，大勝詩記。此書得自由，詩被古説壓了。」敬之問：「伯恭解説文字太尖巧。渠曾被人説不曉事，故作此等文字出來，極傷事。」

「大事記所論如何？」曰：「如論公孫弘等處，亦傷太巧。」德明。

「伯恭大事記辨司馬遷、班固異同處最好。渠一日記一年。渠大抵謙退，不敢任作書之意，故通鑑、左傳已載者皆不載，其載者皆左傳、通鑑所無者耳。有太纖巧處，如指出公孫弘、張湯姦狡處，皆説得羞愧人。伯恭少時被人説他不曉事，故其論事多指出人之情僞，云：『我亦知得此。』有此意思不好。」璘。

「東萊自不合做這大事記。他那時自感疾了，一日要做一年。若不死，自漢武至五代只千來年，他三年自可了此文字。人多云其解題煞有工夫，其實他當初作題目却煞有工夫，只一句要包括一段意。解題只見成，檢令諸生寫。伯恭病後，既免人事應接，免出做官，若不死，大段做得文字。」賀孫。

因説伯恭少儀外傳多瑣碎處，曰：「人之所見不同。某只愛看人之大體大節，磊磊落落處〔九〕，這般瑣碎便懶看。伯恭又愛理會這處，其間多引忍耻之説，最害義。緣〔一〇〕他資質弱，與此意有合，遂就其中推廣得大。想其於忠臣義士死節底事，都不愛。他亦有詩，說張巡、許遠那時不應出來。」淳。

「伯恭是個寬厚底人，不知如何做得文字却似個輕儇底人。如省試義大段鬧裝，說得堯舜大段脅肩諂笑，反不若黃德潤辭雖窘，却質實尊重。館職策亦說得慢，不分曉，後面又全無緊要。伯恭尋常議論亦緣讀書多，肚裏有義理多。恰似念得條貫多底人，要主張一個做好時，便自有許多道理升之九天之上，要主張做不好時亦然。」僩。

或言：「東萊館職策、君舉治道策，頗涉清談，不如便指其事說，自包治道大原意。」曰：「伯恭策止緣裏面說大原不分明，只自恁地依傍說，更不直截指出。」賀孫。

伯恭文鑑有正編其文理之佳者，有其文且如此，而衆人以爲佳者；有其文雖不甚佳，而其人賢名微，恐其泯没，亦編其一二篇者；有文雖不佳而理可取者，凡五例。先生云：「已亡一例，後來爲人所譖，令崔大雅敦詩删定，奏議多删改之。如蜀人吕陶有一文論制師服，此意甚佳，吕止收此一篇。崔云：『陶多少好文，何獨收此？』遂去之，更參入他文。」

先生方讀文鑑，而學者至，坐定，語學者曰：「伯恭文鑑去取之文，若某平時看不熟者，也不敢斷他。有數般皆某熟讀底，今揀得也無巴鼻。如詩，好底都不在上面，却載那衰颯底。把作好句法，又無好句法；把作好意思，又無好意思；把作勸戒，又無勸戒。」林擇之云：「他平生不會作詩。」曰：「此等有甚難見處！」義剛。淳録云：「伯恭文鑑去取未足爲定論〔一一〕。」

「東萊文鑑編得泛，然亦見得近代之文。如沈存中律歷一篇，説渾天亦好。」義剛〔一二〕。

「伯恭所編奏議，皆優柔和緩者，亦未爲全是。今丘宗卿作序者是舊所編，後修文鑑不止乎此，更添入。」

嘗語呂丈編奏議，爲臺諫懷挾。揚。

「伯恭祭南軒文，都就小狹處説來，其文弱。」

「呂伯恭文集中，如答項平父書是傅夢泉子淵者，如罵曹立之書是陸子靜者，其他僞者想又多在。」璘。

「伯恭亦嘗看藏經來，然甚深，不見於言語文字間。有些伯術，去忍不住放得出來，今害人之甚。」揚。

「可憐子約一生辛苦讀書，只是竟與之説不合。今日方接得他三月間所寄書，猶是論『寂然不動』，依舊主他舊説。時子約已死。它硬説『寂然不動』是耳無聞，目無見，心無思慮，至此方是工夫極至處。伊川云：『要有此理，除是死也。』幾多分曉。某嘗答之云：『洪範五事〔一三〕：貌曰僵，言曰啞，視曰盲，聽曰聾，思曰塞。方得，還有此理否？』渠至死〔一四〕

不曉，不知人如何如此不通？」用之云：「釋氏之坐禪入定便是無聞無見，無思無慮。」曰：「然它是務使神輕去其體，其理又不同。神仙則使形神相守，釋氏則使形神相離。佛家有『白骨觀』，初想其形，從一點精氣始，漸漸胞胎孕育，生産稚乳，長大壯實，衰老病死，以至尸骸胖脹枯僵，久之化爲白骨。既想爲白骨，則視其身常如白骨，所以厭棄脱離而無留戀之念也，此又釋氏工夫之最下者。」僩。以下子約。

「今日得子約書，有『見未用之體』一句，此話却好。」問〔一五〕：「未用，是喜怒哀樂未發時，那時自覺有個體段則是。如著意要見他，則是已發？」曰：「只是識認他。」士毅。廣録云：「近得子約書，有『未發之本體』一句，此語甚好，人須是看得這個分曉始得。」

答子約書云：「目下放過了合做底親切工夫，虚度了難得少壯底時日。」方子。

觀吕子約書，有論讀詩及劉壯輿字畫一段。曰：「某之語詩與子約異，詩序多附會，須當觀詩經。渠平日寫書來字畫難曉，昔日劉元城戒劉壯輿，謂此人字畫不正，必是心術不明，故寫此一段與之。」子約書又云：「昨讀左傳劉康公説『民受天地之中以生』下云：『君子勤禮，小人盡力』，見得古人説道理平實，不張皇，而著實下手處隨貴賤高卑皆有地位。非如後世此之爲可，而彼之爲不可，人有所不可爲，道有所不可行也。」先生曰：「此一段議論却好。」可學。

呂子約死，先生曰：「子約竟齎着許多鶻突道理去矣。」賀孫。

先生問：「呂子約近況如何？」曰：「呂丈在鄉里，方取其家來，骨肉得團聚，不至落寞。」曰：「得渠書，多説仙郡士友日夕過從，以問學爲樂。罪大責輕，遷客得如此，過分矣。亦是仙郡士友好學樂善，豈非衡州流風餘韻所及乎？」嗟歎久之。又問曰：「識章茂獻否？」曰：「嘗見之，亦蒙教誨。」曰：「江西士大夫如茂獻亦難得。」又言：「吳伯豐有見識，力學不倦。」祖道因言伯豐自植立事。曰：「此某知之有未盡，不意伯豐能如此。」祖道。

「伯恭門徒氣宇厭厭，四分五裂，各自爲説，久之必至銷歇。子靜則不然，精神緊峭，其説分明，能變化人，使人旦異而晡不同，其流害未艾也。」道夫。以下門人。

「婺州士友只流從祖宗故事與史傳一邊去，其馳外之失，不知病在不曾於論語上加工〔一六〕。」升卿。

浙間學者推尊史記，以爲先黄老，後六經，此自是太史談之學。若遷則皆宗孔氏，如於夏紀贊用行夏時事，於商紀贊用乘商輅事，高祖紀贊則曰「朝以十月，車服黄屋左纛」，蓋譏其不用夏時商輅也。遷之意脈誠恐如是，考得甚好。然但以此遂謂遷能學孔子，則亦徒能得其皮殼而已。假使漢高祖能行夏時，乘商輅，亦只是漢高祖，終不可謂之禹、湯。此等議論，恰與欲削鄉黨者相反。必大。

先生出示答孫自脩書，因言：「陸氏之學雖是偏，尚是要去做個人。若永嘉、永康之說，大不成學問，不知何故如此。他日用動靜間，全是這個本子，卒乍改換不得。如呂氏言漢高祖當用夏之忠，却不合黄屋左纛。不知縱使高祖能用夏時，乘商輅，亦只是這漢高祖也，骨子不曾改變，蓋本原處不在此。」銖。

「伊川發明道理之後，到得今日，浙中士君子有一般議論，又費力，只是云不要矯激。遂至於凡事回互，揀一般偎風躲箭處立地，却笑人慷慨奮發，以爲必陷矯激之禍，此風更不可長。如嚴子陵是矯激分明，呂伯恭作祠記須要辨其非矯激。想見子陵聞之，亦自一笑。子陵之高節，自前漢之末，如龔勝諸公不屈於王莽者甚多，漢書末後有傳可見。光武是一個讀書識道理底人，便去尊敬嚴子陵。子陵既高蹈遠舉，又誰恤是矯激不是矯激在？胡文定父子平生不服人，只服范文正公。嚴子陵祠記云〔一七〕：『先生之心，出乎日月之上；光武之器〔一八〕，包乎天地之外。微先生不能成光武之大，微光武豈能遂先生之高？』直是說得好。其議論什麼正大！往時李泰伯作袁州學記說崇詩書，尚節義，文字雖粗，其說振厲，使人讀之森然，可以激懦夫之氣。近日浙中文字雖細膩，只是一般回互，無奮發底意思，此風漸不好。其意本是要懲艾昔人矯激之過，其弊至此。孔子在陳思魯之狂士，蓋狂士雖不得中，猶以奮發，可與有爲。若一向委靡，濟甚事？」又說：「固是矯激者非，只是不做矯激底心，亦是私意。大凡只看道理合做與不合耳，如合做，豈可避矯激之名而不爲！」璘。

鄭子上問：「昨日所説浙中士君子多要回互以避矯激之名，莫學顔子之渾厚否？」曰：「渾厚自是渾厚，今浙中人只學一般回互底心意，不是渾厚。渾厚是可做便做，不計利害之謂。今浙中人却是計利害大甚，做成回互耳，其弊至於可以得利者無不爲。如陳仲弓送官者葬，所謂有仲弓之志則可，無仲弓之志則不可。」因説東漢事勢，「士君子欲全身遠害，則有不仕而已。若出仕遇宦官縱横，如何畏禍不與他理會得！若未免仕，只得辭尊居卑，辭富居貧。若既要爲大官，又要避禍，無此理。」璘。

問：「前蒙賜書，中有『近日浙中學者多靠一邊』，如何？」曰：「往往泥文義者只守文義，淪虚靜者更不讀書，又有陳同父一輩説不必求異者〔一九〕。某近到浙中，學者却别，滯文義者亦少。只沈晦叔一等皆問着不言不語，説着文義又却作怪。」當。

「近日浙中一項議論，盡是白空撰出，覺全捉摸不着。恰如自家不曾有基础，却要起甚樓臺，就上面添一層又添一層，只是道新奇好看，其實全不濟事。」又云：「空撰出許多説話，如捏眼生花。」賀孫。

「叔度與伯恭爲同年進士，年又長，自視其學非伯恭比，即俯首執子弟禮而師事之，略無難色，亦今世之所無耳。」道夫。叔度。

「叔度應童子進士詞科，然竟以不能隨世俛仰，不肯一日置其身於仕路也。」道夫。

「自叔度以正率其家，而子弟無一人敢爲非義者。」道夫。

校勘記

〔一〕或云二先生若是班乎　「二」原作「三」，據萬曆本改。

〔二〕伯恭　朝鮮本作：吕伯恭。

〔三〕所以看粗着眼　朝鮮本此下有小注云：「陳本無『多所』以下七字，有『失多而雜』四字。」

〔四〕淳同　朝鮮本作：按陳淳録同而少異。

〔五〕或問繫辭精義　朝鮮本「繫」上有「東萊所編」四字。

〔六〕問　朝鮮本作：義剛問。

〔七〕功利　朝鮮本此下增「又如伯夷傳」五字。

〔八〕問　朝鮮本作：木之問。

〔九〕磊磊落落處　朝鮮本此則作：活絡處。

〔一〇〕緣　朝鮮本「緣」上增「此等語蓋」四字。

〔一一〕淳録云伯恭文鑑去取未足爲定論　朝鮮本作：「按陳淳録同而略，今附云：『吕伯恭文鑑去取未足爲定論。』」

〔一二〕義剛　朝鮮本末尾記録者姓名作：淳。

〔一三〕五事　朝鮮本此下增：貌曰恭，言曰從，視曰明，聽曰聰，思曰睿。若如公説，則當云。

〔一四〕至死　朝鮮本此下增：此論。

〔一五〕問　朝鮮本作：士毅問。

〔一六〕不知病在不曾於論語上加工　「知」原作「少」，據萬曆本改。

〔一七〕嚴子陵祠記云　「祠」原作「詞」，據萬曆本改。

〔一八〕光武之器　「器」，萬曆本作「量」。

〔一九〕又有陳同父一輩説不必求異者　「不」，萬曆本作「又」。

朱子語類卷第一百二十三

陳君舉 陳同父 葉正則附。

先生問德粹：「去年何處作考官？」對以「永嘉。」問：「曾見君舉否？」曰：「見之。」曰：「説甚話？」曰：「説洪範及左傳〔一〕。」曰：「洪範如何説？」曰：「君舉以爲讀洪範方知孟子之『道性善』，如前言五行、五事，則各言其德性而未言其失，及過於皇極，則方辨其失。」曰：「不然。且各還他題目，一則五行，二則五事，三則八政，四則五紀，五則皇極，至其後庶徵、五福、六極，乃權衡聖道而著其驗耳。」又問：「春秋如何説？」滕云：「君舉云：『世人疑左丘明好惡不與聖人同，謂其所載事多與經異，此則有説。且如晉先蔑奔，人但謂先蔑奔秦耳，此乃先蔑立嗣不定，故書「奔」以示貶。』」曰：「是何言語？先蔑實是奔秦，如何不書『奔』？且書『奔秦』謂之『示貶』，不書奔則此事自不見，何以爲褒？昨説與吾友，所謂專於博上求之，不反於約，乃謂此耳。是乃於穿鑿上益加穿鑿，疑誤後學。」可學因問：「左氏識見如何？」曰：「左氏乃一個趨利避害之人，要置身於穩地，而不識道理，於大倫處皆錯。觀其議論，往往皆如此。且大學論所止，便只説君臣父子五件，左氏豈知此？如云：『周鄭交質』，而曰『信不由中，質無益也』。正如田客論主，而責其不請喫茶。使孔子論此，肯如此否？尚可謂其好惡同聖人哉！又如論宋宣公事，曰：『宋宣公可謂知人矣。立穆公，其子饗之，命以義夫。』是何等言談！」可學曰：「此一事，公羊議論却好。」曰：「公羊乃儒者之言。」可學又問：「林黄中亦主張左氏，如何？」曰：「林黄中却會占便宜。左氏疏脱多在『君子曰』，渠却把此殃苦劉歆。昔吕伯恭亦多勸學者讀左傳，嘗語之云：『論、孟聖賢之言不使學者讀，反使讀左傳。』伯恭曰：『讀論、孟，使學者易向外走。』因語之云：『論、孟却向外走，左氏却不向外走。讀論、孟，且先正人之見識，以參他書，無所不可。此書自傳惠公元妃孟子起，便没理會。』大抵春秋自是難看，今人説春秋，有九分九釐不是，何以知聖人之意是如此。平日學者問春秋，且以胡文定傳語之。」可學。

陳君舉得書云：「更望以雅、頌之音消鑠群慝〔一〕，章句訓詁付之諸生。」問他如何是雅、頌之音？今只有雅、頌之辭在，更没理會，又去那裏討雅、頌之音？便都只是瞞人。

又謂某前番不合與林黃中、陸子靜諸人辨，以爲「相與詰難，竟無深益。蓋刻畫太精，頗傷易簡。矜持已甚，反涉吝驕。」不知更如何方是深益？若孟子之闢楊墨，也只得恁地闢。他說「刻畫太精」，便只是某不合說得太分曉，不似他只恁地含糊。他是理會不得，被衆人擁從，又不肯道我不識，又不得不說，說又不識，所以不肯索性開口道這個是甚物事，又只恁鶻突了。子靜雖占姦不說，然他見得成個物事，說話間便自然有個痕跡可見。只是人理會他底不得，故見不得，然亦易見。子靜只是人未從，他便不說；及鈎致得來，便直是說。方始與你理會。至如君舉胸中有一部周禮，都撑腸拄肚，頓着不得。如遊古山詩又何消說着？只是他稍理會得，便自要說，又說得不着。如東坡、子由見得個道理，更不成道理，又却便開心見膽，說教人理會得。又曰：「他那似得子靜。子靜却是見得個道理，却成一部禪，他和禪識不得。」賀孫。

「金溪之學雖偏，然其初猶是自說其私路上事，不曾侵過官路來。後來於不知底亦要彊說，便說出無限亂道。前輩如歐公諸人爲文，皆善用其所長。凡所短處，更不拈出來說，所以不見疏脫。今永嘉又自說一種學問，更沒頭沒尾，又不及金溪。大抵只說一截話，終不說破是個甚麽，然皆以道藝先覺自處，以此傳授。君舉到湘中一收，收盡南軒門人，胡季隨亦從之問學。某向見季隨，固知其不能自立，其胸中自空空無主人，所以纔聞他人之說，便動。季隨在湖南頗自尊大，諸人亦多宗之。凡有議論，季隨便爲之判斷孰是孰非。此正猶張天師，不問長少賢否，只是世襲做大。」正淳曰：「湖南之從南軒者甚衆且久，何故都無一個得其學？」曰：「欽夫言自有弊，諸公只去學他說話，凡說道理，先大拍下。然欽夫後面却自有說，諸公却只學得那大拍頭。」必大。

因說鄉里諸賢文字，以爲「皆不免有藏頭亢腦底意思。有學者來問，便當直說與之，在我不可不說。若其人半間不界，與其人本無求益之意，故意來磨難，則不宜說。外此，說儘無害。我畢竟說從古聖賢已行底道理，不是爲姦爲盜，怕說與人？不知我說出便有甚罪過？諸賢所見皆如此。祇緣怕人譏笑，遂以此爲戒，便藏頭不說。某與林黄中爭辨一事，至今亦只是說，不以爲悔。『夫道若大路然』，何掩蔽之有？」打空說及某人〔三〕，鄉里皆推其有所見。其與朋友書，言學不至於「不識不知，順帶之則」處，則學爲無用。先生曰：「近來人自要向高說一等話。要知初學及此，是爲躐等。詩人這句自是形容文王聖德不可及處。聖人教人，何嘗不由知由識入來！」寓。

或曰：「永嘉諸公多喜文中子。」曰：「然。只是小。它自知定學做孔子不得了，才見個小家活子，便悅而趨之。譬如泰山之高，它不敢登，見個小土堆子便上去，只是小。」僩〔四〕。

因説永嘉之學，曰：「張子韶學問雖不是，然他却做得來高，不似今人卑汙。」又曰：「上蔡多説知覺，自上蔡一變而爲張子韶。」學蒙。

「古人紀綱天下，凡措置許多事，都是心法從這裏流出，是多少正大！今若去逐些子搜抉出來評議，恐不得。凡看文字，也須待自有忽然湊合見得異同處。若先去逐些安排比並，便不是。」因問：「君舉説漢唐好處與三代暗合，是如何？」曹曰：「亦只就事上看。如漢初待群臣不專執其權，略堂陛之嚴，不恁地操切，如財散於天下之類。」曰：「這也自是事勢到這裏，見得秦時君臣之勢如此間隔，故漢初待宰相如此。然而蕭何是多少功勞，幾年宰相，一旦繫獄，這喚做操切不操切？又如周勃，終身有功，後來也下獄對問。又如賈誼書中所説是如何？財用那時自寬饒，不得不散在郡縣。且如而今要散在郡縣，得也不得？上面又不儲蓄財賦閑在那裏，只是每年合天下之所入，不足以供一年之用；一月之入，不足以供一月之用，逐時挨展將去。將漢初來看，要散之郡縣得否？這只是閑説。第一項最是養許多坐食之兵，其費最廣。州郡自是州郡底，如許多大軍，是如何區處？無祖宗天下之半，而有祖宗所無之兵。如州郡兵還養在，何用？若留心太守，又會去教他攀些弓，射些弩，教他做許多模様，也只是不忍將許多錢糧白與他。到有厮殺時，你道他與你去厮殺否？只是徒然。」問：「君舉曾要如何措置？」曰：「常常憂此，但措置亦未曾説出。」

問：「看唐事如何？」曰：「聞之陳先生說，唐初好處，也是將三省推出在外。這却從魏晉時自有裏面一項，唐初却盡屬之外，要成一體。如唐經禍變後，便都有諸王出來克復，如肅宗事。及代宗後來，雖是郭子儀，也有個王出來。」曰：「三省在外，怕自隋時已如此，只唐時併屬之宰相。諸王克復，代宗事，只是郭子儀，怕別無諸王。唐官看他六典，將前代許多官一齊盡置得偏官，如何不冗？今只看漢初時官如何，到得元成間如何，又看東漢初如何，到東漢末時如何，到三國魏晉以後如何，只管添，只管雜。」賀孫。

器遠言：「鄉閒諸先生所以要教人就事上理會教著實，緣是向時諸公多是清談，終於敗事。」曰：「便是而今自恁地說，某尚及見前輩都不曾有這話。是三十年前如此，不曾將這個分作兩事。如所謂『推倒墻，撞倒壁』，如此粗話，那時都恁地粗，却有好處。南渡時，有許多人出來做得事。經變故後，將許多人都摧折了。到而今却是氣卑弱了，凡事都無些子正大，只是細巧。」曰：「陳先生要人就事上理會教實之意，蓋怕下稍用處不足。如司馬公居洛六任，只理會得個通鑑；到元祐出來做事，却有未盡處，所以激後來之禍。如今須先要較量教盡。」曰：「便是如今都要恁地說話。如温公所做，今只論是與不是，合當做與不合當做，如何說他激得後禍？這是全把利害去說。温公固是有從初講究未盡處，也是些小事。如役法變得未盡，只是東南不便，他西北自便之。那時節已自極了，只得如此做。

若不得温公如此做，更自有一場出醜。今只將紙上語去看，便道温公做得過當。子細看那時節，若非温公，如何做？温公是甚氣勢！天下人心甚麽樣感動！温公直有旋乾轉坤之功。温公此心可以質天地，通幽明，豈容易及！後來吕微仲、范堯夫用調亭之説，兼用小人，更無分別，所以成後日之禍。今人却不歸咎於調亭，反歸咎於元祐之政。若直是見得君子小人不可雜處〔五〕，如何要委曲遮護得？蔡確也是卒急難去，也是猾。他置獄傾一從官，得從官；置獄傾一參政，得參政；置獄傾一宰相，得宰相。看温公那時已自失委曲了。如王安石罪既已明白，後既加罪於蔡確之徒，論來安石是罪之魁〔六〕，却於其死，又加太傅及贈禮皆備，想當時也道要委曲周旋他。如今看來，這般却煞不好。要好，便合當顯白其罪，使人知得是非邪正，所謂『明其爲賊，敵乃可服』。須是明顯其不是之狀。若更加旌賞，却惹得後來許多群小不服。今又都没理會，怕道要做朋黨，那邊用幾人，這邊用幾人，不問是非，不別邪正，下梢還要如何？某看來，天下事須先論其大處，如分別是非邪正、君子小人，端的是如何了，方好於中間酌量輕重淺深施用。」賀孫。

器遠言：「陳丈大意説：格君，且令於事上轉移他心下歸於正。如蕭何事漢，令散財於外，可以去其侈心，成其愛民之心。説北齊宣帝云云。」曰：「欲事君者，豈可以此爲法！自元魏以下至北齊，最爲無綱紀法度，自家却以爲事君法。」賀孫。

「永嘉看文字，大字平白處都不看，偏要去注疏小字中尋節目以爲博。只如韋玄成傳廟議，渠自不理會得，却引周禮守祧『掌守先王先公之廟祧』注云『先公之遷主藏於后稷之廟，先王之遷主藏於文武之廟』，遂謂周后稷別廟。殊不知太祖與三昭三穆皆各自爲廟，豈獨后稷別廟」。又云：「后稷不爲大祖，甚可怪也。」閎祖。

季通及敬之皆云：「永嘉貌敬甚至，及與宮祠，乃繳之，云：『朱某素來迂闊，臣所不取。但陛下進退人才，不當如此。』」以問先生，先生云：「不曾見此文字。怎見得？」閎祖。

德粹問陳君舉福州事，曰：「無此，只是過當。作一添倅，而一州之事皆欲爲之。益之初九曰『利用爲大作，元吉，无咎』，象曰〔七〕：『下不厚事也。』初九欲爲九四作事，在下本不當處厚事。以爲上之所任，故爲之而致元吉，乃爲之。若不然，不惟己不安，而亦累於上。璘録云：「初九上爲四所任，而作大事，必盡善而後无咎。若所作不盡善，未免有咎也。故孔子擇之曰：『下不厚事也。』蓋在下之人不當任重事。若在下之人爲在上之人作事，未能盡善，自應有咎。」向編近思録，説與伯恭：『此一段非常有，不必入。』伯恭云：『既云非常有，則有時而有，豈可不書以爲戒？』及後思之，果然。」可學。璘録少異。

「陳同父縱横之才，伯恭不直治之，多爲諷説，反被他玩。」揚。陳同父。

說同父，因謂：「呂伯恭烏得爲無罪？恁地橫論，却不與他剖說打教破，却和他都自被包裹在裏。今來伯恭門人却亦有爲同父之說者〔八〕，二家打成一片，可怪。君舉只道某不合與說，只是他見不破。天下事，不是是便是非，直截兩邊去，如何恁地含糊鶻突。某鄉來與說許多，豈是要眼前好看？青天白日在這裏，而今人雖不見信，後世也須有人看得此說，也須回轉得幾人。」又嘆惜久之，云：「今有一等自恁地高出聖人之上，一等自恁地陷身汙濁，要擔頭出不得。」賀孫。

「同父才高氣粗，故文字不明瑩。要之，自是心地不清和也。」道夫。

先生說：「看史只如看人相打，相打有甚好看處？陳同父一生被史壞了。」直卿亦言：「東萊教學者看史，亦被史壞。」泳。

陳同父祭東萊文云：「在天下無一事之可少，而人心有萬變之難明。」先生曰：「若如此，則鷄鳴狗盜皆不可無。」因舉易曰：「天下之動，貞夫一者也。天下何思何慮？同歸而殊塗，一致而百慮。天下何思何慮？」又云：「同父在利欲膠漆盆中。」閎祖〔九〕。

「鄭厚藝圃折衷當時以爲邪說，然尚自占取地步，但不知權。其說之行，猶使人知君臣之義。如陳同父議論却乖，乃不知正。曹丕既篡，乃曰：『舜、禹之事，吾知之矣。』此乃以己而窺聖人，謂舜、禹亦只是篡，而文之以揖遜爾。同父亦是於漢唐事迹上尋討個仁義出來，便以爲此即王者事，何異於此。」必大。

因言：「陳同父讀書，譬如人看劫盜公案，看了，須要斷得他罪，及防備禁制他，教做不得。它却不要斷他罪，及防備禁制它，只要理會得許多做劫盜底道理，待學他做。」廣。

或謂：「同父口説皇王帝霸之略，而一身不能自保。」先生曰：「這只是見不破。只説個是與不是便了，若做不是，恁地依阿苟免以保其身，此何足道。若做得是，便是委命殺身，也是合當做底事。」賀孫。

「陳同父學已行到江西，浙人信向已多。家家談王伯，不説蕭何、張良，只説王猛；不説孔孟，只説文中子，可畏，可畏！」可學。

「陸子靜分明是禪，但却成一個行户，尚有個據處。如葉正則説，則只是要教人都曉不得。嘗得一書來，言世間有一般魁偉底道理，自不亂於三綱五常。既説不亂三綱五常，又説別是個魁偉底道理，却是個甚麽物事？也是亂道。他不説破，只是籠統恁地説以謾人。及人理會得來都無效驗時，他又説你是未曉到這裏。他自也曉不得。他之説最誤人，世間獃人都被他瞞，不自知。」義剛。葉正則。

「葉正則説話，只是杜撰。看他進卷，可見大略。」泳〔一〇〕。

「葉進卷待遇集毀板，亦毀得是。」淳。

「葉正則作文論事，全不知些着實利害，只虛論，因及許多云云。又見一文論社倉事。戴少望尚有些實說〔一一〕，然不是如此，葉則都是閑說。」振。

「見或人所作講義，不知如何如此。聖人見成言語，明明白白，人尚曉不得，如何須要立一文字，令深於聖賢之言，如何教人曉得？戴肖望比見其湖南語說却平正〔一二〕，只爲說得太容易了，兼未免有意於弄文。」賀孫。

「江西之學只是禪，浙學却專是功利。禪學後來學者摸索一上，無可摸索，自會轉去。若功利，則學者習之，便可見效，此意甚可憂。」

校勘記

〔一〕左傳　朝鮮本作：春秋左傳。

〔二〕更望以雅頌之音消鑠群慝　「音」原作「意」，據朝鮮本改。

〔三〕打空說及某人　「打空」二字原缺，據萬曆本補。

〔四〕個　朝鮮本「個」下有「攻下之論永嘉永康之學」十字。

〔五〕若直是見得君子小人不可雜處　「直」，萬曆本作「真」。

〔六〕論來安石是罪之魁　朝鮮本「魁」下有「首」字。

〔七〕象曰　朝鮮本「曰」下有「元吉無咎」四字。

〔八〕「今來」至「説者」　朝鮮本作：今來伯恭門人卻亦有爲之行者。

〔九〕閎祖　朝鮮本此則末尾增小字：以下陳同父。

〔一〇〕泳　朝鮮本「泳」下有「以下葉正則」五字。

〔一一〕戴少望尚有些實説　朝鮮本無此條。「戴少望」，宋史及後文有「戴肖望」，賀本據改。

〔一二〕戴肖望比見其湖南語説卻平正　「語説」，萬曆本作「説話」。

朱子語類卷第一百二十四

陸氏〔一〕

性質，陸子美。精神。子靜。若海。

問〔二〕陸梭山同異辨。曰：「若本有，却如何掃蕩得？若本無，却如何建立得？他以佛氏亦曉得理。如既曉得理後，却將一個空底物事來口頭説時，佛不到今日了。他自見得一個道理，只是空。」又曰：「佛也只是理會這個性，吾儒也只理會這個性，只是他不認許多帶來底。〔三〕」節。

陸子壽自撫來信，訪先生於鉛山觀音寺。子壽每談事，必以論語爲證。如曰：「聖人教人『居處恭，執事敬』，又曰：『子所雅言詩書執禮，皆雅言也』、『弟子入則孝，出則弟，謹而信，泛愛衆而親仁』，此等皆教人就實處行，何嘗高也？」先生曰：「某舊間持論亦好高，近來漸漸移近下，漸漸覺實也。如孟子却是將他已到底教人，如言『存心養性，知性知天』，有其說矣，是他自知得。餘人未到他田地，如何知得他滋味？卒欲行之，亦未有入頭處。若論語，却是聖人教人存心養性、知性知天實涵養處，便見得，便行得也。」大雅。

陸子壽看先生解中庸「莫顯乎微」云：「幾微細事也。」因歎美其說之善。曰：「前後說者，連『莫見乎隱』一衮說了，更不見切體處。今如此分別，却是使人有點檢處。九齡自覺力弱，尋常非禮念慮，固能常常警策，不使萌於心。然志力終不免有怠時，此殆所謂幾微處須點檢也。」先生曰：「固然。」大雅。

問：「曾見陸子壽志道據德說否？」曰：「未也。其說如何？」曰：「大概亦好。」必大〔四〕。

因說陸子靜，謂：「江南未有人如他八字着脚。」文蔚。

叔器〔五〕問象山師承。曰：「它門天姿也高，不知師誰。然也不問師傳，學者多是就氣稟上做，便解偏了。」義剛。

符舜功問陸子靜君子喻於義口義。曰：「子靜只是拗。伊川云：『惟其深喻，是以篤好。』子靜必要云：『好後方喻。』看來人之於義利，喻而好者多。若全不曉，又安能好？然好之則喻矣，畢竟伊川說占得多。」璘。

因說：「陸先生每對人說：有子非後學急務，以其說不合有多節目，不直截。某因謂是比聖人言語較緊。且如孝弟之人，豈解犯上，又更作亂。」曰：「人之品不同，亦自有孝弟之人解犯上者，自古亦有作亂者。聖賢言語寬平，不消如此急迫看。」振。

問：「象山言：『「本立而道生」，多却「而」字。』」曰：「聖賢言語一步是一步。近來一種議論，只是跳躑。初則兩三步做一步，甚則十數步作一步，又甚則千百步作一步，所以學之者皆顛狂。」方子。

先生問賀孫：「再看論語前面，見得意思如何？」曰：「初看有未通處，今看得通。如『孝弟爲仁之本』一章，初看未甚透，今却看得分曉。」先生曰：「如此等說話，陸象山都不看。凡是諸弟子之言，便以爲不是而不足看，其無細心看聖賢文字〔六〕如此。凡說未得處，便將個硬說闢倒了，不消看。後生纔入其門，便學得許多不好處，便悖慢無禮，便胡說亂道，更無禮律，只學得許多凶暴。可畏，可畏！不知如何學他許多不好，恁地快？」賀孫又問：「『孝弟爲仁之本』，集注云：『學者務此，則仁道自此而生。』『此』字亦只指孝悌？」先生曰：「覺此句亦欠『本立』字。」賀孫云：「上文已說孝弟乃是行仁之本。」先生曰：「此段若無程先生說，終無人理會得透。看楊、謝諸說，如何是理會得？謝說更乖，『孝弟非仁，乃近仁也』，不知孝弟非仁，孝弟是甚麽物事？孝弟便是仁，非孝弟外別有仁，非仁外別有孝弟。如諸公說，將體用一齊都没理會了。」賀孫。

有自象山來者，先生問：「子靜多說甚話？」曰：「恰如時文相似，只連片衮將去。」曰：「所說者何？」曰：「他只說『天地之性人爲貴』，人爲萬物之靈。人所以貴與靈者，只是這心。其說雖詳多，只恁衮去。」先生曰：「信如斯言，雖聖賢復生與人說，也只得恁地。自是諸公以時文之心觀之，故見得它個是時文也。便若時文中說得恁地，便是聖賢之言也。公也須自反，豈可放過！」道夫。

「陸子靜說『良知良能』、『四端』等處，且成片舉似經語，不可謂不是。但說人便能如此，不假修爲存養，此却不得。譬如旅寓之人，自家不能送他回鄉，但與說云：『你自有田有屋，大段快樂，何不便回去？』那人既無資送，如何便回去得？又如脾胃傷弱、不能飲食之人，却硬要將飯將肉塞入他口，不問他喫得與喫不得。若是一頓便理會得，亦豈不好？然非生知安行者，豈有此理？便是生知安行，也須用學。大抵子思說『率性』，孟子說『存心養性』，大段說破。夫子更不曾說，只說『孝弟』、『忠信篤敬』。蓋能如此，則道理便在其中矣。」人傑。

至之問告子〔七〕「不得於言，勿求於心」。先生云：「陸子靜不着言語，其學正似告子，故常諱這些子。」至之云：「陸嘗云：人不惟不知孟子高處，也不知告子高處。先生語陸云：試說看。陸只鶻突說過。」先生因語諸生云：「陸子靜說告子也高，也是他尚不及告子。告子將心硬制得不動，陸遇事未必皆能不動。」植。

子靜常言「顏子悟道後於仲弓」，又曰「易繫決非夫子作」，又曰「孟子無奈告子何」。陳正己錄以示人，先生申言曰：「正己也乖。」道夫。

「江西士風好爲奇論，恥與人同，每立異以求勝。如陸子靜說告子論性強孟子，又說荀子『性惡』之論甚好，使人警發，有縝密之功。昔荆公參政日，作兵論藁，壓之硯下。劉貢父謁見，值客，徑坐於書院，竊取視之。可學錄云：「皆記得，又頓放元處。」既而以未相見而坐書院爲非，遂出就客次。及相見，荆公問近作，貢父以近作兵論對，乃竊荆公之意而易其文以誦之。可學錄云：「荆公出論兵，貢父依荆公兵論說曰『某策如此』。」荆公退，碎其硯下之藁，以爲所論同於人也。可學錄作：「焚之，好異惡同如此。」皆是江西之風如此。」淳。可學錄略〔八〕。

「金溪說『充塞仁義』，其意之所指，似別有一般仁義，非若尋常他人所言者也。」必大。

「陸子靜學者欲執喜怒哀樂未發之中，不知如何執得？那裏來面前，只得應他，當喜便喜，當怒便怒，如何執得。」文蔚。

「陸子靜說：『只是一心，一邊屬人心，一邊屬道心。』那時尚說得好在。」節。

先生謂祖道曰：「陸子靜答賢書，說個『簡易』字，却說錯了。『乾以易知，坤以簡能』，是甚意思？如何只容易説過了？乾之體健而不息，行而不難，故易。坤則順其理而不爲，故簡，不是容易苟簡也。」祖道。

「某向與子靜説話，子靜以爲意見。某曰：『邪意見不可有，正意見不可無。』子靜説：『此是閑議論。』某曰：『閑議論不可議論，合議論則不可不議論。』先生又曰：『大學不曾説「無意」，而説「誠意」。若無意見，將何物去擇乎中庸？將何物去察邇言？論語「無意」只是要無私意，若是正意，則不可無。』先生又曰：『他之無意見，則是不理會理，只是胡撞將去。若無意見，成甚麽人在這裏？』」節。

或問：「陸子靜每見學者才有説話，不曰『此只是議論』，即曰『此只是意見』。果如是，則議論意見皆可廢乎？」曰：「既不尚議論，則是默然無言而已；既不貴意見，則是寂然無思而已。聖門問學，不應如此。若曰偏議論、私意見則可去，不當概以議論意見爲可去也。」柄。

有一學者云：「學者須是除意見。陸子靜説顔子克己之學非如常人克去一切忿欲利害之私，蓋欲於意念所起處，將來克去。」先生痛加誚責，以爲：「此三字誤天下學者。自堯舜相傳至歷代聖賢，書册上並無此三字。某謂除去不好底意見則可，若好底意見須是存留。如飢之思食，渴之思飲，合做底事思量去做，皆意見也。聖賢之學如一條大路，甚次第分明。緣有『除意見』横在心裏，便更不在做。如日間所行之事，想見只是不得已去做。才做，便要忘了，生怕有意見。所以目視霄漢，悠悠過日，下梢只成得個狂妄。今只理會除意見，安知除意見之心，又非所謂意見乎？」人傑。

「陸子靜説『克己復禮』云『不是克去己私利欲之類，別自有個克處』，又却不肯説破。某嘗代之下語云『不過是要「言語道斷，心行路絶」耳』。」因言：「此是陷溺人之深坑，學者切不可不戒。」廣。

因看金溪與胡季隨書中説顔子克己處，曰：「看此兩行議論，其宗旨是禪，尤分曉。此乃捉着真臟正賊，惜方見之，不及與之痛辯。其説以忿欲等皆未是己私，而思索講習却是大病，乃所當克治者。如禪家『乾屎橛』等語，其上更無意義，又不得别思義理。將此心都禁遏定，久久忽自有明快處，方謂之得。『此之謂失其本心』，故下梢忿欲紛起，恣意猖獗，如劉淳叟輩所爲，皆彼自謂不妨者也。杲老在徑山，僧徒苦其使性氣，没頭腦，甚惡之，又戀着他禪。嘗有一僧云：『好捉倒剥去衣服，尋看他禪是在左脅下，是在右脅下？待尋得見了，好與奪下，却趕將出門去。』杲老所喜，皆是粗疏底人，如張子韶、唐立夫諸公是也。汪聖錫、吕居仁輩稍謹愿，痛被他薄賤。汪丈爲人淳厚，趕張子韶輩不得，又有許多記問經史典故，又自有許多鶻突學問義理，又戀着鶻突底禪。群凝塞胸，都没分曉，不自反躬窮究，只管上求下告，問他討禪，被他恣意相薄。汪丈嘗謂某云：『杲老禪學實自有好處。』某問之曰：『侍郎曾究見其好處否？』又却云『不曾』。今金溪學問真正是禪，欽夫、伯恭緣不曾看佛書，所以看他不破，只某便識得他。試將楞嚴、圓覺之類一觀，亦可粗見大意。釋氏之學，大抵謂若識得透，應千罪惡即都無了。然則此一種學，在世上乃亂臣賊子之三窟耳。王履道做盡無限過惡，遷謫廣中，剗地在彼說禪非細。此正謂其所爲過惡，皆不礙其禪學爾。」必大。

舜功云：「陸子靜不喜人說性。」曰：「怕只是自理會不曾分曉，怕人問難。又長大了，不肯與人商量，故一截截斷了。然學而不論性，不知所學何事。」璘。

「聖賢教人有定本，如博學、審問、謹思、明辨、篤行是也。其人資質剛柔敏鈍，不可一概論，其教則不易。禪家教更無定，今日說有定，明日又說無定，陸子靜似之。聖賢之教無内外本末上下，今子靜却要理會内，不管外面，却無此理。硬要轉聖賢之說爲他說，寧若爾說，且作爾說，不可誣罔聖賢亦如此。」泳。周公謹記。

陸子靜云：「涵養是主人翁，省察是奴婢。」陳正己力排其說。曰：「子靜之說無定常，要云今日之說自如此，明日之說自不如此。大抵他只要拗，才見人說省察，他便反而言之，謂須是涵養。若有人向他說涵養，他又言須是省察以勝之。自渠好爲訶佛駡祖之說，致令其門人『以夫子之道反害夫子』。」璘。

「吾儒頭項多，思量着得人頭痺。似陸子靜樣不立文字，也是省事。只是那書也不是分外底物事，都是説我這道理，從頭理會過更好。」僩。

汪長孺説：「江西所説『主靜』，看其語是要不消主這靜，只我這裏動也靜，靜也靜。」先生曰：「若如其言，天自春了夏，夏了秋，秋了冬，自然如此，也不須要『輔相、裁成』始得。」賀孫。

「江西之學，無了惻隱辭遜之心，但有羞惡之心。然不羞其所當羞，不惡其所當惡。有是非之心，然是其所非，非其所是。」方子。

潘恭叔説：「象山説得如此，待應事，都應不是。」曰：「可知是他所學所説盡是杜撰，都不依見成格法。他應事也只是杜撰，如何得合道理？」賀孫。

「陸氏會説其精神亦能感發人，一時被它聳動底，亦便清明。只是虛，更無底簟。『思而不學則殆』，正謂無底簟便危殆也。『山上有木，漸，君子以居賢德善俗。』有階梯而進，不患不到。今其徒往往進時甚鋭，然其退亦速。纔到退時，便如墜千仞之淵。」㽦。

頃有一朋友作書與陸子靜，言陸之學蕩而無所執〔九〕。陸復書言：「『蕩』本是好語，『君子坦蕩蕩』、堯『蕩蕩無能名』、詩云『蕩蕩上帝』、書云『王道蕩蕩』，皆以蕩爲善，豈可以爲不善邪〔一〇〕？」其怪如此。僩。

「向見陸子静與王順伯論儒釋，某嘗竊笑之。儒釋之分，只争虚實而已。如老氏亦謂：『怳兮惚兮，其中有物；窈兮冥兮，其中有精。』所謂『物』、『精』，亦是虚。吾道雖有『寂然不動』，然其中粲然者存，事事有。」節。

先生問人傑：「别後見陸象山，如何？」曰：「在都下相處一月，議論間多不合。」因舉戊戌春所聞於象山者，多是分别「集義所生，非義襲而取之」兩句，曰：「彼之病處正在此，其説『集義』却是『義襲』。彼之意，蓋謂學者須是自得於己，不爲文義牽制，方是集義。若以此爲義，從而行之，乃是求之於外，是義襲而取之也。故其弊自以爲是，自以爲高，而視先儒之説皆與己不合。至如與王順伯書論釋氏義利公私，皆説不着。蓋釋氏之言見性，只是虚見；儒者之言性，止是仁義禮智，皆是實事。今專以義利公私斷之，宜順伯不以爲然也。」人傑。䓪録詳。

問正淳：「陸氏之説如何？」曰：「癸卯相見，某於其言不無疑信相半。」曰：「信是信甚處？疑是疑甚處？」曰：「信其論學，疑其訶詆古人。」曰：「須是當面與它隨其説上討個分曉。若一時不曾分疏得，乃欲續後於書問間議論，只是説得皮外；它亦只是皮外答來，越不分曉。若是它論學處是，則其它説話皆是，便攻訶古人今人，亦無有不是處；若是它訶詆得古人不是，便是它說得學亦不是。向來見子靜與王順伯論佛，云：『釋氏與吾儒所見亦同，只是義利公私之間不同。』此說不然，如此却是吾儒與釋氏同一個道理。若是同時，何緣得有義利不同？只被源頭便不同，吾儒萬理皆實，釋氏萬理皆空。」又曰：「它尋常要說『集義所生者』，其徒包敏道至說成『襲義而取』，却不說『義襲而取之』，它說如何？」正淳曰：「它說須是實得。如義襲，只是强探力取。」曰：「謂如人心知此義理，行之得宜，固自内發。人性質有不同，或有魯鈍，一時見未到得。別人說出來，反之於心，見得爲是而行之，是亦内也。人心所見不同，聖人方見得盡。今陸氏只是要自渠心裏見得底，方謂之内。若別人說底，一句也不是。才自別人說出，便指爲義外。如此，乃是告子之說。如『生而知之』與『學而知之，困而知之』、『安而行之』與『利而行之，勉强而行之』，及其知之行之則一也，豈可一一須待自我心而出方謂之内？所以指文義而求之者皆不爲内？故自家才見得如此，便一向執着，將聖賢言語便亦不信，更不去講貫，只是我底是，其病痛只在此。只是專主『生知、安行』，而『學知』以下一切皆廢。又只管理會『一貫』，理會『一』。且如一貫，只是萬理一貫，無内外本末、隱顯精粗，皆一以貫之。此政『同歸殊塗，百慮一致』，無所不備。今却不教人恁地理會，却只尋個『一』，不知去那裏討頭處？」僩。必大録云：「先生看正淳與金溪往復書云云，『釋氏皆空』之下，有曰『學所以貴於講書，是要入細理會。今陸氏只管說「一貫」。夫「一貫」云者，是舉萬殊而一貫之，小大精粗、隱顯本末，皆在其中。若都廢置不講，却一貫個甚底？學要大綱涵養，子細講論。嘗與金溪辨「義外」之說。某謂事之合如此者，雖是在外，然於吾心以爲合如此而行之，便是內也。且如人有性質魯鈍，或一時見不到。因他人說出來，見得爲是，從而行之，亦內也。金溪以謂此乃告子之見，直須自得於己者方是。若以他人之說爲義而行之，是求之於外也。遂於事當如此處，亦不如此。不知此乃告子之見耳。」必大因言：「金溪有云：『不是教人不要讀書，讀書自是講學中一事。纔說讀書，已是剩此一句。』」曰：「此語却是。」必大又言其學全在踐履之說。曰：『此言雖是，然他意只是要踐履他之說耳。』」

「禪學熾則佛氏之說大壞，緣他本來是大段著工夫收拾這心性，今禪說只恁地容易做去。佛法固是本不見大底道理，只就他本法中是大段細密，今禪說只一向粗暴。陸子靜之學，看他千般萬般病，只在不知有氣稟之雜，把許多粗惡底氣都把做心之妙理，合當恁地自然做將去。向在鉛山得他書云：『看見佛之所以與儒異者，止是他底全是利，吾儒止是全在義。』某答他云：『公亦只見得第二著。』看他意，只說吾儒絕斷得許多利欲，便是千了百當，一向任意做出都不妨。不知初自受得這氣稟不好，今才任意發出，許多不好底也只都做好商量了。只道這是胸中流出，自然天理。不知氣有不好底夾雜在裏，一齊衮將去，道害事不害事？看子靜書，只見他許多粗暴底意思可畏。其徒都是這樣，才說得幾句，便無大無小，無父無兄，只我胸中流出底是天理，全不著得些工夫。看來這錯處，只在不知有氣稟之性。」又曰：「『論性不論氣，不備。』孟子不説到氣一截，所以説萬千與告子幾個，然終不得他分曉。告子以後，如荀、楊之徒，皆是把氣做性説了。」賀孫。

「迎而距之。」謂陸氏不窮理。方子。

「子静『應無所住以生其心』」。閎祖。

「子静尋常與吾人説話，會避得個『禪』字。及與其徒，却只説禪。」自脩。

吴仁父説及陸氏之學。曰：「只是禪。初間猶自以吾儒之説蓋覆，如今一向説得熾，不復遮護了。渠自説有見於理，到得做處，一向任私意做去，全不睹是。人同之則喜，異之則怒。至任喜怒，胡亂便打人駡人。後生纔登其門，便學得不遜無禮，出來極可畏。世道衰微，千變百怪如此，可畏，可畏！」木之。

「陸子静之學，自是胸中無奈許多禪何，看是甚文字，不過假借以説其胸中所見者耳。據其所見，本不須聖人文字得，他却須要以聖人文字説者。此正如販鹽者〔一一〕，上面須得數片鮝魚遮蓋，方過得關津，不被人捉了耳。」廣。

先生嘗説：「陸子静、楊敬仲自是十分好人，只似患淨潔病底。又論説道理，恰似閩中販私鹽底，下面是私鹽，上面以鮝魚蓋之，使人不覺。」蓋謂其本是禪學，却以吾儒説話遮掩。過。

「爲學若不靠實，便如釋老談空，又却不如他説得索性。」又曰：「近來諸處學者談空浩瀚，可畏，可畏！引得一輩江西士人都顛了。」浩。

「陸子靜好令人讀介甫萬言書，以爲渠此時未有異説，不曉子靜之意。」璘。

因言讀書之法曰：「一句有一句道理，窮得一句，便得這一句道理。讀書須是曉得文義了，便思量聖賢意指是如何？要將作何用？」因坐中有江西士人問爲學，曰：「公門都被陸子靜誤，教莫要讀書，誤公一生。使公到今已老，此心倀倀然，如村愚柏盲無知之人，撞牆撞壁，無所知識。使得這心飛揚跳躑，渺渺茫茫，都無所主，若涉大水，浩無津涯，少間便會失心去，何故？下此一等，只會失心，别無合殺也，傅子淵便是如此。子淵後以喪心死〔一二〕。豈有學聖人之道，臨了却反有失心者，是甚道理？吁，誤人誤人，可悲可痛！分明是被他塗其耳目，至今猶不覺悟〔一三〕。今教公之法：只討聖賢之書，逐日逐段，分明理會。且降伏其心，遜志以求之，理會得一句，便一句理明；理會得一段，便一段義明。積累久之，漸漸曉得。近地有朋友，便與近地朋友商量；近地無朋友，便遠求師友商量。莫要閑過日子，在此住得旬日，便做旬日工夫。公看此間諸公每日做工夫〔一四〕，都是逐段逐句理會。如此久之，須漸見些道理。公今只是道聽塗説，只要説得。行若聖賢之道〔一五〕，只是說得贏，何消做工夫？只半日便說盡了。『博學審問、謹思、明辨』，是理會甚事？公今莫問陸删定如何，只認問取自己便了。陸删定還替得公麽？陸删定他也須讀書來。只是公那時見他不讀書，便說他不讀書。他若不讀書，如何做得許多人先生？吁，誤人誤人！」又曰：「從陸子靜者，不問如何，個個學得不遜。只纔從他門前過，便學得悖慢無禮，無長少之節，可畏可畏！」僩。

象山死，先生率門人往寺中哭之。既罷良久，曰：「可惜死了告子！」此說得之文卿。泳。

因論南軒欲曾節夫往見陸先生，作書令去看陸如何，有何說備寄來。先生曰：「只須直說。如此，則便謂教我去看如何，便不能有益了。」揚。

因說陸子靜，云：「這個只爭些子，才差了便如此。他只是差過去了，更有一項，却是不及。若使過底，拗轉來却好；不及底，趲向上去却好。只緣他纔高了，便不肯下；纔不及了，便不肯向上。過底，便道只是就過裏面求個中；不及底，也道只就不及裏面求個中。初間只差了些子，所謂『差之毫釐，繆以千里！』」又曰：「如伯夷之清、柳下惠之和，孟子便說道『隘與不恭，君子不由』。如孔子說『逸民，伯夷、叔齊』這已是甚好了，孔子自便道：『我則異於是，無可無不可。』」又曰：「某看近日學問，高者便說做天地之外去，卑者便只管陷溺；高者必入於佛老，卑者必入於管、商。定是如此，定是如此！」賀孫。

曹叔遠問：「陸子静教人，合下便是，如何？」曰：「如何便是？公看經書中還有此樣語否？若云便是，夫子當初引帶三千弟子，日日説來説去則甚？何不云你都是了，各自去休？也須是做工夫始得。」又問：「或有性識明底，合下便是，後如何？」曰：「須是有那地位方得。如『舜與木石俱與鹿豕游，及聞一善言，見一善行，沛然若決江河，莫之能禦』，須是有此地位方得。如『堯舜之道孝悌』，不成説才孝悌便是堯舜？須是誦堯言，行堯行，真個能『徐行後長』方是。」下二條詳〔一六〕。

問：「陸象山道：當下便是。」曰：「看聖賢教人，曾有此等語無？聖人教人，皆從乎實地上做去。所謂『克己復禮，天下歸仁』，須是先克去己私方得。孟子雖云『人皆可以爲堯舜』，也須是『服堯之服，誦堯之言，行堯之行』〔一七〕方得。聖人〔一八〕告顏子以『克己復禮』，告仲弓以『出門如見大賓，使民如承大祭』，告樊遲以『居處恭，執事敬，與人忠』，告子張以『言忠信，行篤敬』，這個是説甚底話！又平時告弟子，也須道是『學而時習』、『行有餘力，則以學文』，又豈曾説個當下便是底語？大抵今之爲學者有二病：一種只當下便是底，一種便是如公平日所習底。却是這中間一條路不曾有人行得。而今人既不能知，但有聖賢之言可以引路。聖賢之言，分分曉曉，八字打開，無些子回互隱伏説話。」卓。

或問：「陸象山大要説『當下便是』，與聖人不同處是那裏？」曰：「聖人有這般説話否？聖人不曾恁地説，聖人只説『克己復禮。一日克己復禮，天下歸仁。』而今截斷『克己復禮』一段，便道只恁地便了。不知聖人當年領三千來人，積年累歲，是理會甚麼？何故不説道，才見得，便教他歸去自理會便了？子靜如今也有許多人來從學，亦自長久相聚，還理會個甚麼？何故不教他自歸去理會？只消恁地便了。且如説『堯舜之道，孝悌而已矣』似易，須是做得堯許多工夫，方到得堯；須是做得舜許多工夫，方到得舜。」又曰：「某看來，如今説話只有兩樣。自淮以北，不可得而知。自淮以南，不出此兩者，如説高底，便如『當下便是』之説，世間事事都不管。這個本是專要成己，而不要去成物。少間只見得上面許多道理切身要緊去處不曾理會，而終亦不足以成己。如那一項却去許多零零碎碎上理會，事事要曉得。這個本是要成物，而不及於成己。少間只見得下面許多羅羅嘈嘈，自家自無個本領，自無個頭腦了，後去更不知得那個直是是，那個直是非，都恁地鶻鶻突突，終於亦不足以成物。這是兩項如此，真正一條大路，却都無人識，這個只逐一次第行將去。那一個只是過，那一個只是不及。到得聖人大道，只是個中。然如今人説那中，也都説錯了。只説道恁地含含胡胡，同流合汙，便喚做中。這個中本無他，只是平日應事接物之間，每事理會教盡，教恰好，無一豪過不及之意。」賀孫。

「陸子靜之學，只管説一個心本來是好底物事，上面著不得一個字，只是人被私欲遮了。若識得一個心了，萬法流出，更都無許多事。他却是實見得個道理恁地，所以不怕天，不怕地，一向胡叫胡喊。」又曰：「如東萊便是如何云云，不〔一九〕似他見得恁地直拔俊偉。下梢東萊學者一人自執一説，更無一人守其師説，亦不知其師緊要處是在那裏，都只恁地衰塌不起了，其害小。他學者是見得個物事，便都恁地胡叫胡説，實是卒動他不得，一齊恁地無大無小，便是『天上天下，惟我獨尊』。若我見得，我父不見得，便是父不似我；兄不見得，便是兄不似我。更無大小，其害甚大。不待至後世，即今便是。」又曰：「南軒初年説，却有些似他。如嶽麓書院記却只恁地説。如愛牛，如赤子入井，這個便是真心。若理會得這個心了，都無事。後來説却不如此。子靜却雜些禪，又有術數，或説或不説。南軒却平直恁地説，却逢人便説。」又曰：「浙中之學，一種只説道理底，又不似他實見得。若不識，又不肯道我不識，便含胡鶻突遮蓋在這裏。」又因説：「人之喜怒憂懼，皆是人所不能無者，只是差些便不正。所以學者便要於此處理會，去其惡而全其善。今他只説一個心，便都道是了，如何得〔二〇〕？雖曾子、顏子是著多少氣力，方始庶幾其萬一。」又曰：「孟子更説甚『性善』與『浩然之氣』，孔子便全不説，便是怕人有走作，只教人『克己復禮』。到克盡己私，復還天理處，自是實見得這個道理，便是貼實底聖賢。他只説恁地了，便是聖賢，然無這般顛狂底聖賢。聖人說『克己復禮』，便是真實下工夫。『一日克己復禮』，施之於一家，則一家歸其仁；施之一鄉，則一鄉歸其仁；施之天下，則天下歸其仁。是真實從手頭過，如〔二一〕飲酒必醉，食飯必飽。他門便說一日悟得『克己復禮』，想見天下歸其仁；便是想象飲酒便能醉人，恰似說『如飲醇酎』意思。」又曰：「他是會說得動人，使人都恁地快活，便會使得人都恁地發顛發狂。某也會恁地說，使人便快活，只是不敢，怕壞了人。他之說却是使人先見得這一個物事了，方下來做工夫，却是上達而下學，與聖人『下學上達』都不相似。然他才見了，便發顛狂，豈肯下來做？若有這個直截道理，聖人那裏教人恁地步步做上去？」賀孫。

許行父謂：「陸子靜只要頓悟，更無工夫。」曰：「如此說不得。不曾見他病處，說他不倒。大抵今人多是望風便罵將去，都不曾根究到底。見〔二二〕他不是，須子細推原怎生不是，始得，此便是窮理。既知他不是處，須知是處在那裏。他既錯了，自家合當如何，方始有進。子靜固有病，而今人却不曾似他用功，如何便說得他？所謂『五穀不熟，不如稊稗』，恐反爲子靜之笑也。且如看史傳，其間有多少不是處。見得他不是，便有個是底在這裏，所以無往非學。」閎祖。

先生問：「曾見陸子靜否？」可學對以向在臨安欲往見。或云：「吾友方學，不可見，見歸必學參禪。」先生曰：「此人言極有理。吾友不去見，亦是。然更有一説：須修身立命，自有道理，則自不走往他。若自家無所守，安知一日立脚得牢。正如人有屋可居，見他人有屋宇，必不起健羨。若是自家自無住處，忽見人有屋欲借自家，自家雖欲不入，安得不入？切宜自作工夫。」可學。

守約問：「吾徒有往從陸子靜者，多是舉得這下些小細碎文義，致得子靜謂先生教人只是章句之學，都無個脱灑道理。其實先生教人，豈曾如此？又有行不掩其言者，愈招他言語。」先生曰：「不消得如此説。是他行不掩言，自家又奈何得他？只是自點檢教行掩其言，便得。看自家平日是合當恁地，不當恁地。不是因他説自家行不掩言，方始去行掩其言。而今不欲窮理則已，若欲窮理，如何不在讀書講論？今學者有幾個理會得章句？也只是渾淪吞棗，終不成又學他，於章句外別撰壹個物事與他鬬。」又曰：「某也難説他，有多多少少，某都不敢説他。只是因諸公問，不得不説。他是向一邊去拗不轉了，又不信人言語，又怎奈何他？自家只是理會自家是合當做。聖人説『言忠信，行篤敬』，『居處恭，執事敬，與人忠』等語，都是實説鐵定是恁地，無一句虚説。只是教人就這上做工夫，做得到便是道理。」賀孫。

「學者須是培養。今不做培養工夫，如何窮得理？程子言：『動容貌，整思慮，則自生敬。敬只是主一也。存此，則自然天理明。』又曰：「整齊嚴肅，則心便一。一則自是無非僻之干。此意但涵養久之，則天理自然明。」今不曾做得此工夫，胸中膠擾駁雜，如何窮得理？如它人不讀書，是不肯去窮理。今要窮理，又無持敬工夫。從陸子靜學，如楊敬仲輩，持守得亦好。若肯去窮理，須窮得分明。然它不肯讀書，只任一己私見，有似個稊稗。今若不做培養工夫，便是五穀不熟，又不如稊稗也。次日又言：「陸子靜、楊敬仲有為己工夫，若肯窮理，當甚有可觀，惜其不改也。」德明。

論子由古史言，帝王以無為宗。因言：「佛氏學只是任它意所為，於事無有是處。」德明云：「楊敬仲之學是如此。」先生曰：「佛者言『但願空諸所有，謹勿實諸所無。』事必欲忘却，故曰『但願空諸所有』，心必欲其空，故曰『謹勿實諸所無』。楊敬仲學於陸氏，更不讀書，是要不『實諸所無』，已讀之書皆欲忘却，是要『空諸所有。』」德明。

至之舉似楊敬仲〔一三〕詩云：「『有時父召急趨前，不覺不知造淵奧。』此意如何？」曰：「如此却二了：有個父召急趨底心，又有個造淵奧底心。纔二，便生出無限病痛。蓋這個物事，知得是恁地便行將去，豈可更帖著一個意思在那上？某舊見張子韶有個文字論仁義之實云：『當其事親之時，有以見其溫然如春之意，便是仁；當其從兄之際，有以見其肅然如秋之意，便是義。』某嘗對其說，古人固有習而不察，如今却是略略地習，却加意去察。

古人固有由之而不知，如今却是略略地由，却加意去知。」因笑云：「李先生見某說，忽然曰：『公適間說得好，可更說一遍看。』」道夫。

「楊敬仲己易說雷霆事，身上又安得有？且要著實。」可〔二四〕。

「楊敬仲說陽爻一畫者在己，陰爻一畫者應物底是。」先生云：「正是倒說了，應物者却是陽。」泳。

「楊敬仲言天下無掣肘底事，沈叔晦言天下無不可教底人。」先生云：「此皆好立偏論者。」振。

楊敬仲有易論，林黄中有易解，春秋解專主左氏。或曰：「林黄中文字可毁。」先生曰：「却是楊敬仲文字可毁。」泳。

「撫學有首無尾，婺學有尾無首，潭學首尾皆無〔二五〕，只是與人說。」泳。

「有說悟者，有說端倪者。若說可欲是善，不可欲是惡，而必自尋一個道理以爲善，根脚虚矣，非鄉人皆可爲堯舜之意。」「說悟者」指金溪，「說端倪者」指湖南。人傑。

因論今之言學問者，人自爲說，說出無限差異，胡文定曰首有一二句記不詳。「諸子百家人肆其說，誑惑衆生」者是也。謝上蔡曰：「諸子百家，人人自生出一般見解，欺誑衆生。」必大。

彭世昌守象山書院，盛言山上有田可耕，有圃可蔬，池塘碓磑，色色皆備。先生曰：

「既是如此，下山來則甚？」世昌曰：「陸先生既有書院，却不曾藏得書，某此來爲欲求書。」曰：「緊要書能消得幾卷？某向來亦愛如此。後來思之，這般物事聚者必散，何必役於物？」世昌臨別贈之詩曰：「象山聞説是君開，雲木參天瀑響雷。好去山頭且堅坐，等閑莫要下山來。」文蔚。

校勘記

〔一〕陸氏　朝鮮本作：陸子靜。

〔二〕問　朝鮮本作：節問。

〔三〕帶來底　朝鮮本此下增一節文字：又記曰：「只是他不認帶來許多底。」

〔四〕必大　朝鮮本作：伯豐。

〔五〕叔器　朝鮮本作：胡叔器。

〔六〕文字　朝鮮本此下增：直至。

〔七〕至之問告子　朝鮮本作：楊至之問孟子告子。

〔八〕可學録略　朝鮮本此則語録問無「可學」相關小字，然卷一三〇收録一則「可學」所記語録，作：王荆公嘗作兵論，劉貢父一日詣之，荆公未出，貢父於書院中硯底下取書，皆記得，又頓放元處。待荆公出論兵。貢父依荆公兵論説，曰：「某策如此」。荆公遂於硯下取兵論，焚之。好異惡同如此。可學。

〔九〕言陸之學蕩而無所執　「無」原作「而」，據朝鮮本、萬曆本改。
〔一〇〕豈可以爲不善邪　「邪」原作「那」，據朝鮮本、萬曆本改。
〔一一〕此正如販鹽者　朝鮮本此下增一節文字，作：本只是販私鹽，但。
〔一二〕子淵後以喪心死　朝鮮本此句作：「名夢泉，陸子靜上足也。」
〔一三〕至今猶不覺悟　「悟」原作「悞」，據朝鮮本、萬曆本改。
〔一四〕公看此間諸公每日做工夫　「間」原作「聞」，據朝鮮本、萬曆本改。
〔一五〕行若聖賢之道　「行」，萬曆本作「待」。
〔一六〕下二條詳　朝鮮本末尾小字作：辛。
〔一七〕服堯之服誦堯之言行堯之行　朝鮮本作：誦堯之言，行堯之道。
〔一八〕聖人　朝鮮本此下增：教人。
〔一九〕不　朝鮮本作：是不得。
〔二〇〕如何得　朝鮮本作：如何解得。
〔二一〕如　朝鮮本作：便爲。
〔二二〕見　朝鮮本「見」上增：且如。

〔一一三〕楊敬仲　朝鮮本作：楊簡敬仲。

〔一一四〕可　朝鮮本作末尾小字作：可學。

〔一一五〕潭學首尾皆無　「潭」原作「渾」，據朝鮮本改。

朱子語類卷第一百二十五

老氏莊列

老子

「康節嘗言『老氏得易之體，孟子得易之用』，非也。老子自有老子之體用，孟子自有孟子之體用。『將欲取之，必固與之』，此老子之體用也；存心養性，充廣其四端，此孟子之體用也。」廣。

「老子之術，謙沖儉嗇，全不肯役精神。」閎祖。

「老子之術，須自家占得十分穩便，方肯做；才有一豪於己不便，便不肯做。」閎祖。

「老子之學，大抵以虛靜無爲、沖退自守爲事。故其爲説，常以懦弱謙下爲表，以空虛不毁萬物爲實。其爲治，雖曰『我無爲而民自化』，然不化者則亦不之問也。其爲道每每如此，非特『載營魄』一章之指爲然也。若曰『旁日月，扶宇宙，揮斥八極，神氣不變』者，是乃莊生之荒唐；其曰『光明寂照，無所不通，不動道場，徧周沙界』者，則又瞿曇之幻語，老子則初曷嘗有是哉。今世人論老子者，必欲合二家之似而一之，以爲神常載魄而無所不之，則是莊、釋之所談，而非老子之意矣。」僩。

伯豐問：「程子曰『老子之言竊弄闔闢』者，何也？」曰：「如『將欲取之，必固與之』之類，是它亦窺得些道理，將來竊弄。如所謂『代大匠斲則傷手』者，謂如人之惡者，不必自去治它，自有别人與它理會。只是占便宜，不肯自犯手做。」𠐕曰：「此正推惡離己。」曰：「固是。如子房爲韓報秦，攛掇高祖入關，及項羽殺韓王成，又使高祖平項羽，兩次報仇皆不自做。後來定太子事，它亦自處閑地，又只教四老人出來定之。」𠐕。

「老子不犯手，張子房其學也。陶淵明亦只是老莊。」

問：「楊氏愛身，其學亦淺近，而舉世崇尚之，何也？」曰：「其學也不淺近，自有好處，便是老子之學。今觀老子書，自有許多説話，人如何不愛。其學也要出來治天下，清虚無爲，所謂『因者君之綱』，事事只是因而爲之。如漢文帝、曹參便是用老氏之效，然又只用得老子皮膚，凡事只是包容因循將去。老氏之學最忍，它閑時似個虚無卑弱底人，莫教緊要處發出來，更教你支梧不住，如張子房是也。子房皆老氏之學，如嶢關之戰，與秦將連和了，忽乘其懈擊之；鴻溝之約，與項羽講解了，忽回軍殺之，這個便是他柔弱之發處，可畏，可畏！它計策不須多〔一〕，只消三兩次如此，高祖之業成矣。」僩。

問：「楊朱似老子，頃見先生如此說。看來楊朱較放退，老子反要以此治國，以此取天下。」曰：「大概氣象相似。如云『致虛極，守靜篤』之類，老子初間亦只是要放退，未要放出那無狀來。及至反一反，方說『以無事取天下』，如云『反者道之動，弱者道之用』之類。」僩。

「楊朱之學出於老子，蓋是楊朱曾就老子學來，故莊、列之書皆說楊朱。孟子闢楊朱，便是闢莊老了。釋氏有一種低底，如梁武帝是得其低底。彼初入中國，也未在。後來到中國，却竊取老莊之徒許多說話，見得儘高，新唐書贊李蔚〔二〕。說得好。」南升。

「人皆言孟子不排老子，老子便是楊氏。」可學。

問：「老子與鄉原如何？」曰：「老子是出人理之外，不好聲，不好色，又不做官，然害倫理。鄉原猶在人倫中，只是個無見識底好人。」淳。義剛一條見論語類。

「老子中有仙意。」

列子

「列子平淡疏曠。」方子。

莊子

「莊周曾做秀才，書都讀來，所以他説話都説得也是。但不合没拘檢，便凡百了〔三〕。」

或問：「康節近似莊周？」曰：「康節較穩。」燾。

「莊子比邵子見較高，氣較豪。他是事事識得，又却蹴踏了，以爲不足爲，邵子却有規矩。」方子。

李夢先問：「莊子、孟子同時，何不〔四〕一相遇，又不聞相道及，林作：「其書亦不相及」。如何？」曰：「莊子當時也無人宗之，他只在僻處自説，然亦止是楊朱之學〔五〕。但楊氏説得大了，故孟子力排之。」義剛。夔孫同。

問：「孟子與莊子同時否？」曰：「莊子後得幾年，然亦不爭多。」或云：「莊子都不説著孟子一句。」曰：「孟子平生足跡只齊、魯、滕、宋、大梁之間，不曾過大梁之南。莊子自是楚人，想見聲聞不相接。大抵楚地便多有此樣差異底人物學問，所以孟子説陳良云云〔六〕。」曰〔七〕：「如今看許行之說如此鄙陋，當時亦有數十百人從他，是如何？」曰：「不特此也，如莊子書中說惠施、鄧析之徒與夫『堅白異同』之論，歷舉其說。是甚麽學問？然亦自名家。」或云：「他恐是借此以顯理？」曰：「便是禪家要如此。凡事須要倒說，如所謂『不管夜行，投明要到』，如『人上樹，口銜樹枝，手足懸空，却要答話』，皆是此意。」廣云：「通鑑中載孔子順與公孫龍辯說數語，似好。」曰：「此出在孔叢子，其他說話又不如此。此書必是後漢時人撰者。若是古書，前漢時又都不見說是如何。其中所載孔安國書之類，其氣象萎薾，都不似西京時文章。」廣。

老莊

「老子猶要做事，在莊子都不要做了，又却說道他會做，只是不肯做。」廣。

「莊周是個大秀才，他都理會得，只是不把做事。觀其第四篇人間世及漁父篇以後，多是說孔子與諸人語，只是不肯學孔子，所謂『知者過之』者也。如說『易以道陰陽，春秋以道名分』等語，後來人如何下得？它直是似快刀利斧劈截將去，字字有著落。」公晦曰：「莊子較之老子較平帖些。」曰：「老子極勞攘，莊子得些只也乖。莊子跌蕩，老子收斂，齊脚斂手，莊子却將許多道理掀翻說，不拘繩墨。」方子録云：「莊子是一個大秀才，他事事識得。如天下篇後面乃是說孔子，似用快刀利斧斫將去，更無些礙，且無一句不著落。如說『易以道陰陽』等語，大段說得好，然却不肯如此做去。老子猶是欲斂手齊脚去做，他却將他窠窟一齊踢翻了。」莊子去孟子不遠，其說不及孟子者，亦是不相聞。今亳州明道宮乃老子所生之地。莊子生於蒙，在淮西間。孟子只往來齊、宋、鄒、魯，以至於梁而止，不至於南。然當時南方多是異端，如孟子所謂『陳良，楚産也，悦周公、仲尼之道，北學於中國』，又如說『南蠻鴂舌之人，非先王之道』，是當時南方多異端。」或問：「許行恁地低，也有人從之？」曰：「非獨是許行，如公孫龍『堅白同異』之説是甚模樣？也使得人終日只弄這個。」漢卿問：「孔子順許多話却好。」曰：「出於孔叢子，不知是否？只孔叢子說話多類東漢人文，其氣軟弱，又全不似西漢人文。兼西漢初若有此等話，何故不略見於賈誼、董仲舒所述？恰限到東漢方突出來？皆不可曉。」賀孫。前廣録一條疑聞同〔八〕。

問：「老子與莊子似是兩般說話。」曰：「莊子於篇末自說破矣。」問：「先儒論老子，多爲之出脱，云老子乃矯時之說。以某觀之，不是矯時，只是不見實理，故不知禮樂刑政之所出，而欲去之。」曰：「渠若識得『寂然不動，感而遂通天下之故』，自不應如此。它本不知下一節，欲占一簡徑言之。然上節無實見，故亦不脱灑。今讀老子者亦多錯，如道德經云『名非常名』，則下文有名、無名皆是一義，今讀者皆將『有、無』作句。又如『常無欲，以觀其妙；常有欲，以觀其徼』，只是説『無欲、有欲』，今讀者乃以『無、有』爲句，皆非老子之意。可學。

「莊子、老子不是矯時。夷、惠矯時，亦未是。」可學。

莊列

「孟子、莊子文章皆好。列子在前，便有迂僻處。左氏亦然，皆好高而少事實。」人傑。

「因言，列子語，佛氏多用之。莊子全寫列子，又變得峻奇。列子語温純，柳子厚嘗稱之。佛家於心地上煞下工夫。」賀孫。

「列、莊本楊朱之學，故其書多引其語。莊子説『子之於親也，命也，不可解於心』。至臣之於君，則曰：『義也，無所逃於天地之間。』是他看得那君臣之義，却似是逃不得，不奈何，須着臣服他。更無一個自然相胥爲一體處，可怪，故孟子以爲無君，此類是也。」大雅。

老莊列子

「莊子是個轉調底，老子、列子又細似莊子。」

「雷擊所在，只一氣衮來，間有見而不爲害，只緣氣未掤裂，有所擊者皆是已發。」蔡季通云：「人於雷所擊處收得雷斧之屬，是一氣擊後方始結成，不是將這個來打物。」見人拾得石斧如今斧之狀，似細黄石，因説道士行五雷法。先生曰：「今極卑陋是道士，許多説話全亂道。」蔡〔九〕云：「禪家又勝似他。」曰：「禪家已是九分亂道了，他又把佛家言語參雜在裏面。如佛經本自遠方外國來，故語音差異，有許多差異字人都理會不得。他便撰許多符呪，千般萬様，教人理會不得，極是陋。」蔡云：「道士有個莊、老在上，却不去理會。」曰：「如今秀才讀多少書？理會自家道理不出，他又那得心情去理會莊、老。」蔡云：「無人理會得老子通透，大段鼓動得人，恐非佛教之比。」曰：「公道如何？」蔡云：「緣他帶治國、平天下道理在。」曰：「做得出，也只是個曹參。」蔡云：「曹參未〔一〇〕能盡其術。」曰：「也只是恁地，只是藏縮無形影。」因問蔡曰：「公看『道可道，非常道；名可名，非常名。無名天地之始，有名萬物之母』是如何説？」蔡云：「只是無名是天地之始，有名便是有形氣了。向見先生説庚桑子一篇都是禪，今看來果是。」曰：「若其它篇，亦自有禪話，但此篇首尾都是這話。」又問蔡曰：「莊子『虚無因應』如何點？」曰：「只是恁地點。」「多有人將『虚無』自做一句，非是，他後面又自解如何是無，如何是因。」又云：「莊子文章只信口流出，煞高。」蔡云：「列子亦好。」曰：「列子固好，但說得困弱，不如莊子。」問：「老子如何？」曰：「老子又較深厚。」蔡云：「看莊周傳說，似乎莊子師於列子。云先有作者如此，恐是指列子。」曰：「這自說道理，未必是師列子。」蔡問：「『皆原於道德之意』是誰道德？」曰：「這道德只自是他道德。」蔡云：「人多作吾聖人道德。太史公智識卑下〔一〕，便把這處作非細看，便把作大學、中庸看了。」曰：「大學、中庸且過一邊，公恁地說了，主張史記人道如何？大凡看文字只看自家心下，先自偏曲了，看人說甚麼事，都只入這意來。如大路看不見，只行下偏蹊曲徑去；如分明大字不看，却只看從罅縫偏旁處去；如字寫在上面不看，却就字背後面看。如人眼自花了，看見眼前物事都差了，便說道只恁地。」蔡云：「不平心看文字，將使天地都易位了。」曰：「道理只是這一個道理，但看之者情僞變態，言語文章自有千般萬樣。合說東，却說西；合說這裏，自說那裏：都是將自家偏曲底心求古人意。」又云：「如太史公說話，也怕古人有這般人，只自家心下不當如此。將臨川、何言、江默之事觀之，說道公羊、穀梁是姓姜人一手做，也有這般事。尚書序不似孔安國作，其文軟弱，不似西漢人文，西漢文粗豪。也不似東漢人文，東漢人文有骨肋。也不似東晉人文，東晉如孔坦疏也自得。他文是太段弱，讀來却宛順，是做孔叢子底人一手做。看孔叢子撰許多說話，極是陋。

只看他撰造説陳涉，那得許多説話？正史都無之，他却説道自好，陳涉不能從之。看他文卑弱，説到後面，都無合殺。」蔡云：「恐是孔家子孫。」曰：「也不見得。」蔡説：「春秋呂氏解煞好。」曰：「那個説不好？如一句經在這裏，説做褒也得，也有許多説話；做貶也得，也有許多説話，都自説得似。」又云：「如史記秦紀分明是國史，中間儘謹嚴。若如今人把來生意説，也都由他説。春秋只是舊史録在這裏。」蔡云：「如先生做通鑑綱目，是有意，是無意？須是有去取。如春秋，聖人豈無意？」曰：「聖人雖有意，今亦不可知，却妄爲之説，不得。」蔡云：「左氏怕是左史倚相之後，蓋左傳中楚事甚詳。」曰：「以三傳較之，在左氏得七八分。」蔡云：「道理則穀梁及七八分。」或云三傳中間有許多騃處，都是其學者後來添入。」賀孫。

「儒教自開闢以來，二帝三王述天理，順人心，治世教民，厚典庸禮之道。後世聖賢遂著書立言，以示後世。及世之衰亂，方外之士厭一世之紛拏，畏一身之禍害。耽空寂以求全身於亂世而已。及老子唱其端，而列禦寇、莊周、楊朱之徒和之。孟子嘗闢之以爲無父無君，比之禽獸。然其言易入，其教易行。當漢之初，時君世主皆信其説，而民亦化之。雖以蕭何、曹參、汲黯、太史談輩亦皆主之，以爲真足以先於六經，治世者不可以莫之尚也。及後漢以來，米賊張陵、海島寇謙之之徒遂爲盜賊，曹操以兵取陽平，陵之孫魯即納降款，可見其虚繆不足稽矣。」僩。

老子書

道可道章第一

問：「老子『道可道』章，或欲以『常無』、『常有』爲句讀，而『欲』字屬下句者，如何？」曰：「先儒亦有如此做句者，不妥貼。」問：「『三十輻共一轂，當其無，有車之用。』無，是車之坐處否？」曰：「恐不然。若以坐處爲無，則上文自是就輻轂而言，與下文户牖埏埴是一例語。某嘗思之，無是轂中空處，惟其中空，故能受軸而運轉不窮。猶傘柄上木管子，衆骨所會者，不知名何。緣管子中空，又可受傘柄，而開闔下上，車之轂亦猶是也。莊子所謂『樞始得其環中，以應無窮』，亦此意。」僩。

谷神不死章第六

正淳問「谷神不死，是爲玄牝」。曰：「谷虛，谷中有神，受聲所以能響，受物所以生物。」僩。

問「谷神」。曰：「谷只是虛而能受，神謂無所不應。它又云：『虛而不屈，動而愈出。』有一物之不受，則虛而屈矣；有一物之不應，是動而不能出矣。」問：「『玄牝』，或云玄是衆妙之門，牝是萬物之祖。」曰：「不是恁地說。牝只是木孔承筍，能受底物事。如今門樓謂之牡，鐶則謂之牝；鏁管便是牝，鏁鬚便是牡。雌雄謂之牝牡，可見。玄者，謂是至妙底牝，不是那一樣底牝。」問：「老子之言，似有可取處。」曰：「它做許多言語，如何無可取？如佛氏亦儘有可取，但歸宿門户都錯了。」夔孫。

問「谷神不死」。曰：「谷之虛也，聲達焉，則響應之，乃神化之自然也。『是謂玄牝』，玄，妙也；牝，是有所受而能生物者也。至妙之理，有生生之意焉，程子所以取老氏之説也。」人傑。

「玄牝，蓋言萬物之感而應之不窮，又言受而不先。如言『聖人執左契而不責於人』，契有左右，左所以銜右。言左契，受之義也。」方子。

沈莊仲〔一二〕問：「『谷神不死，是謂玄牝』，如何？」曰：「谷神是那個虛而應物底物事。」又問：「『常有欲以觀其徼』，徼之義如何？」曰：「徼是那邊徼，如邊界相似，説那應接處。向來人皆作『常無』、『常有』點，不若只作『常有欲』、『無欲』點。」義剛。

問：「原壤看來也是學老子。」曰：「他也不似老子，老子却不恁地。」莊仲曰：「却似莊子〔一三〕。」曰：「是。便是夫子時已有這樣人了。」莊仲曰：「莊子雖以老子爲宗，然老子之學尚要出來應世，莊子却不如此。」曰：「莊子説得較開闊，較高遠，然却較虛，走了老子意思。若在老子當時看來，也不甚喜他如此説。」莊仲問：「『道可道』如何解？」曰：「道而可道，則非常道；名而可名，則非常名。」又問「玄」之義。曰：「玄，只是深遠而至於黑窣窣地處，那便是衆妙所在。」又問「寵辱若驚，貴大患若身。」曰：「從前理會此章不得〔一四〕。」義剛。

張以道問「載營魄」與「抱一能無離乎」之義。曰：「魄是一，魂是二；一是水，二是火。二抱一〔一五〕，火守水；魂載魄，動守靜也。」義剛。

「『專氣致柔』，只看他這個甚麽樣工夫。專，非守之謂也，只是專一無間斷。致柔，是到那柔之極處。纔有一豪發露，便是剛，這氣便粗了。」僩。

「老子之學只要退步柔伏，不與你爭。才有一豪主張計較思慮之心，這氣便粗了。故曰『致虛極，守靜篤』，又曰『專氣致柔，能如嬰兒乎』，又曰『知其雄，守其雌，爲天下谿。知其白，守其黑，爲天下谷。』所謂谿，所謂谷，只是低下處。讓你在高處，他只要在卑下處，全不與你爭。他這工夫極難，常見畫本老子便是這般氣象，笑嘻嘻地，便是個退步占便宜底人。雖未必肖他，然亦是它氣象也。只是他放出無狀來，便不可當。如曰『以正治國，以奇用兵，以無事取天下』，他取天下便是用此道，如子房之術全是如此。嶢關之戰，啗秦將以利，與之連和了，即回兵殺之。項羽約和，已講解了，即勸高祖追之。漢家始終治天下，全是得此術，至武帝盡發出來。便即當子房閑時不做聲氣，莫教他説一語，更不可當。少年也任俠殺人，後來因黄石公教得來較細，只是都使人不疑他，此其所以乖也。莊子比老子便不同，莊子又轉調了精神，發出來粗。列子比莊子又較細膩。」問：「御風之説，亦寓言否？」曰：「然。」僩。

古之爲善士章第十五

甘叔懷説：「先生舊常謂老子也見得此個道理，只是怕與事物交涉，故其言有曰『豫兮若冬涉川，猶兮若畏四隣，儼若容』。」廣因以質於先生。曰：「老子説話大抵如此，只是欲得退步占姦，不要與事物接。如『治人事天莫若嗇』，迫之而後動，不得已而後起，皆是這樣意思。故爲其學者多流於術數，如申、韓之徒皆是也。其後兵家亦祖其説，如陰符經之類是也。他説『以正治國，以奇用兵，以無事取天下』，據他所謂無事者，乃是大奇耳，故後來如宋齊丘遂欲以無事竊人之國。如今道家者流，又却都不理會得他意思。」廣。

將欲噏之章第三十六

問老氏柔能勝剛、弱能勝强之説。曰：「它便揀便宜底先占了。若這下，則剛柔寬猛各有用時。」德明。

上德不德章第三十八

郭德元問：「老子云：『夫禮，忠信之薄而亂之首。』孔子又却問禮於他，不知何故？」曰：「他曉得禮之曲折，只是他說這是個無緊要底物事，不將爲事。某初間疑有兩個老聃，橫渠亦意其如此，今看來不是如此。他曾爲柱下史，故禮自是理會得，所以與孔子說得如此好。只是他又說這個物事不用得亦可，一似聖人用禮時反若多事，所以如此說。禮運中『謀用是作，而兵由此起』等語，便自有這個意思。」文蔚。

反者道之動章第四十一

問「反者道之動，弱者道之用」。曰：「老子說話都是這樣意思。緣他看得天下事變熟了，都於反處做起。且如人剛强咆哮跳躑之不已，其勢必有時而屈，故他只務爲弱。人纔弱時，却蓄得那精剛完全，及其發也，自然不可當。故張文潛說老子惟靜故能知變，然其勢必至於忍心無情，視天下之人皆如土偶爾。其心都冷冰冰地了，便是殺人也不恤，故其流多入於變詐刑名。太史公將他與申、韓同傳，非是强安排，其源流實是如此。」廣。

「易不言有無，老子言『有生於無』，便不是。」閎祖。

道生一章第四十二

「一便生二，二便生四，老子却説『二生三』，便是不理會得。」

「『道生一，一生二，二生三』，不合説一個生一個。」方。

名與身章第四十四

「多藏必厚亡，老子也是説得好。」義剛。

天下有道章第四十六

「『天下無道，却走馬以糞車』是一句，謂以走馬載糞車也。頃在江西見有所謂『糞車』者，方曉此語。」今本無「車」字，不知先生所見何本。僩。

治人事天章第五十九

「老子言：『治人事天莫若嗇。夫惟嗇，是謂早服；早服，謂之重積德；重積德，則無不克。』他底意思，只要收斂不要放出。」友仁。

「儉德極好，凡事儉則鮮失。老子言：『治人事天莫若嗇。夫惟嗇，是謂早服；早服，是謂重積德。』被它説得曲盡。早服者，言能嗇則不遠而復，便在此也。重積德者，言先已有所積，復養以嗇，是又加積之也。如修養者，此身未有所損失，而又加以嗇養，是謂早服而重積。若待其已損而後養，則養之方足以補其所損，不得謂之重積矣。所以貴早服，早服者，早覺未損而嗇之也。如某此身已衰耗，如破屋相似，東扶西倒，雖欲脩養，亦何能有益邪？今年得季通書説，近來深曉養生之理，盡得其法。只是城郭不完，無所施其功也。看來是如此。」僩。

老子：「治人事天莫如嗇。」嗇，養也。先生曰：「嗇只是吝嗇之嗇，它説話只要少用些子。」舉此一段至「莫知其極」。河。

莊子書

内篇養生第三

「『因者，君之綱。』道家之説最要這因。萬件事，且因來做。」因舉史記老子傳贊云云。

「虚無因應，變化於無窮。」曰：「虚無是體，與『因應』字當爲一句。蓋因應是用因而應之之義云爾。」植。

因論「庖丁解牛」一段至「恢恢乎其有餘刃」，曰：「理之得名以此。目中所見無全牛，熟〔一六〕。」僩。

外篇天地第十二

「莊子云『各有儀則之謂性』，此謂『各有儀則』如『有物有則』，比之諸家差善。董仲舒云：『質樸之謂性，性非教化不成。』性本自成，於教化下一『成』字，極害理。」可學。

問〔一七〕：「『野馬也，塵埃也，生物之以息相吹也』是如何？」曰：「他是言九萬里底風，也是這個〔一八〕推去。息，是鼻息出入之氣。」節。

問：「莊子『實而不知以爲忠，當而不知以爲信』，此語似好。」曰：「以實當言忠信，也好，只是它意思不如此。雖實，而我不知以爲忠；雖當，而我不知以爲信。」問：「莊生他都曉得，只是却轉了說。」曰：「其不知處便在此。」僩。

外篇天運第十四

先生曰：「『天其運乎，地其處乎，日月其爭於所乎。孰主張是？孰綱維是？孰居無事推而行是？意者，其有機緘而不得已邪？意者，其運轉不能自止邪？雲者爲雨乎？雨者爲雲乎？孰降施是？孰居無事淫樂而勸是？』莊子這數語甚好，是他見得，方說到此。其才高如老子。天下篇言『詩以道志，書以道事，禮以道行，樂以道和，易以道陰陽，春秋以道名分』，若見不分曉，焉敢如此道？要之，他病，我雖理會得，只是不做。」又曰：「莊、老二書解注者甚多，竟無一人說得他本義出，只據他臆說。某若拈出便別，只是不欲得。」友仁。

「『烈風』，莊子音作『厲風』，如此之類甚多。」節。

參同契

先生以參同契示張以道云：「近兩日方令書坊開得，然裏面亦難曉。」義剛問：「曾景建謂參同本是龍虎上經，果否？」曰：「不然。蓋是後人見魏伯陽傳有『龍虎上經』一句，遂僞作此經，大概皆是體參同而爲，故其間有說錯了處。如參同中云『二用無爻位，周流行六虛』，二用者，即易中用九、用六也。乾、坤六爻，上下皆有定位，唯用九、用六無位，故周流行於六虛。今龍虎經却錯說作虛危去。蓋討頭不見，胡亂牽合一字來說。」義剛。

「參同契所言『坎、離、水、火、龍、虎、鉛、汞』之屬，只是互換其名，其實只是精氣二者而已。精，水也，坎也，龍也，汞也；氣，火也，離也，虎也，鉛也。其法以神運精氣結而爲丹，陽氣在下，初成水，以火煉之則凝成丹。其説甚異，内外異色如鴨子卵，真個成此物。參同契文章極好，蓋後漢之能文者爲之，讀得亦不枉。其用字皆根據古書，非今人所能解，以故皆爲人妄解。世間本子極多，其中有云：『千周粲彬彬兮，萬遍將可覩；神明或告人兮，魂靈忽自悟。』言誦之久，則文義要訣自見。」又曰：「『二用無爻位，周流行六虛』，二用者，用九、用六。九、六，亦坎、離也。六虛者，即乾、坤之初、二、三、四、五、上六爻位也。言二用雖無爻位，而常周流乎乾、坤六爻之間，猶人之精氣上下周流乎一身而無定所也。世有龍虎經，云在參同契之先，季通亦以爲好。及得觀之，不然，乃隱括參同契之語而爲之也。」問。卓録云「『鉛、汞、龍、虎、水、火、坎、離皆一樣是精氣。參同契盡被後人胡解。凡説鉛汞之屬，只是互換其名，其實只一物也。精與氣二者，而以神運之耳』云云〔一九〕。『「千周兮粲彬彬，用之萬遍斯可覩。鬼神將告予，神靈忽自悟。」言誦之久，則文義要訣自見。』又云〔二〇〕：『「二用無爻位，周流遍六虛」〔二一〕，言二用雖無爻位，常周流乎乾、坤六爻之間，猶人身之精氣常周流乎人之一身而無定所也。』又云：『「往來無定所，上下無常居」亦此意也。世有龍虎經，或以爲在參同契之先。嘗見季通説好，及觀之，不然，盡是隱括參同契爲之。如説「二用六虛」處，彼不知爲周易之「二用六虛」，盡錯解了。遂分説云：有六樣虛，盡是亂説。參同契文章極好，念得亦不枉。其中心云，汝若不告人，絶聖道罪誅，言之著竹帛，又恐漏泄天機之意。故但爲重覆反復之語，令人子細讀之自曉。其法皆在其中，多不曉。』」

「參同契爲艱深之詞，使人難曉。其中有『千周萬遍』之説，欲人之熟讀以得之也。大概其説以爲欲明言之，恐泄天機，欲不説來，又却可惜。」人傑。

論修養

「人言仙人不死，不是不死，但只是漸漸銷融了，不覺耳。蓋他能煉其形氣，使查滓都銷融了，唯有那些清虚之氣，故能升騰變化。漢書有云：『學神仙尸解銷化之術。』看得來也是好則劇，然久後亦須散了。且如秦漢間所説仙人，後來都不見了，國初説鍾離權、吕洞賓之屬，後來亦不見了，近來人又説劉高尚，過幾時也則休也。」廣。

長孺説修養、般運事。曰：「只是屏氣減息，思慮自少，此前輩之論也。今之人傳得法時，便授與人，更不問他人肥與瘠、怯與壯。但是一律教他，未有不敗、不成病痛者。」懇。

因論道家修養，有默坐以心縮上氣而致閉死者。曰：「心縮氣亦未爲是。某嘗考究他妙訣，只要神形全不撓動，故老子曰『心使氣則强』。纔使氣，便不是自然。只要養成嬰兒，如身在這裏坐，而外面行者是嬰兒，但無工夫做此。其導引法，只如消息，皆是下策。」淳。

「陰符經恐是唐李佺所爲，是他着意去做，學他古文。何故只因他説起，便行於世？

某向以語伯恭，伯恭亦以爲然。一如麻衣易，只是戴氏自做自解，文字自可認。」道夫曰：「向見南軒跋云：『此真麻衣道者書也。』」曰：「敬夫看文字甚疏。」道夫。

閭丘主簿進黄帝陰符經傳，先生說：「握奇經等文字恐非黄帝作，池本作：「因閭丘問握奇經，引程子說，先生曰云云。」唐李筌爲之。聖賢言語自平正，都無許多蹺崎。」池本此下云：「又詩序是衛宏作，好事者附會，以爲出於聖人。其詩章多是牽合，須細考可也。」因舉遺書云：「『前輩說處或有未到，池本作「有到有不到處」。不可一概定。』横渠尋常有太深言語，如言『鬼神二氣之良能』，說得好。伊川言『鬼神造化之迹』，却未甚明白。」問良能之義。曰：「只是二氣之自然者耳。」因舉「明則有禮樂，幽則有鬼神」。「鬼自是屬禮，從陰；神自是屬樂，從陽。易言『精氣』。池本云：「『鬼神即禮樂』。又云『前輩之說如此。當知幽與明之實如何。鬼自從陰，屬禮；神自從陽，屬樂』。因舉『樂者敦和，率神而從天。禮者別宜，歸鬼而從地』云云。」易言『精氣爲物，游魂爲變』，此却是知鬼神之情狀。『魂氣升於天，體魄歸於地』，是神氣上升，鬼魄下降。不特人也，凡物之枯敗也，其香氣騰於上，其物腐於下，此可類推。」寓。

閭丘次孟謂：「陰符經所謂『自然之道静，故天地萬物生；天地之道浸，故陰陽勝。陰陽相推，變化順矣。』此數語，雖六經之言無以加。」先生謂：「如他閭丘此等見處，儘得。」今按：陰符經無其語。道夫。

「陰符經云『天地之道浸』這句極好，陰陽之道無日不相勝，只管逐些子挨出。這個退一分，那個便進一分。」道夫。

問〔二二〕：「陰符經云：『絶利一源。』」曰：「絶利而止守一源。」節。

問〔二三〕：「陰符經『三反晝夜』是如何？」曰：「三反如『學而時習之』，是貫上文言，言專而又審。反，是反反覆覆。」節。

「『三反晝夜』之説，如修養家子午行持。今日如此，明日如此，做得愈熟愈有效驗。」人傑。

論道教

「老氏初只是清淨無爲。清淨無爲，却帶得長生不死，後來却只説得長生不死一項。如今恰成個巫祝，專只理會厭禳祈禱，這自經兩節變了。」賀孫。

「道家有老、莊書，却不知看，盡爲釋氏竊而用之，却去倣傚釋氏經教之屬。譬如巨室子弟，所有珍寶悉爲人所盜去，却去收拾他人家破甕破釜。」必大。

「道教最衰，儒教雖不甚振，然猶有學者班班駁駁，説些義理。」又曰：「佛書中多説『佛言』，道書中亦多云『道言』。佛是個人，道却如何會説話？然自晉來已有此説。」必大。

「道家之學出於老子，其所謂『三清』，蓋倣釋氏『三身』而爲之爾。佛氏所謂『三身』：法身者，釋迦之本性也；報身者，釋迦之德業也；肉身者，釋迦之真身，而實有之人也。今之宗其教者，遂分爲三像而駢列之，則既失其指矣。而道家之徒欲倣其所爲，遂尊老子爲三清：元始天尊、太上道君、太上老君。而昊天上帝反坐其下，悖戾僭逆，莫此爲甚。且玉清元始天尊既非老子之法身，上清太上道君又非老子之報身，設有二像，又非與老子爲一，而老子又自爲上清太上老君，蓋倣釋氏之失而又失之者也。況莊子明言老聃之死，則聃亦人鬼爾，豈可僭居昊天上帝之上哉？釋老之學盡當毀廢。假使不能盡去，則老氏之學但當自祀其老子、關尹、列、莊之徒以及安期生、魏伯陽輩。而天地百祠自當領於天子之祠官，而不當使道家預之，庶乎其可也。」僩。

「論道家三清，今皆無理會。如那兩尊，已是詭名狹户了。但老子既是人鬼，如何却居昊天上帝之上？朝廷更不正其位次。又如真武，本玄武，避聖祖諱故曰『真武』。玄，龜也；武，蛇也。此本虛、危星形似之，故因而名。北方爲玄武七星，至東方則角、亢、心、尾象龍，故曰蒼龍。西方奎、婁狀似虎，故曰白虎。南方張、翼狀似鳥，故曰朱鳥。今乃以玄武爲真聖，而作真龜蛇於下，已無義理。而又增天蓬、天猷及翊聖真君作四聖，殊無義理。所謂『翊聖』，乃今所謂『曉子』者。真宗時有此神降，故遂封爲『真君』。」義剛。

「道家行法，只是精神想出，恐人不信，故以法愚之。太史遷。呂與叔集記一事極怪：舊見臨漳有孫事道巡檢亦能此。」可學云：「天下有許多物事，想極，物自入來。」曰：「然。」可學。

「道家説仙人尸解，極怪異。將死時，用一劍一圓藥，安於睡處，少間劍化作自己，藥又化作甚麽物，自家却自去别處去。其劍亦有名，謂之『良非子』。『良非』之義，猶言本非我也，『良非子』好對『亡是公』。」

校勘記

〔一〕它計策不須多　「計」原作「詩」，據萬曆本改。

〔二〕李蔚　「李」原作「季」，據萬曆本改。

〔三〕便凡百了　「凡」原作「九」，據萬曆本改。

〔四〕何不　朝鮮本此下增「曾」字。

〔五〕楊朱之學　朝鮮本作「楊朱之徒」。且朝鮮本此則語録内容止此。

〔六〕云云　朝鮮本作：曰：陳良，楚産也，悦周公、仲尼之道，北學于中國。

〔七〕曰　朝鮮本作：廣曰。
〔八〕前廣録一條疑聞同　朝鮮本此句作：「接李方子録一段上。不拘繩墨，而語不同。」凡十六字。
〔九〕蔡　朝鮮本作：蔡丈。
〔一〇〕未　朝鮮本作：卻。
〔一一〕太史公智識卑下　「識」原作「誠」，據朝鮮本、萬曆本改。
〔一二〕沈莊仲　朝鮮本作：周莊仲。
〔一三〕莊子　朝鮮本此下增：模樣。
〔一四〕從前例會此章不得　朝鮮本作：向前理會曉這一章不得。
〔一五〕二抱一　「二」原作「一」，據朝鮮本、萬曆本改。
〔一六〕目中所見無全牛熟　「目中」二字原無，據萬曆本補。又，「所見無全牛熟」原另作一段，據萬曆本而合於本句下。
〔一七〕問　朝鮮本作：節問。
〔一八〕也是這個　朝鮮本此下增小字：又記「生」二字是恁地字。
〔一九〕而以神運之耳云云　「云云」，朝鮮本作：「精，水也，坎也，龍也，汞也；氣，火也，離也，虎也，鉛也。它之法尺，是以神運精氣結而爲丹，陽氣在下，初融爲水，火煉之，以凝成丹。其說堪異，内外異色如雞卵，真個成此物。參同契文章極好，後漢之能文者爲之。其用字根據古書皆有出處，非今人所能解，故盡被人錯解。世間本子極多，其中有云。」凡一百十四字。

〔二〇〕又云　朝鮮本「云」下有二十字，云：「乾坤二用，二用者，用九用六也。九、六，亦坎、離也。又云。」

〔二一〕周流遍六虚　朝鮮本「虚」下增四十五字，云：「今乾坤用九用六，無爻位也。六虚者，乾之初九、九二、九三、九四、九五、上九；坤之初六、六二、六三、六四、六五、上六，六爻也。」

〔二二〕問　朝鮮本作：節問。

〔二三〕問　朝鮮本作：節問。

朱子語類卷第一百二十六

釋氏

「孟子不闢老、莊而闢楊、墨，楊、墨即老、莊也。今釋子亦有兩般：禪學，楊朱也；苦行布施，墨翟也。道士則自是假，今無説可闢。然今禪家亦自有非其佛祖之意者，試看古經如四十二章等經可見。楊文公集傳燈録説西天二十八祖，知他是否？如何舊時佛祖是西域夷狄人，却會做中國様押韻詩？今看圓覺云：『四大分散，今者妄身當在何處？』即是竊列子『骨骸反其根，精神入其門，我尚何存』語。宋景文説楞嚴前面呪是他經，後面説道理處是附會。圓覺前數疊稍可看，後面一段淡如一段去，末後二十五定輪與夫誓語可笑。」大雅。以下論釋氏亦出楊、墨。

問〔一〕：「佛老與楊、墨之學如何？」曰：「楊、墨之説猶未足以動人。墨氏謂『愛無差等』，欲人人皆如至親，此自難從，故人亦未必信也。楊氏一向爲我，超然遠舉，視營營於利禄者皆不足道，此其爲説雖甚高，然人亦難學他，未必盡從。楊朱即老子弟子。人言孟子不闢老氏，不知但闢楊、墨，則老莊在其中矣。佛〔二〕氏之學亦出於楊氏，其初如不愛身以濟衆生之説，雖近於墨氏，然此説最淺近，未是他深處。後來是達磨過來，初見梁武，武帝不曉其説，只從事於因果，遂去面壁九年。只説人心至善，即此便是，不用辛苦修行。又有人取莊老之説從而附益之，所以其説愈精妙，然只是不是耳。又有所謂『頑空』、『真空』之説，頑空者如死灰槁木，真空則能攝衆有而應變，然亦只是空耳。今不消窮究他，伊川所謂『只消就跡上斷便了。他既逃其父母，雖説得如何道理，也使不得』，如此，却自足以斷之矣。」時舉。

「宋景文唐書贊説佛多是華人之譎誕者，攘莊周、列禦寇之説佐其高。此説甚好！如歐陽公只説個禮法，程子又只説自家義理，皆不見他正贓，却是宋景文捉得他正贓。佛家先偷列子，列子説耳、目、口、鼻、心、體處有六件，佛家便有六根，又三之爲十八戒。此處更舉佛經語與列子語相類處，當考。初間只有四十二章經，無恁地多。到東晉便有談議，小説及史多説此。如今之講師做一篇議總説之。到後來談議厭了，達磨便入來只靜坐，於中有稍受用處，人又都向此。今則文字極多，大概都是後來中國人以莊、列説自文，夾插其間，都没理會了。攻〔三〕之者所執又出禪學之下。」淳。以下論釋氏出於莊老。

「老子說他一個道理甚縝密。老子之後有列子，亦未甚至大段不好。說列子是鄭穆公時人，然穆公在孔子前，而列子中說孔子，則不是鄭穆公時人，乃鄭頃公時人也。列子後有莊子，莊子模倣列子，殊無道理。爲他是戰國時人，便有縱横氣象，其文大段豪偉。列子序中說老子，列子言語多與佛經相類，覺得是如此。疑得佛家初來中國，多是偷老子意去做經，如說空處是也。後來道家做清静經，又却偷佛家言語，全做得不好。佛經所謂『色即是空』處，他把色、受、想、行、識五個對一個『空』字說，故曰『空即是色，受、想、行、識亦復如是』，謂是空也。而清淨經中偷此句意思，却說『無無亦無』，只偷得他『色即是空』，却不曾理會得他『受、想、行、識亦復如是』之意，全無道理。佛家偷得老子好處，後來道家却只偷得佛家不好處。譬如道家有個寶藏，被佛家偷去；後來道家却只取得佛家瓦礫，殊可笑也。人說孟子只闢楊、墨，不闢老氏，却不知道家修養之說只是爲己，獨自一身便了，更不管別人，便是楊氏『爲我』之學。」又曰：「孔子問老聃之禮，而老聃所言禮殊無謂。恐老聃與老子非一人，但不可考耳。」因說「子張學干禄」，先生曰：「如今科舉取者不問其能，應者亦不必其能，只是寫得盈紙，便可得而推行之。如除擢皆然。禮官不識禮，樂官不識樂，皆是吏人做上去。學官只是備員考試而已，初不是有德行道藝可爲表率，仁義禮智從頭不識到尾。國家元初取人如此，爲之奈何？」明作。

「佛氏乘虛入中國，廣大自勝之説，幻妄寂滅之論，自齋戒變爲義學。如遠法師、支道林皆義學，然又只是盜襲莊子之説。今世所傳肇論，云出於肇法師，有『四不遷』之説：『日月歷天而不周，江河競注而不流，野馬飄鼓而不動，山嶽偃仆而常静。』此四句只是一義，只是動中有静之意，如適間所説東坡『逝者如斯而未嘗往也』之意爾。此是齋戒之學一變，遂又説出這一般道理來。及達麽入來，又翻了許多窠臼，説出禪來，又高妙於義學，以爲可以直超徑悟。而其始者禍福報應之説，又足以鉗制愚俗，以爲資足衣食之計。遂使有國家者割田以贍之，擇地以居之，以相從陷於無父無君之域而不自覺。蓋道釋之教皆一再傳而浸失其本真。有國家者雖隆重儒學，而選舉之制、學校之法、施設注措之方，既不出於文字言語之工，而又以道之要妙無越於釋老之中，而崇重隆奉，反在於彼。至於二帝三王述天理、順人心、治世教民、厚典庸禮之大法，一切不復有行之者。唐之韓文公、本朝之歐陽公以及關洛諸公既皆闡明正道以排釋氏，而其言之要切，如傅奕本傳、宋景文李蔚贊、東坡儲祥觀碑、陳後山白鶴宫記皆足以盡見其失。此數人皆未深知道，而其言或出於强爲，是以終有不滿人意處。至二蘇兄弟晚年諸詩，自言不墮落，則又躬陷其中而不自覺矣。」僴。

「釋氏書其初只有四十二章經，所言甚鄙俚，後來日添月益，皆是中華文士相助撰集。

如晉宋間自立講師，孰爲釋迦，孰爲阿難，孰爲迦葉，各相問難，筆之於書，轉相欺誑。大抵多是剽竊老子、列子意思，變換推衍以文其說。大般若經卷帙甚多，自覺支離，故節縮爲心經一卷。楞嚴經只是强立一兩個意義，只管疊將去，數節之後，全無意味。若圓覺經本初亦能幾何？只鄙俚甚處便是，其餘增益附會者爾。佛學其初只說空，後來說動靜，支蔓既甚，達磨遂脫然不立文字，只是默然端坐，便心靜見理。此說一行，前面許名〔四〕皆不足道，老氏亦難爲抗衡了。今日釋氏其盛極矣，但程先生所謂『攻之者執理，反出其下』，吾儒執理既自卑汙，宜乎攻之而不勝也。」說佛書皆能舉其支離篇章成誦，此不能盡記。謨。

因說程子「耳無聞，目無見」之答〔五〕，曰：「決無此理。」遂舉釋教中有「塵既不緣，根無所著，反流全一，六用不行」之說。「蘇子由以爲此理至深至妙，蓋他意謂六根既不與六塵相緣，則收拾六根之用，反復歸於本體，而使之不行。顧烏有此理！」廣因舉程子之說「譬如靜坐時，忽有人喚自家，只得應他，不成不應？」曰：「彼說出楞嚴經，此經是唐房融訓釋，故說得如此巧。佛書中唯此經最巧。然佛當初也不如是說，如四十二章經最先傳來中國底文字，然其說却自平實。道書中有真誥，末後有道授篇，却是竊四十二章經之意爲之。非特此也，至如地獄託生妄誕之說，皆是竊他佛教中至鄙至陋者爲之。某嘗謂其徒曰：『自家有個大寶珠，被他竊去了，却不照管，亦都不知，却去他牆根壁角竊得個破瓶破罐用，此甚好笑。』西漢時儒者說道理，亦只是黃老意思，如揚雄太玄經皆是，故其自言有曰：『老子之言道德，吾有取焉耳。』後漢明帝時佛始入中國，當時楚王英最好之，然都不曉其說。直至晉宋間其教漸盛，然當時文字亦只是將莊老之說來鋪張，如遠師〔六〕諸論，皆成片盡是老莊意思。直至梁會通間達麽入來，然後一切被他掃蕩，不立文字，直指人心。蓋當時儒者之學既廢絶不講，老佛之說又如此淺陋，被他窺見這個罅隙了，故横說竪說，如是張王，没奈他何。人才聰明，便被他誘引將去。嘗見畫底諸祖師，其人物皆雄偉，故杲老謂臨濟若不爲僧，必作一渠魁也。又嘗在廬山見歸宗像，尤爲可畏，若不爲僧，必作大賊矣。」廣。

「道之在天下，一人說取一般。禪家最說得高妙去，蓋自莊老來，說得道自是一般物事，闃闃在天地間。後來佛氏又放開說，大決藩籬，更無下落，愈高愈妙，吾儒多有折而入之。把聖賢言語來看，全不如此。世間惑人之物不特尤物爲然，一語一言可取，亦是惑人，況佛氏之說足以動人如此乎。有學問底人便不被它惑。」謙〔七〕。

因論佛，曰：「老子先唱說，後來佛氏又做得脱洒廣闊，然考其語多本莊、列。」公晦云：「曾聞先生說，莊子說得更廣闊似佛，後若有人推演出來，其爲害更大在。」拱壽〔八〕。

謙之問：「佛氏之空與老子之無一般否？」曰：「不同，佛氏只是空豁豁然，和有都無了，所謂『終日喫飯，不曾咬破一粒米；終日著衣，不曾掛著一條絲』。若老氏猶骨是有，只是清淨無爲，一向恁地深藏固守，自爲玄妙，教人摸索不得，便是把有無做兩截看了。」恪〔九〕。以下雜論釋、老同異。

謙之問：「今皆以佛之説爲無，老之説爲空，空與無不同如何？」曰：「空是兼有無之名。道家説半截有，半截無，已前都是無，如今眼下却是有，故謂之空。若佛家之説都是無，已前也是無，如今眼下也是無，『色即是空，空即是色』。大而萬事萬物，細而百骸九竅，一齊都歸於無。終日喫飯，却道不曾咬着一粒米；滿身着衣，却道不曾掛着一條絲。」賀孫。

問：「釋氏之無與老氏之無何以異？」曰：「老氏依舊有，如所謂『無欲觀其妙，有欲觀其徼』是也。若釋氏則以天地爲幻妄，以四大爲假合，則是全無也。」柄。

「老氏欲保全其身底意思多，釋氏又全不以其身爲事，自謂别有一物不生不滅。歐公嘗言『老氏貪生，釋氏畏死』，其説亦好。氣聚則生，氣散則死，順之而已，釋老則皆悖之者也。」廣。

「釋老，其氣象規模大概相似，然而老氏之學尚自理會自家一個渾身，釋氏則自家一個渾身都不管了。」燾。

「佛氏之失出於自私之厭，老氏之失出於自私之巧。厭薄世故，而盡欲空了一切者，佛氏之失也；關機巧便，盡天下之術數者，老氏之失也。故世之用兵算數刑名，多本於老氏之意。」端蒙。

「老氏只是要長生，節病易見。釋氏於天理大本處見得些分數，然却認爲已有，而以生爲寄。故要見得父母未生時面目，既見，更不認作衆人公共底〔一〇〕，須要見得爲已有，死後亦不失，而以父母所生之身爲寄寓。譬以舊屋破倒，即自跳入新屋，故黄蘗一僧有偈與其母云『先曾寄宿此婆家』。止以父母之身爲寄宿處，其無情義絶滅天理可知。當時有司見渠此説，便當明正典刑。若聖人此道則不然，於天理大本處見得是衆人公共底，便只隨他天理去，更無分豪私見。如此便倫理自明，不是自家作爲出來，皆是自然如此，往來屈伸，我安得而私之哉？」大雅。

「釋氏見得高底儘高。」或問：「他何故只説空？」曰：「説『玄空』，又説『真空』，玄空便是空無物，真空却是有物，與吾儒説略同。但是它都不管天地四方，只是理會一個心。如老氏亦只是要存得一個神氣，伊川云『只就迹上斷便了』，不知它如此要何用？」南升。

問：「釋氏以天地萬物爲幻，老氏又却説及下截。」曰：「老氏勝。」可學。

「釋氏之説易窮，大抵不過如道家陰符經所謂『絶利一源，便到至道』。〔一一〕」大雅〔一二〕。

「『奪胎出世』之説有之，釋道專專此心，故神。道出神，故能奪胎；釋定，故死而能出世。釋定，故能入定；道定，故能成丹。」楊。

「釋氏只四十二章經是古書，餘皆中國文士潤色成之。維摩經亦南北時作，道家之書只老子、莊、列及丹經而已。丹經如參同契之類，然已非老氏之學。清淨、消災二經皆模學釋書而誤者。度人經生神章皆杜光庭撰，最鄙俚是北斗經。蘇子瞻作儲祥宫記，説後世道者只是方士之流，其説得之。」㽦。

有言莊老禪佛之害者。曰：「禪學最害道。莊老於義理絶滅猶未盡，佛則人倫已壞。至禪，則又從頭將許多義理掃滅無餘。以此言之，禪最爲害之深者。」頃之復曰：「要其實則一耳，害未有不由淺而深者。」〔一三〕以下論釋老滅綱常。

或問佛與莊老不同處〔一四〕。曰：「莊老絶滅義理未盡至，佛則人倫滅盡，至禪則義理滅盡。方子録云：「正卿問莊子與佛所以不盡。曰：『莊子絶滅不盡，佛絶滅盡。佛是人倫滅盡，到禪家義理都滅盡。』」佛初入中國，止説修行，未有許多禪底説話。」學蒙〔一五〕。

「佛老之學不待深辨而明，只是廢三綱五常，這一事已是極大罪名，其他更不消説。」賀孫。

「天下只是這道理，終是走不得。如佛老雖是滅人倫，然自是逃不得。如無父子，却拜其師，以其弟子爲子，長者爲師兄，少者爲師弟。但是只護得個假底，聖賢便是存得個真底。」夔孫。

「釋老稱其有見，只是見得個空虛寂滅。真是虛，真是寂無處，不知他所謂見者見個甚底？莫親於父子，却棄了父子；莫重於君臣，却絶了君臣；以至民生彝倫之間不可闕者，它一皆去之。所謂『見』者，見個甚物？且如聖人『親親而仁民，仁民而愛物』，他却不親親，而剗地要仁民愛物。愛物時，也則是食之有時，用之有節；見生不忍見死，聞聲不忍食肉。如仲春之月，犧牲無用牝，不麛不卵，不殺胎，不覆巢之類，如此而已。他則不食肉，不茹葷，以至投身施虎，此是何理！」卓。

「某人言：『天下無二道，聖人無兩心。儒、釋雖不同，畢竟只是一理。』某説道：『惟其天下無二道，聖人無兩心，所以有我底着他底不得，有他底着我底不得。若使天下有二道，聖人有兩心，則我行得我底，他行得他底。』」節。以下儒釋之辨。

「儒、釋言性異處，只是釋言空，儒言實；釋言無，儒言有。」德明。

「吾儒心雖虛而理則實，若釋氏則一向歸空寂去了。」柄。

「釋氏虛，吾儒實；釋氏二，吾儒一。釋氏以事理爲不緊要而不理會。」節。

「釋氏只要空，聖人只要實。釋氏所謂『敬以直内』，只是空豁豁地，更無一物，却不會『方外』。聖人所謂『敬以直内』，則湛然虛明，萬理具足，方能『義以方外』。」

問：「儒、釋之辨，莫只是『虛』、『實』兩字上分别？」曰：「未須理會。自家已分若知得真，則其僞自別，甚分明，有不待辨。」可學。

問〔一六〕：「釋氏以空寂爲本？」曰：「釋氏說空，不是便不是，但空裏面須有道理始得。若只說道我見個空，而不知有個實底道理，却做甚用得？譬如一淵清水，清冷徹底，看來一如無水相似。它便道此淵只是空底，不曾將手去探是冷是温，不知道有水在裏面，佛氏之見正如此。今學者貴於格物致知，便要見得到底。令人只是一班兩點見得些子，所以不到極處也。」南升。

「吾以心與理爲一，彼以心與理爲二。亦非固欲如此，乃是見處不同，彼見得心空而無理，此見得心雖空而萬理咸備也。雖說心與理一，不察乎氣稟物欲之私，是見得不真，故有此病，大學所以貴格物也。」〔一七〕植。或録云：「近世一種學問，雖說心與理一，而不察乎氣稟物欲之私，故其發亦不合理，却與釋氏同病，不可不察。」

「儒者以理爲不生不滅，釋氏以神識爲不生不滅。龜山云：『儒、釋之辨，其差眇忽。』以某觀之，真似冰炭。」方子〔一八〕。

「儒者見道，品節粲然。佛氏亦見天機，有不器於物者，然只是掉過去。」方〔一九〕。

問〔二〇〕：「先生以釋氏之說爲空，爲無理。以空言，似不若『無理』二字切中其病。」曰：「惟其無理，是以爲空。它之所謂心，所謂性者，只是個空底物事，無理。」節。

先生問衆人曰：「釋氏言『牧牛』，老氏言『抱一』，孟子言『求放心』，皆一般，何緣不同？」節就問曰：「莫是無這理？」曰：「無理煞害事。」節。

「釋氏合下見得一個道理空虛不實，故要得超脱，盡去物累，方是無漏爲佛地位。其他有惡趣者，皆是衆生餓鬼，只隨順有所修爲者，猶是菩薩地位，未能作佛也。若吾儒，合下見得個道理便實了，故首尾與之不合。」大雅。

舉佛氏語曰：「『千種言，萬般解，只要教君長不昧。』此説極好。」問：「程子曰：『佛氏之言近理，所以爲害尤甚。』所謂『近理』者指此等處否？」曰：「然。它只是守得這些子光明，全不識道理，所以用處七顛八倒。吾儒之學，則居敬爲本，而窮理以充之。其本原不同處在此。」

曹問：「何以分别儒、釋差處？」曰：「只如説『天命之謂性』，釋氏便不識了，便遽説是空覺〔一一〕。吾儒説底是實理，看他便錯了〔一二〕。他云『不染一塵，不捨一法』，既不染一塵，却如何不捨一法？到了是説那空處，又無歸著。且如人心，須是其中自有父子君臣兄弟夫婦朋友，他做得徹到底，便與父子君臣兄弟夫婦朋友都不相親，吾儒做得到底，便『父子有親，君臣有義，兄弟有序，夫婦有别，朋友有信』。吾儒只認得一個誠實底道理，誠便是萬善骨子。」〔一三〕

問佛氏所以差。曰：「從劈初頭便錯了，如『天命之謂性』，他把做空虛說了。吾儒見得都是實，若見得到自家底從頭到尾小事大事都是實。他底從頭到尾都是空，恁地見得破，如〔二四〕何解說不通？又如『實際理地不受一塵，萬行叢中不捨一法』等語，這是他後來桀黠底又撰出這一話來倚傍吾儒道理，正所謂『遁辭知其所窮』。且如人生一世間，須且理會切實處。論至切至實處，不過是一個心，不過一個身，若不自會做主，更理會甚麽？然求〔二五〕所以識那切實處，則莫切於聖人之書。聖人之書，便是個引導人底物事。若捨此而它求，則亦別無門路矣。「舜人也，我亦人也。舜爲法於天下，可傳於後世；我猶未免爲鄉人也，是則可憂也。憂之如何？如舜而已矣。」『高山仰止，景行行止。』只怕不見得，若果是有志之士，只見一條大路直上行將去，更不問着有甚艱難險阻。孔子曰：『向道而行，忘身之老也，不知年數之不足也，俛焉日有孜孜，斃而後已。』自家立着志向前做將去，鬼神也避道，豈可先自計較，先自怕却？如此終於無成。」賀孫。

因舉佛氏之學與吾儒有甚相似處，如云：「有物先天地，無形本寂寥，能爲萬象主，不逐四時凋。」又曰「撲落非它物，縱橫不是塵。山河及大地，全露法王身。」又曰：「若人識得心，大地無寸土。」看他是甚麽樣見識！今區區小儒，怎生出得他手，宜其爲他揮下也。此是法眼禪師下一派宗旨如此。今之禪家皆破其說，以爲有理路，落窠臼，有礙正當知見。今之禪家多是「麻三斤」、「乾屎橛」之説，謂之「不落窠臼」、「不墮理路」。妙喜之説便是如此，然又有翻轉不如此説時。僩。

「佛者云：『置之一處，無事不辦。』也只是教人如此做工夫，若是專一用心於此，則自會通達矣。故學禪者只是把一個話頭去看，『如何是佛』、『麻三斤』之類，又都無義理得穿鑿。看來看去，工夫到時，恰似打一個失落一般，便是參學事畢。莊子亦云『用志不分，乃凝於神』，也只是如此教人，但他都無義理，只是個空寂。儒者之學，則有許多義理，若看得透徹，則可以貫事物，可以洞古今。」廣。士毅録云：「釋氏云：『置之一處，無事不辦。』此外別有何法？只是釋氏没道理，白呀將去〔二六〕。」

「釋、老之書極有高妙者，句句與自家個同，但不可將來比方，煞誤人事。」季文。道夫。

先生遊鍾山書院，見書籍中有釋氏書，因而揭看。先君問：「其中有所得否？」曰：「幸然無所得。吾儒廣大精微，本末備具，不必它求。」季札。

言釋氏之徒爲學精專，曰：「便是某常説：吾儒這邊難得如此。看他下工夫，直是自日至夜，無一念走作別處去。學者一時一日之間是多少閑雜念慮，如何得似他？只惜他所學非所學，枉了工夫！若吾儒邊人下得這工夫，是甚次第？如今學者有二病。好高，欲速，這都是志向好底如此。一則是所以學者失其旨，二則是所學者多端，所以紛紛擾擾，終於無所歸止。」賀孫。

問釋氏入定、道家數息。曰：「他只要靜，則應接事物不差。孟子便也要存夜氣，然而須是理會『日晝之所爲』。」曰：「吾儒何不效他恁地？」曰：「他開眼便依舊失了，只是硬把捉，不如吾儒非禮勿視、聽、言、動，戒謹恐懼乎不睹不聞，『敬以直内，義以方外』，都一切就外面攔截。」曰：「釋氏只是『勿視勿聽』，無那『非禮』工夫。」曰：「然。」季通因曰：「世上事便要人做，只管似它坐定做甚？日月便要行，天地便要運。」曰：「他不行不運，固不是。吾輩是在這裏行，是在這裏運，只是運行又有差處〔二七〕。如今胡喜胡怒，豈不是差？他是過之，今人又不及。」榦。以下論釋氏工夫。

問：「昔有一禪僧，每自喚曰：『主人翁惺惺着！』大學或問亦取謝氏『常惺惺法』之語，不知是同是異？」曰：「謝氏之説地步闊，於身心事物上皆有工夫。若如禪者所見，只看得個主人翁便了，其動而不中理者都不管矣。且如父子天性也，父被他人無禮，子須當去救，他却不然。子若有救之之心，便是被愛牽動了心，便是昏了主人翁處。若如此惺惺，成甚道理？向曾覽四家録，有些説話極好笑，亦可駭。説〔二八〕若父母爲人所殺，無一舉心動念，方始名爲『初發心菩薩』。他所以叫『主人翁惺惺着』，正要如此。『惺惺』字則同，所作工夫則異，豈可同日而語！」友仁。

「佛〔二九〕家有『流注想』，水本流將去，有些滲漏處便留滯。」蓋卿。

「僧家尊宿得道，便入深山中，草衣木食，養數十年。及其出來，是甚次第！自然光明俊偉！世上人所以只得叉手看他自動〔三〇〕。」方。

徐子融有「枯槁有性無性」之論，先生曰：「性只是理，有是物斯有是理。子融錯處是認心爲性，正與佛氏相似。只是佛氏磨擦得這心極精細，如一塊物事，剥了一重皮，又剥一重皮，至剥到極盡無可剥處，所以磨弄得這心精光，它便認做性。殊不知此正聖人之所謂心，故上蔡云：『佛氏所謂性，正聖人所謂心；佛氏所謂心，正聖人所謂意』。心只是該得這理。佛氏元不曾識得這理一節，便認知覺運動做性。如視、聽、言、貌，聖人則視有視之理，聽有聽之理，言有言之理，動有動之理，思有思之理，如箕子所謂『明、聰、從、恭、睿』是也。佛氏則只認那能視、能聽、能言、能思、能動底便是性。視明也得，不明也得；聽聰也得，不聰也得；言從也得，不從也得；思睿也得，不睿也得，它都不管横來竪來，它都認做性。它〔三一〕最怕人説這『理』字，都要除掉了，此正告子『生之謂性』之説也。」僩問：「禪家又有以揚眉瞬目知覺運動爲弄精魂，而訶斥之者，何也？」曰：「便只是弄精魂。只是他磨擦得來精細有光彩，不如此粗糙爾。」僩問：「彼言一切萬物皆有破壞，惟有法身常住不滅。所謂『法身』，便只是這個？」曰：「然。不知你如何占得這物事住？天地破壞，又如何被你占得這物事常不滅？」問：「彼大概欲以空爲體，言天地萬物皆歸於空，這空便是他體。」曰：「他也不是欲以空爲體，它只是説這物事裏面本空，著一物不得。」僩。以下論釋氏誤認心性。

問：「聖門説知性，佛氏亦言知性，有以異乎〔三二〕？」先生笑曰：「也問得好。據公所見如何？試説看。」曰〔三三〕：「據友仁所見及佛氏之説者，此一『性』在心所發爲意，在目爲見，在耳爲聞，在口爲議論，在手能持，在足運奔，所謂『知性』者，知此而已。」曰：「且據公所見而言，若如此見得，只是個無星之秤、無寸之尺。若在聖門，則在心所發爲意，須是誠始得；在目雖見，須是明始得；在耳雖聞，須是聰始得；在口談論及在手、在足之類，須皆動之以禮始得。『天生烝民，有物有則。』如公所見及佛氏之説，只有物無則了，所以與聖門有差。況孟子所説『知性』者，乃是『物格』之謂。」友仁。

「若是如釋氏道，只是那坐底視底是，則夫子之教人也只説視聽言動底是便了，何故却説『非禮勿視，非禮勿聽，非禮勿言，非禮勿動』？如『居處、執事、與人交』，止説『居處、執事、與人交』便了，何故於下面着個『恭、敬、忠』？如『出門、使民』，也只説個『出門、使民』便了，何故却説『如見大賓，如承大祭』？孔子言『克己復禮爲仁』！」厲聲言「復禮」、「仁」字。節。

「釋氏只知坐底是，行底是。如坐，交脛坐也得，疊足坐也得，邪坐也得，正坐也得。將見喜所不當喜，怒所不當怒，爲所不當爲。他只是直衝去，更不理會理。吾儒必要理會坐之理當如尸、立之理當如齊，如頭容便要直，所以釋氏無理。」節。

「知覺之理是性所以當如此者，釋氏不知。他但知知覺，没這理，故孝也得，不孝也得。所以動而陽，靜而陰者，蓋是合動不得不動，合靜不得不靜。」節。

「釋氏棄了道心，却取人心之危者而作用之，遺其精者，取其粗者以爲道。如以仁義禮智爲非性，而以眼前作用爲性是也。此只是源頭處錯了。」人傑。

「釋氏專以作用爲性。如某國王問某尊者曰：『如何是佛？』曰：『見性爲佛。』曰：『如何是性？』曰：『作用爲性。』曰：『如何是作用？』曰云云。禪家又有偈者云〔三四〕：『當來尊者答國王時，國王何不問尊者云：「未作用時，性在甚處？」』」僴。

「『作用是性：在目曰見，在耳曰聞，在鼻齅香，在口談論，在手執捉，在足運奔』，即告子『生之謂性』之說也。且如手執捉，若執刀胡亂殺人，亦可爲性乎？龜山舉龐居士云『神通妙用，運水般柴』，以比『徐行後長』，亦坐此病。不知『徐行後長』乃謂之弟，『疾行先長』則爲不弟。如曰運水般柴即是妙用，則徐行、疾行皆可謂之弟耶？」人傑〔三五〕。

問釋氏「作用是性」。曰：「便只是這性，他說得也是。孟子曰『形色，天性也，惟聖人然後可以踐形』，便是此性。如口會說話，說話底是誰？目能視，視底是誰？耳能聽，聽底是誰？ 便是這個。其言曰：『在眼曰見，在耳曰聞，在鼻齅香，在口談論，在手執捉，在足運奔。徧現俱該法界，收攝在一微塵。識者知是佛性，不識唤作精魂。』他説得也好。」又舉楞嚴經波斯國王見恒河水一段云云，所以禪家説『直指人心，見性成佛』，他只要你見得，言下便悟，做處便徹，見得無不是此性。也説『存養心性』，養得來光明寂照，無所不徧，無所不通。唐張拙詩云『光明寂照徧河沙，凡聖含靈共我家』云云。」又曰：「『實際理地不受一塵，佛事門中不舍一法。』他個本自説得是，所養者也是，只是差處便在這裏，吾儒所養者是仁、義、禮、智，他所養者只是視、聽、言、動。儒者則全體中自有許多道理，各自有分别，有是非，降衷秉彝，無不各具此理。他只見得個渾淪底物事，無分别，無是非，横底也是，竪底也是，直底也是，曲底也是，非理而視也是此性，以理而視也是此性。少間用處都差，所以七顛八倒，無有是處。吾儒則只是一個真底道理，他也説我這個是真實底道理，如云『惟此一事實，餘二則非真』。只是他説得一邊，只認得那人心，無所謂道心，無所謂仁義禮智、惻隱羞惡、辭遜是非，所爭處只在此。吾儒則自『天命之謂性，率性之謂道』，以至至誠盡人物之性，贊天地之化育，識得這道理無所不周，無所不偏，他也説『我這個無所不周，無所不偏』。然眼前君臣父子、兄弟夫婦上，便不能周偏了，更説甚周偏？ 他説『治生産業，皆與實相不相違背』云云，如善財童子五十三參，以至神鬼神仙、士農工商技藝都在他性中。他說得來極闊，只是其實行不得。只是諱其所短，强如此籠罩去。他舊時瞿曇說得本不如此廣闊，後來禪家自覺其陋，又翻轉窠臼，只說『直指人心，見性成佛』。」僩。

「昨夜說『作用是性』，因思此語亦自好。雖云釋氏之學是如此，他却是真個見得，真個養得。如云說話底是誰？說話底是這性；目視底是誰？視底也是這性；聽底是誰？聽底也是這性；鼻之聞香、口之知味，無非是這個性。他凡一語默，一動息，無不見得此性，養得此性。」或問：「他雖見得，如何能養？」曰：「見得後，常常得在這裏，不走作，便是養。今儒者口中雖常說性是理，不止於作用，然却不曾做他樣存得養得，只是說得如此，元不曾用功，心與身元不相管攝，只是心粗。若自早至暮，此心常常照管，甚麼次第！這個道理在在處處發見，無所不有，只是你不曾存得養得。佛氏所以行六七百年，其教愈盛者，緣他也依傍這道理，所以做得盛。他却常在這身上，他得這些子，即來欺負你秀才，你秀才無一人做得似他。今要做，無他，只說四端廣充得便是。孟子說『存心養性』，其要只在此。『凡有四端於我者，知皆廣而充之矣，若火之始然、泉之始達。』學者只要守得這個，如惻隱、羞惡、辭遜、是非。若常存得這惻隱之心，便養得這惻隱之性；若合當愛處，自家却不起愛人之心，便傷害了那惻隱之性。如事當羞惡，自家不羞惡，便是傷害了那羞惡之性。辭遜、是非皆然。『人能充無欲害人之心，而仁不可勝用矣；人能充無受爾汝之實，無所往而不爲義也。』只要就這裏存得養得。所以說『利與善之間』只爭這些子，只是絲髮之間。如人靜坐，忽然一念之發，只這個便是道理，便有個是與非、邪與正。其發之正者，理也；雜而不正者，邪也。在在處處無非發見處，只要常存得、常養得耳。」僩。

佛家作用，引罽賓王問。某問：「他初說空，今却如此。」曰：「既無理，亦只是無。聽亦此，不聽亦此。然只是認得第二個，然他後來又不如此說。傅大士云云。」曰：「他雖不如此，然卒走此不得。」曰：「然。」可學。

問儒、釋。曰：「據他說道明得心，又不曾得心爲之用；他說道明得性，又不曾得性爲之用。不知是如何？」又問：「不知先從他徑處入，然後却歸此？」曰：「若要從徑入，是猶從近習求言職。須是見他都無所用。」泳。

「佛家說：『會萬物於一己。』若曉得這道理，自是萬物一體，更何須會？若是曉不得，雖欲會，如何會得？」恪。

「佛氏見影，朝說這個，暮說這個。至於萬理錯綜如此，却都不知。」方。

「釋氏先知死，只是學一個不動心。告子之學則是如此。」端蒙。

「凡遇事先須識得個邪正是非，盡掃私見，則至公之理自存。」大雅云：「釋氏欲驅除物累，至不分善惡，皆欲掃盡。云凡聖情盡，即如如佛，然後來往自由。吾道却只要掃去邪見，邪見既去，無非是處，故生不爲物累，而死亦然。」曰：「聖人不說死，已死了，更說甚事？聖人只說既生之後，未死之前，須是與他精細理會道理教是。胡明仲侍郎自說得好：『人，生物也，佛不言生而言死，人事可見，佛不言顯而言幽。』釋氏更不分善惡，只尊向他底便是好人，背他底便入地獄。若是個殺人賊，一尊了他，便可生天。」大雅云：「于頔在傳燈録爲法嗣，可見。」曰：「然。」大雅。

「佛書多有後人添入。初入中國〔三六〕，只有四十二章經，但此經亦有添入者。且如西天二十八祖所作偈皆有韻〔三七〕，分明是後人增加。如楊文公、蘇子由皆不悟此，可怪。又其文字中至有甚拙者云云。如楞嚴經前後只是說呪，中間皆是增入，蓋中國好佛者覺其陋而加之耳。」可學。以下論佛經。

「佛初止有四十二章經，其說甚平。如言彈琴，弦急則絶，慢則不響，不急不慢乃是。大抵是偷得老莊之意。後來達磨出來，一齊掃盡。至楞嚴經，做得極好。」柳宗元六祖塔銘有「中外融有粹孔習」。方子。

「達磨未來中國時，如遠、肇法師之徒只是談莊老，後來人亦多以莊老助禪。古亦無許多經。西域豈有韻？諸祖相傳偈平仄押韻語，皆是後來人假合。」

問：「心經如何？」曰：「本大般若經六百卷，心經乃是節本。」曰：「他既說空，又說色，如何？」曰：「他蓋欲於色見空耳，大抵只是要鶻突人。如云『實際中不立一法』，又云『不捨一法』此佛經語，記不全。之類，皆然。」問：「劫數如何？」曰：「他之説，亦説天地開闢，但理會不得。某經云：到末劫人皆小，先爲火所燒成劫灰，又爲風所吹，又爲水所淹。水又成沫，地自生五穀，天上人自飛下來喫，復成世界。他不識陰陽，便恁地亂道。」問：「佛默然處如何？」曰：「是他到處。」曰：「如何『與灑掃應對合？』」曰：「蓋言精粗無二。」曰：「『活潑潑地』是禪語否？」曰：「不是禪語，是俗語。今有儒家字爲佛家所竊用，而後人反以爲出於佛者，如『寺』、『精舍』之類不一。」可學。

「佛書中説六根、六塵、六識、四大、十二緣生之類，皆極精巧，故前輩學佛者謂此孔子所不及。今學者且須截斷，必欲窮究其説，恐不能得身已出來。方子録止此。他底『四大』即吾儒所謂魂魄聚散。『十二緣生』在華嚴合論第十三卷，佛説本言盡去世間萬事，其後黠者出却言『實際理地，不染一塵；萬事門中，不舍一法。』」可學。

「華嚴合論精密。」閎祖。

「華嚴合論其言極鄙陋無稽，不知陳了翁一生理會這個，是有甚麽好處，也不會厭。可惜極好底秀才，只恁地被它引去了。」又曰：「其言旁引廣諭，説神説鬼，只是一個天地萬物皆具此理而已。經中本説得簡徑白直，却被注解得越没收殺。」或問金剛經大意。曰：「他大意只在須菩提問『云何住，云何降伏其心』兩句上，故説不應住法生心，不應住色生心，『應無所住而生其心』，此是答『云何住』。又説『若胎生，若卵生，若濕生，若化生，我皆令入無餘涅槃而滅度之』，此是答『云何降伏其心』。彼所謂『降伏』者，非謂欲遏伏此心，謂盡降收世間衆生之心入它無餘涅槃中滅度，都教你無心了方是，只是一個『無』字。自此以後，只管纏去，只是這兩句。如這卓子，則云若此卓子，非名卓子，是名卓子。『若見諸相非相，則見如來』，離一切相即名佛，皆是此意。要之，只是説個『無』。」僩。

問〔三八〕：「龜山集中所答了翁書，論華嚴大旨，不知了翁諸人何爲好之之篤？」曰：「只是見不透，故覺得那個好。以今觀之，也是好，也是動得人。」道夫曰：「只爲他大本不立，故偏了。」先生默然良久曰：「真所謂『詖、淫、邪、遁』。蓋詖者，是它合下見得偏。儒者之道大中至正，四面均平。釋氏只見一邊，於那處都蔽塞了，這是『詖辭知其所蔽』。淫者，是只見得一邊，又却説得周遮浩瀚，所以其書動數百卷，是皆陷於偏而不能返，這是『淫辭知其所陷』。邪者，是它見得偏了，於道都不相貫屬，這是『邪辭知其所離』。遁者，是它已離於道而不通，於君臣父子都已棄絶，見去不得，却道道之精妙不在乎此，這是『遁辭知其所窮』。初只是詖，詖而後淫，淫而後邪，邪而後離，離而後遁。要之，佛氏偏處只是虚其理。理是實理，他却虚了，故於大本不立也。」因問：「温公解禪偈，却恐後人作儒佛一貫會了。」先生因誦之曰：「此皆佛之至陋者也，妙處不在此。」又問：「遺書云：『釋氏於「敬以直内」則有之，「義以方外」則未也。』道夫於此未安。」先生笑曰：「前日童蜚卿正論此，以爲釋氏大本與吾儒同，只是其末異。某與言：『正是大本不同。』」因檢近思録有云：「佛有一個覺之理，可以『敬以直内』矣〔三九〕，然無『義以方外』。其『直内』者，要之其本亦不是。」〔四〇〕「這是當時記得全處，前者記得不完也。」又曰：「只無『義以方外』，則連『敬以直内』也不是了。」又曰：「程子謂：『釋氏唯務上達而無下學，然則其上達處豈有是邪？』」亦此意。學佛者嘗云『儒、佛一同』，某言：『你只認自家説不同。若果是，又何必言同？只這靠傍底意思，便是不同；便是你底不是，我底是了。』」道夫。

「圓覺經只有前兩三卷好，後面便只是無説後强添。如楞嚴經，當初只有那阿難一事，及那燒牛糞時一呪，其餘底皆是文章之士添。那燒牛糞，便如爇蕭樣。後來也有人祈雨後燒，亦出此意也。」義剛。

「楞嚴經本只是呪語，後來房融添入許多道理説話。呪語想亦淺近，但其徒恐譯出，則人易之，故不譯。所以有呪者，蓋浮屠居深山中，有鬼神蛇獸爲害，故作呪以禁之。緣他心靈，故能知其性情，制馭得他。呪全是想法。西域人誦呪如叱喝，又爲雄毅之狀，故能禁伏鬼神，亦如巫者作法相似。」又云：「汀州人多爲巫。若巫爲祟，則治之者全使不行。沈存中記水中金剛經不濕，蓋人心歸向深固，所感如此。」因言：「後世被他佛法横入來，鬼神也没理會了。」又曰：「世之所謂鬼神，亦多是喫酒喫肉漢，見他戒行精潔，方寸無累底人，如何不生欽敬。」閎祖。

「維摩詰經，舊聞李伯紀之子説，是南北時一貴人如蕭子良之徒撰。渠云載在正史，然檢不見。」伯紀子名績，讀書甚博。必大。

「傳燈録極陋，蓋真宗時一僧做上之。真宗令楊大年删過，故出楊大年名，便是楊大年也曉不得。」義剛。

因語禪家，云：「當初入中國只有四十二章經，後來既久，無可得説，晉宋而下，始相與演義，其後義又窮。至達磨以來，始一切掃除。然其初答問，亦只分明説。到其後又窮，故一向説無頭話，如『乾矢橛』、『柏樹子』之類，只是胡鶻突人。既曰不得無語，又曰不得有語，道也不是，不道也不是。如此，則使之東亦不可，西亦不可。置此心於危急之地，悟者爲禪，不悟者爲顛。雖爲禪，亦是蹉了蹊徑，置此心於别處，和一身皆不管，故喜怒任意。然細觀之，只是於精神上發用。」問：「渠既一向説空，及其作用又只是氣。」曰：「作用是心，亦是氣，渠自錯認了。渠雖説空，又要和空皆無，如曰『空生大覺中』之類。昔日了老專教人坐禪，杲老以爲不然，著正邪論排之。其後杲在天童，了老乃一向師尊禮拜，杲遂與之同。及死，爲之作銘。」問：「渠既要清靜寂滅，如何不坐禪？」曰：「渠又要得有悟。杲舊甚喜子韶，及南歸，貽書責之，以爲與前日不同。今其小師録杲文字，去正邪論，與子韶書亦節却。」問：「病翁墓志中說官莆田事，如何？」曰：「佛家自說有體無用，是渠言如此，依實載之。」問：「禪僧有鳴鼓升坐死者，如何？」曰：「世念既去，自知得。只是能揠不卧床席耳，别無它說。」可學。以下禪學。

「禪只是一個呆守法，如『麻三斤』、『乾屎橛』，他道理初不在這上，只是教他麻了心，只思量這一路，專一積久，忽有見處，便是悟。大要只是把定一心，不令散亂，久後光明自發。所以不識字底人，才悟後便作得偈頌。悟後所見雖同，然亦有深淺。某舊來愛問參禪底，其說只是如此。其間有會說者，却吹嘘得大。如杲佛日之徒，自是氣魄大，所以能鼓動一世，如張子韶、汪聖錫輩皆北面之。」閎祖。

或問：「禪家說無頭當底說話，是如何？」曰：「他說得分明處，却不是。只内中一句黑如漆者，便是他要緊處。於此曉得時，便盡曉得。他又愛說一般最險絶底話，如引取人到千仞之崖邊，猛推一推下去。人於此猛省得，便了。」或曰：「不理會得，也是一事不了。」曰：「只此亦是格物。」祖道。

郭德元問：「禪者云：『「知」之一字，衆妙之門。』它也知得這『知』字之妙。」曰：「所以伊川說『佛氏之言近理』，謂此類也。它也微見得這意思，要籠絡這個道理。只是它用處全差，所以都間斷，相椄不著。」僩問：「其所謂知，正指此心之神明作用者否？」曰：「然。」郭又問：「圭峰云：『作有義事，是省悟心；作無義事，是狂亂心。狂亂由情念，臨終被業牽。省悟不由情，臨終能轉業。』又自注云：『此「義」非「仁義」之義，乃「理義」之義。』甚好笑。」曰：「它指仁義爲恩愛之義，故如此說。他雖說理義，何嘗夢見？其後杲老亦非之云：『「理義」之義便是「仁義」之義，如何把虛空打做兩截？』」僩（四一）。

「僧家所謂禪者，於其所行全不相應。向來見幾個好僧說得禪，又行得好，自是其資質爲人好耳，非禪之力也。所謂禪，是僧家自舉一般見解，如秀才家舉業相似，與行己全不相干。學得底人有許多機鋒，將出來弄一上了，便收拾了。到其爲人，與俗人無異。只緣禪自是禪，與行不相應耳。僧家有云『行、解』者，行是行己，解是禪也。」璘。

「禪僧自云有所得，而作事不相應，觀他又安有睟面盎背氣象。只是將此一禪橫置胸中，遇事將出，事了又收。大抵（四二）只論說，不論行。昔日病翁見妙喜於其面前要逞自家話。渠於開喜升座，却云：『彥沖修行却不會禪，寶學會禪却不修行，所謂張三有錢不會使，李四會使又無錢。』皆是亂說。大抵此風亦有盛衰，紹興間最盛，閩中自有數人，可嘆，可嘆！先王之道不明，却令異端橫出豎立。」可學。

「釋氏，須灼然看得他底之非，一出一入不濟事，禪將作何用？」振。

「禪學一喝一棒，都掀翻了，也是快活。却看二程説話，可知道不索性。豈特二程，便夫子之言亦如此。『學而時習之，不亦説乎！』看得好支離。」

「學道又雜佛學者，但歇一月工夫，看誰邊有味？佛氏只歇一月，味便消了。彼漸消則此漸進，此是鈍工夫，然却是法門也。」方。

問德粹：「在四明曾到天童、育王否？」曰：「到。」曰：「亦曾參禪否？」曰：「有時夜靜無事，見長老入室，亦覺心靜。」先生笑，因問：「德光如何？」滕曰：「不問渠法門事，自是大管人事。」先生曰：「皆如此。今年往莆中弔陳魏公，迴途過雪峰，長老升堂説法，且胡鶻過。及至接人，却甚俗，只是一路愛便宜，纔説到六七句，便道仰山大王會打供，想見宗杲也是如此。」又問人傑如何。曰：「臨死只是漸消削。」先生曰：「它平日只理會臨行一節，又却如此。」可學。雜論。

「釋氏『地、水、火、風』之説，彼所謂地水，如云魄氣；火風，如云魂氣。又説火風先散，地水後散，則其疾不暴；地水先散，火風後散，則其疾暴。」德明。

「釋氏『地、水、火、風』，粗而言之：地便是體，水便是魄，火風便是魂，他便也是見得這魂魄。」〔四三〕

「釋氏說：法身便是本性，報身是其德業，化身是其肉身。」問：「報身是如何？」曰：「是他成就效驗底說話。看他畫毗盧遮那坐千葉蓮珠常富貴，便如吾儒說聖人備道全美相似。」〔四四〕

魯可幾問釋氏「因緣」之說。曰：「若看書『作善降之百祥，作不善降之百殃』，則報應之說誠有之，但他說得來不是。」又問：「陰德之說如何？」曰：「也只是『不在其身，則在其子孫耳』。」道夫。

「佛家不合將才作緣習，緣習是說宿緣。」可學。

「禪家以父子兄弟相親愛處爲有緣之慈。如虎狼與我非類，我却有愛及他，如以身飼虎。便是無緣之慈，以此爲真慈。」淳。義剛同。

甘吉父問「仁者愛之理，心之德」，時舉因問：「釋氏說慈即是愛也，然施之不自親始，故愛無差等。」先生曰：「釋氏說『無緣慈』，記得甚處說『融性起無緣之大慈』，蓋佛氏之所謂『慈』並無緣由，只是無所不愛。若如愛親之愛，渠便以爲有緣。故父母棄而不養，而遇虎之飢餓，則捨身以食之，此何義理耶？」時舉。

問：「佛法如何是以利心求？」曰：「要求清淨寂滅超脫世界，是求一身利便。」可學。

「釋氏之學，務使神輕去其幹以爲坐亡立脫之備，其魄之未盡化者，則流爲膏液，散爲珠琲，以驚動世俗之耳目，非老子『專氣致柔』之謂也。」僩。

因論釋氏多有神異，疑其有之。曰：「此未必有。便有，亦只是妖怪。」方子。

「佛家多有『奪胎』之説，也如何見得？只是在理無此。」淳。

問説禪家言性，太陽之下置器處。曰：「此便是説輪回。」可學。

問禪家言性「傾此于彼」之説。曰：「此只是『偷生奪陰』之説耳。禪家言偷生奪陰，謂人懷胎，自有個神識在裏了，我却撞入裏面，去逐了它，我却受它血陰。它説傾此于彼，蓋如一破弊物在日下，其下日影自有方圓大小，却欲傾此日影爲彼日影。它説是人生有一塊物事包裹在裏，及其既死，此個物事又會去做張三，做了張三，又會做王二。便如人做官，做了這官任滿，又去做别官，只是無這道理。」或舉世間有如此類底爲問，先生曰：「而今只是理會個正理。若以聞見所接論之，則無了期。」又曰：「『横渠説『形潰反原』，以爲人生得此個物事，既死，此個物事却復歸大原去，又别從裏面抽出來生人。如一塊黄泥，既把來做個彈子了，却依前歸一塊裏面去，又做個彈子出來。伊川便説是『不必以既屈之氣爲方伸之氣』。若以聖人『精氣爲物，游魂爲變』之語觀之，則伊川之説爲是。蓋人死則氣散，其生也，又是從大原裏面發出來。」夔孫。

問：「輪迴之説當時如何起？」曰：「自漢以來已有此説話，説得成了，因就此結果。」

曰：「不知佛祖已有此説否？」曰：「今佛經存者亦不知孰爲佛祖之書。」厚之云：「或傳范淳夫是鄧禹後身。」曰：「鄧禹亦一好人，死許多時，如何魄識乃至今爲他人？」某云：「吕居仁詩亦有『狗脚朕』之語。」曰：「它又有『偷胎奪蔭』之説，皆脱空。」可學。

鄭問：「輪迴之説是佛家自創否？」曰：「自漢書載鬼處已有此話模樣了。元城語録載温公謂『吾欲扶教耳』，温公也看不破，只是硬恁地説。」淳。

或有言修後世者，先生曰：「今世不修，却修後世，何也？」道夫。

德粹問：「人生即是氣，死則氣散。浮屠氏不足信。然世間人爲惡死，若無地獄治之，彼何所懲？」曰：「吾友且説堯、舜、三代之世無浮屠氏，乃比屋可封，天下太平。及其後有浮屠，而爲惡者滿天下。若爲惡者必待死然後治之，則生人立君又焉用？」滕云：「嘗記前輩説『除却浮屠祠廟，天下便知向善』，莫是此意？」曰：「自浮屠氏入中國，善之名便錯了。渠把奉佛爲善，如修橋道造路，猶有益於人。以齋僧立寺爲善，善安在？所謂除浮屠祠廟便向善者，天下之人既不溺於彼，自然孝父母，悌長上，做一好人，便是善。大抵今之佛書，多是後世做文字者所爲。向見伯恭説曾看藏經，其中有至不成説話者。今世傳一二本經，乃是其祖師所傳，故士大夫好佛者，多爲簧鼓。」某問：「道家之説，云出於老子，今世道士又却不然。今之傳，莫是張角術？」曰：「是張陵，見三國志。他今用印，乃『陽平治都功印。』張魯起兵之所，又有祭酒，有都講祭酒。魯以女妻馬超，使爲之。其設醮用五斗米，所謂『米賊』是也。向在浙東祈雨設醮，拜得脚痛，自念此何以得雨，自先不信。」某問：「漢時如鄭康成注二禮，但云鬼神是氣，至佛入中國，人鬼始亂。」曰：「然。」可學。

「初西域僧來東漢時，令鴻臚寺寄居，後以爲僧居，因名曰『寺』。寺是官寺，非釋者取之。」寺之起自此時。僩。

「俗言佛燈，此是氣盛而有光，又恐是寶氣，又恐是腐葉飛蟲之光。蔡季通去廬山問得，云是腐葉之光。云：昔人有以合子合得一團光，來日看之，乃一腐葉。妙喜在某處見光，令人撲之，得一小蟲，如蛇樣而甚細，僅如布線大。此中有人隨汪聖錫到峨眉山，云五更初去看，初布白氣，已而有圓光如鏡，其中有佛。然其人以手裹頭巾，則光中之佛亦裹頭巾，則知乃人影耳。今所在有石，號『菩薩石』者，如水精狀，於日中照之，便有圓光。想是彼處山中有一物，日初出，照見其影圓，而映人影如佛影耳。峨眉山看佛，以五更初看。」璘。

道謙言：「大藏經中言禪子病脾時，只坐禪六七日，減食便安。」謙言：「渠曾病，坐得三四日便無事。」

雪峰開山和尚住山數年，都無一僧到，遂下山。至半嶺，忽有一僧來，遂與之俱還。先生曰：「若是某，雖無人來，亦不下山。」文蔚。

王質不敬其父母，曰：「自有物無始以來，自家是換了幾個父母了。」其不孝莫大於是。以此知佛法之無父，其禍乃至於此。使更有幾個如王質，則雖殺其父母，亦以爲常。佛法説君臣父子兄弟，只説是偶然相遇。趙子直戒殺子文末爲因報之説，云：「汝今殺他，他再出世必殺汝。」此等言語，乃所以啓其殺子，蓋彼安知不説道：「我今可以殺汝，必汝前身曾殺我。」賀孫。以下論釋氏滅人倫之害。

「佛家説要廢君臣父子，他依舊廢不得。且如今一寺，依舊有長老之類，其名分亦甚嚴，如何廢得？但皆是僞。」義剛。

問：「釋氏之失，一是自利，厭死生而學，大本已非；二是滅絶人倫；三是逕求上達，不務下學，偏而不該。」曰：「未須如此立論。」人傑（四五）。

次日，因余國秀解「物則」語及釋氏，先生曰：「他佛家都從頭不識，只是認知覺運動做性，所以鼓動得許多聰明豪傑之士。緣他是高於世俗，世俗一副當汙濁底事，他是無了，所以人競趨他之學。元初也不如此，佛教初入中國，只是修行説話，如四十二章經是也。初間只有這一卷經，其中有云佛問一僧：『汝處家爲何業？』對曰：『愛彈琴。』佛問：『絃緩如何？』曰：『不鳴矣。』『絃急如何？』曰：『聲絶矣。』『急緩得中如何？』曰：『諸音普矣。』

佛曰：『學道亦然。心須調適，道可得矣。』初間只如此說。後來達磨入中國，見這般說話中國人都會說了，遂換了話頭，專去面壁靜坐默照，那時亦只是如此。到得後來，又翻得許多禪底說話來，盡掉了舊時許多話柄。不必看經，不必靜坐，越弄得來闊，其實只是作弄這些精神。」或曰：「彼亦以知覺運動爲形而下者，以空寂爲形而上者，如何？」曰：「便只是形而下者。他只是將知覺運動做玄妙說。」或曰：「如此，則安能動人？必更有玄妙處。」曰：「便只是這個。他那妙處，離這知覺運動不得；無這個，便說不行。只是被他作弄得來精，所以橫渠有『釋氏兩末』之論。只說得兩邊末梢頭，中間真實道理却不曾識。如知覺運動，是其上一梢也；因果報應，是其下一梢也。」或曰：「因果報應，他那邊有見識底，亦自不信。」曰：「雖有不信底，依舊離這個不得。如他幾個高禪，縱說高殺，也依舊掉舍這個不下，將去愚人。他那個物事没理會，捉撮他不得。你道他如此，他又說不如此；你道他是知覺運動，他又有時掉翻了。都不說時，雖是掉翻，依舊離這個不得。」或問：「今世士大夫所以晚年都被禪家引去者，何故？」曰：「是他底高似你。你平生所讀許多書，許多記誦文章，所藉以爲取利禄聲名之計者，到這裏都靠不得了，所以被他降下。他底是高似你，且是省力，誰不悦而趨之？王介甫平生讀許多書，説許多道理，臨了捨宅爲寺，却請兩個僧來住持，也是被他笑。你這個物事，如何出得他？」或問：「今也不消學他那一層，只認依着自家底做便了。」曰：「固是。豈可學他！只是依自家底做，少間自見得他底低。」僩。以下論士大夫好佛。

問：「士大夫末年多溺於釋氏之説者，如何？」曰：「緣不曾理會得自家底原頭，但看得些小文字，不過要做些文章，務行些故事，爲取爵禄之具而已。却見得他底高，直是玄妙，又且省得氣力，自家反不及他，反爲他所鄙陋，所以便溺於他之説，被他引入去。」燾。

「今之學者往往多歸異教者，何故？蓋爲自家這裏工夫有欠缺處，奈何這心不下，没理會處，又見自家這裏説得來疏略，無個好藥方治得他没奈何底心。而禪者之説則以爲有個悟門，一朝得入，則前後際斷，説得恁地見成捷快，如何不隨也去，此却是他實要心性上理會了如此。不知道自家這裏有個道理，不必外求，而此心自然各止其所。非獨如今學者，便是程門高弟，看他説那做工夫處，往往不精切〔四六〕。」廣。

「老氏見得煞高，佛氏安敢望他。唐人方説佛。本朝士大夫好佛者，始初楊大年，後來張無盡。」又説：「張無垢參杲老，汪玉山被他引去〔四七〕，後來亦好佛。但汪丈爲人無果決，好佛又見不透，又不能果決而退。嘗見汪丈論楊大年好佛，後來守不定，汪丈甚不信，云是蘇子由記此，恐未必是。」南升。

「老氏煞清高，佛氏乃爲逋逃淵藪。今看何等人，不問大人小兒、官員村人商賈、男子婦人，皆得入其門。最無狀，是見婦人便與之對談。如杲老與中貴權要及士夫皆好。湯思退與張魏公如水火，杲老與湯、張皆好。」又云：「杲老乃是禪家之俠。」又云：「陳了翁好佛，説得來七郎八當。」南升。

「韓退之詩『陽明人所居，幽暗鬼所寰。嗟龍獨何智，出入人鬼間。』今僧家上可以交賢士大夫，下又交中貴小人，出入其間不以爲耻，所謂『出入人鬼間』也。如妙喜與張魏公好，又與一種小人小官好。」璘。

「信州人新鄂州教官龔安國，聞李德遠過郡，見之。李云：『若論學，唯佛氏直截。如學周公、孔子，乃是抱橋柱澡洗。』」方。

問：「近世王日休立化，如何？」曰：「此人極不好，貪汙異常。」曰：「既如此，何故立脱？」曰：「它平日坐必向西，心在於此，遂想而得。此乃佛氏最以爲下者。」程氏説「野狐精」，正是以如此爲不足貴。可學。

因説某人棄家爲僧，以其合奏官與弟，弟又不肖，母在堂，無人奉養。先生顰蹙曰：「奈何棄人倫滅天理至此？」某曰：「此僧乃其家之長子。」方伯謨曰：「佛法亦自不許長子出家。」先生曰：「縱佛許亦不可。」可學。

「陳福公臨終，親筆戒其子勿用浮屠，林子方力責之。人之卑陋乃如此。」淳。

先生說及俗人之奉佛者，每晨拜跪備至；及其老也，體多康健，以爲獲福於佛。不知其日勞筋骨，其他節省運用血氣，所以安也。過。

「夷狄之教入于中國，非特人爲其所迷惑，鬼亦被他迷惑。大乾廟所塑僧像，乃勸其不用牲祭者。其他廟宇中，亦必有所謂勸善大師。蓋緣人之信向者既衆，鬼神只是依人而行。」必大。

「本朝歐陽公排佛，就禮法上論，二程就理上論，終不如宋景文公捉得正贓出。見李蔚傳贊論華人增加處。佛書分明是中國人附益。」問：「佛法所以傳至今，以有禍福之說助之？」曰：「亦不全如此，却是人佐佑之。初來只有四十二章經，至晉宋間乃談義，皆是剽竊老、莊，取列子爲多。其後達磨來又說禪，又有三事：一空，二假，三中。「空全論空，假者想出世界，中在空假之中。唐人多說假。」可學。以下闢佛。

問：「胡僧不能害傅奕，只是邪不能干正否？」曰：「是他心不動。」胡泳。

論釋氏之說，如明道數語，闢得極善。見行狀中者。它只要理會個寂滅，不知須强要寂滅它做甚？既寂滅後却作何用？何況號爲尊宿禪和者，亦何曾寂滅得？近世如宗杲，做事全不通點檢，喜怒更不中節。晉宋以前遠法師之類，所談只是莊、列，今其集中可見。其後要自立門户，方脱去莊、列之談，然實剽切其說。傅奕亦嘗如此說，論佛只是說個大話謾人，可憐人都被它謾，更不省悟。試將法華經看，便見其誕。開口便説恒河沙數幾萬幾千幾劫，更無近底年代。又如佛受記某甲幾劫後方成佛。佛有神通，何不便成就它做佛？何故待闕許久？又如住世羅漢猶未成佛，何故許多時修行都無長進？今被它撰成一藏説話，遍滿天下，惑了多少人。勢須用退之盡焚去乃可絶。今其徒若聞此説，必曰此正是爲佛教者。然實繆爲此説，其心豈肯如此？此便是言行不相應處。今世俗有一等卑下底人，平日所爲不善，一旦因讀佛書，稍稍收斂，人便指爲學佛之效，不知此特粗勝於庸俗之人耳。士大夫學佛者全不曾見得力，近世李德遠輩皆是也。今其徒見吾儒所以攻排之説，必曰此吾之迹耳，皆我自不以爲然者。如果是不以爲然，當初如何却恁地撰下？又如僞作韓歐別傳之類，正如盜賊怨捉事人，故意攤贓耳。僩〔四八〕。

因論釋氏，先生曰：「自伊洛君子之没，諸公亦多聞闢佛氏矣。然終竟説他不下者，未知其失之要領耳。釋氏自謂識心見性，然其所以不可推行者何哉？爲其於性與用分爲兩截也。聖人之道，必明其性而率之，凡修道之教，無不本於此。故雖功用充塞天地，而未有出於性之外者。釋氏非不見性，及到作用處，則曰無所不可爲。故棄君背父，無所不至者，由其性與用不相管也。」時魏才仲侍側，問其故，先生曰：「如今未有此病，然亦不可不知。譬如人食物，欲知烏喙之不可食，須是認下這底是烏喙，知此物之爲毒，則他日不食之矣。

若不便認下，他日卒然遇之，不知其毒，未有不食之也。異端之害道，如釋氏者極矣。以身任道者，安得不辨之乎！如孟子之辨楊、墨，正道不明，而異端肆行，周、孔之教將遂絶矣。譬如火之焚將及身，任道君子豈可不拯救也（四九）！」因説「誠意」曰：「前輩有謂闢釋氏爲扶教者，安在其不妄語也。」閎祖。

「伊川謂『所執皆出禪學之下』，此説甚好。」謂攻之者。淳。

「今之闢佛者，皆以義利辨之，此是第二義。正如唐人檄高麗之不能守鴨緑之險，高麗遂守之。今之闢佛者類是。佛以空爲見，其見已錯，所以都錯，義利又何足以爲辨。舊嘗參究後，頗疑其不是。及見李先生之言，初亦信未及，亦且背一壁放，且理會學問看如何，後年歲間漸見其非。」揚。

「儒之不闢異端者，謂如有賊在何處，任之不必治。」揚。

「近看石林過庭録，載上蔡説伊川參某僧，後有得，遂反之。蜀本作「去」。偷其説來做己使，是爲洛學。某也嘗疑如石林之説固不足信，却不知上蔡也恁地説，是怎生地？向見光老示及某僧與伊川居士帖，後見此帖乃載山谷集中，後又見蜀本有「文集别本」四字。有跋此帖者，蜀本作「語」。乃僧與潘子真潘淳，乃興嗣之子也。帖，蜀本云：「其所以載於山谷集者，以山谷嘗録其語，而或以爲山谷帖也。淳録云：「其非與伊川明矣。」其差謬類如此。但當初佛學只是說無存養底工夫，至唐六祖始教人存養工夫。當初學者亦只是說不曾就身上做工夫，至伊川方教人就身上做工夫，所以謂伊川偷佛說爲己使。」義剛。〔五〇〕

問：「靈源與潘子真書，今人皆將做與伊川書，謂伊川之學出於靈源也。恐後人以入傳燈録中，如退之之比，不知可寓於何書注破？」云：「某舊十年前聞此事，則半夜起來爲作文矣，其好辯甚也。」振。

「釋氏之教，其盛如此，其勢如何拗得他轉？吾人家守得一世再世，不崇尚他者，已自難得。三世之後，亦必被他轉了。不知大聖人出，『所過者化，所存者神』時，又如何？」必大。

校勘記

〔一〕問　朝鮮本作：時舉問。

〔二〕佛　朝鮮本「佛」上增：後世。

〔三〕攻　朝鮮本作：考。

〔四〕許名　朝鮮本作：許多。

〔五〕答　朝鮮本作：語。

〔六〕遠師　朝鮮本作：遠法師。

〔七〕謙　朝鮮本末尾小字作：處謙。

〔八〕拱壽　朝鮮本作：銖。

〔九〕恪　「恪」原作「格」，據朝鮮本改。

〔一〇〕更不認作衆人公共底　「更」，萬曆本作「便」。

〔一一〕便到至道　朝鮮本此下增一節文字，作：老子之學，大抵以虚静無爲、沖退自守爲事。故其爲説，常以懦弱謙下爲表，以空虚不毁萬物爲實。其爲治，雖曰「我無爲而民自化」，然不化者則亦不之問也。其爲道每每如此，非特「載營魄」一章之指爲然也。若曰「旁月日，扶宇宙，揮斥八極，神氣不變」者，是乃莊生之荒唐；其曰「光明寂照，無所不通，不動道場，遍周沙界」者，則又瞿曇之幻語，老子則初曷嘗有是哉！今世之論老子者，必欲合二家之似而一之，以爲神常載魄而無所不之，則是莊、釋之所談，而非老子之意矣。

〔一二〕大雅　朝鮮本作僩。

〔一三〕由淺而深者　朝鮮本此下增小字：道夫。

〔一四〕或問佛與莊老不同處　「或」字原作空格，據朝鮮本、萬曆本補。

〔一五〕學蒙　朝鮮本此下有注文云：「彼李方子録止『義理滅盡』。」

〔一六〕問　朝鮮本段首增一節文字，作：問：「攻乎異端，聖人之道步步著實，所以三綱正九法叙。今釋氏自謂見性成佛，以空寂爲本，以一切有形皆爲幻，妄使人心失所底止，豈不爲害世，有做釋之似以亂周、孔之實，不惟害己，又以教人，又且害人。」

〔一七〕大學所以貴格物也　朝鮮本此則末尾小字僅一「柄」字。

〔一八〕方子　朝鮮本作：公謹。

〔一九〕方　原作「坊」，據萬曆本改。

〔二〇〕問　朝鮮本作：節問。

〔二一〕便遽説是空覺　「遽」，原作「僂」，據萬曆本改。又，自此句至「夫婦朋友」一段，朝鮮本與此異，作：「他只是説那空處又無歸着。且如人心，須是其中自有父子、君臣、兄弟、夫婦、朋友道理，是他便説道只是空覺，吾偏説則是實理。他云不染一塵，不捨一法，既不染塵，却如何不捨法了。」凡七十字。

〔二二〕看他便錯了　「了」原作「子」，據萬曆本改。

〔二三〕骨子　朝鮮本末尾增小字：辛。

〔二四〕如　朝鮮本「如」上增：恁地。

〔二五〕求　朝鮮本作：本。

〔二六〕白呀將去　「白」，萬曆本作「自」。

〔二七〕吾輩是在這裏行是在這裏運只是運行又有差處　朝鮮本作：吾輩是行是運，只是人運行得差。

〔二八〕説　朝鮮本「説」上增：大率是。

〔二九〕佛　朝鮮本段首增一節文字，作：李德之問：「明道因修橋尋長梁，後每見林木之佳者，必起計度之心，因語學者：『心不可有一事。』某切謂，凡事須思而後通，安可謂『心不可有一事』？」曰：「事如何不思？但事過則不留於心可也。明道肚裏有一條梁，不知今人有幾條梁柱在肚裏。

〔三〇〕世上人所以只得叉手看他自動　「自」原作「曰」，據萬曆本改。

〔三一〕它　朝鮮本「它」上增：所以。

〔三二〕有以異乎　朝鮮本此下有「幸望先生開發蒙昧」八字。

〔三三〕曰　朝鮮本作：友仁曰。

〔三四〕禪家又有偈者云　「偈」原作「黠」，據萬曆本改。

〔三五〕人傑　朝鮮本末尾記録者姓名作：閎祖。

〔三六〕初入中國　「入」原作「大」，據朝鮮本、萬曆本改。

〔三七〕皆有韻　朝鮮本此下增：不知他當初如何有此。

〔三八〕問　朝鮮本作：道夫問。

〔三九〕可以敬以直内矣　上「以」字，萬曆本作「言」。

〔四〇〕亦不是　朝鮮本此下增：顧謂道夫曰。

〔四一〕僩　朝鮮本此下有注文一百三十六字，云：「按黄卓録至『相接不着』同，以下詳略少異，今附云：『又圭峰云：此又非仁義之義，乃理義之義。它指仁義爲恩愛恩小□義，故如此説。圭峰禪師嗣者譯會禪師，若澤嗣北宗神秀禪師，所謂北宗六祖也。南宗慧能爲南宗六祖，皆傳法於五祖。北宗專主張這却字，南宗知之，曰：「知」之一字，衆妙之門。僩問：「他之所謂知，正指此心之神明作用者，但不明理耳。」曰：「然」』。」

〔四二〕大抵　朝鮮本「大抵」上增：卻渠。

〔四三〕魂魄　朝鮮本此則末尾增小字：庚。

〔四四〕相似　朝鮮本此則末尾增小字：庚。

〔四五〕人傑　朝鮮本此下有注文云：「以下論釋氏無人倫之害。」

〔四六〕往往不精切　朝鮮本此下增一節文字：人心「操則存，舍則亡」，須是常存得，「造次顛沛必於是」，不可有一息間斷。於未發之前，須是得這虚明之本體分曉。及至應事接物時，只以此處之，自然有個界限節制，揍著那天然恰好處。

〔四七〕汪玉山被他引去　「被」原作「彼」，據朝鮮本、萬曆本改。

〔四八〕嵤　朝鮮本作：伯豐。

〔四九〕任道君子豈可不拯救也　「拯」原作「極」，據萬曆本改。

〔五〇〕義剛　朝鮮本收分録義剛、淳所記語録，與此少異，今附如下：

當初佛學只是説無存養底工夫，至唐六祖始教人存養工夫。當初入學亦只是説不曾就身上做工夫，至伊川方教人就身上做工夫，所以人謂伊川偷佛説爲己使。義剛。按陳淳録同。

卷一四〇：近看石林過庭録，石林乃葉夢得，此録乃其子集，載上蔡説伊川參某僧，後有得，遂反去偷其説來做己使，是爲洛學。某也嘗疑如石林之説固不足信，卻不知上蔡也恁地説，是怎生地？陳無「某也」以下至此。向見光老示某僧與伊川居士帖，後見此帖載山谷集中，後又見文集别本有跋此帖語，乃僧與潘子真潘淳，乃興嗣之子也。帖，其所以載於山谷集者，以山谷嘗録其語，而或以爲山谷帖也。此下陳有「其非與伊川明矣」七字。義剛。按陳淳録同而少異。

朱子語類卷第一百二十七

本朝一〔一〕

太祖朝

「漢高祖、本朝太祖有聖人之材。」必大〔二〕。

或言：「太祖受命，盡除五代弊法，用能易亂爲治。」曰：「不然。只是去其甚者，其他法令條目多仍其舊。大凡做事底人，多是先其大綱，其他節目可因則因，此方是英雄手段。如王介甫大綱都不曾理會，却纖悉於細微之間，所以弊也。」儒用。

問：「藝祖平定天下如破竹，而河東獨難取，何耶？以爲兵强則一時政事所爲，皆有敗亡之勢，不知何故如此？」曰：「這却本是他家底。郭威乘其主幼而奪之，劉氏遂據有并州。若使柴氏得天下，則劉氏必不服，所以太祖以書喻之，謂本與他無讎隙，渠答云『不忍劉氏之不血食也』，此其意可見矣。被他辭直理順了，所以難取。」榦。

國初下江南，一年攻城不下，是時江州亦城守三年。蓋其國小，君臣相親，故能得人心如此。因説先世理評公仕江南死事〔三〕，及此。德明。

因説今官府文移之煩，先生曰：「國初時事甚簡徑，無許多虛文。嘗見太祖時樞密院一卷公案，行遣得簡徑。畢竟英雄底人做事自别，甚樣索性！聞番中却如此，文移極少。且如駕過景靈宮，差從官一人過盞子，有甚難事？只消宰相點下便了。須要三省下吏部，吏部下太常，太常擬差申部，部申省，動是月十日不能得了，所差又即是眼前人。趙丞相在位，甚有意要去此等弊，然十不能去一二，可見上下皆然。」太祖時公案。乃是蜀中一州軍變，後申來乞差人管攝軍馬〔四〕，樞密院具已經差使臣及未經差使姓名，内一人姓樊。注云：「樊愛能孫，只有一人。」注：「此人清廉可使。」太祖就此人姓上點一點，就下批四字云：「只教他去。」後面有券狀云：「雜隨四人，某甲某乙。」太祖又批其下云：「只帶兩人去。」「小底二人，某童某童，大紫騮馬一匹〔五〕，并鞍轡；小紫騮馬一匹，并鞍轡。」太祖又批其下云：「不須帶紫騮馬，只騎騮馬去。」又乞下銓曹疾速差知州，後面有銓曹疑差狀。約只隔得一二日，又有到任申狀。其兵馬監押纔到時，其知州亦到了。其行遣得簡徑健速如此。雉。

「秀才好立虚論事，朝廷纔做一事，鬨鬨地鬨過了，事又只休。且如黄河事，合即其處看其勢如何，朝夕只在朝廷上鬨，河東決西決。揚録云：「害幾多了，此中論要導向處亦未住。凡作一事皆然。漢時在上重，唐亦多爲虚論所沮。如憲宗討蔡，不是憲宗，如何做得？刺武元衡，傷裴度，憲宗決爲之，乃成。」凡作一事皆然。太祖當時亦無秀才，全無許多閑説。只是今日何處看修器械，明日何處看習水戰，又明日何處教閲。日日著實做，故事成。」

問：「開寶九年，不待踰年而遂改元，何也？」曰：「這是開國之初，一時人材粗疏，理會不得。當時藝祖所以立得許多事，也未有許多秀才説話牽制他。到這般處，又忒欠得幾個秀才説話。」榦。

太宗真宗朝

才卿問〔六〕：「秦漢以下，無一人知講學明理，所以無善治。」曰：「然。」因泛論歷代以及本朝太宗、真宗之朝，可以有爲而不爲。「太宗每日看太平廣記數卷，若能推此心去講學，那裏得來。不過寫字作詩，君臣之間以此度日而已。真宗東封西祀，糜費巨萬計，不曾做得一事。仁宗有意於爲治，不肯安於小成，要做極治之事。只是資質慈仁，却不甚通曉用人，驟進驟退，終不曾做得一事，然百姓戴之如父母。契丹初陵中國，後來却服仁宗之德，也是慈仁之效。緣它至誠惻怛，故能動人如此。」卓。

「氣有盛衰，盛時便做得未是，亦不大段覺。真宗時遼人直至澶州，旋又無事，亦是氣正盛。靖康時直弄得到這般田地。前漢如此之盛，至光武再興，亦只得三四分，後來一切扶不起，亦氣衰故。」揚。

仁宗朝

問：「章獻不如宣仁，然章獻輔仁宗，後來却無事。」曰：「亦是仁宗資質好。後來亦是太平日久，宮中太寬。如雇乳母事，宣仁不知，此一事便反不及章獻〔七〕。」可學。

英宗朝

亞夫問「濮議」。曰：「歐公説不是，韓公、曾公亮和之。温公、王珪議是。范鎮、呂誨、范純仁、呂大防皆彈歐公，但温公又於濮王一邊禮數太薄，須於中自有斟酌可也。歐公之説斷不可。且如今有爲人後者，一日所後之父與所生之父相對坐，其子來喚所後父爲父，終不成又喚所生父爲父？這自是道理不可。試坐仁宗於此，亦坐濮王於此，使英宗過焉，終不成都喚兩人爲父？只緣衆人道是死後爲鬼神不可考，胡亂呼都不妨，都不思道理不可如此。先時仁宗有詔云：『朕皇兄濮安懿王之子猶朕之子也。』此甚分明，當時只以此爲據足矣。」亞夫問：「古禮自何壞起？」曰：「自定陶王時已壞了。蓋成帝不立弟中山王，以爲禮，兄弟不得相入廟，乃立定陶王，蓋子行也。孔光以尚書盤庚殷之兄王爭之，不獲。當時濮廟之爭，都是不曾好〔八〕。好讀古禮，見得古人意思，爲人後爲之子，其義甚詳。」賀孫。

「『濮議』之爭，結殺在王陶擊韓公，蔣之奇論歐公。伊川代彭中丞奏議，似亦未爲允當。其後無收殺，只以濮國主其祀。可見〔九〕天理自然，不由人安排。」方子。

「本朝許多大疑禮都措置未得，如濮廟事，英宗以皇伯之子入繼大統，後只令嗣王奉祭祀，天子則無文告。」賀孫。

神宗朝

「神宗鋭意爲治，用人便一向傾信他。初用富鄭公，甚傾信〔一〇〕。及論兵，鄭公曰：『願陛下二十年不可道着「用兵」二字。』神宗只要做，鄭公只要不做，説不合。後來傾信王介父，終是坐此病。只管好用兵，用得又不着，費了無限財穀，殺了無限人，殘民蠹物之政皆從此起。西蕃小小擾邊，只是打一陣退便了，却去深入侵他疆界，才奪得鄯州等空城，便奏捷。朝廷不審，便命官發兵去守，依舊只是空城。城外皆是番人，及不能得歸朝廷，又發兵去迎歸，多少勞費。熙河之敗，喪兵十萬，神宗臨朝大慟，自此得疾而終。後來蔡京用事，又以爲不可棄，用兵復不利，又事幽燕，此亦自神宗啓之，遂至中朝傾覆。反思鄭公之言，豈不爲天下至論！」義剛〔一一〕。

「神宗極聰明，於天下事無不通曉，真不世出之主，只是頭頭做得不中節拍。如王介甫爲相，亦是不世出之資，只緣學術不正當，遂誤天下。使神宗得一真儒而用之，那裏得來，此亦氣數使然。天地生此人便有所偏了，可惜，可惜！」卓。

「神宗大概好用生事之人。如吳居厚〔一二〕在京西，括民買鏤，官司鑄許多鏤，令民四口買一，五口則買二。其後民怨，幾欲殺之，吳覺而免，然卒稱旨。其後如蔡京欲舉行神宗時政，而所舉行者皆熙寧之政，非元豐神祖自行之政也。故了翁摭摘其失，以爲京但行得王安石之政，而欺蔽不道，實不曾紹復元豐之政也。」義剛。

「神宗事事留心。熙寧初，闢闊京城至四十餘里，盡修許多兵備，每門作一庫以備守城。如射法之屬，皆造過。但造得太文，軍人剗地不曉。」義剛。

「熙寧作陣法，令將士讀之。未斷殺時，已被將官打得不成模樣了。」義剛。

論及木圖，云：「神宗大故留心邊事，自古人主何曾恁地留心？」義剛。

「神宗理會得文字，極喜陳殿院師錫，建人。文，嘗於太學中取其程文閲之，每得則貯之錦囊中。及殿試編排卷子奏御，神宗疑非師錫之文，從頭閲之，至中間見一卷子，曰『此必陳某之文也』，置之第三，已而果然。」儒用。

「温公日録中載厚陵事甚詳。林子中雜記載裕陵事甚詳。」方子。

哲宗朝

「哲宗常使一舊桌子，不好。宣仁令换之，又只如此在。問之，云：『是爹爹用底。』宣仁大慟，知其有紹述意也。又劉摯嘗進君子小人之名，欲宣仁常常喻哲宗使知之。宣仁曰：『常與孫子説，然未曾了得。』宣仁亦是見其如此，故皆不肯放下，哲宗甚銜之。紹述雖是其本意，亦是激於此也。」揚。

「哲宗春秋尚富，平日寡言。一日講筵説書，至『又用三德』，發問云：『只是此三者，還更有？』這也問得無情理。然若有人會答時，就這裏推原，却煞有好説話。當時被忽然問後，都答不得。」義剛。

「紹聖四年，長安民家得秦璽，改元元符。是時下公卿雜議，莫有知者。李伯時號多識，辨其果秦璽，遂降八寶赦。」德明。

徽宗朝

「欽聖當時諭宰執，有廢劉再立孟之意，曾子宣兩存之。後蔡京以曾欲廢劉，治之。蔡爲相，弟卞爲樞密，入文字，謂任伯雨曾謂臣欲謀廢宣仁，臣無此事。欲案治，遂治任伯雨、其他一二十人。當時言事官不及此事者，亦因以治之。」揚。

「徽廟初，上蔡初召，上殿問對語不少。然上蔡云多不誠，遂退，只求監局之類去。或謂建中年號與德宗同，不佳，上蔡云，恐亦不免一播。後下獄，事不知。」方。

「徽宗因見星變，即令衛士仆黨〔一三〕碑，云：『莫待明日，引得蔡京又來炒。』明日，蔡以爲言，又下詔云：『今雖仆碑，而黨籍却仍舊。』」義剛。

「蔡京謀取鄡鄯，費四千萬緡。」揚。

「今看著徽宗朝事，更無一著下得是。古之大國之君猶有一二著下得是，而大勢不可支吾。那時更無一小著下得是，使無虜人之猖獗，亦不能安。以當時之勢，不知有伊、吕之才能轉得否？恐也不可轉。嘗試思之，無著可下手。事弄得極了，反爲虜人所持。當初約女真同滅契丹，既女真先滅了契丹，王師到日，惟有空城，金帛子女〔一四〕已爲女真席卷而去，遂竭府庫問女真换此空城，又以歲幣二百萬貫而爲每歲空額。是時帑藏空竭，遂斂敷民間，云免百姓往燕山打糧草，每人科錢三十貫，以充免役之費。民無從得錢，遂命監司、郡守親自徵督，必足而後已。亦煞得錢，共科得六百餘萬貫，然奉虜亦不多，恣爲用事者侵使，更無稽考。及結局日，任事者遂焚簿曆，朝廷亦不問。又契丹相郭藥師以常勝軍來降，朝廷處之河北諸路近邊塞上。後又有契丹甚人來降，亦有一軍名義勝軍，亦處之河北諸路，皆厚廩給。是時中國已空竭，而邊上屯戍之兵餼廩久絶、飢寒欲死，而常勝、義勝兩軍安坐而享厚禄，故中國屯戍之兵數罵詈之云：『我爲中國戰鬥守禦幾年矣，今反受飢寒。汝輩皆降蕃，有何功而享厚俸！』久之，兩邊遂相殺。及後來虜入中國，常勝、義勝兩軍先往降之。二軍散處中國，盡知河北諸路險要虛實去處，遂爲虜〔一五〕鄉導，長驅入中原。又徽宗先與阿骨打盟誓，兩邊不得受叛降。中國雖得契丹空城而無一人，又遠屯戍中原之兵以守之，飛芻轉餉，不勝其擾。又契丹敗亡餘將數數引兵來降，朝廷又皆受之，蓋不受又恐其爲盜。虜人已有怨言。又虜中有張瑴者，知平州，欲降，徽宗親寫詔書以招之。由間路往〔一六〕，又爲虜所得，而張瑴已來降矣，虜益怨。又契丹亡國之主天祚者，在虜中，徽宗又親寫招之，若歸中國，當以皇兄之禮相待，賜甲第，極所以奉養者。天祚大喜，欲歸中國，又爲虜所得。天祚故爲虜人所殺。由是虜人大怒，云：『始與我盟誓如此，今乃寫詔書招納我叛亡。』遂移檄來責問，檄外又有甚檄文，極所以罵詈之語，今實録中皆不敢載。徽宗大恐，遂招引到張瑴來，不奈何，斬其首與虜人。又作道理分雪天祚之事，遂啓其輕侮之心。然阿骨打却乖，他常以守信義爲説。其諸將欲請起兵問罪，阿骨打每不可，曰：『吾與大宋盟誓已定，豈可敗盟！』夷狄猶能守信義，而我之所以敗盟失信，取怒於夷狄之類如此。每讀其書，看得人頭痛，更無一版有一件事做得應節拍。」卓。

「宣和内禪，惟有吳敏有中橋居士記録説得最詳。」銖。

「老内侍黄節夫〔一七〕事徽宗，言道人林靈素有幻術，其實也無。如温革言見鬼神者，皆稗官，某不曾見。所作天人示現記，皆集衆人之妄。」吏部親見節夫，聞其言如此。方子。

欽宗朝

「淵聖即位時，日重暈相軋，太祖陳橋即位時亦然。淵聖即位三四日後，昏霧四塞，豈耿南仲邪説有以蒙蔽之乎？」揚。

「欽宗勤儉慈仁，出於天資。當時親出詔答，所論事理皆是。但於臣下賢否邪正辨別不分明，又無剛健勇決之操，纔説著用兵便恐懼，遂致播遷之禍，言之使人痛心。如詔旨付主帥論用兵事，亦儘有商量處置。但其後須有『更當子細，不可悮事』之語。

又嘗在李先生家藥方册子上見個御筆，其册子是朝報紙做，乃是當時議臣中有請授祖宗科舉之法，上既俞之矣。明日耿南仲、馮澥輩又論神宗法制當紹述，不可改，故降御筆云：『昨來因議臣論奏，失於不審，遂行出。今得師傅大臣之言，深合朕心。所有前降旨揮，更不施行。』當時只緣紹述做得如此了，猶且不悟。故李伯紀煞與欽宗論説，但却不合。因綱罷，而太學生及軍民伏闕乞留之，自後君臣遂生間隙，疑其以軍民脅己。方圍閉時，降空名告身千餘道，令其便宜補授，其官上至節度使。綱只書填了數名小使臣，餘者悉繳回。而欽宗已有『近日人臣擅作威福，漸不可長』之語。如此，教人如何做事？」廣曰：「自漢唐來，惟有本朝臣下最難做事，故議論勝而功名少。」曰：「議論勝，亦自仁廟後而蔓衍於熙豐。若是太祖時，雖有議論，亦不過説當時欲行之事耳，無許多閑言語也。」

「靖康所用，依舊皆熙豐紹聖之黨，欽宗欲褒贈温公、范純仁，以畏徽廟，遂抹『純仁』字，改作『仲淹』，遂贈文正太師。」揚。

言及靖康之禍，曰：「本朝全盛之時，如慶曆、元祐間，只是相共扶持這個天下，不敢做事，不敢動。被夷狄侮，也只忍受，不敢與較，亦不敢施設一事，方得天下稍寧。積而至於靖康〔一八〕，一旦所爲如此，安得天下不亂！」卓。

高宗朝

「二聖北狩時，遣曹真中道歸。於背心生領上寫云：『可便即真來救父母。』」義剛。

「胡明仲初召至揚州，久之未得對。忽聞鄰居有一衛士語一衛士云：『今夜次第去了。』胡聞之，急去問之。云：『官家亦去。』胡只聞得一句，便歸叫僕糴數斗米，造飯裹囊，夜出候城門。暗中見數騎出，謂上也，遂出。逐後得舟渡江，乃見一人擁氈坐石上，乃上也。」揚。

「渡揚州時〔一九〕，煞殺了人。那不得過來底切骨怨。當〔二〇〕時人骨肉相散失，沿路皆帖榜子，店中都滿，樹上都是。這邊却放得幾個宦者恁地。一日，康履與諸宦者出觀潮，帳設塞街，軍人皆憤惋不平，後成苗、劉之變。王淵也是善戰，然未爲有大功，不及當時諸老將，一旦簽書樞密，人皆不服。一日早，只見街上閧閧地，人不敢開門，從隙中窺，但見人馬皆滿路，見苗傅左手提得王淵頭，右手提一劍以徇衆。少頃，盡殺宦者。逃在人家夾壁中底，也一齊捉出來殺。朱勝非却也未爲大乖，當時被苗、劉做得來可畏了，不奈何，只得且隱忍去調護他。却未幾而義兵至，這事便都休了。是他無狀時，不合說他調護甚有功，被義兵來，剗地壞了他事。是他要自居其功，這個却乖。當時若不殺了苗、劉，也無了當。他若尚在那裏，終是休不得。」義剛。

「苗傅乃一愚夫。劉正彦本文士，先欲投中官唐某。唐云：『子乃文臣，吾其如子何？子換武而來，乃可。』劉既换武，唐不顧之，專主王淵，正彦遂鼓扇傅。是時命淵簽書，武將皆憤怒，故起此禍。張魏公在平江，湯東野作守，有傳云赦書到。湯訪于魏公，公云『可遣一識文理人先去拆看』，乃遣教授行，果明受赦。是時恐諸軍變，魏公乃與湯商量，先搬出犒賞錢，使人將舊赦書於樓上宣之。既而韓世忠軍至，遂同謀起兵。吕丞相在建康，推爲盟主。」問：「朱丞相之功如何？」曰：「在城中亦只得如此。但設有它變，渠亦不能死節。今朝天要之，亦有功。其後苗、劉出走，到臨平，爲魏公等所敗。朱乃全諱此一節，未是。今朝天門乃是其所造。隆祐自禁中乘簥以出。金人陷京師，亦取隆祐，適瑶華失火，步歸孟氏，得免。」可學。

「苗傅并一姓張人，不記其名，乃教苗起事人。走至武夷新村，張諭人捉之。苗銜之，遂言於捉者曰：『某却是苗太尉，然今捉某却是張，則汝功已被張分之矣。』捉者即殺張。時韓世忠收范汝爲，尚在建州。韓欲得苗，而其人乃解送建守李，李送行在。韓勢盛，遂入文字，以苗爲某得，被其人奪了。其捉人遂編管，建守亦罷官，其功遂爲韓所攘。文字所載，皆言韓收苗，但此中人知之。以此知天下事多如此，文字上如何可全信？」又云：「劉正彦結王淵，王淵結康。便更宦者〔二一〕，其事皆正彥教苗爲之。」揚。

高宗行達會稽，樓寅亮待次某縣丞，寓會稽村落中，出奏書乞建儲。高宗時年二十六七，大喜，即日除監察御史，遣黃院子懷勑牒物色授之。中使至其家，家人聞倉卒有聖恩，以爲得罪且死，相與環泣。寅亮出，使者自懷中出勑命，寅亮拜受，與使者俱詣行在所。此事國史不載。先生嘗欲聞於太史，俾之編入而不果，每以爲恨。方子。

「樓寅亮明州人。太上朝入文字云：『自太宗傳子之後，至今太祖之後有類庶姓者。今虜未悔過，中原未復云云，乞立太祖後承大統。』太上喜，遂用樓爲察院。」振。

曾光祖論及中興遺史載孟后過贛州時事，與鄉老所傳甚合。云：太后至城中，遭某賊放火，城中〔二二〕且救火，連日不止，城外又有一隊賊來圍了城。曰：「其時也是無策。虜人是破了潭州後，過來分隊至諸州，皆是緣港上來。太后先至洪州時，此間王修撰在彼作帥，覺得事勢不是，遂白扈駕執政，太后乃去。後三四日，虜果至，王乃走。城中百姓相率推一大寄居作首而降虜。進賢姓傅者言是李侍郎。」曰：「不必更說他名字。」又曰：「信州先降虜，撫州守姓王，聞信守降，亦降。」義剛。

先生脚疼卧息樓下，吟詠杜子美古栢行三數遍，賀孫侍立〔二三〕，先生云：「偶看中興小記，載勾龍如淵入爭和議時言語。若果有此言，如何夾持前進，以取中原？最可恨者，初來魏公既勉車駕到建康，當紹興七年時，虜主已篡，高慶裔、粘罕相繼或誅或死。劉豫既見疑於虜，二子又大敗而歸，北方更無南向意。如何魏公纔因呂祉事見黜，趙丞相忽然一旦發回蹕臨安之議？一坐定着，竟不能動，不知其意是如何？」因歎息久之云：「爲大臣謀國一至於此，自今觀之，爲大可恨！若在建康，則與中原氣勢相接，北面顧瞻，則宗廟父兄生靈塗炭莫不在目，雖欲自已，有不能自已者。惟是轉來臨安，南北聲迹寖遠，上下宴安，都不覺得外面事，事變之來，皆不及知，此最利害。方建康未回蹕時，胡文定公方被召，沿江而下。將至，聞車駕已還臨安，遂稱疾轉去。看來若不在建康，也是徒然出來，做得甚事？是時有陳無玷者，字筠叟，在荆鄂間爲守，聞車駕還臨安，即令人賫錢酒之屬，往接胡文定。吏人云：『胡給事赴召去多日，兼江面闊，船多，如何去尋得？』陳云：『江面雖闊，都是下去船。你但望見有逆水上來底船，便是給事船。』已而果然。當時講和本意，上不爲宗社，下不爲生靈，中不爲息兵待時，只是怯懼，爲苟歲月計。從頭到尾，大事小事無一件措置得是當。然到今日所以長久安寧者，全是宗社之靈。看當時措置，可驚可笑！」賀孫。

「建康形勢勝於臨安，張魏公欲都建康，適值淮西兵變，魏公出而趙相入，遂定都臨安。」饒〔二四〕。

「東南論都，所以必要都建康者，以建康正諸方水道所湊，一望則諸要害地都在面前，有相應處。臨安如入屋角房中，坐視外面，殊不相應。武昌亦不及建康。然今之武昌，非昔之武昌。吳都武昌，乃今武昌縣，地勢迫窄，只恃前一水爲險耳。鄂州正今之武昌，亦是好形勢，上可以通關、陜，中可以向許、洛，下可以通山東。若臨安，進只可通得山東及淮北而已。」義剛〔一五〕。

「前輩當南渡初，有言都建康者。人云建康非昔之建康，亦不可都，雖勝似坐杭州，如在深窟裏，然要得出近外，不若都鄂渚，應接得蜀中上一邊事體。看來其説也是。如今杭州一向偏在東南，終不濟事。記得岳飛初勵兵於鄂渚，有旨令移鎮江陵，飛大會諸將與謀，偏問諸將，皆以爲可，獨任士安不應。飛頗怒之，任曰：『大將所以移鎮江陵，若是時，某安敢不説？某爲見移鎮不是，所以不敢言。據某看，這裏已自成規摹，已自好了，此地可以阻險而守。若往江陵，則失長江之利，非某之所敢知。』飛遂與中奏，乞止留軍鄂渚。建康舊都所以好，却以石頭城爲險。此城之下，上流之水湍急，必渡得此水上這岸，方得，所以建鄴可守。屯軍於此城之上，虜兵不可向矣。」賀孫。

「建康形勢雄壯，然攻破着淮，則只隔一水。欲進取，則可都建康；欲自守，則莫若都臨安。」或問江陵。曰：「江陵低在水中心，全憑堤，被他殺守堤之吏，便乖。那堤一年一次築，只是土。」節。

「張戒見高宗，高宗問：『幾時得見中原？』戒對曰：『古人居安思危，陛下居危思安。』陳同父極愛此對。」方子。

「太上曰：『朕恨不手斬耿南仲。』」揚。

「岳飛嘗面奏：虜人欲立欽宗子來南京，欲以變換南人耳目，乞皇子出閤以定民心。時孝宗方十餘歲。高宗云：『卿將兵在外，此事非卿所當預。』是時有參議姓王者，在候班，見飛呈劄子時手震。及飛退，上謂王〔二六〕曰：『岳飛將兵在外，却來干與此等事。卿緣路來，見他曾與甚麼人交？』王曰：『但見飛沿路學小書甚密，無人得知。』但以此推脱了。但此等事甚緊切，不知上何故恁地説？如飛武人能慮及此，亦大故是有見識。某向來在朝，與君舉商量，欲拈出此等事，尋數件相類者一併上之。將其後裔，乞加些官爵以顯之，未及而罷。」義剛。

「范伯達如圭盡哀仁宗時論立英宗許多文字進呈。一日，太上謂陳康伯曰：『范某近進一文字，亦好，朕此意定已久。』遂命陳公論立太子事，一時盡定。」振。

「昭慈小不快，高廟問疾，因話間曰：『有一事久欲説與官家。』高廟請其故。曰：『宣仁廢立之説，皆是章厚之徒撰造。中間雖嘗辨白，然載在國史者尚未曾改，可令史官重議删修，以昭明聖母之德于萬世。』時趙忠簡當國，遂薦元祐故家子弟如范如圭數人，方始改得正。然亦頗有偏處：才是元祐事便都是，熙豐時事便都不是。後趙罷，張魏公繼之，又欲修改動，蓋魏公亦不甚主張元祐事。令史官某等簽出，未及改而又罷。趙復相，遂以爲言而辭。趙張因是有不協處。是時又有人上書，乞禁錮章厚子孫親戚者，高廟欲從之。趙有文字說，但禁其子孫足矣，恐不可及其親戚。上批以爲省所奏，可見仁恕，更宜子細，無貽後悔。未幾，趙復罷，謝祖信爲諫官，遂排擊之不遺餘力。嶺表之貶，實祖信之力也。祖信邵武人，乃章厚之婿。因言當時若非高廟要辨別邪正如此，則一代史册被他糊塗，萬世何以取信。」廣。

「太上出使時至磁州，磁人不欲其往，諫不從。宗忠簡欲假神以拒之，曰：『此有崔府君廟甚靈，可以卜珓，仍其廟有馬能如何。』遂入燒香。其馬嘶車輦等物塞了去路，宗曰：『此可以見神之意矣。』遂止不往。後太上感其事，以爲車輦是即位之兆；不曾關白中書，只令内官就玉津園路口造崔府君廟，令曹詠作記。一日，北使來，秦出接，過玉津園，見之，歸奏所見大廟，不知是何神，太上因語之。秦曰：『虜以爲功，今却歸功於神，恐虜使見之不便。』即日拆之。秦全是倚虜脅太上，每取旨時，只是説過。一日，除周葵作何官，太上曰：『周葵爲彼官未久，且令在彼。』秦不應，下來即批敕除之。政府一人云：『適間上意未允。』秦曰：『此等事只是奏過便了。』遂除之。取綦崇禮御批事，徐惇立作一宰相拜罷記載其事。秦欲毁之，行文字，令天下盡投官焚其書。徐先不喜於秦矣，又以此書，懼不可言。一日，只見一使來下書，并封文字一束。徐視之，乃直省舊吏送其所作書藁也，小人中有好人如此。」揚。璘録云：「檜末年作事皆與光堯爭勝，光堯作崔府君廟於玉津園路上，檜設計移之。曹筠言水漲，光堯逐之，檜遂除他從官。今上奏邊事，檜遂閣其俸。殿中侍御史周葵欲言户部尚書梁汝嘉。梁結中書舍人林待聘，林密禱於檜，檜遂除周葵起居郎。不待光堯應之，便改除。」可學録云「周葵爲御史，欲按知臨安府某人。某人遂紿一從官厚於檜者，曰：『端公將摇動公。』早朝，其人遂直入檜幕中，再三懇告。檜先奏事，遽擢葵爲起居郎。葵不得上，至省中與某從官相見，袖中出所欲上章奏，乃是臨安尹某。從官方悟其紿。」

「靖康建炎太上未立時，有一宗室名叔向，秦王位下人，自山中出來，招數十萬人，欲爲之。忽太上即位南京，欲歸朝廷，然不肯以其兵與朝廷，欲與宗澤。其謀主陳烈曰：『大王若歸朝廷，則當以其兵與朝廷。不然，即提兵過河迎復二聖。』叔向卒歸朝廷，後亦加官之類，拘於一寺中。亦與陳烈官，烈棄之而去，竟不知所之。烈去，叔向陰被害。」揚。

「張子韶人物甚偉，高廟時除講筵，嘗有所奏陳，上云：『朕只是一個至誠。』張奏云：『陛下對群臣時如此，退居禁中時不知如何？』云：『亦只是個誠。』又問：『對宫嬪時如何？』上方經營答語間，張便奏云：『只此便是不誠。』先生云：『高宗容諫，故臣下得以盡言。張侍郎一生學佛，此是用老禪機鋒。」德明。

論及黄察院劾王醫師，先生曰：「今此東百官宅，乃王醫師花園，後來籍爲百官宅。」直卿曰：「中貴只合令入大内住，庶可免關節之類。」先生曰：「他若出來外面與人打關節，也得。更是今大内甚窄，無去處，便是而今都不是古。古人置宦者，正以他絶人道後可入宫，今却皆有妻妾，居大第，都與常人無異，這都不是。出入又乘大轎。記得京師全盛時，百官皆只乘馬，雖侍從亦乘馬。惟是元老大臣老而有疾底，方賜他乘轎，然也尚辭遜，未敢便乘。今却百官不問大小，盡乘轎，而宦者將命之類皆乘轎。見説虜中却不如此。中貴出入宫禁，只獨自。若有命令，只是自勒馬，亦無人引。裹一幞頭，却取落兩隻脚在懷裏，自勒馬去，這却大故省徑。且如祖宗朝，百官都無屋住，雖宰執亦是賃屋。自神宗置東、西府，宰相方有第，今却宦者亦作大屋。以祖宗全盛之天下而猶省費如此，今却不及祖宗天下之半而耗費却如此，安得不空乏？」義剛。

「逆亮臨江，百官中不挈家走者，惟陳魯公與黄端明耳。是時廖剛請駕幸閩中，以爲閩中天險，人民忠義。是時閩中盜賊正充斥，乃降旨令開閩中路，闊丈五尺。又宿州之戰，高宗已遜位。日雇夫五百人立殿廷下，人日支一千足，各備擔索。高宗懲維揚之禍，故百官般家者皆不問。」〔二七〕揚録云：「逆亮犯順時，朝士皆辦去，惟陳魯公、黄通老不動。當時亦有言者令止之，太上曰：『任之。揚州時悔不先令其去，多壞了人。』」

問：「庚辰親征詔舊聞出於洪景盧之手，近施慶之云劉共甫實爲之，乃翁嘗從共甫見其草本，未知孰是？」曰：「是時陳魯公當國，命二公人爲一詔，後遂合二公之文而一之，前段用景盧者，後段用共甫者。」問：「此詔如何？」曰：「亦做得欠商量，蓋名義未正故也。記得汪丈嘗以此相問，某答曰：『此只當以淵聖爲辭。蓋前時屈己講和者，猶以鑾輅在北之故，今其禍變若此，天下之所痛憤。復讎之義，自不容已，以此播告，則名正言順。如八陵廢祀等說，此事隔闊已久，許多時去那裏來。』」儒用。

孝宗朝

「孝宗小年極鈍，高宗一日出對廷臣云：『夜來不得睡。』或問：『何故？』云：『看小兒子讀書，凡二三百遍，更念不得，甚以爲憂。』某人進云：『帝王之學，只要知興亡治亂，初不在記誦。』上意方少解。後來却恁聰明，試文字有不如法者，舉官必被責。邵武某人作省元，『五母雞』用『畝』字，孝宗大怒，欲駁放了，後又不行」〔二八〕。

問壽皇爲皇子本末。曰：「本一上殿官樓寅亮上言，舉英宗故事。且謂太祖受命而子孫無爲帝王者，當於太祖之下選一人養宮中。他日皇子生，只添一節度使耳。繼除臺官，趙忠簡遂力贊於外。當時宮中亦有齟齬，故養兩人。後來皆是高宗自主張，未禪位前數日，忽批云：『宗室某〔二九〕可追贈「秀王」，謚「安僖」。』先已安排了。若不然，壽皇如何處置？」可學。

「高宗將禪位，先追贈秀王〔三〇〕，可謂能盡父子之道者矣。」僩。

「高宗初，張魏公奏事，論恢復，中外皆言上神武不可及，後來講和了便休。壽皇初年要恢復，只要年歲做成。」問：「壽皇時人才已不及高宗時。」曰：「高宗也無人，當時有許多有名底人，而今看也只如此。」問：「岳侯若做事，何如張、韓？」曰：「張、韓所不及，却是它識道理了。」又問：「岳侯以上者，當時有誰？」曰：「次第無人。」胡泳。

「上初恢復之志甚銳，及符離之敗，上方大慟，曰：『將謂番人易殺。』遂用湯思退，再和之後，又敗盟。」揚。

「壽皇合下若有一人夾持定，十五六年做多少事！」道夫。

「壽皇直是有志於天下，要用人。嘗歎自家不如個孫仲謀，能得許多人。」賀孫。

「某嘗謂士大夫不能盡言於壽皇，真爲自負。蓋壽皇儘受人言，未嘗有怒色。但不樂時，止與人分疏辨析爾。」道夫。

「壽皇晚來極爲和易，某嘗因奏對言檢旱，天語云：『檢放之弊，惟在於後時而失實。』

只這四字，盡得其要領。又言經、總制錢，則曰：『聞巧爲名色以取之民。』其於天下事極爲諳悉。」道夫。

問：「或言孝宗於内殿置御屏，書天下監司帥臣郡守姓名，作揭貼子其上〔三一〕，果否？」曰：「有之。孝宗是甚次第英武！劉共甫奏事便殿，嘗見一馬在殿庭間，不動，疑之。一日問王公明，公明曰：『此刻木爲之者。上萬機之暇，即御之以習據鞍騎射故也。』」又曰：「某嘗以浙東常平事入見，奏及賑荒。上曰：『其弊只在後時失實』，此四字極切荒政之病。」儒用。

「歲旱，壽皇禁中祈雨有應。一日，引宰執入見。恭父奏云：『此固陛下至誠感通。然天人之際，其近如此。若他事一有不至，則其應亦當如此。願陛下深加聖慮，則天下幸甚！』恭父斯語頗得大臣體。」因言梁丞相白蓮事。道夫。

因言孝宗末年之政，先生曰：「某嘗作孝宗挽辭，得一聯云：『乾坤歸獨御，日月要重光』。」雉。

因論壽皇最後所用宰執多是庸人，如某人不知於上前説何事。可學云：「某人却除大職名，與小郡。又有被批出與職名外，任却是知他不足取。」曰：「壽皇本英鋭，於此等皆照見。只是向前爲人所誤，後來欲安靜，厭人喚起事端，且如此打過。至於太甚，則又厭之。

正如惡駿馬之奔踶，而求一善馬騎之，至其駑鈍不前，則又不免加以鞭策。薛補闕曾及某人，壽皇云：『亦屢以意導之而不去。』舉此亦可見。大抵作事不出於義理而去於血氣，久之未有不消鑠者。向來封事中亦嘗言此。」可學。

「高宗大行，壽皇三年戴布幞頭，着布衫，遵行古禮，可謂上正千年之失。當時宰相不學，三日後便服朝服，雖壽皇謙德，不欲以此喻群臣，然臣子自不當如此，可謂有父子而無君臣。」賜。

「孝宗居高宗喪，常朝時裹白幞頭，着布袍，當時臣下却依舊着紫衫。周洪道要着涼衫，王季海不肯，止於紫衫上繫皂帶。今上登極，常時着白綾背子，臣下却着涼衫，頗不失禮，而君之服遂失其舊。」人傑。廣録云：「今上居孝宗喪，臣下都着涼衫，方正得臣爲君服。人主之服却有未盡。頃在潭州，聞孝宗訃三日後易服，心下殊不穩。不免使人傳語官員，且着涼衫。後來朝廷行下文字來，方始敢出榜曉示。」

寧宗朝

上即位踰月，留揆以一二事忤旨，特批逐之，人方服其英斷。先生被召至上饒，聞之有憂色，曰：「人心易驕如此，某今方知可懼。」黄問曰：「某人專恣當逐，何懼之有？」曰：

「大臣進退，亦當存其體貌，豈宜如此？」又問：「恐是廟堂諸公難其去，故以此勸上逐之。」曰：「亦不可如此。何不使其徒諭之以物論，不佳恐丞相久勞機務，或欲均佚？俟其請去而後許之，則善矣。幼主新立，豈可導之以輕逐大臣耶？且如陳源之徒，論其罪惡，須是斬之乃善。然人主新立，復教以殺人，某亦不敢如此做也。」至。

「向改慶元年號時，先擬『隆平』，某云：『向來改「隆興」時有人議破，以爲「隆」字近「降」字，今既說破，則不可用。』」又曰：「『淳熙』本作『純』字，時人有言此字必改，言未既而改文字至，蓋『純』字有『屯』字在旁。」又曰：「真宗時楊大年擬進『豐亨』字，上曰：『爲子不了。』不用。」義剛。

校勘記

〔一〕本朝一　朝鮮本作「祖宗一」。下至卷一三三同此。

〔二〕必大　朝鮮本作：伯豐。

〔三〕因說先世理評公仕江南死事　「評」，萬曆本作「平」。

〔四〕後申來乞差人管攝車馬　「後」，萬曆本作「復」。

〔五〕大紫騮馬一匹　「騮」原作「騧」，據萬曆本改。

〔六〕才卿問　朝鮮本此則語録至「所以難取」作小字，段前增一段正文，作：郭德元問：「或問：『有不務明其明德，而徒以政教法度爲足以新民者；又有自謂足以明其明德，而不屑乎新民者；又有略知二者之當務，而不求止於至善之所在者。』此三者，求之古今人物，是有甚人相似？」曰：「如此等類甚多。自謂能明其德而不屑乎新民者，如佛、老便是；不務明其明德，而以政教法度爲足以新民者，如管仲之徒便是；略知明德新民，而不求止於至善者，如前日所論王通便是如此。先生前此數日作王通論，其間有此語。看他於己分上亦甚修飭，其論爲治本末，亦有條理，甚有志於斯世。只是規模淺狹，不曾就本原上著功，便做不徹。須是無所不用其極，方始是。看古之聖賢別無用心，只這兩者是吃緊處：明明德，便欲無一毫私欲；新民，便欲人於事事物物上皆是當。正如佛家説，『爲此一大事因緣出見於世』，此亦是聖人一大事也。千言萬語，只是説這個道理。若還一日不扶持，便倒了。聖人只是常欲扶持這個道理，教他撐天柱地。」文蔚。

〔七〕章獻　朝鮮本此下增：如此。

〔八〕都是不曾好　「曾」，萬曆本作「爭」。

〔九〕可見　朝鮮本此下增：矣。「可見矣」三字屬上句。

〔一〇〕甚傾信　朝鮮本此下增：鄭公。

〔一一〕義剛　朝鮮本下有注云：「陳淳録同。」
〔一二〕吳居厚　朝鮮本作：吕居厚。
〔一三〕仆黨　朝鮮本此下增：籍。
〔一四〕子女　朝鮮本此下增：士大夫。
〔一五〕虜　朝鮮本此下增：人作。
〔一六〕由間路往　朝鮮本作：去人由中間路賫詔往。
〔一七〕黄節夫　朝鮮本此下增：臣。
〔一八〕積而至於靖康　「靖康」原作空格，據朝鮮本、萬曆本補。
〔一九〕渡揚州時　朝鮮本作：苗、劉渡揚州。
〔二〇〕當　朝鮮本「當」上增：見他。
〔二一〕便更宦者　「便更」原作「庾庾」，據萬曆本改。
〔二二〕城中　朝鮮本此下增：方。
〔二三〕賀孫侍立　「侍」原作「恃」，據朝鮮本、萬曆本改。
〔二四〕饒　朝鮮本作：庚。
〔二五〕義剛　朝鮮本此下增小字：陳淳録同。
〔二六〕王　朝鮮本作「姓王者」。

〔二七〕故百官般家者皆不問　朝鮮本此則少異，作：逆虜臨江，朝臣震怖，各津送其家屬他走。北虜騎退。家在都城者，惟左相陳魯公名中，邵武人，時爲左右爾，高宗懲維揚之禍，故百官搬家者皆不問。儒用。

〔二八〕後又不行　朝鮮本句下增：庚。

〔二九〕某　朝鮮本無「某」字，然增小字「秀王諱」三字。

〔三〇〕先追贈秀王　朝鮮本句下有「謚安僖」三字。

〔三一〕作揭貼子其上「子」，萬曆本作「于」。

朱子語類卷第一百二十八

本朝二

法制

「唐殿庭間種花柳，故杜詩云『香飄合殿春風轉，花覆千官淑景移』，又云『退朝花底散』。國朝惟植槐楸，鬱然有嚴毅氣象。又唐制：天子坐朝，有二宫嬪引至殿上，故前詩起句云『户外昭容紫綬垂，雙瞻御座引朝儀』，至敬宗時方罷，止用小黄門引導，至今是如此。」按：岑參詩「花迎劍佩星初落，柳拂旌旗露未乾」，亦殿庭種花柳之一證也。又杜贈田澄舍人有「舍人退食收封事，宫女開函進御筵」，亦可爲二宫嬪之證。儒用。

「舊時主上每日不御正殿，然自升朝官以上，凡在京者皆着去立，候宰相奏事罷，却來押班，拜兩拜方了，日日如此。後來韓魏公不知如何偶然忘了，不及押班便歸第，御史中丞王陶即彈之，然遂去國。温公代爲中丞，先奏云：『前王陶以彈宰相不押班而去國，今若宰相更不押班，則中丞無以爲職。須是令宰相押班，某方就職。』如此，便是不押班也不是。」義剛。方子録云：「國初文德殿正衙常朝，升朝官以上皆排班，宰相押班，再拜而出。時歸班官甚苦之，其後遂廢，致王樂道以此攻魏公，蓋亦以人情趨於簡便故也。」

「祖宗於古制雖不能守，然守得家法却極謹。舊時朝見皆是先引見閤門，閤門方引從殿下舞蹈後，方得上殿，而今都省了。本來朝見底，皆是用一榜子上於閤門，閤門奏上，方始引見。而今却於引見時，閤門積得這榜子，俟放見時却一併上，則都省了許多，只是殿下拜兩拜，便上殿。這非惟是在下之人懶，亦是人主不能恁地等得，看他在恁地舞手弄脚。更是閤門也懶能教得他，及它有失儀，又着彈奏。而今都是從簡易處去了。」義剛。

「引見、上殿是兩事。今閤門引見，便用舞蹈。近日多是放見，只是上殿拜於堦下，直前奏事而已。惟授告門謝有舞蹈。」文蔚。

「近日上殿禮簡，如所謂舞蹈等事皆無之，只是直至殿下拜一雙，上殿奏事，退又拜，即退。這也是閤門要省事，故如此。壽皇初間得幾時見群臣〔一〕，皆許只用紫衫。後來有人説道太簡，後不如此。」賀孫。

問朝見舞蹈之禮。曰：「不知起於何時。元魏末年方見說那舞，然恐或是夷狄之風。」廣。

「近日拜表之禮甚異。論禮，班首合跪進，上面卻有人來跪受，但進表後，進者因跪而拜。今則進表者先拜，卻跪進，其受者亦拜。此禮不可曉。」文蔚。

「皇太子參決時，見宰相侍從以賓主之禮。餘官不然。」又曰：「獨宰相爲正拜者，蓋餘官謝恩在殿下拜，侍從以上雖拜殿上，亦只偏拜，獨宰相正拜，故云。」敬仲。

「宮中有內尚書，主文字，文字皆過他處〔二〕，天子亦頗禮之。或賜之坐，不係嬪御。亦掌印璽，多代御批。行出底文字，只到三省。」文蔚。

問：「本朝十一室，則九廟、七廟之制如何？」曰：「孝宗未祔廟，僖祖、宣祖未祧遷時爲十二室，是九世。今既祔宣祖，又祧僖祖，卻祔孝宗，止是八世〔三〕，進不及九，退不及七。當時且祧宣祖，存得九廟，卻待後世商量猶得。直如此忽忙，何也？」人傑。

「今景靈宮乃叔孫通所謂『原廟』是也。叔孫通言『原廟』，則是衣冠月出遊之地，只一月一次到彼，初無神坐。今則一一有之，又只似太廟了，恐非叔孫通所謂原廟之意。今景靈宮謂之『朝獻』，太廟謂之『大享』。」子蒙。

問：「景靈起於何代〔四〕？」曰：「起於真廟。初只祀聖祖，諸帝后神御散於諸寺。其後神宗始祀聖祖於前殿，帝后於後殿。似此等禮數，唐人亦無。且如唐人配廟只一后，餘后立別廟。本朝諸后俱配。」問：「人家配如何？先儒説只用元妃。伊川謂若所祭人是次妃生，即配以次妃。」曰：「此未安。古者諸侯一娶九女，元妃卒，次妃奉事。所謂次妃者，乃元妃之妾，固不可同坐。若如後世士大夫家或三娶，皆人家女，雖同祀何害？所謂『禮以義起』也，唐人已如此。」可學云：「唐人立廟院，重氏族，固能如此。」曰：「唐人極有可取處。」可學。

因言五禮，云：「今諸后位數多，至尊拜跪勞。古人一帝只以一后配，其餘自別立廟，庶幾不亂嫡妾之分。今皆配，不是。唐人有言，人家夫婦却不同。蓋古者天子諸侯不再娶，故次后與正后有名分。若人家，則再娶亦妻也，故可同祭。伊川祭儀祭繼室於別廟，恐未穩。」璘。

「三后並配，自本朝真廟始。其初議者皆以歸咎於錢惟演，後既習見爲常，亦無復有議之者矣。古人雖以子貴，然庶母無係於先君之禮。如左傳書『僖公成風』、晉書『簡文太后』，皆以係於其子，而別制廟以祀之。」必大。

「『玄朗』諱起於真廟朝，王欽若之徒推得出，這也無考竟處。」義剛。

「某常疑本朝諱得那舊諱無謂。且如宣帝舊名病已，何曾諱？平帝舊名亦不曾諱。

虜中諱得又嶢崎，偏旁皆諱：謂諱『敬』字，立人傍底也諱，下面着言字底也諱。近日朝廷挑了幾個祖諱却是，然『玄朗』却不挑，那聖祖莫較遠似宣祖些麽？」義剛。

「張以道曰：『秦王陵在汝州，太祖以下八朝陵在永安軍，翟興、翟俊父子嘗提兵至此，乏水，興禱之。天無雨，小溪平白湧洪流，六軍遂得水用。』」義剛。

「古者車只六尺六寸，今五路甚大。嘗見人説秦太師制此，又高於京師舊日者。上面耀葉三層，皆高於舊日三寸，成尺二寸。周輅，孔子猶以爲侈，要乘殷輅，今輅只是極其侈靡」〔五〕。

因問陳庭秀臨安人。曰：「今〔六〕大禮命從官一人立玉輅側，以帛維之，名何官？」曰：「名『備顧問官』，又曰『執綏官』。」先生笑曰：「然偏檢古今郊禮，安有所謂『備顧問官』、『執綏官』者？蓋此本太僕卿，即執御之職。古者君將升車，則御者先升，執轡中立，以綏度左肩而雙垂之。綏如圓轡。君以兩手援綏而升，立車之左，以左爲尊。魏公子無忌自駕，虛左方以迎侯生是也。行大禮，不敢坐。車行數步止。中書令宣詔，命千牛將軍千牛，擇武力者爲之。執長刀立車之右以防非常，所謂驂乘也。既升車，復行。望郊壇數步，復少駐，千牛將軍乃降立道左。車復行，則執長刀前導而行，此唐制也。及政和修禮，脱千牛升車一節，而但有『降車立道左』之文。初未嘗登，何降之有？所謂太僕卿執御之職，遂訛曰『執綏官』、『備顧問官』。然又不執綏，却立于輅側，恐其傾跌，以物維之。雖今之典禮官，亦但曰『執綏官』、『備顧問官』也。今爲太常少卿者，便撥數日工夫，將禮書細閱一過，亦須略曉，而直爲此鹵莽也。周洪道嘗記渠作執綏官事，自云考訂精博。某問周：『何謂執綏官？』渠亦莫曉。又，綏，本人君升車之所執，御者但授與君，則御者亦不可謂之執綏官。語曰『升車，必正立執綏』，謂乘車者爾。」又曰：「今玉輅太重，轉動極難，兼雕刻既多，反不堅牢，不知何用許多金玉裝飾爲也？所以聖人欲乘殷之輅，取其堅質而輕便耳。仁宗、神宗朝兩造玉輅〔七〕，皆以重大致壓壞。本朝尚存唐一玉輅，聞小而輕，捷而穩，諸輅之行，此必居先。或置之後，則隱隱作聲，既有此輅，乘此足矣，何以更爲？聞後來此輅亦入虜中。」僩。

「南渡以前，士大夫皆不甚用轎，如王荆公、伊川皆云不以人代畜，朝士皆乘馬。或有老病，朝廷賜令乘轎，猶力辭後受。自南渡後至今，則無人不乘轎矣」〔八〕。

因言：「物纔數年不用，便忘之。祖宗時升朝官出入有柱斧，其制是水精小斧頭子，在轎前。至宣政間方罷之，今人遂不識此物，亦不聞其名矣，如祖宗時人畫像有執柱斧者。」璘。

「册命之禮，始於漢武封三王，後遂不廢。古自有此禮，至武帝始復之耳。郊祀宗廟，太子皆有玉册，皇后用金册，記不審。宰相貴妃皆用竹册。凡宰相宣麻，非是宣與宰相，乃是揚告王庭，令百官皆聽問，以其人可用與否。首則稱道之文，後乃警戒之詞，如今云『於戲』以下數語是也。末乃云『主者施行』，所謂施行者，行册拜之禮也。此禮唐以來皆用之，至本朝宰相不敢當册拜之禮，遂具辭免，三辭然後許。只命書麻詞于誥以賜之，便當册文，不復宣麻于庭，便是書以賜宰相。乃是獨宣誥命于宰相，而他人不得與聞，失古意矣。」僩。

因論今宗室與漢差别。「漢宗室只是天子之子封王，王子封侯，嫡子世襲，支庶以下皆同百姓，只是免其繇戍，如漢光武皆是起於民間也。」燾。

「今南班宗室，多帶『皇兄』、『皇叔』等冠於官職之上，非古者『不得以戚戚君』之意。王定國嘗言之神廟，欲令只帶某王孫，或曾孫，或幾世孫。且如越王下當云『越王幾世孫』。廣録云：「此説却是。不惟可免『戚君』之非禮，又可因而見其世系，稍全得些宗法。」後來定國得罪，指以爲離間骨肉。今宗室散無統紀，若使當時從定國之説，却有次序可考也。」人傑。廣同〔九〕。

「古者三公坐而論道，方可子細説得。如今莫説教宰執坐，奏〔一〇〕對之時，頃刻即退。文〔一一〕字懷於袖間，只説得幾句，便將文字對上宣讀過，那得子細指點。且説無坐位，也須有個案子，令開展在上，指畫利害，上亦知得子細。今〔一二〕頃刻便退，君臣如何得同心理會事？六朝時，尚有『對案畫敕』之語。若有一案，猶使大臣略憑倚細説，如今公吏門呈文字相似，亦得子細。」又云：「直要理會事，且如一事屬吏部，其官長奏對時，下面許多屬官一齊都着在殿下。逐事付與某人某人，便着有個區處，當時便可參考是非利害，即時施行此一事便了。其他諸部有事皆如此，豈不了事？如今只隨例送下某部看詳，遷延推托，無時得了。或一二月，或四五月，或一年，或兩三年，如何得了？某在漳州要理會某事，集諸同官商量，皆逡巡泛泛，無敢向前，如此幾時得了。於是即取紙來，某自先寫起，教諸同官各隨所見寫出利害，只就這裏便見得分明，便了得此一事。少間若更有甚商量，亦只是就這上理會，寫得在這裏定了，便不到推延。若只將口說來說去，何時得了！朝廷萬事只緣各家都不說要了，但隨時延歲月，作履歷遷轉耳，那得事了！古者人君『自朝至于日中昃，不遑暇食，用咸和萬民』，『一日二日萬幾』。如今群臣進對，頃刻而退，人主可謂甚逸。古人豈是故爲多事？」又云：「漢唐時御史彈劾人，多抗聲直數其罪於殿上。又如要劾某人，先榜於闕外，直指其名，不許入朝。這須是如此。如今要說一事，要去一人，千委百曲，多方爲計而後敢說，說且不盡，是甚模樣？六朝所載『對案畫勅』下又云『後來不如此，有同譖愬』。看如今言事者，雖所言皆是，亦只類譖愬。」賀孫。

「本朝祖宗積累之深，無意外倉卒之變。惟無意外之變，所以都不爲意外之防。今樞密院號爲典兵，倉卒之際，要得一馬使也沒討處。今樞密要發兵，須用去御前畫旨下殿前司，然後可發。若有緊急事變，如何待得許多節次？漢三公都帶司馬及將軍，所以倉卒之際，便出得手，立得事，扶得傾危。今幸然無意外之變，若或有之，樞密且倉卒下手未得。不知苗、劉之事，今人多責之朱、吕，當時他也是自做未得。古人定大難者不知是如何？不知范文正、寇萊公人物生得如何？氣貌是如何？平日飲食言語是如何樣底人？今不復得親身看，且得個依稀樣子，看是如何地。如今有志節擔當大事人，亦須有平闊廣大之意始得。」致道云：「若做不得，只得繼之以死而已。」曰：「固是事極也不愛一死。但拚却一死，於自身道理雖僅得之，然恐無益於事，其危亡傾頹自若，奈何？如靖康，李忠愍死於虜手，亦可謂得其死。但當時使虜人感慨，謂中國有忠臣義士如此，可以不必相擾，引兵而退。如此，却於宗社有益。若自身既死，事變只如此，濟得甚事？當死而死，自是無可疑者。」賀孫。

因説歷代承襲之弊，曰：「本朝鑒五代藩鎮之弊，遂盡奪藩鎮之權，兵也收了，財也收了，賞罰刑政一切收了，州郡遂日就困弱。靖康之禍，虜騎所過，莫不潰散。」因及熙寧變法，曰：「亦是當苟且廢弛之餘，欲振而起之，但變之不得其中爾。」賀孫。

「本朝官制與唐大概相似，其曲折却也不同。」義剛。

「神宗用唐六典改官制，頒行之。介甫時居金陵，見之大驚，曰：『上平日許多事，無不商量來。只有此一大事，却不曾商量。』蓋神宗因見唐六典，遂斷自宸衷，鋭意改之，不日而定，初不曾與臣下商量也。」僩。

「唐初每事先經由中書省，中書做定將上，得旨再下中書，中書付門下。或有未當，則門下繳駁，又上中書，中書又將上，得旨再下中書，中書又下門下。若事可行，門下即下尚書省，尚書省但主書填『奉行』而已，故中書之權獨重。本朝亦最重中書，蓋以造命可否進退皆由之也。門下雖有繳駁，依舊經由中書，故中書權獨重。及神宗倣唐六典，三省皆依此制，而事多稽滯。故渡江以來，執政事皆歸一。獨諸司吏曹二十四曹。依舊分額各屬，三省吏人自分所屬，而其上之綱領則不分也。舊時三省事各自由，不相侵越，不相聞知。中書自理會中書事，尚書自理會尚書事，門下自理會門下事。如有除授，則宰執同共議定，當筆宰執判『過中』，中書吏人做上去，再下中書，中書下門下，門下下尚書。書行給舍繳駁〔一三〕，猶州郡行下事，須幕職官僉押，如有不是，得以論執。中書行下門下，皆用門下省官屬僉押。事有未當，則官屬得以執奏。」僩。

「舊制：門下省有侍中，有門下侍郎；中書省有中書令、中書侍郎。改官制，神宗除去侍中、中書令，只置門下、中書侍郎。後併尚書左右丞、門下中書侍郎四員，爲參政官。」或云：「始者昭文館大學士兼同中書門下平章事，富鄭公等爲之。後改爲左右僕射，則蔡京、王黼首居是選。及改爲左右丞相，則某人等爲之。名愈正而人愈不逮前，亦何預名事？」

曰：「只是實不正，使名既正而實亦正，豈不尤佳？」又曰：「人言王安石以『正名』之說馴致禍亂。且『正名』是孔子之言，如何便道王安石說得不是？使其名果正，豈不更佳？」僩。

問：「何故起居郎却大，屬門下省？起居舍人却小，屬中書省？」曰：「不知當初何故，只是胡亂牽挐得來底便是。起居郎居左，起居舍人居右，故如此分大小。只緣改官制時，初無斬新排到理會底說。故如此牽拖舊職，不成倫序。」僩。

「給事中初置時，蓋欲其在內給事。或差除有不當，用捨有不是，要在裏面整頓了，不欲其宣露於外。今則不然，或有除授小報纔出，遠近皆知了，給舍方繳駁，乃是給事外也。這般所在，都沒理會。」賀孫。

問：「或言六尚書得論臺諫之失，是否？」曰：「舊來左右丞得糾臺諫。嘗見長老言，神宗建尚書省，中爲令廳，兩旁則左右僕射、左右丞、左右司郎中。蔡京得政，奏言土地神在某方，是居人位，所以宰相累不利，建議將尚書省拆去。」因言：「蔡氏以『紹述』二字箝天下士大夫之口，其實神宗良法美意，變更殆盡。它人拆尚書省，便如何了得！」德明。

「初，蔡京更定幕職，推、判官謂之『分曹建院』。以爲節度使、觀察使在唐以治兵治財，今則皆是閑稱呼，初無職事，而推、判官猶襲節度、觀察之名，甚無謂。又古者以軍興，故置參軍。今參軍等職皆治民事，而猶循用參軍之號，亦無意謂。故分曹建院推、判等官，改爲司士曹事、司儀曹事。此類有六。參軍之屬改爲某院某院，而盡除去節度參軍之名，看來改得自是。又如婦人封號，有夫爲秦國公，而妻爲魏國夫人者，亦有封兩國者。秦檜妻封兩國，范伯達笑之曰：『一妻而爲兩國夫人，是甚義理？』故京皆改隨其夫號：如夫封建安郡，則妻封建安郡夫人；夫封秦國，則妻亦封秦國夫人；侯伯子男皆然。看來隨其夫稱極是。如淑人、碩人、宜人、孺人之類，亦京所定，各隨其夫官帶之。後人謂淑人、碩人非婦人所宜稱。看來稱碩人亦無妨，惟淑人則非所宜爾。但只有一節未善：有夫方封某郡伯，而妻已先封爲某國夫人者，此則與京所改者相值，齟齬不可行。蓋其封贈格法如此。當初合并格法也與整頓過，則無病矣。遂使人得以咎之，謂其法自相違戾，亦是京不子細，乘勢粗改。後人以其出於京也，遂不問是非，一切反之。又如神宗所改官制。舊制，凡通判太守出去，皆帶吏部員外郎、吏部郎中，其見居職者則加以判流内銓、流外銓。豈有吏部官而可帶出治州郡者？故神宗皆爲諸郎，如朝奉郎、朝散郎、朝奉大夫、朝散大夫之類。所以朝散以下謂之員郎，蓋本員外郎之資叙；朝奉大夫方謂之正郎，蓋吏部郎中資叙也〔一四〕。朝散郎、朝奉大夫之類有二十四階，分爲三等，每等八階，以別異雜流有出身無出身人，故有前行、中行、後行〔一五〕。」又問知縣通判、知州資叙。曰：「在法，做兩任知縣，有關陞狀，方得做通判；兩任通判，有關陞狀，方得爲知州；兩任知州，有關陞狀，方得爲提刑。提刑又有一節，方得爲轉運。今巧宦者欲免州縣之勞，皆經營六院。蓋既爲六院，便可經營寺、監、簿、丞，爲寺、監、簿、丞出來，便可得小郡。又不肯作郡，便欲經營爲郎官。郎官非作郡不得除，故又經營權郎，却自權郎徑除卿、監、長、貳，則已在正郎官之右矣。又如法中非作縣不得作郡，故不作縣者，必經營爲臨安倅。蓋既爲臨安倅，則必得郡，更不復問先曾爲縣否也。人君深居九重，安知外間許多曲折？宰相雖知，又且苟簡，可以應副親舊。若是人君知得，都與除了這般體例。苟不作縣，雖爲臨安倅，亦不免便使權卿、監；苟不作郡，定不得除郎。爲卿、監者，亦須已作郡人方得做，不得以寺、監、丞、簿等官權之，則人無僥倖之心矣。只緣當初立法，不肯公心明白，留得這般掩頭藏倖底路徑，所以使人趨之。嘗記歐公説舊制，觀文殿大學士壓資政殿大學士，資政殿大學士壓觀文殿學士，觀文殿學士壓資政殿學士。後來改觀文兩學士都壓資政兩學士，議者以見任者難爲改動。歐公以爲此不難，已任者勿改，而自今除者始可也。以今觀之，亦何須如此勞攘？將見任者皆與改定又何妨？不過寫换數字而已，又不會痛，當時疑慮顧忌已如此。只緣自來立法建事，不肯光明正大，只是如此委曲回護。其弊至於今日略欲觸動一事，則議者紛然以爲壞祖宗法。故神宗憤然欲一新之，要改者便改。孝宗亦然，但又傷於太鋭，少商量。」僩。

「唐制：某鎮節度使，某州刺史觀察使，此藩鎮所稱。使持節某州軍州事，此屬州軍所稱。其屬官則云某州軍事判官，某州軍事推官。今尚如此。若節鎮屬官，則云節度推、判官，以自異於屬州。使與州各分曹案。使院有觀察判官、觀察推官，州院有知録，糾六曹官，爲六曹之長。凡兵事則屬使院，民事則屬州院，刑獄則屬司理院。三者分屬，不相侵越。司法專檢法，司户專掌倉庫〔一六〕。然司理既結獄，須推、判官簽押方爲圓備。不然，則不敢結斷。本朝併省州院、使院爲一。如署銜，但云知某州軍州事。軍州事，則使院之職也。自併省三院，而州郡六曹之職頗爲淆亂，司法、司理、司户三者尚仍舊。知録管州院事，專主教民，今乃管倉庫，獨爲不得其職。所以六曹官惟知録免三日衙，以其職尊，故優異之。此等事，史書並不載，惟雜説中班駁見一二。舊嘗疑州院即是司理院，後閲范文正公集有云，如使院、州院宜併省歸一，方知不然。因曉州院、使院之別，使院，今之僉廳也。凡諸幕職官皆謂之當職官。如唐書所云，有事當罰，則詔云自當職官以下以次受罰；有事當賞，則云當職官以下以次受賞，謂自推、判官而下也。」又曰：「後來蔡京改六曹官名，頗得舊職，爲不淆亂。渡江以來，以其出於京也，皆罷之。」又問：「長史何官？」曰：「六朝時長史甚輕，次第只是奔走長官之前，有君臣之分，不得坐。至唐則甚重。蓋皇子既遥領正大帥，其群臣出爲藩鎮者，則稱云副大帥某州長史。韓文董晉官位可見。至唐中葉，而長史、司馬、別駕皆爲貶官，不事事。

蓋節度使既得自辟置官屬，如節度、觀察推、判官之屬。此既重，則彼皆輕矣。」僩。

「蔡元道所爲祖宗官制舊典，他只知懲創後來之禍，遂皆歸咎神宗，不合輕改官制，事事以祖宗官制爲是，便説此是百王不可易之典。殊不知後來所以放行踰越，任用小人，自是執法者偏私，何關改官制事？如武臣諸節度、副總管諸使所以恩禮隆異，俸給優厚者，蓋太祖初奪諸鎮兵權，恐其謀叛，故置諸節度使，隆恩異數，極其優厚，以收其心而杜其異志。及太宗、真宗以後，則此輩或已老死，又無兵權。後來除授者自可殺其禮數，減其俸給，降其事權，而猶襲一時權宜苟且之制，爲子孫不可易之常典，豈不過哉？然祖宗時放行，極艱其選，不過一二人、二三人。後來小人用事，凡宰相除罷，及武臣寵倖宦者之徒，無不得之，實法制不善有以啓之耳。及經變故，乃追咎輕越祖宗法度之過。不知此既開其可入之塗，彼孰不爲可入之塗以求合乎？」僩。

「唐沈既濟之説已如此：新添改官制而舊職名不除，所以愈見重複。然唐時猶自歸一，如藩鎮節度使、觀察使民事兵事一人皆了。今既有帥〔一七〕，又有家居節度使，便用費許多錢養他〔一八〕。見任事者請俸却寡，而家居守閑名者請俸却大。節度使請俸月千餘緡。又節度印，古者所以置旌節以爲儀衛，而重其權，今却令帶之家居，請重俸，是甚意？今爲福州安撫使，而反不如威武軍節度使之請俸。」僩。

「祖宗置資格，自立僥倖之門。如武臣横行，最爲超捷。纔除横行，便可越過諸使，許多等級皆不須歷，一向上去。然今人又不用除横行，横行猶用守這數級，只落階官則無所不可。祖宗之法，本欲人遵守資格，謹重名器。而不知自置許多僥倖之路，令人脱過，是甚意思？除是執法者大段把得定，不輕放過一個半個，無一毫私，方執得住。不然，便不可禁遏矣！不知當初立法何故如此？今獃底人便只守此爲不可易之典，才觸動着，便説是變動祖宗法制。也須睹個是始得。」僴。

「趙表之生做文官，纔到封王，封安定郡王。便用换武。豈文官不可封王而須〔一九〕武官邪？又今宗正須以宗室武官爲之，文官也只做得。世間一樣愚人，便以此等制度爲百王不可易之法。」僴。

「只改儒林、文林之屬，其他皆可通行。文官猶有古名〔二〇〕，如武官諸階稱呼〔二一〕，多有無意義者。」又曰：「四廂都指揮使，又有甚諸色使，皆是虚名。只有三衙都指揮使真有職事。」又曰：「元豐以前武臣無宫觀，故武臣無閑者。凡武臣乞解軍職，必出藩府。及元豐介甫相，置宫觀，方有閑者。」僴。

「本朝先未有祠禄，但有主管某宫、某觀公事者，皆大官帶之，真個是主管本宫、本觀御容之屬。其他多只是監當差遣。雖嘗爲諫議官，亦有爲監當者，如監船場、酒務之屬。自王介甫更新法，慮天下士大夫議論不合，欲一切彈擊罷黜，又恐駭物論，於是創爲宮觀祠禄，以待新法異議之人。然亦難得，惟監司郡守以上，眷禮優渥者方得之。自郡守以下，則盡送部中與監當差遣。後來漸輕，今則又輕，皆可以得之矣。」僩〔二二〕。

「華州雲臺觀、南京鴻慶宮，有祖宗神像在〔二三〕，使人主管，猶〔二四〕有說。若武夷山沖佑觀、臨安府洞霄宮，知他主管個甚麽？今太廟室深而堂淺，一代爲一室；堂則雖在室前，而實同爲一堂。古人大抵室事尚東向，堂事尚南向〔二五〕。」賀孫。

「皇城使有親兵數千人，今八厢貌士之屬是也，以武臣二員並内侍都知二員掌之。本朝只此一項，令宦者掌兵，而以武臣參之。」因笑曰：「此項又以制殿前都指揮之兵也。」僩。

「今之三衙，即舊日之指揮使。朱温由宣武節度使篡唐，疑忌他人，自用其宣武指揮使爲殿前指揮使，管禁衛諸軍。以至今日，其權益重。嘗見歐陽公記其爲某官時，殿帥之權猶輕，見從官，不接坐，但傳語，不及獻茶。及再入爲執政，則禮數大異矣。」問：「何故如此？」曰：「也是積漸致然。是他權重後，自然如此。」僩。

問：「唐之人主喜用宦者監軍，何也？」曰：「是他信諸將不過，故用其素所親信之人。後來一向疏外諸將，盡用宦者。本朝太宗令王繼恩平李順有功，宰相擬以宣徽使賞之。太宗怒，切責宰相，以爲太重，蓋宣徽亞執政也，遂創宣政使處之。朝臣諸將中豈無可任者，須得用宦者？彼既有功，則爵賞不得吝矣。然猶守得這些意思，恐啓宦者權重之患。及熙豐用兵，遂皆用宦者。李憲在西，權任如大將，馴至後來，遂有童貫、譚稹之禍。」宦者其初只是走馬承受之類，浸漸用事，遂至如此。僩

「今之總管，乃國初之部署。後避英廟諱，改焉。都監乃是唐之監軍，不知何時轉了。」廣。

「太祖收諸鎮節度兵權，置諸州指揮使，大州十數員，次州六七員，又次州三四員，每員管兵四五百人。本州自置營招兵，而軍員管之。每遇遷陞，則密院出宣付之。用紙一大幅，題其上曰『宣付指揮使某』，却不押號，而以御前大寶印之。軍員得此極重，有一人而得數宣者，蓋營中亦有數等品級遷轉也。指揮有廳，有射場，只在營中升降，不得出官。」僩〔二六〕。

「總領一司，乃趙忠簡所置，當時之意甚重。蓋緣韓、岳統兵權重，方欲置副貳，又恐啓他之疑，故特置此一司，以總制財賦爲名，却專切報發御前兵馬文字，蓋〔二七〕欲陰察之也。」或謂：「總領之職自可併歸漕司。」曰：「財賦散在諸路，漕司却都呼吸不來。亦如坑治，須是創立都大提點，方始呼吸得聚。」道夫。

「運使本是愛民之官，今以督辦財賦，反成殘民之職。提刑本是仁民之官，今以經、總

制錢，反成不仁之具。」淳。

「祖宗，凡升朝官在京，未有職事者，每日赴班，纔有差遣則已。」廣。

「今群臣以罪去者，不能全其退處之節。凡有辭避，必再三不允，直待章疏劾之，遂從罷黜。」人傑。

「舊制遷謫人詞頭，當日命下，當日便要，不許隔宿，便與詞頭報行。而今緣有信劄，故詞頭有一兩月不下者。中書以此覺得事多，此皆軍興後事多，故如此。國朝舊制，煞有因軍興後廢格而未復者。」廣。

「舊法，貶責人若是庶官，亦須帶别駕或司馬，無有帶階官者。今吕子約却是帶階官安置。」人傑。

「今日作史，左右史有起居注，宰執有時政記，臺官有日曆，並送史館著作處參改，入實録作史。太抵史皆不實，緊切處不敢上史，亦不關報。」椿。

「史甚弊，因神宗實録皆不敢寫。傳聞只據人自録來者。才對者，便要所上文字，並奏對語上史館。」楊。

「今之修史者只是依本子寫，不敢增減一字。蓋自紹聖初，章惇爲相，蔡卞修國史，將欲以史事中傷諸公。前史官范純夫、黄魯直已去職，各令於開封府界内居住，就近報國史院，取會文字。諸所不樂者，逐一條問黄、范，又須疏其所以然，至無可問，方令去〔二八〕。後來史官因此懲創，故不敢有所增損也。」按實録，是時史官趙彦若亦同於府界居住。後趙安置澧州，范，永州，黄，黔州。儒用。

先生問䕫：「有山谷陳留對問否？」曰：「無之。」曰：「聞當時秦少游最爭得峻，惜乎亦不見之。陸農師却有當來對問，其間云，嘗與山谷爭入王介甫『無使上知』之語。又云，當時史官因論温公改詩賦不是。某云：『司馬光那得一件是？皆是自叙與諸公爭辯之語。』」䕫。

「道君欽宗實録數百卷，吕丈月十日修了。云只是得大節目百十條」。問云：「何不入文字展日？」曰：「便不是吕丈規模。」振。

「本朝國紀好看，雖略，然大綱却都見。長編太詳，難看。熊子復編九朝要略，不甚好。」國紀，徐端立編。僩。

「聖政編年一書，起太祖，止紹興九年，書坊人做，非好書。」振。

「今之學規非胡安定所撰者。仁宗置州縣學，取湖學規矩頒行之。湖學之規，必有義理，不如是其陋也。如第一條『謗訕朝政』之類，其出於蔡京行舍法之時有所改易乎？當時如徐節孝爲楚州教官，乃罷之，而易以其黨。大抵本朝經王氏及蔡京用事後，舊章蕩然，可勝歎哉！」人傑。

問學究一科沿革之故。曰：「此科即唐之明經是也。進士科則試文字，學究科但試墨義。有才思者多去習進士科，有記性者則應學究科。凡試一大經者，兼一小經，每段舉一句，令寫上下文，以通不通爲去取。應者多是齊、魯、河、朔間人，只務熟讀，和注文也記得，故當時有『董五經』、『黄三傳』之稱，但未必曉文義，正如和尚轉經相似。又有司待之之禮，亦不與進士等。進士入試之日，主文則設案焚香，垂簾講拜。至學究，則徹幕以防傳義，其法極嚴，有渴至飲硯水而黔其口者，當時傳以爲笑。歐公亦有詩云：『焚香禮進士，徹幕待諸生。』或云「徹幕」乃「瞑目」字〔二九〕，亦非歐詩〔三〇〕。其取厭薄如此，荆公所以惡而罷之。但自此科一罷之後，人多不肯去讀書。」僩用。

「熙寧三舍法，李定所定。崇觀三舍法，蔡京所定。胡德輝珵嘗作記。學者，所以學爲忠與孝也。今欲訓天下士以忠孝，而學校之制乃出於不忠不孝之人，不亦難乎。」僩用〔三一〕。

「太學舍法壞人多，龜山嘗立論。高抑崇曾見龜山。太學初興，召爲司業，善類頗屬望。到彼一切放倒，三舍法却在渠手中成，莫負了龜山否？」王子合曰：「聞那時只是取法於一舊老吏。」浩曰：「秦會之是舊大學中人，想是據他向日所行了。」曰：「高公不合與承當。高公大率不立，五峰嘗有書責他。」浩。

先生因論本朝南渡以來，其初立法甚放寬，蓋欲聚人。不知後來放緊，便不得。燾。

「今之法，大概用唐法。」淳。

問〔三二〕：「今三代之法或可見於律中否？」曰：「律自秦漢以來，歷代修改，皆不可得而見矣。如漢律文簡奧，後代修改，今亦不可見矣。」淳。

「律是歷代相傳，勑是太祖時修，律輕而勑重。如勑中刺面編配，律中無之，只是流若干里，即今之白面編管是也。勑中上刑重而下刑輕，如律中杖一百，實有一百，勑中則折之爲二十。五折一。今世斷獄只是勑，勑中無，方用律。」淳〔三三〕。

因言：「律極好。律即刑統。後來勑令格式，罪皆太重，不如律。乾道淳熙新書更是雜亂。一時法官不識制法本意，不合於理者甚多。又或有是計囑妄立條例者，如母已出嫁，欲賣産業，必須出母著押之類。此皆非理，必是當時有〔三四〕計囑而創此條也。孝宗不喜此書，嘗令修之，不知修得如何。」僩。

「刑統大字是歷代相傳，注字是世宗時修。」淳。

「舊來勑令文辭典雅，近日殊淺俗。」裏面是有幾多病痛。方子。

「宋莒公曰：『「應從而違，堪供而闕」，此六經之亞文也。』謂子不從父不義之命及力所不能養者，古人皆不以不孝坐之。義當從而不從，力可供而不供，然後坐以不孝之罪。」淳。

或問：「勑、令、格、式如何分别？」曰：「此四字乃神宗朝定法〔三五〕時綱領。本朝止有編勑，後來乃命群臣修定。元豐中，執政安燾等上所定勑令。上喻燾曰：『設於此而逆彼之至謂之「格」，設於此而使彼效之謂之「式」，禁於未然謂之「令」，治其已然謂之「勑」，修書者要當知此。若其書完具，政府總之，有司守之，斯無事矣。』此事載之己卯録，時出示學者。因記其文如此，然恐有脱誤處。神廟天資絶人，觀此數語，直是分别得好。格，如五服制度，某親當某服，某服當某時，各有限極，所謂『設於此而逆彼之至』之謂也。式，如磨勘轉官，求恩澤封贈之類，只依個樣子寫去，所謂『設於此而使彼效之』之謂也。令，則條令禁制其事不得爲，某事違者有罰之類，所謂『禁於未然』者。勑，則是已結此事，依條斷遣之類，所謂『治其已然』者。格、令、式在前，勑在後，則有『教之不改而後誅之』底意思。今但欲尊『勑』字，以勑居前，令、格、式在後，則與不教而殺者何異？殊非當時本指。」又問：「伊川云：『介甫言「律是八分書」。是他見得如此。』何故？」曰：「律是刑統，此書甚好，疑是歷代所有傳襲下來。至周世宗命竇儀注解過，名曰刑統，即律也。今世却不用律，只用勑令，大概勑令之法皆重於刑統。刑統與古法相近，故曰『八分書』。」「介甫之見，必竟高於世俗之儒。」此亦伊川語，因論祧廟及之。儒用。

「某事合當如何，這謂之『令』。如某功得幾等賞，某罪得幾等罰，這謂之『格』。凡事有個樣子，如今家保狀式之類，這謂之『式』。某事當如何斷，某事當如何行，這謂之『敕』。今人呼爲『敕、令、格、式』，據某看，合呼爲『令、格、式、敕』。敕是令、格、式所不行處，故斷之以敕。某在漳州曾編得户、婚兩門法〔三六〕。」賀孫。

「本合是先令而後敕，先教後刑之意。自荆公用事以來，方定爲『敕、令、格、式』之序。」德明。

「唐藩鎮權重，爲朝廷之患。今日州郡權輕，却不能生事，又却無以制盜賊。」或曰：「此亦緣介父刮刷州郡太甚。」曰：「也不專是介父。且如仁宗時，淮南盜賊發，趙仲約知高郵軍〔三七〕，反以金帛牛酒使人買覓他去。富鄭公欲誅其人，范文正公謂他既無錢，又無兵，却教他將甚去殺賊？得他和解得去，不殘破州郡，亦自好。只是介父後來又甚，州郡禁軍有闕額處都不補，錢糧盡欲解發歸朝廷，謂之『封樁闕額禁軍錢』，係提刑司管。」文蔚。

「經制錢，宣和間用兵，經制使所創。總制錢，紹興初用兵，總制使所創。二人不記姓名。應干税錢物，雜色場、務納錢，每貫刻五十文，作頭子錢。括之爲一色錢，以分毫積，計大計多，況其大者！」〔三八〕

「經制錢，陳亨伯所創。蓋因方臘反，童貫討之，亨伯爲隨軍轉運使。朝廷以其權輕，又重爲經制使。患軍用不足，創爲此名以收州縣之財，當時大獲其利。然立此制時，明言軍罷而止，其後遂因而不改。至紹興四年，韓球又創總制錢，大略倣經制爲之。十一年經界法行，民間印契多，倍有所得，朝廷遂以此年立額。至次年，則其數大虧，乃令州縣添補解發。自後州縣大困，朝廷亦知之。議者乃請就三年中取中制以立額。却不知中制者乃所添補之歲，其額猶爲重也，因仍至今。頃年得江西憲時，陛對日，亦嘗爲孝宗言之。蓋此政是憲司職事。」又曰：「亨伯創經制錢時，其兄弟有名某者，勸止之。不從，乃率其子姪哭於家廟，以爲作俑之罪，祖先將不祀矣。」廣。

德粹語婺源納銀之弊，方伯謨因問和買。先生言其初曰：「今日惟紹興最重。舊拋和買數時，兩浙運使乃紹興人。朝廷拋降三十萬匹與浙東，紹興受十四萬。是時都吏乃會稽縣人，會稽又受多。惟餘姚令不肯受，爲其民以瓦礫擲之，不得已受歸，而其數少，恨不記其名。」滕云：「婺源乃汪内翰鄉邑，汪知鄉郡，朝廷初降月樁時，會諸縣令于廷。婺源令偶言丹楊鄉民頑，汪本此鄉人，以令爲譏之，先勒令受十分之四分三釐，至於今爲害。」先生曰：「疇昔創封樁時，本無實數，只是賴州縣。且如常平中一項錢，亦許樁數。提舉司錢今日又解，明日又解，解必有限，彼豈不來爭？以此觀之，事皆係作始不是。」可學。

「祖宗立法催科，只是九分，才破這一分，便不催。但破得一百貫，謂之『破分』，便住。自曾丞相仲欽〔三九〕爲户部時，便不用這法，須要催盡，至今所以如此。」恪。

「所在上供銀，皆分配諸縣。獨建寧因吳公路作憲，算就鹽綱上納。雖是算在綱上，中間依舊科數，諸縣甚者至科民間買納。後沈公雅來，却檢會前時行下指揮，遂罷買上供銀。」道夫。

「張定叟尚書云：青城每郊用木十五萬緡縛幕屋，事已撤去，皆諸璫得之，其費出於臨安。渠知府日，嘗奏乞從本府出錢蓋屋，庶免逐郊費用，不從。」閎祖。

校勘記

〔一〕壽皇初間幾時見群臣 「壽皇」原訛作「書是」，據萬曆本改。

〔二〕宮中内尚書主文字文字皆過他處 朝鮮本作：宮中内尚書主文字，皆過他處。

〔三〕止是八世 「止」，萬曆本作「正」。

〔四〕景靈起於何代 朝鮮本「景靈」下有「宮」字。

〔五〕極其侈靡 朝鮮本句下有小注云：「庚。」

〔六〕今 朝鮮本此下增「行」。

〔七〕仁宗神宗朝兩造玉輅 「朝兩」，萬曆本作「兩朝」。

〔八〕則無人不乘轎矣　朝鮮本句下有小注云：「庚。」

〔九〕廣同　朝鮮本作：「按輔廣録同，而有詳略。又按李方子録同而略。」凡十八字。

〔一〇〕奏　朝鮮本「奏」上增「然」。

〔一一〕文　朝鮮本「文」上增「所有」。

〔一二〕今　朝鮮本作：看如今。

〔一三〕書行給舍繳駁　「給」原作「給」，據朝鮮本、萬曆本改。

〔一四〕資叙也　朝鮮本此下增小字：通判員郎，知州正郎。

〔一五〕後行　朝鮮本此下增小字：有前行吏部員外郎、中行吏部員外郎、後行吏部員外郎。

〔一六〕司户專掌倉庫　「掌」原作「堂」，據朝鮮本、萬曆本改。

〔一七〕有帥　朝鮮本此下增「又有兵帥」四字。

〔一八〕養他　朝鮮本此下增：許多大帥。

〔一九〕須　朝鮮本此下增：用。

〔二〇〕文官猶有古名　「古」原作「右」，據朝鮮本、萬曆本改。

〔二一〕稱呼　朝鮮本此下增：名。

〔二二〕倜　朝鮮本此下增小字：卓録同。

〔二三〕有祖宗神像在　「祖」，萬曆本作「神」。

〔二四〕猶　朝鮮本此下增：自。

〔二五〕堂事尚南向　「南」，萬曆本作「西」。

〔二六〕僴　朝鮮本此上有小字注文十五字：「樞密院行下文字曰宣，尚書省曰劄子。」

〔二七〕蓋　朝鮮本「蓋」上增：其意。

〔二八〕方令去　朝鮮本此下增：國。

〔二九〕或云徹幕乃瞑目字　「瞑」原作「瞋」，據朝鮮本、萬曆本改。

〔三〇〕歐詩　朝鮮本此下增小字「尚須訂正」。

〔三一〕儒用　朝鮮本作：淳。

〔三二〕問　朝鮮本作：淳問。

〔三三〕淳　「淳」原作「同」，據朝鮮本並依本書文例改。

〔三四〕有　朝鮮本此下增：所。

〔三五〕法　朝鮮本此下增：令。

〔三六〕某在漳州曾編得户婚兩門法　「婚」，萬曆本作「緍」。

〔三七〕趙仲約知高郵軍　「趙」原作「晁」，據萬曆本改。

〔三八〕況其大者　朝鮮本此則末尾增小字：辛。

〔三九〕仲欽　朝鮮本此下增小字：名瓌。

朱子語類卷第一百二十九

本朝三

自國初至熙寧人物〔一〕

因論唐初國初人才云：「國初人材，是五代時已生得了。」德明。

「太宗朝一時人多尚文中子，蓋見朝廷事不振，而文中子之書頗説治道故也，然不得其要。范文正公雖有欲爲之志，然也粗，不精密，失照管處多。」卓。僩録略。

「國初人便已崇禮義，尊經術，欲復〔二〕二帝三代，已自勝如唐人，但説未透在。直至二程出，此理始説得透。」因看种明逸集。方子。

問〔三〕本朝宰相孰優。曰：「各有所長。」力行。

趙幾道云：「本朝宰相，但一味度量而已。」曰：「『寬裕温柔，足以有容』固好，又須『發强剛毅，足以有執』則得。」大雅。

「宰相薦張齊賢，曾受一曹司甚恩，忘了。齊賢後以兄事之。舉此一事，齊賢可知矣。」先生曰：「祖宗時人樸實如此，今好薦章如此，乃是一言章也。」揚。

「李文靖只做得如此，若有學，便可做三代事。真宗晚年豈有如此等事？」揚。

「談苑説李文靖没口匏事，極好，可謂鎮浮。然與不興利事，皆落一偏。胡不廣求有道賢德，興起至治也？」方。

「李文靖重厚沉默，嘗寓京師，亦少出入。一日，忽有一轎至，下轎，乃一蓋頭婦人，不見其面，然儀度甚美。入文靖房，久而出。衆訝之，以爲文靖如此，却引得這般人來，遂問之。文靖亦只依違應之曰：『亦言某前程之類，何足信！』深詰之，文靖曰：『諸公曾見其面乎？一面都是目。』」許文靖爲相。揚。

問〔四〕：「本朝如王沂公，人品甚高，晚年乃求復相，何也？」曰：「便是前輩都不以此事爲非，所以至范文正方厲廉耻，振作士氣。」曰〔五〕：「如寇萊公，也因天書欲復相。」曰：「固是。」植。

問〔六〕：「王沂公云：『恩欲己出，怨使誰當？』似此不可爲通法否？」曰：「它只説不欲牢籠人才，説使必出自我門下。它亦未嘗不薦人才。」相〔七〕。

問〔八〕：「先生前日曾論本朝惟范文正公振作士大夫之功爲多，不知使范公處韓公受顧命之時，處事亦能如韓公否？」曰：「看范公才氣，亦須做得。」又曰：「祖宗以來，名相如李文靖、王文正諸公，只恁地善，亦不得。至范文正時，便大厲名節，振作士氣，故振作士大夫之功爲多。」問：「范文正作百官圖以獻，其意如何？」曰：「它只説如此遷轉即是公，如此遷轉即是私。呂許公當國，有無故躐等用人處，故范公進此圖於仁宗。」因舉詩云：「『誨爾序爵。』人主此事亦不可不知，假如有人已做侍御史，宰相驟擢作侍從，雖官品高，然侍御史却緊要。爲人主者，便須知把他擢作侍從，如何不把做諫議大夫之類。」植。

「近得周益公書，論呂、范解仇事，曰：『初范公在朝，大臣多忌之。及爲開封府，又爲百官圖以獻。因指其遷進遲速次序曰：某爲超遷，某爲左遷，如是而爲公，如是而爲私，意頗在呂相〔九〕，呂不樂，由是落職出知饒州。未幾，呂亦罷相，後呂公再入，元昊方犯邊，乃以公經略西事，公亦樂爲之用。嘗奏記呂公云：「相公有汾陽之心之德，仲淹無臨淮之才之力。」後歐陽公爲范公神道碑，有「懽然相得，戮力平賊」之語，正謂是也。』公之子堯夫乃以爲不然，遂刊去此語，前書今集中亦不載〔一〇〕，疑亦堯夫所删。他如叢談所記，説得更乖。某謂呂公方寸隱微，雖未可測，然其補過之功使天下實被其賜，則有不可得而掩者。

范公平日胸襟豁達，毅然以天下國家爲己任。既爲吕公而出，豈復更有匿怨之意？況公嘗自謂平生無怨惡於一人，此言尤可驗。忠宣固是賢者，然其規模廣狹與乃翁不能無間。意謂前日既排申公，今日若與之解仇，前後似不相應，故諱言之。却不知乃翁心事，政不如此。歐陽公聞其刊去碑中數語，甚不樂也。」問：「後來正獻〔一一〕亦及識范公否？」曰：「正獻通判潁州時，歐陽公爲守。范公知青州，過潁，謁之。因語正獻曰：『太博近朱者赤，歐陽永叔在此，宜頻近筆硯。』異時同薦三人，則王荆公、司馬温公及正獻公也。其知人如此。」又曰：「吕公所引，如張方平、王拱辰、李淑之徒多非端士，終是不樂范公。張安道過失更多〔一二〕，但以東坡父子懷其汲引之恩，文字中十分説他好，今人又好看蘇文，所以例皆稱之。介甫文字中有説他不好處，人既不看，看又不信。」儒用。

「吕申公斥逐范文正諸人，至晚年復收用之，范公亦竭盡底藴而爲之用，這見文正高處。忠宣辨歐公銘志事，這便是不及文正。」道夫。

「范文正，傑出之才。」

「某嘗謂：天生人才，自足得用，豈可厚誣天下以無人？自是用不到耳。且如一個范文正公，自做秀才時便以天下爲己任，無一事不理會過。一旦仁宗大用之，便做出許多事業。今則所謂負剛大之氣者，且先一筆勾斷。稱停到第四五等人，氣宇厭厭，布列臺諫，如何得事成？故某向謂：姓名未出，而内外已知其非天下第一流矣！」道夫。

「范文正公嘗云：『浙人輕佻易動，切宜戒之！』」子蒙。

「某嘗説吕夷簡最是個無能底人，今人却説他有相業，會處置事，不知何者爲相業？何者善處置？爲相正要以進退人才爲先，使四夷聞知，知所聳畏。方其爲相，其才德之大者，如范文正諸公既不用，下而豪俊跅弛之士，如石曼卿諸人，亦不能用。其所引援，皆是半間不界無狀之人，弄得天下之事日入於昏亂。及一旦不奈元昊何，遂盡挨與范文正公。若非范文正公，則西方之事決定弄得郎當，無如之何矣。今人以他爲有相業，深所未曉。」子蒙。

因言仁宗朝講書楊安國之徒，一時聚得幾個樸純無能之人，可笑。先生曰：「此事緣范文正招引一時才俊之士，聚在館閣。如蘇子美、梅聖俞之徒〔一三〕，此輩雖有才望，雖皆是君子黨，然輕儇戲謔，又多分流品。一時許公爲相，張安道爲御史中丞，王拱辰之徒皆深惡之，求去之未有策。而蘇子美又杜祁公婿，杜是時爲相，蘇爲館職，兼進奏院。每歲院中賽神，例賣故紙錢爲飲燕之費。蘇承例賣故紙，因出己錢添助爲會，請館閣中諸名勝，而分別流品，非其侣者皆不得與。會李定願與，而蘇不肯，於是盡招兩軍女妓作樂爛飲，作爲傲歌。王勝之名直柔。句云『欹倒太極遺帝扶，周公孔子驅爲奴』。這一隊專探伺他敗闕，才聞此句，拱辰即以白上。仁宗大怒，即令中官捕捉，諸公皆已散走逃匿。而上怒甚，捕捉甚峻，城中喧然。於是韓魏公言於上曰：『陛下即位以來，未嘗爲此等事。一旦遽如此，驚駭物聽。』仁宗怒少解，而館閣之士罷逐一空，故時有『一網打盡』之語。杜公亦罷相，子美除名爲民，永不叙復。子美居湖州，有詩曰『不及雞竿下坐人』，言不得比罪人引赦免放也。雖是拱辰、安道輩攻之甚急，然亦只這幾個輕薄做得不是。縱有時名，然所爲如此，終亦何補於天下國家邪？仁宗於是懲才士輕薄之弊，這幾個承意旨，盡援引純樸持重之人以愚仁宗。凡解經，不過釋訓詁而已，如楊安國、彭乘之徒是也。是時張安道爲御史中丞〔一四〕，助呂公以攻范。」卓。

「陳執中俗吏，然執法，仁廟謂惟此人不瞞人，近世葉顒近似之。」揚。

德粹以明州士人所寄書納先生，因請問其書中所言。先生曰：「渠言『漢之名節，魏晉之曠蕩，隋唐之辭章，皆懲其弊爲之。』不然，此只是正理不明，相衮將去，遂成風俗。後漢名節，至於末年，有貴己賤人之弊。如皇甫規，鄉人見之，却問『卿前在鴈門，食鴈美乎？』舉此可見。積此不已，其勢必至於虛浮入老、莊。相衮到齊、梁間，又不復如此，只是作一般艷辭，君臣賡歌褻瀆之語，不以爲怪。隋之辭章乃起於煬帝，進士科至不成科目，故遂衮纏至唐，及本朝然後此理復明。正如人有病，今日一病，明日變一病，不成要將此病變作彼病。」某問：「已前皆衮纏成風俗。本朝道學之盛，豈是衮纏？」先生曰：「亦有其漸。自范文正以來，已有好議論，如山東有孫明復，徂徠有石守道，湖州有胡安定，到後來遂有周子、程子、張子出。故程子平生不敢忘此數公，依舊尊他。若如楊、劉之徒作四六駢儷之文，又非此比。然數人者皆天資高，知尊王黜霸，明義去利。但只是如此便了，於理未見，故不得中。」某問：「安定學甚盛，何故無傳？」曰：「當時所講止此，只些門人受去做官，死後便已。嘗言劉彝善治水，後來果然。彝有一部詩，遇水處便廣說。」璘録云：「劉彝治水，所至興水利。劉有一部詩解，處處作水利說，好笑。熟處難忘。」某又問：「以前說後漢之風皆以爲起於嚴子陵，近來說又別。」曰：「前漢末，極有名節人。光武起，極崇儒重道，尊經術，後世以爲法。如見樊英築壇場，猶待神明。嚴子陵直分明是隱士，渠高氣遠邁，直是不屈。又論其不矯激，呂伯恭作祠堂記，却云它中和。嘗問之：『嚴子陵何須如此說？使它有知，聞之豈不發一笑？』」因說：「前輩如李泰伯門議論，只說貴王賤伯，張大其說，欲以劫人之聽，却是矯激，然猶有以使人奮起。今日須要作中和，將來只便委靡了。如范文正公作子陵祠堂記云：『先生之心，出乎日月之上；光武之器，包乎天地之外。微先生，不能成光武之大；微光武，豈能遂先生之高。』胡文定父子極喜此語。大抵前輩議論粗而大，今日議論細而小，不可不理會。」某問：「此風俗如何可變？」曰：「如何可變，只且自立。」可學。

「論安定規模雖少疏，然却廣大著實。如孫明復春秋雖過當，然占得氣象好。如陳古靈文字尤好，嘗過台州，見一豐碑，說孔子之道，甚佳。此亦是時世漸好，故此等人出，有『魯一變』氣象，其後遂有二先生。若當時稍加信重，把二先生義理繼之，則可以一變，而乃爲王氏所壞。」問：「當時如此積漸將成，而壞於王氏，莫亦是有氣數？」曰：「然。」可學。

因言兼山、艾軒二氏中庸，曰：「程子未出時，如胡安定、石守道、孫明復諸人說，話雖粗疏，未盡精妙，却儘平正，更如古靈先生文字都好。」道夫云：「只如諭俗一文，極爲平正簡易。」曰：「許多事都說盡，也見他一個胸襟盡包得許多。」又曰：「大抵事亦自有時。如程子未出，而諸公已自如此平正。」道夫。

「本朝孫、石輩忽然出來，發明一個平正底道理自好，前代亦無此等人。如韓退之已自五分來，只是說文章。若非後來關、洛諸公出來，孫、石便是第一等人。孫較弱，石健甚，硬做。」

問〔一五〕：「孫明復如何恁地惡胡安定？」曰：「安定較和易，明復却剛勁。」或曰：「孫泰山也是大故剛介。」曰：「明復未得爲介，石守道却可謂剛介。」義剛。

「石守道只是粗，若其名利嗜欲之類，直是打疊得伶俐，兹所以不動心也。」揚。

「嘉祐前輩如此厚重。胡安定於義理不分明，然是其氣象。」揚。

問：「安定平日所講論，今有傳否？」曰：「並無。薛士龍在湖州，嘗以書問之。回書云：並無。如當初取湖州學法以爲太學法，今此法無。今日法乃蔡京之法。」又云：「祖宗以來，學者但守注疏，其後便論道，如二蘇直是要論道，但注疏如何棄得？」可學。

「安定、太山、徂徠、廬陵諸公以來，皆無今日之術數。老蘇有九分來許罪。」揚。

「安定胡先生只據他所知，説得義理平正明白，無一些玄妙。近有一輩人，别説一般惹邪底禪説話。禪亦不是如此，只是不曾見那禪師，便是被他笑。」揚録云：「徐子儀之徒。」

因論李泰伯，曰：「當時國家治，時節好，所論皆勁正如此。曾南豐携歐公書往餘杭見范文正，文正云：『歐九得書，令將錢與公。今已椿得甚處錢留公矣。亦欲少款，適聞李先生來，欲出郊迓之』云云。」

閩宰方叔珪永嘉人。以書來，稱本朝人物甚盛，而功業不及於漢、唐，只緣是要去小人。先生曰：「是何等議論！小人如何不去得？自是不可〔一六〕合之物。『一薰一蕕，十年尚猶有臭。』觀仁宗用韓、范、富諸公是甚次第，只爲小人所害。及韓、富再當國，前日事都忘了。富公一向畏事，只是要看經念佛，緣是小人在傍故耳。若謂小人不可去，則舜當時去『四凶』是錯了。」可學問：「方君意謂不與小人競則身安，可以做事。」曰：「不去小人，如何身得安？」劉晦伯云：「有人説泰卦『内君子，外小人』，爲君子在内，小人在外。小人道消，乃是變爲君子。」曰：「亦有此理。聖人亦有容小人處，又是一截事。且當看正當處，使小人變爲君子固好，只是不能得如此。」可學云：「小人譖君子，須加以朋黨叛逆。」曰：「如此，則一網可打盡。雖是如此，然君子亦不可過當。如元祐諸公行蔡新州事，却不是。渠固有罪，然以作詩行重責，大不可。然當元祐時，只行遣渠一人，至紹聖則禍甚酷。以此觀君子之於小人，未能及其毫毛，而小人之於君子，其禍常大，安可不去！」可學。

「韓、富初來時，要拆洗做過，做不得，出去。及再來，亦只隨時了。遇聖明如此，猶做不得。」揚。

「富鄭公與韓魏公議不合，富恨之，至不弔魏公喪。富公守某州，魯直爲尉，久不之任，在路遷延。富有所聞，大怒，及到，遂不與交割。後幕幹勸之，方肯。及魯直在史館修韓魏公傳，使人問富曾弔韓喪否。知其不曾，遂以此事送下案中〔一七〕，遂成案底。後人雖欲修去此事，而有案底，竟不可去。魯直也可謂乖。但魏公年年却使人去鄭公家上壽，恁地便是富不如韓較寬大。」義剛。

「韓魏公、富鄭公皆言新法不便。韓公更能論列，上面不從他，也委曲作個道理着行他底。如富公更不行，自用他那法度，後來遂被人言。雖如此，畢竟喚做是，不得。今事有不便，但當如韓公論列。若不從，也須做道理減省了行他底。大不可行，則有去而已。如富公直截自用己意，則不可也。」端蒙。

「歐公章疏言地震，山石崩入于海。某謂正是『羸豕孚蹢躅』之義。當極治時，已自栽培得這般物在這裏了，故直至如今。」道夫。

先生因泛言交際之道，云：「先人曾有雜録册子，記李仲和之祖見居三衢。同包孝肅同讀書一僧舍，每出入，必經由一富人門，二公未嘗往見之。一日，富人俟其過門，邀之坐。二公託以他事，不入。他日復招飯，意廑甚。李欲往，包公正色與語曰：『彼富人也，吾徒異日或守鄉郡，今妄與之交，豈不爲他日累乎？』竟不往。後十年，二公果相繼典鄉郡。」先生因嗟嘆前輩立己接人之嚴蓋如此，方二公爲布衣，所志已如此。此古人所謂言行必「稽其所終，慮其所敝」也。或言：「近有爲鄉邑者，泛接部内士民，如布衣交，甚至狎溺無所不至。後來遇事入手，處之頗有掣肘處。」曰：「爲邑之長，此等處當有限節。若脱略繩墨，其末流之弊，必至於此。包、李之事，可爲法也。」時舉。

「張乖崖云：『陽是人有罪，而未書案，尚變得；陰是已書案，更變不得。』此人曾見希夷來，言亦似太極圖。」節。

「趙叔平樂易厚善人也，平生做工夫，欲驗心善惡之多少，以一器盛黑豆，一器盛白豆，中間置一虚器。才一善念動，則取白豆投其中；惡念動，則取黑豆投其中。至夜，則倒虚器中之豆，觀其黑白，以驗善惡之多少。初間黑多而白少，久之漸一般，又久之則白多而黑少，又久則和豆也無了，便是心純一於善矣。」或曰：「恐無此理。」曰：「前輩有一種工夫如此。若能持敬，則不消如此心煩，自然當下便復於善矣。」

「陳烈字季慈。行甚高，然古怪太甚。使其知義理之正，是如何樣有力量。惜其只一向從一邊去，辭官表甚古，横渠嘗稱之。温公薨，陳上表慰國家，張文潛集中有代范忠宣答其表書。」

「陳烈辭官表，上謂似尚書之文。陳好行古禮，其妻厭之而求去，人遂誣陳惡其妻醜而出之。」揚。

「陳烈初年讀書不理會得，又不記。因讀孟子『求放心』一段，遂謝絶人事，靜坐室中。數月後，看文字記性加數倍，又聰明。」揚。

「阮逸撰玄經、關朗易、李靖問對〔一八〕，見後山談叢。」㽦。

「崔正言奏議亦好。」又問：「曾看劉質夫春秋、謝顯道、胡明仲集否？」㽦。

校勘記

〔一〕自國初至熙寧人物　「熙寧人物」，朝鮮本作「慶曆用人」。

〔二〕復　朝鮮本作：得爲。

〔三〕問　朝鮮本作：力行問。

〔四〕問　朝鮮本作：植問。

〔五〕曰　朝鮮本作：植又説。

〔六〕問　朝鮮本作：植又問。

〔七〕相　朝鮮本作：植。據上下文意，此處當從朝鮮本。

〔八〕問　朝鮮本作：植問。下同。

〔九〕吕相　朝鮮本作：丞相吕公。大申公也。

〔一〇〕前書今集中亦不載　朝鮮本作：前書今亦不載集中。

〔一一〕正獻　朝鮮本此下增「小申」二字。

〔一二〕張安道過失更多　「多」原作「名」，據朝鮮本改。

〔一三〕如蘇子美梅聖俞之徒　「如」原作「知」，據朝鮮本改。

〔一四〕御史中丞　朝鮮本作：御史大夫。

〔一五〕問　朝鮮本作：義剛問。

〔一六〕不可　朝鮮本此下增：和。

〔一七〕遂以此事送下案中　「下」原作「不」，據朝鮮本、萬曆本改。

〔一八〕阮逸撰玄經關朗易李靖問對　「朗」原作「郎」，據萬曆本改，又宋史及本書卷一三九正作「朗」。

朱子語類卷第一百三十

本朝四

自熙寧至靖康用人

問荆公得君之故。曰：「神宗聰明絶人，與羣臣説話，往往領略不去，才與介甫説，便有『於吾言無所不説』底意思，所以君臣相得甚懽。向見何萬一之少年時所著數論，其間有説云，本朝自李文靖公、王文正公當國以來，廟論主於安静，凡有建明，便以生事歸之，馴至後來天下弊事極多。此説甚好。且如仁宗朝是甚次第時節，國勢却如此緩弱，事多不理。英宗即位，已自有性氣要改作，但以聖躬多病，不久晏駕，所以當時謚之曰『英』。神宗繼之，性氣越緊，尤欲更新之。便是天下事難得恰好，却又撞着介甫出來承當，所以作壞得如此。」又曰：「介甫變法，固有以召亂。後來又却不別去整理，一向放倒〔一〕，亦無緣治安。」儒用。以下荊公。

論王荊公遇神宗，可謂千載一時，惜乎渠學術不是，後來直壞到恁地〔二〕。問：「荊公初起便挾術數爲後來如此？」曰：「渠初來只是要做事，到後面爲人所攻，便無去就。不觀荊公日錄，無以知其本末。它直是强辯，邈視一世，如文潞公更不敢出一語。」問：「温公所作如何？」曰：「渠亦只見荊公不是，便倒一邊。如東坡當初議論亦要變法，後來皆改了。」又問：「神宗元豐之政又却不要荊公。」曰：「神宗盡得荊公許多伎倆，更何用他？到元豐間，事皆自做，只是用一等庸人備左右趨承耳。」又問：「明道、横渠初見時，皆許以峻用，後來乃如此，莫是荊公説已行故然？」曰：「正如吾友適説徐子宜上殿極蒙褒獎，然事却不行。」曰：「設使横渠、明道用於當時，神宗盡得其學，他日還自做否？」曰：「不然。使二先生得君，却自君心上爲之，正要大家商量，以此爲根本。君心既正，他日雖欲自爲，亦不可。」又云：「富韓公召來，只是要去，語人云『入見上，坐亦不定，豈能做事？』」某云：「韓公當仁廟再用時，與韓魏公在政府十餘年，皆無所建明，不復如舊時。」曰：「此〔三〕事看得極好，當記取。」又問：「使范文正公當此，定不肯回。」曰：「文正却不肯回，須更精密似前日。」可學。

「荆公初作江東提刑，回來奏事，上萬言書，其間一節云：『今之小官俸薄，不足以養廉，必當有以益之。然當今財用匱乏，而復爲此論，人必以爲不可行。然天下之財未嘗不足，特不知生財之道，無善理財之人，故常患其不足。』神宗甚善其言。後來纔作參政，第二日便專措置理財，徧置回易庫以籠天下之利，謂周禮泉府之職正是如此。却不知周公之制只爲天下之貨有不售，則商旅留滯而不能行，故以官錢買之，使後來有欲買者，官中却給與之，初未嘗以此求利息也。」時舉云：「『凡國之財用取具焉』，則是國家有大費用皆給於此，豈得謂之不取利邪？朝廷財用，但可支常費耳。設有變故之來，定無可以應之。」曰：「國家百年承平，其實規模未立，特幸其無事耳。若有大變，豈能支邪？神宗一日聞回易庫零細賣甚果子之類，因云『此非朝廷之體』，荆公乃曰：『國家創置有司，正欲領其繁細。若回易庫中，雖一文之物亦當不憚出納，乃有司之職，非人君所當問。若人君問及此，則乃爲繁碎而失體也。』其説甚高，故神宗信之。」時舉。

「新法之行，諸公實共謀之，雖明道先生不以爲不是，蓋那時也是合變時節。但後來人情洶洶，明道始勸之以不可做逆人情底事。及王氏排衆議行之甚力，而諸公始退散。」道夫問：「新法之行，雖塗人皆知其有害，何故明道不以爲非？」曰：「自是王氏行得來有害。若使明道爲之，必不至恁地狼狽。」問：「若專用韓、富，則事體如何？」曰：「二公也只守舊。」「專用温公如何？」曰：「他又别是一格。」又問：「若是二程出來擔負，莫須别否？」曰：「若如明道，十事須還他全别，方得。只看他當時薦章，謂其『志節慷慨』云云，則明道豈是循常蹈故塊然自守底人？」道夫。

「吕氏家傳載荆公當時與申公極相好，新法亦皆商量來，故行新法時，甚望申公相助。又用明道作條例司，皆是望諸賢之助，是時想見其意好。後來盡背了初意，所以諸賢盡不從。明道行狀不載條例司事，此却好分明載其始末。」

神宗嘗問明道云：「王安石是聖人否？」明道曰：「『公孫碩膚，赤舄几几』，聖人氣象如此。王安石一身尚不能治，何聖人爲？」先生曰：「此言最説得荆公著。」

「荆公德行，學則非。」若海。

先生論荆公之學所以差者，以其見道理不透徹。因云：「洞視千古，無有見道理不透徹而所説所行不差者。但無力量做得來，半上落下底，則其膚淺。如庸醫不識病，只胡亂下那没緊要底藥，便不至於殺人。若荆公輩，他硬見從那一邊去，則如不識病證，而便下大黄、附子底藥，便至於殺人。」燾。

劉叔通言：「王介甫其心本欲救民，後來弄壞者，乃過誤致然。」曰：「不然。正如醫者治病，其心豈不欲活人？却將砒霜與人喫，及病者死，却云我心本欲救其病，死非我之罪，可乎？介甫之心固欲救人，然其術足以殺人，豈可謂非其罪？」僩。

因語荆公，陸子靜云：「他當時不合於法度上理會。」語之云：「法度如何不理會？只是他所理會非三代法度耳。」居甫問：「荆公節儉恬退，素行亦好。」曰：「他當時作此事已不合中，如孔子於飲食衣服之間亦豈務滅裂？它當初便只苟簡，要似一苦行然。」某問：「明道『共改』之説亦是權？」曰：「是權。若從所説，縱未十分好，亦不至如它日之甚。」問：「章子厚説温公以母改子，不是。此説却好。」曰：「當時亦是温公見得事急，且把做題目。」問：「温公當路，却亦如荆公，不通商量。」曰：「温公亦只是見得前日不是，己又已病，急欲救世耳。哲宗於宣仁有憾，故子厚輩得入其説。如親政次日，即召中官。范淳夫疏，拳拳君臣之間，只説到此，向上去不得，其如之何？」問：「宣仁不還政，如何？」曰：「王彦霖繫年録一段可見。嘗對宣仁論君子小人，彦霖云：『太皇於宫中須説與皇帝。』曰：『亦屢説，孫兒都未理會得。』觀此一節，想是以未可分付，故不放下。宣仁性極剛烈。蔡新州之事行遣極重。」曰：「當時若不得范忠宣救，殺了他，他日諸公禍又重。」曰：「賴有此耳。」又問：「韓師朴、曾子宣建中事如何？」曰：「渠二人却要和會。子宣日録極見渠心迹。當時商量云，左除却軾、轍，右除却京、卞，此意亦好。後來元祐人漸多，頗攻其短，子宣却反悔，師朴無如之何。」又問：「蔡京之來，乃師朴所引，欲以傾子宣。」曰：「京入朝，師朴遺子迎之十里，子宣却遣子迎之二十里。京既入，和二人皆打出。」可學。或録云：「韓師朴是個鶻突底人，薦蔡京，欲使之排曾子宣云云。」

「汪聖錫嘗問某云：『了翁攻日録，其說是否？』應之曰：『不是。』曰：『如何不是？』曰：『若言荊公學術之繆，見識之差，誤神廟委任，則可。壯祖録云〔四〕：「若言荊公學術不正，負神廟委任之意，是非謬亂，爲神廟聖學之害則可。」却云日録是蔡卞增加〔五〕，又云荊公自增加。如此，則是彼所言皆是，但不合增加其辭以誣宗廟耳。又以其言「太祖用兵，何必有名？真宗矯誣上天」爲謗祖宗，此只是把持他，元不曾就道理上理會，如何說得他倒？』」方子〔六〕。

伯豐問四明尊堯集。曰：「只似討鬧，却不於道理上理會。蓋它止是於利害上見得，於義理全疏。如介甫心術隱微處，都不曾攻得，却只是把持。如曰『謂太祖濫殺有罪，謂真宗矯誣上天』，皆把持語也。龜山集中有攻日録數段，却好。蓋龜山長於攻王氏。然三經義辨中亦有不必辨者，却有當辨而不曾辨者。」㽦。

「王氏新經儘有好處，蓋其極平生心力，豈無見得著處？」因舉書中改古注點句數處，云：「皆如此讀得好。此等文字，某嘗欲看一過，與摭撮其好者而未暇。」賀孫。〔七〕

「三舍士人守得荊公學甚固。」銖。

「陳後山說：『人爲荊公學，喚作「轉般倉，模畫手。致無贏餘，但有虧欠」。』東坡云：『荊公之學未嘗不善，只是不合要人同己。』此皆說得未是。若荊公之學是使人人同己，俱入於是，何不可之有？今却說『未嘗不善，而不合要人同』，成何說話？若使彌望皆黍稷，都無稂莠，亦何不可？只爲荊公之學自有未是處耳。」銖。

「荊公作字說時，只在一禪寺中。禪床前置筆硯，掩一龕燈。人有書翰來者，拆封皮埋放一邊。就倒禪床睡少時，又忽然起來寫一兩字，看來都不曾眠。字本來無許多義理，他要個個如此做出來，又要照顧得前後，要相貫通。」

「介甫解佛經亦不是，解『揭帝揭帝』云：『揭其所以爲帝者而云之〔八〕。』不知此是胡語。」璘。

「唐坰林夫力疏荊公，對神宗前叱荊公。每誦其疏一段竟，又問云：『王安石是如此也無？』荊公力辨之，坰云：『在陛下前尚如此不臣！』坰初附荊公，荊公不曾收用，故後詆之。坰初欲言時，就曾魯公借錢三百千，以言荊公了，必見逐。貧，用以作裹足。曾以其作言事官，借與之。後得罪逐，曾監取其錢，而後放行。」揚。

蜚卿問荊公與坡公之學。曰：「二公之學皆不正，但東坡之德行那裏得似荊公！東坡初年若得用，未必其患不甚於荊公。但東坡後來見得荊公狼狽，所以都自改了。初年論甚生財，後來見青苗之法行得狼狽，便不言生財。初年論甚用兵，如曰『用臣之言，雖北取契丹可也』，後來見荆公用兵用得狼狽，更不復言兵。他分明有兩截底議論。」道夫。

「荆公後來所以全不用許多儒臣，也是各家都説得没理會。如東坡以前進説許多，如均户口、較賦役、教戰守、定軍制、倡勇敢之類，是煞要出來整理弊壞處。後來荆公做出，東坡又却盡底翻轉，云〔九〕也無一事可做。如揀汰軍兵，也説怕人怨，削進士恩例，也説士人失望，恁地都一齊没理會，始得。且如役法，當時只怕道衙前之役，易致破蕩。當時於此合理會，如何得會破蕩？晁以道文集有論役法處，煞好。」賀孫。

「熙寧更法，亦是勢當如此。凡荆公所變更者，初時東坡亦欲爲之。及見荆公做得紛擾狼狽，遂不復言，却去攻他。如荆公初上底書，所言皆是，至後來却做得不是。自荆公以改法致天下之亂，人遂以因循爲當然。天下之弊，所以未知所終也。」必大。

「介甫初與吕吉甫好時，常簡帖往來。其一云：『勿令上知。』後來不足，吕遂繳奏之，神宗亦胡亂藏掉了。介甫只好人奉己，故與吕合。若東坡門不順己，硬要治他，如何天生得恁地狠？」義剛。

問：「萬世之下，王臨川當作如何評品？」曰：「陸象山嘗記之矣，何待它人。」問：「莫只是學術錯否？」曰：「天姿亦有拗强處。」曰：「若學術是底，此樣天姿却更有力也。」曰：

「然。」琮。

「介甫每得新文字，窮日夜閱之。喜食羊頭鹼，家人供至，或值看文字，信手撮入口，不暇用筯，過食亦不覺，至於生患。且道將此心應事，安得會不錯？不讀書時，常入書院。有外甥懶學，怕他入書院，多方討新文字，得之，只顧看文字，不暇入書院矣。」文蔚。

因論王氏之學，而曰：「元澤幼即穎悟。嘗有人籠獐、鹿各一以遺介甫，元澤時俱未識也。或問之曰：『孰爲鹿？孰爲獐？』元澤曰：『獐邊者是鹿，鹿邊者是獐。』其後解經大抵類此。」必大。

「世上有『依本分』三字，只是無人肯行。且如蘇氏之學，却〔一〇〕成個物事。若王氏之學，都不成物事〔一一〕，人却偏要去學，這便是不依本分。近看博古圖，更不成文理，更不可理會，也是怪。其中說一『旅』字云：『王〔一二〕曰：「衆也。」』這是自古解作衆〔一三〕，他却要恁地說時，是說王氏較香得些子。這是要取奉那王氏，但恁地也取奉得來不好。」義剛。

先生取荆公奏藁進鄴侯家傳者，令人傑讀之，廣録云：「取荆公議府兵奏藁，及鄴侯與德宗議復府兵之説，令諸生誦之。曰『如今得個宰相如此，甚好』。」又讀益公跋〔一四〕。先生曰：「如益公說，則其事都不成做。」〔一五〕人傑云：「鄴侯有智略，如勸肅宗先取范陽，亦好。」曰：「此策誠善。彼勸肅宗未可取兩京者，欲以兩京縶其四將，惜乎不用也。」人傑云：「荆公保甲行於畿甸，其始同咈人情，元祐諸公盡罷之，却是壞其已成之法。」曰：「固是。近〔一六〕張元德亦有此議論寄來。」因言：「元祐諸公大略有偏處，多如此。」人傑云：「如棄地與西夏，亦未安。」曰：「當時如呂微仲，自以爲不然。蓋呂是西人〔一七〕，知其利害。其他諸公所見，恨不得納諸其懷，其意待西夏倔强時，只欲卑巽請和耳。」因言：「本朝養兵蠹國，更無人去源頭理會，只管從枝葉上去添兵添將。太祖初定天下，將諸軍分隸州郡，特寄養耳，故謂之『第幾指揮』，謂之『禁軍』，明其爲禁衛也。其將校乃衙前，今所謂『都知兵馬使』，謂之『教練』，乃其軍之將也。若都監，乃唐末監軍之遺制。鈐轄、都部署，皆國初制也。部署，即今之總管。今州鈐、路鈐、總管，皆無職事，但大閱時供職一兩日耳。潭州有八指揮，其制皆廢弛。而飛虎一軍獨盛，人皆謂辛幼安之力。以某觀之，當時何不整理親軍？自是可用。却別創一軍，又增其費。又今之江上屯駐，祖宗時亦無之。某之意，欲使更戍於州郡，可以漸汰將兵，然這話難説。又今之兩淮、荆、襄義勇皆可用，但人多不之思耳。」人傑。廣録云：「京畿保甲之法，荆公做十年方成。至元祐時，温公廢了，深可惜。蓋此是已成之事，初時人固有怨者，後來做得成，想人亦安之矣。却將來廢了，可惜！因言軍政後來因事而添者甚多，添得新者，却不理會舊時有者。祖宗只有許多禁軍散在諸州，謂之禁軍者，乃天子所用之軍，不許他役。而今添得許多御前諸軍分屯了，故諸州舊有禁軍皆不理會。又如潭州緣置飛虎一軍了，都不管那禁軍與親兵。」

「温公可謂知、仁、勇。他那活國救世處〔一八〕，是甚次第！其規模稍大，又有學問，其人嚴而正。」植。以下温公〔一九〕。

義剛曰：「温公力行處甚篤，只是見得淺。」曰：「是。」義剛〔二〇〕。

「子思所謂『誠』，包得温公所謂『不妄語』者，温公誠在子思誠裏。」閎祖。

曹兄問：「諸先生皆以爲司馬公許多年居洛，只成就得一部通鑑，及到入朝，却做得許多不好事。」曰：「道司馬公做得未善，即是；道司馬公之失，却不是。當時哲廟若有漢昭之明，便無許多事。」又曰：「不知有聖人出來，天下事如何處置？」因舉易云：「井洌不食，行惻也；求王明，受福也。」卓。

「温公忠直，而於事不甚通曉。如爭役法，七八年間直是爭此一事。他只說不合令民出錢，其實不知民自便之，此是有甚大事，却如何捨命爭？」端蒙。

「司馬温公爲諫官，與韓魏公不合。其後作祠堂記，極稱其爲人，豈非自見熙、豐之事故也？韓公真難得，廣大沉深。」可學。

「司馬公憂國之心，至垂絶猶未忘，道鄉亦然。切謂到此無可奈何，亦只得休矣。」先生曰：「全不念著，却如釋氏之忘。若二公者，又似太過。」問：「夫子曳杖負手，逍遥而歌，却不然。」曰：「夫子猶言『明王不興，天下孰能宗予』，依舊是要做他底。」德明。

「『與其得小人，不若得愚人。』温公晚年更歷之多，爲此說。」揚。

「范蜀公作温公墓誌，乃是全用東坡行狀，而後面所作銘，多記當時姦黨事。東坡令改之，蜀公因令東坡自作，因皆出蜀公名，其後却無事。若依范所作，恐不免被小人掘了。」義剛。

「涑水記聞，吕家子弟力辨，以爲非温公書。蓋其中有記吕文靖公數事，如殺郭后等。某嘗見范太史之孫某説，親收得温公手寫藁本，安得爲非温公書？某編八朝言行録，吕伯恭兄弟亦來辨。爲子孫者只得分雪，然必欲天下之人從己，則不能也。」僩。

「温公省試，作民受天地之中以生論，以生爲活。其説以爲民能受天地之中，則能活也。温公集中自有一段如此説，也説得好，却説他人以生爲生育之生者不然，拗論如此。某舊時這般文字及了齋集之類，盡用子細看過。其有論此等去處，盡拈出看。少年被病翁監看，他不許人看，要人讀。其有議論好處，被他監讀，煞喫工夫。」又云：「了翁集後面説禪，更没討頭處。病翁笑曰：『這老子後來説話如此，想是病心風。』」僩。

「正獻爲温公言佛家心法，只取其簡要，此吕氏之學也。」方。

問：「明道論元祐事，須並用熙、豐之黨〔二一〕。」曰：「明道只是欲與此數人者共變其法，且誘他入脚來做。」問：「如此却似任術？」曰：「處事亦有不能免者，但明道是至誠爲之，此數人者亦不相疑忌。然須是明道方能了此。後來元祐諸公治得此黨太峻，亦不待其服罪。温公論役法疏略，悉爲章子厚所駁，只一向罷逐，不問所論是非，却是太峻急。然當時如蔡確輩留得在朝廷，豈不害事？」德明。

「元祐諸公大綱正，只是多疏，所以後來熙、豐諸人得以反倒。」揚。

「元祐諸賢議論，大率凡事有據見定底意思，蓋矯熙、豐更張之失，而不知其墮於因循。既有個天下，兵須用練，弊須用革，事須用整頓，如何一切不爲得？」又曰：「元祐諸賢多是閉着門説道理底，後來見諸行事，如趙元鎮意思，是其源流大略可睹矣。」儒用。

熙、豐時諸人生財治獄紛起可畏，一人嘗以獄事累及吕申公。申公時爲樞密，其人帶吏直入樞府，令申公供文字之類，甚無禮。後元祐間例治此等人，申公遂以其嘗治己之故，恐人以爲私報之讎，遂特輕之，當時人以是美之。先生曰：「只是莫過行遣，至當得這般罪，合與他行遣。此處皆是病。」揚。

「元祐特立一司，名『理訴所』，令熙、豐間有所屈抑者盡來雪理，此元祐人之過也。後徽宗即位求言，人盡言之。後爲蔡京將放〔一二〕，有説熙、豐不好者，盡罪之，以鍾世美第一，蘇季明亦以此得罪。」揚。

「范淳夫純粹，精神短，雖知尊敬程子，而於講學處欠缺。如唐鑑極好，讀之亦不無憾。」道夫。

「范淳夫論治道處極善，到説義理處却有未精。」𣈶。

「范淳夫説論語較粗，要知却有分明好處。如唐鑑文章，議論最好〔二三〕。不知當時也是此道將明，如何便教諸公都恁地白直。某嘗看文字，見説得好處，便尋他來歷，便是出於好人之門。」賀孫。

「范淳夫講義做得條暢，此等正是他所長，説得出，能如此分曉。」必大〔二四〕。

「范淳夫不可曉，招李方叔教其子温輩，温者不佳。又嘗薦陳元輿自代。若道要純謹，李方叔初不純謹；若道要學術議論，元輿又不是這樣人。」德明。

「韓持國、趙清獻俱學佛。向在衢州，見清獻公家書，雖佛尋常言語奉持亦謹，居家清苦〔二五〕之甚。韓持國卧病，令家人奏樂於前，就床上輾轉稱快。以此而觀，則清獻所得多矣。」德明。

正淳問：「韓持國言『道上無克』，此説猶可。至説『道無真假』，則誤甚矣！」曰：「正緣其謂『道無真假』，所以言『無克』。若知道有真假，則知假者在所當克也。」必大。

「南豐與兄，看來是不足，觀其兄與歐公帖可見。」義剛。

「曾南豐初亦耿耿，後連典數郡，欲入而不得，故在福建亦進荔子。後得滄州，過闕，上殿劄子力爲諛説，謂本朝之盛自三代以下所無，後面略略説要戒懼等語，所謂『勸百而諷一』也。然其文極妙。」

「曾子固初與介甫極厚善，入館後，出倅會稽令。集中有詩云：『知者尚復然，悠悠誰可語』，必是曾諫介甫來，介甫不樂，故其當國不曾引用。後介甫罷相，子固方召入，又却專一進諛辭，歸美神宗更新法度，得個中書舍人。丁艱而歸，不久遂亡，不知更活幾年，又做如何合殺？子宣在後，一向做出疏脱。初子宣有意調停，不主元祐，亦不主元豐，遂有建中靖國年號，如豐相之、陳瑩中、鄒志完輩皆其所引。却又被諸公時攻其短，子宣不堪，有斥之使去國者。其弟子開有書與子宣云：『某人者皆時名流，今置閑處。』蓋爲是也。後韓忠彦欲擠子宣，遂引蔡京入來。子宣知之，反欲通殷勤於京。忠彦方遣其子迓京，則子宣之子已將父命迎之於二十里外矣。先時子宣攻京甚力，至是遂不復誰何。凡京有所論奏，不曰『京之言是』，則曰『京之言善』，又不自知其疏脱，載〔二六〕之日録。」儒用〔二七〕。

問：「劉元城不知培植君子之黨，才一小事，便一向搏擊，以致君子盡去而小人用矣。此其過否？」曰：「過不在此，是他見識有病。『不知言，無以知人也』，是他不知言。且如説伊川，他只見得祖宗有典故，才有不合，便道不是。渠不知輔導少主之理當如此，故伊川一向被他論列，是他見識只如此。又如蔡新州事，被他當時自謂有定策功，宣仁亦甚惡之，謂須與他痛治，恐後來皇帝被人惑，治他不得。元城亦欲因其詩以治之。當時執政、侍從、臺諫有不欲治蔡者，一切逐去。蓋以詩治人自不正，因此以治彼罪，又不是。詩胡説，何足道？定策謀，他又不説了。又無緣治得他，都不消問了。其本原只在開導人主心術，使人主知不賞私恩，不罰私怨之理，則蔡何足慮！元城亦不是私意，只是言不當如此，却不知以詩治人不當，又欲絶其定策姦謀。如此治之，豈不使人主益疑？後蔡死，其家果訴冤，謂蔡有定策功。諸人忌之，遂起大禍。後治元祐諸公，皆爲蔡報怨也。温公治時，必不如此。」揚。

問：「黄履、邢恕少居大學，邢固俊拔，黄亦謹厚力學，後來二人却如此狼狽。」曰：「它固會讀書，只是自做人不好。然黄却是個白直底人，只是昏愚無見識，又愛官職，故爲邢所誘壞。邢則有意於爲惡，又濟之以才，故罪過多。」僩〔二八〕。

「邢恕本不定疊，知隨州時，温公猶未絶之，與通書。只是明道、康節看得好。康節詩云『慎勿輕爲西晉風』，明道語見上蔡録中『便不得不説』處。開封劊子事，只是後來撰出，當時無此事，辨誣中有『妄謂』二字。」德明。

問：「邢恕少年見諸公時，亦似好。」先生曰：「自來便尖利出頭，不確實，到處裏去入作章惇用。林希作御史，希擊伊川，只俟邢救，便擊之。恕言於哲宗：『臣於程某嘗事之以師友，今便以程某斬作千段，臣亦不救。』當時治恕者，皆尋得明道行狀後所載說，即本此治之。恕過惡如此，皆不問。只在這一邊者，有豪髮必治之。」揚。

「邢恕令王直方父爲高忘其名。做一脱宣仁欲廢哲宗事由文字，令高上之，人初不知之。直方臨死，以文字籠分人，籠中有其文字在，其說謂宣仁欲立其所生神宗弟。徐度侍郎云：『便是立神宗弟，亦無不是。』」揚。

「蘇子容薦李清臣，清臣一對，便說繼述事，蘇聞之駭然。出，蘇語李曰：『邦直將作好官。』」振。

因論高甲人及葉祖洽〔二九〕，曰：「此人本無才能，但時方尊尚介甫之學，祖洽多用其說，且因而推尊之，故作第一人。按編年，上好讀孟子，人未之知。時廷試進士，始用策，葉祖洽鄉人黄履在禁從，因以告之。祖洽試策皆援引孟子，故稱旨，擢爲第一。然其人品凡下，又不敢望新進用事之人，提拔不起，當時不甚擢用。元祐固是無緣用他，及至紹聖間，復行『紹述』之說，依舊在閑處，無〔三〇〕聊之甚，遂自詭以爲熙、豐舊人，知熙、豐事爲詳。又謂：『趙挺之亦熙、豐舊人，嘗薦臣。今蒙擢在言路，乞召問之。』士大夫貪得患失，固無所不至，然未有若祖洽之甚者。」或謂：「此等人亦緣科第高，要做官職，牽引得如此。」曰：「只是自家無志。若是有志底，自然牽引它不得。蓋他氣力大，如大魚相似，看是甚網都迸裂出去。才被這些子引動，便是元無氣力底人，如張子韶、汪聖錫、王龜齡一樣底人，如何牽得他。」儒用。

莊仲問：「本朝名公，有説得好者，於行上全不相應，是如何？」曰：「有一等人能談仁義之道，做事處却乖。此與鬼念大悲呪一般，更無奈何他處。」又曰：「只是知得不明之故。筆談言士人門做文字，問即不會，用則不錯者，皆是也。豈可便以言取人？然亦不可以人廢言。説得好處，須還他好始得。如孟子取陽虎之言，但其用意别耳。」友仁。

「學中策問，蘇、程之學，二家當時自相排斥，蘇氏以程氏爲姦，程氏以蘇氏爲縱横。以某觀之，只有荆公修仁宗實録言老蘇之書大抵皆縱横者流，程子未嘗言也。如遺書『賢良』一段，繼之以『得志、不得志』之説，却恐是説他。坡公在黄州猖狂放恣，『不得志』之説恐指此而言。」道夫問：「坡公苦與伊洛相排，不知何故？」曰：「他好放肆，見端人正士以禮自持〔三一〕。却恐他來檢點，故恁詆訾。」道夫曰：「坡公氣節有餘，然過處亦自此來。」曰：「固是。」又云：「老蘇辨姦，初間只是私意如此，後來荆公做不着，遂中他説。然荆公氣習自是一個要遺形骸、離世俗底模樣，喫物不知飢飽。嘗記一書，載公於飲食絶無所嗜，惟近者必盡。左右疑其爲好也，明日易以他物，而置此品於遠，則不食矣，往往於食未嘗知味也。至如食釣餌，當時以爲詐，其實自不知了。近世吕伯恭亦然，面垢身汙，似所不卹，飲食亦不知多寡。要之，即此便是放心。辨姦以此等爲姦，恐不然也。老蘇之出，當時甚敬崇之，惟荆公不以爲然，故其父子皆切齒之。然老蘇詩云『老態盡從愁裏過，壯心偏傍醉中來』，如此無所守，豈不爲他荆公所笑？如上韓公書求官職，如此所爲，又豈不爲他荆公所薄？至如坡公著述，當時使得盡行所學，則事亦未可知。從其遊者，皆一時輕薄輩，無少行檢，就中如秦少游，則其最也。諸公見他説得去，更不契勘。當時若使盡聚朝廷之上，則天下何由得平！更是坡公首爲無稽，游從者從而和之，豈不害事？但其用之不久，故他許多敗壞之事未出。兼是後來羣小用事，又費力似他，故覺得他個好。」道夫。以下三蘇及門人。

或問：「東坡若與明道同朝，能順從否？」曰：「這也未見得。明道終是和粹，不甚嚴厲。東坡稱濂溪，只是在他前，不與同時同事。」因説：「當時諸公之爭，看當時如此，不當論相容與不相容。只看是因甚麽不同，各家所爭是爭個甚麽。東坡與荆公固是爭新法。東坡與伊川是爭個甚麽？只看這處，曲直自顯然可見，何用別商量？只看東坡所説云『幾時得與他打破這「敬」字』，看這説話，只要奮手捋臂，放意肆志，無所不爲便是。只看這處，是非曲直自易見。論來若説爭，只爭個是非。若是，雖斬首穴胸，亦有所不顧；若不是，雖日食萬錢，日遷九官，亦只是不是。看來別無道理，只有個是非。若不理會得是非分明，便不成人。若見得是非，方做得人。這個是處，便是人立脚底地盤。向前去，雖然更有裏面子細處，要知大原頭只在這裏。且要理會這個教明白，始得。這個是處，便即是道，便是所謂『天命之謂性，率性之謂道』。萬物萬事之所以流行，只是這個。做得是，便合道理；纔不是，便不合道理。所謂學問，也只在這裏。所以大學要先格物致知。一件物事，固當十分好；若有七分好，三分不好〔三二〕，也要分明。這個道理，直是要分明，細入於豪髮，更無些子夾雜。」又云：「東坡如此做人，到少間便都排廢了許多端人正士，却一齊引許多不律底人來。如秦、黄雖是向上，也只是不律。因舉魯直飲食帖。東坡雖然疏闊，却無毒。子由不做聲，却險。少游文字煞弱，都不及衆人，得與諸蘇並稱，是如何？子由初上書，煞有變法意。只當是時非獨荆公要如此，諸賢都有變更意。」賀孫。

問：「二蘇之學得於佛、老，於這邊道理，元無見處，所以其說多走作。」曰：「看來只是不會子細讀書。它見佛家之說直截簡易，驚動人耳目，所以都被引去。聖人之書，非細心研究不足以見之。某數日來，因閑思聖人所以說個『格物』字，工夫盡在這裏。今人都是無這工夫，所以見識皆低。然格物亦多般，有只格得一兩分而休者，有格得三四分而休者，有格得四五分、五六分者。格到五六分者已爲難得。今人元不曾格物，所以見識極卑，都被他引將去。二蘇所以主張個『一』與『中』者，只是要恁含糊不分別，所以横說豎說，善作惡作，都不害道理也。然當時人又未有能如它之說者，所以都被他說動了。故某嘗說，今人容易爲異説引去者，只是見識低，只要鶻突包藏，不敢説破。纔説破，便露脚手。所以都將『一』與『中』蓋了，則無面目，無方所，人不得而非之。」僩。

「二蘇呼喚得名字都不是了。」振。

「兩蘇既自無致道之才，又不曾遇人指示，故皆鶻突無是處。人豈可以一己所見只管鑽去，謂此是我自得，不是聽得人底！」

胡問：「東坡兄弟，若用時，皆無益於天下國家否？」曰：「就他分限而言，亦各有用處；論其極，則亦不濟得事。」淳。

「東坡議論大率前後不同，如介甫未當國時是一樣議論，及後來又是一樣議論。」公謹。

「東坡只管罵王介甫。介甫固不是，但教東坡作宰相時，引得秦少游、黄魯直一隊進來，壞得更猛。」淳。

或問：「張安道爲人何如？」曰：「不好。如攻范黨時，他大節自虧了。後來爲温公攻擊，章凡六七上，神宗不聽，遂除温公過翰林學士，而張居職如故。嘗見東坡爲温公神道碑，叙温公自翰林學士爲御史中丞，自御史中丞再爲翰林學士，心嘗疑之，此一節必有所以。後觀温公集，乃知温公以攻安道之故，再自御史過翰林。而東坡兄弟懷其平日待遇之厚，不問是非，極力尊之，故東坡删去此一節，不言其事，遂令讀者有疑安道不好。又劉公湖州人，忘其名。亦數章攻之，而不見其首三章。集中止有第四章，大概言臣攻方平之短，已具於前數奏中。記得是最言其不孝之罪，可惜不見。蓋東坡尊方平，而天下後世之人以東坡兄弟之故，遂爲東坡諱而隱其事，併毀其疏以滅蹤。某嘗問劉公之孫某求之，而其家亦已無本矣。方平嘗托某人買妾，其人爲出數百千買妾，方平受之而不償其直，其所爲皆此類也。安道是個秦不收魏不管底人，他又爲正人所惡，那邊又爲王介甫所惡。蓋介甫是個修飭廉隅孝謹之人，而安道之徒平日苟簡放恣慣了，纔見禮法之士，必深惡。如老蘇作辨姦以譏介甫，東坡惡伊川，皆此類耳。論來介甫初間極好，他本是正人，見天下之弊如此，鋭意欲更新之，可惜後來立脚不正，壞了。若論他甚樣資質孝行，這幾個如何及得他！他門平日自恣慣了，只見脩飭廉隅不與己合者，即深詆之，有何高見！」卓。

「温公自翰林學士遷御史中丞，累章論張方平。所論不行，自〔三三〕中丞復爲翰林學士。東坡作温公神道碑，只説自中丞復爲翰林學士，却節去論方平事，爲方平諱也。某初時看，更曉不得。後來看得温公文集，方知是如此。」文蔚。

「老蘇説得眼前利害事却好。」學蒙。

因説老蘇曰：「不能言而蹺踦者有之，未有言蹺踦而其中不蹺踦者。」揚。

「三代節制之師，老蘇權論不是。」謨。

「東坡善議論，有氣節。」若海。

「東坡解經，一作「解尚書」。莫教説着處直是好。蓋是他筆力過人，發明得分外精神。」〔三四〕

「東坡天資高明，其議論文詞自有人不到處。如論語説亦煞有好處，但中間須有些漏綻出來。如作歐公文集序，先説得許多天來底大，恁地好了，到結末處却只如此，蓋不止龍頭蛇尾矣。當時若使他解虚心屈己，鍛煉得成甚次第來。」木之。

問：「東坡與韓公如何？」曰：「平正不及韓公。東坡説得高妙處，只是説佛，其他處又皆粗。」又問：「歐公如何？」曰：「淺。」久之又曰：「大概皆以文人自立。平時讀書，只把做考究古今治亂興衰底事，要做文章，都不曾向身上做工夫，平日只是以吟詩飲酒戲謔度日。」義剛〔三五〕。

「東坡平時爲文論利害，如主意在那一邊利處，只管説那利。其間有害處，亦都知，只藏匿不肯説，欲其説之必行。」淳。

因論東坡刑賞論〔三六〕「悉舉而歸之仁義〔三七〕」，「如是則仁義乃是不得已而行之物，只是作得一癡忠厚。此説最碍理，學者所當察。」可學。

「東坡刑賞論大意好，然意闊疏，説不甚透。只似刑賞全不奈人何相似，須是依本文將

『罪疑惟輕，功疑惟重』作主意。」

因論二蘇刑賞論〔三八〕極做得不是，先生曰：「用刑，聖人常有不得已之心；用賞，聖人常有不吝予之意。此自是忠厚了。若更於罪之疑者從輕，於功之疑者從重，這尤是忠厚。此是兩截之事。」卓。

「温公墓碑云：『曰誠，曰一。』久多議之，然亦未有害。誠者，以其表裏言之；一者，以其始終言之。」人傑。

「坡公作温公神道碑，叙事甚略。然其平生大致，不踰於是矣，這見得眼目高處。」道夫曰：「其作富公碑甚詳。」曰：「温公是他已爲行狀，若富公，則異於是矣。」又曰：「富公在朝，不甚喜坡公。其子弟求此文，恐未必得，而坡公銳然許之。自今觀之，蓋坡公欲得此爲一題目，以發明己意耳。其首論富公使虜事，豈苟然哉！」道夫曰：「向見文字中有云，富公在青州活飢民，自以爲勝作中書令二十四考，而使虜之功，蓋不道也。坡公之文，非公意矣。」曰：「須要知富公不喜，而坡公樂道而鋪張之意如何？」曰：「意者，富公嫌夫中國衰弱而夷狄盛强，其爲此舉，實爲下策。而坡公則欲救當時之弊，故首以爲言也。」先生良久乃曰：「富公之策自知其下，但當時無人承當，故不得已而爲之爾，非其志也。使其道得行，如所謂選擇監司等事一一舉行，則内治既强，夷狄自服，有不待於此矣。今乃增幣通和，非正甚矣。坡公因紹聖、元豐間用得兵來狼狽，故假此説以發明其議論爾。」道夫。

「東坡南安學記説：古人井田封建不可行，今只有個學校而已。其間説舜遠不可及，得如鄭子産爲鄉校足矣。如何便決定了千萬世無人可以爲舜，只得爲子産？又説古人於射時因觀者羣聚，遂行選士之法，此似今之聚場相撲相戲一般，可謂無稽之論。自海外歸來，大率立論皆如此。」淳。

或問：「東坡言『逝者如斯，而未嘗往也；盈虚者如代，而卒莫消長也。』只是老子『獨立而不改，周行而不殆』之意否？」曰：「然。」又問：「此語莫也無病？」曰：「便是不如此。既是『逝者如斯』，如何不往？『盈虚如代』，如何不消長？既不往來，不消長，却是個甚底物事？這個道理，其來無盡，其往無窮。聖人但云『維天之命，於穆不已』，又曰『逝者如斯夫』，只是説個不已，何嘗説不消長、不往來？它本要説得來高遠，却不知説得不活了。既是『往者如斯，盈虚者如代』，便是這道理流行不已也。東坡之説，便是肇法師『四不遷』之説也。」又云：「『盈虚者如代』，『代』字今多誤作『彼』字。『而吾與子之所共食』，『食』字多誤作『樂』字。嘗見東坡手寫本，皆作『代』字、『食』字。頃年蘇季真刻東坡文集，嘗見問『食』字之義，答之云：『如「食邑」之「食」，猶言享也。』史書言『食邑其中』、『食其邑』是這樣『食』字。今浙間陂塘之民謂之『食利民户』，亦此意也。」又云：「碑本後赤壁賦『夢二道士』『二』字當作『一』字，疑筆誤也。」僩。

「須見得道理都透了，而後能靜。東坡云：『定之生慧，不如慧之生定較速。』此說得也好。」淳。

或言：「東坡雖說佛家語，亦說得好。」先生曰：「他甚次第見識！甚次第才智！它見得那一道明，亦曾下工夫，是以說得那一邊透。今世說佛，也不曾做得他工夫；說道，也不曾做得此邊工夫。只是虛飄飄地，沙魘過世。」謙。

「草堂劉先生曾見元城云：『舊嘗與子瞻同在貢院，早起洗面了，遶諸房去胡說亂說。被他撓得不成模樣，人皆不得看卷子。及夜乃歸張燭，一看數百副。在贛上相會，坐時已自瞌睡，知其不永矣。不知當時許多精神那裏去？』二公皆歸自嶺、海。」東坡曾知貢舉。揚。

「東坡記賀水部事，或云無此事，蓋喬同紿東坡以求詩爾。」僩。

「東坡薦秦少游，後爲人所論，他書不載，只丁未録上有。嘗謂東坡見識如此，若作相，也弄得成蔡京了。李方叔如許，東坡也薦他〔三九〕。」

「東坡聰明，豈不曉覺得？他晚年自知所學底倚靠不得。及與李昭玘書有云：『黃、秦輩挾有餘之資而騖於無涯之智，必極其所如，將安所歸宿哉？念有以反之。』范淳夫□□持兩端〔四〇〕，兩邊都不惡他，也只是不是。如今說是說非，都是閑說。若使將身已頓放在蘇、黄閒，未必不出其下。須是自家〔四一〕强了他，方説得他，如孟子闢楊、墨相似。這道理只是一個道理，只理會自家身己是本，其他都是閑物事。緣自家這一身是天造地設底〔四二〕，已盡擔負許多道理，纔理會得自家道理，則事物之理莫不在這裏。一語一默，一動一静，一飲一食，皆有理。纔不是，便是違這理。若盡得這道理，方成個人，方可以拄天踏地，方不負此生。若不盡得此理，只是空生空死，空具許多形骸，空受許多道理，空喫了世間人飯。見得道理若是，世上許多閑物事都没要緊，要做甚麽？」又曰：「伊尹説『天之生斯民也，使先知覺後知，使先覺覺後覺。予，天民之先覺者也，予將以斯道覺斯民也，非予覺之而誰也？』『思天下之民，匹夫匹婦有不與被堯、舜之澤者，若己推而納之溝中。』其自任以天下之重如此。』聖賢與衆人皆具此理，衆人自不覺察耳。」又曰：「聖人之心如青天白日，更無些子蔽翳。」又曰：「如今學者且要收放心。」又曰：「萬理皆具於吾心，須就自家身己做工夫，方始應得萬理萬事，所以大學説『在明明德，在新民』。」賀孫。

先生因論蘇子由云：「『學聖人，不如學道』，他認道與聖人做兩個物事，不知道便是無軀殼底聖人，聖人便是有軀殼底道。學道便是學聖人，學聖人便是學道，如何將做兩個物事看？」燾。

「看子由古史序説聖人『其爲善也，如水之必寒，火之必熱；其不爲不善也，如騶虞之不殺，竊脂之不穀。』此等議論極好，程、張以後文人無有及之者。蓋聖人行事，皆是胸中天理自然發出來不可已者，不可勉强有爲爲之。後世之論，皆以聖人之事有所爲而然。周禮纖悉委曲去處，却以聖人有邀譽於天下之意，大段鄙俚。此皆緣本領見處低了，所以發出議論如此。如陳君舉周禮説有『畏天命，即人心』之語，皆非是聖人意。」因説：「歐公文字大綱好處多，晚年筆力亦衰。曾南豐議論平正，耐點檢。李泰伯文亦明白好看。」木之問：「老蘇文議論不正當。」曰：「議論雖不是，然文字亦自明白洞達。」木之。

「子由古史論，前後大概多相背馳，亦有引證不著。是他老來精神短，做這物事都忘前失後了。」淳。

「近見蘇子由語録，大抵與古史相出入。它也説要『一以貫之』，但是他説得別。他只是守那一，説萬事都在一，淳録有「外」字。然而又不把一去貫，説一又別是一個物事模樣。」義剛〔四三〕。

因説欒城集曰：「舊時看他議論亦好，近日看他文字，煞有害處。如劉原父高才傲物，子由與他書，勸之謙遜下人，此意甚好。其間却云：『天下以吾辯而以辯乘我，以吾巧而以巧困我，不如以拙養巧，以訥養辯。』如此，則是怕人來困我，故卑以下之，此大段害事。如東坡作刑賞忠厚之至論，却説『懼刑賞不足以勝天下之善惡，故舉而歸之仁』。如此，則仁只是個鶻突無理會底物事，故又謂『仁可過，義不可過。』大抵今人讀書不子細，此兩句却緣『疑』字上面生許多道理。若是無疑，罪須是罰，功須是賞，何須更如此？」或曰：「此病原起於老蘇。」曰：「看老蘇六經論，則是聖人全是以術欺天下也。子由晚年作待月軒記，想他大段自說見得道理高，而今看得甚可笑。如說軒是人身，月是人性，則是先生下一個人身，却外面尋個性來合凑着，成甚義理？」雉。

「子由深，有物。作潁濱遺老傳，自言件件做得是。如拔用楊畏、來之邵等事，皆不載了。當時有「楊三變」、「兩來」之號。門下侍郎甚近宰相，范忠宣、蘇子容輩在其下。楊攻去一人，當子由做，不做，又自其下用一人；楊又攻去一人，子由當做，又不做，又自其下拔一人。凡數番如此，皆不做。楊曰：『蘇不足與矣。』遂攻之。來亦攻之。二人前攻人，皆受其風旨也。後老居潁昌，全不敢見一客。一鄉人自蜀特來謁之，不見。候數日，不見。一日見在亭子上，直突入。子由無避處了，見之。云：『公何故如此？』云：『某特來見。』云：『可少候，待某好出來相見。』歸，不出矣。」揚。

「劉大諫與劉草堂言，子瞻却只是如此。子由可畏，謫居全不見人。一日，蔡京黨中有一人來見子由，遂先尋得京舊常賀生日一詩，與諸小孫先去見人處嬉看。及請其人相見，諸孫曳之滿地。子由急自取之，曰：『某罪廢，莫帶累他元長去。』京自此甚畏之。」揚。

「龍川志序所載，多得之劉貢父。」

「害蘇子美者是一李定，害東坡者又別是一李定。蘇東坡時守湖州，來攝，東坡驚甚。時陳伯脩爲倅，多調護事。伯脩名師錫，建陽人，嘗作察院，同了翁言蔡京，後貶死。東坡下御史獄，考掠之甚。蘇子容時尹開封，勘陳世儒事。有人言文潞公之徒，嘗請託之類亦置獄。子容與東坡連獄，聞其有考掠之聲，有詩云云。世儒，執中子也。世儒所生張氏酷甚。似是呂申公外甥。世儒妻一日諷羣婢云：『本官若丁憂，汝輩要嫁底爲好嫁，要錢底與之錢。』羣婢以此遂藥殺之。後置獄，夫婦皆赴法。其婦慧甚，臨赴法時，遂掣窗紙一片，即掐成一『番』字，使人送與其夫」云云。揚。

「蘇東坡子過，范淳夫子温，皆出入梁師成之門，以父事之。然以其父名在籍中，亦不得官職。師成自謂東坡遺腹子，待叔黨如親兄弟，諭宅庫云：『蘇學士使一萬貫以下，不須覆。』叔黨緣是多散金，卒喪其身。又有某人亦以父事師成。師成妻死，温與過當以母禮喪之，方疑忌某人。不得已衰絰而往，則某人先衰絰在帷下矣〔四四〕。」可學。

「東坡謚『文忠』時，無『太師』，曾誤寫作『太師』。人與言之，曰：『何妨？』遂因而贈之。今行遺年月前後可考。」揚。

論東坡之學，曰：「當時遊其門者，雖苦心極力，學得他文詞言語，濟得甚事？如見識議論，自是遠不及。今東坡經解雖不甚純，然好處亦自多，其議論亦有長處。但他只從尾梢處學，所以只能如此。」

「富鄭公初甚欲見山谷，及一見，便不喜，語人曰：『將謂黄某如何，元來只是分武寧一茶客。』富厚重，故不喜黄。」振。

「黄山谷慈祥之意甚佳，然殊不嚴重。書簡皆及其婢妮，艷詞小詩，先已定以悦人，忠信孝弟之言不入矣。」

「山谷使事多錯本旨，如作人墓誌云：『敬授來使，病于夏畦。』本欲言皇恐之意，却不知與『夏畦』相去闕甚事？」

「黄魯直以元祐黨貶，得放還，因爲荆南甚寺作塔記，人以此媒孽他，故再貶。所以蘇子由門皆閉門絶賓客。有人自蜀來，累日不得見。詢其隣人，云：『他十數日必一出門外小亭上坐。』其人遂日候其出，才得一揖。子由讓其坐，且云：『待某入着衣服。』即入去，一向不出。」〔四五〕

「黄魯直書浯溪碑是他最好底議論，而沙隨却説他不是，蓋云肅宗收復兩京，再造王室，其功甚大，不可短他。這事不如此，肅宗之收復京師，其功固可稱。至不待父命而即位，分明是篡。功過當作兩項説，不以相揜可也。沙隨之論，大概要考細碎制度，不要人説義理，與致堂說皆相反。如云韓、趙、魏爲諸侯，不爲不是。蓋爲周室微弱，不可不立他，待自家强盛，方可去治他。」又云：「晉之所以爲三卿分者，是其初不合併得地太大，所以致得恁地。若如此，則周室爲諸侯所陵，亦謂之武王不合有此天下，可乎？漢匡衡當恭、顯用事，不敢有言，至恭、顯死後方論他，遂爲王尊所劾。沙隨以爲人主之意不可回，宰相不可以諫他，反遭禍害。又唐劉蕡云：天子不可漏言，他却誦言于庭，使宦官之勢愈張。沙隨却云：劉蕡以布衣應直言極諫科，合如此說，縱殺身猶可以得名。豈有宰相與天子一體，而不諫諍人主，布衣却可出來說？致堂說二疏是見元帝不足傅相，故持知止之義以求退，看來是如此。若蕭望之則不容於不死，是不若二疏之先見。沙隨乃云不然，且引鄭忽之事爲證，又不着題，皆不成議論。」〔四六〕

先生看東都事略。文蔚問曰：「此文字如何？」曰：「只是說得個影子。適間偶看陳無己傳，他好處都不載〔四七〕。」問曰：「他好處是甚事？」曰：「他最好是不見章子厚，不着趙挺之綿襖。傅欽之聞其貧甚，懷銀子見他，欲以賙之。坐間聽他議論，遂不敢出銀子。如此等事，他都不載。如黃魯直傳，魯直亦自有好處，亦不曾載得。」文蔚問：「魯直好在甚處？」曰：「他亦孝友。」文蔚。

「陳無己、趙挺之、邢和叔皆郭大夫婿。陳在館職，當侍祠郊丘，非重裘不能禦寒氣。

無己止有其一，其内子爲於挺之家假以衣之。無己詰所從來，内以實告。無己曰：『汝豈不知我不著渠家衣耶？』却之，既而遂以凍病而死。謝克家作其文集序，中有云『箧無副裘』，又云『此豈易衣食者』？ 蓋指此事。」必大。揚録云：「謝任伯作墓誌，所載不明，此豈可不白於後世也。」

「陳後山與趙挺之、邢和叔爲友婿，皆郭氏婿也。後山推尊蘇、黄，不附王氏〔四八〕，故與和叔不協。後山在館中，差與南郊行禮，親戚謂其妻曰：『登郊臺，率以夜半時，寒不可禁，須多辦綿衣。』而後山家止有一裘，其妻遂於邢家借得一裘以衣。後山云：『我只有一裘，已着，此何處得來？』妻以實告。後山不肯服，亟令送還，竟以中寒感疾而卒。或曰：『非從邢借，乃從趙借也。』故或人祭文有云『囊無副衣』，即謂此也。趙挺之初亦是熙、豐黨中人，附蔡元長以得進，後來見得蔡氏做得事勢不好了，却去攻他。趙有三子：曰□誠，曰思誠，曰明誠。明誠，李易安之夫也，文筆最高〔四九〕，金石録煞做得好。」廣。

「晁以道後來亦附梁師成，有人以詩嘲之曰：『早赴朱張飯，隨賡蔡子詩。此回休倔强，凡事且從宜。』」人傑。

「張文潛軟郎當地，所作詩前四五句好，後數句胡亂填滿，只是平仄韻耳。想見作州郡時闒冗，平昔議論宗蘇子由，一切放倒無所爲，故秦檜喜之。檜其他豈肯無所爲？陳無己亦是以策言不用兵，孝文和戎好，檜亦喜之。」揚。

「徐德占爲御史中丞，不敢見人，朝路見南豐，叙致甚恭。南豐待之甚踞，云『公是徐禧，久聞公名』云云。」揚。

「董敦逸在紹聖間爲御史，嘗命録問孟后事。文字都上，次日忽入文字云：『臣昨日録問時，覺得宮中人口中有無舌者，臣恐有枉〔五〇〕。』當時以御史録問爲重，未上文字時，能論列未必如是。後來朝廷以其反覆，罪之。後曾子宣薦士，皆一時名士，董亦在其中，名下注云：『臣履常疑其人。履前時細行亦謹，與邢恕同學，未必不是爲邢所誘。』」揚。

「汪表民進言，史臣不能發明神宗德業，其史不好，諸小人遂執此以生事。」揚。

「小人不可與君子同處於朝。昔曾布當建中靖國初，專欲涵養許多小人，漸漸被他得志，一時諸君子皆爲其所陷〔五一〕。要之，要出來做時，小人若未可卒去，亦須與分明開説是非善惡，使彼依自家話時，却以事付之。若分明與説是非，不依自家話時，自家只得去了。如何含含胡胡，我也做些，他也做些，都不與問那個是是，那個是非。久之，未有不爲其所勝。若與説得是非通透了，他也自要做好人。他若既知得是非，又自要做人，這須旋旋安頓，與在外好差使。吾人也無許多智巧對副他。兼是才做一事，自家便把許多精神智巧對副他，自家心術已自壞了。明道先生若大用，雖是可以變化得小人，然亦須與明辨是非。

舜去『四凶』，孔子誅少正卯，當初也須與他說是非。到得他自恃其高，不依聖人說話，只得去了。」賀孫。

「曾子宣初亦未嘗有甚惡元祐人之意，被陳瑩中書之後，遂乘勢作起徽宗攻治之，亦以其與熙、豐本合也。子開嘗有書諫其兄莫如此，並莫用蔡京之類。子宣亦有答書，謂吾弟亦嘗不容於元祐，今何故議論如此。子開雖然所見，亦鶻突。」揚。

「曾子宣作相，薦蔡京。子開不樂之甚，力諫其兄，即乞出。本不喜蔡京。蔡京來去途中遇之，避又不得，不見又不得，遂謁見之。京公服秉笏謝云：『今此得還朝，皆相公之力、翰林之助。』子開聞其言，愈不樂，一切失措。京秉笏謝之，子開亦忘了笏，只叉手答之。子開因蔡確事，被劉器之所逐。後見其兄引薦繆，遂多主元祐之人。子宣書與之曰：『平日吾弟議論平正，無所偏黨。吾弟亦嘗不容於元祐，今何故如此？』子宣後見蔡京事，深自恨，而敬服了翁。」揚。或録云：「京致恭，子開略答之。忽出笏稟事，因及子宣政事。子開正色曰：『賢道家兄做得是邪？』」

「曾子宣手記被曾揀出好底印行，某於劉共父家借得全書看，其間邪惡之論甚多。」或問：「若據布所記，則元符間何爲與章厚同在政府而能兩立？」曰：「便是恐不可全信。然每奏事，布必留身對，必及厚。厚獨對，必及布。哲宗欲兩聞其過失，亦多詢及之。」至。

「了翁以書達曾子宣，子宣怒，蹺足而讀。陳曰：『此國家大事，相公且平心，無失待士之禮。』曾下足，陳因此出。」揚。

「了翁平生於取舍處看得極分明，從此有入，凡作文多好言此理。嘗作一文祭李家人，云『熊掌我取，天實予之。』所以平生所立如此。」

「陳了翁在貶竄中，與蔡京輩爭辯不已，亦是他有智數。蓋不如此，則必爲京輩所殺矣。」人傑。或録云：「了翁固是好人，亦有小小智數」云云。

「陳了翁氣剛才大，惜其不及用也。」若海〔五二〕。

問〔五三〕：「元城、了翁之剛，孰爲得中？」曰：「元城得中，了翁後來有太過處。元城只是居其位，便極言無隱，罪之即順受。了翁後來做得都不從容了。所以元城嘗論其尊堯集所言之過，而戒之曰：『告君行己，苟己無憾，而今而後，可以忘言矣。』」僩。

「了翁有濟時之才，道鄉純粹，才不及也〔五四〕。使了翁得志，必有可觀。」道夫。

先生問：「潮州前此有遷客否？」德明答以不知。先生因言：「子由謫循州。元城經行梅州，當時有言劉器之好命，用事者擬竄某州，云：『且與他試命。』後放還居南都，尚康强。宣和末年方没〔五五〕，只隔一年，便有金虜之禍。使其不死，必召用。是時天下事被人作壞，已如魚爛了，如何整頓？一場狼狽不小。今日且是無人望。元城在南都，似個銀山鐵壁，地又當往來之衝。過者必見，歷歷爲説平生出處，無少回護。群小雖睥睨，不敢動着他。」德明。𦍑録云：「此老若在，教他做時，不知能救得如何？」

「鄒道鄉奏議不見於世，德父嘗刊行家集，龜山以公所彈擊之人猶在要路，故今集中無奏議。後來汪聖錫在三山刊龜山集，求奏議於其家，安止移書令勿刊，可惜！不知龜山猶以出處一事爲疑，故奏議不可不行於世。」安止判院聞之，刊於延平。德明。

問劉元承撻鄒志完舟人事。見晁氏客語，更當考。曰：「道鄉赴貶到某州，元承爲守。舟人覆，若載鄒正言，不敢取一錢。元承撻之〔五六〕。」因云：「元承當蔡京用事時，煞做好官。」德明。揚録云：「舟子不用錢，願載。劉聞之，追舟子史一頓，不得去載。」

先生傷時世之不可爲，因歎曰：「忠臣殺身不足以存國，讒人構禍，無罪就死。後人徒爲悲痛，奈何！劉莘老死亦不明，今其行狀似云：死後以木匣取其首，或云服藥，或云取首級，皆無可考。國史此事是先君修正〔五七〕，云：『劉摯、梁燾相繼死嶺表，天下至今哀之。』初，文潞公之子及甫，以劉莘老當言路，潞公欲除中書令。諸公議，恐事多易雜，若致繳駁，反傷老成，遂只除平章軍國重事，乃是爲安潞公計耳。渠家不悉，反終以爲怨。及甫以書與邢恕，有『粉昆、司馬昭』等語，邢恕收藏此柬，待黨事發，即以此嫁禍於劉、梁。本來『粉昆』之語乃指韓忠彥，蓋忠彥之弟嘉彥爲駙馬都尉，人呼爲『粉侯』，昆即兄也。後事發，文及甫下獄，供稱『司馬昭』是説劉摯，『粉』是説王巖叟，以其面白如粉。昆者，兄也。兄，況也，是説梁況之。故王巖叟雖已死，而二人皆以此重行貶竄以死。」賀孫。

「劉摯、梁燾諸公之死，人皆疑之，今其家子孫皆諱之。然當時多遣使恐嚇之，又州郡監司承風旨皆然，諸公多因此自盡。劉元城屢被人嚇令自裁，劉不畏，曰：『君命死即死，自死奚爲？』寫遺祝之類訖，曰：『今死無難矣！』卒無恙。劉只有過當處，然此須學得他始得。梁、劉之死，先吏部作實録云：『梁燾、劉摯同時死嶺表，人皆冤之。』」因論范淳夫及此。揚。廣録云：「范淳夫死亦可疑，雖其子孫備載其死時詳細，要之深可疑。惟劉器之死得明白，亦幾不免，只是他處得好。」

「呆老爲張無盡所知。一日，語及元祐人才，問：『相公以爲如何？』張曰：『皆好。如温公，大賢也。』呆曰：『如此，則相公在言路時，論他則甚？』張笑曰：『公便理會不得，只是後生死急要官做後如此。』」廣。

「龜山作周憲之墓銘，再三稱其劾童貫之疏，但尚書當時亦少索性。」若海。

「章子厚與温公爭役法，雖子厚悖慢無禮，諸公爭排之，然據子厚説底却是。温公之説，前後自不相照應，被他一一捉住病痛，敲點出來。諸公意欲救之，所以排他出去。又他是個不好底人，所以人皆樂其去耳。」儒用。以下章、蔡。

「朝廷以議役法去章惇，故惇後得以爲言。」揚。

問：「章、蔡之姦何如？」曰：「京之姦惡又過於惇。方惇之再入相也，京謁之於道，袖出一軸以獻惇。如學校法『安養院』之類，凡可以要結士譽買覓人情者，具在。惇辭曰：『元長可留他時自爲之。』後京爲相，率皆建明，時論往往歸之。至詣學自嘗饅頭，其中没見識士人以手加額，曰：『太師留意學校如此！』京之當國，費侈無度。趙挺之繼京爲相，便做不行。挺之固庸人，後張天覺亦復無所措手足。京四次入相，後至盲廢，始終只用『不患無財，患不能理財』之説，其原自荆公。又以鹽鈔、茶引成櫃進入，上益喜，謂近侍曰：『此太師送到朕添支也。』由是内庭賜予，不用金錢，雖累巨萬，皆不費力。鈔法之行，有朝爲富商，暮爲乞丐者矣。」儒用。

「蔡京誣王珪當時有不欲立哲宗之意。珪無大惡，然依違鶻突。章惇則以不欲立徽宗之故，故入姦黨，皆爲爲臣不忠。」揚。

「蔡京奏其家生芝，上携鄆王等幸其第，賜宴，云：『朕三父子勸卿一杯酒。』是時太子却不在，蓋已有廢立之意矣。」義剛。

「蔡京不見殺淵聖，以嘗保佑東宮之故。道君嘗喜嘉王，王黼輩嘗摇東宮。道君作事亦有大思慮者。欲再立后，前數人有寵者當次立。道君一日盡召語之曰：『汝輩當立，然皆有子，立之，恐東宮不安。』遂立鄭后。鄭無子。」揚。

「京當時不主廢立，故欽宗獨治童貫等，而京罪甚輕。」義剛。

問：「蔡京何故得全首領，卒於潭州？」曰：「當時執政大臣皆他門下客，如吳元忠輩亦其薦引，不無牽制處。虜人物一番退時，是甚時節。臺諫却别不曾理會得事，三五個月，只反倒得京，逐數百里，慢慢移去，結末方移儋州。及到潭州，遂死。」問：「李伯紀〔五八〕後來當國時，京想已死否？不然，則必如張邦昌，想已正典刑矣。」曰：「靖康名流多是蔡京晚年牢籠出來底人才，伯紀亦所不免。如李泰發是甚次第硬底人，亦爲京所羅致，他可知矣。」今衡州所刊劉諫議文集中有一帖與泰發，蓋微諷之。按遺史，京之愛妾二：曰慕容夫人，曰小李夫人。又童貫之子童五十者，認以爲妹，生子侔，復尚主。小李出其下，怏怏求出，遂嫁宣贊舍人曹濟，後爲湖南兵馬都監。京死潭州，李氏殯之於一僧寺。儒用。

「蔡京靖康方貶死於潭州，八十餘歲，自病死。初不曾有行遣，後張安國守潭，治疊此等，爲埋之。然有人見其無頭，後來朝廷取看也。」揚。

「蔡攸，字居安，京長子也。王師入燕，以功進少師，領樞密院事，封英國公、燕國公，後欲相之，既而悔之，但進太保。上將謀内禪，親書『傳立東宫』字以授李邦彦。邦彦却立，不敢承白。時中輩皆在列，上躊躇四顧以付攸。攸退，屬其客給事中吳敏，敏即約李綱共爲之，議遂定。淵聖既貶之，又欲誅之，乃命陳述持詔即所在斬之。述且行，上又取詔書從旁批三字曰『脩亦然』。於是兄弟及誅。」揚。

「蔡絛又有鐵圍山語録，絛與攸雖不同，然其用志又自乖。」攸只是褻狎，絛欲竊國柄。必大。

「許右丞在宣、政間見奉上極於侈靡，亦如黿山意，歸咎於王氏梟鸞之説，因別解此詩以進云：『涇水最濁，濁者所以厚民。』當時花石綱正盛，許乃要將此等文字去欄截，不知欄得住否？」必大。

「范致虛初間本因同縣道士徐知常皆建陽人。薦之於徽宗，遂擢爲右正言。徐本一庸凡人，不知因甚得幸。徽宗喜其會説話，遂親幸之。致虛未到，即首疏云：「陛下若欲紹述熙、豐之政，非用蔡京爲政不可。」京一到，這許多事一變，更遏捺不下。雖爲曾子宣論列一番，然如何遏得蔡京之勢。呼嘯羣小之黨，以致亂天下。范一到，便爲驚世駭俗之論，取他人之不敢言者，無所忌憚而言之。」燾。

「范某，蜀公族人，入宜州，見魯直，又見張懷素，甚愛之。一夜與之觀星，曰：『熒惑如貫索，東南必有獄。』范以告，得官。湯東野資之入京，亦得官。」可學。

「宣、政間，鄆州有數子弟，好議論士大夫長短，常聚州前邸店中。每士大夫過，但以嘴舒縮，便是短長他。時人目爲『猪嘴』，以其狀似猪以嘴掘土。此數子弟因戲以其號自標，爲甚『猪嘴大夫』、『猪嘴郎』之屬。少間爲人告以私置官屬，有謀反之意，興大獄鍛煉。舊見一策子載，今記不得。近看長編，有一段：徽宗一日問執政：『東州逆黨何不爲處分了？』都無事之首尾。若是大反逆事，合有首尾。今看來，只是此事。想李燾也不曾見此事，只大略聞得此一項語言。」〔五九〕

「宣、政末年，論元祐學術事，如徐秉哲、孫覿輩說得更好。後來全是此等人作過，故曰『天下有道，盗其先變乎！』」〔一〕德明。

因論賈生治安策中「深計者謂之妖言」，曰：「宣、政間，凡『危』、『亡』、『亂』字皆不得用〔六〇〕，安得無後來之禍？」又云：「世間有一種却是妖言。如葉夢得、宇文虚中二人所爲，極是亂道，平日持論却甚正。每進言，必勸人主以正心，脩身爲先。其言之辨裁，雖前輩有說不及處。正如鬼出來念大悲呪相似，正所謂妖言也。」又曰：「此等人多是有才，會說底。若使有好人在上，收拾將去，豈不做好人？只緣時節不好，義理之心不足以勝其利欲之心，遂由徑捷出，無所不至。若逢治世，他擇利而行，知爲君子之爲美，亦必知所趨向。治世之才，亦那得個個是好人？但是好人多，自是相夾持在裏面，不敢爲非耳。」又問：「邢和叔、章子厚之才，使其遇治世，能爲好人否？」曰：「好人多，須不至如此狼狽。然邢亦難識，雖以富、韓、馬、呂、邵、程，亦看他不破〔六一〕。」曰：「康節亦識得他。」曰：「亦只是就他皮膚上略點他耳。」又曰：「他家自有一本言行録，記他平日做作好處。頃於滄峽見其家有子弟在彼作税官，以一本見遺，看來當初亦有得他力處。蓋元豐末，邢恕嘗説蔡持正變熙、豐法，召馬、呂，故言行録多記此等事，嘗見徐端立侍郎説，邢和叔之於元祐，猶陳勝、吴廣之於漢，以其首事而先起也。」儒用。

因言：「宇文虚中嘗從童貫開燕山，隨童貫亦多年，未嘗有一言諫童貫之失。後來徽宗與其弟粹中説：『聞卿云虚中也極善料事，朕方欲令在政府，而執政不可，不得已出之。』虚中後爲奉使，虜人留之，尊爲國師，凡事必咨問，甚敬信之。凡虜人制禮作樂，創法建置，皆虚中教之。後來取其家眷，秦檜盡發與之，以其子某爲河南安撫。或者謂虚中雖在虜中，乃爲朝廷嘗採伺虜動靜來報這下，多結豪傑，欲爲内應，因其子爲帥。又兀朮是時往蒙國，國中空虚，虚中遂欲叛，剋日欲發。兀朮聞之，遂亟走歸，殺虚中而盡滅其族。或者以爲秦檜知虚中消息，密令人報虜中，云虚中欲叛，故虜人得先其未發誅之。」卓。

「徽宗任郭藥師，其人甚狡獪。靖康之難，正原於此。如李宗嗣，此人只是會説，却不似那郭底有謀，那個甚乖。」義剛。

因論靖康執政，曰：「徐處仁曾忤蔡京來，舊做方面亦有聲，後却如此錯繆。孫傅略得，却又好六甲神兵。時節不好，人材往往如此。」又曰：「張孝純守太原，被圍甚急，朝廷遣其子灝總師往救〔六二〕，却徘徊不進，坐視其父之危急而不卹，以至城陷。時節不好時，首先是無了那三綱。」按：封氏編年載此甚詳。或曰：「京師再被圍時，張叔夜首領勤王之師以入。叔夜爲人亦好。」曰：「他當時亦不合領兵入城，只當駐在旁近以爲牽制，且伸縮自如。一入城後，便有許多掣肘處，所以迄無成功，至於扈從北狩。」儒用。

「徐處仁，字擇之，南京人，靖康間執政。舊嘗作師時，早間理會公事，飯後與屬官相見，皆要穿執如法。各人稟職事了，相與久坐説話議論，又各隨其人問難教戒，所以鞭策者甚至，故有人爲其屬者無不有所知曉事。呂居仁亦嘗事之。凡作事，無不有規模，雖小事亦然，無苟作者。只如支官吏酒，當其支日，以酒缸盛廳前，自往各嘗之。或差出外處，或辭去，或初來官，按曆令各人以瓶來取，如數給之。從小至大一樣，無分毫私偏。」先生又云：「小處好，作州郡極佳，不甚知大體。嘗作疏上道君，論太后不居禁中事，如罵然。道君曰：『徐許多問目，教朕如何答他？』李伯紀乞得去後，於今太上處納了。」揚。

「張孝純，靖康間守太原，虜人圍其城。凡抵當半年，守得極好，虜人攻之不能下。本自好了，後來却去降番人，做他官職。是時淵聖以其圍急，遣孝純之子張灝爲河北招討使之屬，令自招義兵往援之。以言君命，則甚急而不可違；以言河北之地，則國家所持以爲根本；以言其父，則正在危難，有垂亡之厄，當晨夕倍道以救之。灝受命了，自走了。世界不好，都生得這般人出來，可歎！」子蒙。

問〔六三〕：「圍城時，李伯紀如何？」曰：「當時不使他，更使誰？士氣至此消索無餘，它人皆不肯向前。惟有渠尚不顧死，且得倚仗之。」問：「姚平仲劫寨事，是誰發？」曰：「人皆歸罪伯紀，此乃是平仲之謀。姚、种皆西方將家。師道已立功，平仲恥之，故欲以奇功取勝。及劫不勝，欽廟親批，令伯紀策應。或云：當時若再劫，可勝，但無人敢主張。」問：「种師中河東之死，或者亦歸罪伯紀。」曰：「不然。嘗親見一將官説師中之敗乃是爲流矢所中，非戰敗，渠親見之，甚可怪。如种師道方爲樞密，朝廷倚重，遽死，亦是氣數。伯紀初管御營，欽廟授以空名告身，自觀察使以下使之自補。師退，只用一二小使臣告。御批云：『大臣作福作威，漸不可長。』及遣救河東，伯紀度事勢不可，辭不行，御批云：『身爲大臣，遷延避事。』是時許松老爲右丞，與伯紀善，書『杜郵』二字與之，伯紀悟，遂行。當危急時，反爲姦臣所使，豈能做事？」問：「种師道果可倚仗否？」曰：「師道爲人口訥，語言不能出。上問和親，曰：『臣執干戈以衛社稷，不知其它。』遂去，不能反覆力執。大抵是時在上者無定説，朝變夕改，縱有好人，亦做不得事。」可學。

論李仁甫通鑑長編，曰：「近得周益公書，亦疑其間考訂未甚精密，因寄得數條來。某看他書靖康間事最疏略，如姚平仲劫寨，則以爲出於李綱之謀；种師中赴敵而死，則以爲迫於許翰之令。不知二事俱有曲折，劫寨一事決於姚平仲僥倖之舉，綱實不知。按：綱除知密院，辭免劄子云：「方脩戰具，嚴守備，以俟援師，乘便迫虜，使進不得攻，退無所掠，勢窮而遁。候其度河，半濟而擊，勝可萬全。而平仲引衆出城，幾敗乃事。然平仲受節制於宣撫，不關白於行管。二月八日夜半，平仲之出，种師道亦不知之，在微臣實無所與。」時執政如耿南仲輩，方極力沮綱，幸其有以藉口，遂合爲一辭，謂平仲之出，綱爲其謀。師中之死，亦非翰之故。按中興遺史云：「河北制置副使种師中軍真定，進兵解太原圍。去榆次三十里，金人乘間來突，師中欲取銀賞軍，而輜重未到，故士心離散。又嘗約姚古、張灝兩軍同進，二人不至，師中身被數創，裹創力戰又一時，死之。朝廷議失律兵將，中軍統制官王從道朝服而斬於馬行市。」脫如所書，則翰不度事宜，移文督戰，固爲有罪。師中身爲大將，握重兵，豈有見樞府一紙書，不量可否，遂忿然赴敵以死？此二事蓋出於孫覿所紀，故多失實。」問：「覿何如人？」曰：「覿初間亦說好話。夷考其行，不爲諸公所與，遂與王及之、王時雍、劉觀諸人阿附耿南仲，以主和議。後竄嶺表，尤銜諸公，見李伯紀輩，望風惡之。洪景盧在史館時，沒意思，謂靖康諸臣，覿尚無恙，必知其事之詳，奏乞下覿具所見聞進呈。秉筆之際，遂因而誣其素所不樂之人，如此二事是也。仁甫不審，多採其說，遂作正文書之。其他紀載有可信者，反爲小字以疏其下，殊無統紀，遂令觀者信之不疑，極是害事。昔王允之殺蔡邕，也謂『不可使佞臣執筆在幼主旁，使吾黨蒙訕議』。允之用心，固自可誅，然佞臣不可執筆，則是不易之論。」儒用。

「姚平仲劫寨事，李伯紀不知。當時廟堂問老种如何處置，种云：『合再劫。』諸公不從。种再云拜告。种老將不會説，蓋虜人不支吾再劫也，當時欲俟立春出戰者，待种師中來也。」德明。

「姚平仲出城劫寨，不勝。或問計於种師道，曰：『再劫。』時不能從。使再劫，未必不勝也。曾有人問尹和靖：『靖康中孰可以爲將？』曰：『种師道。』又問：『孰可以爲相？』良久曰：『也只教他做。』」閎祖。

因論姚平仲劫寨，种師道令更劫，曰：「虜人以其不再來了，再劫却是。」因説，虜怕人劫寨，他那大勢定相殺時，却不怕。此中人輕挑，劫寨時却會，相殺却易困。那人三四月，只喫火燒之類。此人半日不食，便軟了。後魏帝嘗言「吳兒長於斫營，吾但三四十里下寨」云云。斫營便是劫寨，是他最怕此也。汪丈帥福時，某亦在。逆亮來時，一日送劉寶去用兵。汪丈問云：「今太尉去時如何？」曰：「與虜人戰時，第一陣決勝，第二陣未可知，第三陣殺他不去矣。蓋此中只有些精鋭在前，彼敵不得；他頑不動，第三四陣已困於彼矣。」汪丈云：「劉大將，如此説了，却如何！」揚。

「种師道字彝叔，贈太傅世衡之孫也。少從橫渠學，練古今事宜。上曰：『今日之事，卿意如何？』師道曰：『女真不知兵，豈有孤軍深入人境而能善其歸乎？』上曰：『業已講和矣。』對曰：『臣以軍旅之事事陛下，餘非所敢知也。』拜檢校少傅，同知樞密院事，爲京畿、河北河東路宣撫使，以姚平仲爲都統制，諸道兵悉隸之。師道時被病，特命毋拜，許乘肩輿入朝，家人掖升殿。虜使王芮素頡頏，方入對，望見師道，拜跪稍如禮，上顧笑曰：『彼爲卿故也。』又請緩與金幣，禁遊騎，使不得遠接，俟彼墮歸，扼而殲諸河。公薨于第，年七十六。閱月，京師復受圍。城陷，上慟哭曰：『朕不用种師道言，以至於此。』初，虜之去也，師道勸上乘其半渡擊之，不從。曰：『異日必爲國患。』故上嗟嘆之。建炎加贈少保。」揚。

「昔人嘗問尹和靖：『世難如此，孰可以當之者？』尹曰：『种師道可。』曰：『將則可矣，孰可以相？』久之，曰：『亦只令師道做，也好。』一日，召師道來，全不能言，遂不用。許翰時爲諫議，爲徽宗言：『當今之世，豈可令閑而不用？』上曰：『种老，不堪用矣。卿可自見种問之，如何？』往見之，种亦不言。許曰：『上令某問公，公無以某爲書生，某以爲今日之兵』云云，要從其去而擊之意。种方應，謂彼云云。「今不可擊，候其過河擊之。」許爲上備言其意，方用之。种，關西人，其性寡默，與中朝士大夫不合。一日，因對，淵聖曰：『朕已與和矣。』种於此全不能有所論，但曰：『臣以甲兵之事事陛下，其他非臣所與聞。』」揚。

「靖康之禍，縱元城、了翁諸人在，亦了不得。」伯謨曰：「心腹潰了。」道夫。

問：「靖康之禍，若得前輩者一二人，莫可主張否？」曰：「也難主張。胡文定謂龜山云：『使當時若早用其言，也須救得一半。』說得極公道。」道夫。

「天下不可謂之無人才，如靖康、建炎間，未論士大夫，只如盜賊中是有多少人！宗澤在東京收拾得諸路豪傑甚多，力請車駕至京圖恢復，只緣汪、黄一力沮撓，後既無糧食供應，澤又死，遂散而爲盜，非其本心。自是當時不曾收拾得他，致爲飢寒所迫，以苟旦夕之命。後來諸將立功名者，往往皆是此時招降底人。所以成湯說：『萬方有罪，在予一人。』聖人見得意思直是如此。」儒用。卓録云：「因言靖康、紹興間事，曰：『天下不可謂之無人才。如高宗初興，天下多少人才！自是高宗不能盡舉而用之。未說士大夫，只盜賊中是有幾個人才。朝廷既不能用，皆散而爲盜賊，可惜！宗澤在東京，煞招收得諸路豪傑盜賊，力請高宗還都，示以圖恢復。被汪、黄讒譖，一面放散了，皆去而爲盜賊。當初高宗能聽宗澤、李伯紀輩，猶有少進步處。所以古人云：「萬方有罪，在予一人。」怪他不得，你既不能用他，又無糧食與他喫，教他如何得？其勢只得散爲羣盜，以苟旦夕之命而已。其中有多少人材，可惜！可惜！』」

因論人物，云：「浙人極弱，却生得一宗汝霖，至剛果。」某云：「明州近印忠簡遺事，讀之使人感憤流涕。如請駕還都之事，皆備載，當時只是爲汪、黄所沮。」曰：「宗公奏劄云：

『陛下於近處，偶得二人爲相。』當時駕既南下，中原羣盜四起，宗公使人招之，聞其名，皆來隸麾下。欲請駕還都，自將往河北討伐金虜。廟堂却行下，問所招人是何等色，以沮其策，遂至發病而死。舊嘗見知宗子肅，云高宗在南京時，有宗室十五太尉者，名叔尚〔六四〕，起兵於汝州，有數萬人，其謀主曰陳烈，叔尚自稱『大王』。已而下詔召之，令以兵屬大將某人，身赴行在。叔尚願以兵屬宗澤。陳烈曰：『朝廷不令屬宗澤，而自欲屬之，不可。』叔尚曰：『然則何以爲策？』烈曰：『某有一策，提兵過河北，乃蕭王之舉。』是時詔下補烈通直郎。叔尚既就召，烈不受官而去，終身不知所之。子肅云：向見叔尚時，有一人常着道服隨之，疑即是陳烈。」可學。

問今日事，因及石子重，是以其官召者，時爲福州撫幹。因史直翁薦，被召。知廟堂不肯休〔六五〕，須着去。先生曰：「雖是如此，然亦濟得甚事？」因舉孟子言：「或遠或近，或去或不去，歸潔其身而已。」又舉了翁云：「在彼者是『舉爾所知』，在我者是『爲仁由己』。」遂言：「靖康初張邦昌僭位，呂舜徒爲其門下侍郎。當時有言他人不足惜，只舜徒可惜者。胡文定記其事云：『舜徒雖爲邦昌官，却能勸邦昌收回僞赦，迎太后垂簾，皆其力也。其人云，終是難分雪。』文定記此，只到『終是難分雪』處便住，更無它語。」問：「只如狄梁公在武后時，當時若無梁公，更害事。」曰：「梁公只是薦得張柬之數人，它已先死。如梁公爲周朝相，舜徒爲邦昌官，皆不可以訓。伊川論平、勃，謂當以王陵爲正，是也。如舜徒輩一生踐履，適遭變故，不幸有此事。今人合下便如此，却不得。」德明。

「劉聘君言，在太學時，傳寫伊洛文字者，皆就帳中寫，以當時法禁重也。」揚。

「靖康間，士人陳規守德安府城，虜人群盜皆攻不破。」朝野僉載有規跋甚好。僩。

「陳規唐弼父也。守順昌，先教市人做泥團，如今涼棚樣，閣之於上。虜人來一齊放下，滿街泥團，馬陷，皆不能動矣。」揚。

「和州有官本忠義録，刻靖康以來忠義死節之人。」從實録編出。子蒙。

「張以道曰：『京西漕魏安行計口括牛，每四人共田百畝，只得一牛，由是大擾。時潁州倅李椿之攝郡，與議不合，遂和歸去來詞，休官，歸作「見一亭」，而魏竟追官勒停。李字彭年，岳州人。』」義剛。

校勘記

〔一〕一向放倒　朝鮮本此下增「將去」二字。

〔二〕恁地　朝鮮本此下增「田地」二字。

〔三〕此　朝鮮本此下增「時」。
〔四〕壯祖録云　朝鮮本作：處謙本云。
〔五〕却云日録是蔡卞增加　「日」原作「目」，據朝鮮本改。
〔六〕方子　朝鮮本末尾增小字：處謙録少異。
〔七〕賀孫　朝鮮本此則末尾增小字：木之録同。
〔八〕揭其所以爲帝者而云之　「云」，萬曆本作「示」。
〔九〕云　朝鮮本作：去。上屬。
〔一〇〕却　朝鮮本此下增：尚。
〔一一〕物事　朝鮮本此下增：不知怎生地。
〔一二〕王　朝鮮本此下增：解。
〔一三〕這是自古解作衆　朝鮮本「這」下有「豈特王氏解作衆」七字。
〔一四〕又讀益公跋　「益」字上朝鮮本有「周」字。
〔一五〕不成做　朝鮮本此下增：讀畢。
〔一六〕近　朝鮮本此下增：臨江。
〔一七〕蓋吕是西人　「是」字原無，據朝鮮本補。
〔一八〕他那活國救世處　「活」，朝鮮本作「治」。

〔一九〕以下温公　朝鮮本作：以下司馬文正公。

〔二〇〕義剛　朝鮮本此則少異，作：義剛曰：「温公力行處甚高，陳本『高』字作『篤』。只是見得淺。」先生曰：「是。」義剛。陳淳録同。

〔二一〕須並用熙豐之黨　「熙豐」，朝鮮本作「張蔡」。

〔二二〕後爲蔡京將放　「放」原作「攷」，據萬曆本改。

〔二三〕議論最好　朝鮮本作：所以最好。

〔二四〕必大　朝鮮本作：伯豐。

〔二五〕苦　朝鮮本作：謹。

〔二六〕載　朝鮮本作：見。

〔二七〕儒用　朝鮮本作：德明。

〔二八〕僴　朝鮮本此則内容少異，今附如下：問：「黄尚書履、安中邢和叔恕二人者，少居太學，邢固俊拔，黄亦謹厚力學，後二人卻如此狼狽。如何？」曰：「他固會讀書，只是自做人不好。然黄卻是個白直底好人，只是昏愚無知無見識，而邢則罪過多，黄後來都被邢般得不好，緣黄昏愚，又愛官職，所以被他引得不好。邢則有意於爲惡，又濟之以才，所以罪過大。」卓。

〔二九〕葉祖洽　朝鮮本此下增小字「邵武泰寧人」。

〔三〇〕無　朝鮮本「無」上增：其人。

〔三一〕見端人正士以禮自持　「持」原作「將」，據萬曆本改。

〔三二〕三分不好　「三」原作「二」，據朝鮮本改。

〔三三〕自　朝鮮本「自」上增「温公」。

〔三四〕精神　朝鮮本末尾增記録者姓名：儒用。

〔三五〕義剛　朝鮮本末尾增小字：陳淳録同。

〔三六〕刑賞論　朝鮮本作：刑賞忠厚之至論。

〔三七〕因論東坡刑賞論悉舉而歸之仁義　朝鮮本「賞」下有「忠厚之至」四字。下文「因論二蘇刑賞論極做得不是」句之「賞」下同此。

〔三八〕刑賞論　朝鮮本作：刑賞忠厚之至論。

〔三九〕薦他　朝鮮本此則末尾增小字：庚。

〔四〇〕范淳夫□□持兩端　「范淳夫」，朝鮮本作「范堯夫」，無二空格。

〔四一〕自家　朝鮮本此下增：實見得。

〔四二〕緣自家這一身是天造地設底　「底」字原作空格，據萬曆本補。

〔四三〕義剛　朝鮮本此下增小字：按陳淳録同而略。

〔四四〕則某人先衰絰在帷下矣　朝鮮本作：彼一人先衰絰在帷下矣。

〔四五〕一向不出　朝鮮本此下增小字：庚。

〔四六〕皆不成議論　朝鮮本此下增小字：庚。

〔四七〕他好處都不載　朝鮮本作：都不在。

〔四八〕不附王氏　「附」，萬曆本作「服」。

〔四九〕文筆最高　「最」原作「取」，據朝鮮本改。

〔五〇〕臣恐有枉　「枉」原作「枉」，據萬曆本改。

〔五一〕一時諸君子皆爲其所陷　朝鮮本此句作：「曾布甚爲所陷，舉家繫獄。」

〔五二〕若海　朝鮮本此下增：以下了翁、元城、道鄉。

〔五三〕問　朝鮮本作：倜嘗問。

〔五四〕才不及也　朝鮮本作：才不及他。

〔五五〕没　朝鮮本作：殁。

〔五六〕舟人覆若載鄒正言不敢取一錢元承撻之　朝鮮本作：舟人覆云，若載鄒正言，不敢取一文錢。劉遂撻之。

〔五七〕國史此事是先君修正　「正」原作「止」，據萬曆本改。

〔五八〕李伯紀　朝鮮本此下增：丞相。

〔五九〕語言　朝鮮本末尾增記録者姓名：德明。

〔六〇〕凡危亡亂字皆不得用　「用」字下朝鮮本有「不得説亂只説治」七字。

〔六一〕亦看他不破　「他」原作「池」，據朝鮮本、萬曆本改。

〔六二〕朝廷遣其子灝總師往救　「遣」原作「遺」，據朝鮮本改。

〔六三〕問　朝鮮本段首增一節文字，作：問：「龜山晚年出得是否？」曰：「出如何不是？只看出得如何。當初若能有所建明而出，則勝於不出。」曰：「渠用蔡攸薦，蔡老令攸薦之。亦未是。」曰：「亦不妨。當時事急，且要速得一好人出來救之，只是出得來不濟事耳。觀渠爲諫官，將去猶惓惓於一對，已而不得對。及觀其所言，第一，正心、誠意，意欲上推誠待宰執；第二，理會東南綱運。當時宰執皆庸繆之流，待亦不可，不行亦不可。不告以窮理，而告以正心、誠意。賊在城外，道途正梗，縱有東南綱運，安能達？所謂『雖有粟，安得而食諸』！當危急之時，人所屬望，而著數乃如此！所以使世上一等人笑儒者以爲不足用，正坐此耳。」

〔六四〕名叔尚　「尚」字，各本不異，惟賀本謂「據宋史改爲向。」檢本書卷二十七「靖康建炎太上未立時」條言此亦作「名叔向」，可從。下文「叔尚自稱大王」、「叔尚願以兵屬宗澤」、「叔尚曰」、「叔尚既就召」、「向見叔尚時」等句之「尚」字同此。

〔六五〕知廟堂不肯休　「知」原作「如」，據萬曆本改。

朱子語類卷第一百三十一

本朝五

中興至今日人物上[一] 李趙張汪黃秦。

「李伯紀，徽廟時因論京城水災被出。後復召用，遂約吳敏勸行内禪事。李恐吳做不得，乃自作文，於袖中入，吳已爲之矣。後欽宗即位，用之。一日，聞金人來，殿上臣寮都失措，皆欲作竄計。李叩閤門入論，閤門立之。欽宗聞之，令引見。力陳禦戎之策，忠義慨然。上大喜，即擢知樞密院事。李英爽奮發，然性疏用術。欽廟用督太原師，適种師中敗，遂得罪。太上登極，建炎初召。汪、黄輩云：『李好用兵，今召用，恐金人不樂。』上曰：『朕立於此，想彼亦不樂矣。』遂用爲相。後汪、黄竟使言官去之，在相位止百餘日。許右丞作陳少陽哀詞，亦各見其出處。」揚。

「李丞相不甚知人，所用多輕浮，相於南京時，建議三事，一借民間錢，二云云，三云云。宋齊愈言之。其時正誅叛人，遂以宋嘗令立張邦昌，戮之。當時人多知是立張邦昌，間有未知者，宋書以示之。及刑，人多冤之。張魏公深言宋甚好人。宋，蜀人，當時模樣亦是汪、黄所使人。魏公亦汪、黄薦。李罷相，乃魏公言罷也。」揚。

黄仲本言於先生曰：「李伯紀一再召，乃黄潛善薦也。途中見顏岐言章，遂疑潛善爲之。李入國門，潛善率百官迓之，李默不一語，因此二公生隙。」又曰：「上云『李綱孩視朕』。」先生曰：「李丞相有大名，當時誰不追咎其不用，以至於此。上意亦須向之。潛善因而推之，背後却令顏岐言之，情理必是如此。仲本是其族人，不欲辯之。」揚。

問：「魏公何故亦嘗論列李丞相？」曰：「魏公初赴南京，亦主汪、黄，後以其人之不足主也，意思都轉〔一〕。後居福州李公家，于彼相得甚懽。是時李公亦嘗薦魏公，曾惹言語。」又問：「魏公論李丞相章疏中有『修怨專殺』等語，似指誅宋齊愈而言，何故？」曰：「宋齊愈舊曾論李公來，但他那罪過亦非小小刑杖斷遣得了。」又曰：「當時議論，自是一般好笑。方召李丞相時，顏岐之徒論列，謂張邦昌虜人所厚，不宜疏遠；李綱虜人所惡，不宜再用。幸而高宗語極好，云：『如朕之立，恐亦非虜人所樂。』遂得召命不寢。」曰：「方南京建國時，全無紀綱。自李公入來整頓一番，方略成個朝庭模様。如僭竊及嘗受僞命之臣，方行誅竄；死節之臣，方行旌卹。然李公亦以此去位矣。」又曰：「便是天下事難得恰好。是時恰限撞着汪、黄用事，二人事事無能，却會專殺。如置馬伸於死地，陳東、歐陽徹之死，皆二人爲之。」按中興詔令，御史臺勘到，宋齊愈自外至會議處〔三〕，於卓子上取筆寫「張邦昌」三字，坐皆失色。儒用。

「陳少陽之死，黄潛善害之也，其詳見於許右丞哀詞中。同時死者，歐陽徹，徹，楚州人。某族叔祖時居高郵，一日，使一人往楚州鹽城小村中買物事，久而不歸。後問之，乃云彼村中三四日大雪。叔祖甚怪之，云：『八月二十間，安得有雪？』亦且據其僕云記之。後有人自彼中來，問之，果然，乃歐陽死時也。」揚。

「舜舉十六相，誅『四凶』，如此方恰好，兩邊方停勻。後世都不然，惟小人得志耳。方天下無事之時，則端人正士行義謹飭之士爲小人排擯，不能一日安于朝廷，遷竄貶謫。及擾攘多故之秋，所謂忠臣義士者，犯水火，蹈白刃，以捐其軀。而小人者，平世固是他享富貴，及亂世亦是他獨寬，縱横顛倒，無非是他得志之日。君子者常不幸，而小人者常幸也！如汪、黄在高宗初年爲宰相，後來竄廣中，正中原多故之日，却是好好送他去廣中避盜。及事稍定，依舊取他出來爲官。高宗初啓中興，而此等人爲宰相，如何有恢復之望？在維楊時，番人兵矢簇在胸前了，他猶自不管，世間有此愚人。」子蒙。

問中興諸相。曰：「張魏公才極短，雖大義極分明，而全不曉事。扶得東邊，倒了西邊；知得這裏，忘了那裏。趙忠簡却曉事，有才，好賢樂善，處置得好，而大義不甚分明。李丞相大義分明，極有才，做事有始終，本末昭然可曉。只是中間粗，不甚謹密，此是他病。然他綱領大，規模宏闊，照管得始終本末，才極大，諸公皆不及，只可惜太粗耳。朱丞相秀水閑居録自誇其功太過，以復辟之事皆由他，不公道。」魏公有鎮江録。又問呂頤浩。曰：「這人粗，胡亂一時間得他用，不足道。」子蒙。

「魏公才短，然中興以來，要爲者只李、張二公。」揚。

「李伯紀大節好，敗兵事，乃當時爲其所治者附會滋益之，不足盡信。」揚。

「李伯紀請誅張邦昌並畔者，後以結余覩事過海。」振。

「李伯紀丞相爲宣撫使時，幕下賓客盡一時之秀。胡德輝、何晉之、翁士特諸人皆有文名，德輝尤蒙特顧。諸將每有禀議，正紛拏辨説之際，諸公必厲聲曰：『且聽大丞相處分。』諸將遂無語。看來文士也是誤人，蓋真個能者未必能言。文士雖未必能，却又口中説得，筆下寫得，真足以動人聞聽，多至敗事者，此也。」儒用。

因語〔四〕李忠定，曰：「君子能勤小物，故無大患。」閎祖。

問：「中興賢相，皆推趙忠簡公，何如？」曰：「看他做來做去，亦只是王茂洪規摹。當時廟論大概亦主和議。按：王庶乞免僉書和議文字劄貼黃云：「契勘臣前項所上章奏，及與王倫議〔五〕，實有妨嫌。今若不自陳稟，則又如趙鼎、劉大中輩首鼠兩端，於陛下國事何益？」使當國久，未必不出於和。但就和上，却須有些計較。如歲幣、稱呼、疆土之類，不至一一聽命如秦會之樣，草草地和了。後來秦没意智，乃以『不合沮撓和議』爲詞貶之，却十分送個好題目與他。」問：「趙好處何如？」曰：「意思好，又孜孜汲引善類，但其行事亦有不强人意處。如自平江再都建康，張德遠極費調護，已自定疊了。只因酈瓊叛去，德遠罷相，趙公再入，憂虞過計，遂決還都臨安之策。一夜起發，自是不復都金陵矣。」問：「酈瓊之叛，或云因呂安老折辱之，不能安，遂生反心。如不親坐廳，但垂簾露履以受其參之類，恐無此等事。」曰：「此亦傳聞之過。」又問：「當時皆歸罪魏公，以爲不合罷劉光世，故有此變。」曰：「光世在當時貪財好色，無與爲比，軍政極是弛壞，罷之未爲不是，但分付得他兵馬無著落。」又云：「此事似不偶然。如虜人寇虐，劉豫不臣，但無人敢問著他。至此屯重兵淮上，方謀大舉，以伐劉豫，忽然有此一段疏脱，遂止。」又云：「如呂安老才氣儘自過人，觀其議論，亦甚精確。」問：「酈瓊叛去之後，聞亦不得志于虜。」曰：「虜後來亦用他爲將，但初叛歸于劉豫，虜人却疑豫擁兵太衆，或疑與我爲内應，遂有廢豫之謀。」酈瓊叛于淮西，實紹興七年秋戊辰也。瓊既降劉豫，金人憂其難制，遂廢僞齊，其詔有云：「勿謂奪蹊田之牛，其罰則甚。不能爲托子之友，非棄亦何？此天滅齊豫也，豈偶然哉？」儒用。

問：「趙忠簡、張魏公當國，魏公欲戰，忠簡欲不戰。忠簡以爲劉豫机〔六〕上肉耳。然豫挾虜人以爲重，今且得豫遮蔽虜人，我之被禍猶小。若取劉豫，則我獨當虜人，難矣。魏公不然之，必欲戰。二策孰是？」曰：「忠簡非是。殺得劉豫了，又却抵當虜人，有何不可？劉豫亦未便是机上肉在。若以趙之才，恐也當未得那机上肉，他亦未會被你殺得，只是胡說。若真個殺得劉豫，則我之勢益强，虜人自畏矣，何難當之有。虜，豺狼犬羊也，見威則畏，見善則愈肆欺侮。若自家真個曾勝劉豫，殺得一兩番贏，他便怕矣。靖康以後，自家只管怕他，與之和，所以他愈肆欺侮。若自家真個能勝劉豫，他安得不懼？虜，禽獸耳，豈可以柔服也？嘗見征蒙記李成之子某從兀朮征蒙國，因記征蒙時事。云：兀朮在甚處，淮上二士人說之曰：『今韓世忠渡江，遺棄糧草甚多，若我急往收取，資之以取江南，必可得也。』兀朮然其言，遂急來淮上，則空無所有。蓋韓已先般輜重糧草歸，而後抽軍回也。彷徨淮上，正未有策，而糧草已竭，窘不可言。先已敗於劉錡，錡在順昌扼其前，進退不可，遂遣使請和。兀朮謂其下曰：『今南朝幸而欲和，即大幸，不然，即送死耳，無策可爲也。』這下又不知其狼狽如是。若知之，以偏師臨之，無遺類矣。是時雖稍勝，然高宗終畏之，欲和。因其使來，喜甚，遂遣使報之，欲和。兀术大喜，遂得還。是兀术不敢望和，自以爲必死。其遣使也，蓋亦謾試此間耳。可惜此機會，所以後來也怕，一向欲和。」又云：「劉信叔是時以孤軍在順昌，兀术來伐，諸將皆欲走，信叔曰：『不可。我若走，則虜人必前拒我，襲在後，必無遺類。若幸而得至江，則諸將盡扼江上，責我以擅棄歸之罪，亦必盡殺我，決無可生之理。不若堅守此城，與虜人決勝負，庶幾死中可以求生也。』某嘗説，厮殺無巧妙，只是死中求生。兩軍相拄，一邊立得脚住不退，即贏矣。須是死中求生，方勝也。遂據城與虜人戰，大敗虜人，兀术由是畏怯。若非錡順昌一勝，兀术亦未必便致狼狽如此之甚。信叔本將家子，喜讀書，能詩，詩極佳，善寫字。後來當完顔亮時，已自老病。緣其姪劉玘先戰敗，遂至於敗。」卓。饒録云〔七〕「張魏公欲討劉豫，趙丞相云：『留他在，尚可以扞蔽北虜。若除了，便與北虜爲隣，恐難抵當。』此是甚説話！豈有不能討叛臣而可以服夷狄乎？」

「趙丞相亦自主和議，但爭河北數州及不肯屈膝數項禮數爾。至秦丞相便都不與爭。趙丞相是西人，人皆望其有所成就，不知他倒都不進前！」方子録云〔八〕：「趙元鎮亦只欲和。但秦檜既擔當了，元鎮却落得美名。」

「張魏公本與趙忠簡同心輔政，陳公輔排程氏，乃因趙公。趙公去。已而吕安老敗，趙公復相。可學。

「趙丞相，中興名臣一人而已，然當時不滿人意處亦多。且如好伊洛之學，又不大段理會得，故皆爲人以是欺之。一日，出見一屋稍好，栽些花木之類，問知是一內官家，乃言於上，謂：『今暫駐蹕於此，當日圖恢復，而內臣乃安居如此。』遂編管之。」揚。

「趙丞相收拾得些人才，然亦雜，如喻子才之徒亦預焉。」揚。

先生云：「沈公雅言：『趙丞相鎮靜，德量之懿，而諳練事機，則恐於秦公不逮。』張子功以爲不然，且曰：『燾在都司日，忠簡爲相，有建議者，公必計曰：「如是則利在上而害在民，如是則害在上利在民。今須如此行，則利澤均而公利便〔九〕。」至秦公，則僚屬凡有關白，默無一語，而屬諸吏〔一〇〕。事出，則皆吏輩所爲，而非復前日之所擬。』」道夫。僩錄云〔一一〕：「嘗見沈公雅云：『某嘗問張子功，趙忠簡與秦丞相二公孰能辦事？某以秦公爲能。』子功曰：『不然。某嘗爲都司，事二公。每百官有稟白事件，趙公必當面剖析商量，此事合如何行。如此行則利國，如此行則利民，如此則利民而害國，如此則利國而害民，如此則國與民俱利。當面便商量判斷了，僚屬便奉承以行。及至秦公，則百官凡有所稟白，更無酬酢，略不可否，但付與吏人，少間更沒理會，此事便沉埋了。如此，謂之秦公勝趙公可乎？』」

「魏公初以何右丞薦爲太常簿〔一二〕，趙忠簡爲開封推官，相得甚懽。在圍城中，朝夕講論濟時之策。魏公先達，力相汲引，遂除司勳員外郎，一向超擢，反在魏公上。嘗論天下人材，魏公劇談秦會之可用。趙云：『此人得志，吾輩安所措足邪？』魏公云：『且爲國事計，姑置吾人利害。』時趙公爲左，張公爲右，皆兼樞密院事。忽報兀术大舉深入，朝廷震怖。時劉光世將重兵屯合肥，魏公親往視師，因奏記曰：『此決非兀术，必劉豫遣其子姪麟、猊來寇耳。臣往在關西，數與兀术戰，熟其用兵利害。今觀此舉，決非其人。』魏公遂下令督戰。光世恐懼，謀欲退師而南，以與趙公平時有鄉曲雅，故遂私有請於趙。折彦質時知樞密院事，復助之請，遂徑自樞府下文字，令光世退師。魏公聞之，大怒，下令曰：『敢有一人渡江，即斬以徇！』光世聞之，復駐軍如故。此事雖謂之曲在趙公，可也。已而拓皐大捷，虜騎遂退。魏公既還，絶〔一三〕不言前功，欲以安趙公，與共國事也。而二公門下士互相排抵，魏公之人至有作爲詩賦以嘲趙公者〔一四〕。趙公之迹不安，且有論之者，遂去。魏公獨相，乃力薦會之爲樞密使。及酈瓊叛于合肥，吕安老死之，魏公之迹亦不安，懇辭求去。高宗問：『誰可代卿者？』魏公復薦趙公，遂令魏公擬批召之。既出，會之謂必薦己〔一五〕，就閤子語良久。魏公言不及之，會之色漸變。未幾，中使傳宣促進所擬文字，魏公遂就坐作劄子，封付中使，會之色變愈甚。魏公遂上馬去。及趙公再相，會之反謂之曰：『張德遠直恁無廉耻，弄壞得淮上事如此，猶不知去。及主上傳宣來召相公，方皇恐上馬去。』趙公以爲然。後又數數讒間之，趙公不能不信也。又如光世之罷，實當於罪。酈瓊叛去，豈不可舉能者？乃復以淮西之軍付光世，弄得都成私意。初，趙公極惡秦之爲人，不與通情。及趙公爲相，秦爲樞密使，每事惟趙公之命是聽。久而趙公安之，復深信之，又薦之，至與之並相。並相之後，復不敢專，唯諾而已。忽一日高宗怒唐暉，趙公爲之分解。檜察上意惡暉，逡巡發一語云：『如唐暉樣人才，也不難得。』又一日，趙公奏，恩平郡王乃建王之弟，建王乃恩平之兄。建州不過一郡之地，吳乃一大都會，恐弟之封不宜壓兄。檜察見高宗以慈壽意主於恩平，遂奏曰：『也不較此。』因此二事，高宗深眷之。又因力主和議，趙公罷，遂拜左相。他言語不多，只用兩句，那事都了。趙公不知魏公之無他，爲檜所排，得泉州；是時魏公知福州。二公相見，因説及曩日之事，趙公方知爲檜所中，相與太息而已。」或曰：「以檜之才，若用之以正，豈不能任恢復之責？」曰：「他亦只是閉著門在屋子裏做得，不知出門去又如何，這事難。」坐間多稱其能處置大事。曰：「他急時也荒忙無計策。他初一番講和，虜人以河南之地歸〔一六〕，未幾敗盟，大舉入寇。邊報既至，大恐，不知所爲，顧盼朝士，問以計策。時張巨山微誦曰：『德無常師，主善爲師；善無常主，協于克一。』檜心異之。衆人既退，獨留巨山坐，問適間之語。巨山曰：『天下之事，各隨時節，不可拘泥。曩者相公與虜人講和者，時當講和也。今虜人既敗盟，則曲在彼，我不得不應，亦時當如此耳。』因爲之畫策，召諸將爲戰攻之計。他大喜，即命巨山爲奏藳，倉卒不子細，起頭兩句云，伊尹告成湯曰『德無常師，主善爲師』；孔子曰『陳力就列，不能者止』，遂急書進呈。會之復喜，遂播告天下，決策用兵。已而劉信叔順昌大捷，虜人遂退，檜復專其功，大喜。亟擢用巨山至中書舍人。有無名子作詩嘲之，一聯云：『成湯爲太甲，宣聖作周任！』」周莊仲云：「劉參政，大中之子，知某州，劉季章曾爲其館客，嘗與先生説，見其翁日録，覺得高宗之意，極不樂魏公。先生曰：『然。』劉曰：『有張御史者，川人，名戒，字定夫。魏公在川陝時，上書言利害。魏公喜，檄用之，倔强不從。魏公遂疏遠之，戒由是不樂。後酈瓊之叛，魏公去位。張爲御史，首論魏公。高宗喜，謂輔臣曰：「張戒論浚曰：『不臣之迹已見，跋扈之迹未明。』此兩句極當其罪。」謂其已罷宣撫使除樞密，而猶用宣撫使印除吏不已也。是時趙公奏曰：「此恐是一時不審之過，亦未至於不臣也。」秦檜徐進曰：「既爲臣子，恐亦不宜如此。」檜之乘機伺人主喜怒擠陷人，皆此類也。』」儒用按：是時周祕、石公揆、李誼交章詆公，不特一張戒而已。儒用。德明録二條，今附正之〔一七〕：「問劉寶學當初從魏公始末。先生云：『當時趙公且要持重，魏公却要大舉。有劉麟者，舉兵掠邊。朝廷不探虛實，以爲虜復大入，趙公震恐。張公出，視師江上，趙公手書云：「今日之事，且須持重，未可輕戰。萬一失事，雖公不爲一身慮，如宗廟社稷何？」是時劉麟兵已爲折彦古敗於淮上，遁去。於是張公鼓舞，益爲大舉計，謂趙公怯敵。言者繼亦有論列，趙遂罷相。初，趙公遣熊叔雅相視川陝事宜，魏公亦遣寶學往。寶學見川中無兵無財，歸告魏公：「向者兵財如許，尚不能集事，今實未可動。」魏公疑寶學附會趙公，時又欲令寶學帥淮西，代領酈瓊兵。寶學以爲此軍不可代，遂改呂安老。安老願往，寶學爲陳利害，宜辭此行。安老以告魏公，魏公怒，於是出實學知泉州。既而淮西果失師，酈瓊全軍遁虜，於是魏公罷相，帥福州。先是，秦相與呂相同在政府，呂相視師淮上，秦相盡改其規模。一時爲呂相所引用人多逐去，盡起在外諸賢，如胡文定、張子公、程伯禹諸人，布在朝列，實欲傾呂相也。後呂相召還，過某州，席大光邀留，告所以傾秦之術，以爲莫若先去黨魁。黨魁，指文定也。秦竟爲呂相所傾，出知紹興府。是時富直柔者，富公之子，嘗於一寺中與秦相握臂款語，且及富公爲相時事。忽若有所思，徑入，去踰時不出。富怪之，須臾出云：「元來宰相要如此做。」一時會稽政事便放下不問，雖公筵亦只令去通判處理會。趙公素鄙秦之爲人，魏公却薦秦相，遂再召除樞密使。既視事，一切不問。魏公出知福州，朝辭。上問：「孰可以代卿者？」魏公薦趙相。上云：「可一面批旨奏來。」魏公還堂，秦相迎之，以爲必薦己也。坐久無語，秦色變。少頃，中使傳宣云：「有旨，令作召趙相公文字來。」於是魏公指揮堂吏作文字奏上，秦大不樂。魏公去國，趙相至，秦譖魏公於趙公曰：「德遠到堂中，尚未肯去。直到中使催促召相公文字，方上馬。」趙公於是益不樂魏公。及趙公爲秦所傾，出知泉州，過福州，與魏公相見，語及當時薦代之事，二公始豁然無疑。』先生曰：『秦相自爲樞密使，不理會事。及與趙公並相，一切聽其所爲，皆富直柔教之也。直柔不才子，富公相業安有此哉？其後上頗厭趙公，爲秦所窺，只兩言傾去。是時有吳輝者〔一八〕，作舍人，求去。上云：「吳輝只管求去。」趙公力薦，乞且留此人。秦奏云：「似這般人才，亦不難得。」上欲封普安郡王爲建王，恩平爲吳王。趙公以爲建一郡耳，吳古大國，事體不稱。秦奏云：「此亦只是虛名，有何不可？」趙公愕然，於是遂求去。』〔一九〕」又一條云：「秦相初罷政，張當軸〔二〇〕。是時虜入淮上，魏公出視師，遂起秦相知臨安。故事，前宰相召還，例賜茶藥繖蓋之屬。趙公並不檢舉。秦相使人禱魏公，公盡與合得禮數。魏公淮上方向進，趙公憂不便，奏乞退師保建康以南。既而虜兵卻，言者攻趙相，謂進師非趙鼎意，坐是罷出。魏公獨相，遂挽秦爲樞密使。秦一切唯唯，從公所爲。久之，始與公爭事。及呂安老廬州失師，魏公乞出，上不能留。因問：『卿去，孰可代者？』公遂薦趙相。上云：『卿可具文字來。』既退，至都堂，秦迎之，有喜色，意其必薦己也。公坐久無語，秦色變。公乃指揮堂吏作召趙相文字。及趙公來，秦相譖魏公曰：『上意如此，德遠猶且彷徨。及中使宣索召相公文字，方上馬去。』及言魏公所以短趙公者，由是二公爲深仇。故趙相居位，不復牽挽魏公。其後因一僧與魏公生日，秦相治之甚峻，幾逮及公。又治趙相之子，獄未成。夜忽有一燈墜獄中，其上書一『反』字，明日獄具，罪當斬。秦檜不悅，欲加『族誅』文字，未上，檜死。先生云：『若族趙相家，當時連逮數十人。做到這裏，自休不得，其勢須如曹操去。』」

僩因問：「當初高宗若必不肯和，乘國勢稍振，必成功。」曰：「也未知如何，蓋將驕惰不堪用。」僩問：「如張、韓、劉、岳之徒，富貴已極，如何責他死了，宜其不可用。若論數將之才，則岳飛爲勝。然飛亦横，只是他猶欲向前廝殺。」先生曰：「便是如此。有才者又有些毛病，然亦上面人不能駕馭他。若撞著周世宗、趙太祖，那裏怕他！駕馭起皆是名將。緣上之舉措無以服其心，所謂『得罪於巨室』者也。」是夜因論「爲政不得罪於巨室」，語及此。又問：「劉光世本無能，然却軍心向他，其裨將亦多可用者。」曰：「他本將家子云云。」「張魏公撫師淮上，督劉光世進軍。是時虜人正大舉入寇，光世恐懼，遂背後愬趙忠簡。是時趙〔一一〕爲相，折彦質爲樞密。折助之請，樞密院遂命劉光世退軍。魏公聞之，大怒，遂趕回劉光世，出榜約束云：『如一人一馬渡江者，皆斬！』光世遂不敢渡江，便回淮上。樞府一面令退軍，而宣撫令進軍淮上，然終退怯。魏公既還朝，遂力言光世巽儒不堪用，罷之，而命呂安老董其軍。及安老爲瓊等所殺，降劉豫，魏公由是得罪，而趙忠簡復相。趙既相遂復舉劉光世爲將，都弄成私意〔一二〕。魏公已自罷得劉光世好了，雖呂安老敗事，然復舉能者而任之，亦足矣，何必須光世哉？此皆趙之私意。以某觀〔一三〕，必竟魏公去得光世是，而趙所爲非。豈有虜人方入，你却欲掉了去？一邊令進軍，一邊令退軍，如何作事？」云云。又言：「諸將驕横，張與韓較與高宗密，故二人得全。岳飛較疏，高宗又忌之，遂爲秦所誅，而韓世忠破膽矣！只有韓世忠在大儀鎮算殺得虜人一陣好。高宗初遣魏良臣往虜中講和，令韓世忠退師渡江。韓聞魏將至，知其欲講和也，遂留之，云：『某方在此措置得略好，正抵當得虜人住，大功垂成，而主上乃令追還，何也？』魏云：『主上方與大金講和，以息兩國之民，恐邊將生事敗盟，故欲召公還，慎勿違上意。』韓再三嘆息，以爲可惜。又云：『既上意如此，只得抽軍歸耳。』遂命士卒束裝，即日爲歸計。魏遂渡淮，兀朮問以韓世忠已還否。魏答以某來時，韓世忠正治疊行，即日起離矣。兀朮再三審之，知其然，遂稍弛備。世忠乘其懈，回軍奮擊之，兀朮大敗。魏良臣皇恐無地，再三求哀，云：『實見韓將回，不知其紿己。』乃得免。」

因言：「陳同父上書乞遷都建康，而曰：『黄帝披山通道，未嘗寧居〔二四〕。今宫室臺榭、妃嬪媵嬙之盛如此，如何動得？』高宗本遷都建康了，却是趙忠簡打疊歸來。蓋初間虜人入寇，羣臣勸高宗避之，忠簡力勸高宗躬往撫師〔二五〕，行至平江而止。繼而淮上諸將相繼獻捷，趙公得人望，正在此時。已而欲返臨安，適張魏公來，遂堅勸高宗往建康。及淮師失律，趙公荒窘，遂急勸高宗移歸臨安，自此遂不復動矣。看趙公後來也無奈何，其勢只得與虜人講和。是時已遣王倫以二十事使虜，約不稱臣，以濁河爲界，此便是講和了。後來秦檜力排趙公，遂以不肯講和之罪歸之，使萬世之下趙公得全其名者，乃檜力也。」問張、趙二公優劣。曰：「若論理會朝政、進退人才，趙公又較縝密，無疏失。若論擔當大事、竭力向前，則趙公不如張公。張公雖是竭力擔當，只是他才短，處事疏處多，盡其才力方照管得。若才有些不到處，便弄出事來，便是難。趙公也是不諳軍旅之務，所以不敢擔當。萬一虜人來到面前，無以應之，不若退避耳。」僩。儒用録云〔二六〕：「或問：『趙忠簡公與魏公材品如何？』曰：『趙公於軍旅邊事上不甚諳練，於國事人才上却理會得精密，仍更持重，但其心未必如張公辦得爲國家擔當向前。自中興以來，廟堂之上主恢復者，前有李伯紀，後有張公而已。但張公才短，處事有疏略處。他前後許多事，皆是竭其心力而爲之。少有照管不到處，便有疏脱出來。』」

問：「趙忠簡行狀，他家子弟欲屬筆於先生，先生不許，莫不以爲疑，不知先生之意安在？」曰：「這般文字利害，若有不實，朝廷或來取索，則爲不便。如某向來張魏公行狀，亦只憑欽夫寫來事實做將去。後見光堯實録，其中煞有不相應處，故於這般文字不敢輕易下筆。趙忠簡行實，向亦嘗爲看一過，其中煞有與魏公同處。或有一事，張氏子弟載之，則以爲盡出張公；趙氏子弟載之，則以爲盡出趙公。某既做了魏公底，以爲出於張公，今又如何説是趙公耶？故某答他家子弟，盡令他轉托陳君舉，且要他去子細推究，參考當時事實，庶得其實而無牴牾耳。」問：「張、趙都是好宰相，未知人品如何？」曰：「他兩個當初都要協力出來主張國事，只緣後來有些不足，遂做不成。以某觀之，趙公未免有些不是處。」曰：「何以見之？」曰：「且如淮上既敗，張公既退，趙公復相，凡張公所爲，一切更改。張公已遷都建康，却將車駕復歸臨安；張公所用蜀中人才，一皆出之。觀此，似亦趙公未免有不是處也。」曰：「臨安駐蹕門之立意不欲安於此耳。又嘗聞長老之言，有植竹於内庭者，趙公見而拔之，曰：『汝欲安於此乎？』然則再歸臨安，恐必有爲，非是與魏公相反也。又見趙公遺事有一條説張公罷相，趙公復相事甚詳。云：『德遠所用人才，如馮如熊等在朝諸人，趙公皆更用之，亦豈得謂之故與張公相反乎？』」先生曰：「拔竹之事，似是汪端明所記，但某未敢深信。嘗記張公欲行遣一内臣，趙公但欲薄責之，蓋恐其徒或來報復。如此，則拔竹事其能然乎！至於收用蜀中人才，恐未必然也。大抵張公才疏意廣，却敢擔當大事。至於趙公，却深曉事，其於人才世務區處得頗精密，至於擔當天下事，恐不及張公也。」枅。

「張魏公材力雖不逮，而忠義之心，雖婦人孺子亦皆知之，故當時天下之人惟恐其不得用。」若海。

「杜子美詩云『艱危須藉濟時才』，某思至此，不覺感歎，『濟時才』分明是難得！」直卿問：「志與才互相發否？」曰：「有才者未必有志，有志則自然有才。人多言張魏公才短，然被他有志後，終竟做得來也正當。」道夫。

「明受之禍，魏公在江中，忽有人登其舟，公問爲誰，云：『苗太尉使我來殺相公。』公云：『汝何不殺我？』云：『相公忠義，某門不肯做此事。後面更有人來，相公不可不防備。』公問姓名，不告而去。」欽夫云。德明。

「孝宗初，起魏公用事，魏公議論與上意合，故獨付以恢復之任，公亦當之而不辭。然其居廢許時，不曾敢拾人才〔二七〕，倉卒從事，少有當其意者。諸公多薦查元章、籥，江陵人。馮圓仲，方，蜀人。魏公亦素相知，辟置幕府。朝廷恐其進太鋭，遂以陳福公、唐立夫參其軍，以二人厚重詳審故也。緣唐立夫亦只是個清曠、會説話、好骨董、談禪底人，與魏公同鄉里，契分素厚，故令參其軍事。」因笑曰：「正如趙元鎮相似，那邊一面去督戰，這邊一面令回軍，成甚舉措。魏公既失利，遂用湯進之。未幾，虜人再來，湯往視師，辭不行。又命王瞻叔，瞻叔又辭不行。蓋魏公初罷淮上宣撫時，朝廷命王治其錢穀〔二八〕。瞻叔極力搜索，軍士皆忿怨。若往，必有一場大疏脱，蓋是時軍士已肆言欲殺之矣。」沈莊仲云〔二九〕：「嘗見先生説魏公被李顯忠、邵宏淵二將説動，故決意進兵。既而唐、陳二公皆不從。魏公令問二將，二將曰：『聞虜人積粮運芻於虹縣靈壁矣。秋高馬肥，必大舉南寇。今若不先其未發而破之，及其來，莫説某輩不肯用心。』二公聞此言，故亦從之。魏公既入奏事，淹留一兩月。及還，則已六月矣。乘劇暑進兵，以至於敗。未幾，魏公薨背，無人可用。幸而復與虜人講和，乃定。」儒用。

「張魏公〔三〇〕初召來，搢紳甚喜。時湯進之在右揆，衆以爲魏公必居左。既而告庭雙麻，湯遷左，魏公居右，凡事皆爲湯所沮。魏公不得已，出視師，言官尹穡陰摇撼之。一日，陳良翰邦彦上殿〔三一〕，言及此，壽皇云：『安有此事？當今羣臣誰出魏公之右者？恐是臺諫中陰有所沮，卿可宣諭之。』陳退，自念臺諫中某人某人姓名失記。皆主魏公，只有尹一人意異。然上旨如此，不可不宣諭，遂以上意達諸人。尹云：『某明日亦上殿。』既不見報，次日又上殿。繼而有旨，陳知建寧，魏公遂罷。」問：「湯後來罪責如何？」曰：「渠建議和親，以四州還之，而虜復犯淮。壽皇怒，免官，削爵土。」可學。

「張魏公被召入相，議北征。某時亦被召，辭歸，嘗見欽夫與説，若相公誠欲出做，則當請旨盡以其事付己，拔擢英雄智謀之士，一任諸己，然後可爲。若欲與湯進之同做，決定做不成，後來果如此。然那時又除湯爲左相，却把魏公做右相。雖便得左相，湯做右相，也不得。何況却把許多老大去爲他所制。後來乖此。只要濟事，故不察，外人見利害甚分明。」賀孫。

因論張魏公、湯思退主戰和，曰：「亦不可徒從上言戰，以拗太上。太上以做兩番不曾成了，所以怕主戰者。須是做得模樣在人眼前，教太上看見，自信其可以戰，則自無説也。」揚。

「張魏公不與人共事，有自爲之意。也是當時可共事之人少，然亦不可如此，天下事未有不與人共而能濟者。汪明遠得旨出措置荆襄，奏乞迂路過建康，見張公。張公不與之言，問亦不答。」揚。

「張魏公可惜一片忠義之心而疏於事，亦是他年老，覺得精神衰，急欲成事，故至此。兼是朝廷諸公不能，得公用兵，幸其敗，以爲口實。初間是李顯忠、邵宏淵請於公，以爲虜人精兵在虹縣，及侯秋來大舉南寇。今若不先破其巢穴，待他事成驟至，某等此時直當不得。公問其實否，李顯忠、邵宏淵便云：『某人之說甚詳。』即下僉廳，呼二人議，其說如前。公曰云云，於是即動，不知如何恁地輕率。」德明。

魏公言：「元祐待熙、豐人太甚，所以致禍。人無君子小人，孰不可爲善？」此是其父賢良之說。汪書答云：「又有如何大圭者。」何爲張所禮，後譖張于秦。公云「便是這般人」云云。先生謂汪書云：「若某則曰：『公當深於易，易只言君子小人。今若言無小人，是無用易也。』」方。

「秦會之入參時，胡文定有書與友人云：『吾聞之，喜而不寐。』前輩看他都不破如此。」淳。秦檜。

「翟公巽知密州，秦檜作教授。一日，有一隱者至，會相，曰：『此教授大貴。』翟問：『與某如何？』曰：『翰林如何及之，如何及之！』時游定夫在坐，退因勉秦云：『隱者甚驗，幸自重。』游因說與胡文定曰：『此中有個秦會之好。』胡問如何，曰：『事事裏不會。』秦後於陳應之處問游。後云，曾爲游所知云。」上秦言於陳應之，應之言於先生。下「事事裏不會」，籍溪言於先生。揚。

問胡文定公與秦丞相厚善之故。曰：「秦會之嘗爲密教，翟公巽時知密州，薦試宏詞。游定夫過密，與之同飯于翟，奇之。後康侯問人才於定夫，首以會之爲對，云：『其人類荀文若。』又云：無事不會。京城破，虜欲立張邦昌，執政而下，無敢有異議，惟會之抗疏，以爲不可。康侯亦義其所爲，力言於張德遠諸公之前。後會之自海上歸，與聞國政，康侯屬望尤切，嘗有書疏往來，講論國政。康侯有詞掖講筵之召，則會之薦也。然其雅意堅不欲就，是必已窺見其微隱〔三一〕，有難處者，故以老病辭。後來會之做出大疏脱，則康侯已謝世矣。定夫之後，及康侯諸子，會之皆擢用之。」時在坐范兄云：「定夫之子不甚發揚。秦老數求乃翁論語解序，因循不果録呈。其姪有知之者，遂默記之。一日進見秦老，及此，則舉其文以對，由是喜之。後故擢至侍從，是爲子蒙尊人。又曰：「此老當國，却留意故家子弟，往往被他牢籠出去，多墜家聲。獨胡明仲兄弟却有樹立，終是不歸附他。嘗問和仲先世遺文，因曰：『先公議論好，但只是行不得。』和仲曰：『聞之先人，所以謂之好議論，政以其可以措諸行事。何故却行不得？』答曰：『公不知，便是六經，也有説得行不得處。』此是這老子由中之言。看來聖賢説話，他只將做一件好底物事安頓在那裏。」又曰：「此老千鬼百怪，如不樂這人，貶竄將去，却與他通慇懃不絶。一日，忽招和仲飯，意極拳拳。比其還家，則臺章已下，又送白金爲贐。按：程子山諸公在貶所，俱有啓事謝其存問者，皆此類也。如欲論去之人，章疏多是自爲，以授言者，做得甚好。傅安道諸公往往認得，如見彈洪慶善章，曰：『此秦老筆也。』」儒用。德明録云〔三二〕：「秦相曾語胡和仲云：『先丈議論固好，然行不得。』和仲問：『既是議論好，何故不可行？』秦云：『仲尼垂世立教，且説個道理如此以示人，如何便一一行得？』一日，又語和仲云：『柳下惠降志辱身，如何？』和仲對云：『降志辱身，是下惠之和。未若伯夷、叔齊不降其志，不辱其身。』秦曰：『不然。也有合降志時，合辱身時。』先生曰：『秦老自再相後，每事便如此。』陳剛云：『向見東萊説秦老語和仲云，先丈説「敬以直内，義以方外」，一句是，一句不是。我只是「敬以直内」。』」賀孫録云〔三四〕：「胡寧爲太常丞〔三五〕，上令取遺文看。寧遂告兄寅〔三六〕。寅繕寫表進，更以副本獻秦檜〔三七〕。檜看畢，即謂和仲曰：『都使不得。』和仲曰：『某聞之先人，皆是可用之語，丞相如何説使不得？』曰：『論語、孟子許多説話，那曾是盡使得？只是也要教後人知得有許多説話。』又一日，問和仲曰：『賢道「敬以直内，義以方外」是兩事，是一事？』和仲曰：『聞之先人，這只是一事。』檜曰：『賢後生不識，某看來只是上一句用得。』和仲曰：『這是聖人兩句法語，丞相如何道只一句用得？』檜曰：『某平生所行，只上一句。賢説須着下一句，賢且試方看。』聖賢法言無一非實用，檜只作好説話看過。平生如此，宜其誤國也。」可學録云：「檜召五峰兄弟，五峰辭甚力。和仲言頗孫，遂再召赴闕。檜問：『來時明仲何言？』曰：『家兄令禀丞相，善類久廢，民力久困。』檜不答，問和仲曰：『「敬以直内」，只行上一句，下一句只與賢行。』又曰：『文定文字甚好。』和仲進此文字，以副本納之，檜云：『只是行不得。』和仲再三問：『既好，何故行不得？』檜云：『孔、孟言語亦有行不得。寫在策上，只是且教人知得此。』」又揚録云：「太上一日問胡和仲：『文定春秋外更有甚文字？』胡曰：『只有幾卷家集。』上曰：『可進來。』遂進之。後秦檜問胡曰：『先丈文字進了？』連説『先丈好議論』三四句後，曰：『只是一句也行不得。』胡曰：『議論好時，只是謂好行。相公既説好，如何行一句不得？」曰：「不特先丈文字如此，聖賢議論亦豈盡可行？只是且教世間人知得有這一般道理。」」又燾録云：「或問『信而好古』。曰：『而今人多不好古，皆是他不信。』因舉秦會之嘗與胡和仲説：『如先公解春秋，儘好議論，只是無一句行得。』對曰：『惟其可行，方是議論。若不可行，則成甚議論？』秦曰：『且如周公、孔子之言，那有一句行得？只是説得好，所以存留在，與後人看。』」又璘録云：「檜召胡和仲來，問『敬以直内，義以方外』。和仲之父子兄弟尋常以爲此兩句只是一事，檜云：『不然。「敬以直内」可用，某逐日受用便是。「義以方外」不可行。』和仲疑之，檜云：『公試行看。』和仲上殿，光堯索文定公文集，因以副本呈。檜云：『先公議論甚好，但一句也行不得。且如孔、孟許多説話，也只是存一個好話，令人知有此好話耳，決不可行。』又問和仲：『「不降其志，不辱其身」，如何？』和仲既解以對。檜云：『合降志，須着降；合辱身，須着辱。』和仲以太常丞權郎，檜忽請喫酒五盃，歸而章疏下矣。檜之不情如此。」

「秦檜聞富季申言，深有感。歸，出謂富曰：『元來作相當如此！』後來所爲，皆得之於此。不知其説，然大率保位之術耳。」揚。

「秦檜初罷相，出在某處，與客握手，夜語庭中。客偶説及富公事，秦忽掉手入内，客莫知其故。久之方出，再三謝客云：『荷見教。』客亦莫知所謂，扣問，乃答云：『處相位，元來是不當起去。』是渠悔出，偶投其機，故發露如此。趙丞相初亦不喜之。及其再入，全然若無能，趙便謂其收斂，不做一聲，遂一向不疑之〔三八〕，亦不知其如此。胡康侯初甚喜之，於家問中云：『秦會之歸自虜中，若得執政，必大可觀。』康侯全不見得後來事，亦是知人不明。」又云：「秦會之是有骨力，惜其用之錯。」或問：「他何故不就攻戰上做？」曰：「他是見得這一邊難成功，兼察得高宗意向亦不決爲戰討計。」賀孫。

問：「富直柔握手之語，不審何說？」曰：「往往只是說富公後來去朝廷使河北，被人讒間等事。秦老聞之，忽入去，久之不出，富訝之〔三九〕。後出云：『元來做宰相是不可去。』秦既再入，遂譖魏公於趙公。又因吳輝等二事傾去趙相，一向自做，更不肯去。胡和仲嘗勸秦云：『相公當國日久，中外小康，宜請老以順盈虛消息之理。』秦曰：『此事不然。我當時做這事，尚拖泥帶水，不曾了得。』問：『何事未了？』曰：『是未取得他中原。』曰：『若取中原，必須用兵，相公是主和議者。』曰：『我從來固不主用兵。然虜自衰亂，不待用兵，自可取。』後來楊安止亦有劄子勸秦相去位，秦相大率如對和仲者。於是不樂，安止遂坐此去國。不然，安止亦須做從官。」先生曰：「不曉他要取中原之意。後來見陳國壽璹說，秦老初欲以此事付國壽，擬除它廬帥。陳云：『荷朝廷任使，帥長沙、廣西，皆內地。若邊帥，當擇才。某於軍旅事素不習，恐敗事。』其議遂已。竊意秦老只是要兵柄入手，此事做未成。若兵柄在手，後來必大段作怪。」德明。

「秦太師與呂並相，呂出甚所在，秦一時換了臺諫人物。呂聞之，不平。有客告之云，其黨魁乃胡文定，可逐去，則秦不足慮。呂如其言，歸而諷臺諫論之。秦爭於上〔四〇〕，遂併論秦。高宗欲罷其相，令人行詞。當時秦所引皆是好人，而立朝無過，人皆不平。行詞者遂求御批，以疏其罪。高宗遂批與之，大略云：『其未相時，説作相數月可以致治。既相，皆無所建明。』後來秦再相，數年之後，却奏過，以爲當初無過，爲人所讒。遂行下詞臣家索御批。既得之，則以納于高宗，其無禮不臣如此。可學録云：「秦會之初罷相，高宗親批，付綦叔厚草麻，御書藏綦氏。及秦氣焰盛，自廣猝移某人知台州，於其家索出，而納於高宗〔四一〕。某人潮州人」。又當時史館有宰臣拜罷録，已載此罷相時事，亦有士大夫録得此書。秦已改史館之書了，又行下收民間所藏者。」德明。揚録云：「秦前罷相時，有御批其罪狀，與翰林學士綦崇禮行詞。後再相，令人於綦家搜索之，自於上前納了。兄秦楚材作翰林之類官，上以檜故，亦眷其人，檜亦忌而出之。」

因話及秦丞相，問：「當時諸公皆入虜，渠何以全家得還？」曰：「此甚可疑。當和親時，王倫自虜至，欲高宗屈膝，中外憤怒。秦老出，有人牓云『秦相公是細作。』揚録云：「都下甚恟恟，有欲殺之之意。一日，在甚寺中聖節，一樹上貼一榜子云『秦相公是細作。』」是時陳應之正同。到廟堂，問和親之故。秦云：『某意無他，但人主有六十歲老親在遠，須要取來相聚。』因顧左右，令取國書與應之看，乃是詔書。秦捲其前後，只見中間云『不求而得，可謂大恩』。蓋指河南也。先生言畢，云：「此事當記取，恐久後無人知之者。」當時虜中諸將爭權，廢劉豫，以河南歸我，乃是獺辣。獺辣既誅，兀朮用事，又欲背約。是時命婁炤僉書密院，爲宣撫，辟鄭亨仲又一人，記不全。爲屬，至蜀，見吴玠。玠曰：『某有一策。昔失陝西五路，最爲要害。今虜人以河南歸我，而陝西在其中，可謂失策，徐必悔悟。今不若移近蜀之兵，進而據之，則猶庶幾。稍遲，則不及事矣。』婁云：『此策固善，但某不敢專，須奏朝廷。』亨仲因力贊之，即草奏〔四二〕。未數日，虜兵已下陝西矣。當時下河南，止用單使。有一相識，姓名失記。爲蔡州平興尉。一日弓手報：『天使至，縣尉當出迎。』曰：『天使何人？』曰：『北使。』曰：『我南朝官，不可拜北使。』曰：『如此，則官人可歸矣。』乃爲辦兩車，並骨肉送之入南境。既而使到，縣官皆投拜，蓋本北人未換者。」可學。僩録云〔四三〕：「胡明仲與秦檜爭和議於朝堂，秦無語，但取金人所答國書，以手急卷，箝其兩頭，止留中間一行示明仲，云：『不求而得，可謂大恩。』字如掌大。時虜人初以河南之地歸我也。先生親見致堂説。」揚録云：「秦老講和後，曾取得河南地。關中五路，地連河南，盡得之。時令樓炤往守，鄭剛中在幕。吴玠云『今與之講和極是』云云。『今得五路，須急發兵守之。某守某處，令誰守某處，要急爲之。虜人只是不曾思量，恐覺便來取。』當時他人亦以爲常，惟鄭剛中擊節稱是。因言『鄭才識高』云云。樓曰：『某來時不曾得旨，須著入文字。』鄭曰：『可急入文字。』未幾，虜人取去矣。」

「秦老倡和議以誤國〔四四〕，挾虜勢以邀君，終使彝倫斁壞，遺親後君，此其罪之大者。至於戮及元老，賊害忠良，攘人之功以爲己有，又不與也。」若海。

「李泰發參政，在上前與秦相爭論甚力，每語侵秦相，皆不應。及李公奏事畢，秦徐曰：『李光無人臣之禮。』上始怒。」德明。

「秦檜初主和議時，舉朝無人從之。遂奏太上曰：『乞召李光來問如何。』遂召至。未對時，全不得見人，不知如何與秦檜相見。秦待之，酒行，如誤言云『滿斟參政酒。』時光爲尚書之類，光聞『參政』之言，秦遂與論和議如何，光贊之。次日，對陳和議之是，和議遂定，遂參政。光性剛，雖暫屈，終是不甘，遂與秦檜謁。秦所判文，光取塗改之。後爲秦治，過海，歸死。」揚。

「章貢軍叛，上不知。一日，問如何，秦曰：『軍人門閑相爭之類，已令人去撫定矣。』問是誰說。上初不言，詰之，乃曰：『兒子說。』遂尋別事罰俸，三月不支。」揚。

「施全刺秦檜，或謂岳侯舊卒，非是。蓋舉世無忠義，這些正義忽然自他身上發出來。秦檜引問之曰：『你莫是心風否？』曰：『我不是心風。舉天下都要去殺番人，你獨不肯殺番人，我便要殺你。』」賀孫。

「胡邦衡作書，記當時事，其序云：『有張扶者，請檜乘副車。呂愿中作秦城王氣圖。』

他當初拜相罷去，極好。再來，却曰：『前日但知道行則留，不行則去，今乃知不可去。』漸漸便到此田地。及至極處，亦顧其家，曹操下令云云是也。」問霍光。先生曰：「霍光無此心，只是弑許后一事不發覺，此大謬。」又問秦氏科第。先生曰：「曾與汪端明說，此是指鹿爲馬。汪丈云：『只是無見識。』」可學。璘録云：「秦太師專政時，張扶，或云張柄，請乘副車。呂愿中作秦城王氣詩以獻，檜皆受之不辭。呂知靜江府，府有驛名秦城，忽傳言有王氣。呂作詩與僚屬和之，成册以獻。此見胡邦衡所作紹興間被貶逐人事實序。熊子復欲作一書記其事，從其子借之。或云非邦衡所作。又曰：『私科舉，或云恐是愚弄天下之人，指鹿爲馬之意。』汪聖錫云：『恐不如此，只愚騃耳。』『初時人以伊、周譽檜，末後人以舜、禹譽檜，檜亦受之。大抵久執權柄，與人結怨多。才欲放下，恐人害己。似執守不放，其初未必有邪心，到後來漸漸生出，皆是鄙夫患失之謀耳。』」

問：「張魏公行狀，秦相叛逆事如何？」曰：「當時煞有士大夫獻謀者，亦有九錫之議矣，吳曾輩是也。」振。

「秦檜在相時，執政皆用昏庸無能者，如汪勃、章夏、董德元，皆一類人。太上一日問處州兵反事，秦久未對。章夏在後，恐秦忘之，因對一句。後秦語之曰：『檜不能對時，參政却好對。檜未對，參政何故便如此？』即時逐去之。興化林大鼐爲士人，時對策，言自宣、政以來，人無節義。後得秦檜於虜中，乞立趙氏，節義可取。時秦被黜閑居。後秦知之，大擢用。一日在經筵，因講得甚稱上意，上喜，賜一帶，秦逐出之。」揚。

「秦檜每有所欲爲事，諷令臺諫知後，只令林一飛輩往諭之。要去一人時，只云劾某人去，臺諫便着尋事上之。臺諫亦嘗使人在左右探其意，纔得之，即上文字。太上只是慮虜人，故任之如此。及秦死，遂召陳誠之、沈該、万俟卨、金安節諸人，以誠之輩嘗爲奉使，沈嘗以贓罷官，後以上書言講和進用，皆秦黨也。秦死封王，禮數之類皆得。又一面行遣昔時臺諫，爲皆附會權臣。」揚。

「秦檜舊作好人時，亦多有好相識，晚年都不與他，一切壞了。一日，謂和仲曰：『舊時亦煞有好相識，後皆不濟事，近來却有幾人好。』如曹泳、湯思退輩，皆其晚年所信用者。曹凶險狡獪之甚，秦之妻兒親黨皆爲其所離間。秦信愛之如子，然皆在其籠絡中矣。決定後來推秦作一大惡事，旋害了秦而自爲之。秦死，其妻兒銜之，泣訴於太上，謂秦時多事皆曹爲之，遂編置海外而死。曹妻亦自狡，要令一人軍將等去取曹喪，恐其不從，先教一婢子云：『你待我使其人不從，你便倒地作侍郎語云：「平日受我多少恩。你若不從我，即有禍及汝。」』及使其人，果有不肯從意，婢遂倒地如其言，其人拜告，即請行。蓋曹平日詭怪，家習之也。然曹有才可用，知紹興日，當聖節，吏人呈年例，店家借紫絹結甚物事。曹云：『不必借，看每年軍人緋紫衫要幾多絹。』遂檢籍所用，與此所用不爭多。遂取出染結了，却將染緋紫，遂不擾。知臨安日，當拜郊，郊壇要若干土朱刷，年例先出錢買朱。吏人呈，曹曰：『不要。』近郊壇有赤黃土，先令人將炭若干斤放彼處，臨期不遠，令追鐵匠於彼處放炭，如何燒土。以膠和塗其壇，遂省錢多少。天下事無不理會得，只是凶惡可畏。是戚里，又秦檜之子娶其兄女。」揚。

「秦檜乙亥年冬死。未死前一二年間，作一二件無狀底事，起獄斷送士大夫之類。近死兩年，朝不保暮，日日起獄，凶焰張大可畏。黃豐知興化日，有人有一弟，因爭兄財不與，遂以其兄嘗編録得胡銓上書，言秦檜緊要數語，告以爲兄罵秦太師。官司亦以尋常，不曾爲理會。時有一囚，與爭財弟同獄，問得其首尾。其囚配卒，不記何州。一日，福州帥張某過，其人直訴之于帥，爲有人罵太師，黃不爲理會。帥上其事於秦，即時攝取黃下大理，並其妻孥皆繫之。遂勘閩中何處州海島上有林二十三娘，過度甚物事，追之。尉即往海上收一二老婦女，林幾娘皆有之，但無林二十三娘。鄉老云：『此中只有一廟，是林二十三娘廟。』遂令鄉老供文字去，且休了。黃不曾有一分事，亦追官勒停。」揚。

「殺岳飛，范同謀也。胡銓上書言秦檜，檜怒甚，問范：『如何行遣？』范曰：『只莫採，半年便冷了。若重行遣，適成孺子之名。』秦甚畏范，後出之。」揚。

「王次翁，河東人，曾做甚官，已致仕。秦檜召來作臺官，受檜風旨治善類，自此人始。」揚。

「王循友彥霖家子孫。知建康，辭秦而往。問有何委，秦曰：『亦無事。只有一親戚在彼，秦之甥。極不肖，恐到庭下，爲痛治。』及到任，其人果犯來，與痛治喫棒之類。其人母骨肉訴之秦，秦大怒，即尋一事加於王。王得罪，妻孥皆配了，婦女皆爲軍人所娶。」揚。

「建人黄公達作太守有臟，提領韓美成縝家子弟。欲治之。黄已去，告之朝士。朝士曰：『公能作一事，不惟可以解此，又可以得美官，但恐公尚有所惜，不肯爲耳。』黄問如何。曰：『公上殿，能以劄子言曾天隱、李彌遜之徒不主和議，宜罪之。』黄即爲之，秦檜大喜，即擢爲察院。韓徑使人守察院門，云：『黄察院有公事未了，要去理會。』秦見不是道理，遂罷黄。」揚。

「興化一傅丈云：『秦今諸子孫，皆其夫人正家人。林一飛乃秦作教官時婢所生，夫人不容，與同官林家人養。秦後欲取歸，未遂而死。後其黨人欲爲料理，其夫人自陳云：「妾有幾子，林非是。」林遂貶何地。林死有子，今皆無禄，乃檜親孫也。』」林居興化。揚。

「秦太師死，高宗告楊郡王云：『朕今日始免得這膝褲中帶匕首。』乃知高宗平日常防秦之爲逆。但到這田地，匕首也如何使得？秦在虜中，知虜人已厭兵，歸又見高宗亦厭兵，心知和議必可成，所以力主和議。獺辣主事，始定和議。至次年，兀朮殺獺辣而畔盟，至順昌，爲劉信叔所敗；至楚州，又爲糧絶，兵師離散，方得成和。若不喫這兩着，亦恐未便成和。太后自虜歸，云：某年月日，虜人待之禮數有加；至某年月，又加禮；又某年月，又甚厚。今以年月考之，皆是我師克捷之時，故虜懼而加禮。禮極厚，乃是順昌之捷。高宗初見秦能擔當得和議，遂悉以國柄付之，被他入手了，高宗更收不上。高宗所惡之人，秦引而用之，高宗亦無如之何。高宗所欲用之人，秦皆擯去之。舉朝無非秦之人，高宗更動不得。蔡京門著數高，治元祐黨只一章疏便盡行遣了。秦檜死，有論其黨者，不能如此。只管今日説兩個，明日又説兩個，不能得了。有薦張魏公者，高宗云：『朕寧亡國，不用張浚！』」（四五）

問：「秦相既死，如何又却不更張，復和親？」曰：「自是高宗不肯。當渠死後，乃用沈該、万俟卨、魏道弼，又有一人。此數人皆是當時説和親者。中外既知上意。未幾又下詔云：『和議出於朕意，故相秦檜只是贊成。今檜既死，聞中外頗多異論，不可不戒約。』甚沮人心。當初有一二件事，皆不是。如檜家既保全，而專治其黨。士大夫遭檜貶竄者，叙復甚緩。渠死得甚好，若更在，甚可畏。當時已欲殺趙丞相之家，既加以反逆，則牽聯甚衆，見説有三十餘家皆當坐，中外寒心。高宗亦甚厭惡之，但無如之何。」問：「所以至於如此者，何故？」曰：「伊川云：『人主致危亡之道非一，而逸欲爲甚。』渠當初一面安排，作太平調度，以奉高宗，陰奪其權，又挾虜勢以爲重。」可學。

「秦老既死，中外望治。在上人不主張，却用一等人物。當時理會秦氏諸公，又宣諭止了。當時如張子韶、范仲達之流，人已畏之。但前輩亦多已死。上借問魏可。却是後來因逆亮起，方少驚懼，用人才。籍溪輪對，乞用張魏公、劉信叔、王龜齡、查元章，又一人繼之。時有文集，謂之四賢集。」可學。

「好底氣數，常守那不好底氣數不過。且如秦檜在相位十二年，被他守殺了幾個人，又殺了許多人，皆是他那不好底氣數到長了。」

「秦老是士大夫之小人，曹泳是市井之小人。」揚。

校勘記

〔一〕中興至今日人物上　朝鮮本作「自南渡至今日用人上」。下卷同。

〔二〕意思都轉　朝鮮本「思」下有「却」字。

〔三〕宋齊愈自外至會議處　原無「自」字，據朝鮮本補。

〔四〕語　朝鮮本作：論。

〔五〕及與王倫議　「倫」原作「侖」，據朝鮮本及宋史王倫傳改。
〔六〕杌　朝鮮本作：杌。此則語録中同此。
〔七〕饒録云　朝鮮本此下内容單録一則，且末尾小字記作：庚。
〔八〕方子録云　朝鮮本「方」上有「庚」字。
〔九〕則利澤均而公利便　「公利」，朝鮮本作「公私」。
〔一〇〕而屬諸吏　朝鮮本「而」上有「退」字。
〔一一〕僩録云　朝鮮本作：「按沈僩録少異。今附云。」
〔一二〕魏公初以何右丞薦爲太常簿　朝鮮本「丞」下有「栗」字。
〔一三〕絶　朝鮮本此下增：口。
〔一四〕魏公之人至有作爲詩賦以嘲趙公者　朝鮮本「之」下有「門」字。
〔一五〕會之謂必薦己　朝鮮本作：會之謂其必薦之。
〔一六〕歸　朝鮮本此下增：我。
〔一七〕德明録二條今附正之　朝鮮本作：又按廖德明録大同，今附云：正之。
〔一八〕是時有吴輝者　「吴」，萬曆本作「唐」。下同。
〔一九〕於是遂求去　朝鮮本此下增一節小字：壬子歲，先生再舉封吴國事與此不同，疑當以此爲正。按廖德明録意同，云。

〔二〇〕張當軸　朝鮮本「張」下有「忠獻趙忠簡公」六字。

〔二一〕趙　朝鮮本作：趙鼎。

〔二二〕都弄成私意　朝鮮本「都」上有「便是事」三字。

〔二三〕以某觀　朝鮮本「觀」下有「之」字。

〔二四〕未嘗寧居　朝鮮本「居」下有「古之人君何嘗要安居」九字。

〔二五〕羣臣勸高宗避之忠簡力勸高宗躬往撫師　原脱「避之忠簡力勸高宗」八字，據朝鮮本補。

〔二六〕儒用録云　朝鮮本作：按廖德明録自「問張、趙二公優劣」以下意同，今附云。

〔二七〕不曾敢拾人才　「敢」，朝鮮本作「收」。

〔二八〕朝廷命王治其錢穀　朝鮮本「穀」下有「事」字。

〔二九〕沈莊仲云　「沈」，朝鮮本作「周」。

〔三〇〕張魏公　朝鮮本段首增：舊當。

〔三一〕陳良翰邦彦上殿　「殿」原作「雖」，據朝鮮本、萬曆本改。

〔三二〕是必已窺見其微隱　朝鮮本「隱」下有「一二」二字。

〔三三〕德明録云　朝鮮本「德」上有「按廖」二字。

〔三四〕賀孫録云　朝鮮本作：「按葉賀孫録意亦同，今附云。」

〔三五〕胡寧爲太常丞　朝鮮本「胡」上有「高宗朝」三字，「寧」下有「和仲」二字。

〔三六〕寧遂告兄寅　朝鮮本「寅」下有「明仲」二字。

〔三七〕更以副本獻秦檜　朝鮮本「秦」下有「丞相」二字。

〔三八〕遂一向不疑之　「一向不疑」，朝鮮本作「以執政處」。

〔三九〕富訝之　「訝」原作「讀」，據朝鮮本改；萬曆本作「怪」。

〔四〇〕秦爭於上　朝鮮本「上」下有「前」字。

〔四一〕而納於高宗　「而」，朝鮮本作「面」。

〔四二〕即草奏　「草」原作「莫」，據朝鮮本改。

〔四三〕僩録云　朝鮮本作：「按沈僩録，虜書事乃言致堂，今附云。」

〔四四〕秦老倡和議以誤國　「秦」原作「奏」，據朝鮮本、萬曆本改。

〔四五〕不用張浚　朝鮮本此下增小字：庚。

朱子語類卷第一百三十二

本朝六

中興至今日人物下

「宗澤守京城，治兵禦戎，以圖恢復之計，無所不至。上表乞回鑾，數十表乞不南幸，乞修二聖宮殿，論不割地。其所建論，所謀畫，是非利害，昭然可觀，觀其勢駸駸乎中興之基矣。耿南仲沮之於南京時，使不歸京城。汪、黄沮之淮甸時，動相掣肘，使不得一有所爲。如令椿管器甲之類，不得擅有支遣；問所召募係何色額人，召募得百十萬以上人。令京民出助軍錢；不得支錢修城池造器械數事，皆汪、黄、張慤爲之。初，宗守京，太上即位南京時，河東北、京東西之民日夜自守，望駕歸京。王師之來，全無盗賊。駕一居淮甸，盗起百十萬。丁進、李成、楊進之徒競起，宗盡召之爲用，事垂成而薨。朝廷不爲諸人作主，諸人四散爲盜矣，傷哉！宗薨時年七十，謚忠簡。

「宗忠簡公薨，其家人方入棺，未斂。軍兵舉出大廳，三日祭吊來哭不絕，祭物滿廳無數，其得軍情人心如此。」揚。

「王庶，西人，趙元鎮引作樞密，甚有威望。又言他彊倔，死葬廬山。王之奇是庶之子，亦作樞密。庶以私怨殺曲端。端亦西人，庶嘗在其軍中，幾爲端所殺。」振。

「王子尚初在陝西，爲金人所圍，求救於曲端。端命一愛將救之，既至，欲求休息數日，王不許，戰敗，奔入城，王斬之。既而城陷，王奔端，端詰責，欲殺之。有幕僚力諫止，囚之。一日，遣入蜀，遂譖端於魏公，魏公殺端。」可學。

「徐師川微時，嘗遊廬山，遇一宦者鄭諶，與之詩曰：『平生不善劉蕡策，色色門中皆有人。』後入樞府，鄭時適用事，模樣似有力焉。徐在密院時，金人寇襄陽，中書集議。徐曰：『彼本盜賊所有，時國步未安，盜有竊發據城邑者，因以與之。好時爲官，跋扈則爲盜。得失不足爲國家輕重。』時趙元鎮爲參知政事，曰：『襄陽爲金人所據，則川、廣路絕，國家危矣！』徐曰：『此是樞密院事，參政不須與。』趙曰：『小小兵事，樞密自主之可也。此國家大事，政府安得不與？』即上馬而去。太上聞之，罷徐樞密。徐歸鄉，以前輩自居，恃文使氣好駡，專以飲酒爲事，不擇貧賤，皆往啖之，詩亦無甚佳者。」揚。可學録云：「徐師川在密院，荆、襄有密報，五府會議。師川曰：『今日朝廷視荆、襄乃無用地，何不棄之？』趙丞相爲參政，曰：『此乃上流，何可棄？』師川曰：『密院事，可預參政？』趙曰：『某參知政事，此乃係政事之大者，安得不預？』遂策馬徑出。入文字，朝廷爲之罷師川，趙遂知院，爲帥未行，虜退師。」

「韓世忠作小官時，一城被圍，郡將無計。世忠令募敢死士，得二百人。世忠云：『不消多。』只擇得精者八十人，令人持一斧。世忠問云：『其間豈無能爲盜者？』遂令往偷了鼓槌，却略將石頭去驚他門。他必往報中軍，便隨入，見有紅帳者便斫。俟彼人集，便出來，恐有馬軍來趕，便與相殺。城上皆噉云：『馬軍進！』如是果退圍。」揚。

「岳太尉飛本是韓魏公家佃客，每見韓家子弟必拜。」振。

「岳飛恃才不自晦。郭子儀晚節保身甚闒冗，然當緊要處，又不然，單騎見虜云云。飛作副樞，便直是要去做。張、韓知其謀，便只依違。然便不做亦不免，其用心如此，直是忠勇也。」揚。

「紹興間諸將横。劉光世使一將官來奏事，應對之類皆善。上喜之，轉官，頗賜予。劉疑其以軍中機密上聞，欲殺之。其人走投朝廷，朝廷不知如何區處之。劉又使人逐路殺之，追者已近，其人告州將藏之獄中，入文字朝廷，方免。」揚。

「吳玠到饒風關却走回，此事惟張巨山退虜記得實。」德明。

「後世用兵，只是胡廝殺，那曾有節制？如季通說八陣可用，怕也未必可用。當臨陣時，只看當時事體排撥得著所在。如吳璘敗虜於殺金平，前面對陣交兵正急，後面諸軍一齊擁前，爛殺虜人，這有甚陳法？且如用兵前陳交接，後陳即用木車隔了，不令突出。當吳璘那時，軍勢勇猛，將來隔了，一齊都斫開突前去，有甚陳法？看來兵之勝負，全在勇怯。」又云：「用兵之要，敵勢急，則自家當委曲以纏繞之；敵勢緩，則自家當勁直以衝突之。」賀孫。

「古之戰也，兩軍相對，甚有禮。有饋惠焉，有飲酌焉，不似後世便只是爛殺將去。劉錡順昌之捷，亦只是投之死地而後生。當時虜騎大擁而至，凡十餘萬。諸將會議，以爲固知力不能當，然急渡江，則朝廷兵守已自戒嚴，必不可渡。兼携持老幼，虜騎已迫，必爲所追，其勢終歸於死。若兩下皆死，不若固守，庶幾可生，遂開城門而守。虜人大至，劉錡先遣人約他某日戰。虜人謂其敢與我約戰，大怒。至日，虜騎壓於城外。時正暑月，劉錡分部下兵五千爲五隊，先備暑藥、飯食、酒肉存在。先以一副兜牟與甲，置之日下曬，時令人以手摸，看熱得幾何。如此數次，其兜牟與甲尚可容手，則未發。直待熱如火，不可容手，乃喚一隊軍至，令喫酒飯。少定，與暑藥，遂各授兵出西門戰。少頃，又喚一隊上，授之，出南門。如此數隊，分諸門迭出迭入〔一〕，虜遂大敗。緣虜人衆多，其立無縫，僅能操戈，更轉動不得。而我兵執斧直入人叢，掀其馬甲，以斷其足。一騎纔倒，即壓數騎，殺死甚衆。況當虜衆正熱，甲盾如火，流汗喘息煩悶。而吾軍迭出，飽鋭清涼，而傷困者即扶歸就藥調護。遂以至寡敵至衆，虜人大敗，方有怯中國之意，遂從和議，前此皆未肯真個要和。此是庚申年六月，可惜此機不遂進。」賀孫。

「張棟字彦輔。謂劉信叔親與他言，順昌之戰，時金人十上萬人圍了城，城中兵甚不多。劉使人下書約戰日，虜人笑。是日早，虜騎迫城下而陣，連山鐵陣甚密不動。劉先以鐵甲一聯曬庭中，一邊以肉飯犒師。時使人摸鐵甲，未大熱，又且候。候甲熱甚，遂開城門，以所犒一隊持斧出，令只掀起虜騎，斫斷馬脚。人馬都全裝，一騎倒，又粘倒數騎，虜人全無下手處。此隊歸，以五苓大順散與服之，令歇。又以所犒第二隊出如前，殺甚多，虜覺得勢敗，遂遁走。後人問曬甲之事如何，曰：『甲熱則虜久在日中皆熱悶矣，此則在涼處歇方出。』時當暑月也。」揚。

「籍溪嘗云：建炎間勤王之師所過州縣，如入無人之境，恣行摽掠，公私苦之。有陳無玷者，以才略稱。嘗作某縣，宿戒邑人，各備器械，候聞鍾聲，則人執以出，隨其所居，相比排列。未幾，勤王之師入縣，將肆縱横之狀，即命擊鍾。邑人聞之，如其宿戒以出，師徒見其戈矛森列，不虞其有備若此也，相顧失色，遂整師以過，秋毫無犯，邑人德之。又胡文定公之趨召命也，泛舟而下，無玷走吏致書，戒其吏云：『計程到江、黄間，有官船自下而上者，可扣之，當是本官。』吏至彼，果有舟上者，一問得之，其善料事如此。蓋渠以事占之，知文定之不果造朝也。」儒用。

「某人作縣，臨行請教於某人。先生言，其姓名今忘記。某人曰：『張直柔在彼，每事可詢訪之。』某人到官，忽有旨，令諸縣造戰船。召匠計之，所費甚鉅。因憶臨行請教之語，亟訪策於張。張曰：『此事甚易，可作一小者，計其丈尺廣狹長短，即是推之，則大者可見矣。』遂如其語爲之，比成推算，比前所計之費減十之三四。其後諸縣皆重有科斂，獨是邑不擾而辦。後其人知紹興府，太后山陵，被旨令應副錢數萬結磚爲墻。其大小厚薄，呼磚匠於後圃依様造之。會其直，比抛降之數減數倍。遂申朝廷，乞紹興自認磚墻。正中宦者欺弊，遂急沮其請，只令紹興府應副錢，不得干預磚墻事。」儒用。或録云：「其人曰：『如何費許多錢！』遂呼磚匠於園後結墻一堵，驗之。先問其磚之大小厚薄，依様燒磚而結之，費比朝廷所抛降之數減數倍云云。」

「張觷，字直柔。福唐人，嘗知處州。有人欲造大舟，不能計其所費，問之。張云：『可造一小舟，以寸折尺，便可計算〔二〕。』後又有人欲築紹興園神廟墻，召匠計之，云費八萬緡。

其人用張法，自築一丈長，算其墻可直二萬，遂以四萬與匠者。董事内官無所得，遂與奏紹興貧，不如自出錢。太后遂自出錢，費三十二萬緡。」揚。

「高宗朝有朝士，後爲尚書，建炎嘗請駕幸福建，以爲福建有天險。又上言，邵武，南劍人，多鑿紙錢，廢農業，乞降旨禁之。或人家忌日之類，不得燒紙錢，只燒經幡一二紙，好笑如此。粘罕長槍大劍如此，而使若輩人謀國云云。邵武有文集。又有趙霈者，清獻之孫，此時亦上言，聖節殺雞鵝太多，只令殺猪羊大牲。適傳有一『龍虎大王』南侵，邊方以爲懼。胡侍郎云：『不足慮，此有「雞鵝御史」，足以當之。』」揚。

「紹興間，曾天隱名恬。作中書舍人。曾亦賢者，然嘗爲蔡京引用。後修哲宗實録成，太上、趙丞相要就褒賞修實録官，制辭上説破前後是非。曾以蔡之故，常主那一邊。及行詞，只模糊作一修史轉官制。上與丞相不樂，命吕居仁行。吕權中書舍人，自丁巳三月二十五日上一狀論分别邪正。謂曾之徒，也自荆公諸人熙、豐間用事，新經、字説之類，已壞了人心術。元祐諸公所爲，那一邊人終不以爲是。紹聖以後，又復新政，敗壞一向，至於渡江。然舊人亦多在者，其所見舊染不省，雖賢者亦復如是，如曾之徒是也。因論人以先入爲主，一生做病。」揚。

「湯思退事秦檜最久，其無狀皆親學得，故所爲如此之乖。」揚。

「湯思退作樞密，董德元參政，商量薦小秦作相。董言之不答，湯即背其說，逐董出，召魏良臣來作參。魏治楊存中，上不答。湯又逐出魏，湯遂作相。」揚。

「湯思退、王之望、尹穡三人姦甚，又各有文。以計去了魏公，盡毀其邊備山寨水櫃之類，凡險要處有備禦者皆毀之。還了金人四州，以謂可以保其和好而無事矣。一日，只見虜騎十萬突至，驚擾一番而去，三人者乃罷其謀，蓋三人之所同也。尹乃疏平日邊事，尹能文其事，尚如此奸。宰相自爲一室藏文書，全不令臺諫至，其後及賈誼待大臣盤劍之類事。湯卒以驚死敗，小人情狀如此。初去了魏公，毁邊備時，諸將皆欲得而殺之。王之望尚在其所，急上書論三事：一恢復，二守禦，三與之和時，亦要地界、歲幣之類分明。上大喜，即日召歸參大政。及金人有所須，上商量之際，上意欲不與，欲之望有所說，之望全不言。上顧之云：『如何？』之望曰：『不如且與之。』上曰：『卿前書意如何？』及敗，二人皆懼邊將之怨己不敢出師，上前至以鄙語相罵。之望謂湯小數子，成把價撒出來，好士夫所爲如此之類，言語記不全。三人之意，惟恐奉虜不至，但看要如何。虜見其着數低，易之，遂無所不敢。使其和議如秦檜時，則亦一檜矣。好梟三人首於都市，俾虜人聞之，亦以少畏。此是甲申年。虜騎來時，思退、之望既罷，穡不罷。上令胡銓、穡往經略邊備，二人皆搬家先去。上但知胡如此，怒去之。時召陳魯公，魯公至，留胡。上曰：『用其經略邊事，遂搬家先去，用是罷之。』陳曰：『如此，則檜亦搬家去。臣途中見之。』遂罷。檜多讀書，能文，然行不成人。上初極重之，每對群臣言，『無人及檜。』龔茂良爲左司諫，與檜同對，欲促上早定和議。龔曰：『内政只消三二個月打疊，不日可以致太平。但外敵未去，下手未得，且與講和爲便。』」揚。

方伯謨問：「某人如何？」忘其姓名。先生曰：「對移縣丞一節，全處不下。」又問：「是當初未見得？」曰：「他當初感發踴躍，只是後來不接續。」語朱希真曰：「天下有一等人，直是要文采，求進用。」因説及尹穡，「前日趙蕃稱他是好人[三]。」伯謨問：「他當初如何會許多年不出？」曰：「只是且礙過，及至上手則亂。渠初擢用，力言但得虜和，三二月綱紀自定。龔實之云：『便是他人耳聾，敢如此説！』如減冗官事是，但非其人，行之失人心。渠初除浙西制置，胡邦衡除浙東。邦衡搬家從蘇、秀，迤邐欲歸鄉，因此罷。陳魯公再用，因言於上曰：『胡銓搬家固可罪，尚向北；尹穡搬家乃向南。』上云：『無此事。』公云：『臣親見之。自古人主無與天下立敵之理，天下皆道不好，陛下乃力主張。』張魏公在督府，渠欲摇撼。一日，陳彦廣對言：『張某似有罷意。』上曰：『安有此事？方今誰出魏公上？（上每呼張相只曰『魏公』。）必是臺諫中爲此，卿可宣諭。』陳見尹，道上意，尹云：『某請對。』數日，駕在德壽，批出，陳知建寧府，魏公亦罷。」某問：「當時諸公薦之，何故？」曰：

「亦能文章，大抵以此取人，不考義理，無以知其人，多爲所誤。如蘇子由用楊畏，畏爲攻向上三人，蘇終不遷。畏曰：『蘇公不足與矣。』乃反攻之。」可學。

或問「胡邦衡在新州十七八年不死」。先生曰：「天生天殺，道之理也，人如何解死得人？」廣〔四〕。

「胡邦衡尚號爲有知識者，一日以書與范伯達云：『某解得易，魏公爲作序；解得春秋，鄭億年爲作序。』以爲美事。范答書云：『易得魏公序甚好。鄭序春秋者，不知是何人，得非劉豫左相乎？是此人時，且請去之。』胡舊常見李彌遜，字似之，亦一好前輩。謂胡曰：『人生亦不解事事可稱，只做得一兩節好便好。』胡後來喪名失節，亦未必非斯言有以入之也。」揚。

「吕居仁學術雖未純粹，然切切以禮義廉耻爲事，所以亦有助於風俗。今則全無此意。」方子。

「吕家之學，大率在於儒、禪之間，習典故。居仁遂去學作詩，亦不説於趙丞相，後於秦檜所爲，亦有輔之者。籍溪云：『嘗代一表云「仰日月於九天之上」，下一句甚卑，可憐之詞，居仁爲之也。後虜中此文亦有人傳之。』」揚。

「吕居仁作舍人時，繳奏文字好處多。一章論袁煥章乞作教官：『教官人之師表，豈可乞？』此論不聞數十年矣。今皆是陳乞，然不陳乞，朝廷又不爲檢舉。朝廷爲檢舉方是，亦可以養士大夫廉恥。今皆不然，都要陳乞。舊除從官，便不磨勘，今亦不然。如磨勘，大約用三載考績之法，一年一切了。今年年日日理會官員磨勘。」揚。

「呂居仁不甚惡臟汙，深惡多才刻薄者。此自回避黨人，故有此論出來。然大害名教，豈不使得子孫取受！如論固窮守節處，甚佳。」揚。

「呂舍人好言忍恥之類，此意不佳。」揚因及劉道原不受温公惠。曰：「如此做得人，也靈利。」揚。

說呂居仁解大學，曰：「他諸公何故一做下便不改動一字？非聖人安能如此？這般非是大聖，便是大愚。」

因說呂居仁作江民表墓誌不好，曰：「作龜山底尤不好，故文定全不用，盡做過了。」振。

「呂居仁家往往自檯舉，他家人便是聖賢。其家法固好，然專恃此，以爲道理只如此，却不是。如某人纔見長上，便須尊敬以求教；見年齒纔小，便要教他。多是如此。」人傑因曰：「此乃取其家法而欲施之於他人也。」人傑。

「汪聖錫不直潘子賤直前事，云：『無緣聽得殿上語。』向宣卿云〔五〕：『吾當時是言尹和靖某事，又爲朱子發理會卹典。子賤當時爲呂居仁所賣。」德明。

「張無垢説得一般道理，一切險而動。」振。

「張無垢氣魄，汪端明全無些子氣魄。無垢論語説得甚敷暢，横説竪説，居之不疑。」「永嘉前輩覺得却到好，到是近日諸人無意思。陳少南，某向雖不識之，看他舉動煞好，雖是有些疏，却無而今許多纖曲。」賀孫問：「少南雖是疏，到在講筵議論，實有正直氣象。」曰：「然。近日許多人，往往到自議論他。」賀孫。

問：「陳少南詩如何？」曰：「亦間有好處，然疏，又爲之甚輕易。秦檜居温州時，陳嘗爲館客。後入經筵，因講公羊『母以子貴』之説爲非是，因論嫡妾之分。是時太母還朝，陳遂忤太上意，安置惠州。張宋卿於彼從之。徽廟梓宫歸，鄭后梓宫亦歸，邢后太上初聘，亦隨歸。及邊，以訃聞。太母還，秦檜欲以吉服迎，吴才老時爲禮官，獨以爲不可，謂須先以凶服迎梓宫歸。太上幾年不見太母了，不爭此二三日。奉安梓宫了，却以吉服迎太母歸。衆禮官聚都堂，皆從秦意，吴獨爭之。秦曰：『此不是公聚訟處。』即以吴出之。」先生又云：「公羊之説非是，只有一嫡。」揚。

因論李德遠、黄世永爲湯進之所買，云：「他亦是不曾見前輩，前輩皆不如此。湯見人時，一面顔色言語皆買人之物。史直翁亦然，然却較好。史雖主和，然亦有去交結得一人爲應者，然許他皆過分數了。誠使彼足以抗虜，此中亦何以處之？其策甚非也。」揚。

「史丞相好薦人，極不易；然却有些籠絡人意思，不佳。陳丞相較渾厚，無這般意思，又若賢否不辨者。」振。

「陳福公自在，只如一無所能底村秀才。梁丞相亦然。」振。

「史老雖如此，然常愛論薦引拔士人，此一節可喜。如陳應求方寸平正，遠過龔實之。然龔又却好士，每到處便收拾得些人才。劉樞不好士人，先亦讀書，長編從頭批抹過。近得書云，尚要諸經史從頭爲看一遍，顧老病，恐不能。」揚。

因論張戒定夫，「其初名節好，後來亦以書與諸公論，當時某不是全不主和議，但謂和時要如何。後來多有如某之料，其意欲進甚鋭。太上終是嫌破和議底人。秦檜死，亟下詔守和議不變，用沈該、万俟卨、陳誠之輩，故張戒自秦檜死後，數年終不用。而張自躁如此，蓋是學無本原故耳。張學老子之類。」揚。

「張定夫居建昌，享高壽，有文集曰正平集。自言初學孔子之道而無所得，後讀老子而願學焉。又喜管子，其議多尚法制。立朝亦可觀，人傑録云〔六〕：「與先吏部厚善。當時朝士皆敬之，雖有素喜陵人者，亦不敢慢。」嘗對高宗云：『陛下有仁宗之儉慈，而乏藝祖之英略。』高宗以爲説得好。又嘗言：『過江以來，非李伯紀、趙元鎮、張魏公三人，也立不住。』」

先生謂若海曰：「令祖全節翁孝義篤至，又能堅正自守。當時權貴欲一見之，竟不爲屈。至於通判公，又爲張、趙所知，持論凜然，不肯阿附秦老，可謂『無忝於所生』者。前輩高風，誠可敬仰。爲子孫者，其忍不思所以奉承而世守之乎。」或曰：「今人志在趨利，聞人道及此等事，則多非毀訕笑。」先生曰：「某嘗謂得他當面言之，猶似可。又有口以爲是，心實非之，存在胸中，不知不覺做出怪事者，玆尤可畏。」按：胡泳云，内翰，文公之後。若海。

「鄧名世，臨川人，學甚博，趙丞相以白衣起爲著作郎，與先吏部同局，吏部甚敬畏之。有考證文字甚多，考證姓氏一部甚詳，紹興府有印板。謂左丘姓，人有牌牓在賣卦，左氏只是姓左。」先生云：「楚左史倚相世爲史官，恐其後也。」鄧著作後爲秦檜以傳出祕書文字罪之，褫官勒停。揚。

「熊叔雅，名彦詩。王時雍婿也。金人入寇，京城不守，時雍盡搜取婦女與虜人，人號時雍爲『虜人外公』。當秦檜時，叔雅知永州，魏公時安置永州。秦檜之父曾爲玉山知縣，玉山人要爲老秦立祠堂，求叔雅作記。叔雅質之魏公，魏公令勿須作。叔雅自後只是言貧，這後恐不得差遣。十數日後，魏公知其意，與之曰：『前日所謂作祠堂記，作也不妨。』叔雅作之，大意言：人問公有甚異政？曰：無異政，只見民父子有親，君臣夫婦長幼朋友之倫皆如此好了。子太師得其道以治天下亦然，云云。立大碑於玉山。」揚。

「三山黄明陟登是黄傳正之父。揚録云「張登，福唐人。」㽦録云：「張致中父登。」從周録云：「永福姓張人。」其人樸實公介，爲甚處宰。諸録云尤溪。初上任，凡邑人來見者，都請，諸録云「士夫僧道百餘人」。但一揖。揚録云：「坐處亦不足，只立説話。」問：『諸公能打對否？』人皆不敢對。因云：『「天」對甚？』其中有人云：『對「地」。』又問：『「日」對甚？』云：『對「月」。』『「陽」對甚？』云：『對「陰」。』却又問：『「利」對甚？』云：『對「害」。』乃大聲云：『這便不是了。天下一切人都被這些子壞了，才把「害」對「利」，便事事上只見得利害，更不問義理。㽦録云：「人只知以『利』對『害』，便只管尋利去。」須知道「利」乃對「義」，才明得義、利，便自無乖爭之事。自後只要如此分別，不要更到訟庭。』後來在任果有政聲。此事雖近於迂闊，然却甚好，今不可多見矣。」時舉。㽦録云：「一揖而退，此亦可書。其桃符云『奉勸邑人依本分，莫將閑事到公庭』，言雖質，意亦好。」揚録云：「其人爲攻簡易，無係累。後坐化死〔七〕」。

「李椿年行經界，先從他家田上量起，今之輔弼能有此心否？」人傑。

「王龜齡學也粗疏。只是他天姿高，意思誠慤，表裏如一，所至州郡上下皆風動，而今難得此等人。」賀孫。

「王詹事守泉，初到任，會七邑宰，勸酒，歷告之以愛民之意。出一絶云：『九重天子愛民深，令尹宜懷惻怛心。今日黄堂一杯酒，使君端爲庶民斟。』七邑宰皆爲之感動。其爲政甚嚴，而能以至誠感動人心，故吏民無不畏愛。去之日，父老兒童攀轅者不計其數，公亦爲之垂淚。至今泉人猶懷之如父母。」時舉。

「汪端明學亦平正，然疏。文亦平正，不好小蹊曲徑。福唐政事鎮靜，與福亦相宜。蜀政不及。見事亦快。」揚。

「汪端明少從學於焦先生。汪既達時，從杲老問禪。憐焦之老，欲進之以禪，因勸焦登徑山見杲。杲舉『寂然不動，感而遂通』，焦曰：『和尚不可破句讀書。』不契而歸，亦奇士也。」焦名援，字公路，南京人，清修苦節之士。閎祖。

「汪聖錫日以親師取友多識前言往行爲事，故其晚年德成行尊，爲世名卿。」若海。

「汪季路甚子細，但爲人性太寬，理會事不能得了。」賀孫。

「祝懷汝昭嘗論張說。一日，祝有一婢溺死。衢守施元之謂張曰：『祝婢乃其父婢，祝汙之，恐事泄，抑令其死。』張遂言之於上。上曰：『此事大，若有之，行遣不得草草；若無，不須以此陷人。』遂陰遣一兵士之類來衢探其事。往來月餘日，得其實矣。一日，乃投都監曰：『奉聖旨，來探祝編修家公事。』遂叫集鄰里作保明狀去，事方已。兵士小人，乃能如此。」揚。

「主上一日嘉鄭自明直言，遂問近臣曰：『昔時有一魏掞之好直言，今何在？』左右以死對。問：『有子弟否？』無人爲敷陳，遂贈直祕閣宣教郎。」揚。

「這道理易晦而難明。某少年過莆田，見林謙之、方次榮説一種道理，説得精神，極好聽，爲之踴躍鼓動。退而思之，忘寢與食者數時。好之，念念而不忘。及至後來再過，則二公已死，更無一人能繼其學者，也無一個會〔八〕説了。」僴。

論林艾軒作文解經。曰：「林成季井伯爲艾軒作墓銘，諱艾軒著書。但云幸學，講中庸九經及某篇，是艾軒所著。此是有形諱不得底。嘗見九經口義，先説一段冒子，全與所講不干涉。其説是言『巍巍乎惟天爲大，唯堯則之』、『巍巍乎，舜、禹之有天下而不與焉』，人看時，都理會不得。某却曾見他口説來，乃是説道，巍巍乎者，世上有恁地大底事，惟天有之，惟堯則之。下面又説個『巍巍乎』者，言此大事，只是天與堯有之，舜、禹都不與此。蓋是取奉光堯，不知却推倒舜、禹。」又云：「在興化南寺，見艾軒言曾點言志一段，『歸』自釋音作『饋』字，此是物各付物之意。某云：『如何見得？』艾軒云：『曾點不是要與冠者童子真個去浴沂風雩。只是見那人有冠者，有童子，也有在那裏澡浴底，也有在那裏乘涼底，也有在那裏饋餉饁南畝底。曾點見得這意思，此謂物各付物。』」艾軒甚祕其説，密言於先生也。德輔。

「王説習之性直，好人，與林艾軒輩行。上即位即召見，論不可講和。上一日謂宰臣曰：『前日上殿，有個生得貌寢，是言此。忘了甚底官人，議論亦好。』遂除官。龔實之笑王習之以不講和奉上意。先生謂習之直，不是奉上。龔實之多讀書，知前輩大體，頗識義理。又有才，做得去。亦有文。小官時甚好。爲正言時，攻曾龍。後來心術一偏至於如此，可惜，可惜！反不如陳應求，全不如他却較好。」揚。

因給舍繳駁事，而大臣無所可否，云：「昔梁叔子將爲執政時，曾語劉樞云：『某若當地頭，有文字從中出，不當者如何，也須說教住了，始得。』後梁已大用，而文字自中出者，初不聞有甚執奏。劉樞深怪其事。後見錢某因事說及，丞相煞有力。中出文字，日日有之，丞相每每袖回了而後已。自今觀之，又不見此。」賀孫。

「某人初登宰輔，奏逐姜特立。忽有旨召姜，乞出甚力，在六和塔待命。有旨免宣押。某人初過樞，天下屬望，首有召姜之命，經由樞密，曾無奏止，坐視丞相以近習故去國。其意只以入樞未久，恐說不行而去，爲人所笑，故放過此一著，是甚小事。」直卿云：「人日日常將理義夾持個身心，庶幾遇事住不得。若是平常底人，也是難得不變。如某人，固謂世人屬望，但此事亦須不要官爵，方做得。」曰：「固是。若是不要官爵，這一項事如何放得過？每看史策到這般地頭，爲之汗栗！一個身已便頓在兵刃之間。然漢、唐時爭議而死，愈死愈爭，其爭愈力。本朝用刑至寬，而人多畏懦，到合說處，反畏似虎。」致道因問：

「武后事，狄梁公雖復正中宗，然大義終不明，做得似鶻突。」曰：「當此時世，只做得到恁地。狄梁公終死於周，然薦得張柬之，迄能反正。」又問：「呂后事勢倒做得只如此，然武后却可畏。」曰：「呂后只是一個村婦人，因戚姬，遂迤邐做到後來許多不好。武后乃是武功臣之女，合下便有無稽之心〔九〕。自爲昭儀，便鴆殺其子，以傾王后。中宗無罪而廢之，則武后之罪已定。只可便以此廢之，拘於子無廢母之義，不得。呂后與高祖同起行伍，識兵略，故布置諸呂於諸軍。平、勃之成功也，適值呂后病困，故做得許多脚手，平、勃亦幸而成功。胡文定謂武后之罪，當告于宗廟社稷而誅之。」又云：「中宗決不敢爲黜母之事。然而并中宗廢之，又不得。當時人心惟是見武后以非罪廢天子，故疾之深。惟是見中宗以無罪被廢，故願復之切。若并中宗廢之，又未知何以收拾人心，這般處極難。」賀孫。

「耿京起義兵，爲天平軍節度使。有張安國者，亦起兵，與京爲兩軍。辛幼安時在京幕下爲記室，方銜命來此，致歸朝之義，則京已爲安國所殺。幼安後歸，挾安國馬上，還朝以正典刑。」儒用。

「辛幼安亦是個人才，豈有使不得之理？但明賞罰，則彼自服矣。今日所以用之者，彼之所短，更不問之。視其過當爲害者，皆不之卹。及至廢置，又不敢收拾而用之。」人傑。

問：「陳亮可用否？」曰：「朝廷賞罰明，此等人皆可用。如辛幼安亦是一帥材，但方其縱恣時，更無一人敢道它，略不警策之。及至如今一坐坐了，又更不問著，便如終廢。此人作帥，亦有勝它人處，但當明賞罰以用之耳。」僩。

「近世如汪端明，專理會民；如辛幼安，却是專理會兵，不管民。他這理會兵，時下便要驅山塞海，其勢可畏。」植。

辛幼安爲閩憲，問政，答曰：「臨民以寬，待士以禮，馭吏以嚴。」恭甫再爲潭帥，律己愈謹，御吏愈嚴。其謂如此方是。道夫。

「劉樞帥建康，所得月千緡。劉欲止受正所當得者，以恐壞後來例，不敢。但受之，後却送其不當得者於公使庫。後韓元龍來作漕，盡不受其所不當得者，劉甚稱服之。」平父云。振。

「劉共父創第，規模宏麗，先生勸止之曰：『匈奴未滅，何以家爲！』忠肅意不樂也。」道夫。

「劉寶學初娶熊氏，生樞密。生次子，方落地，問是男，即命與其弟直閣爲子。熊不樂，都不問，竟以是而没。後樞密娶吕氏入門，未幾，即命吕一切儀物盡與直閣女爲嫁具，吕即送與之。」平父云。振。

「某曾訪謝昌國，問：『艮齋安在？』謝指廳事云：『即此便是。』」其廳亦敝陋。文蔚。

「金安節爲人好。」振。

戴少望云：「洪景盧、楊廷秀爭配享，俱出，可謂無黨。」曰：「不然。要無黨，須是分別得君子小人分明。某嘗謂：凡事都分做兩邊，是底放一邊，非底放一邊；是底是天理，非底是人欲；是即守而勿失，非即去而勿留，此治一身之法也。治一家，則分別一家之是非；治一邑，則分別一邑之邪正。推而一州一路以至天下，莫不皆然，此直上直下之道。若其不分黑白，不辨是非，而猥曰『無黨』，是大亂之道也。」戴曰：「信而後諫，意欲委曲以濟事。」曰：「是枉尺直尋而可爲也。」閎祖。

「孫逢吉從之煞好。初除，便上一文字，盡將今所諱忌如『正心誠意』許多說話，一齊盡說出，看來這是合著說底話。只如今人那個口道是是，那個不多方去回避。」賀孫。

「天下事須論一個是不是，後却又論其中節與不中節。余古失於許[一〇]，然使其言見聽，不無所補。李琪[一一]則所謂『不在其位，不謀其政』，要之却亦有以救其失也。如二子，却所謂『是中節不中節』者[一二]。」道夫。

「耿直之作浙漕時，有一榜在客位甚好[一三]，說用考課之法。應州縣官不許用援，有績可考，自發薦章。如考課在上而挾貴援者，即降次等。今在鎮江亦然否[一四]？」曰：「僻在山林，不知其詳，但聞私謁不行。」曰：「向來耿守有一書說：『用之則行[一五]，舍之則藏〔一六〕。』」從周曰：「此義尙如何說？」曰：「也只是前來說。若如耿說，却是聖人學得些骨董，要把來使，全不自心中流出。」從周曰：「『伊尹耕於有莘之野，而樂堯、舜之道。』濂溪曰：『志伊尹之所志，學顏子之所學。』伊尹恥其君〔一七〕，至若撻於市。學者若横此心在胸中，却是志於行，莫不可？」曰：「非是私〔一八〕。修身養性與致君澤民只是一理。」從周。

「吳公路作南劍天柱灘記曰：『事無大小，爲之必成；害無大小，除之必去。』此見其志。」方。

「王宣子說：「甘抃言，士大夫以面折廷爭爲職，以此而出，人皆高之。宦官以承順爲事，忽犯顏而出，誰將你當事？如黃彥節是也。其見如此之乖！後漢吕强，後世無不賢之。」揚。

「近年有洪邦直爲宰，以贓被訟，求救於伯圭。伯圭薦之甘抃，甘抃薦之。上召見，賜錢，以爲此人甚廉而賢，除監察御史。」振。

先生聞黃文叔〔一九〕之死，頗傷之，云：「觀其文字議論，是一個白直響快底人，想是懊悶死了。言不行，諫不聽，要去又不得去，也是悶人。」因言：「蜀中今年煞死了係名色人，如胡子遠、吳挺，都是有氣骨底人，吳是得力邊將。」賀孫。

「近世士大夫憂國忘家，每言及國事輒感憤慷慨者，惟於趙子直、黃文叔見之耳〔二○〕。」僩。

趙子直奉命將入蜀，請於先生，曰：「某將入蜀，蜀中亦無事可理會。意欲請於朝，得沿淮差遣，庶可理會屯田。」曰：「出於朝廷之意，猶恐不得終其事。若自請以行，則下梢或有小事請乞不行，便難出手。如舉薦小吏而不從其薦，或按劾小吏而不從其劾，或求錢米以補闕之而不從其所求，這如何做？」賀孫。

「趙子直政事都瑣碎，看見都悶人。曾向擇之云：『朱丈想得不喜某政事。』可知是不喜。」賀孫。

或言趙子直多疑，先生曰：「諸公且言人因甚多疑？」魯可幾曰：「只是見不破爾。」道夫。

趙子直要分門編奏議，先生曰：「只是逐人編好。」因論舊編精義，逐人編。自始終有意。今一齊節去，更拆散了，不見其全意矣。

「趙子直亦可謂忠臣，然以宗社之大計言之，亦有未是處，不知何以見先帝。」人傑。

一日獨侍坐，先生忽顰蹙云：「趙丞相謫命似出胡紘。」問：「胡紘不知曾識他否？」曰：「舊亦識之。此人頗記得文字，莆陽之政亦好，但見朋友多說其很愎。」某曰：「丞相前日之事，做得都是否？」曰：「也有些不是處。」問所以不是處。曰：「公他日當自見之。」先生又曰：「一時正人皆已出去，今全無一好人在朝。」某曰：「鄭溥之當時草趙丞相罷相詞固好。以某觀之，當時不做便乞出，尤爲奇特。」曰：「也不必如此。但是後來既還之後，便出亦自好。它却不合不肯出，所以可疑。若說教他不做便出，亦無此典故。」某曰：「且如富鄭公繳遂國夫人之封，以前亦何曾有此？自富公既做，後遂爲例。」先生微笑而不答。某又問：「丞相秉軸，首召先生入經筵。命下，士子相慶，以爲太平可致。忽然一日報罷，莫不惶惑。竊議者云：『先生請早晚入講筵，人主將不能堪，便知先生不能久在君側。』」曰：「早晚入講筵，非某之請，是自來如此。然某當時便教久在講筵，恐亦無益。一日雖是兩番入講筵，文字分明，一一解注，亦只講過而已〔二二〕，看來亦只是文具。」枅。

或曰：「今世士大夫不詭隨者，亦有五六人。」曰：「此輩在向時本是闒茸人，不比數底。但今則上面一項真個好人盡屏除了，故這一輩稍稍能不變，便稱好人。其實班固九品之中，方是中下品人。若中中以上，不復有矣。」先生因問：「某人如何？」或曰：「也靠不得。」曰：「然。見他寫書來，皆不可曉。頃在某處得書來，說學問又如何，資質又如何，讀書不長進又如何。某答之云：『不須如此說話〔二三〕，不濟事。若資質弱，便放教剛；若過剛，便放教稍柔些；若懶，便放教勤。讀論語，便徹頭徹尾理會論語；讀孟子，便徹頭徹尾理會孟子；其他書皆然。此等事，本不用問人，問人只是杭唐日子，不濟事。只須低着頭去做。若做底，自是不消問人。』這番又得他書，亦不可曉。」或曰：「終是他於利欲之場打不透。欲過這邊，又捨彼不得；欲倒向那邊，又畏友朋之議。又緣頃被某人擡獎得太過。正如個船閣在沙岸上，要上又不得，要下又推不動。」曰：「然。無一番大水來泛將去，這船終不動。要之，只是心不勇之故。某嘗歎息天下有些英雄人，都被釋氏引將去，甚害事！且如昔日老南和尚，他後生行脚時，已有六七十人隨著他參請。於天下叢林尊宿，無不徧謁，無有可其意者。只聞石霜楚圓之名，不曾得去，遂特地去訪他。及到石霜，頗聞其有不可人意處。老南大不樂〔一三〕，徘徊山下數日，不肯去見。後來又思量既到此，須一見而決。如是又數日，不得已，隨衆入室，揭簾欲入，又舍不得拜他。如是者三，遂奮然曰：『爲人有疑不決，終非丈夫。』遂揭簾徑入，才交談，便被石霜降下。他這般人立志勇決如此。觀其三四揭簾而不肯入，他定不肯詭隨人也。廣録云：「世上有一種人，心下自不分明，只是怕人道不會，不肯問人。昔老南去參慈明時，已有人隨他了。它欲入慈明室，數次欲揭簾入去，又休。末後乃云：『有疑不決，終非大丈夫。』遂入其室。」某常說：怪不得今日士大夫，是他心裏無可作做，無可思量，『飽食終日，無所用心』，自然是只隨利欲走。間有務記誦爲詞章者，又不足以拔其本心之陷溺，所以個個如此。只緣無所用心，故如此。前輩多有得於佛學，當利害禍福之際而不變者。蓋佛氏勇猛精進、清浄堅固之說，猶足以使人淡泊有守，不爲外物所移也。

若記覽詞章之學，這般伎倆如何救拔得他那利欲底窠窟動！」或曰：「某人讀書，只是摘奇巧爲文章以求富貴耳。」曰：「恁地工夫，也只做得那不好底文章，定無氣魄，所以他文字皆困苦〔二四〕。某少年見上一輩，未說如何，個個有氣魄，敢擔當做事。而今人個個都恁地衰，無氣魄，也是氣運使然。而今秀才便有些氣魄，少年被做那時文，都銷磨盡了。所以都無精彩，做事不成。」僩。

「彪居正德美記得無限史記，只是不肯說，只要說一般無巴鼻底道理。在南嶽說：『「溫故而知新」，不是今人所說之故、新。故者，性也；新者，心也。溫性而知心，故可以爲人師。』其說道理如此，然口嘵嘵不肯已。」璘。

校勘記

〔一〕分諸門迭出迭入　「入」原作「大」，據朝鮮本、萬曆本改。

〔二〕以寸折尺　「尺」原作「赤」，據萬曆本改。

〔三〕前日趙蕃稱他是好人　朝鮮本「人」下有「此乃狗彘所不爲尚得爲好人」十二字。

〔四〕廣　朝鮮本此下增小字：以下皆章、蔡等。

〔五〕向宣卿云　朝鮮本「卿」下增注「子諲」二字。

〔六〕人傑録云　朝鮮本收録完整「人傑」所記語録，今附如下：張戒字定夫，自云：始學夫子之道，而無所得。乃看老子而願學焉，又看管子與先吏部厚善。當時朝士皆敬之，雖有素喜陵人者，亦不敢慢。其文謂之正平集。人傑。

〔七〕「嚳録云」至「後坐化死」　朝鮮本作：「從周録云：永福姓張者作知縣云云。」

〔八〕一個會　朝鮮本「會」上增「理」。

〔九〕合下便有無稽之心　「稽」，萬曆本作「君」。

〔一〇〕余古失於訐　「訐」原作「許」，據朝鮮本改。

〔一一〕李琪　朝鮮本作：李湛。

〔一二〕却所謂是中節不中節者　「節」原作「之」，據朝鮮本改。

〔一三〕有一榜在客位甚好　朝鮮本「榜」下有「子」字，「在」下有「諸處」二字。

〔一四〕今在鎮江亦然否　朝鮮本「否」下有「曰然曰得實否」六字。

〔一五〕用之則行　朝鮮本「用」上有「子曰」二字。

〔一六〕舍之則藏　朝鮮本「藏」下有「惟我與爾有是夫」七字。

〔一七〕伊尹恥其君　朝鮮本「君」下有「不及堯舜一夫不得其所」十字。

〔一八〕非是私　朝鮮本作「只恐私」三字。

〔一九〕黄文叔　朝鮮本作：黄裳文叔。

〔二〇〕黄文叔見之耳　朝鮮本「耳」下有「黄蜀人名裳」五字。

〔二一〕亦只講過而已　「講」原作「謂」，據萬曆本改。

〔二二〕不須如此説話　「此」原作「何」，據朝鮮本改。

〔二三〕老南大不樂　「老」字原無，據朝鮮本補。

〔二四〕所以他文字皆困苦　「苦」原作「善」，據萬曆本改。

朱子語類卷第一百三十三

本朝七

盗賊

「蜀中有趙教授者，因二蘇斥逐，以此摇動人心，遂反。當時也自響應，但未幾而哲宗上仙，事體皆變了，所以做得來也没巴鼻。蜀人大故强悍易反。成都嘗有一通判要反，已自與府中都吏客將皆有謀了。不知如何，一婢走出來告云：日逐有官員來議事，帥因下簾，令辨府中人，則皆每日所見合謀者，其事遂敗。」義剛。

「方臘起，向薌林時爲小官，言今無策，只有起劉元城、陳了翁作相，則寇不戰而自平。」揚。

「伊川嘗説：今人都柔了。蓋自祖宗以來，多向寬仁，不曾用大刑之屬，由此人皆柔軟，四方無盜賊。後來靖康時多盜，蓋虜難方急，朝廷無暇治之耳。且如紹聖之後，山東、河北連年大饑而盜作，也皆隨即仆滅。但見長上云，若更遲〔一〕四五年，虜人不來，盜亦難禁止，蓋是饑荒極了。」義剛。

「方臘之亂，愚民望風響應。其間聚黨劫掠者，皆假竊臘之名字，人人曰『方臘來矣』，所至瓦解。臘之婦紅裝盛飾，如后妃之象。以鏡置胸懷間，就日中行，則光彩爛然，競傳以爲祥瑞。」儒用。

論及楊么，云：「當時也無甚大賊，不過只是盜賊而已。如李成之徒，也只是劫掠。若無討，則不過自食人，皆不是做事底。」義剛。

「建賊范汝爲本無技能，爲盜亦非其本心。其叔積中却素有包藏，陰結徒黨，置兵器滿倉箱中。其徒勸之舉事，每每猶豫，若有所待。有不快於中者，輒火十數家，且殺人，因劫之爲首，其人終不肯，但曰：『時未可，我決不能爲，汝輩可別推一人爲主。』衆遂擁戴汝爲，勢乃猖獗。建之士如歐陽穎士、施逵、吳琮者，善文章，多材藝，或已登科，皆望風往從之。置僞官，日以蕭、曹、房、杜自相標置，以漢祖、唐宗頌其功德。汝爲愚人，偃然當之。朝廷遣官軍來平賊，時秋稼已熟，賊聞官軍且至，放水灌田，又以禾穟相結連，已而決塍去水。

官軍至，不諳其山川道路。賊縱之入山，山路險隘，騎卒不能前。賊覺官軍已疲困，乃出平原以誘官軍。官軍出山，爭趨田中，既爲結縋牽絆，又陷泥淖。賊因四面鏖擊之，官軍大敗。乘勝據建州三年，累降累叛。竟遣韓世忠來，方能勦除之。汝爲自縊，尸爲衆所焚，弗獲。初，建人陸棠、謝尚有鄉曲之譽。陸乃龜山婿，爲士人時，極端重，頗似有德器者。賊聲言：『使二人來招我，吾降矣。』朝廷遣之，既而賊有二心，乃拘係久之。歐陽輩又說之日益切，因循遂爲賊用。賊敗，歐陽穎士、吳琮先誅死，陸、謝、施逵以檻車送行在。至中途，逵謂二人曰：『吾輩至，必死。與其戮于市朝，且極痛楚，曷若早自裁？』二人曰：『何可得自死？』逵曰：『易爾。』乃密令人爲藥三元，小大形色俱相似，一乃無毒者。逵取無毒者服之，餘二人服即死。逵既至行在，歸罪于二人，理官無所考證，迄從末減，但編置湖南某州。中途又逃去，或爲道人，或爲行者，或爲人典庫藏，後迤邐望淮去。有喜其材者，以女妻之，住數月，復北走降虜，改名宜生。登僞科後，擢用甚峻。逆亮將犯淮時，猶爲之奉使。此來時〔二〕，黄〔三〕尚書通老爲館伴。黄幼與之同筆硯，雅相好，至是不欲見其人，以疾辭，遂改名張子公。宜生猶問子公：『通老安在？』子公以實對。欲扣虜中事，不可得。因登六和塔，子公領客，宜生先登，亟問之曰：『奉使得無首丘之念乎？』宜生曰：『必來。』言方終而介使至，宜生色爲之變。既歸，即爲虜所誅。」龍泉尉施慶之乃其族也，常舉宜生十數詩，內入使時題都亭驛詩云：「江梅的皪未全開，老倦無心上將臺。人在江南望江北，斷鴻聲裏送潮來。」又按蕭閑集注，宜生字朋望，建安浦城人，宣、政間爲潁川教授，與宗室趙德麟友善，後仕劉豫。豫廢，歸其國，歷南臺郎中，刺濕、深二州，召爲禮侍，累遷侍講，道號「三住道人」。儒用

「二士人見龜山，容貌甚莊端，坐不動，每來必如是，以此喜之。一日，引入書院，久坐。忽報有客，龜山出接，士人獨坐，凝然不動如故。宅眷壁外窺之，大段驚異。士人别去，家人以實告，皆稱其如此好人，愈爲所取。後以女妻之，乃陸棠也。及范汝爲作亂，棠入其黨，見矯情飾貌之難信也。」過。

「李楫寇廣西，出榜，約不收民税十年，故從叛者如雲，稱之爲『李王』，反謂官兵爲賊。以此知今日取民太重，深是不便。」廣。

「瀘州之事，朝廷既是命委清强官體究，帥司若有謀，只那體究官便是捉賊官。且如揀差體究官，帥司祇密著一不下司文字與之，令到地頭體究，隨宜便與處分。若體究官到彼，他見朝廷之意未十分來煎迫，亦須開門放入。但只與之言：『今日之事既是如此，若大兵四合勦滅，亦不難。今亦未能如是，但你這頭首人，合當出來陳説始初是如何。』及其既至，則收而梟之，事即定矣。若遽然進兵掩捕，則事勢須激，城中之人不可保，而州郡必且殘破。」道夫。

夷狄

「西夏李繼遷本夷狄，姓托跋，後賜姓李。五代時有其地，國初世襲，太宗欲取之，遂召繼遷歸京師，以別人代之。一日，繼遷逃歸。朝廷費無限心力不能得，遂以其兄繼隆知夏州，令招之。其兄遂陰與之合，每奏朝廷，謂已無事。後朝廷又召其兄歸，繼遷遂復有其地。靈州屬朝廷，又在西夏之外，爲西夏截斷，又以兵圍之，使不得通朝廷。靈州絶遠，難救援。又其地渾沙無水，不可掘。每兵行，則用水以自隨，渴殺了多少。人行其沙，地上皆動，陷了數百人馬，只見不在。太宗心欲棄之而不言，時參政張洎南唐亡國之臣，專以諂敗其主。歸，又以諂遭遇。揣知上意，即進可棄之説。上問宰相呂端，又令各進説。端言，如此則各有説，非僉議合謀之意。洎即詆端避事，端言洎不過揣合上意。後洎即進説，端不曾進。上謂洎揣合果如端言，封還其説。朝廷遂詔靈州守臣出兵與接，漸漸離去棄之。張齊賢以爲不可，如此則被夏人掩殺，須是與之戰，勝則得之，不勝則漸漸引去。方議未定，忽報靈州已爲夏人所破矣，因而爲彼所有。後來朝廷費了幾多氣力去取，韓、范輩用兵後，徐禧永樂之敗是也。張魏公舊官於陝西，嘗登高望見西夏界外，則西夏土地亦不甚闊，如何强盛，被他守得如此好？祖宗時，兵每出輒敗。今依舊五州，全又更取過那邊去了，土地合闊矣。只見强盛，虜人亦不奈何，當時亦曾敗於彼。」揚。

因論西夏事，曰：「當時事不可曉。看來韓、范亦無素定基本，只是逐旋做出。且如當時覆軍敗將，這下方且失利，他之勢甚張，忽然自來納款求和，這全不可曉。後來不久，元昊遂死。不知他不死數年，又必有甚姦謀，大未可知。且如當時朝廷必欲他稱臣，遂使契丹號令之。契丹方自以爲功，朝廷正未有所處，又却二國自相侵凌。不爾，則當時又須費力。大抵西人勇健喜鬭，三五年必一次爲邊害。本朝韓、范、張魏公諸人，他只是一個秀才，於這般事也不大段會。只是被他忠義正當，故做得恁地。」道夫。

或問：「范文正公經理西事，看得多是收拾人才。」曰：「然。如滕子京、孫元規之徒，素無行節，范公皆羅致之幕下。後犯法，又極力救解之。如劉滬、張亢亦然。蓋此等人是有才底，做事時須要他用，但要會用得他。」又云：「范公嘗立一軍爲『龍猛軍』，皆是招收前後作過黥配底人，後來甚得其用。時人目范公爲『龍猛指揮使』。」又曰：「方范公起用事時，軍政全無統紀，從頭與他整頓一番。其後却只務經理内地，養威持重，專行淺攻之策，以爲得寸則吾之寸，得尺則吾之尺。卒以此牽制夏人，遣使請和。」儒用。

問：「本朝建國，何故不都關中？」曰：「前代所以都關中者，以黄河左右旋繞，所謂『臨不測之淵』是也。近東獨有函谷關一路通山東，故可據以爲險。又關中之山，皆自蜀漢而來，至長安而盡。池録作「關中之山，皆自西而東。」若橫山之險，乃山之極高處。横山皆黃石山，不生草木。本朝則自橫山以北盡爲西夏所有，山河之固與吾共之，反據高以臨我，是以不可都也。神宗鋭意欲取横山，蓋得橫山，則可據高以臨彼。然取橫山之要，又在永樂。故永樂之城，夏人以死爭之，我師大敗。神宗聞喪師大慟，聖躬由是不豫。」按編年，重和元年，童貫命种師道、劉延慶等取夏國永和等寨，大敗夏人而還。六月，夏人納款。初夏人恃横山諸險以抗中國。慶曆中，王嗣宗、范仲淹建議取之，會元昊納款而止。元豐中，李憲建議，又會王師失利，神宗厭兵，不克行。貫嘗從憲得其規摹。政和初，議進築。至是十餘年，遂得橫山之地〔四〕。夏人失援，故納款。然國家是時已建下燕之策，益以多故。其後西夏與女真有〔五〕。乙巳冬，女真圍太原，夏人犯河外，則是橫山之取，有以結怨於彼也。又曰：「神宗初即位，富韓公爲相，問爲治之要，富公曰：『須是二十年不説著「用兵」二字。』此一句便與神宗意不合。已而擢用王介甫，首以用兵等説稱上旨，君臣相得甚懽。時建昌軍司户王韶上平戎策，介甫力薦之。初爲秦鳳路經略，司機宜，後知通遠軍，遂一戰而復熙河。捷書聞，上大喜，解白玉帶以賜介甫，賞其知人；又加韶爲龍圖閣待制，以爲熙河帥。熙河本鎮洮軍，因復其地，改爲熙州。只是廣漠之鄉，有之不加益，無之不加損。狃於一勝之後，廟論一意主於用兵，三敗，至於永樂，極矣。永樂之敗，徐禧死之。禧，師川之父，黄魯直之妹夫也。能文章，好談兵，也有進策行於世，文字甚好。二蘇之文未出，學者爭傳誦之。」儒用。

「神宗其初要結高麗去共攻契丹。高麗如何去得？契丹自是大國，高麗朝貢於彼，如何敢去犯他？」義剛。

「人主好勤遠略底，也是無意思。當初高麗遣使來，朝廷只就他使者以禮答遺之，神宗却要别差兩使去。緣他那裏知文，故兩使皆侍從，皆是文人。高麗自是臣屬之國，如何比得契丹，契丹自是敵國。」義剛。

「嘗見韓無咎説高麗入貢時，神宗喻其進先秦古書。及進來，内有六經不曾焚者。神宗喜，即欲頒行天下。王介甫恐壞他新經，遂奏云：『真僞未可知，萬一刊行後爲他所欺，豈不傳笑夷夏。』神宗遂止，本亦不傳。以某觀之，未必有是事。蓋招徠高麗時，介甫已不在相位。且神宗是甚次第剛明，設使所進真有契于上心，亦豈介甫所能止之？又記文昌雜録中説，高麗所進孝經門上下一二句記未真。緯經，只是讖緯之書，必無進先秦古書之事。但嘗聞尤延之云：『孟子「仁也者人也」章下，高麗本云「義也者，宜也；禮也者，履也；智也者，知也；信也者，實也。合而言之，道也。」』此説近是。」儒用。

或問：「高麗風俗好？」曰：「也終帶蠻夷之風。後來遣子弟入辟雍，及第而歸者甚多。嘗見先人同年小録中有『賓貢』者，即其所貢之士也。「賓貢」二字，更須訂證。當時宣賜幣帛之外，又賜介甫新經三十本，盛以黑函，黄帕其外，得者皆寶藏之。」儒用。

「國家方與女真和時，高麗遣使來求近上醫師二人。上召老醫，擇二人遣往。至則日夕厚禮，皆不問醫，而多問禁中事。二醫怪而問之，高麗主曰：『我有緊密事，欲達宋皇。恐所遣使不能密，故欲得宋皇親近之人而分付之。所以問公禁中事者，欲以見公是所親信耳。』二人因問之，高麗主曰：『聞宋皇欲與女真和，夾攻契丹，此非良策。蓋我國與女真陸路相通，常使人察之。女真不是好人，勝契丹後，必及宋，而我國亦不能自存，此合當思所以備之〔六〕。』二人問所以備之之説，曰：『女真作一陣法甚好，我今思得一法勝之。』因令觀教其女真陣，蓋如拐子馬之類。二人歸奏，上怒，召老醫而責之。其一人出門吐血，後不死，其一人歸即死〔七〕。」義剛。儒用録云〔八〕：「先生嘗見玉山汪丈云，得之御史臺一老吏。方徽宗通好女真，爲滅遼之約，高麗有所聞，欲納忠誠，不可得。遂托病，遣使求醫於本朝，且願得供奉内庭、上所親信者。遂擇二國醫以往。至則館御供帳，其禮甚厚，但經月無引見之音。二醫怪之，私有請於館伴者。一日，得旨入見，引至内庭，盡屏左右，諭二醫曰：『寡人非病也，顧有誠款，願效於上國，欲得附卿奏知〔九〕，幸密以聞。』二醫許諾。則曰：『女真人面獸心，貪婪如豺狼，安可與之共事？今不早圖之，後悔無及。聞其訓練國人皆爲精兵，累歲有事于燕，每戰轉勝。小國得一二陣法，可與之角。如欲得之，敢不惟命！』諭畢，乃厚爲之禮而遣之。二醫歸，具奏本末。徽宗聞之，滋不樂，且懼其語泄。丞相童、蔡鞏乃爲食於家，召二醫以食之，食畢而斃。」

「高麗與女真相接，不被女真所滅者，多是有術以制之〔一〇〕。高麗更五十餘主〔一一〕，今此方爲權臣所篡而易姓。」義剛。又一條云：「高麗得四十主。今已易姓王〔一二〕。」

「金虜舊巢在會寧府，四時遷徙無常。春則往鴨緑江獵，夏則往一山，忘其名。極冷，避暑，秋亦往一山如何，冬往一山射虎，今都燕山矣。」揚。

「燕山之北，古有大山嶺爲隔，但有一路傍險水，後來石晉以與耶律，則其險路在其度内矣。」揚。

「燕山是古幽州，石晉割賂契丹。契丹既爲金人所滅，其種之傑者遂來據燕。其主死，其妻蕭太后主之。童貫、蔡攸往取之番。番兵敗後，金人自取之。朝廷求之，遂盡載數州之物、婦女之類而去，更索厚資賣之。朝廷以其所索之物與之，遂得數州空地，朝廷空内資以守之。郭藥師者，燕將，初歸本朝。金人來取燕，遂歸金，郭只留守燕。及本朝得燕，郭又迎降。金人一日大節，冬至之類。官吏都集賀郭。郭留飲，盡取各人家屬之類盡來飲。少頃，金人兵至，無一人得脱者，自此遂入寇矣。朝廷與大遼結好百十年矣，一日忽與金人約共攻遼，而本朝無一人往。是時方十三起，童貫自這邊來了，遂不及往。既失約，後取燕又是金人。金人見本朝屢敗兵於燕，遂有入寇之心。是時相王黼主其事，童貫主兵，蔡攸副之。蔡京不主，作詩送其子云：『百年信約宜堅守，六月師徒早罷休。』京作事都作兩下：取燕有功，則其子在；無功，則渠不曾主。又有一子絛，上書言其父不是，聞亦是其父之謀也。金寇初圍城時，京云：『有一策可使虜人一兵不反。』朝廷使人問之，云：『見上方可言。』寇去，人問之，云：『決汴河可以灌之。』後寇再來，未至時已決之矣。西北數千里，渺然巨浸，東南遂爲寇所據。四方音問一信不通，以此故也。」揚。

「粘罕圍太原一年有餘，姚師古輩皆爲其戰退，遂破太原。張孝純守太原一年，多少辛苦。及城破，拚一死不得，遂降，後爲劉豫處官。太原既破，遂一直圍京城。」揚。

「李若水勸欽宗出。李謂虜人可信，醉後枕人睡熟，以此信之。」揚。

「金人初起時，初未立將，臨發兵，召集庭下問之，有能言其策之善者，即授以將，使往。及成功而歸，又集庭下問衆人而賞之金幾多。衆人言未得，又加之。賞罰如此分明，安得不成事。」揚。

「虜人有一謀時，聚諸尊長於一屋内，全不言，只用一物畫地，謀了便各去做。如其事難決，便出野外無人處去商量。」揚。

「兀术征蒙，死於道，有三策獻於虜主：一則以汴京立淵聖，欲招致江南之人；二則以近上宗室守邊；三則講和。曰：『若行前二者，也被他攬。』又曰：『道君有子四十人，只放二十人歸來〔一三〕。這二十人親王，也要物事供他。』」燾。

「虜至紹興，守臣李鄴降虜。及駕至明州，張俊大殺一番，駕泛海，虜人走。明州人今尚怨張俊不乘時殺去，可大勝，遂休了。辛巳，逆亮來時，一隊自海中來，李寶自膠西殺敗。李鄴既降，與虜酋並馬出。有一衛士赴駕不及，尚留紹興見之。以一大方磚逐打其酋，幾中，因被害，死之。今立一廟在其所，賜『旌忠』額。後人皆於其廟賣酒，某至，一切逐去之，說與王書，令崇奉之。」先生又云：「某在時，更爲大其廟。其衛士姓唐。」揚。

「劉豫來寇，朝廷只管謀避計。李伯紀云：『自南京退維揚，遂失河東、北，自維揚退金陵，遂失京東、西。一番退，一番失。設若是金人來，奈熱不得，亦著去，不能久留。今又只是劉豫，只是這邊人。渠得一邑守一邑，得一郡守一郡，如何只管遠避。』」揚。

「逆亮入寇時，劉信叔在揚州。亮欲至，劉盡焚城外居屋，盡用石灰白了城，多寫『完顏亮死於此』字。亮多忌，見而惡之，遂居龜山。人多不可容，必致變，果死滅。」揚。

「王仲衡云：『虜中大臣有過時，用紫茸氈鋪地，令伏其上杖之。嘗有一宰相、一駙馬受杖。駙馬因此悒怏而死，非恨其杖也，恨不得紫茸氈也。』又曰：『嘗有一官人出，有一吏人來，至其花園中，背上黄袱，袱得一束文字。某問：「何文字？」曰：「史書也。」那官人伊是史官。某問：「可借否？」曰：「不妨。」遂開看。内有一段云：「詔曰：宰相姓名某。謀南伐，若以爲是，合盡心以贊其謀；以爲不是，合盡忠極力以諫之。不可依違以敗成算。今某人略略諫之，可杖六十。」〔二〕揚。

「楊割大師阿骨打，楊割之子。吳乞買，阿骨打之弟。完顏亶、乞買之子。完顏亮、完顏雍、葛王璟、斡离不、斡离嗢、兀朮皆阿骨兄弟也。阿骨打既死，諸酋立其弟吳乞買。乞買死，國人欲立阿骨打之子暗版孛訖烈。此五字不知如何，記不得。暗版孛訖烈，名宗盤。虜中謂『大官人』也。暗版者，大也。孛訖者，官人也。大官人者，即所謂太子也。諸酋不肯，復立乞買之子完顏亶，而以暗版孛訖烈爲相。暗版孛訖烈實懷怨望，云已當爲主。亶覺之，遂殺宗盤。一日遂盡誅二十七王，悟室亦被誅，孛訖烈亦在其中，二十七王皆其黨與兄弟也。連蔓宗族親舊皆殺了。亶又爲亮所弒，自立。葛王先名裦，後以其字似「裦」字，遂改名雍。亶、亮皆兄弟也。亶之父行名皆從「宗」，兄弟名皆從「亶」。粘罕亦阿骨打族人，嘗爲相。初入中國，破京師，斡离不、粘罕也。斡离不早死，斡离嗢後亦早死。粘罕後來勸立劉豫，內則蕭慶主其事，蕭慶用事久。及兀朮、撻懶廢劉豫而誅蕭慶，粘罕爭之不能得，亶遂忌之，粘罕悒怏而死。後來獨兀朮得後死。初，虜入中國，問何姓最大。中原人答以王姓最大，虜人呼王爲『完顏』，自是王者之後遂姓完顏。」又問：「虜人今漸衰替？」曰：「卒急倒他未得。被他立得個頭勢大，若十分中做得一兩分事，便足以扶持振起。除是大無道殘暴酷虐，則不知如何。若是如此做將去，無大段殘暴之事，恐卒消磨他未得，蓋其勢易以振起也。」卓。

論及北虜事，當初起時，如山林虎豹縱於原野，豈是人！伯謨曰：「當時曲端獻策，不出十年，彼必以酒色死，方可取。」先生曰：「阿骨打纔得幽州，便死。曾見有人論虜人無事權在其主，用兵權在將，故虜主不用兵。此説是。大抵當初出時是夷狄，及志得意滿，與我何異？」因語某人欲請邊郡自效，先生曰：「易曰：『知進退存亡而不失其正者，其惟聖人乎。』上之人不欲用兵，而我自欲爲之，是不識時。」問：「恢復之事，多始勤終惰，如何？」曰：「只以私意爲之，不以復讎爲念。」可學。

「葛王大故會。他所以要和親者，蓋恐用兵時諸將執兵權，或得要己。不如和親，可坐享萬乘之樂。其初雖是利於用兵，到後來惟恐我來與他厮殺。」義剛。

「葛王便是會底，他立得年號也强，謂之『大定』。」義剛。

「葛王懲逆亮之敗，一向以仁政自居〔一四〕。」

先生喟然嘆曰：「某要見復中原，今老矣，不及見矣。」或者説：「葛王在位，專行仁政，中原之人呼他爲『小堯舜』。」曰：「他能尊行堯舜之道，要做大堯舜也由他。」又曰：「他豈能變夷狄之風？恐只是天資高，偶合仁政耳。」友仁。

「南渡之後，說復讎者惟胡氏父子說得無病，其餘並是半上落下說。雖魏公要用兵，其實亦不能明大義，所以高宗只以區區成敗進退之。到秦檜主和，虜歸河南，上下欣然，便只說得地之美，更不說大義。若無范伯達如圭，則陵寢一向忘之矣。魏公時責永州〔一五〕，亦入文字，只說莫與之和，如何感動。魏公傾五路兵爲富平之敗，又潰於淮上。若無氣力，也是做不得事。韓魏公煞是個人物，然亦適是人事恰做得。若更向上，且怕難擔當。」賀孫。論規恢。

「檜死，上即位，正大有爲之大機會〔一六〕。」揚。

邵弘取泗州，胡昉取海州，邵公人脚家。胡角場牙人。唐、鄧、汝三州，皆官軍取之，王師騣騣到南京矣，而諸將虜掠婦女之類不可言。吳玠更要人錢，虜騎來，走歸矣。」虜人一番圍泗州，弘力扼之，後救兵至，方解。揚。

「泗、海、唐、鄧四州，皆可取西京中原之地。逆亮來時用兵，僅取得此四州，而湯思退無故與之，惜哉！」揚。

「晉人下吳，却是已得蜀。從蜀中造船，直抵南岸。周世宗只圖江南，是時襄、漢、蜀中別有主，所以屯淮上，開河抵江。今蜀中出兵可以入武關，從襄、漢、樊、鄧可以擣汝、洛，繇淮上可以取徐州。辛巳間，官軍已奪宿州。國家若大舉，只用十五萬精兵。」德明。

「江州皇甫將名倜。曾領兵守信陽，作山寨三年。云：『由其山接金、房諸山而出，取西京中原。』云：『國家用事，某願當此一路。』云：『都不用國家兵糧，沿路人皆自願爲兵，且與糧。』其人忠醇，能同甘苦，得士心，不附内貴，然亦未必能以律御兵而戰也。」揚。

陳問：「復讎之義，禮記疏云：『穀梁春秋許百世復讎。』又某書，庶人許五世復讎。又云：『國君許九世復讎。』又某人引魯桓公爲齊襄公所殺，其子莊公與齊桓公會盟，春秋不譏。自桓至定公九世，孔子相定公，會齊侯于夾谷，是九世不復讎也。此説如何〔一七〕？」曰：「謂復百世之讎者是亂説。許五世復讎者，謂親親之恩欲至五世而斬也。春秋許九世復讎，與春秋不譏、春秋美之之事〔一八〕，皆是解春秋者亂説。春秋何嘗説不譏與美他來？聖人作春秋，不過直書其事，美惡人自見。後世言春秋者，動引譏、美爲言，不知他何從見聖人譏、美之意〔一九〕？」又曰：「事也多樣。國君復讎之事又不同。」僩云：「如本朝夷狄之禍，雖百世復之可也？」曰：「這事難説。」久之曰：「凡事貴謀始也，要及早乘勢做。才放冷了，便做不得。如魯莊公之事，他親見齊襄公殺其父，既不能復，又親與之燕會，又與之主婚，築王姬之館於東門之外，使周天子之女去嫁他。所爲如此，豈特不能復而已？既親與讎人如此，如何更責他報齊桓公？況更欲責定公夾谷之會，爭那裏去？見讎在面前，不曾報得，更欲報之於其子若孫，非惟事有所不可，也自没氣勢，無意思了。又況齊桓公率若諸侯尊周室以義而舉，莊公雖欲不赴其盟會，豈可得哉？事又當權個時勢義理輕重。若桓公不是尊王室，無事自來召諸侯，如此，則莊公不赴可也。今桓公名爲尊王室，若莊公不赴，非是叛齊，乃叛周也。又況桓公做得氣勢如此盛大，自家如何便復得讎？若欲復讎，則襄公殺其父之時，莊公當以不共戴天之故〔二〇〕，告之天子、方伯、連率，必以復讎爲事，殺得襄公而後已，如此方快人〔二一〕。既不能然，又親與之同會，與之主婚，於其正當底讎人尚如此，則其子何罪？又況其子承其被殺後而入國〔二二〕，又做得國來自好，莊公之所不如，宜其不能復而俛首事之也。」陳問：「若莊公能殺襄公了，復與桓公爲會，可否？」曰：「既殺襄公，則兩家之事已了，兩邊方平，自與桓公爲會亦何妨？但莊公若能殺襄公，則『九合諸侯，一正天下』之功將在莊公而不在齊桓矣！惟其不能，所以只得屈服事之也。只要乘氣勢方急時便做了，方好。才到一世、二世後，事便冷〔二三〕了。假使自家欲如此做，也自鼓氣不振。又況復讎，須復得親殺吾父祖之讎方好。若復其子孫，有甚意思？漢武帝引春秋『九世復讎』之說，遂征胡狄，欲爲高祖報讎，春秋何處如此說？諸公讀此還信否〔二四〕？他自好大喜功，欲攘伐夷狄，姑托此以自詭耳〔二五〕！如本朝靖康虜人之禍，看來只是高宗初年，乘兀朮、粘罕、斡离不及阿骨打未死之時、人心憤怒之日，以父兄不共戴天之讎，就此便打疊了他，方快人意。孝宗即位，鋭意雪耻，然事已經隔，與吾敵者，非親殺吾父祖之人，自是鼓作人心不上。所以當時號爲端人正士者，又以復讎爲非，和議爲是。而乘時喜功名輕薄巧言之士，則欲復讎。彼端人正士，豈故欲忘此虜？蓋度其時之不可，而不足以激士心也。如王公明炎、虞斌父之徒〔二六〕，百方勸用兵，孝宗盡被他說動。其實無能，用著輒敗，只志在脱賺富貴而已。所以孝宗盡被這樣底欺，做事不成，蓋以此耳。」僩云：「但不能殺虜主耳。若而今捉得虜人來殺之，少報父祖之怨，豈不快意？」曰：「固是好，只是已不干他事，自是他祖父事。你若捉得他父祖來殺，豈不快人意？而今是他子孫，干他甚事？」又問：「疏中又引君以無辜殺其父，其子當報父之讎，如此則是報君，豈有此理？」曰：「疏家胡説，豈有此理？」又引伍子胥事，説聖人是之。曰：「聖人何嘗有明文是子胥來？今之爲春秋者都是如此。」胡問：「疏又引子思曰『今之君子，退人若將墜諸淵〔二七〕。毋爲戎首，不亦善乎！』言當執之，但勿爲兵首，從人以殺之可也。」曰：「盡是胡解。子思之意，蓋爲或人問『禮爲舊君有服』，禮歟？子思因云：人君退人無禮如此，他不爲戎首來殺你，已自好了，何況更望其爲你服？此乃自人君而言，蓋甚之之辭，非言人臣不見禮於其君，便可以如此也。讀書不可窒塞，須看他大意。」僩。

「恢復之計，須是自家喫得些辛苦，少做十年或二十年，多做三十年。豈有安坐無事，而大功自致之理哉？」道夫。

「今朝廷之議，不是戰，便是和，不和便戰。不知古人不戰不和之間，亦有個且硬相守底道理，却一面自作措置，亦如何便侵軼得我。今五六十年間，只以和爲可靠，兵又不曾練得，財又不曾蓄得，説恢復底，都是亂説耳。」𥌓。

「某嘗謂：恢復之計不難，惟移浮靡不急之費以爲養兵之資，則虜首可梟矣。」道夫。

「近見吴公濟會中朋友讀時文策，其間有問道德功術者二篇。一篇以功術爲不好，一篇以爲有道德，則功術乃道德之功術，無道德則功術不好。前篇不如後篇。某常見一宰相説：上甚有愛人之心，不合被近日諸公愛説恢復。某應之曰：『公便説得不是，公何不曰愛人乃所以爲恢復，恢復非愛人不能？』因説爲政篇道德政刑與此一般。有道德，則刑政乃在其中，不可道刑政不好，但不得專用政刑耳。」

「本朝禦戎，始終爲『和』字壞。後來人見景德之和無恙，遂只管守之。殊不知當時本朝全盛，抵得住。後來與女真，彼此之勢如何了。」揚。和戎。

問：「不能自强，則聽天所命；修德行仁，則天命在我。」因説靖康之禍云云，「終始爲講和所誤。虜人至城下，攻城，猶説講和。及高宗渡江，亦只欲講和。」問：「秦檜之所以力欲講和者，亦以高宗之意自欲和也。」曰：「然。是他知得虜人之意是欲厭用兵。他當初自虜中來時，已知得虜人厭兵，故這裏迎合高宗之意，那個又投合虜人之意。虜人是時子女玉帛已自充滿厭足，非復曩時長驅中原之鋭矣，又被這邊殺一兩陣怕了。兼虜之創業之主已死，他那邊兄弟自相屠戮，這邊兵勢亦稍稍强，所以他亦欲和。」卓。

「秦檜自虜中歸，見虜人溺於聲色宴安，得之中國者日夜爛熳。亦有厭兵意。秦得此意，遂歸來主和。其初亦善矣，然屈己奉之，蕩不爲一毫計。使其和中自治有策，後當逆亮之亂，一掃而復中原，一大機會也，惜哉！」揚。

「秦檜講和時，歲幣絹二萬五千匹，銀二萬五千兩。今歲絹減五千匹，銀減五千兩，此定數。每常往來人事禮數，皆用金銀器盛腦子貴藥物之類，所費不貲。大約等絹三千五百文一匹，銀二千五百文一兩，大數一百二十萬緡。彼來時，只是些羊巴匹段之類，甚微。」揚。

校勘記

〔一〕遲　朝鮮本此下增「以」。

〔二〕此來時　萬曆本作：比來時。

〔三〕黄　朝鮮本「黄」上增：邵武。

〔四〕遂得橫山之地　「地」原作「也」，據朝鮮本、萬曆本改。

〔五〕其後西夏與女真有　「有」原作墨丁，據朝鮮本補；萬曆本作「人」。

〔六〕此合當思所以備之　「所」，朝鮮本作「有」。

〔七〕其一人出門吐血後不死其一人歸即死　「後不」、「即」，朝鮮本均作「而」。

〔八〕儒用録云　朝鮮本作：按李儒用録同而少異，今附於下云。

〔九〕欲得附卿奏知　「知」，萬曆本作「之」。

〔一〇〕多是有術以制之　「多是」，朝鮮本作「他自是」。

〔一一〕高麗更五十餘主　「更」原作「要」，據朝鮮本改。

〔一二〕今已易姓王　朝鮮本、萬曆本均重「姓」字。

〔一三〕只放二十人歸來　「放」原作「做」，據萬曆本改。

〔一四〕一向以仁政自居　朝鮮本「居」下注「道夫」二字。

〔一五〕魏公時責永州　朝鮮本「州」下有「居住」二字。

〔一六〕正大有爲之大機會　「正」原作「二」，據萬曆本改。

〔一七〕此説如何　朝鮮本作：「陳丈舉此以問先生。」

〔一八〕春秋美之之事　「美之」，朝鮮本作「美他」。

〔一九〕譏美之意　朝鮮本此下增一節文字：莊公親見其人殺其父，既不能討又躬與之爲會，且爲之主婚，如何更責得定公？

〔二〇〕莊公當以不共戴天之故　朝鮮本「莊公」下有「與之同時那時」六字。

〔二一〕如此方快人　萬曆本「人」作「令」，連下讀。

〔二二〕又況其子承其被殺後而入國　朝鮮本「國」下注云：「更檢桓公是襄公之子否。」

〔二三〕冷　朝鮮本此下增「落」字。

〔二四〕諸公讀此還信否　朝鮮本作：諸公讀此還信不信？必不信。

〔二五〕姑托此以自詭耳　朝鮮本「耳」下增三十一字，云：「莊公之讎，親自不曾復得，是責定公夾谷之會，爭那裏去？假使要做，也做不成也！」

〔二六〕如王公明炎虞斌父之徒　朝鮮本「父」下有「允文」二字。

〔二七〕退人若將墜諸淵　「若」原作「君」，據朝鮮本、萬曆本及禮記檀弓下改。

朱子語類卷第一百三十四

歷代一〔一〕

「司馬遷才高，識亦高，但粗率。」閎祖。以下歷代史。

「太史公書疏爽，班固書密塞。」振〔二〕。

「司馬子長動以孔子爲證，不知是見得，亦且是如此説。所以伯恭每發明得非細，只恐子長不敢承領耳。」

「史記亦疑當時不曾得删改脱藁。高祖紀記迎太公處稱『高祖』，此様處甚多。高祖未崩，安得『高祖』之號？漢書盡改之矣。左傳只有一處云『陳桓公有寵於王』。」曹器遠説伯夷傳「得孔子而名益彰」云云。先生曰：「伯夷當初何嘗指望孔子出來發揮他。」又云：「『黄屋左纛，朝以十月，葬長陵。』此是大事，所以書在後。」先生曰：「某嘗謂史記恐是個未成底文字，故記載無次序，有疏闊不接續處，如此等是也。」閎祖。

因言：「班固作漢書，不合要添改史記字，行文亦有不識當時意思處。如七國之反，史記所載甚疏略，却都是漢道理；班固所載雖詳，便却不見此意思。呂東萊甚不取班固，如載文帝建儲詔云：『楚王，季父也，春秋高，閱天下之義理多矣，明於國家之大體。吳王於朕，兄也，惠仁以好德。淮南王，弟也，秉德以陪朕，豈不爲豫哉？』固遂節了吳王一段，只於『淮南王』下添『皆』字，云：『皆秉德以陪朕。』蓋『陪』字訓『貳』，以此言弟則可，言兄可乎？今史記中却載全文。」又曰：「屏山却云『固作漢紀，有學春秋之意。其叙傳云：「爲春秋考紀。」』」又曰：「遷史所載，皆是隨所得者載入，正如今人草藁。如酈食其踞洗前面已載一段，末後又載，與前説不同。蓋是兩處説，已寫入了，又據所得寫入一段耳。」僩。

「顏師古注前漢書如此詳，猶有不可曉者，況其他史無注者。漢宣渭上詔令『單于毋謁』，范升劾周黨『伏而不謁』，謁不知是何禮數，無注。疑是君臣之禮，見而自通其名，然不可考矣。」方子。必大録云「想謁禮必又重」。

「漢書有秀才做底文章，有婦人做底文字，亦有載當時獄辭者。秀才文章便易曉。當時文字多碎句，難讀，尚書便有如此底。周官只如今文字，太齊整了。」

「漢書言：『幾者動之微，吉、凶之先見者也。』又如『豈若匹夫匹婦之爲諒，自經於溝瀆而人莫之知也！』添一個『人』字，甚分曉。」道夫〔三〕。

「『解雜亂紛糾者不控拳』。拳，音豢，攘臂繩，今之骨袖手圈也。言解鬭者當善解之，不可牽引豢繩也。『批亢擣虛』，亢，音剛，喉嚨也。言與人鬭者，不扼其喉，拊其背，未見其能勝也。」僴。

「沈存中以班固律曆志定言數處爲脛説是小説中『脛廟』之意，蓋不曉算法而言爾。」人傑。

「漢書『引繩排拫音痕。不附己者』，今人誤讀『拫』爲『根』。注云『猶今言「根格」音户各反。之類』。蓋關中俗語如此。『根格』猶云『抵拒擔閣』也。『引繩排拫』，如以繩扞拒然。」僴。

「劉昭補志於冠幘車服尤詳，前史所無。」方子。

「晉書皆爲許敬宗胡寫入小説，又多改壞了。東坡言，孟嘉傳，陶淵明之自然，今改云『使然』。更有一二處。饒何氏録作「此類甚多」。東坡此文亦不曾見。」揚因問：「晉書説得晉人風流處好。」先生云云。又云：「世説所載，説得較好，今皆改之矣。」揚。

「載記所紀夷狄祖先之類，特甚，此恐其故臣追記而過譽之。」

「舊唐書一傳載乞加恩相王事，其文曰：『恩加四海。』宋景文爲改作『恩加骨肉』。」

「五代史略假借太原，以劉知遠之後非僭竊，辭較直也。」揚。

「五代舊史，温公通鑑用之。歐公蓋以此作文，因有失實處。如宦者張居翰當時但言緩取一日則一日固，二日則二日固。歐公直將作大忠，説得太好了。」

問〔四〕：「班史、通鑑二氏之學如何？」曰：「讀其書自可見。」又曰：「温公不取孟子取楊子，至謂王伯無異道。夫王伯之不侔，猶碔砆之於美玉。故荀卿謂粹而王、駁而伯。孟子與齊、梁之君力判其是非者，以其有異也。又温公不喜權謀，至修書時頗删之，奈當時有此事何，只得與他存在。若每處删去數行，只讀着都無血脉意思，何如存之，却别做論説以斷之？」驤〔五〕。

「通鑑文字有自改易者，仍皆不用漢書上古字，皆以今字代之。南、北史除了通鑑所取者，其餘只是一部好笑底小説。」

「明仲看節通鑑，文定問：『當是温公節否？』明仲云：『豫讓好處，是不以死生二其心，故襄子云「真義士也」〔六〕，今節去之，是無見識，必非温公節也。』」方。

「温公無自節通鑑，今所有者乃僞本，序亦僞作。」

「通鑑例，每一年或數次改年號者，只取後一號。故石晉冬始篡，而以此年繫之。曾問吕丈，吕丈曰：『到此亦須悔。然多了不能改得。某只以甲子繫年，下面注所改年號。』」

「通鑑：『告姦者與斬敵首同賞，不告姦者與降敵同罰。』史記商君議更法，首便有斬敵首、降敵兩條賞罰，後面方有此兩句比類之法。其實秦人上戰功，故以此二條爲更法之首。温公却節去之，只存後兩句比類之法，遂使讀之者不見來歷。温公修書，凡與己意不合者，即節去之，不知他人之意不如此。通鑑此類多矣。」僩。

「通鑑：『事末利及怠而貧者，舉以爲收孥。』謂收之爲奴婢，不得比良民。有罪，則民得以告之官而自殺之。」僩。

「温公論才、德處未盡，如此，則才都是不好底物矣。」僩。

或問温公才、德之辯。曰：「温公之言非不是，但語脉有病耳。才如何全做不好？人有剛明果決之才，此自是好。德亦有所謂『昏德』，若塊然無能爲，亦何取於德？德是得諸己，才是所能爲。若以才、德兼全爲聖人，却是聖人又夾雜個好不好也。」銖。

「才有好底，有不好底；德有好底，有不好底。德者，得之於己；才者，能有所爲。如温公所言，才是不好底。既才是不好底，又言『才德兼全謂之聖人』，則聖人一半是不好底。温公之言多説得偏，謂之不是則不可。」節。

問：「温公言『聰察彊毅之謂才』，聰明恐只是才，不是德。」曰：「温公之言便是有病。堯、舜皆曰『聰明』，又曰『欽明』，又曰『文明』，豈可只謂之才？如今人不聰明，便將何者喚作德也？」銖。

「温公以正直中和爲德，聰察强毅爲才。先生曰：「皆是德也。聖人以仁智勇爲德，聰察便是智，强毅便是勇。」賜。

陳仲亨問諸儒才、德之説。曰：「合下語自不同。如説『才難』，須是那有德底才。高陽氏才子八人，這須是有德而有才底。若是將才對德説，則如『周公之才之美』樣，便有是才更要德。這個合下説得自不同。」又問智伯五賢。曰：「如説射御足力之類，也可謂之才。」義剛。

温公通鑑不信四皓輔太子事，謂只是叔孫通諫得行，意謂子房如此，則是脇其父。曰：「子房平生之術，只是如此。唐太宗從諫，亦只是識利害，非誠實。高祖只是識事機，明利害。故見四人者輔太子，便知是得人心，可以爲之矣。叔孫通嫡庶之説，如何動得他！又謂高祖平生立大功業過人，只是不殺人。温公乃謂高祖殺四人，甚異。事見考異。其後一處所在，又却載四人。又不信劇孟事，意謂劇孟何以爲輕重。然又載周丘，其人極無行，自請於吳，去呼召得數萬人助吳。如子房、劇孟，皆温公好惡所在。然著其事而立論以明之可也，豈可以有無其事爲褒貶？温公此樣處議論極純。」因論章惇言温公義理不透，曰：「温公大處占得多。章小黠，何足以知大處！」揚。

「温公謂魏爲正統，使當三國時，便去仕魏矣。」升卿。

「胡致堂云：『通鑑久未成書。或言温公利餐錢，故遲遲，温公遂急結末了，故唐五代多繁冗。』」見管見後唐莊宗「六月甲午」條下。方子。

「温公之言如桑麻穀粟。且如稽古録，極好看，常思量教太子諸王。恐通鑑難看，且看一部稽古録。人家子弟若先看得此，便是一部古今在肚裏了。」學蒙。

「稽古録有不備者，當以通鑑補之。温公作此書，想在忙裏做成，元無義例。」閎祖。

「稽古録一書可備講筵官僚進讀，小兒讀六經了，令接續讀去亦好。末後一表，其言如蓍龜，一一皆驗。宋莒公歷年通譜與此書相似，但不如温公之有法也。高氏小史亦好一書，但難得本子。」高峻，唐人，通鑑中亦多取之。方子。

「匡衡傳、司馬公史論、稽古録、范唐鑑，不可不讀。」賀孫。

「致堂管見方是議論。唐鑑議論弱，又有不相應處，前面說一項事，末又說別處去〔七〕。」

「唐鑑欠處多，看底辨得出時好。」

「唐鑑多說得散開無收殺，如姚崇論擇十道使患未得人，它自說得意好，不知范氏何故却貶其說。」㽦。

「范唐鑑第一段論守臣節處不圓，要做一書補之，不曾做得。范此文草草之甚。其人資質渾厚，説得都如此平正，只是疏，多不入理。終守臣節處，於此亦須有些處置，豈可便如此休了？如此議論，豈不爲英雄所笑。」揚録云：「程門此人最好，然今看，都只是氣質。呂與叔緊。」

「范唐鑑首一段專是論太宗本原，然亦未盡。太宗後來做處儘好，只爲本領不是，與三代便别。」問：「歐陽以『除隋之亂，比迹湯、武；致治之美，庶幾成、康』贊之，無乃太過？」曰：「只爲歐公一輩人尋常亦不曾理會本領處，故其言如此。」端蒙。

「范氏以武王釋箕子、封比干事，比太宗誅高德儒，此亦據他眼前好處恁地比並，也未論到他本原處。似此様，且寬看。若一一責以全，則後世之君不復有一事可言。」端蒙。

「唐鑑白馬之禍，歐公論不及此。」

「唐鑑議論，覺似迂緩不切。考其意，蓋王介甫秉政造新法，神考專意信之，以爲真可以振起國勢，一新其舊，故范氏之論每以爲此惟在人主身心之間而不在法。如言『豐財在於節用』，神考曰：『豈有着破皁襖、破皮鞋，即能致國富邪？』」公謹。

「唐鑑意正有疏處。孫之翰唐論精練，説利害如身處親歷之，但理不及唐鑑耳。」閎祖。

「伯恭晚年謂人曰：『孫之翰唐論勝唐鑑。』要之，也是切於事情，只是大綱却不正了。

唐鑑也有緩而不精確處，如言租庸調及楊炎二稅之法，說得都無收殺。只云在於得人，不在乎法，有這般苟且處。審如是，則古之聖賢徒法云爾。他也是見熙寧間詳於制度，故有激而言。要之，只那有激，便不平正。」道夫。

或說「二氣五行，錯揉萬變。」曰：「物久自有弊壞，秦、漢而下，二氣五行自是較昏濁，不如太古之清明淳粹。且如中星，自堯時至今已自差五十度了。秦、漢而下，自是弊壞。得個光武起，整得略略地，後又不好了。又得個唐太宗起來，整得略略地，後又不好了。終不能如太古。」或云：「本然底亦不壞。」曰：「固是。」夔孫。論歷代。

「周自東遷之後，王室益弱，畿內疆土皆爲世臣據襲，莫可誰何。而畿內土地亦皆爲諸侯爭據〔八〕，天子雖欲分封而不可得。如封鄭桓公，都是先用計，指射鄶地，罔而取之，亦是無討土地處。此後王室子孫，豈復有疆土分封？某常以爲郡縣之事已萌於此矣，至秦時是事勢窮極，去不得了，必須如此做也。」僩。

「權重處便有弊：宗室權重，則宗室作亂，漢初及晉是也；外戚權重，則外戚作亂，兩漢是也。春秋之君多逐宗族，晉惠公得國便不納群公子，文公之人即殺懷公，此乃異日六卿分晉之兆。」必大。

問：「春秋時良法美意尚有存者？」曰：「去古愈近，便古意愈多。」升卿。以下春秋。

「成周之時，卿士甚小。到後來鄭武公門爲王卿士，便是宰相，恰如後世侍中、中書令一般〔九〕。」

論周稱「卿士」不同：「在周官六卿之屬言之，則卿士乃是六卿之士也。徒幾人，士幾人。如『皇父卿士，番爲司徒』，如『周人將畀虢公政』，亦卿士。『卿士惟月』，衛武公爲平王卿士之類，則這般之職不知如何？」子蒙。

「封建世臣，賢者無頓身處，初間亦未甚。至春秋時，孔子事如何〔一〇〕？」可學。

「楚地最廣，今之襄、漢皆是，儘是强大。齊、晉若不更伯，楚必吞周而有天下。緣他極强大，所以齊威、晉文責之，皆是没緊要底事。威公豈不欲將僭王猾夏之事責之？但恐無收殺，故只得如此。至如晉文城濮之戰，依舊委曲還他許多禮數，亦如威公之意。然此處亦足以見先王不忍戕民之意未泯也。設使威、文所以責之者不少假借，他定不肯服。兵連禍結，何時而已？到得戰國，斬首動是數萬，無復先王之意矣！」僩。

問揚：「管仲、子産如何？」揚謂：「管仲全是功利心，不好。子産較近道理。聖人稱子産有『君子之道四』，然只就得如此，如何？是本原頭有病否？」曰：「是本原雜。」問：「傅全美謂范文正所爲似子産，謂細膩。是否？」曰：「文正疏，決不相似。」「亦粗？」曰：「只是雜。」揚。

「管仲內政士卿十五，乃戰士也。所以教之孝悌忠信，尊君親上之義。夫子曰：『以不教民戰，是謂棄之』。故雖霸者之道，亦必如此。」人傑。

問〔一一〕：「晉伐原以示信，大蒐以示禮，此是信禮否？」曰：「此是假禮信之名以欺人，欲舉而用之，非誠心也。如湯之於葛，葛云『無以供粢盛』，『湯使亳衆往爲之耕』；葛云『無以供犧牲』，『湯使人遺之牛羊』。至於不得已而後征之，非是以此餌之，而圖以殺之也。」又云：「司馬遷云，文王之治岐，『耕者九一，仕者世禄』，皆是降陰德以分紂之天下。不知文王之心誠於爲民者若此。」又云：「漢高祖取天下所謂仁義者，豈有誠心哉！其意本謂項羽背約。及到新城，遇三老董公遮道之言，方假此之名，以正彼之罪。所謂縞素發喪之舉，其意何在？似此之謀，看當時未必不是欲項羽殺之而後罪之也。」卓。

因論甯武子，義剛言：「春秋時識義理者多。」曰：「也是那時多世臣，君臣之分密，其情自不能相舍，非是皆曉義理。古時君臣都易得相親，天下有天下之君臣，淳録云「大處有大君臣，小處有小君臣」。一國有一國之君臣，一家有一家之君臣。自秦、漢以來，便都遼絕。今世如士人，猶略知有君臣之分。若是田夫，去京師動數千里，它曉得甚麼君臣！本朝但制兵却有古意。太祖軍法曰『一階一級，皆歸服事之儀』，故軍中階級却嚴，有定分。」義剛。淳録略。〔一二〕

「麤拳只是個粗豪人，其意則忠，而其事皆非理，不足言也。」僩。

子升〔一三〕問伍子胥曰：「『父不受誅，子復讎，可也。』謂之亂臣賊子，亦未可。」又問：「還是以其出亡在外而言，亦可以爲通論否？」曰：「古人自有這般事，如不爲舊君服之義可見。後世天下一家，事體又別。然亦以其出亡之故。若曾臣事之，亦不可也。」又問：「父死非其罪，子亦可仕否？」曰：「不可。」「孫曾如何？」曰：「世數漸遠，終是漸輕，亦有可仕之理。但不仕者正也，可仕者權也。」木之。

「越棲會稽本在平江，楚破越，其種散，史記。故後號爲百越。此間處處有之，山上多有小小城郭故壘，皆是諸越舊都邑也。春秋末，楚地最廣，蓋自初間并吞諸蠻而有其地。如淮南之舒、宿亳之蓼，皆是。初間若不得齊威、管仲，看他氣勢定是吞周室。以此觀之，孔子稱管仲之功，豈溢美哉？吳之所以得破楚，也是楚平以後日就衰削，又恰限使得伍子胥如此，先又有申公巫臣往吳，教之射御戰陳。這兩人所以不向齊、晉那邊去，也是見得齊、晉都破壞了，兼那時如闔閭、夫差、勾踐幾人，皆是蠻夷中之豪傑。今浙間是南越，地平曠，閩、廣是東越，地狹多阻，南豐送李柳州誤謂柳爲南越。」賀孫。

「越都會稽，今東在外所門〔一四〕。土地只如今闊狹。後并吳了，却移都平江，亦名會稽。秦後於平江立會稽郡。吳、越國勢人物亦不爭多，越尚著許多氣力。今虜何止於吳？所以圖之者，又不及越，如何濟事？今做時，亦須著喫些艱辛，如越始得范蠡、文種，未是難。二人皆在越籠絡中，此是難。某在紹興，想像越當時事，亦自快人。越止一小國，當時亦未甚大段富貴。在越自克如此，亦未是難事。然自越之後，後來不曾見更有一人似之，信立事之難也。」揚。

「范蠡載西子以往，王銍性之言，歷考文書無此事。其原出杜牧之詩云『西子下吳會，一舸隨鴟夷』，王解此意又不然。」曰：「王性之不成器，如這般潑事，渠讀書多，考究得甚精且多也。」揚。

義剛論田子方「貧賤驕人」之説，雖能折子擊，却非知道者之言。不成我貧賤便可凌人，此豈忘乎貧賤富貴者哉？陳仲亨不以爲然，次日請問。先生曰：「他是爲子擊語意而發，但子方却别有個意思。它後面説『言不用，行不合，則納履而去』，此是説我只是貧賤，不肯自詘。『説大人則藐之』，孟子也如此説。雖曰聖人『無小大，無敢慢』，不肯如此説，但〔一五〕視那爲富貴權勢所移者有間矣。聖人氣象固不如此，若大賢以下，則未免如是〔一六〕。」以下戰國。

「趙武靈王也是有英氣，所以做得恁地。也緣是他肚裏乖，會恁地做得，但他不合只倚這些子。如後來立後一事，也是心不正，後感召得這般事來。」義剛。

問〔一七〕：「樂毅伐齊，文中子以爲善藏其用，東坡則責其不合妄效王者事業以取敗，二説孰是？」曰：「這只是他門愛去立説，後都不去考教子細。這只是那田單會守後，不奈他何。當時樂毅自是兼秦、魏之師，又因人怨湣王之暴，故一旦下齊七十餘城。及既殺了湣王，則人心自是休了，它又怕那三國來分他底，連忙發遣了它。以燕之力量，也只做得恁地。更是那田單也忠義，盡死節守那二城。樂毅不是不要取它，也煞費氣力〔一八〕，被它善守，後不奈他何。樂毅也只是戰國之士，又何嘗是王者之師？它當時也恣意去鹵掠，政如孟子所謂『毁其宗廟，遷其重器』，不過如此舉措。它當時那鼎也去扛得來，他豈是不要它底？但是田單與他皆會。兩個相遇，智勇相角，至〔一九〕相持三年。便是樂毅也煞費氣力，但取不得。及騎劫用則是大段無能，後被田單使一個小術數子，便乘勢殺將去。便是國不可以無人，如齊但有一田單，盡死節恁地守，便不奈他何。」義剛。

「常先難而後易，不然則難將至矣。如樂毅用兵，始常懼難，乃心謹畏，不敢忽易，故戰則雖大國堅城，無不破者。及至勝則自驕，膽大而恃兵强，因去攻二城，亦攻不下。」壽昌。

「樂毅莒、即墨之圍，乃用師之道適當如此，用速不得。又齊湣王人多叛之，及死而其子立于莒，則人復惜之，不忍盡亡其國。即墨又有田單，故下之難。使毅得盡其策，必不失之。」光武下一城不得〔二〇〕。明帝謂下之太速。揚。

義剛曰：「藺相如其始能勇於制秦，其終能和以待廉頗，可謂賢矣。但以義剛觀之，使相如能以待廉之術待秦，乃爲善謀。蓋柔乃能制剛，弱乃能勝强。今乃欲以匹夫之勇，恃區區之趙而鬬强秦。若秦舊其虎狼之威，將何以處之？今能使秦不加兵者〔二二〕，特幸而成事耳。」先生曰：「子由有一段説，大故取它。説它不是戰國之士，此説也太過。其實它只是戰國之士。龜山亦有一説，大概與公説相似，説相如不合要與秦爭那璧。要之恁地説也不得。和氏璧也是趙國相傳以此爲寶，若當時驟然被人將去，則國勢也解不振。古人傳國皆以寶玉之屬爲重，若子孫不能謹守，便是不孝。當時秦也是强，但相如也是料得秦不敢殺它後方恁地做。若其它人，則是怕秦殺了，便不敢去。如藺相如豈是孟浪恁地做？它須是料度得那秦過了。戰國時如此等也多。黄歇取楚太子，也是如此。當時被它取了，秦也不曾做聲，只恁休了。」義剛。

「春秋時相殺，甚者若相罵然。長平坑殺四十萬人，史遷言不足信。敗則有之，若謂之盡坑四十萬人，將幾多所在？又趙卒都是百戰之士，豈有四十萬人肯束手受死？決不可信。又謂秦十五年不敢出兵窺山東之類，何嘗有此等事？皆史之溢言。」

「常疑四十萬人死，恐只司馬遷作文如此，未必能盡坑得許多人。」德明。

「常思孫臏料龐涓暮當至馬陵，如何料得如此好？」僩曰：「使其不燭火看白書，則如之何？」曰：「臏料龐涓是個絮底人，必看無疑。此有三樣：上智底人，他曉得必不看；下智獃底人，亦必不看；中智底人必看，看則墮其機矣。嘗思古今智士之謀略詭譎，固不可及。然記之者能如此曲折書之而不失其意，則其智亦不可及矣。」僩。

「燕丹知燕必亡，故爲荆軻之舉。」德明。

「術至韓非説難，精密至矣。蘇、張亦尚疏。」

陳仲亨問：「合從便不便？」曰：「温公是説合從爲六國之便。觀當時合從時，秦也是懼。蓋天下盡合爲一，而秦獨守關中一片子地，也未是長策。但它幾個心難一〔一二〕，如何有個人兜攬得他，也是難。這個却須是如孟子之説方得。『如有不嗜殺人者，則天下之人皆引領而望之。』『師文王，大國五年，小國七年，必爲政於天下。』孟子只是責辦於己。設使當時有仁政，則如大旱之望雲霓，民自歸之。秦〔一三〕雖强，亦無如我何。」義剛問：「蘇秦激怒張儀，如秦人皆説它術高，切以爲正是失策處。」曰：「某謂未必有此事。所謂激怒者，只是蘇秦當時做得稱意，後去欺那張儀。而今若説是蘇秦怕秦來敗從，所以激張儀入秦，庶秦不來敗從，那張儀與你有甚人情？這只是蘇秦之徒見他做倒了這一著後，粧點出此事來謾人。」義剛〔一四〕。夔孫録云〔一五〕：「因説蘇秦激張儀入秦事，曰：『某嘗疑不恁地做得拙。蘇秦豈不知張儀入秦會翻了他，想是蘇秦輸了這一籌，其徒遂裝撰此等説話。』」人傑録云：「嘗疑蘇秦資送張儀入秦事，恐無此理。當時范雎、蔡澤之徒多是乘人間隙而奪之位，何嘗立得事功。吳起務在富國强兵，破遊說之言。縱橫者若是立脚務實，自不容此輩紛紜撓亂也。」

問：「關中形勝，周用以興。到得後來，秦又用以興。」曰：「此亦在人做。當春秋時，秦亦爲齊、晉所軋，不得伸。到戰國時，六國又皆以夷狄擯之，使不得與中國會盟。及孝公因此發憤，致得商鞅而用之，遂以强大。後來又得惠文、武、昭襄皆是會做底，故相繼做起來。若其間有一二君昏庸，則依舊做壞了。以此見得形勝也須是要人相副。」因言：「昭王因范雎傾穰侯之故，却盡收得許多權柄，秦遂益强，豈不是會？」廣。秦。

陳仲亨以義剛所疑問云：「商鞅說孝公帝王道不從，乃說以伯道。鞅亦不曉帝王道，但是先將此說在前者，渠知孝公決不能從，且恁地說，庶可以堅後面伯道之說耳。」先生曰：「鞅又如何理會得帝王之道！但是大拍頭去揮那孝公耳。他知孝公是行不得，他恁地說，只是欲人知道我無所不曉。」義剛問：「不知温公削去前一截是如何？」曰：「他說無此事，不肯信。」又問：「如子房招四皓，伊川取之，以爲得『納約自牖』之義，而温公亦削之，如何？」曰：「是他意裏不愛，不合他意底，則削去。某常說，陳平說高祖曰，項王能敬人，故多得廉節之士。大王嫚侮人，故廉節之士多不爲用，然廉節士終不可得。臣願得數萬斤金以間疏楚君臣。這便是商鞅說孝公底一般。他知得高祖決不能不嫚侮以求廉節之士，但直說他，則恐未必便從，故且將去嚇他一嚇。等他不從後，却説之，此政與商鞅之術同。而温公也削去。若是有此一段時，見得他説得有意思〔二六〕，今削去了，則都無情意。他平白無事，教把許多金來用間，高祖便肯。如此等類，被他削去底多，如何恁地得？善善惡惡，是是非非皆着存得在那裏，其間自有許多事，若是不好底便不載時，孔子一部春秋便都不是了，那裏面何所不有？」義剛。元本云〔二七〕：「商鞅先以帝王説孝公，此只是大拍頭揮他底。它知孝公必不能用得這説話，且説這大話了〔二八〕，却放出那本色底來。通鑑削去前一節，温公之意謂鞅無那帝王底道理，遂除去了。温公便是不曉這般底人。如條侯擊吴、楚，至洛陽，得劇孟，隱若一敵國，亦不信。他説道：如何得一個俠士，便隱若一敵國？不知這般人得之未必能成事，若爲盜所得，煞會撓人。蓋是他自有這般賓客，那一般人都信向他。若被他一下鼓動得去，直是能生事。又如陳平説高帝，謂項王下人，能得廉節之士，大王嫚侮人，故嗜利無耻者歸之。大王誠能去兩短，集兩長，則云云。然大王資侮嫚，必不得廉節之士。故勸捐數萬斤金以間楚君臣。這也是度得高祖必不能下士，故先説許多話，教高祖亦自知做不得了，方説他本謀來，故能使人聽信。某説此正與商鞅之術同，而温公亦削了。」夔孫録同，但云：「温公性朴直，便是不曉這般底人。得劇孟事也不信〔二九〕，謂世間都無這般底人。」

「以今觀之，秦取六國當甚易，而秦甚難之。以古來無此樣，不敢輕易。因説後世簒奪難。大凡事前未有樣者，不易做。」揚。

仲亨〔三○〕問開阡陌。曰：「阡陌便是井田。陌，百也。阡，千也。東西曰阡，南北曰陌。或謂南北曰阡，東西曰陌，未知孰是。但却是一個横、一個直。且如百夫有遂，遂上有涂，這便是陌。若十個涂，恁地直在横頭，又作一大溝，謂之洫，洫上有路，這便是阡。阡陌只是疆界。自阡陌之外有空地，則只恁地閑在那裏。所以先王要如此者，也只是要正其疆界，怕人相侵互。而今商鞅却開破了，遇可做田處便墾作田，更不要恁地齊整。這『開』字非開創之『開』，乃開闢之『開』。蔡澤傳曰：『破壞井田，決裂阡陌』，觀此可見。這兩句自是合掌説，後人皆不曉。唐時却説寬鄉爲井田，狹鄉爲阡陌。東萊論井田引蔡澤傳兩句，然又却多方回互，説從那開創阡陌之意上去。」義剛。

問井田阡陌。曰：「已前人都錯看了。某嘗考來，蓋陌者百也，阡者千也。井田一夫百畝，則爲遂，遂上有徑，此是縱，爲陌。十夫千畝則爲溝，溝上有畛，此是横，爲阡。積此而往，百夫萬畝，則爲洫，洫上有涂，涂縱，又爲陌；千夫十萬畝，則爲澮，澮上有道，道横，又爲阡。商鞅開之，乃是當時井田既不存，便以此物爲無用，一切破蕩了。蔡澤傳云『商君決裂阡陌』，乃是如此，非謂變井田爲阡陌也。」夔孫。僩録云：「人皆謂廢古井田，開今阡陌云云。」

阡陌是井田路，其路甚大。廢田，遂一齊開小了作田，故謂之「破井田，開阡陌。」揚。

「伯恭言秦變法，後世雖屢更數易，終不出秦，如何？」曰：「此意好。但使伯恭爲相，果能盡用三代法度否？」問：「後有聖賢者出，如何？」曰：「必須別有規模，不用前人硬本子。」升卿。

黄仁卿問：「自秦始皇變法之後，後世人君皆不能易之，何也？」曰：「秦之法盡是尊君卑臣之事，所以後世不肯變。且如三皇稱『皇』，五帝稱『帝』，三王稱『王』，秦則兼『皇帝』之號。只此一事，後世如何肯變！」又問：「賈生『仁義攻守』之説，恐秦如此，亦難以仁義守之。」曰：「它若延得數十年，亦可扶持整頓。只是犯衆怒多，下面逼得來緊，所以不旋踵而亡。如三皇、五帝、三王以來，皆以封建治天下，秦一切掃除，不留種子。秦視六國之君如坑嬰兒，今年捉一人，明年捉兩人，絶滅都盡，所以犯天下衆怒。當時但聞『秦』字，不問智愚男女，盡要起而亡之。陳涉便做陳王，張耳便做趙王，更阻遏它不住。漢高祖自小路入秦，由今襄陽、金、商、藍田入關，節録作「從長安甬上入關。〔三一〕」項羽自河北大路入關。及項羽盡殺秦人，想得秦人亦悔不且留取子嬰在也。」銖。

「秦以水德王，故數用六爲紀。」振。

「五德相承，古人所説皆不定。謂周爲木德，後秦以鄒衍之説推之，乃以爲火德。故秦以所不勝者承周，號水德。漢又承周不承秦。後又有謂漢非火德者。王莽又有云云。三代而上，未有此論。則東坡謂『威侮五行，怠棄三正』者，又未必是。」揚。

「咸陽在渭北，漢在渭南。秦建十月已久，通鑑不曾契勘。」揚。

校勘記

〔一〕歷代一　朝鮮本「一」下另行有云：「總論史春秋戰國」，凡七字。

〔二〕振　朝鮮本作：從周。

〔三〕道夫　朝鮮本此則語録少異，今附如下：魏問「幾者，動之微，吉之先見者也」。曰：「似是漏字。漢書説：『幾者，動之微，吉凶之先見者也。』似説得是。幾自是有善有惡。君子見幾，亦是見得，方舍惡從善，不能無惡。」又曰：「漢書上添字，如『豈若匹夫匹婦之爲諒，自經於溝瀆，而人莫之知也！』添個『人』字，似是。」賀孫。

〔四〕問　朝鮮本作：驤問。

〔五〕驤　朝鮮本作：道夫。

〔六〕故襄子云真義士也　「襄」原作「簡」，據萬曆本及通鑑卷一周紀一改。

〔七〕末又説別處去　朝鮮本「去」下有注「庚」字。

〔八〕而畿内土地亦皆爲諸侯爭據　「内」，賀本作「外」。

〔九〕恰如後世侍中中書令一般　朝鮮本「般」下注云：「庚」。

〔一〇〕孔子事如何　朝鮮本「事」上有二十字云：「弟子皆爲家臣，不得已，孔子暫爲大夫，爲宰，不知此。」

〔一一〕問　朝鮮本段首增一節文字，作：問「道之以德齊之以禮」。先生曰：「『道之以德』者，是自身上做出去，使之知所向慕。『齊之以禮』者，是使之知其冠婚喪祭之儀，尊卑小大之別，教人知所趨。既知德禮之善，則有恥而格於善。若道齊之以刑政，則不能化其心，而但使之少革。到得政刑少弛，依舊又不知恥矣。」問：「刑政莫只是伯者之事？」曰：「專用政刑，則是伯者之爲矣。」

〔一二〕淳録略　朝鮮本所收「淳」記詳細語録，今附如下：黄問：「春秋諸臣多曉義理。」曰：「那時多是世臣，君臣之分密，其情自不能相舍，非是皆曉義理。古者君臣素講自一家一國以及天下。大處有大君臣，小處有小君臣。今世在士人，猶略知有君臣。如田夫豈識君臣是如何。太祖軍法曰：『一階一級，皆歸服事之儀。』故軍中階級卻嚴，有定分。」淳。

〔一三〕子升　朝鮮本此下增：兄。

〔一四〕今東在外所門　賀本作「今東門外所在」。

〔一五〕但　朝鮮本此下增：以此。

〔一六〕則未免如是　朝鮮本「是」下注云：義剛。

〔一七〕問　朝鮮本作：義剛問。

〔一八〕也煞費氣力　朝鮮本作：也自煞費氣力去取。

〔一九〕至　朝鮮本「至」上增：當時。

〔二〇〕光武下一城不得　「下」原作「不」，據萬曆本改。

〔二一〕今能使秦不加兵者　「加」原作「如」，據萬曆本改。

〔二二〕但它幾個心難一　朝鮮本「心」下有「固」字。

〔二三〕秦　朝鮮本「秦」上增：如此則。

〔二四〕義剛　朝鮮本作：卓。

〔二五〕夔孫録云　朝鮮本「録」下增十一字，云：「人傑録意同而語異，今並附。」

〔二六〕見得他説得有意思　朝鮮本「見」上有「便」字。

〔二七〕元本云　朝鮮本作：「按義剛又有一條，同而有詳略，今附云。」

〔二八〕且説這大話了　朝鮮本「且」上有「但姑」二字。

〔二九〕「但云温公性朴直」至「得劇孟事也不信」　朝鮮本另作二百八十五字，云：「商鞅以帝王説秦，只是大拍頭説話，他知得孝公必行不得，先且説這大話，然後放那本色底出來，通鑑却削去前一節，温公之意謂鞅無那帝王底手段，遂删去了。温公性朴直，便是不曉這般底人。如陳平説高祖曰：『項王下人，故廉節之士多歸之，大王嫚侮人，故嗜利亡耻者亦多歸之，誠能去兩短集兩長，則天下定矣。』然却言大王資侮人，必不能得廉耻之士，遂勸之出金間楚君臣，只這也是度得高祖必不能下士，故先説許多説話，教高祖自度做他底不得，方説出他本謀，故使之必聽，温公亦去了前一節。又如周亚夫擊吳、楚，到洛陽，得劇孟隱若敵國，温公也不信，説如何得劇孟一個俠士便會隱若敵國。殊不知這般人得之未必能成事，若爲盜賊所得却會撓人，蓋自有這一般底人都信向他，若被他鼓動起，直會生事。温公便」。

〔三〇〕仲亨　朝鮮本作：陳仲亨。

〔三一〕從長安甬上入關　朝鮮本作：漢高祖從襄陽、金州、商州、長安角上入關。

朱子語類卷第一百三十五

歷代二〔一〕

「大亂之後易治，戰國、嬴秦、漢初是也。」揚。

「周人繁密，秦人盡掃了，所以賈誼謂秦『專用苟簡自恣』之行。秦又太苟簡自恣，不曾竭其心思。太史公、董仲舒論漢事，皆欲用夏之忠。不知漢初承秦，掃去許多繁文，已是質了。」至。學蒙録：「漢承焚滅之後，却有忠質底意。」

「漢高祖私意分數少，唐太宗一切假仁借義以行其私。」若海。

「漢興之初，人未甚繁，氣象剗地較好。到武、宣極盛時，便有衰底意思，人家亦然。」義剛〔二〕。

或問：「高祖爲義帝發喪是詐，後如何却成事？」曰：「只緣當時人和詐也無〔三〕。如五伯假之，亦是諸侯皆不能假故也。」祖道。

伯謨問：「汪公史評説酈食其，説得好。」曰：「高祖那時也謾教他去，未必便道使得著。」又問：「聖人處〔四〕太公事如何？」曰：「聖人須是外放教寬，一面自進，必不解如高祖突出這般説話，然高祖也只是寬他。劉、項之際，直是紛紛可畏。度那時節有百十人、有千來人，皆成部落，無處無之。那時也無以爲糧，只是劫奪。」賀孫。

「廣武之會，太公既已爲項羽所執，高祖若去求告他，定殺了。只得以兵攻之，他却不敢殺。時高祖亦自知漢兵已强，羽亦知殺得無益，不若留之，庶可結漢之權心。」人傑〔五〕録云：「使高祖屈意事楚，則有俱斃而已，惟其急於攻楚，所以致太公之歸也。問：『舜棄天下猶敝屣。』曰：『如此，則父子俱就戮爾，亦救太公不得。若「分羹」之語，自是高祖説得不是。』」方子録却云：「『分羹』之説則大不可。然豈宜以此責高祖？若以此責之，全無是處也。」人傑録云：「『杯羹』之語，只得如此。」

問：「『養虎自遺患』事，張良當時若放過，恐大事去矣，如何？」曰：「若只計利害，即無事可言者。當時若放過未取，亦不出三年耳。」問：「幾會之來，間不容髮。況沛公素無以繫豪傑之心，放過即事未可知。」曰：「若要做此事，先來便莫與項羽講解。既已約和，即不可爲矣。大抵張良多陰謀，如入關之初，賂秦將之爲賈人者，此類甚多。」問：「伊川却許以有儒者氣象，豈以出處之際可觀邪？」曰：「爲韓報仇事亦是，是〔六〕爲君父報仇。」德明。

或問：「太史公書項籍垓下之敗，實被韓信布得陣好，是以一敗而竟斃。」曰：「不特此耳。自韓信左取燕、齊、趙、魏，右取九江英布，收大司馬周殷，而羽漸困于中，而手足日翦。則不待垓下之敗，而其大勢蓋已不勝漢矣。」壯祖〔七〕。

伯豐因問善家令言，尊太公事。曰：「此等處，高祖自是理會不得。但它見太公擁篲，心却不安。然如尊太公事，亦古所未有耳。」㽦。

「高祖斬丁公，赦季布，非誠心欲伸大義，特私意耳。季布所以生，蓋欲示天下功臣。是時功臣多，故不敢殺季布。既是明大義，陳平、信、布皆項羽之臣，信、布何待反而誅之？」壽昌。

義剛説賜姓劉氏，云：「古人族系不亂，只緣姓氏分明。自高祖賜姓，而譜系遂無稽考，姓氏遂紊亂。但是族系紊亂〔八〕，也未害於治體。但一有同姓異姓之私，則非以天下爲公之意〔九〕。今觀所謂『劉氏冠』，『非劉氏不王』，往往皆此一私意。使天下後世有親疏之間，而相戕相黨，皆由此起。」先生曰：「古人是未有姓，故賜他姓，教他各自分別。後來既有姓了，又何用賜？但一時欲以恩結之，使之親附於己，故賜之。如高祖猶少，如唐，夷狄來附者皆賜姓，道理也是不是，但不要似公様恁地起風作浪説。」義剛。

「太史公三代本紀皆著孔子所損益四代之説。高帝紀又言『色尚黄，朝以十月』，此固有深意。且以孔、顔而行夏時，乘商輅，服周冕，用韶舞，則好〔一〇〕；以劉季爲之，亦未濟事在。」方子〔一一〕。

「高祖、子房英，項羽雄。」道夫。

嘗欲寫出蕭何、韓信初見高祖時一段，鄧禹初見光武時一段，武侯初見先主時一段，將這數段語及王朴平邊策編爲一卷。𨾏。

「程先生謂何追信，高祖通知，亦有此理。無垢謂申屠嘉責鄧通，文帝亦通知，恐未必然。嘉乃高祖時蹶弩之卒，想亦一樸直人。文帝教做宰相，便爲他做，有事當行便行。大事記解題謂自嘉薨，宰相權便輕了，爲以御史大夫副之也。」揚。

「論三代以下人品，皆稱子房、孔明。子房今日説了脱空，明日更無愧色，必竟只是黄、老之學。及後疑戮功臣時，更尋討他不著。」㽦。

「唐子西云：『自漢而下，惟有子房、孔明爾，而子房尚黄、老，孔明喜申、韓。』也説得好。子房分明是得老子之術，其處己、謀人皆是。孔明手寫申、韓之書以授後主，而治國以嚴，皆此意也。」問〔一二〕：「邵子云：『智哉留侯，善藏其用』，如何？」曰：「只燒絶棧道，其意自在韓而不在漢。及韓滅無所歸，乃始歸漢，則其事可見矣。」道夫。

問子房、孔明人品。曰：「子房全是黃、老，皆自黃石一編中來。」又問：「一編非今之三略乎？」曰：「又有黃石公素書，然大率是這樣説話。」廣云：「觀他博浪沙中事也甚奇偉。」曰：「此又忒煞不黃、老。爲君報仇，此是他資質好處。後來事業則都是黃、老了，凡事放退一步。若不得那些清高之意來緣飾遮蓋，則其從衡詭譎，殆與陳平輩一律耳。孔明學術亦甚雜。」廣云：「他雖嘗學申、韓，却覺意思頗正大。」曰：「唐子西嘗説子房與孔明皆是好人才，但其所學，一則從黃、老中來，一則從申、韓中來。」又問：「崔浩如何？」曰：「也是個博洽底人。他雖自比子房，然却學得子房獃了。子房之辟穀，姑以免禍耳，他却真個要做。」廣。

「子房多計數，堪下處下。」

「張良一生在荆棘林中過，只是殺他不得。任他流血成川，横尸萬里，他都不知。」椿。

「叔孫通爲緜蕝之儀，其效至於群臣震恐，無敢喧嘩失禮者。比之三代燕享群臣氣象便大不同，蓋只是秦人尊君卑臣之法。」人傑。必大録云：「叔孫通制漢儀，一時上下肅然震恐，無敢諠譁，時以爲善。然不過尊君卑臣，如秦人之意而已，都無三代燕饗底意思了。」

「齊、魯二生之不至，亦是見得如此，未必能傳孔、孟之道。只是它深知叔孫通之爲人，不肯從它耳。」僩。

「漢之四皓，元積嘗有詩譏之，意謂楚、漢紛爭却不出，只爲呂氏以幣招之便出來，只定得一個惠帝，結裹小了。然觀四皓，恐不是儒者，只是智謀之士。」僩。

伯豐問：「四皓是如何人品？」曰：「是時人材都没理會，學術權謀，混爲一區。如安期生、蒯通、蓋公之徒，皆合做一處。四皓想只是個權謀之士，觀其對高祖言語重，如『願爲太子死』，亦脇之之意。」又問：「高祖欲易太子，想亦是知惠帝人才不能負荷？」曰：「固是。然便立如意，亦了不得。蓋題目不正，諸將大臣不心服。到後來呂氏橫做了八年，人心方憤悶不平，故大臣誅諸呂之際，因得以誅少帝。少帝但非張后子，或是後宮所出，亦不可知。史謂大臣陰謀以少帝非惠帝子，意亦可見。少帝畢竟是呂氏黨，不容不誅耳。杜牧之詩云『南軍不袒左邊袖，四老安劉是滅劉。』如唐中宗事，致堂、南軒皆謂五王合併廢中宗，因誅武氏，別立宗英。然當時事勢，中宗却未有過，正緣無罪被廢，又是太宗孫、高宗子，天下之心思之，爲它不憤，五王亦因此易於成功耳。中宗後來所爲固謬，然當時便廢他不得。」僩。

「召平高於四皓，但不知高后時此四人在甚處。」蔡丈云：「康節謂事定後，四人便自去了。」曰：「也不見得。恐其老死，亦不可知。」廣。

「韓信反，無證見。」閎祖。

問：「南軒嘗對上論韓信、諸葛之兵異。」曰：「韓都是詭詐無狀。」揚。

「三代以下，漢之文帝可謂恭儉之主。」道夫。

「文帝曉事，景帝不曉事。」文蔚。

「文帝學申韓刑名、黄老清靜，亦甚雜。但是天資素高，故所爲多近厚。至景帝以刻薄之資，又輔以慘刻之學，故所爲不如文帝。班固謂漢言文景者，亦只是養民一節略同，亦如周云『成康』，康亦無大好處。或者説關雎之詩，正謂康后淫亂，故作以譏之。」子蒙。

「文帝不欲天下居三年喪，不欲以此勤民，所爲大綱類墨子。」賀孫。

或問：「文帝欲短喪。或者要爲文帝遮護，謂非文帝短喪，乃景帝之過。」曰：「恐不是恁地。文帝當時遺詔教大功十五日，小功七日，纖三日。或人以爲當時當服大功者只服十五日，當服小功者只服七日，當服纖者只三日，恐亦不解恁地。臣爲君服，不服則已，服之必斬衰三年，豈有此等級？或者又説，古者只是臣爲君服三年服，如諸侯爲天子，大夫爲諸侯，乃畿内之民服之，於天下吏民無三年服，道理必不可行。此制必是秦人尊君卑臣，却行這三年，至文帝反而復之耳。」子蒙。

問〔一三〕：「文帝問陳平錢穀刑獄之數，而平不對，乃述所謂宰相之職。或以爲錢穀刑獄一得其理，則陰陽和，萬物遂，而斯民得其所矣。宰相之職，莫大於是，惜乎平之不知此也。」曰：「平之所言，乃宰相之體。此之所論，亦是一説。但欲執此以廢彼，則非也。要之，相得人，則百官各得其職。擇一户部尚書，則錢穀何患不治？而刑部得人，則獄事亦清平矣。昔魏文侯與田子方飲，文侯曰：『鍾聲不比乎左高。』田子方笑。文侯曰：『何笑？』子方曰：『臣聞之，君明樂官，不明樂音。今君審於音，臣恐其聾於官也。』陳平之意，亦猶是爾。蓋知音而不知人，則瞽者之職爾。知人，則音雖不知，而所謂樂者固無失也。本朝韓魏公爲相，或謂公之德業無媿古人，但文章有所不逮。公曰：『某爲相，歐陽永叔爲翰林學士，天下之文章莫大於是！』自今觀之，要説他自不識，安能知歐陽永叔，也得。但他偶然自知，亦奈他何？」道夫。

問：「周亞夫『軍中聞將軍令，不聞天子詔』，不知是否？」曰：「此軍法。」又問：「大凡爲將之道，首當使軍中尊君親上，若徒知有將而不知有君，則將皆亞夫，固無害也，設有姦將一萌非意，則軍中之人，豈容不知有君？」曰：「若説到反時，更無説。凡天子命將，既付以一軍，只當守法。且如朝廷下州縣取一件公事，亦須知州知縣肯放，方可發去。不然，豈可輒易也？」自脩。

「賈誼説教太子，方説那承師問道等事，却忽然説帝入太學之類〔一四〕，後面又説太子〔一五〕，文勢都不相干涉，不知怎地？賈誼文章大抵恁地無頭腦，如後面説『春朝朝日，秋莫夕月』亦然。他方説太子，又便從天子身上去。某嘗疑『三代之禮』一句合當作『及其爲天子』字。蓋詳他意,是謂爲太子時教得如此,及爲天子則能如此。它皆是引禮經全文以爲證,非是他自説如此。」義剛。

問:「賈誼新書云『太子處位不端,受業不敬,言語不序,聲音不應律。』聲音應律,恐是以歌詠而言?」曰:「不是如此。太子新生,太師吹律以驗其啼。所謂應律,只是要看他聲音高下。如大射禮『舉旌以宫,偃旌以商』,便是此類。」文蔚。

問〔一六〕:「賈誼新書『立容言早立』,何謂『早立』?」曰:「不可曉。如儀禮云『疑立』,疑却音屹,屹然而立也。」節。

問賈誼新書。曰:「此誼平日記録藁草也。其中細碎俱有,治安策中所言亦多在焉。」方子。

「賈誼新書除了漢書中所載,餘亦難得粹者。看來只是賈誼一雜記藁耳,中間事事有些。」廣。

問:「賈誼『五餌』之説如何?」曰:「伊川嘗言,本朝正用此術。契丹分明是被金帛買住了,今日金虜亦是如此。」昌父曰:「交鄰國,待夷狄,固自有道。『五餌』之説恐非仁人之用心。」曰:「固是。但虜人分明是遭餌。但恐金帛盡則復來,不爲則已,爲則五餌須並用。然以宗室之女妻之,則大不可。如烏孫公主之類,令人傷痛。然何必夷狄?『齊人歸女樂』，便是如此了。如阿骨打初破遼國，勇鋭無敵。及既下遼，席卷其子女而北，肆意蠱惑，行未至其國而死。」因笑謂趙曰：「頃年於呂季克處見一畫卷，畫虜酋與一胡女並轡而語。季克苦求詩，某勉爲之賦，末兩句云『却是燕姬解迎敵，不教行到殺胡林』，正用阿骨打事也。」僩。

「文帝便是善人，武帝却有狂底氣象。陸子靜省試策説武帝强文帝。其論雖偏，亦有此理。文帝資質雖美，然安於此而已。其曰『卑之無甚高論，令今可行』，題目只如此。先王之道，情願不要去做，只循循自守。武帝病痛固多，然天資高，志向大，足以有爲。使合下便得個真儒輔佐，豈不大有可觀？惜乎無真儒輔佐，不能勝其多欲之私，做從那邊去了。欲討匈奴，便把呂后嫚書做題目，要來揜蓋其失。他若知得此，豈無『修文德以來』道理。又如討西域，初一番去不透，又再去，只是要得一馬，此是甚氣力。若移來就這邊做，豈不可？末年海内虚耗，去秦始皇無幾。若不得霍光收拾，成甚麽？輪臺之悔，亦是天資高，方如此。嘗因人言太子仁柔不能用武，答以『正欲其守成。若朕所爲，是襲亡秦之迹！』可見他當時已自知其罪〔一七〕。向若能以仲舒爲相，汲黯爲御史大夫，豈不善？」先生歸後，再有批答問目云：「狂者志高，可以有爲；狷者志素，有所不爲，而可以有守。漢武狂，然又不純一，不足言也。」淳。寓録見「狂狷」章。

「漢守高祖無功不侯之法甚嚴。武帝欲侯李廣利，亦作計，終破之。法制之不足恃，除得人方好。」因論□□取武帝，曰：「其英雄，乃其不好處，看人不可如此。」又謂：「文帝雖只此，然亦不是胸中無底。觀與賈誼夜半前席之事，則其論説甚多。誼蓋皆與帝背者，帝只是應將去。誼雖説得如『厝火薪下』之類，如此之急，帝觀之亦未見如此。」又云：「彼自見得，當時之治，亦且得安靜不可撓。」揚。

「武帝做事，好揀好名目。如欲逞兵立威，必曰『高皇帝遺我平城之憂』。若果以此爲耻，則須『修文德以來之』，何用窮兵黷武，驅中國生民於沙漠之外，以償鋒鏑之慘？」道夫。

「武帝征匈奴，非爲祖宗雪積年之忿，但假此名而用兵耳。」壽昌。

「王允云：『武帝不殺司馬遷，使作謗書。』如封禪書所載祠祀事。樂書載得神馬爲太一歌，汲黯進曰：『先帝百姓豈能知其音邪？』公孫弘曰：『黯誹謗聖制，當族。』下面卻忽然寫許多禮記。又如律書説律，又説兵，又説文帝不用兵，贊歎一場。全似個醉人東撞西撞。觀此等處，恐是有意。」閎祖。

「漢儒董仲舒較穩，劉向雖博洽而淺，然皆不見聖人大道。賈誼、司馬遷皆駁雜，大意是説權謀功利。説得深了，覺見不是，又説一兩句仁義。然權謀已多了，救不轉。蘇子由古史前數卷好，後亦合雜權謀了〔一八〕。」

「漢儒初不要窮究義理，但是會讀，記得多，便是學。」揚〔一九〕。

「漢儒注書，只注難曉處，不全注盡本文，其辭甚簡。」揚。

問〔二〇〕：「君臣之變，不可不講。且如霍光廢昌邑，正與伊尹同。然尹能使太甲『自怨自艾』，而卒復辟。光當時被昌邑說『天子有爭臣七人』兩句後，他更無轉側。萬一被他更咆哮時〔二一〕，也惡模樣。」曰：「到這裏也不解恤得惡模樣了。」義剛曰：「光畢竟是做得未宛轉。」曰：「做到這裏，也不解得宛轉了。」良久，又曰：「人臣也莫願有此。萬一有此時，也十分使那宛轉不得。」義剛〔二二〕。

問：「霍光廢昌邑，是否？」曰：「是。」「使太甲終不明，伊尹如之何？」曰：「亦有道理。」可學。

或問：「霍光不負社稷，而終有許后之事，援以口過戒子孫，而他日有裹屍之禍。」先生曰：「『采葑采菲，無以下體。』取人之善，爲己師法，不當如此論也。」若海。

問宣帝雜王伯之說。曰：「須曉得如何是王，如何是伯，方可論此。宣帝也不識王伯，只是把寬慈底便喚做王，嚴酷底便喚做伯。明道王伯劄子說得好〔二三〕，自古論王伯，至此無餘蘊矣。」義剛〔二四〕。

叔器問：「宣帝言漢雜王伯，此說也似是。」曰：「這個先須辨別得王、伯分明，方可去論它是與不是。」叔器云：「如約法三章、爲義帝發喪之類，做得也似好。」曰：「這個是它有意無意？」叔器曰：「有意。」曰：「既是有意，便不是王。」義剛。

「韓延壽傳云：『以期會爲大事。』某舊讀漢書，合下便喜他這一句。」直卿曰：「『敬事而信』，也是這意。」曰：「然。」道夫。

問不疑誣金事。徐節孝以金還人。曰：「初也須與他至誠説是無，看如何。他人解便休；若是硬執，只得還他。若皆不與之解説，人才誣便還，則是以不善與人而自爲善，其心有病矣。」揚。

「楊惲坐上書怨謗，腰斬。此法古無之，亦是後人增添。今觀其書，謂之怨則有之，何謗之有？」淳。

正淳論二疏不合徒享爵位而去，又不合不薦引剛直之士代己輔導太子。先生曰：「疏廣父子亦不必苛責之。雖未盡出處之正，然在當時親見元帝懦弱，不可輔導，它只得去，亦是避禍而已。觀渠自云：『不去，懼貽後悔。』亦自是省事恬退底。世間自有此等人，它性自恬退，又見得如此，只得去。若不去，蕭望之便是樣子，望之即剛直之士。」又問：「元帝是時年十二，如何便逆知其後來事？」曰：「若是佼者，便難知。如南北時，有一王當面做好人，背後即爲非，此等却難知。若庸謬底人，自是易見。」又問：「如何不以告宣帝，或思所以救之？」曰：「若是恁地，越不能得去。便做告與宣帝，教宣帝待如何？」㽦。

先生因言：「嘗見一人云，匡衡做得相業全然不是，只是所上疏議論甚好，恐是收得好懷挾。」又云：「如答淮陽王求史遷書，其詞甚好。」又曰：「如宣元間詔令及一戒諸侯王詔令，皆好，不知是何人做。漢初時却無此議論，漢初却未曾講貫得恁地。」又曰：「匡衡說詩，關雎等處甚好，亦是有所師授，講究得到。」㽦。

「事無有自做得成者。光武要小小自做家活子，亦是鄧禹先尋得許多人。太宗便是房、杜爲尋得許多人。今只要自做。」揚。

「古人年三十時，都理會得了，便受用行將去。今人却如此費力。只如鄧禹十三歲學於京師，已識光武爲非常人，後來杖策謁軍門，只以數言定天下大計〔二五〕。」德明。

「古之名將能立功名者，皆是謹重周密，乃能有成。如吳漢、朱然終日欽欽，常如對陳。須學這樣底，方可。如劉琨恃才傲物，驕恣奢侈，卒至父母妻子皆爲人所屠。今人率以才自負，自待以英雄，以至恃氣傲物，不能謹嚴。以此臨事，卒至於敗而已。要做大功名底人，越要謹密，未聞粗魯闊略而能有成者。」僩。

「漢儒專以災異讖緯與夫風角鳥占之類爲内學，如徐孺子之徒多能此，反以義理之學爲外學。且如鍾離意傳所載修孔子廟事，說夫子若會覆射者然，甚怪。」義剛。

「徐孺子以綿漬酒，藏之雞中，去弔喪，便以水浸綿爲酒以奠之，便歸。所以如此者，是要用他自家酒，不用别處底。所以綿漬者，蓋路遠難用器皿盛故也。」燾。

或問：「黄憲不得似顔子。」曰：「畢竟是資禀好。」又問：「若得聖人爲之依歸，想是煞好。」曰：「又不知他志向如何。顔子不是一個衰善底人，看他是多少聰明，便敢問爲邦，孔子便告以四代禮樂。」因説至「伯夷聖之清，伊尹聖之任，柳下惠聖之和」，都是個有病痛底聖人。又問：「伊尹似無病痛？」曰：「『五就湯，五就桀』，孔孟必不肯恁地，只爲他任得過。」又問：「伊尹莫是『枉尺直尋？』」曰：「伊尹不是恁地，只學之者便至枉尺直尋。」賀孫〔二六〕。

「亂世保身之難，申屠蟠事可見。郭林宗彰而獲免，以稱人之美而不稱惡，人不惡之。陳仲弓分太守謗，送宦者葬，其爲皆如此。不送其葬亦得，爲之詭遇。」揚。

「後漢魏桓不肯仕，鄉人勉之，曰：『干禄求進〔二七〕，以行志也。方今後宫千數，其可損乎？廐馬萬匹，其可減乎？左右權豪，其可去乎？』慨然嘆曰：『使桓生行而死還，於諸子何有哉！』」賀孫。

問器遠：「君舉説漢黨錮如何？」曰：「也只説當初所以致此，止緣將許多達官要位付之宦官，將許多儒生付之閑散無用之地，所以激起得如此。」曰：「這時許多好官尚書，也不是付宦官，也是儒生，只是不得人。許多節義之士，固是非其位之所當言，宜足以致禍。某常說，只是上面欠一個人。若上有一個好人，用這一邊節義，剔去那一邊小人，大故成一個好世界。只是一轉關子。」賀孫。

說東漢誅宦官事，云：「欽夫所說，只是翻謄好看，做文字則劇，其實不曾說著當時事體。到得那時節，是甚麽時節？雖倉公、扁鵲所不能療。如天下有必死之病，喫熱藥也不得，喫涼藥也不得。有一人下一服熱藥，便道他用藥錯了。天下有必亡之勢，這如何慢慢得。若許多宦者未誅，更恁地保養過幾年，更乖。這只是胡說。那時節是甚麽時節，都無主了。立個渤海王之子纘，纔七八歲，方說梁冀跋扈，便被弒了。立蠡吾侯爲桓帝，方十五歲，外戚宦官手裏養得大，你道他要誅他不要誅他？東漢外戚宦官從來盤踞，軌轍相銜，未有若此之可畏。養個女子，便頓放在宮中，十餘年後便窮極富貴。到得有些蹶跌，便闔族誅滅無遺類，欲爲孤豚而不可得。必亡之勢，未有若東漢末年。」伯謨問：「唐宦官與東漢末如何？」曰：「某嘗說：唐時天下尚可爲，唐時猶有餘策。東漢末直是無著手處，且是無主了。如唐昭宗、文宗直要除許多宦官。那時若有人，似尚可爲。那時只宣宗便度得事勢不能誅便一向不問他，也是老練了如此。如伊川易解，也失契勘。說『屯其膏』云：『又非恬然不爲，若唐之僖昭也。』這兩人全不同，一人是要做事，一人是不要做，與小黄門啗果食度日，呼田令孜爲『阿父』。不知東漢時若一向盡引得忠賢布列在内，不知如何。只那都無主可立。天下大勢，如人衰老之極，百病交作，略有些小變動，便成大病。如乳母也聒噪一場，如單超、徐璜也作怪一場，如張讓、趙忠之徒，纔有些小權柄，便作怪一場。這是甚麽時節？」伯謨云：「從那時直到唐太宗，天下大勢方定疊。」曰：「這許多時節，直是無著手處。然亦有幸而不亡者，東晉是也。汪莘作詩史，以爲竇武、陳蕃誅宦者，不合前收鄭颯，而未收曹節、王甫、侯覽。若一時便收却四個，便了。陽球誅宦者，不合前誅王甫、段熲，而未誅曹節、朱瑀。若一時便誅却四個，亦自定矣。此説是。」賀孫。

「荀文若爲宦官唐衡女婿，見殺得士大夫厭了，爲免禍計耳。」升卿。

「漢時宿衛皆是子弟，不似而今用軍卒。」義剛。

「漢有十三州，一州建一刺史，刺舉一路，則諸侯郡守雜建，諸侯甚大。如齊七十餘城，大率置官法度之類，與天子等。七國變後，方漸削奪。主父偃用賈誼策，分王諸侯子孫，方漸小了。後漢亦雜建。魏陵逼諸侯甚，每令人監之，不得朝覲並親知往來。曹丕待宗室如此。晉大封同姓，八王之亂以此，元帝中興亦以此。齊、梁間削奪諸侯尤甚。唐亦尚有之，然只是遥領。」揚。

「漢律康成注，今和正文皆亡矣。」淳。

「漢人斷獄辭亦如今之款情一般，具某罪，引某法爲斷。」淳。〔二八〕

「今法中有『保辜』二字，自後漢有此語，想此二字是自古相傳。」淳。

校勘記

〔一〕歷代二　朝鮮本「二」下有注云：「兩漢」。

〔二〕義剛　朝鮮本「剛」下有三十四字，云：「按陳淳録同而略，今附云：『漢興之初，氣象自好，到武宣極盛處，便有衰底意思，人亦皆然。』」

〔三〕只緣當時人和詐也無　「詐」原作「許」，據朝鮮本、萬曆本改。

〔四〕聖人處　朝鮮本此下增：高祖時有。

〔五〕人傑　朝鮮本收完整「人傑」所記語録：王儀爲司馬昭軍師，嘗事昭，而昭誅之，裒仕晉猶可也，而裒不仕，乃過於厚者。嵇康，魏臣，而晉殺之，紹不當仕晉明矣。蕩陰之忠固可取，亦不相贖。事讎之過，自不相掩。廣武之會，項羽所以不殺太公者，蓋是時漢强而楚少弱，使高祖於楚屈意於事，楚則有俱斃而已。惟其急於攻楚，所以致太公之歸也。項籍亦能曉此，知殺太公爲不可，不若歸之，可以致漢之歡心也。若「分羹」之説，則太不可。然豈宜以此責高祖？若以此責之，全無是處也。人傑。

〔六〕是　朝鮮本「是」上增：張良。
〔七〕壯祖　朝鮮本作：處謙。
〔八〕但是族系紊亂　朝鮮本「但」上有「據義剛觀之」五字。
〔九〕則非以天下爲公之意　朝鮮本「非」下有「王者」二字。
〔一〇〕則好　朝鮮本作：則固好。
〔一一〕方子　朝鮮本作：文子。
〔一二〕問　朝鮮本作：道夫問。
〔一三〕問　朝鮮本作：道夫問。
〔一四〕却忽然説帝入太學之類　朝鮮本「説」下有「禮曰」二字。
〔一五〕後面又説太子　朝鮮本「後」上有「説了」二字。
〔一六〕問　朝鮮本作：節問。
〔一七〕可見他當時已知其罪　「罪」，朝鮮本作「非」。
〔一八〕後亦合雜權謀了　朝鮮本「了」下有注「庚」字。
〔一九〕揚　朝鮮本末尾小字作：義剛。
〔二〇〕問　朝鮮本作：義剛問。
〔二一〕萬一被他更咆哮時　「哮」原作「勃」，據朝鮮本、萬曆本改。

〔二二〕義剛　朝鮮本「剛」下有小字注云：「陳淳録同而略，云：『問：「君臣之變，如霍光廢昌邑時，萬一被他咆哮，亦惡模樣。」先生曰：「到這裏亦不解恤得惡模樣了。」又問：「必竟是做得未宛轉。」曰：「到這裏亦不解得宛轉了。大臣莫願有此，萬一有此時，十分使宛轉不得。」』凡八十三字。

〔二三〕明道王伯劄子説得好　「好」原作「知」，據朝鮮本改。

〔二四〕義剛　朝鮮本作：可學。

〔二五〕天下大計　朝鮮本此下增一節文字：如云就公之身慮之，天下不足定也。是日，先生疾，少間令取後漢鄧禹傳入卧内，因問，遂語及此。

〔二六〕賀孫　朝鮮本作：義剛。

〔二七〕干禄求進　「進」原作「延」，據朝鮮本、萬曆本改。

〔二八〕淳　朝鮮本末尾小字作：義剛。陳淳録同。

朱子語類卷第一百三十六

歷代三（一）

因論三國形勢，曰：「曹操合下便知據河北可以爲取天下之資。既被袁紹先說了，他又不成出他下，故爲大言以誑之。胡致堂說史臣後來代爲文辭以欺後世，看來只是一時無說了，大言耳。此著被袁紹先下了，後來崎嶇萬狀，尋得個獻帝來，爲挾天子令諸侯之舉，此亦是第二大著。若孫權據江南，劉備據蜀，皆非取天下之勢，僅足自保耳。」雉。

「曹操用兵，煞有那幸而不敗處，却極能料。如征烏桓，便能料得劉表不從其後來。」端蒙。

問：「先主爲曹操所敗，請救於吳。若非孫權用周瑜以敵操，亦殆矣。」曰：「孔明之請救，知其不得不救。孫權之救備，須著救他，必大録云「孫權與劉備同禦曹操，亦是其勢不得不合」。不如此，便當迎操矣。此亦非好相識，勢使然也。及至先主得荆州，權遂遣吕蒙擒關羽，才到利害所在，便不相顧。人傑。必大録小異。

「劉備之敗於陸遜，雖言不合輕敵，亦是自不合連營七百餘里，先自做了敗形。是時孔明在成都督運餉，後云：『法孝直若在，不使主上有此行。』孔明先不知曾諫止與否？今皆不可考。但孔明雖正，然盆。去聲。法孝直輕快，必有術以止之。」必大。

「諸葛孔明大綱資質好，但病於粗疏。孟子以後人物，只有子房與孔明。子房之學出於黄老，孔明出於申韓，如授後主以六韜等書與用法嚴處，可見。若以比王仲淹，則不似其細密。他却事事理會過來。當時若出來施設一番〔二〕，亦須可觀。」木之。

或問孔明。曰：「南軒言其體正大，問學未至。此語也好，但孔明本不知學，全是駁雜了，然却有儒者氣象，後世誠無他比。」升卿。

問〔三〕：「孔明興禮樂如何？」曰：「也不見得孔明都是禮樂中人，也只是粗底禮樂。」寓。淳録云「孔明也粗。若興禮樂，也是粗禮樂。」砥録云「孔明是禮樂中人，但做時也粗疏」。

「忠武侯天資高，所爲一出於公。若其規模并寫申子之類，則其學只是伯。程先生云：『孔明有王佐之心，然其道則未盡。』其論極當。魏延請從間道出關中，侯不聽。侯意中原已是我底物事，何必如此？故不從。不知先主當時只從孔明，不知孔明如何取荆取蜀〔四〕。若更從魏延間道出，關中所守者只是庸人。從此一出，是甚聲勢，如拉朽然，後竟不肯爲之。」揚。

致道問孔明出處。曰：「當時只有蜀先主可與有爲耳。如劉表、劉璋之徒，皆了不得。曹操自是賊，既不可從。孫權又是兩間底人，只有先主〔五〕名分正，故只得從之。」時可問：「王猛從苻堅如何？」曰：「苻堅事自難看。觀其殺苻生與東海公陽，分明是特地殺了，而史中歷數苻生酷惡之罪。東海公之死，云是太后在甚樓子上，見它門前車馬甚盛，欲害苻堅，故令人殺之，此皆不近人情。蓋皆是己子，不應便專愛堅而特使人殺東海公也。此皆是史家要出脱苻堅殺兄之罪，故裝點許多，此史所以難看也。」時舉。

「諸葛亮之事，其於荆蜀亦合取。當日草廬亦是商量準擬在此，但此時不當恁地。若是恁地取時，全不成舉措。如二人視魏而不伐，自合當取。兼在是時捨此無以爲資。若能聲其罪，用兵而取之，却正。但當時劉焉父子亦得人情，恐亦未易取。」伯豐問：「聖人處此，合如何？」曰：「亦須别有個道理。若似如此，寧可事不成。只爲後世事欲苟成，功欲苟就，便有許多事。亮大綱却好，只爲如此，便有斑駁處。」嵤。○方子〔六〕録云：「『孔明執劉璋，蓋緣事求可，功求成，故如此。』曰：『然則寧事之不成？』曰：『然。』」

器遠問：「諸葛武侯殺劉璋是如何？」曰：「這只是不是。初間教先主殺劉璋，先主不從。到後來，先主見事勢迫，也打不過，便從他計。要知不當恁地行計殺了他，若明大義，聲罪致討，不患不服。看劉璋欲從先主之招，傾城人民願留之。那時郡國久長，能得人心如此。」賀孫。

毅然問：「孔明誘奪劉璋，似不義〔七〕。」曰：「便是後世聖賢難做，動著便粘手惹脚。」淳。

「諸葛孔明天資甚美，氣象宏大，但所學不盡純正，故亦不能盡善。取劉璋一事，或以爲先主之謀，未必是孔明之意，然在當時多有不可盡曉處。如先主東征之類，不見孔明一語議論，後來壞事，却追恨法孝直若在，則能制主上東行。孔明得君如此，猶有不能盡言者乎？先主不忍取荆州，不得已而爲劉璋之圖。若取荆州，雖不爲當，然劉表之後，君弱勢孤，必爲他人所取，較之取劉璋，不若得荆州之爲愈也。學者皆知曹氏爲漢賊，而不知孫權之爲漢賊也。若孫權有意興復漢室，自當與先主協力并謀，同正曹氏之罪。如何先主纔整頓得起時，便與壞倒？如襲取關羽之類是也。權自知與操同是竊據漢土之人，若先主事成，必滅曹氏，且復滅吳矣。權之姦謀，蓋不可掩。平時所與先主交通，姑爲自全計爾。」或曰：「孔明與先主俱留益州，獨令關羽在外，遂爲陸遜所襲。當時只先主在內，孔明在外如何？」曰：「正當經理西向宛、洛，孔明如何可出？此特關羽恃才疏鹵，自取其敗。據當時處置如此，若無意外齟齬，曹氏不足平，兩路進兵何可當也？此亦漢室不可復興，天命不可再續而已，深可惜哉！」謨。

直卿問：「孔明出師每乏糧，古人做事須有道理，須先立些根本。」曰：「孔明是殺賊，不得不急。如人有個大家，被賊來占了，趕出在外墻下住，殺之豈可緩？一纔緩，人便一切都忘了。孔明亦自言一年死了幾多人，不得不急爲之意。司馬懿甚畏孔明，便使得辛毗來遏令不出兵，其實是不敢出也。國家只管與講和，聘使往來，賀正賀節，稱叔稱姪，只是見鄰國，不知是讎了。」又問：「勾踐謀吳二十年，又如何？」曰：「事體不同。諸侯各有國，未便伐吳，則越亦自在，如此謀乃是。」揚。

「孔明〔八〕出師表，文選與三國志所載字多不同，互有得失。『五月渡瀘』是説前事。如孟獲之七縱七擒，正其時也。渡瀘是先理會南方許多去處。若不先理會許多去處，到向北去，終是被他在後乘間作撓。既理會得了，非惟不被他來撓，又却得他兵衆來使。」賀孫。

誦武侯之言曰：「治世以大德，不以小惠。」從周。

問武侯「寧靜致遠」之説。曰：「靜，便養得根本深固，自可致遠。」淳。

孔明治蜀，不曾立史官，陳壽險甚揚録作「撿拾」。而爲蜀志，故甚略。孔明極是子細者，亦恐是當時經理王業之急，有不暇及此。」

「諸葛亮臨陣對敵，意思安閑，如不欲戰。而苻堅踴躍不寐而行師，此其敗，不待至淝水而決矣。」方。

「看史策，自有該載不盡處。如後人多說武侯不過子午谷路。往往那時節必有重兵守這處，不可過。今只見子午谷易過，而武侯自不過。史只載魏延之計，以爲夏侯楙是曹操婿，怯而無謀，守長安，甚不足畏。這般所在，只是該載不盡。亮以爲此危計，不如安從坦道，又揚聲由斜谷，又使人據箕谷，此可見未易過。」賀孫。

先生說八陣圖法，人傑因云：「尋常人說戰陣事多用變詐，恐王者之師不如此。」曰：「王者勢嚮大，自不須用變詐。譬如孟賁與童子相搏，自然勝他孟賁不得。且如諸葛武侯七縱七擒事，令孟獲觀其營壘，分明教你看見，只是不可犯。若用變詐，已是其力不敵，須假些意智勝之。又今之戰者，只靠前列，後面人更著力不得。前列勝則勝，前列敗則敗。如八陣之法，每軍皆有用處，天衝、地軸、龍飛、虎翼、蛇、鳥、風、雲之類，各爲一陣。有專於戰鬭者，有專於衝突者，又有纏繞之者，然未知如何用之。」又問垓下之戰。曰：「此却分曉。」又問：「淮陰多多益辦，程子謂『分數明』，如何？」曰：「此御衆以寡之法，且如十萬人分作十軍，則每軍有一萬人，大將之所轄者，十將而已。一萬又分爲十軍，一軍分作十卒，則一將所管者，十卒而已。卒正自管二十五人，則所管者三卒正耳。推而下之，兩司馬雖管二十五人，然所自將者五人，又管四伍長，伍長所管四人而已。至於大將之權，專在旗鼓。大將把小旗，撥發官執大旗，三軍視之以爲進退。若李光弼旗麾至地，令諸軍死生以之是也。若八陣圖，自古有之。周官所謂『如戰之陳』，蓋是此法。握幾文雖未必風后所作，然由來須遠。武侯立石於江邊，乃是水之回洑處，所以水不能漂蕩。其擇地之善、立基之堅如此，此其所以爲善用兵也。」又問：「陰符經有『絶利一源，用師十倍；三反晝夜，用師萬倍』之説，如何？」曰：「絶利者，絶其二三；一源者，一其原本。三反晝夜者，更加詳審，豈惟用兵？凡事莫不皆然。倍，如『事半古之人，功必倍之』之謂。上文言『瞽者善聽，聾者善視』則其專一可知。注陰符者分爲三章：上言神仙抱一之道，中言富國安民之法，下言强兵戰勝之術。又有人每章作三事解釋。後來一書吏竊而獻之高宗，高宗大喜，賜號『渾成』。其人後以强横害物，爲知饒州汪某斷配。」人傑。

或問：「季通八陣圖説，其間所著陳法是否？」曰：「皆是元來有底。但季通分開許多方圓陳法，不相混雜，稍好。」又問：「史記所書高祖垓下之戰，季通以爲正合八陳之法。」曰：「此亦後人好奇之論。大凡有兵須有陳，不成有許多兵馬相戰鬭，只衮作一團，又只排作一行。必須左右前後，部伍行陣，各有條理，方得。今且以數人相撲言之，亦須擺布得所而後相角。今人但見史記所書甚詳，漢書則略之，便以司馬遷爲曉兵法，班固爲不曉，此皆好奇之論。不知班固以爲行陣乃用兵之常，故略之，從省文爾。看古來許多陳法，遇征戰亦未必用得。所以張巡用兵，未嘗倣古兵法，不過使兵識將意，將識士情。蓋未論臨機應變，方略不同，只如地圓則須布圓陣，地方則須布方陣，亦豈容概論也？」又曰：「常見老將說，大要臨陣，又在番休遞上，分一軍爲數替，將戰則食。第一替人既飽，遣之入陣，便食第二替人。覺第一替人力將困，即調發第二替人往代。第三替亦如之。只管如此更番，則士常飽健，而不至於困乏。鄉來張柔直守南劍，戰退范汝爲，只用此法。方汝爲之來寇也，柔直起鄉兵與之戰。令城中殺羊牛豕作肉串，仍作飯，分鄉兵爲數替，以入陣之先後更迭食之。士卒力皆有餘，遂勝汝爲。」又云：「劉信叔順昌之勝，鄉見張仲隆云親得之信叔，大概亦是如此。時極暑，探報人至云：『虜騎至矣！』信叔令一卒擐甲，立之烈日中。少頃，問：『甲熱乎？』曰：『熱矣。』『可著手乎[九]？』則曰：『熱甚，不可著手矣。』時城中軍亦不甚多。信叔嘗有宿戒，遇戰則分爲數替。於是下令軍中：『可依次飲食，士卒更番而上。』又多合暑藥，往者歸者皆飲之，人情胥快，元城劉師閔，向張魏公督軍，暑藥以薑麪爲之，與今冰壺散方大概相似。故能大敗虜人。蓋方我之甲士甲熱不堪著手，則虜騎被甲來者其熱可知，又未免有困餒之患。於此時而擊之，是以勝也。」或曰：「是戰也，信叔戒甲士人帶一竹筒，其中實以煑豆。入陣，則割棄竹筒，狼籍其豆於下，虜馬飢，聞豆香，低頭食之，又多爲竹筒所衮，脚下不得地，以故士馬俱斃。」曰：「此則不得而知。但聞多遣輕鋭之卒，以大刀斫馬足，每折馬一足，則和人皆仆，又有相蹂踐者。大率一馬仆，則從旁而斃不下十數人。」儒用〔一〇〕。

「八陣圖，敵國若有一二萬人，自家止有兩三千人，雖有法，何所用之？」蔡云：「勢不敵，則不與鬬。」先生笑曰：「只辨著走便了。」蔡云：「這是個道理。譬如一個十分雄壯底人與一個四五分底人厮打，雄壯底只有力，四五分底却識相打法，對副雄壯底更不費力，只指點將去。這見得八陣之法，有以寡敵衆之理。」先生曰：「也須是多寡强弱相侔，可也。又須是人雖少，須勇力齊一始得。」蔡云：「終不是使病人與壯人鬬也。」賀孫。

「陣者，定也。八陣圖中有奇正。前面雖未整，猝然遇敵，次列便已成正軍矣。」季通語。方。

用之問：「諸葛武侯不死，與司馬仲達相持，終如何？」曰：「少間只管算來算去，看那個錯了便輸。輸贏處也不在多，只是爭些子。」季通云：「看諸葛亮不解輸。」曰：「若諸葛亮輸時，輸得少；司馬懿輸時，便狼狽。」賀孫。

「諸葛公是忠義底司馬懿，司馬懿是無狀底諸葛公，劉禪備位而已。」道夫。

「羊、陸相遺問，只是敵國相傾之謀，欲以氣相勝，非是好意思。人傑〔一一〕録云：「觀陸抗『正是彰其德於祏』之言，斯可見矣。」如漢文修尉佗祖墓及石勒修祖逖母墓事皆相近。」必大。

「王儀爲司馬昭軍師，昭殺之雖無辜〔一二〕，裒仕晉猶有可説〔一三〕；而裒不仕，乃過於厚者。嵇康魏臣，而晉殺之，紹不當仕晉明矣。蕩陰之忠固可取，亦不相贖。事讎之過，自不相掩。司馬公云：『使無蕩陰之忠，殆不免君子之譏。』不知君子之譏初不可免也。」僩。人傑録云「儀嘗仕昭而昭誅之」云云。

「晉元帝無意復中原，却託言糧運不繼，誅督運令史淳于伯而還。行刑者以血拭柱，血爲之逆流。天人幽顯，不隔絲豪。」閎祖。

「『湯執中，立賢無方。』東晉時所用人才，皆中州浮誕者之後。惟顧榮、賀循有人望，不得已而用之。」人傑。

「王導爲相，只周旋人過一生。嘗有坐客二十餘人，逐一稱讚，獨不及一胡僧并一臨海〔一四〕人，二人皆不悦。導徐顧臨海人曰：『自公之來，臨海不復有人矣。』又謂胡僧曰：『蘭奢。』蘭奢，乃胡語之褒譽者也。於是二人亦悦。」人傑。

問：「老子之道，曹參、文帝用之皆有效，何故以王、謝之力量反做不成？」曰：「王導、謝安又何曾得老子妙處？淳録〔一五〕云「人常以王導比謝安」。然謝安又勝王導。石林説：王導只是隨波逐流底人，謝安却較有建立，也煞有心於中原。王導自渡江來，只是恁地，都無取中原之意。此説也是。但謝安也被這清虚絆了，都做不得。」又問：「孔子惡鄉原，如老子可謂鄉原否？」曰：「老子不似鄉原，鄉原却尚在倫理中行，那老子却是出倫理之外。它自處得雖甚卑，不好聲，不好色，又不要官做，然其心却是出于倫理之外，其説煞害事。如鄉原，便却只是個無見識底好人，未害倫理在。」義剛。

「謝安之待桓温，本無策。温之來，廢了一君。幸而要討九錫，要理資序，未至太甚，猶是半和秀才。若它便做個二十分賊，如朱全忠之類，更進一步，安亦無如之何。王儉平日自比謝安，王儉是已敗闕底謝安，謝安特幸未疏脱底王儉耳。安比王儉只是有些英氣。苻堅之來，亦無措置。前輩云：非晉人之善，乃苻堅之不善耳。然堅只不合擁衆來，謝安必有以料之。兼秦人國内自亂，晉亦必知之，故安得以鎮静待之。堅之來，在安亦只得發兵去迎敵當來。苻堅若不以大衆來，只以輕兵時擾晉邊，便坐見狼狽。」因問正淳曰：「桓温移晉祚時，安能死節否？」曰：「必不能，却須逃去。」曰：「逃將安往？若非死節，即北面事賊耳。到這裏是築底處，中間更無空地。」因説：「韋孝寬智略如此，當楊堅簒周時，尉遲迥等皆死，孝寬乃獻金熨斗。始嘗疑之，既不與它爲異，亦何必如此附結之？元來到這地位，便不與辨，亦不免死。既不能死，便只得失節耳。」又曰：「謝安之與苻堅，如近世陳魯公之於完顔亮，幸而捱得它死耳。」伯豐問：「寇萊公澶淵事如何？」曰：「當來它却有措置。然到此，只得向前，不可退後也。」僴。

「温太真處王敦事難。」先生云：「亦不佳，某做不得。」揚。

「王祥孝感，只是誠發於此，物感於彼。或以爲内感，或以爲自誠中來，皆不然。王祥自是王祥，魚自是魚。今人論理，只要包合一個渾淪底意思，雖是直截兩物，亦須衮合説，正不必如此。世間事雖千頭萬緒，其實只一個道理，『理一分殊』之謂也。到感通處，自然首尾相應。或自此發出而感於外，或自外來而感於我，皆一理也。」謨。

「淵明所説者莊、老，然辭却簡古；堯夫辭極卑，道理却密。」升卿。

「陶淵明，古之逸民。」若海。

問：「苻堅立國之勢亦堅牢，治平許多年，百姓愛戴，何故一敗塗地，更不可救？」曰：「他是掃土而來，所以一敗更救不得。」又問：「他若欲滅晉，遣一良將提數萬之兵以臨之，有何不可？何必掃境而來？」曰：「他是急要做正統，恐後世以其非正統，故急欲亡晉。此人性也急躁，初令王猛滅燕，猛曰：『既委臣，陛下不必親臨。』及猛入燕，忽然堅至，蓋其心又恐猛之功大，故親來分其功也。便是他器量小，所以後來如此。」僴。

「王猛〔一六〕事苻堅，煞有事節。苻堅之兄乃其謀殺之。」賀孫。

「桓温入三秦，王猛來見。眼中不識人，却謂三秦豪傑未有至，何也？三秦豪傑，非猛而誰？可笑。」揚。

「晉任宗室，以八王之亂，自宋而後，皆殺兄弟宗室。以至召去知其不好，途中見人哭。問：『如何死？』曰：『病死。』曰：『病後何哭？』至有臨刑時，平日念佛者皆合掌，願後世莫生王侯家。」揚。

「蘇綽立租、庸等法，亦是天下人殺得少了，故行得易。」〔一七〕

「三代而下，以義爲之，只有一個諸葛孔明。若魏鄭公全只是利。李密起，有一道士説密即東都縛煬帝獨夫，天下必應。」揚謂：「密不足道。漢、唐之興，皆是爲利。須是有湯、武之心始做得。太宗亦只是爲利，亦做不得。」先生曰：「漢高祖見始皇出，謂：『丈夫當如此耳。』項羽謂：『彼可取而代也。』其利心一也。郭汾陽功名愈大而心愈小，意思好。易傳及諸葛，次及郭汾陽。」揚。

「漢高祖取天下却正當，爲他直截恁地做去，無許多委曲。唐初，隋大亂如此，高祖、太宗因群盜之起，直截如此做去，只是誅獨夫。爲他心中打不過，又立恭帝，假援回護委曲如此，亦何必爾？所以不及漢之創業也。」端蒙。

「高祖辭得九錫，却是。」端蒙。

「高祖與裴寂最昵。宮人私侍之説，未必非高祖自爲之，而史家反以此文飾之也。」

端蒙。

因論唐事，先生曰：「唐待諸國降王不合道理。竇建德所行亦合理，忽然而亡，不可曉。王世充却不殺。當初高祖起太原，入關，立代王，遂即位。世充於東都亦立越王。二人一樣，故且赦之。至殺蕭銑，則大無理。他自是梁子孫，元非叛臣。」某問：「唐史臣論高祖殺蕭銑，不成議論。」曰：「然。」通老問：「以宮人侍高祖，在太宗不當爲。」曰：「它在當時，只要得事成，本無救世之心，何暇顧此？唐有天下三百年。唐宗室最少，屢經大盜殺之，又多不出閤，只消磨盡了。」可學。

「唐太宗以晉陽宮人侍高祖，是致其父於必死之地，便無君臣父子夫婦之義。漢高祖亦自粗疏，惟光武差細密，却曾讀書來。」問：「晉元帝所以不能中興者，其病安在？」曰：「元帝與王導元不曾有中原志。收拾吴中人情〔一八〕，惟欲宴安江沱耳。」問：「祖逖擢鋒越河，所向震動，使其不死，當有可觀。」曰：「當是時，王導已不愛其如此，使戴若思輩監其軍可見，如何得事成？」問：「紹興初，岳軍已向汴都，秦相從中制之，其事頗相類。」曰：「建炎初，宗澤留守東京，招徠群盜數百萬，使一舉而取河北數郡，即當時事便可整頓。乃爲汪、黄所制，怏怏而死，京師之人莫不號慟。於是群盜分散四出，爲山東、淮南劇賊。」德明。

「唐源流出於夷狄，故閨門失禮之事，不以爲異。」祖道。

太宗奏建成、元吉，高祖云：「明當鞫問，汝宜早參。」及次早建成入朝，兄弟相遇，遂相殺。尉遲敬德著甲持刃見高祖，高祖在一處泛舟。程可久謂：「既許明早理會，又却去泛舟，此處有闕文，或爲隱諱。」先生曰：「此定是添入此一段，與前後無情理。太宗決不曾奏，既奉了，高祖見三兒要相殺，如何尚去泛舟？此定是加建成、元吉罪處。又謂太宗先奏了，不是前不説。」

「太宗誅建成，比於周公誅管、蔡，只消以公私斷之。周公全是以周家天下爲心，太宗則假公義以濟私欲者也。」端蒙。

「太宗殺建成、元吉，比周公誅管、蔡，如何比得？太宗無周公之心，只是顧身。然當時亦不合爲官屬所迫，兼太宗亦自心不穩。温公此處亦看不破，乃云待其先發而應之，亦只便是鄭伯克段于鄢。須是有周公之心，則可。」問曰：「范太史云是高祖處得不是。」曰：「今論太宗，且責太宗；論高祖，又自責高祖。不成只責高祖，太宗全無可責？」又問：「不知太宗當時要處得是，合如何？」曰：「爲太宗孝友從來無了，却只要來此一事上使，亦如何使得？」先生又曰：「高祖不數日，軍國事便付與太宗，亦只是不得已。唐世内禪者二，如肅宗分明不是，只如睿宗之於玄宗，亦只爲其誅韋氏有功了，事亦不得已爾。」端蒙。

又論太宗事，云：「太宗功高，天下所係屬，亦自無安頓處，只高祖不善處置了。」又建成乃欲立功蓋之。如玄宗誅韋氏有功，睿宗欲立宋王成器，宋王成器便理會得事，堅不受。」端蒙。

因及王、魏事，問：「論後世人，不當盡繩以古人禮法。畢竟高祖不當立建成。」曰：「建成既如此，王、魏何故不見得？又何故不知太宗如此，便須莫事建成？亦只是望僥倖。」問：「二人如此機敏，何故不見得？」曰：「王、魏亦只是直。」揚。

因問太宗殺建成事，及王、魏教太子立功結君，後又不能死難，曰：「只爲祇見得功利，全不知以義理處之。」端蒙。

「太宗納巢剌王妃，魏鄭公不能深諫，范純夫論亦不盡。純夫議論，大率皆只從門前過。資質極平正，點化得，甚次第，不知伊川當時如何不曾點化他。」先生嘗語吕丈云：「范純夫平生於書冊皆只從忙中攝過了。」蓋所以諷吕丈也。

「太宗從魏鄭公『仁義』之説，只是利心，意謂如此便可以安居民上。漢文帝資質較好，然皆老氏術也。」揚。

或謂：「史贊太宗〔一九〕，止言其功烈之盛，至於功德兼隆，則傷夫自古未之有。」曰：「恐不然。史臣正贊其功德之美，無貶他意。其意亦謂除隋之亂是功，致治之美是德。自道學不明，故曰功德者如此分別。以聖門言之，則此兩事不過是功，未可謂之德。」驤〔二〇〕。

問〔二一〕：「胡氏管見斷武后於高宗非有婦道。合稱高祖、太宗之命，數其九罪，廢爲庶人而賜之死。竊恐立其子而殺其母，未爲穩否？」曰：「這般處便是難理會處。在唐室言之，則武后當殺；在中宗言之，乃其子也。宰相大臣今日殺其母，明日何以相見？」問：「南軒欲別立宗室，如何？」曰：「以後來言之，則中宗不當立〔二二〕；以當時言之，中宗又未有可廢之事。天下之心皆屬望中宗，高宗又別無子，不立中宗，又恐失天下之望，此最是難處。不知孟子當此時作如何處？今生在數百年之後，只據史傳所載，不見得當時事情，亦難如此斷定。須身在當時，親看那時節及事情如何。若人心在中宗，只得立中宗；若人心不在中宗，方別立宗室。是時承乾亦有子在，若率然妄舉，失人心，做不行。又事多，看道理未須便將此樣難處來鬮斷了。須要通其他，更有好理會處多。且看別處事事通透後，此樣處亦易。」義剛〔二三〕。

先生問人傑：「姚崇擇十道使，患未得人，如何？」曰〔二四〕：「只姚崇説患未得人，便見它真能精擇。」曰：「固是。然〔二五〕唐鑑却貶之。唐鑑議論大綱好，欠商量處亦多。」又云：「范文正、富文忠當仁宗時，條天下事，亦只説擇監司爲治，只此是要。」人傑。

「退之云：『凡此蔡功，惟斷乃成。』今須要知他斷得是與不是，古今煞有以斷而敗者。如唐德宗非不斷，却生出事來。要之，只是任私意。帝剛愎不明理，不納人言。惟憲宗知蔡之不可不討，知裴度之不可不任。若使他理自不明，胸中無所見，則何以知裴公之可任？若只就『斷』字上看，而遺其左右前後，殊不濟事。」道夫。

周莊仲曰：「憲宗當時表也看，如退之潮州表上，一見便憐之，有復用之意。」曰：「憲宗聰明，事事都看。近世如孝宗，也事事看。」義剛。

「李白見永王璘反，便從更之，文人之没頭腦乃爾。後來流夜郎，是被人捉著罪過了，剗地作詩自辨被迫脅。李白詩中説王説霸，當時人必謂其果有智略，不知其莽蕩，立見疏脱。」必大。

「顔魯公只是有忠義而無意智底人，當時去那裏，見使者來，不知是賊，便下兩拜，後來知得，方罵。」義剛。

「史以陸宣公比賈誼，誼才高似宣公，宣公諳練多學，更純粹。大抵漢去戰國近，故人才多是不粹。」道夫。

「陸宣公奏議極好看。這人極會議論，事理委曲説盡，更無滲漏。雖至小底事，被他處置得亦無不盡。如後面所説二稅之弊，極佳。人言陸宣公口説不出，只是寫得出。今觀奏議中多云『今日早面奉聖旨』云云，『臣退而思之』云云，疑或然也。」問：「陸宣公比諸葛武侯如何？」曰：「武侯氣象較大，恐宣公不及。武侯當面便説得，如説孫權一段，雖辯士不及其細密處，不知比宣公如何？只是武侯也密，如橋梁道路、井竈圊溷，無不修繕，市無醉人，更是密。只是武侯密得來嚴，其氣象剛大嚴毅。」僩。

「陸宣公奏議末數卷論税事，極盡纖悉。是他都理會來，此便是經濟之學。」淳。

問：「陸宣公既貶，避謗，闔户不著書，衹爲古今集驗方。」曰：「此亦未是。〔二六〕豈無聖經賢傳可以玩索，可以討論？終不成和這個也不得理會？」人傑〔二七〕。

或問：「維州事，温公以德裕所言爲利，僧孺所言爲義，如何？」曰：「德裕所言雖以利害言，然意却全在爲國；僧孺所言雖義，然意却全濟其己私。且德裕既受其降矣，雖義有未安，也須别做處置。乃縛送悉怛謀，使之恣其殺戮，果何爲也。」升卿。

「牛僧孺何緣去結得個杜牧之，後爲渠作墓志。今通鑑所載維州等，有些事好底皆是。」揚。

「説者謂陽城居諫職，與屠沽出没。果然，則豈能使其君聽其言哉？若楊綰用，而大臣損音樂，減騶御，則人豈可不有以養素自重耶？」銖。

「方伯謨云：『使甘露之禍成，唐必亡無疑。』」壽昌。

「唐租、庸、調大抵改新法度，是世界一齊更新之初方做得。如漢衰魏代，只是漢舊物事。晉代魏，亦只用這個。以至六朝相代，亦是遞相祖述，弊法卒亦變更不得。直到得元魏、北齊、後周居中原時，中原生靈死於兵寇幾盡，所以宇文泰、蘇綽出來，便做得租、庸、調，故隋、唐因之。」賀孫。

「唐六典載唐官制甚詳。古禮自秦、漢已失，北周宇文泰及蘇綽有意復古，官制頗詳盡。如租、庸、調、府兵之類，皆是蘇綽之制，唐遂因之。唐之東宮官甚詳。某以前上封事，亦言欲復太子官屬如唐之舊〔一八〕。」

因論唐府兵之制，曰：「永嘉諸公以爲兵、農之分，反自唐府兵始，却是如此。蓋府兵家出一人，以戰以戍，并分番入衛，則此一人便不復爲農矣。」僩。

「唐口分是八分，世業是二分。有口則有口分，有家則有世業，古人想亦似此樣。」淳。義剛録云「唐口分是二分，世業是八分。有口則有口分，寡婦皆無過十二」云云。

「唐節度使收税，皆入其家，所以節度富。」淳。

「杜佑可謂有意於世務者。」問理道要訣。曰：「是一個非古是今之書。」理道要訣亦是杜佑書，是一個通典節要。方子。

「朱梁不久而滅，無人爲他藏掩得，故諸惡一切發見。若更稍久，必掩得一半。」揚。

「後唐莊宗善音律，好寵伶優。其卒也，得鷹坊人善友，斂樂器而焚之。所謂『君以此始，必以此終』，豈欺我哉！」壽昌。

「周世宗天資高，於人才中尋得個王朴來用，不數年間，做了許多事業。且如禮、樂、律、曆等事，想見他都會得，故能用其説，成其事。又如本朝太祖，直是明達。故當時創法立度，其節拍一一都是，蓋緣都曉得許多道理故也。」一本此下云：「所謂神聖，其臣莫及，趙普輩皆不及之。」廣。

問：「世宗果賢主否？」曰：「看來也是好。」問：「當時也曾制禮作樂？」曰：「只是四年之間，煞做了事。」問：「今刑統亦是他所作？」曰：「開寶通禮當時做不曾成，後來太祖足成了。而今一邊征伐，一邊制禮作樂，自無害事，自是有人來與他做。今人鄉一邊，便不對那一邊，才理會征伐，便將禮樂做閑慢了。世宗胸懷又較大。」胡泳。

「五代時甚麽樣，周世宗一出便振。收三關是王朴死後事，模樣世宗未死時須先取了燕、冀，則雲中、河東皆在其内矣。本朝收河東，契丹常以重兵援其後。契丹嫌劉氏不援，始取之。」揚。

「周世宗亦可謂有天下之量，纔見元稹均田圖，便慨然有意。」

「周世宗大均天下之田，元稹均田圖世未之見。」德明。

「周世宗規模雖大，然性迫，無甚寬大氣象。做好事亦做教顯顯地，都無些含洪之意，亦是數短而然。」揚。

「晉悼公幼年聰惠似周世宗，只是世宗却得太祖接續他做將去。雖不是一家人，以公天下言之，畢竟是得人接續，所做許多規模不枉却。且如周武帝一時也自做得好，只是後嗣便如此弱了。後來雖得一個隋文帝，終是不甚濟事。」文蔚。

校勘記

〔一〕歷代三　朝鮮本「三」下注云：「三國晉六朝唐五代」。

〔二〕一番　朝鮮本作：一事。

〔三〕問　朝鮮本作：寓問。

〔四〕不知孔明如何取荆取蜀　「知」原作「如」，據萬曆本改。

〔五〕先主　朝鮮本作：蜀先主。

〔六〕方子　朝鮮本作：公謹。

〔七〕似不義　朝鮮本作：他怕不義。

〔八〕孔明　朝鮮本段首增：伊川易然有重疊處。

〔九〕可著手乎　朝鮮本「乎」下有「曰尚可著手少頃之又問曰可著手乎」十五字。

〔一〇〕儒用　朝鮮本「用」下有「賀孫録順昌之捷一段尤詳見夷狄類」十五字。

〔一一〕人傑　朝鮮本「人傑」録作：問羊、陸事。曰：「此乃敵國相傾之謀，不是好意思，觀陸抗『正是彰其德於祜』之言，斯可見矣，如石勒修祖逖母墓亦相類。」人傑。以下論晉。

〔一二〕昭殺之雖無辜　朝鮮本作：「嘗事昭，而昭誅之。」

〔一三〕哀仕晉猶有可説　「有可説」，朝鮮本作「可也」。

〔一四〕臨海　朝鮮本作：台州臨海。

〔一五〕淳録　朝鮮本收完整「淳」録，作：黄問：「王導、謝安用老子之道？」先生曰：「他也不得老子之妙，人常以王導比謝安，石林説謝安勝王導，卻是謝安爲相有建立，煞有中原之心，王導只是隨波逐流，做不得事。然謝安亦被這清虚絆，做不徹。」淳。

〔一六〕王猛　朝鮮本段首增一節文字，作：「諸葛武侯未遇先主，只得退藏，一向休了，也没奈何。孔子弟子不免事季氏，亦事勢不得不然，舍此則無以自活。如今世之科舉亦然。如顔、閔之徒自把得住，自是好，不可以一律看。人之出處最可畏。如漢、晉之末，漢末之所事者，止有個曹氏；晉末之所事者，止有個司馬氏，皆逆賊耳。」直卿問：「子路之事輒，與樂正子從子敖相似。」曰：「不然，從子敖更無説。」

〔一七〕故行得易　朝鮮本「易」下注云：庚。

〔一八〕人情　朝鮮本作：人材。

〔一九〕太宗　朝鮮本作：唐太宗。

〔二〇〕驤　朝鮮本作：道夫。

〔二一〕問　朝鮮本作：淳問。

〔二二〕則中宗不當立　「當立」原作「了」，據朝鮮本改。

〔二三〕義剛　朝鮮本作：淳。

〔二四〕曰　朝鮮本作：人傑對曰。

〔二五〕然　朝鮮本此下增「范淳夫」三字。

〔二六〕此亦未是　朝鮮本此下作「宣公是處」四字。

〔二七〕人傑　朝鮮本作「元秉按萬人傑録同」八字。

〔二八〕亦言欲復太子官屬如唐之舊　朝鮮本「舊」下有注「庚」字，或爲記録者姓名。

朱子語類卷第一百三十七

戰國漢唐諸子

「家語雖記得不純，却是當時書，孔叢子是後來白撰出。」道夫。

「家語只是王肅編古録雜記，其書雖多疵，然非肅所作。孔叢子乃其所注之人僞作，讀其首幾章皆法左傳句，已疑之。及讀其後序，乃謂渠好左傳便可見。」

「孔叢子鄙陋之甚，理既無足取，而詞亦不足觀。有一處載『其君曰必然』云云，是何言語！」揚。

「管子之書雜。管子以功業著者，恐未必曾著書。如弟子職之爲，全似曲禮。它篇有似莊、老，又有説得也卑，直是小意智處，不應管仲如此之陋。其内政分鄉之制，國語載之却詳。」僩。

「管子非仲所著，仲當時任齊國之政事甚多，稍閑時又有三歸之溺，決不是閑功夫著書底人，著書者是不見用之人也。其書老、莊說話亦有之，想只是戰國時人收拾仲當時行事言語之類著之，并附以它書。」

問：「管仲中說辟雍，言不是學，只是『君和』也。」先生曰：「既不是學，『君和』又是個甚物事？而今不必論。禮記所謂『疑事毋質』，蓋無所考據，不必恁地辨析耳。如辟雍之義，古不可考，或以爲學名，或以爲樂名，無由辨證。某初解詩，亦疑放那裏。但今說作學，亦說得好了。亦有人說辟雍是天子之書院，大學又別。」子蒙。

「國語文字多有重疊無義理處，蓋當時只要作文章說得來多爾，故柳子厚論爲文有曰『參之國語以博其趣』。」廣。

「國語中多要說人有不可教則勿教之之意。」廣。

問〔一〕：「史記云：『申子卑卑，施於名實。韓子引繩墨，切事情，明是非，其極慘礉少恩，皆原於道德之意。』」曰：「張文潛之說得之。」宋齊丘作書序中所論也。道夫曰：「東坡謂商鞅、韓非得老子所以輕天下者，是以敢爲殘忍而無疑。」曰：「也是這意。要之，只是孟子所謂『揚氏「爲我」是無君也』。老子是個占便宜、不肯擔當做事底人，自守在裏，看你外面天翻地覆都不管，此豈不是少恩？」道夫曰：「若柳下惠之不恭，莫亦至然否？」曰：「下惠其流必至於此。」又曰：「老子著書立言，皆有這個底意思。」道夫。

「諸子百家書亦有説得好處，如荀子曰『君子大心則天而道，小心則畏義而節』，此二句説得好。」曰：「看得荀子資質，也是個剛明底人。」曰：「只是粗。他那物事皆未成個模樣，便將來説。」曰：「揚子工夫比之荀子恐却細膩。」曰：「揚子説到深處，止是走入老、莊窠窟裏去，如清靜寂莫之説皆是也。又如玄中所説靈根之説。云云，亦只是莊、老意思[二]，止是説那養生底工夫爾。至於佛徒，其初亦只是以老、莊之言駕説爾，如遠法師文字與肇論之類皆成片用老、莊之意。然他只是説，都不行。至達磨來，方始教人自去做，所以後來有禪，其傳亦如是遠。」問：「晉、宋時人多説莊、老，然恐其亦未足以盡莊、老之實處。」曰：「當時諸公只是借他言語來，蓋覆那滅棄禮法之行爾。據其心下汙濁紛擾如此，如何理會得莊、老底意思？」廣。○荀、揚。

「荀子儘有好處，勝似揚子，然亦難看。」賀孫。

「不要看揚子，他説話無好處，議論亦無的實處。荀子雖然是有錯，到説得處也自實，不如他説得恁地虚胖。」賀孫。

問：「東坡言三子言性，孟子已道性善，荀子不得不言性惡，固不是。然人之一性，無自而見。荀子乃言其惡，它莫只是要人修身，故立此説？」先生曰：「不須理會荀卿，且理會孟子性善。渠分明不識道理，如天下之物有黑有白，此是黑，彼是白，又何須辨？荀、揚不惟説性不是，從頭到底皆不識。當時未有明道之士，被它説用於世千餘年。韓退之謂荀、揚『大醇而小疵』，伊川曰：『韓子責人甚恕。』自今觀之，他不是責人恕，乃是看人不破。今且於自己上作工夫，立得本，本立則條理分明，不待辨。」可學。

或言性，謂荀卿亦是教人踐履。先生曰：「須是有是物而後可踐履。今於頭段處既錯，又如何踐履？天下事從其是，曰同，須求其真個同；曰異，須求其真個異。今則不然，只欲立異，道何由明？陳君舉作夷門歌，説荆公、東坡不相合，須當和同，不知如何和得？」可學。荀子。

「荀子説『能定而後能應』，此是荀子好話。」賀孫。

「『入乎耳而著乎心』，著，音直略切。」燾。

問荀揚王韓四子。曰：「凡人著書，須自有個規模，自有個作用處。或流於申、韓，或歸於黄老，或有體而無用，或有用而無體，不可一律觀。且如王通這人，於世務變故、人情物態、施爲作用處極見得分曉，只是於這作用曉得處却有病。韓退之則於大體處見得，而於作用施爲處却不曉。如原道一篇，自孟子後無人似它見得。『郊焉而天神格，廟焉而人鬼享。以之爲人，則愛而公；以之爲心，則和而平；以之爲天下國家，無所處而不當』，説得極無疵，只是空見得個本原如此，下面工夫都空疎，更無物事撑拄襯簟，所以於用處不甚可人意。緣它費工夫去作文，所以讀書者只爲作文用。自朝至暮，自少至老，只是火急去弄文章，而於經綸實務不曾究心，所以作用不得。每日只是招引得幾個詩酒秀才和尚度日，有些工夫，只了得去磨煉文章，所以無工夫來做這邊事。兼他說我這個便是聖賢事業了，自不知其非。如論文章云『自屈原、荀卿、孟軻、司馬遷、相如、揚雄之徒』，却把孟軻與數子同論，可見無見識，都不成議論。荀卿則全是申、韓，觀成相一篇可見。他見當時庸君暗主戰鬭不息，憤悶惻怛，深欲提耳而誨之，故作此篇。然其要卒歸於明法制，執賞罰而已，他那做處粗，如何望得王通？揚雄則全是黃、老。某嘗說：揚雄最無用，真是一腐儒。他到急處，只是投黃、老，如反離騷并『老子道德』之言，可見這人更無說，自身命也奈何不下，如何理會得別事？如法言一卷，議論不明快，不了決，如其爲人。他見識全低，語言極獃，甚好笑。荀、揚二人自不可與王、韓同日語。」問：「王通病處如何？」曰：「這人於作用處曉得，急欲見之於用，故便要做周公底事業，便去上書要興太平。及知時勢之不可爲，做周公事業不得，則急退而續詩、書，續玄經，又要做孔子底事業。殊不知孔子之時接乎三代，有許多典、謨、訓、誥之文，有許多禮樂法度、名物度數，數聖人之典章皆在於是，取而纘述，方做得這個家具成。王通之時，有甚麽典、謨、訓、誥？有甚麽禮樂法度？乃欲取漢、魏以下者爲之書，則欲以七制、命、議之屬爲續書，「七制」之説亦起於通。有高、文、武、宣、光武、明、章之制，蓋以比二典也。詩則欲取曹、劉、沈、謝者爲續詩。續得這般詩書，發明得個甚麽道理？自漢以來，詔令之稍可觀者，不過數個。如高帝求賢詔雖好，已自不純。文帝勸農，武帝薦賢、制策、輪臺之悔，只有此數詔略好，此外盡無那壹篇比得典、謨、訓、誥，便求一篇如君牙、冏命、秦誓也無。曹、劉、沈、謝之詩，又那得一篇如鹿鳴、四牡、大明、文王、關雎、鵲巢？亦有學爲四句古詩者，但多稱頌之詞，言皆過實，不足取信。樂，如何有雲、英、咸、韶、濩、武之樂？禮，又如何有伯夷、周公制作之禮？它只是急要做個孔子，又無佐證，故裝點幾個人來做堯、舜、湯、武，皆經我删述，便顯得我是聖人。如中説一書，都是要學孔子。論語説泰伯『三以天下讓』，它便説陳思王善讓；論語説『殷有三仁』，它便説荀氏有二仁。又捉幾個公卿大夫來相答問，便比當時門人弟子，正如梅聖俞説：『歐陽永叔它自要做韓退之，却將我來比孟郊。』王通便是如此，它自要做孔夫子，便胡亂捉別人來爲聖爲賢。殊不知秦、漢以下君臣人物斤兩已定，你如何能加重？中説一書固是後人假託，非王通自著，然畢竟是王通平生好自夸大，續詩續書，紛紛述作，所以起後人假託之過。後世子孫見他學周公、孔子學不成，都冷淡了，故又取一時公卿大夫之顯者，纘緝附會以成之。畢竟是王通有這樣意思在，雖非它之過，亦它有以啓之也。如世人説坑焚之禍起於荀卿，荀卿著書立言，何嘗教人焚書坑儒？只是觀它無所顧藉，敢爲異論，則其末流便有坑焚之理。然王通比荀、揚又夐別，王通極開爽，説得廣闊，緣它於事上講究得精，故於世變興亡、人情物態、更革沿襲、施爲作用、先後次第都曉得，識得個仁義禮樂都有用處。若用於世，必有可觀，只可惜不曾向上透一著，於大體處有所欠闕，所以如此。若更曉得高處一著，那裏得來？只細看它書，便見它極有好處，非特荀、揚道不到，雖韓退之也道不到。韓退之只曉得個大綱，下面工夫都空虛，要做更無下手處，其作用處全疏，如何敢望王通。然王通所以如此者，其病亦只在於不曾子細讀書，他只見聖人有個六經，便欲別做一本六經，將聖人腔子填滿裏面。若是子細讀書，知聖人所説義理之無窮，自然無工夫閑做。他死時極後生，只得三十餘歲，它却火急要做許多事。」或云：「若少假之年，必有可觀。」曰：「不然。它氣象局促，只如此了。它做許多書時，方只二十餘歲。孔子七十歲方繫易，作春秋，而王通未三十皆做了，聖人許多事業氣象去不得了，宜其死也。」又曰：「中説一書，如子弟記它言行也煞有好處，雖云其書是後人假託，不會假得許多，須真有個人坯模如此，方裝點得成。假使懸空白撰得一人如此，則能撰之人亦自大有見識，非凡人矣。」僩。○以下論荀、揚、王、韓及諸子。

「賈誼之學雜，他本是戰國縱横之學，只是較近道理，不至如儀、秦、蔡、范之甚爾。他於這邊道理見得分數稍多，所以説得較好，然終是有縱横之習，緣他根脚只是從戰國中來故也。漢儒惟董仲舒純粹，其學甚正，非諸人比。只是困善無精彩，極好處也只有『正義』『明道』兩句。下此諸子皆無足道，如張良、諸葛亮固正，只是太粗。王通也有好處，只是也無本原工夫，却要將秦、漢以下文飾做個三代，他便自要比孔子，不知如何比得。他那斤兩輕重自定，你如何文飾得？如續詩、續書、玄經之作，盡要學個孔子，重做一個三代，如何做得？如續書要載漢以來詔令，他那詔令便載得，發明得甚麽義理？發明得甚麽政事？只有高帝時三詔令稍好，然已不純，如曰『肯從時游者[三]，吾能尊顯之』，此豈所以待天下之士哉？都不足録。三代之書、誥、詔、令皆是根源學問，發明義理，所以粲然可爲後世法。如秦、漢以下詔、令，濟得甚事？緣他都不曾將心子細去讀聖人之書，只是要依他個模子，見聖人作六經，我也學他作六經。只是將前人腔子，自做言語填放他腔中，便説我這個可以比並聖人。聖人做個論語，我便做中説。如揚雄太玄、法言亦然，不知怎生比並？某嘗説：自孔、孟滅後，諸儒不子細讀得聖人之書，曉得聖人之旨，只是自説他一副當道理。説得却也好看，只是非聖人之意，硬將聖人經旨説從他道理上來。孟子説『以意逆志』者，以自家之意逆聖人之志。如人去路頭迎接那人相似，或今日接著不定，明日接著不定，或那人來也不定，不來也不定，或更遲數日來也不定，如此方謂之『以意逆志』。今人讀書，却不去等候迎接那人，只認硬趕捉那人來，更不由他情願，又教它莫要做聲，待我與你説道理。聖賢已死，它看你如何説，他又不會出來與你爭，只是非聖賢之意。他本要自説他一樣道理，又恐不見信於人。偶然窺見聖人説處與己意合，便從頭如此解將去，更不子細虚心，看聖人所説是如何。正如人販私鹽，擔私貨，恐人捉他，須用求得官員一兩封書，并掩頭行引，方敢過場務，偷免税錢。今之學者正是如此，只是將聖人經書拖帶印證己之所説而已，何嘗真實得聖人之意？却是説得新奇巧妙，可以欺惑人，只是非聖人之意。此無他，患在於不子細讀聖人之書。人若能虚心下意，自莫生意見，只將聖人書玩味讀誦，少間意思自從正文中迸出來，不待安排，不待杜撰，如此方謂之善讀書。且屈原一書近偶閲之，從頭被人錯解了，自古至今，訛謬相踵，更無一人能破之者，而又爲説以增飾之。看來屈原本是一個忠誠惻怛愛君底人，觀他所作離騷數篇盡是歸依愛慕、不忍捨去懷王之意，所以拳拳反復，不能自已，何嘗有一句是駡懷王？亦不見他有褊躁之心，後來没出氣處，不奈何方投河殞命。而今人句句盡解做駡懷王，枉屈説了屈原，只是不曾平心看他語意，所以如此。」僩。

問揚雄。曰：「雄之學似出於老子，如太玄曰『潛心于淵，美厥靈根』，測曰『「潛心于淵」，神不昧也』，乃老氏説話。」問：「太玄分贊於三百六十六日下，不足者乃益以『踦贏』，固不是。如易中卦氣如何？」曰：「此出於京房，亦難曉。如太玄中推之，蓋有氣而無朔矣。」問：「伊川亦取雄太玄中語，如何？」曰：「不是取他言，他地位至此耳。」又問：「賈誼與仲舒如何？」曰：「誼有戰國縱横之風，仲舒儒者，但見得不透。」曰：「伊川於漢儒取大毛公，如何？」曰：「今亦難考，但詩注頗簡易，不甚泥章句。」問：「文中子如何？」曰：「渠極識世變，有好處，但太淺，決非當時全書。如説家世數人，史中並無名。又關朗事，與通年紀甚懸絶。」可學謂：「可惜續經已失，不見渠所作如何？」曰：「亦何必見？只如續書有桓榮之命。明帝如此，則榮可知。使榮果有帝王之學，則當有以開導明帝，必不至爲異教所惑。如秋風之詩，乃是末年不得已之辭，又何足取？渠識見不遠，却要把兩漢事與三代比隆。近來此等説話極勝，須是於天理人欲處分別得明。如唐太宗分明是殺兄劫父代位，又何必爲之分説？沙隨云：史記高祖泛舟於池中，則『明當早參』之語，皆是史之潤飾。看得極好，此豈小事。高祖既許之明早入辨，而又却泛舟，則知此事經史臣文飾多矣。」問：「禪位亦出於不得已。」曰：「固是。它既殺元良，又何處去？明皇殺太平公主亦如此，可畏！」可學。

子升問仲舒、文中子。曰：「仲舒本領純正，如説『正心以正朝廷』與『命者天之令也』以下諸語皆善，班固所謂『純儒』，極是。至於天下國家事業，恐施展未必得。王通見識高明，如説治體處極高，但於本領處欠。如〔四〕古人『明德、新民、至善』等處皆不理會，却要鬭合漢、魏以下之事整頓爲法，這便是低處。要之，文中論治體處高似仲舒，而本領不及；爽似仲舒，而純不及。」因言：「魏徵作隋史，更無一語及文中，自不可曉。嘗考文中世系，并看阮逸、龔鼎臣注及南史、劉夢得集，次日因考文中世系，四書不同，殊不可曉。」又檢李泰伯集，先生因言：「文中有志於天下，亦識得三代制度，較之房、魏諸公文，稍有些本領，只本原上工夫都不理會。若究其議論本原處，亦只自老、莊中來。」木之。

先生令學者評董仲舒、揚子雲、王仲淹、韓退之四子優劣，或取仲舒，或取退之。曰：「董仲舒自是好人，揚子雲不足道，這兩人不須説。只有文中子、韓退之這兩人疑似，試更評看。」學者亦多主退之。曰：「看來文中子根脚淺，然却是以天下爲心，分明是要見諸事業。天下事，它都一齊入思慮來，雖是卑淺，然却是循規蹈矩，要做事業底人，其心却公。如韓退之，雖是見得個道之大用是如此，然却無實用功處。它當初本只是要討官職做，始終只是這心。他只是要做得言語似六經，便以爲傳道。至其每日工夫，只是做詩、博弈、酣飲、取樂而已。觀其詩便可見，都襯貼那原道不起。至其做官臨政，也不是要爲國做事，也無甚可稱，其實只是要討官職而已。」僴。

立之問：「揚子與韓文公優劣如何？」曰：「各自有長處。韓文公見得大意已分明，但不曾去子細理會。如原道之類，不易得也。揚子雲爲人深沉，會去思索，如陰陽消長之妙，他直是去推求。然而如太玄之類，亦是拙底工夫，道理不是如此。蓋天地間只有個奇耦，奇是陽，耦是陰，春是少陽，夏是太陽，秋是少陰，冬是太陰。自二而四，自四而八，只恁推去，都走不得。而揚子却添兩作三，謂之天地人，事事要分作三截。又且有氣而無朔，有日星而無月，恐不是道理。亦如孟子既説『性善』，荀子既説『性惡』，他無可得説，只得説個『善惡混』。若有個三底道理，聖人想自説了，不待後人説矣。看他裏面推得辛苦，却就上面説些道理，亦不透徹。看來其學似本於老氏，如『惟清惟靜，惟淵惟默』之語，皆是老子意思。韓文公於仁義道德上看得分明，其綱領已正，却無它這個近於老子底説話。」又問：「文中子如何？」曰：「文中子之書恐多是後來人添入，真僞難見，然好處甚多。但一一似聖人，恐不應恰限有許多事相湊得好。如見甚荷蓧隱者之類，不知如何得恰限有這人。若道他都是粧點來，又恐粧點不得許多。然就其中惟是論世變因革處，説得極好。」又問：「程子謂『揚子之學實，韓子之學華』，是如何？」曰：「只緣韓子做閑雜言語多，故謂之華。若揚子雖亦有之，不如韓子之多。」時舉。

「揚子雲、韓退之二人也難説優劣。但子雲所見處多得之老氏，在漢末年難得人似它。亦如荀子言語亦多病，但就彼時亦難得一人如此。子雲所見多老氏者，往往蜀人有嚴君平源流。且如太玄就三數起，便不是。易中只有陰陽奇耦，便有四象，如春爲少陽，夏爲老陽，秋爲少陰，冬爲老陰。揚子雲見一二四都被聖人説了，却杜撰就三上起數。」晏〔五〕問：「温公最喜太玄。」曰：「温公全無見處。若作太玄，何似作曆？老泉嘗非太玄之數，亦説得是。」又問：「與康節如何？」曰：「子雲何敢望康節？康節見得高，又超然自得。退之却見得大綱，有七八分見識。如原道中説得仁義道德煞好，但是他不去踐履玩味，故見得不精微細密。伊川謂其學華者，只謂愛作文章。如作詩説許多閑言語〔六〕，皆是華也。看得來退之勝似子雲。」南升。

問：「先生王氏續經説云云，荀卿固不足以望之，若房、杜輩，觀其書，則固嘗往來于王氏之門，其後來相業，還亦有得於王氏之道否？」曰：「房、杜如何敢望文中子之萬一？其規模事業，無文中子髣髴。某常説房、杜只是個村宰相，文中子不干事，他那制度規模誠有非後人之所及者。」又問：「仲舒比之如何？」曰：「仲舒却純正，然亦有偏，又是一般病。韓退之却見得又較活，然亦只是見得下面一層，上面一層都不曾見得。大概此諸子之病皆是如此，都只是見得下面一層，源頭處都不曉。所以伊川説『西銘是原道之宗祖』，蓋謂此也。」僩。

「只有董仲舒資質純良，摸索道得數句著，如「正誼不謀利」之類。然亦非它真見得這道理。」恪。董子。

問：「性者，生之質。」曰：「不然。性者，生之理；氣者，生之質，已有形狀。」

問仲舒云「性者，生之質。」「也不是。只當云『性者，生之理也；氣者，生之質也。』」璘

謂：「『性者，生之質』本莊子之言。」曰：「莊子有云『形體保神，各有儀則，謂之性。』前輩謂此說頗好，如『有物有則』之意。」璘。

問：「仲舒以情爲人之欲，如何？」曰：「也未害。蓋欲爲善，欲爲惡，皆人之情也。」道夫。

童問董仲舒見道不分明處。曰：「也見得鶻突。如『命者，天之令；性者，生之質；情者，人之欲。命非聖人不行，性非教化不成，情非制度不節』等語，似不識性善模樣。又云『明於天性，知自貴於物；知自貴於物，然後知仁義；知仁義，然後重禮節；重禮節，然後安處善；安處善，然後樂循理』，又似見得性善模樣。終是說得騎墻，不分明端的。」淳。

「仲舒言『命者，天之令；性者，生之質』，如此說，固未害。下云『命非聖人不行』，便牽於對句，說開去了。如『正誼明道』之言，却自是好。」道夫問：「或謂此語是有是非，無利害，如何？」曰：「是不論利害，只論是非。理固然也，要亦當權其輕重方盡善，無此亦不得。只被今人只知計利害，於是非全輕了。」道夫。

建寧出「正誼明道如何論」。先生曰：「『正其誼不謀其利，明其道不計其功』。誼必正，非是有意要正；道必明，非是有意要明，功利自是所不論。仁人於此有不能自已者。『師出無名，事故不成；明其爲賊，敵乃可服』，此便是有意立名以正其誼。」

在浙中見諸葛誠之千能云：「『仁人正其義不謀其利，明其道不計其功』，仲舒說得不是。只怕不是義，是義必有利；只怕不是道，是道必有功。」先生謂：「才如此，人必求功利而爲之，非所以爲訓也。固是得道義則功利自至；然而有得道義而功利不至者，人將惟功利之徇，而不顧道義矣。」璘。

「仲舒所立甚高，後世之所以不如古人者，以道義功利關不透耳。其議匈奴一節，婁敬、賈誼智謀之士爲之，亦不過如此。」

劉淳叟問：「漢儒何以溺心訓詁而不及理？」曰：「漢初諸儒專治訓詁，如教人亦只言某字訓某字，自尋義理而已。至西漢末年，儒者漸有求得稍親者，終是不曾見全體。」問：「何以謂之全體？」曰：「全體須徹頭徹尾見得方是。且如匡衡論時政，亦及治性情之說，及到得他入手做時，又却只修得些小宗廟禮而已。翼奉言『見道知王治之象，見經知人道之務』，亦自好了，又却只教人主以陰陽日辰、貪狼廉貞之類辨君子小人。以此觀之，他只時復窺見得些子，終不曾見大體也。唯董仲舒三篇說得稍親切，終是不脫漢儒氣味。只對江都易王云『仁人正其義不謀其利，明其道不計其功』方無病，又是儒者語。」大雅。

「董仲舒才不及陸宣公而學問過之，張子房近黄、老而隱晦不露，諸葛孔明近申、韓。」節。

「揚子雲出處非是，當時善去，亦何不可？」揚。揚子。

問：「揚子『避礙通諸理』之説，是否？」曰：「大概也似，只是言語有病。」問：「莫是『避』字有病否？」曰：「然。少間處事不看道理當如何，便先有個依違閃避之心矣。」僩。

「『學之爲王者事』不與上文屬，只是言人君不可不學底道理，所以下文云『堯、舜、禹、湯、文、武汲汲，仲尼皇皇。以數聖人之盛德，猶且如此。』」問：「『仲尼皇皇』如何？」曰：「夫子雖無王者之位，而有王者之德，故作一處稱揚。」道夫。

「揚子雲謂南北爲經，東西爲緯，故南北爲縱，東西爲横。六國之勢，南北相連則合縱，秦據東西，以横破縱也。蓋南北長，東西短，南北直，東西横，錯綜於其間也。」敬仲。

「『德隆則晷星，星隆則晷德』。晷，影也，猶影之隨形也。蓋德隆則星隨德而見，星隆則人事反隨星而應。」僩。

揚子雲云：「月未望，則載魄于西；既望，則終魄于東，其遡於日乎。」先生舉此，問學者是如何？衆人引諸家注語，古注解「載」作「始」，「魄」作「光」；温公改「魄」作「朏」。先生云：

「皆非是。」皆不合。久之乃曰：「只曉得個『載』字，便都曉得。載者，如加載之載。如老子云『載營魄』、左氏云『從之載』，正是這個『載』字。諸家都亂説，只有古注解云：『月未望，則光始生於西面，以漸東滿；既望，則光消虧於西面，以漸東盡』此兩句略通而未盡。此兩句盡在『其遡於日乎』一句上，蓋以日爲主，月之光也日載之，光之終也日終之，載猶加載之載。又訓上，如今人「上光」、「上采邑」之「上」。蓋初一二間，時日落於酉，月是時同在彼，至初八九日落在酉，則月已在午，至十五日相對，日落於西而月在卯，此未望而載魄于西。蓋月在東，而日在西，日載之光也。及日與月相去愈遠，則光漸消而魄生。少間月與日相蹉過，日却在東，月却在西，故光漸至東盡，則魄漸復也。當改古注云『日加魄於西面，以漸東滿；日復魄於西面，以漸東盡』。其載也，日載之；其終也，日終之，皆繫於日』。又説秦、周之士，貴賤拘肆，皆繫于上之人，猶月之載魄終魄皆繫於日也，故曰『其遡於日乎』，其載其終，皆向日也。温公云『當改「載魄」之「魄」作「朏」』，都是曉揚子雲説不得，故欲如此改。老子所謂『載營魄』便是如此。『載營魄，抱一，能無離乎』？一便是魄，抱便是載，蓋以火養水也。魄是水，以火載之。『營』字恐是『熒』字，光也，古字或通用不可知。或人解作經營之『營』，亦得〔七〕。」次日，又云〔八〕：「昨夜説終魄于東『終』字亦未是，昨夜解「終」作「復」，言光漸消而復其魄也。蓋終魄亦是日光加魄于東而終之也。始者日光加魄之西，以漸東滿，及既望，則日光旋而東，以終盡月之魄，則魄之西漸復，而光漸滿于魄之西矣。」因又說老子「載營魄」：「昨日見温公解得揚子『載魄』没理會，因疑其解老子亦必曉不得。及看，果然。但注云『「載營魄」闕』，只有此四字而已。潁濱解云『神載魄而行』，言魄是個沈滯之物，須以神去載他，令他升舉。其說云：『聖人則以魄隨神而動，衆人則神役於魄。』據他只於此間如此强解得，若以解揚子，則解不行矣。又解魄做物，只此一句便錯。耳目之精明者爲魄，如何解做物得？又以一爲神，亦非。一正指魄言，神抱魄，火抱水也。温公全不理會修養之學，所以不曉。潁濱一生去理會修養之術，以今觀之，全曉不得，都說錯了。河上公固是胡說，如王弼也全解錯了。王弼解載作處，魄作所居，言常處於所居也，更是胡說。據潁濱解老子，全不曉得老子大意。他解『神載魄而行』便是個剛强外舉底意思，老子之意正不如此，只是要柔伏退步耳。觀他這一章盡說柔底意思，云『載營魄，抱一，能無離乎？專氣致柔，能如嬰兒乎？天門開闔，能爲雌乎？』老子一書意思都是如此，它只要退步不與你爭。如一個人叫哮跳躑，我這裏只是不做聲，只管退步，少間叫哮跳躑者自然而屈，而我之柔伏應自有餘。老子心最毒，其所以不與人爭者，乃所以深爭之也，其設心措意都是如此。閑時他只是如此柔伏，遇著那剛强底人，它便是如此待你。張子房亦是如此，如云『推天下之至柔，馳騁天下之至堅』，又云『以無爲取天下』，這裏便是它無狀處。據此，便是它

柔之發用功效處。又楚詞也用『載營魄』字，其説與潁濱解老子同。若楚詞恐或可如此説，以此説老子便都差了。」〔九〕

張毅然漕試回，先生問曰：「今歲出何論題？」張曰：「論題云云，出文中子。」曰：「如何做？」張曰：「大率是罵他者多。」先生笑曰：「他雖有不好處，也須有好處，故程先生言：『他雖則附會成書，其間極有格言，荀、楊道不到處。』豈可一向罵他？」友仁請曰：「願聞先生之見。」曰：「文中子他當時要爲伊、周事業，見道不行，急急地要做孔子。他要學伊、周，其志甚不卑，但不能勝其好高自大欲速之心，反有所累。二帝三王却不去學，却要學兩漢，此是他亂道處，亦要作一篇文字説這意思。」友仁。文中子。

徐問文中子好處與不好處。曰：「見得道理透後，從高視下，一目瞭然。今要去揣摩，不得。」淳。

「文中子其間有見處，也即是老氏，又其間被人夾雜，今也難分別。但不合〔一〇〕有許多事全似孔子，孔子有荷蕢等人，它也有許多人，便是裝點出來。其間論文史及時事世變，煞好，今浙間英邁之士皆宗之。」南升。

「文中子中説被人亂了。説治亂處與其他好處極多，但向上事只是老、釋。如言非老、莊、釋迦之罪，并説若云云處，可見。」揚曰：「過法言。」曰：「大過之。」揚。

「文中子論時事及文史處儘有可觀，於文取陸機，史取陳壽。曾將陸機文來看，也是平正。」南升。

「房、杜於河汾之學後來多有議論，且如中說，只是王氏子孫自記，亦不應當時開國文武大臣盡其學者，何故盡無一語言及其師兼所記其家世事？考之傳記，無一合者。」僩。

「文中子，看其書忒裝點，所以使人難信。如說諸名卿大臣，多是隋末所未見有者。兼是他言論大綱雜霸，凡事都要硬做，如說禮樂治體之類，都不消得從正心誠意做出。又如說『安我所以安天下，存我所以厚蒼生』，都是爲自張本，做雜霸鎡基。」黄德柄問：「續書『天子之義：制、詔、志、策，有四；大臣之義：命、訓、對、讚、議、誡、諫，有七』。如何？」曰：「這般所在極膚淺。中間說話大綱如此，但看世俗所稱道，便唤做好，都不識。如云晁、董、公孫之對，據道理看，只有董仲舒爲得。如公孫已是不好，晁錯是説個甚麽？又如自叙許多説話，盡是夸張，考其年數，與唐煞遠，如何唐初諸名卿皆與説話？若果與諸名卿相處，一個人恁地自標致，史傳中如何都不見說？」因說：「史傳儘有不可信處。嘗記五峰說：看太宗殺建成、元吉事，尚有不可憑處。如云：先一日，太宗密以其事奏高祖，高祖省表愕然，報曰：『明當鞫問，汝宜早參。』只將這幾句看，高祖且教來日鞫問，如何太宗明日便擁兵入内？又云：上已召裴寂、蕭瑀、陳叔達欲按其事，又云『上方泛舟海池』，豈有一件事恁麽大，兄弟構禍如此之極，爲父者何故恁地恬然無事？此必有不足信者。只左傳是有多少難信處，如趙盾一事，後人費萬千説話與出脱，其實此事甚分明。如司馬昭之弑高貴鄉公，他終不成親自下手，必有抽戈用命，如賈充、成濟之徒。如曰『司馬公畜養汝等，正爲今日。今日之事，無所問也』。看左傳載靈公欲殺趙盾，今日要殺，殺不得；明日要殺，殺不得。只是一個人君要殺一臣，最易爲力，恁地殺不得，也是他大段强了。今來許多説話，自是後來三晉既得政，撰造掩覆，反有不可得而掩者矣。物來若不能明，事至若不能辨，是吾心大段昏在。賀孫。

「文中子議論，多是中間暗了一段，無分明。其間弟子問答姓名，多是唐輔相，恐亦不然，蓋諸人更無一語及其師。人以爲王通與長孫無忌不足，故諸人懼無忌而不敢言，亦無此理，如鄭公豈畏人者哉？『七制之主』，亦不知其何故以『七制』名之，此必因其續書中曾採七君事迹以爲書，而名之曰『七制』。如二典體例，今無可考，大率多是依倣而作。如以董常爲顔子，則是以孔子自居。謂諸公可爲輔相之類，皆是撰成，要安排七制之君爲它之堯、舜。考其事迹，亦多不合。劉禹錫作歙池江州觀察王公墓碑，乃仲淹四代祖，碑中載祖諱多不同，及阮逸所注并載關朗等事亦多不實。王通大業中死，自不同時。如推説十七代祖，亦不應遼遠如此。唐李翺已自論中説可比太公家教，則其書之出亦已久矣。伊川謂文中子有些格言，被後人添入壞了，看來必是阮逸諸公增益張大，復借顯顯者以爲重耳。今之僞書甚多，如鎮江府印關子明易并麻衣道者易皆是僞書。麻衣易正是南康戴紹韓所作〔一一〕，昨在南康，觀其言論皆本於此，及一訪之，見其著述大率多類麻衣文體。其言險側輕佻，不合道理。又嘗見一書名曰子華子，說天地陰陽，亦說義理人事，皆支離妄作。至如世傳繁露玉杯等書，皆非其實。大抵古今文字皆可考驗，古文自是莊重。至如孔安國書序并注中語，多非安國所作〔一二〕。蓋西漢文章雖粗亦勁，今書序只是六朝軟慢文體。」因舉史記所載湯誥并武王伐紂言辭不典，不知是甚底齊東野人之語也。謨。

問文中子之學。曰：「它有個意思，以爲堯、舜、三代也只與後世一般，也只是偶然做得著。」問：「它續詩續書，意是如此。」因舉答賈瓊數處說，曰：「近日陳同父便是這般說話，它便忌程先生說『帝王以道治天下，後世只是以智力把持天下』，正緣這話說得它病處，它便忌。」問：「玄經尤可疑，只緣獻公奔北，便以爲天命已歸之，遂帝魏。」曰：「今之注本是阮逸注，龔鼎臣別有一本注，後面叙它祖，都與文中子所說不同，說它先已仕魏，不是後來方奔去。」明日尋看，又問：「它說『權義舉而皇極立』，如何？」曰：「如皇極，某曾有辨，今說權義也不是。蓋義是活物，權是稱錘。義是稱星，義所以用權。今似它說，却是以權爲『嫂溺援之』之義，以義爲『授受不親』之禮，但不如此。」問：「義便有隨時底意思。」曰：

「固是。」問：「它只緣以玄經帝魏，生此說。」曰：「便有它大本領處不曾理會，縱有一二言語可取，但偶然耳。」問：「它以心、迹分看了，便是錯處。」曰：「它說『何憂何疑』，也只是外面恁地，裏面却不恁地了。」又問：「『動靜見天地之心』說得似不然。」曰：「它意思以方員爲形，動靜爲理，然亦無意思。而今自家若見個道理了，見它這說話，都似不曾說一般。」夔孫。

「文中子續經猶小兒豎瓦屋然。世儒既無高明廣大之見，因遂尊崇其書。」方子。

「天下皆憂，吾獨得不憂；天下皆疑，吾獨得不疑。」又曰：「樂天知命吾何憂，窮理盡性吾何疑！」蓋有當憂疑者，有不當憂疑者，然皆心也。文中子以爲有心迹之判，故伊川非之。又曰：「惟其無一己之憂疑，故能憂疑以天下；惟其憂以天下，疑以天下，故無一己之憂疑。」道夫。

「大抵觀聖人之出處，須看他至誠懇切處及灑然無累處。文中子說：『天下皆憂，吾獨得不憂；天下皆疑，吾獨得不疑。』又曰：『窮理盡性吾何疑，樂天知命吾何憂！』此說是。」㝢。

或問：「文中子僭擬古人，是如何？」曰：「這也是他志大，要學古人。如退之則全無要學古人底意思，柳子厚雖無狀，却又占便宜，如致君澤民事，也說要做。退之則只要做官，如末年潮州上表，此更不足說了。退之文字儘好，末年尤好。」燾。

「韓退之却有些本領，非歐公比。原道其言雖不精，然皆實，大綱是。」韓子。

器之問〔一三〕「博愛之謂仁」。曰：「程先生之説最分明，只是不子細看。要之，仁便是愛之體，愛便是仁之用。」

蔣明之問：「原道起頭四句恐説得差，且如『博愛之謂仁』，愛如何便盡得仁？」曰：「只爲他説得用，又遺了體。」明之又問：「四字先後當如何？」曰：「公去思量，久後自有著落。」震。

或問「由是而之焉之謂道」。曰：「此是説行底，非是説道體。」問「足乎己無待於外之謂德」。曰：「此是説行道而有得於身者，非是説自然得之於天者。」節。

子耕問「定名、虚位」。曰：「恁地説亦得。仁義是實有底，道德却是總名，凡本末小大無所不該。如下文説『道有君子，有小人，德有凶，有吉』是也。」人傑。嵤録詳。

問：「『仁與義爲定名，道與德爲虚位』，『虚位』之義如何？」曰：「亦説得通。蓋仁義禮智是實，此『道德』字是通上下説，却虚。如有仁之道、義之道、仁之德、義之德，此道德只隨仁義上説，是虚位。他又自説『道有君子小人，德有凶有吉』，謂吉人則爲吉德，凶人則爲凶德；君子行之爲君子之道，小人行之爲小人之道；如『道二：仁與不仁』、『君子道長，小人道消』之類。若是『志於道，據於德』，方是好底，方是道德之正。」嵤。

問：「原道上數句如何？」曰：「首句極不是，『定名、虚位』却不妨，有仁之道、義之道、仁之德、義之德，故曰『虚位』，大要未説到頂上頭，故伊川云：『西銘，原道之宗祖。』」可學。

「『坐井觀天』，謂天只如此大小，是他見得如此，須出井來看方得。」必大。

「退之謂：『以之爲人，則愛而公。』『愛、公』二字甚有意義。」

「原道中舉大學，却不説『致知在格物』一句。蘇子由古史論舉中庸『不獲乎上』後，却不説『不明乎善，不誠乎身』二句，這兩個好做對。司馬温公説儀、秦處，説『立天下之正位，行天下之大道』，却不説『居天下之廣居』，看得這樣底，都是個無頭學問。」夔孫。

「韓子原性曰：人之性有五，最識得性分明。」蔣兄因問：「『博愛之謂仁』四句如何？」曰：「説得却差，仁義兩句皆將用做體看。事之合宜者爲義，仁者愛之理。若曰『博愛』，曰『行而宜之』，則皆用矣。」蓋卿。

「韓文原性人多忽之，却不見他好處。如言『所以爲性者五：曰仁、義、禮、智、信』，此語甚實。」方子。

問：「韓文公説人之『所以爲性者五』，是它實見得到後如此説邪，惟復是偶然説得著？」曰：「看它文集中説，多是閑過日月，初不見他做工夫處，想只是才高，偶然見得如此。及至説到精微處，又却差了。」因言：「惟是孟子説義理説得來精細明白，活潑潑地，如荀子空説許多，使人看著如喫糙米飯相似。」廣。

問：「退之原性『三品』之説是否？」曰：「退之説性，只將仁義禮智來説，便是識見高處，如論『三品』亦是。但以某觀，人之性豈獨三品，須有百千萬品。退之所論却少了一『氣』字。程子曰：『論性不論氣，不備；論氣不論性，不明。』此皆前所未發。如夫子言『性相近』，若無『習相遠』一句，便説不行。如『人生而靜』，靜固是性，只著一『生』字，便是帶着氣質言了，但未嘗明説著『氣』字。惟周子太極圖却有氣質底意思，程子之論，又自太極圖中見出來也。」〔一四〕

「韓文公原鬼不知鬼神之本，只是在外説個影子。」

至問：「韓子稱『孟子醇乎醇，荀與楊大醇而小疵』。程子謂：『韓子稱孟子甚善，非見得孟子意，亦道不到；其論荀、楊則非也。荀子極偏駁，只一句「性惡」大本已失。楊子雖少過，然亦不識性，更説甚道？』至謂韓子，既以失大本不識性者爲大醇，則其稱孟氏『醇乎醇』，亦只是説得到，未必真見得到。」先生曰：「如何見得韓子稱荀、楊大醇處便是就論性處説？」至云：「但據程子有此議論，故至因問及此。」先生曰：「韓子説荀、楊大醇是泛説，與田駢、慎到、申不害、韓非之徒觀之，則荀、楊爲大醇。韓子只説那一邊，湊不着這一邊。若是會説底，説那一邊，亦自湊着這一邊。程子説『荀子極偏駁，楊子雖少過』此等語，皆是就分金秤上說下來。今若不曾看荀子、楊子，則所謂『偏駁』、『雖少過』等處，亦見不得。」

至問：「孟子謂『楊、墨之道不息，孔子之道不著』，韓文公推尊孟氏闢楊、墨之功，以爲『不在禹下』。而讀墨一篇却謂『孔子必用墨子，墨子必用孔子』者，何也？」曰：「韓文公第一義是去學文字，第二義方去窮究道理，所以看得不親切。如云『其行已不敢有愧於道』，他本只是學文，其行已但不敢有愧於道爾。把這個做第二義，似此樣處甚多。」

先生考訂韓文公與大顛書，堯卿問曰：「觀其與孟簡書，是當時已有議論，而與之分解，不審有崇信之意否？」曰：「真個是有崇信底意。他是貶從那潮州去，無聊後，被它說轉了。」義剛曰：「韓公雖有心學問，但於利禄之念甚重。」曰：「他也是不曾去做工夫。他於外面皮殼子上都見得，安排位次是恁地。於原道中所謂『寒然後爲之衣，飢然後爲之食，爲宮室，爲城郭』等，皆說得好，只是不曾向裏面省察，不曾就身上細密做工夫。只從粗處去，不見得原頭來處。如一港水，他只見得是水，却不見那源頭來處是如何。把那道別做一件事，道是可以行於世，我今只是恁地去行，故立朝議論風采，亦有可觀，却不是從裏面流出。平日只以做文吟詩，飲酒博戲爲事。及貶潮州，寂寥，無人共吟詩，無人共飲酒，又無人共博戲，見一個僧說道理，便爲之動。如云『所示廣大深迴，非造次可喻』，不知大顛與他說個什麼，得恁地傾心信向。韓公所說底，大顛未必曉得；大顛所說底，韓公亦見不得。

但是他説得恁地好後，便被他動了。」安卿曰：「『博愛之謂仁』等説，亦可見其無原頭處。」曰：「以博愛爲仁，則未有博愛之前，不成是無仁？」義剛曰：「他説『明明德』，却不及『致知，格物』，緣其不格物，所以恁地。」先生曰：「他也不曉那『明明德』，若能明明德，便是識原頭來處了。」又曰：「孟子後，荀、揚淺，不濟得事，只有個王通、韓愈好，又不全。」安卿曰：「他也只是見不得十分，不能止於至善。」曰：「也是。」又曰：淳録云「問『禪學從何起？』曰云云」。「佛學自前也只是外面粗説，到梁達麽來，方説那心性，然士大夫未甚理會淳録作「信向」。做工夫。及唐中宗時有六祖禪學，專就身上做工夫，直要求心見性，士大夫才有向裏者，無不歸他去。韓公當初若早有向裏底工夫，亦早落在中去了。」又曰：「亦有一般人已做得工夫，道理上已有所見，只它些小近似處。不知只是近似，便把做一般。這裏才一失脚，便陷他裏面去了。此等不能然，亦間有然者。」義剛。

「退之與大顛書，歐公云『實退之語』，東坡却罵以爲退之家奴隸亦不肯如此説，但是陋儒爲之，復假托歐公語以自蓋。然觀集古録，歐公自有一跋，説此書甚詳，東坡應是未見集古録耳。看得來只是錯字多。歐公是見他好處，其中一兩段不可曉底都略過了，東坡是只將他不好處來説。」義剛。

「退之晚年覺没頓身己處，如招聚許多人博塞去聲。爲戲，所與交如靈師、惠師之徒，皆飲酒無賴。及至海上，見大顛壁立萬仞，自是心服。『其言實能外形骸，以理自勝，不爲事物侵亂』，此是退之死款。樂天莫年賣馬遣妾，後亦落莫，其詩可見。歐公好事，金石碑刻都是没著身己處，却不似參禪修養人，猶是貼著自家身心理會也。」宋子飛言：「張魏公謫永州時，居僧寺，每夜與子弟賓客盤膝環坐於長連榻上，有時説得數語，有時不發一語，默坐至更盡而寢，率以爲常。」李德之言：「東坡晚年却不衰。」先生曰：「東坡盖是夾雜些佛、老，添得又鬧熱也。」方子。

「韓退之云『磨礲去圭角，浸潤著光精』，又曰『沈浸醲郁』，又曰『沈潛乎訓義，反復乎句讀』。杜元凱云：『優而柔之，使自求之；饜而飫之，使自趨之。若江海之浸，膏澤之潤，渙然冰釋，怡然理順，然後爲得也。』而今學者都不見這般意思。」又曰：「『磨礲去圭角』易曉；『浸潤著光精』此句最好，人多不知。」又曰：「只是將聖人言語只管浸灌，少間自是生光精，氣象自别。」僴。

包顯道曰：「新史做得韓退之傳較不甚實。」先生曰：「新史最在後，收拾得事須備。但是它要去做文章，剗地説得不條達。據某意，只將那事説得條達，便是文章。而今要去做言語，剗地説得不分明。」義剛。

「韓文公似只重皇甫湜，以墓誌付之，李翺只令作行狀。翺作得行狀絮，但湜所作墓誌又顛蹶。李翺却有些本領，如復性書有許多思量，歐陽公也只稱韓、李。」義剛。又一條云〔一五〕：「退之却喜皇甫湜，却不甚喜李翺。後來湜爲退之作墓誌，却説得無緊要，不如李翺行狀較着實。蓋李翺爲人較朴實，皇甫湜較落魄。」

浩曰：「唐時莫是李翺最識道理否？」曰：「也只是從佛中來。」浩曰：「渠有去佛齋文，闢佛甚堅。」曰：「只是粗迹。至説道理，却類佛。」問：「退之見得不甚分明？」曰：「他於大節目處又却不錯，亦未易議。」浩云：「莫是説傳道是否？」曰：「亦不止此，他氣象大抵大。又歐陽只説韓李，不曾説韓柳。」浩。

「韓退之，歐陽永叔所謂扶持正道、不雜釋、老者也。然到得緊要處，更處置不行，更説不去。便説得來也拙，不分曉。緣他不曾去窮理，只是學作文，所以如此。東坡則雜以佛、老，到急處便添入佛、老，相和去聲。澒戶孔切。瞞人，如裝鬼戲、放煙火相似，且遮人眼。如諸公平日擔當正道，自視如何。及才議學校，便説不行，臨了又却只是詞賦好，是甚麽議論！如王介甫用三經義取士，及元祐間議廢之，復詞賦，爭辨一上，臨了又却只是説經義難考，詞賦可以見人之工拙易考。所爭者只此而已者，大可笑也。」僩。

「韓退之及歐、蘇諸公議論，不過是主於文詞，少間却是邊頭帶説得些道理，其本意終自可見。」木之。

校勘記

〔一〕問　朝鮮本作：道夫問。

〔二〕亦只是莊老意思　朝鮮本「意」下有「曰程子却取之是如何曰然但恐他意」十五字。

〔三〕肯從時游者　「時」，朝鮮本作「我」；萬曆本作「朕」。

〔四〕如　朝鮮本作：只知。

〔五〕裊　朝鮮本此下增「兄」字。

〔六〕如作詩説許多閑言語　「如作詩説」，朝鮮本作「如何説得」。

〔七〕亦得　朝鮮本「得」下有小注云：「按：或録前後次序不同，今附云。揚子『月未望而載魄於西，既望，則終魄乎東，其遡於日乎！』諸解皆錯，古注略通而未盡，當改云『日加魄於西面，以漸東滿；日復魄於西面，以漸東盡。其載也，日載之，其終也，日終之，皆係於日。』故曰『其遡於日乎』。其載其終，皆向日也。又云：『説終作復，亦未是。蓋終魄，亦是日光加魄於東而終之也。始者日光加魄之西，以漸東；及既望，則日光旋而東，以終盡月之魄。初八九間，日落於西，月是時同在彼，日落是酉時，則月已在午；至十五日，則日落於酉而月在卯，此未望而載魄於西。蓋月在東而日在西，如載之光也。及日與月相去愈遠，則光漸消而魄生。少間月與日相蹉過，日却在東，月却在西，故漸至東盡，則魄漸復也。』」凡二百四十八字。

〔八〕又云　朝鮮本作「先生」又云。

〔九〕便都差了　朝鮮本此下增一節小字：按：或録前後次序不同，今附云：揚子：「月未望而載魄於西；既望則終魄於東；其遡於日乎！」諸解解錯，古注略通而未盡，當改云：「日加丑於西面以漸東滿，日復魄於西面以漸東盡。其載也，日載之，其終也，日終之。皆繫於日。」故曰「其遡於日乎」，其載其終，皆向日也。又云：説終作復亦未是，蓋終魄亦是日光加魄於東而終之也。始者日光加魄之西以漸東，及既望則日光旋而東以終盡月之魄。初八九問，日落於西，月是時同在彼，日落是酉時，則月已在午；至十五日，則日落於酉而月在卯，此未望而載魄於西。蓋月在東而日在西，如載之光也。及日與月相去愈遠，則光漸消而魄生。少間月與日相蹉過，日卻在東，月卻在西，故光漸至東盡則魄漸復也。

〔一〇〕不合　朝鮮本此下增：得出來做人。

〔一一〕麻衣易正是南康戴紹韓所作　「戴」原作「載」，據朝鮮本改。

〔一二〕作　朝鮮本作：言。

〔一三〕器之問　朝鮮本此下增「韓文公」三字。

〔一四〕見出來也　朝鮮本末尾增小字：晦夫。

〔一五〕又一條云　朝鮮本此處小字作：夔孫録同。義剛又一條云。

朱子語類卷第一百三十八

雜類

「『禹入聖域而不優』，優，裕也，言入聖域恰好，更不優裕。優裕，謂有餘剩。漢儒見得此意思好。」賀孫。

「爾雅是取傳注以作，後人却以爾雅證傳注。」文蔚。

「爾雅非是，只是據諸處訓釋所作。趙岐說孟子、爾雅皆置博士，在漢書亦無可考。」泳。

陳仲亨問：「周書云：『將欲敗之，必姑輔之；將欲取之，必姑與之。』今周書何緣無之？」曰：「此便是那老子裏數句，是周時有這般書，老子爲柱下史，故多見之。孔子所以適周問禮之屬，也緣是他知得古人以竹簡寫書，民間不能盡有，惟官司有之。如秦焚書，也只是教天下焚之，他朝廷依舊留得，如説『非秦記及博士所掌者盡焚之』。到六經之類，他依舊留得，但天下人無有。」義剛。

「汲冢古書，堯憂囚，舜野死，尹篡太甲，太甲殺尹之類，皆其所出。」

「誠之常袖吕不韋春秋，云其中甚有好處。及舉起，皆小小術數耳。」璘。

「書坊印得六經，前面纂圖子，也略可觀。如車圖雖不甚詳，然大概也是。」義剛。

「七書所載唐太宗李衛公問答乃阮逸僞書。逸，建陽人。文中子玄經、關子明易皆逸所作。」揚。

問山海經。曰：「一卷説山川者好。如説禽獸之形，往往是記録漢家宫室中所畫者，如説南向北向，可知其爲畫本也。」方子。

「素問語言深，靈樞淺，較易。」振。

「柳文後龍城雜記，王銍性之所爲也。子厚叙事文字多少筆力，此記衰弱之甚，皆寓古人詩文中不可曉知底於其中，似暗影出。」僞書皆然。

「杜牧之燕將録，文甚雄壯。」

「省心録乃沈道原作，非林和靜也。」

「程泰之演蕃露，其零碎小小議論亦多可取，如辨『罘罳』之類是也。某頃因看筆談中辨某人誤以屏爲反坫，後看説文『坫』字下乃注云『屏也』，因疑存中所辨未審。後舉以問泰之，泰之曰：『存中辨是，然不是某人誤，乃説文誤耳。』洪景盧隨筆中辨得數種僞書皆是，但首卷載歐帖事，却恐非實。世間僞書，如西京雜記顔師古已辨之矣，柳子厚龍城録乃王性之輩所作。」必大。

「洛陽志説道最好，文字最簡嚴，惜乎不曾見。」義剛。

「金人亡遼録、女真請盟背盟録。」汪端明撰〔一〕。僩。

「指掌圖非東坡所爲。」

「砥柱銘上説禹『掛冠莫顧，過門不入』。掛冠，是有個文字上説禹治水時冠掛着樹，急於治水，今記不得是甚文字。世間文字甚多，只後漢書注内有無限事〔二〕。」

「警世、競辰二圖僞。」道夫。

「邵公濟墓誌好。」方子。

「吴才老叶韻一部，每字下注某處使作某音，亦只載得有證據底，只是一例子。」泉州有板本。淳。

「近世考訂訓釋之學，唯吴才老、洪慶善爲善。」僩。

「稱平。者，自他人稱平。之；稱去。者，人之本號〔三〕。」道夫。

周貴卿問「折衷」之義。曰：「衷，只是中，左傳説『始、中、終』亦用此『衷』字，衷是三摺而取其處中者。」義剛。

問「折衷」之「衷」。曰：「是無過些子，無不及些子，正中間。」又曰：「是恰好底。」節。

「『折衷』者，摺轉來取中。衷，只是個中。」節。

「中，如字，即其中也。中，音衆，則是當之義，謂適當其中也。如『六藝折衷音衆。於夫子』，亦謂折當使歸於中之義。中與所以謂之中，音衆。以適當其中如字。而異也。」振。

「淳、醇皆訓厚。純是不雜。」節。

先生曰：「『期，極也，古人用『期』字多作『極』字。周昌云『心期期知其不可』，言極知其不可。口吃，故重一字也。」銖。

「謂之，名之也。之謂，直爲也。」方。

「復復，指期上『復』字，扶又反，再復也。」方子。

「尚衣、尚書、尚食，尚乃主守之意〔四〕，秦語作平音。」淳。

「『魏，大名也』，魏、巍字通。『魏』字，篆文亦有山字在其中，是有大義，因是名爲『大名府』。」揚。

「舅子謂之内兄弟，姑子謂之外兄弟。」揚。

因説：「外甥似舅，以其似母故也。」致道問：「形似母，情性須別。」曰：「情性也似。大抵形是個重濁底，占得地步較闊。情性是個輕清底，易得走作。」賜。

「古者姓、氏，大概姓只是女子之别，故字從女。男則從氏，如季孫氏之類，春秋可見。後世賜姓，殊無義理。」端蒙。

「氏，如孟孫、叔孫、季孫是也。姓則同姓，後世子孫或以氏爲姓，今人皆稱張氏、李氏，謂從上下來只是氏了。只有三代而上經賜姓者爲姓，如姚、如姒、如姬之類是正姓。唐時尚有氏不同而同出者不得爲婚姻。」揚。

沈莊仲問：「姓、氏如何分别？」曰：「姓是大總腦處，氏是後來次第分别處。如魯本姬姓，其後有孟氏、季氏，同爲姬姓而氏有不同。某嘗言：『天子因生以賜姓，諸侯以字爲謚，因以爲族。』切恐『謚』本『氏』字，先儒隨他錯處解將去，義理不通。且如舜生於嬀汭，武王遂賜陳胡公滿爲嬀姓，即因生賜姓。如鄭之國氏本子國之後，駟氏本子駟之後，如此之類，所謂『以字爲氏，因以爲族。』」文蔚。

「姓與氏之分，姓是本原所生，氏是子孫下各分。如商姓子，其後有宋，宋又有華氏、魚氏、孔氏之類。周自黄帝以來姓姬，其後魯、衛、毛、聃、晉、鄭之屬各自以國爲氏，而其國之子孫又皆以字爲氏。如魯國子展之後爲展氏，展禽喜是也。三家以孟、仲、季爲氏，或因所居爲氏，如東門氏之類。左氏曰：『天子因生以賜姓，諸侯以字爲謚，因以爲族。』天子自因生以賜姓，謂推其所自出而賜之姓，如舜居嬀汭，及武王即位，封舜之後於陳，因賜姓爲嬀，此所謂『因地以賜姓』也。『諸侯以字爲謚』，只是『氏』字傳寫之訛，遂以『氏』字爲『謚』，無義理，只是『以字爲氏』，如上文展氏、孟氏之類也。杜預點『諸侯以字』四字爲句斷，而『爲謚因以爲族』爲一句，此亦是强解，看來只是錯了『謚』字。」至孫方以王父之字爲氏，上兩世猶承公之姓也。卓。

「自秦、漢以來，奴僕主姓。今有一大姓所在，四邊有人同姓，不知所來者皆是奴僕之類。」揚。

「同異之理，如同姓本親，以下去漸疏；異姓本疏，他日婚姻却又親。」「陰陽，相函之理也。」「萬物，聚散之理也。」方。

「適母與所生封贈恩例一同，不便。看來，嫡、庶之别，須略有等降乃爲合理。」砥。

因說諱字，曰：「漢宣帝舊名何曾諱『病已』？平帝舊名亦不諱。虜中法，偏旁字皆諱，如『敬』字和『警』字皆諱。」淳。

「見人名諱同，不可遽改，只半真半草寫之。」揚曰：「只是寫時莫與太真，説時莫太分明。」揚。

因説四方聲音多訛，曰：「却是廣中人説得聲音尚好，蓋彼中地尚中正。自洛中脊來，只是太邊南去，故有些熱。若閩、浙則皆邊東角矣，閩、浙聲音尤不正。」揚。

先生因説詩中關、洛風土習俗不同，曰：「某觀諸處習俗不同，見得山川之氣甚牢。且如建州七縣，縣縣人物各自是一般，一州又是一般，生得長短小大清濁皆不同，都改變不得，豈不是山川之氣甚牢？」燾。

因論南方人易得病，曰：「北方地氣厚，人皆不病。叔祖奉使在北方十五年已上，生冷無所不食，全不害。歸來纔半年，一切發來，遂死。更有一武臣，代州人，常至五臺山，有一佛殿上皆青石，暑月每於石上徹日睡，全無病。如來南方睡，如何了得？」揚。

諸生入問候，先生曰：「寒後却剗地氣痞。西川人怕寒，嘗有人入裏面作守，召客後，令人打扇。坐客皆起白云，若使人打扇，少間有某疾。生冷果子亦不可喫，才喫便有某疾，便是西川之人大故怕寒。如那有雪處，直是四五月後雪不融，這便是所謂『景朝多風』處。便是日到那裏時，過午時陽氣不甚厚，所以如此。所謂『漏天』處，皆在那裏。恁地便是天也不甚闊，只那裏已如此了。這是西南尚如此，若西北，想見寒。過那秦、鳳之間，想見寒。如峨眉山，趙子直嘗登上面，煑粥更不熟，有個核子。時有李某者，凍得悶絶了。」莊仲云：「不知佛國如何？」曰：「佛國却暖，他靠得崑崙山後，那裏却暖，便是那些子也差異。四方蠻夷都不曉人事，那裏人却理會得一般道理恁地。便是那裏人也大故嶢崎，不知是怎生後恁地。」義剛。

「榷場中有文字賣，説中原所在山川地理州縣邸店甚詳，中亦雜以虜人官制。某以爲是中原有忠義之人做出來，欲朝廷知其要害處也〔五〕。」

「關中，秦時在渭水之北居，但作離宮之類於渭南。漢時宫闕在渭水之南、終南之北，背渭面終南。隋時此處水皆鹹，文帝遂移居西北，稍遠漢之都。唐都在隋一偏，西北角。唐宫殿制度正當甚好。官街皆用墻，居民在墻内，民出入處皆有坊門，坊中甚安，故武元衡出坊門了始遇害。本朝宫殿街巷、京城制度皆仍五代，因陋就簡，所以不佳。唐田兵官制，承宇文周有些制度，故較好。舊東京、關中、漢、唐宫闕街巷之類圖，今衢州有碑本。」揚。

「行在舊題行宫之門，虜使來有語。後虜作二牌來，前曰『麗正』，後曰『和寧』，遂報去，謂太小，今自作牌依其名題。」揚。

「古之王城有三途，左男行，右女行，中車行，天下路中有車軌道。」揚。

「漳州州學中從祀，是神霄宫神改塑。紹興府禹廟重塑禹像，王仲行將舊禹與一道士去，改塑天齊仁聖帝，此是一類子。」德明。

「汪端明説朝廷塑一顯仁皇后御容，三年不成，却是一行人要希逐日食錢，所費不貲。

端明爲禮部尚書，奏過太上，得旨催促，又却十日便了，朝廷事多如此。」浩。

「王拱辰作高樓，温公作土室，時人語云：『一人鑽天，一人入地。』康節謂富公云：『比有怪事，一人巢居，一人穴處。』」方。

「蕪湖舊有一富家曰韋居士，字深道，喜延知名士。如黄太史、陳了翁遷謫，每歲餽餉不下千緡。今人纔見遷謫者，便以爲懼，安得有此等人。」人傑。

「陸務觀説，漢中之民當春月，男女行哭，首戴白楮弊，上諸葛公墓，其哭皆甚哀云。」先生親筆於南軒所撰武侯傳後。道夫。

「齊蕭子良死，不用棺，置於石床之上。唐時子良幾世孫蕭隱士過一洲，見數人云：『此人似蕭王。』隱士訝之。到一郡，遂見解幾人劫墓賊來，乃洲上之人。隱士説與官令勘之，乃曾開蕭王冢來，云：『王卧石床上，儼然如生。』」揚。

「廬山有淵明古迹處曰上京，淵明集作京師之『京』，今土人以爲荆楚之『荆』。江中有一盤石，石上有痕，云淵明醉卧於其石上，名『淵明醉石』。某爲守時，架小亭，下瞰此石，榜『歸去來館』。又取西山劉凝之庵用魯直詩名曰『清静退庵』，與此相對。」夔孫。

「『晝則聽金鼓，夜戰看火候。』嘗疑夜間不解戰，蓋只是設火候防備敵來劫寨之屬。古人屯營，其中盡如井形，於巷道十字處置火候。如有間諜，一處舉火，則盡舉，更走不得。」

義剛。

「『馳車千駟，革車千乘。』馳車即兵車，蓋輕車也。革車駕以牛，蓋輜重之車。每輕車七十二人，三人在車上，一御，一持矛，一持弓，此三人乃七十五人中之將。蓋五伍爲兩，兩有長故也。輕車甚疾。」義剛。

「豫凶事，亦恐有之。龔勝傳昭帝賜韓福策曰：『不幸死者，賜復衾一，祠以中牢。』古人此等事自多，難以懸斷。」閎祖。

「『三元』是道家之説。上元燒燈，却見於隋煬帝，未知始於何時。」賀孫。

問：「真元外氣如何？」曰：「真元是生氣在身上。」曰：「外氣入真元氣否？」曰：「雖吸入，又散出，自有界限。但論其理，則相通。」可學。

「物造時亦遇氣候，故皆有數。」揚。

「時氣，初只是氣，疑其氣盛，便有物以主之，氣散又無了。」揚。

「元善每相見，便説氣數讖緯，此不足憑。只是它由天命，然亦由人事。才有此事，得人去理會便了。」德明。

「龍氣盛，虎魄盛，故龍能致雲，虎能嘯風也。許氏必用方首論『虎睛定魄，龍齒安魂』，亦有理。」廣。

「醫家言：『心藏神，脾藏意，肝藏魂，肺藏魄，腎藏精與志。』與康節所説不同。」曰：「此不可曉。」德明。

「嘗見徐侍郎敦立。書三字帖於主位前云『磨兜堅』，竟不曉所謂。後究竟得來，乃是古人有銘如『三緘口』之類，此書於腹曰『磨兜堅，謹勿言』，畏秦禍也。」敬仲〔六〕。

問：「人有震死者，如何？」曰：「有偶然者，有爲惡而感召之者。如人欲操刀殺人，而遇之者或遭其傷刺而死之類是也。」僩。

「東坡云：『月未望則魚腦實，既望則虚。』蓋出淮南子，則食膾宜及未望也。」揚。

論説物理，因問：「東坡説『人不怕虎者，虎不奈得其人何』，是有此理。東坡説小兒不怕者是一證。傳燈録載歸宗、南泉三人曾遇虎，皆不以爲事。季清言：有一鄉人賣文字，遇虎，其人無走處了，曾聞人言虎識字，遂鋪開文字與虎看，自去。此數事皆其驗也。」先生曰：「曾見一僧，名亨，黄龍清會下人，言僧入山遇虎，只是常事。初見時，虎亦作威。近前來，見人不怕他，漸漸去了。後常常見人慣了，都如常。」楊曰：「只是初見不怕難。」先生曰：「人心能堅忍得此時好。」揚。

「翟公遜説鬼星渡河，最亂道。鬼星是經星，如何解渡河？」泳。

「野雉知雷。」起於起處。可學。

「罘罳，或云乃門屏上刻作形，漢注未是。」可學。

「古人作甲用皮，每用必漆。後世用鐵，不知自何時起。」泳。

「古人運籌者，要説得這事分明，歷歷落落。這一事了，便盡斷，又要得界分分明。」泳。

「宮，即墻也。」僩。

「太王畫像，頭上有一片皮，直裹至頸上，此便是鈎領。」義剛。

「王彦輔麈史載幞頭之説甚詳。」方子。

「衛朴善算，作蓮花漏，其形如秤。」東坡詆之。文蔚。

「漢祭河用御龍、御馬，皆以木爲之，此已是紙錢之漸。」義剛。

「紙錢起於玄宗時王璵，蓋古人以玉幣，後來易以錢。至玄宗惑於王璵之術，而鬼神事繁，無許多錢來理得，璵作紙錢易之，文字便是難理會。且如唐禮書載范傳正言，唯顔魯公、張司業家祭不用紙錢，故衣冠效之。而國初言禮者錯看，遂作紙衣冠，而不用紙錢，不知紙錢衣冠有何間别？」義剛。

「古之木，今有無者多。如楷木〔七〕，只孔子墓上，當時諸弟子各以其方之木來栽，後有此木，今天下皆無此木。其木亦如槐，可作簡，文皆横生，然亦只是文促後似横樣。」義剛。

「臨安鐵箭，只是錢王將此摇動人心，使神之。」義剛。

「瑞金新鑄印，蓋嘗失一印，重鑄之，恐作弊，故加『新鑄』之文。國初有一奉使印，亦如此。」義剛。

「祕書省畫大樹下數人，着古衣而無名，君舉以爲恐是孔子在宋木下習禮，被伐木時。」義剛。

「祕書省畫得唐五王及黃番綽、明皇之類，恐是吴道子畫。李某跋之，有云：『畫當如蓴菜。』某初曉不得，不知它如何説得數句恁地好，後乃知他是李伯時外甥。蓋畫須如蓴菜樣滑方好，須是圓滑時方妙。」義剛。

「雪裏芭蕉，他是會畫雪，只是雪中無芭蕉，他自不合畫了芭蕉。人却道他會畫芭蕉，不知他是誤畫了芭蕉。」〔八〕

問：「春牛事未見出處，但月令載『出土牛以送寒氣』，不知其原果出於此否？或又云『以示勸耕之意』，未詳孰是？」「某嘗見□□云：處士立於縣庭土牛之南。恐古者每歲爲一牛，至春日別以新易舊而送之也。」

王丈云：「昔有道人云：筭生可以觀夜氣。嘗插竿以記之，自早至暮，長不分寸；曉而視之，已數寸矣。」次日問：「夜氣莫未説到發生處？」曰：「然。然彼説亦一驗也。」後在玉山僧舍驗之，則日夜俱長，良不如道人之説。閎祖。

問：「廬山光怪，恐其下有寶，故光氣發見如此。」「嘗見邵武張鑄説：『曾官岳陽，見江上有光氣，其後漁人於其處網得銅鍾一枚。』又一小説云：『某郡某處常有光處，令人掘得銅印一顆。』」先生又自云：「向送葬開善，望見兩山之間有光如野燒，從地而發，高而復下。問云，其山舊有銅坑也。」德明。

德粹語婺源有一人，其子見鬼。先生曰：「昔薛士龍之子亦然。」可學因説薛常州之子甚怯弱。曰：「只是精神不全，便如此。向見邪法者呪人，小兒稍靈利者便呪不倒。」可學云：「薛氏之鬼所謂『九聖奇鬼。』」先生曰：「渠平生亦好説鬼。」可學云：「薛常州平日亦講學，何故信此？」曰：「不知其所講如何。」可學。

「獸中狐最易爲精怪。」淳。

「狐性多疑，每渡河，須冰盡合乃渡。若聞冰下猶有水聲，則終不敢渡，恐冰解也。故黄河邊人每視冰上有狐跡，乃敢渡河。又狐每走數步，則必起而人立，四望，立行數步，廼復走。走數步，復人立四望而行。故人性之多疑慮者，謂之狐疑。狼性不能平行，每行，首尾一俯一仰。首至地，則尾舉向上，胡舉向上，則尾疐至地，故曰『狼跋其胡，載疐其尾。』」僩。

因論張天師，先生曰：「本朝有南劍太守林積，送張天師子獄中，而奏云：『其祖乃漢賊，不宜使子孫襲封。』一時人皆信之，而彼獨能明其爲賊，其所奏必有可觀者。林積者，秦相時嘗爲侍郎。」義剛。

「郭天錫因算徽宗當爲天子，遂得幸，官至承宣使，其人亦鯁直敢説。天覺每要占問時，不尚自去見它，多是使覺範去。後來發覺，蔡元長遂以爲天錫有幻術，令人監繫，日置猪狗血於其側，後來只被血薰殺了。」義剛。

「覺範因張天覺事下大獄〔九〕，自供云：『本是醫人，因入醫張相公府養娘有效，遂與度牒令某作僧。』」義剛。

「神殺之類，亦只是五行旺衰之氣，推亦有此理。但是後人推得小了，太拘忌耳。曉得了，見得破底好。如上蔡言『我要有便有，我要無便無』方好，然難。不曉底人，只是孟浪不信，吕丈都不曉風水之類，故不信。今世俗人信便有，不信便無，亦只是此心疑與不疑耳。」揚。

因及談命課靈者，曰：「是他精力强，精力到處便自驗。」淳。

因説都下士夫愛看命，曰：「士夫功名心切，且得他差除一番，亦好。」曰：「若命中有官，便是天與我；若就人論，便是朝廷與我。今不感戴天與朝廷，却感戴他門，終身不忘，甚可怪。」淳。

陶安國事真武。先生曰：「真武非是有一個神披髮，只是玄武。所謂青龍、朱雀、白虎、玄武，亦非是有四個恁地物事。以角星爲角，心星爲心，尾星爲尾，是爲青龍；虚危星如龜；騰蛇在虚危度之下，故爲玄武。真宗時諱『玄』字，改『玄』字爲『真』字，故曰真武。參星有四隻脚如虎，故爲白虎；翼星如翼，軫如項下嗉，井爲冠，故爲朱雀。盧仝詩曰『頭戴井冠』，揚子雲言『龍、虎、鳥、龜』，正是如此。」節。

先生問四明龍現事，璘答云：「頃歲鄞縣趙公萬禱雨于天井山之龍井，曾有龍現。張左藏良臣作記云『俄有光發波間，如叢炬，復紅焰飛動，下見龍之首甚大，不違顔咫尺。大復現小，復現全體，鱗甲爚爚有光，久不没。陰氣颮然，見者魄喪神動。』」曰：「見王嘉叟云『見龍初出水，先有物如蓮花之狀而後水湧，異物出，兩眼光如銅盤』，與趙尉所見頗合。」璘。

或言某人之死，人有夢見之者，甚恐，遂辭位而去。先生曰：「唐令狐綯亦嘗夢見李德裕，明日語人曰：『衛公精爽可畏。』頃時劉丞相莘老死於貶所，後來得昭雪復官，其子斯立有啓謝時宰一聯云：『晚歲離騷，徑招魂於異域；平生精爽，或見夢於故人。』世傳以爲佳。」

「陳易和叔將赴試，韓魏公戒之曰：『離場屋久，更宜子細。』陳曰：『三十年做老娘，不解倒綳了孩兒。』既而『王』字押作賦韻，『率土之濱莫非王』，遂見黜。魏公聞之，笑曰：『果然倒綳了孩兒矣！』」

「往年見徐端立侍郎云：『葉石林嘗問某：「或謂司馬温公、范蜀公議鍾律不合，又某與某爭某事，蓋故爲此議以表見其非朋比之爲者，如何？」徐曰：「此事有無不可知。然爲此論者，亦可謂不占便宜矣。」石林爲之一笑而罷。』」僩〔一○〕。

「汪玉山童稚時，喻玉泉令他對七字對，云『馬蹄踏破青青草』，玉山應口對云『龍爪拏開黯黯雲』。」

先生説：「沈持要知衢州日，都下早間事，晚已得報。」閎祖云：「要知得如此急做甚？」先生云：「公説得是。」閎祖。

或言某人輕財好義，先生曰：「以何道理之而義乎？」升卿。

因李將爲郭帥閤俸，曰：「凡是名利之地，自家退以待之，便自安穩。纔要，只管向前，便危險，事勢定是如此。如一碗飯在這裏，纔去爭，也有爭得不被人打底，也有爭得被人打底，也有爭不得空被人打底。」賀孫。

或論及欲圖押綱厚賞者，先生曰：「譬如一盤珍饌，五人在坐，我愛喫，那四人亦都愛喫，我伸手去拏，那四人亦伸手去拏，未必果誰得之。能恁地思量，便可備知來物。如古者横議權謀之士，雖千萬人所欲得底，他也有計術去必得。」淳。

「財，猶膩也，近則汙人，豪傑之士恥言之。」僩。

「人言仁不可主兵，義不可主財。某謂惟仁可以主兵，義可以主財。」道夫。

「賢者順理而安行，智者知幾而固守。」丁未耳聽。至。

「鄭叔友謂『敗不可懲，勝不可狃』，此言殊有味。」振。

「王宣子說：『甘卞言：士大夫以面折廷爭爲職，以此而出，人亦高之。宦官以承順爲事，忽犯顏而出，誰將你當事。如此之乖，後漢呂强，後世無不賢之。』」

詠古詩「文夫棄甲冑，長揖別上官」，爲楊元禮發也。問：「元禮事如何？」曰：「緣一二監司相知者已去，後人不應副賑濟，此事已做不得。若取之百姓又不可，所以乞祠。」問：「當時合如何處置方善？」曰：「只得告監司理會賑濟。不從，則力爭；又不從，則投劾而去，事方分曉。」語畢，遂諷誦此詩云。德明。

「沈季文於小學，則有莊敬敦篤而不從事於禮樂射御書數；於大學，則不由格物致知而遽欲誠意正心。」閎祖。

「黎紹先好個人，可謂『聽其言也厲。』」義剛。

「周顯祖不事外飾，天資簡樸〔一一〕。」若海。

「諸葛誠之守立過人。」升卿。

「劉季高也豪爽，只是也無頭腦。」義剛。

林擇之曰：「上四州人輕揚，不似下四州人。」先生曰：「下四州人較厚，潮陽士人亦厚，然亦陋。〔一二〕莆人多詐，淳樸無僞者，陳魏公而已。」義剛〔一三〕。

或傳連江鎮寇作，燒千餘家，時張子直通判云：「此處人煙極盛。」曰：「某常疑此地如何承載得許多人？」力行退而思之，此所謂知小圖大，力小任重之意。力行。

「前年鄭瀛上書得罪，杖八十，下臨安贖。臨安一吏人憫之，見其無錢，爲代出錢贖之。」揚。

「王侍郎普之弟某經兵火，其乳母抱之走，爲一將官所得。乳母自思，爲王氏乳母而失其子，其罪大矣，遂潛謀歸計，將此將官家兵器皆去其刃，弓則斷其弦，自求一好馬，抱兒以逃。追兵踵至，匿於麥中，如此者三四，僅全兒達王家。常見一僧說之，僧今亦亡矣，欲爲之傳，未果。」可學。義剛録云〔一四〕「嘗見一老僧云：『李伯時家遭寇，伯時尚小，被賊並妳子劫去，賊將遂以妳子爲妻。一日上元，其夫出看，妳子以計遣諸婢皆往看，遂將弓箭刀刃之屬盡投於井，馬亦解放，但自乘一馬而去。少頃，聞前面有人馬聲，恐是來趕他，乃下馬走入麥中藏。其賊尚以鎗入麥中撈攪，幸而小底不曾啼，遂無事。未幾，得聞那賊說：「這賊婢，知他那裏去？」渠知無事，遂又走。夜行晝伏，數日方到，尋見他家人。』某嘗欲〔一五〕記此事，後來被那僧死了，遂無問處，竟休了。」

陳光澤二子求字，先生字萃曰「仲亨」，云：「萃便亨，凡物積之厚而施之也廣，如水積得科子滿，便流。」又字華曰「仲蔚」，云：「『君子豹變，其文蔚也。』變謂變其志。若裏面變得是虎，外面便有虎之文；變得是豹，外面便有豹之文。」義剛。

有言士大夫家文字散失者，先生蹙然曰：「魏元履、宋子飛兩家文籍散亂，皆某不勇決之過。當時若是聚衆與之抄劄封鎖，則庶幾無今日之患。」道夫。

德粹問：「十年前屢失子，亦曾寫書問先生，先生答書云：『子之有無皆命，不必祈禱。』後又以弟爲子，更有甚礙理處。舍弟之子年乃大於此，則是叔拜姪。」曰：「以弟爲子，昭穆不順。」方伯謨曰：「便是弟之子小亦不可。」曰：「然。」可學。

問〔一六〕：「唐告勑如何都是自寫？」曰：「不知如何。想只是自寫了，却去計會印。如蔡君謨封贈〔一七〕，亦是自寫。看來只是自有字名，故如此。」義剛。

「張以道向在黄巖見顔魯公的派孫因事到官，其人持魯公告勑五七道來庭下，稱有蔭。細觀其告勑，皆魯公親書其字，而其告乃是黄紙書之，此義如何？」先生曰：「魯公以能書名，當時因自書之，而只用印，文亦不足據。本朝蔡君謨封贈其祖告勑亦自寫之，蓋其以字名，人亦樂令其自寫也。」魯公誥，後爲劉會之所藏。義剛。

一日請食荔子，因論：「興化軍陳紫，自蔡端明迄今又二百來年，此種猶在，而甘美絶勝，獨無它本。天地間有不可曉處率如此，所謂『及其至也，聖人有所不能知。』要之，它自有個絲脈相通，但人自不知耳。聖人也只知得大綱，到不可知處，亦無可奈何。但此等瑣碎，不知亦無害爾。」道夫。

先生因喫茶罷，曰：「物之甘者，喫過必酸；苦者，喫過却甘。茶本苦物，喫過却甘。」問：「此理如何？」曰：「也是一個道理。如始於憂勤，終於逸樂，理而後和。蓋禮本天下之至嚴，行之各得其分，則至和。又如『家人嗃嗃，悔厲吉。婦子嘻嘻，終吝』，都是此理。」夔孫。

「建茶如『中庸之爲德』，江茶如伯夷、叔齊。」又曰：「南軒集云：『草茶如草澤高人，臘茶如臺閣勝士。』似他之説，則俗了建茶，却不如適間之説兩全也。」道夫。

侍先生過水南，谷中見一種蒿，柔嫩香氣，温潤可愛，因採一二莖把玩。先生曰：「此即古人所謂蘭是也。」又云：「蕙亦非今之蕙，乃零陵香是也。」炎。

「今福州紅糟即古之所謂醴酒也，用匙挑喫。」義剛。

「古升十六寸二分爲升，容一百六十二寸爲斗。」僩。

「今之一升即古之三升，今之一兩即古之三兩。」僩。〔一八〕

「古錢有『貨泉』字、『貨布』字是王莽錢，於古尺正徑一寸，雖久有損，大概亦是。」淳。

先生見正甫所衣之衫只用白練圓領，領用皂。問：「此衣甚制度？」曰：「是唐衫。」先生不復說，後遂易之。過。

「布一箴四十眼，着八十絲爲一升，今興化人能爲之。」云：「二十升布已難做，至如三十升，不知古人如何做也？若三升布，則極疏矣。古人不諱白，皮弁乃以白鹿皮爲之，但加飾焉。如冠之白，但用疏細爲吉凶耳。」方。

或云俗語「夜飯減一口，活得九十九。」曰：「此出古樂府三叟詩。」

「墨翟與工輸巧爭辨云云，論到下梢一著勝一著，没了期，一曰：『吾知所以拒子矣，吾不言。』一曰：『吾知所以攻子矣，吾不言。』」燾。

「莽何羅本姓馬，乃後漢馬后之祖，班固爲澤而改之。」方子。

「步隲不去，爲爪耳。爪可無，身不可無。」升卿。

「陶隱居注本草，不識那物，後說得差背底多。緣他是江南人，那時南北隔絶，他不識北方物事，他居建康。」義剛。

「仙游有蔡溪，見說甚好。裏面有一片大石，有一石門，入去沿溪到那石上。有陳履常，居大學，聞此地好，齎少餅，徑入去石上坐。飢甚，則喫少許餅，久後喫盡了，飢不奈何。欲出，則當初入門已發了誓，遂且忍餓。遇樵者，見他在坐，亦異之，間得些物事來喫。久後報得外面道人都來，遂起得個庵，自此却好。病翁嘗至其庵，時陳居士方死，尚在坐，未曾斂。見面前一石頭似個香山子，子細看，又不是石，恰似乳香滴成樣，都通明。身旁一道人云：『是陳先生臨死時滴出鼻涕。』又一道人來禮拜，歎息云：『可惜陳先生鍊得成後却不成。』」同〔一九〕。

「崇、觀間，李定之子某有文字乞毁通鑑板，建炎間坐此貶竄，後放歸復官。詞云：『下喬木而入幽谷，朕姑示於寬恩。以鵾鵶而笑鳳皇，爾無沉於迷識。』」

校勘記

〔一〕汪端明撰　朝鮮本、萬曆本均同原刊作小字，疑當作大字，爲先生語。

〔二〕只後漢書注内有無限事　朝鮮本「事」下注云：庚。

〔三〕人之本號　朝鮮本此下增小字作：一稱者，稱之之稱，皆號平聲，下稱者稱之，稱，去聲。

〔四〕尚乃主守之意　「尚」字原脱，據朝鮮本補。

〔五〕欲朝廷知其要害處也　朝鮮本「也」下注云：庚。

〔六〕敬仲　朝鮮本作游。

〔七〕如楷木　「楷」原作「皆」，據朝鮮本改。
〔八〕芭蕉　朝鮮本末尾增小字：游。
〔九〕覺範因張天覺事下大獄　「大」原作「天」，據萬曆本及宋史張商英傳改。
〔一〇〕僩　此字原無，據朝鮮本、萬曆本補。
〔一一〕天資簡樸　朝鮮本「樸」下注云：「某於方務德坐間識之。」
〔一二〕然亦厚　朝鮮本此下增小字：陳但云如潮州士人亦厚。
〔一三〕義剛　朝鮮本此下增小字：陳淳録同異。
〔一四〕義剛録云　朝鮮本作：按黄義剛録同，但以爲李伯時，今附云。
〔一五〕某嘗欲　朝鮮本此下增：作一段説。
〔一六〕問　朝鮮本作：義剛問。
〔一七〕如蔡君謨封贈　朝鮮本「如」下增「本朝」二字，「贈」下有「告」字。
〔一八〕僩　朝鮮本此則末尾小字作：淳。僩録同。
〔一九〕同　萬曆本作：僩。

朱子語類卷第一百三十九

論文上

「有治世之文，有衰世之文，有亂世之文。六經，治世之文也。如國語委靡繁絮，真衰世之文耳。是時語言議論如此，宜乎周之不能振起也。至於亂世之文，則戰國是也，然有英偉氣，非衰世國語之文之比也。饒録云：「國語説得絮，只是氣衰，又不如戰國文字更有些精彩。」楚、漢間文字真是奇偉，豈易及也。」又曰：「國語文字極困善，振作不起。戰國文字豪傑，便見事情。非你殺我，則我殺你。」黄云：「觀一時氣象如此，如何遏捺得住，所以啓漢家之治也。」僩。

「楚詞不甚怨君，今被諸家解得都成怨君，不成模樣。九歌是托神以爲君，言人間隔不可企及，如己不得親近於君之意。以此觀之，他便不是怨君。至山鬼篇，不可以君爲山鬼，又倒説山鬼欲親人而不可得之意。今人解文字，不看大意，只逐句解，意却不貫。」楚詞（一）。

問〔二〕離騷卜居篇内字。曰：「字義從來曉不得，但以意看可見。如『突梯滑稽』只是軟熟迎逢，隨人倒，隨人起底意思。如這般文字，更無些小窒礙，想只是信口恁地說，皆自成文。林艾軒嘗云：『班固、揚雄以下皆是做文字，已前如司馬遷、司馬相如等只是恁地說出。』今看來是如此。古人有取於『登高能賦』，這也須是敏，須是會說得通暢。如古者或以言揚，說得也是一件事，後世只就紙上做。如就紙上做，則班、揚便不如已前文字。當時如蘇秦、張儀都是會說。史記所載，想皆是當時說出。」又云：「漢末以後，只做屬對文字，直至後來，只管弱。如蘇頲著力要變，變不得。直至韓文公出來，盡掃去了，方做成古文。然亦止做得未屬對合偶以前體格，然當時亦無人信他，故其文亦變不盡，纔有一二大儒略相效，以下並只依舊。到得陸宣公奏議，只是雙關做去。又如子厚亦自有雙關之文，向來道是他初年文字，後將年譜看，乃是晚年文字，蓋是他效世間模樣做則劇耳。文氣衰弱，直至五代，竟無能變。到尹師魯、歐公幾人出來，一向變了。其間亦有欲變而不能者，然大概都要變，所以做古文自是古文，四六自是四六，却不衮雜。」賀孫〔三〕。

「楚些，沈存中以『些』爲呪語，如今釋子念『娑婆訶』三合聲，而巫人之禱亦有此聲。此却說得好。蓋今人只求之於雅而不求之於俗，故下一半都曉不得。」道夫。離騷叶韻到篇終，前面只發兩例。後人不曉，却謂只此兩韻如此。至。

「楚詞注下事皆無這事，是他曉不得後，却就這語意撰一件事爲證，都失了他那正意。如淮南子、山海經皆是如此。」義剛。

「高斗南解楚詞引瑞應圖，周子充説館閣中有此書，引得好。他更不問義理之是非，但有出處便説好。且如天問云『啓棘賓商』，山海經以爲啓上三嬪于天，因得九嘆、九辨以歸。如此，是天亦好色也。柳子厚天對以爲胸嬪，説天以此樂相博换得。某以爲『棘』字是『夢』字，『商』字是古文篆『天』字，如鄭康成解記『衣衰』作『齊衰』，云是壞字也，此亦是擦壞了。蓋啓夢賓天，如趙簡子夢上帝之類。賓天是爲之賓，天與之以是樂也。今人不曾讀古書，如這般等處一向恁地過了。陶淵明詩『形夭無千歲』，曾氏考山海經云『當作「形天舞干戚」』，看來是如此。周子充不以爲然，言只是説精衛也，此又不用出處了。」夔孫。

「古人文章大率只是平説而意自長，後人文章務意多而酸澀。如離騷初無奇字，只恁説將去，自是好。後來如魯直恁地着力做，却自是不好。」方子。道夫録云「古今擬騷之作，惟魯直爲無謂。」

「古賦須熟，看屈、宋、韓、柳所作，乃有進步處。入本朝來，騷學殆絶，秦、黄、晁、張之徒不足學也。」雉。

「荀卿諸賦縝密，盛得水住。歐公蟬賦『其名曰蟬』這數句也無味。」雉。

「楚詞平易，後人學做者反艱深了，都不可曉。」

「漢初賈誼之文質實。晁錯説利害處好，答制策便亂道。董仲舒之文緩弱，其答賢良策不答所問切處，至無緊要處又累數百言。東漢文章尤更不如，漸漸趨於對偶。如楊震輩皆尚讖緯，張平子非之。然平子之意，又却理會風角鳥占，何愈於讖緯。陵夷至於三國、兩晉，則文氣日卑矣。古人作文作詩多是模倣前人而作之，蓋學之既久，自然純熟。如相如封禪書，模倣極多，柳子厚見其如此，却作貞符以反之，然其文體亦不免乎蹈襲也。」人傑。漢文。

「司馬遷文雄健，意思不帖帖，有戰國文氣象，賈誼文亦然，老蘇文亦雄健，似此皆有不帖帖意。仲舒文實，劉向文又較實，亦好，無些虛氣象。比之仲舒，仲舒較滋潤發揮。大抵武帝以前文雄健，武帝以後便實。到杜欽、谷永書，又太弱無歸宿了。匡衡書多有好處，漢明經中皆不似此。」淳。

「仲舒文大概好，然也無精彩〔四〕。」淳。

「林文軒云：『司馬相如賦之聖者，揚子雲、班孟堅只填得他腔子，佐録作「腔子滿」。如何得似他自在流出。左太沖、張平子竭盡氣力，又更不及。』」可學。

問：「呂舍人言：古文衰自谷永。」曰：「何止谷永？鄒陽獄中書已自皆作對子了。」

又問：「司馬相如賦似作之甚易？」曰：「然。」又問：「高適焚舟決勝賦甚淺陋。」曰：「文選齊、梁間江總之徒賦皆不好了。」因說：「神宗修汴城成，甚喜，曰：『前代有所作時，皆有賦。』周美成聞之，遂撰汴都賦進。上大喜，因朝降出，宰相每有文字降出時，即合誦一遍。宰相不知是誰，知古賦中必有難字，遂傳與第二人，以次傳至尚書右丞王和甫，下無人矣。和甫即展開琅然誦一遍，上喜。既退，同列問如何識許多字，和甫曰：『某也只是讀傍文。』揚録作「一邊」。呂編文鑑，要尋一篇賦冠其首，又以美成賦不甚好，遂以梁周翰五鳳樓賦爲首，美成賦亦在其後。」

「賓戲、解嘲、劇秦、貞符諸文字皆祖宋玉之文，進學解亦此類。陽春白雪云云者，不記其名，皆非佳文。」揚。

「夜來鄭文振問：『西漢文章與韓退之諸公文章如何？』某說：『而今難說。便與公說某人優，某人劣，公亦未必信得及。須是自看得這一人文字某處好，某處有病，識得破了，却看那一人文字，便見優劣如何。若看這一人文字未破，如何定得優劣？便說與公優劣，公亦如何便見其優劣處？但子細自看，自識得破。而今人所以識古人文字不破，只是不曾子細看。又兼是先將自家意思横在胸次，所以見從那偏處去，說出來也都是横說。』」又曰：「人做文章，若是子細看得一般文字熟，少間做出文字，意思語脉自是相似。

讀得韓文熟，便做出韓文底文字；讀得蘇文熟，便做出蘇文底文字。若不曾子細看，少間却不得用。向來初見擬古詩，將謂只是學古人之詩，元來却是如古人說『灼灼園中花』，自家也做一句如此；『遲遲澗畔松』，自家也做一句如此；『磊磊澗中石』，自家也做一句如此；『人生天地間』，自家也做一句如此。意思語脉皆要似他底，只換却字。某後來依如此做得二三十首詩，便覺得長進，蓋意思句語、血脉勢向，皆效它底。大率古人文章皆是行正路，後來杜撰底皆是行狹隘邪路去了。而今只是依正底路脉做將去，少間文章自會高人。」又云：「蘇子由有一段論人做文章自有合用底字，只是下不著。又如鄭齊叔云：做文字自有穩底字，只是人思量不著。橫渠云：『發明道理，惟命字難。』要之，做文字下字實是難，不知聖人說出來底也只是這幾字，如何鋪排得恁地安穩。或曰：「子瞻云『都來這幾字，只要會鋪排』。」然而人之文章，也只是三十歲以前氣格都定，但有精與未精耳。然而掉了底便荒疏，只管用功底又較精。向見韓無咎說，它晚年做底文字與他二十歲以前做底文字不甚相遠，此是他自驗得如此。人到五十歲，不是理會文章時節。前面事多，日子少了。若後生時，每日便偷一兩時閑做這般功夫。若晚年，如何有工夫及此？」或曰：「人之晚年，知識却會長進。」曰：「也是後生時都定，便長進也不會多。然而能用心於學問底，便會長進。若不學問，只縱其客氣底，亦如何會長進？日見昏了。

有人後生氣盛時，説盡萬千道理，晚年只恁地闒靸底。」或引程先生曰：「人不學，便老而衰。」曰：「只這一句説盡了。」又云：「某人晚年日夜去讀書，某人戲之曰：『吾丈老年讀書，也須還讀得入，不知得入，如何得出？』謂其不能發揮出來爲做文章之用也。」其説雖粗，似有理。又云：「人晚年做文章，如秃筆寫字，全無鋒鋭可觀。」又云：「某四十以前尚要學人做文章，後來亦不暇及此矣。然而後來做底文字，便只是二十左右歲做底文字。」又云：「劉季章近有書云：他近來看文字，覺得心平正。某答他，令更掉了這個，虚心看文字。蓋他向來便是硬自執他説，而今又是將這一説來罩，正是，未理會得在。大率江西人都是硬執他底横説，如王介甫、陸子静都只是横説。且如陸子静説文帝不如武帝，豈不是横説？」又云：「介甫諸公取人，如資質淳厚底，他便不取；看文字穩底，他便不取。如那決裂底，他便取，説他轉時易。大率都是硬執他底。」燾。

「張以道曰：『「盼庭柯以怡顔」，盼讀如俛，讀作盻者非。』」義剛。

「韓文力量不如漢文，漢文不如先秦、戰國。」揚。

「大率文章盛，則國家却衰。如唐貞觀、開元都無文章，及韓昌黎、柳河東以文顯，而唐之治已不如前矣。汪聖錫云：『國初制詔雖粗，却甚好。』又如漢高八年詔與文帝即位詔只三數句，今人敷衍許多，無過只是此個柱子。」若海。韓、柳。

先生方修韓文考異而學者至，因曰：「韓退之議論正，規模闊大，然不如柳子厚較精密，如辨鶡冠子及説列子在莊子前及非國語之類，辨得皆是。」黄達才言：「柳文較古。」曰：「柳文是較古，但却易學，學便似他，不似韓文規模闊。學柳文也得，但會衰了人文字。」義剛。夔孫録云「韓文大綱好，柳文論事却較精覈，如辨鶡冠子之類，非國語中儘有好處。但韓難學，柳易學。」

揚因論韓文公，謂：「如何用功了，方能辨古書之真僞？」曰：「鶡冠子亦不曾辨得，柳子厚謂其書乃寫賈誼鵩賦之類，故只有此處好，其他皆不好。柳子厚看得文字精，以其人刻深，故如此。韓較有些王道意思，每事較含洪，便不能如此。」揚。

「退之要説道理，又要則劇，有平易處極平易，有險奇處極險奇。且教他在潮州時好，止住得一年。柳子厚却得永州力也。」

「柳學人處便絶似，平淮西雅之類甚似詩，詩學陶者便似陶。韓亦不必如此，自有好處，如平淮西碑好。」揚。

陳仲蔚問：「韓文禘議説懿、獻二廟之事當否？」曰：「説得好。其中所謂『興聖廟』者，乃是凉武昭王之廟〔五〕，乃唐之始祖。然唐又封臯陶爲帝，又尊老子爲祖，更無理會。」又問：「韓、柳二家，文體孰正？」曰：「柳文亦自高古，但不甚醇正。」又問：「子厚論封建是否？」曰：「子厚説『封建非聖人意也，勢也』亦是，但説到後面有偏處。後人辨之者亦失之太過，如廖氏所論封建，排子厚太過。且封建自古便有，聖人但因自然之理勢而封之，乃見聖人之公心。且如周封康叔之類，亦是古有此制，因其有功有德有親，當封而封之，却不是聖人有不得已處。若如子厚所説，乃是聖人欲吞之而不可得，乃無可奈何而爲此。不知所謂勢者乃自然之理勢，非不得已之勢也。且如射王中肩之事，乃是周末征伐自諸侯出，故有此等事。使征伐自天子出，安得有是事？然封建諸侯，却大故難制御。且如今日鑾洞，能有幾大？若不循理，朝廷亦無如之何。若古時有許多國，自是難制。如隱公時原之一邑，乃周王不奈他何，賜與鄭，鄭不能制。到晉文公時，周人將與晉，而原又不服，故晉文公伐原。且原之爲邑甚小，又在東周王城之側，而周王與晉、鄭俱不能制。蓋渠自有兵，不似今日太守有不法處，便可以降官放罷。古者大率動便是征伐，所以孟子曰『三不朝，則六師移之』，在周官時已是如此了。便是古今事勢不同，便是難説。」因言：「孟子所謂五等之地，與周禮不同。孟子蓋説夏以前之制，周禮乃是成周之制。如當時封周公於魯乃七百里，於齊尤闊，如所謂『東至於海，西至於河，南至於穆陵，北至於無棣』，以地理考之，大段闊。所以禹在塗山，萬國來朝。至周初，但千八百國。」又曰：「譬如一樹，枝葉太繁時，本根自是衰枯。如秦始皇則欲削去枝葉而自留一榦，亦自不可。」義剛。

「有一等人，專於爲文，不去讀聖賢書；又有一等人，知讀聖賢書，亦自會作文，到得說聖賢書，却別做一個詫異模樣說。不知古人爲文，大抵只如此，那得許多詫異？韓文公詩文冠當時，後世未易及。到他上宰相書，用『菁菁者莪』，詩注一齊都寫在裏面，若是他自作文，豈肯如此作？最是說『載沉載浮』，『沉浮皆載也』，可笑。『載』是助語，分明彼如此說了，他又如此用。」賀孫。韓文。

「退之除崔羣侍郎制最好，但只有此制，別更無，不知如何。」義剛。

或問：「伯夷頌『萬世標準』與『特立獨行』雖足以明君臣之大義，適權通變，又當循夫理之當然者也。」先生曰：「說開了，當云雖武王、周公爲萬世標準，然伯夷、叔齊惟自特立不顧。」又曰：「古本云『一凡人沮之譽之』，與彼夫聖人是一對，其文意尤有力。」椿。

「退之送陳彤秀才序多一『不』字，舊嘗疑之，只看過了。後見謝子暢家本，乃後山傳歐陽本，圈了此『不』字。」

「韓退之墓誌有怪者了。」

先生喜韓文宴喜亭記及韓弘碑。碑，老年筆。方。

「唐僧多從士大夫之有名者討詩文以自華，如退之送文暢序中所說，又如劉禹錫自有一卷送僧詩。」或云：「退之雖闢佛，也多要引接僧徒。」曰：「固是。他所引者，又却都是那破賴底僧，如靈師、惠師之徒。及晚年見大顛於海上，說得來闊大勝妙，自然不得不服。人多要出脱退之，也不消得，恐亦有此理也。」廣。

「先輩好做詩與僧，僧多是求人詩序送行。劉禹錫文集自有一册送僧詩，韓文公亦多與僧交涉，又不曾見好僧，都破落户，然各家亦被韓文公説得也狼狽。文公多只見這般僧，後却撞着一個大顛，也是異事，人多説道被大顛説下了，亦有此理。是文公不曾理會他病痛，被他纔説得高，便道是好了，所以有『頗聰明，識道理，實能外形骸以理自勝』之語。」賀孫。

才卿問〔六〕：「韓文李漢序頭一句甚好。」曰：「公道好，某看來有病。」陳曰：「『文者，貫道之器。』且如六經是文，其中所説皆是這道理，如何有病？」曰：「不然。這文皆是後道中流出，豈有文反能貫道之理？文是文，道是道，文只如喫飯時下飯耳。若以文貫道，却是把本爲末，以末爲本，可乎？其後作文者皆是如此。」因説：「蘇文害正道甚於老、佛，且如易所謂『利者義之和』，却解爲義無利則不和，故必以利濟義，然後合於人情。若如此，非惟失聖言之本指，又且陷溺其心。」先生正色曰：「某在當時，必與他辯。」却笑曰：「必被他無禮。」友仁。

「柳文局促，有許多物事却要就些子處安排，簡而不古，更説些也不妨。封建論並數長書是其好文，合尖氣短。如人火忙火急來説不及，又便了了。」揚。柳文。

「柳子厚文有所模倣者極精，如自解諸書，是倣司馬遷與任安書。劉原父作文便有所倣。」

「『宫沉羽振，錦心繡口』，柳子厚語。」璘。

「韓千變萬化，無心變，歐有心變。杜祈公墓誌説一件未了，又説一件。韓董晉行狀尚稍長，權德輿作宰相神道碑，只一板許，歐、蘇便長了。蘇體只是一類。柳伐原議極局促，不好，東萊不知如何喜之。陳後山文如仁宗飛白書記大段好，曲折亦好，墓誌亦好。有典有則，方是文章。其他文亦有太局促不好者，如題太白像、高軒過古詩，是晚年做到平易處，高軒過恐是絶筆。」又一條云：「後山仁宗飛白書記其文曲折甚多，過得自在，不如柳之局促。」總論韓、柳、歐、蘇諸公。

「東坡文字明快，老蘇文雄渾，儘有好處。如歐公、曾南豐、韓昌黎之文，豈可不看？柳文雖不全好，亦當擇。合數家之文擇之，無二百篇。下此則不須看，恐低了人手段，但採他好處以爲議論，足矣。若班、馬、孟子，則是大底文字。」道夫。

「韓文高，歐陽文可學，曾文一字挨一字，謹嚴，然太迫。」又云：「今人學文者何曾作得一篇？枉費了許多氣力。大意主乎學問以明理，則自然發爲好文章，詩亦然。」

「國初文章皆嚴重老成，嘗觀嘉祐以前誥詞等，言語有甚拙者，而其人才皆是當世有名之士。蓋其文雖拙，而其辭謹重，有欲工而不能之意，所以風俗渾厚。至歐公文字，好底便十分好，然猶有甚拙底，未散得他和氣。到東坡文字便已馳騁，忒巧了。及宣、政間，則窮極華麗，都散了和氣，所以聖人取『先進於禮樂』，意思自是如此。」國朝文。

劉子澄言：「本朝只有四篇文字好，太極圖、西銘、易傳序、春秋傳序。」因言：「杜詩亦何用？」曰：「是無意思。大部小部無萬數，益得人甚事？」因傷時文之弊，謂：「張才叔書義好。自靖人自獻于先王義，胡明仲醉後每誦之。」又謂：「劉棠舜不窮其民論好，歐公甚喜之，其後姚孝寧易義亦好。」壽昌録云「或問太極、西銘。曰：『自孟子已後，方見有此兩篇文章。』」

「李泰伯文實得之經中，雖淺，然皆自大處起議論。首卷潛書、民言好，如古潛夫論之類。周禮論好，如辛相掌人主飲食男女事，某意如此。今其論皆然，文字氣象大段好，甚使人愛之，亦可見其時節方興如此好。老蘇父子自史中戰國策得之，故皆自小處起議論，歐公喜之。李不軟貼，不爲所喜。范文正公好處，歐不及。李晚年須參禪，有一記説達麼宗派甚詳，須是大段去參究來。」又曰：「以李視今日之文，如三日新婦然。某人輩文字，乃蛇鼠之見。」

先生讀宋景文張巡贊，曰：「其文自成一家。景文亦服人，嘗見其寫六一瀧岡阡表二句云：『求其生而不得，則死者與我皆無恨也。』」

「温公文字中多取荀卿助語。」

「六一文一倡三歎，今人是如何作文！」

「六一文有斷續不接處，如少了字模樣。如祕演詩集序『喜爲歌詩以自娱』、『十年間兩節不接。六一居士傳意凡文弱，仁宗飛白書記文不佳。制誥首尾四六皆治平間所作，非其得意者。恐當時亦被人催促，加以文思緩，不及子細，不知如何。然有紆餘曲折，辭少意多，玩味不能已者，又非辭意一直者比。黄夢升墓誌極好。」問先生所喜者。云：「豐樂亭記。」揚。

「陳同父好讀六一文，嘗編百十篇作一集。今刊行豐樂亭記是六一文之最佳者，却編在拾遺。」

「歐公文字鋒刃利，文字好，議論亦好。嘗有詩云『玉顔自古爲身累，肉食何人爲國謀』，以詩言之，是第一等好詩！以議論言之，是第一等議論！」拱壽〔七〕。

「欽夫文字不甚改，改後往往反不好。」亞夫曰：「歐公文字愈改愈好。」曰：「亦有改不盡處，如五代史宦者傳末句云『然不可不戒』，當時必是載張承業等事在此，故曰『然不可不戒』。後既不欲載之於此，而移之於後，則此句當改，偶忘削去故也。」方子。

因改謝表，曰：「作文自有穩字。古之能文者，纔用便用著這樣字，如今不免去搜索修改。」又言：「歐公爲蔣穎叔輩所誣，既得辨明，謝表中自叙一段只是自胸中流出，更無些窒礙，此文章之妙也。」又曰：「歐公文亦多是修改到妙處，頃有人買饒録作「見」。得他醉翁亭記藁，初説滁州四面有山，凡數十字，末後改定，只曰『環滁皆山也』五字而已。饒録云「有數十字，序滁州之山。忽又圈了，一邊注『環滁皆山也』一句」。如尋常不經思慮，信意所作言語，亦有絶不成文理者，不知如何。」廣。

前輩見人，皆通文字。先生在同安，嘗見六一見人文字三卷子，是以平日所作詩文之類楷書以獻之。振。

「歐公文章及三蘇文好處，只是平易説道理，初不曾使差異底字換却那尋常底字。」儒用〔八〕。

「文章到歐、曾、蘇，道理到二程，方是暢。荆公文暗。」

「歐公文字敷腴温潤，曾南豐文字又更峻潔，雖議論有淺近處，然却平正好。到得東坡，便傷於巧，議論有不正當處。後來到中原，見歐公諸人了，文字方稍平，老蘇尤甚。大抵已前文字都平正，人亦不會大段巧説。自三蘇文出，學者始日趨於巧。如李泰伯文尚平正明白，然亦已自有些巧了。」廣問：「荆公之文如何？」曰：「他却似南豐文，但比南豐文亦巧。荆公曾作許氏世譜寫與歐公看〔九〕，歐公一日因曝書見了，將看，不記是誰作，意中以爲荆公作。」又云：「介甫不解做得恁地，恐是曾子固所作。」廣又問：「後山文如何？」曰：「後山煞有好文字，如黄樓銘、館職策皆好。又舉數句說人不怨暗君怨明君處，以爲說得好。」廣又問：「後山是宗南豐文否？」曰：「他自說曾見南豐于襄、漢間。後見一文字，說南豐過荆、襄，後山攜所作以謁之。南豐一見愛之，因留款語。適欲作一文字，事多，因託後山爲之，且授以意。後山文思亦澀，窮日之力方成，僅數百言。明日以呈南豐，南豐云：『大略也好，只是冗字多，不知可爲略刪動否？』後山因請改竄。但見南豐就坐，取筆抹數處，每抹處連一兩行，便以授後山。凡削去一二百字，後山讀之，則其意尤完，因嘆服，遂以爲法。所以後山文字簡潔如此。」廣因舉秦丞相教其子孫作文說，中說後山處曰：「他都記錯了，南豐入史館時，止爲檢討官。是時後山尚未有官，後來入史館，嘗薦邢和叔。雖亦有意薦後山，以其未有官而止。」廣。揚録云「秦作後山叙，謂南豐辟陳爲史官。陳元祐間始得官，秦說誤。」

因言文士之失，曰：「今曉得義理底人，少間被物慾激搏，猶自一强一弱，一勝一負。如文章之士，下梢頭都靠不得。且如歐陽公初間做本論，其說已自大段拙了，然猶是一片好文章，有頭尾。它不過欲封建、井田，與冠婚喪祭、蒐田燕饗之禮，使民朝夕從事於此，少間無工夫被佛氏引去，自然可變。其計可謂拙矣，然猶是正當議論也。到得晚年，自做六一居士傳，宜其所得如何，却只説有書一千卷，集古録一千卷，琴一張，酒一壺，碁一局，與一老人爲六，更不成説話，分明是自納敗闕。如東坡一生讀盡天下書，説無限道理。到得晚年過海，做昌化峻靈王廟碑〔一〇〕，引唐肅宗時一尼恍惚升天，見上帝，以寶玉十三枚賜之云，中國有大災，以此鎮之。今此山如此，意其必有寶云云，更不成議論，似喪心人説話。其他人無知，如此説尚不妨，你平日自視爲如何？説盡道理，却説出這般話，是可怪否？『觀於海者難爲水，游於聖人之門者難爲言』，分明是如此了，便看他門這般文字不入。」僩。

問：「坡文不可以道理并全篇看，但當看其大者。」曰：「東坡文説得透，南豐亦説得透，如人會相論底，一齊指摘説盡了。歐公不盡説，含蓄無盡，意又好。」因謂張定夫言，南豐祕閣諸序好。曰：「那文字正是好。峻靈王廟碑無見識，伏波廟碑亦無意思。伏波當時蹤跡在廣西，不在彼中，記中全無發明。」揚曰：「不可以道理看他。然二碑筆健。」曰：「然。」又問：「潛真閣銘好。」曰：「這般閑戲文字便好，雅正底文字便不好。如韓文公廟碑之類，初看甚好讀，子細點檢，疏漏甚多。」又曰：「東坡令其侄學渠兄弟蚤年應舉時文字。」揚。

「人老氣衰，文亦衰。歐陽公作古文，力變舊習，老來照管不到，爲某詩序又四六對偶，依舊是五代文習。東坡晚年文雖健不衰，然亦疏魯，如南安軍學記，海外歸作，而有『弟子揚觶序點者三』之語，『序點』是人姓名，其疏如此。」淳。

「六一記菱谿石，東坡記六菩薩，皆寓意，防人取去，然氣象不類如此。」

「老蘇之文高，只議論乖角。」燾。

「老蘇文字初亦喜看，後覺得自家意思都不正當，以此知人不可看此等文字，固宜以歐、曾文字爲正。東坡、子由晚年文字不然，然又皆議論衰了。東坡初進策時，只是老蘇議論。」

「坡文雄健有餘，只下字亦有不貼實處。」道夫。

「坡文只是大勢好，不可逐一字去點檢。」義剛。

「東坡墨君堂記只起頭不合説破『竹』字，不然，便似毛穎傳。」必大。

「東坡歐陽公文集叙只恁地文章儘好，但要説道理〔一二〕，便看不得，首尾皆不相應。起頭甚麽樣大，末後却説詩賦似李白，記事似司馬相如。」賀孫。

統領商榮以温公神道碑爲餉，先生命吏約道夫同視，且曰：「坡公此文説得來恰似山摧石裂。」道夫問：「不知既説『誠』，何故又説『一』？」曰：「這便是他看道理不破處。」頃之，直卿至，復問：「若說『誠之』，則說『一』亦不妨否？」曰：「不用恁地說，蓋誠則自能一。」問：「大凡作這般文字，不知還有布置否？」曰：「看他也只是據他一直恁地說將去，初無布置。如此等文字，方其說起頭時，自未知後面說甚麽在。」以手指中間曰：「到這裏自說盡，無可說了，却忽然說起來。如退之、南豐之文，却是布置。某舊看二家之文，復看坡文，覺得一段中欠了句，一句中欠了字。」又曰：「向嘗聞東坡作韓文公廟碑，一日思得頗久。饒録云「不能得一起頭，起行百十遭」。忽得兩句云『匹夫而爲百世師，一言而爲天下法』，遂掃將去。」道夫問：「看老蘇文似勝坡公，黄門之文又不及東坡。」曰：「黄門之文衰，遠不及，也只有黄樓賦一篇爾。」道夫因言歐陽公文平淡。曰：「雖平淡，其中却自美麗，有好處，有不可及處，却不是闒茸無意思。」又曰：「歐文如賓主相見，平心定氣，説好話相似。坡公文如說不辦後，對人鬧相似，都無恁地安詳。」蜚卿問范太史文。曰：「他只是據見定說將去，也無甚做作。如唐鑑雖是好文字，然多照管不及，評論總意不盡。只是文字本體好，然無精神，所以有照管不到處，無氣力，到後面多脱了。」道夫因問黄門古史一書。曰：「此書儘有好處。」道夫曰：「如他論西門豹投巫事，以爲他本循良之吏，馬遷列之於滑稽，不當。似此議論〔一二〕甚合人情。」曰：「然。古史中多有好處，如論莊子三四篇譏議夫子處，以爲決非莊子之書，乃是後人截斷莊子本文攙入，此其考據甚精密。但今觀之，莊子此數篇亦甚鄙俚。」道夫。

或問：「蘇子由之文比東坡稍近理否？」曰：「亦有甚道理？但其説利害處，東坡文字較明白，子由文字不甚分曉。要之，學術只一般。」因言：「東坡所薦引之人多輕儇之士，若使東坡爲相，則此等人定皆布滿要路，國家如何得安靜？」賀孫〔一三〕。

「諸公祭温公文，只有子由文好〔一四〕。」

「歐公大段推許梅聖俞所注孫子，看得來如何得似杜牧注底好？以此見歐公有不公處。」或曰：「聖俞長於詩。」曰：「詩亦不得謂之好。」或曰：「其詩亦平淡。」曰：「他不是平淡，乃是枯槁。」拱壽〔一五〕。

「范淳夫文字純粹，下一個字便是合當下一個字，東坡所以伏他。東坡輕文字，不將爲事。若做文字時，只是胡亂寫去，如後面恰似少後添。」節。

「後來惟汪聖錫制誥，有温潤之氣。」曾問某人，前輩四六語孰佳？答云：「莫如范淳夫。」因舉作某王加恩制云：「周尊公旦，地居四輔之先；漢重王蒼，位列三公之上。若昔仁祖，尊事荆王，顧予沖人，敢後兹典。」自然平正典重，彼工於四六者却不能及。」德明。

「劉原父才思極多，湧將出來，每作文，多法古，絶相似。有幾件文字學禮記，春秋説學公、穀，文勝貢父。」振。

「劉貢父文字工於摹倣。」學公羊、儀禮。若海。

「蘇子容文慢。」義剛。

「南豐文字確實。」道夫。

問：「南豐文如何？」曰：「南豐文却近質。他初亦只是學爲文，却因學文，漸見些子道理，故文字依傍道理做，不爲空言。只是關鍵緊要處也説得寬緩不分明，緣他見處不徹，本無根本工夫，所以如此。但比之東坡則較質而近理，東坡則華豔處多。」或言：「某人如搏謎子，更不可曉。」曰：「然。尾頭都不説破，頭邊做作掃一片去也好。只到尾頭，便没合殺，只恁休了。篇篇如此，不知是甚意思。」或曰：「此好奇之過。」曰：「此安足爲奇？觀前輩文章，如賈誼、董仲舒、韓愈諸人還有一篇如此否〔一六〕？夫所貴乎文之足以傳遠，以其議論明白，血脉指意曉然可知耳。文之最難曉者，無如柳子厚。然細觀之，亦莫不自有指意可見，何嘗如此不説破？其所以不説破者，只是吝惜，欲我獨會而他人不能，其病在此。大概是不肯蹈襲前人議論，而務爲新奇。惟其好爲新奇，而又恐人皆知之也，所以吝惜。」僩。

「曾所以不及歐處，是紆徐揚録作「餘」。曲折處。曾喜模擬人文字，擬峴臺記是倣醉翁亭記，不甚似。」

「南豐擬制内有數篇，雖雜之三代誥命中亦無愧。」必大。

「南豐作宜黄、筠州二學記好，説得古人教學意出。」義剛〔一七〕。

「南豐列女傳序説二南處好。」

「南豐范貫之奏議序氣脉渾厚，説得仁宗好。東坡趙清獻神道碑説仁宗處，其文氣象不好。『第一流人』等句，南豐不説，子由挽南豐詩甚服之。」

兩次舉南豐集中范貫之奏議序末文之備盡曲折處。方。

南豐有作郡守時榜之類爲一集，不曾出。先生舊喜南豐文，爲作年譜。

問：「嘗聞南豐令後山一年看伯夷傳，後悟文法，如何？」曰：「只是令他看一年，則自然有自得處。」

「江西歐陽永叔、王介甫、曾子固文章如此好，至黄魯直一向求巧，反累正氣。」必大。

「陳後山之文有法度，如黄樓銘，當時諸公都斂衽。」佐録云「便是今人文字都無他抑揚頓挫。」〔一八〕因論當世人物，有以文章記問爲能，而好點檢它人，不自點檢者。曰：「所以聖人説：『益者三樂：樂節禮樂，樂道人之善，樂多賢友。』」至。

「館職策，陳無己底好。」

「李清臣文飽滿，雜説甚有好議論。」

「李清臣文比東坡較實。李舜舉永洛敗死，墓誌説得不分不明，看來是不敢説。」

桐陰舊話載王銍云：李邦直作韓太保惟忠墓誌乃孫巨源文也，先生曰：「巨源文温潤，韓碑徑，只是邦直文也。」揚。

論「胡文定公文字字皆實，但奏議每件引春秋，亦有無其事而遷就之者，大抵朝廷文字且要論事情利害是非令分曉。今人多先引故事，如論青苗，只是東坡兄弟説得有精神，他人皆説從別處去。」德明。

胡侍郎萬言書好，令後生讀，先生舊親寫一册。又曰：「上殿劄子論元者好〔一九〕，無逸解好，請行三年喪劄子極好，諸奏議、外制皆好。」

「陳幾道存誠齋銘某初得之，見其都是好義理堆積，更看不辨。後子細誦之，却見得都是奏合，與聖賢説底全不相似。其云『又如月影散落萬川，定相不分，處處皆圓』，這物事不是如此。若是如此，孔、孟却隱藏著不以布施，是何心哉？乃知此物事不當恁地説。」㽦。

「張子韶文字沛然猶有氣，開口見心，索性説出，使人皆知。近來文字，開了又闔，闔了又開，開闔七八番，到結末處又不説，只恁地休了。」至。

「文章輕重，可見人壽夭，不在美惡上。白鹿洞記力輕。韓元吉雖只是胡説，然有力，吳逵文字亦然。」揚。

「韓無咎文做著儘和平，有中原之舊，無南方啁哳之音。」佐〔二〇〕。

「王龜齡奏議氣象大。」

「曾司直大故會做文字，大故馳騁有法度，裘父大不及他。裘父文字澀，說不去。」義剛。

「陳君舉西掖制詞殊未得體。王言温潤，不尚如此〔二一〕。胡明仲文字却好。」義剛〔二二〕。

或言：「陳蕃叟武。不喜坡文，戴肖望溪。不喜南豐文。」先生曰：「二家之文雖不同，使二公相見，曾公須道坡公底好，坡公須道曾公底是。」道夫。

德粹語某人文章，先生曰：「紹興間文章大抵粗，成段時文。然今日太細膩，流於委靡。」問賢良。先生曰：「賢良不成科目，天下安得許多議論？」可學。以下論近世之文。

「諸公文章馳騁好異，止緣好異，所以見異端新奇之說從而好之。這也只是見不分曉，所以如此。看仁宗〔二三〕時制詔之文極朴，固是不好看，只是它意思氣象自恁地深厚久長；固是拙，只是他所見皆實。看他下字都不甚恰好，有合當下底字，却不下，也不是他識了不下，只是他當初自思量不到。然氣象儘好，非如後來之文一味纖巧〔二四〕不實。且如進卷，方是二蘇做出恁地壯偉發越，已前不曾如此。看張方平進策，更不作文，只如說鹽鐵一事，他便從鹽鐵原頭直說到如今，中間却載著甚麽年、甚麽月，後面更不說措置。如今只是將虛文漫演，前面說了，後面又將這一段翻轉，這只是不曾見得。所以不曾見得，只是不曾虛心看聖賢之書。固有不曾虛心看聖賢書底人，到得要去看聖賢書底，又先把他自一副當排在這裏，不曾見得聖人意。待做出，又只是自底。某如今看來，惟是聰明底人難讀書，難理會道理。蓋緣他先自有許多一副當，聖賢意思自是難入。」因說：「陳叔向是白撰一個道理。某嘗說：教他據自底所見恁地說，也無害，只是又把那說來壓在這裏文字上。他也自見得自底虛了行不得，故如此。然如何將兩個要捏做一個得？一個自方，一個自圓，如何總合得？這個不是他要如此，止緣他合下見得如此。如楊、墨，楊氏終不成自要爲我，墨氏終不成自要兼愛，只緣他合下見得錯了。若不是見得如此，定不解常如此做。楊氏壁立萬仞，豪髮不容，較之墨氏又難。若不是他見得如此，如何心肯意肯？陳叔向所見咤異，它說『目視己色，耳聽己聲，口言己事，足循己行』，有目固當視天下之色，有耳固當聽天下之聲，有口固當言天下之事，有足固當循天下之行，他却如此說。看他意思是如此，只要默然靜坐，是不看眼前物事，不聽別人說話，不說別人是非，不管別人事。又如說『言忠信，行篤敬』一章，便說道緊要只在『立則見其參於前，在輿則見其倚於衡。』問道：『見是見個甚麼物事？』他便說：『見是見自家身己。』某與說：『立』是自家身己立在這裏了，『參於前』又是自家身己，『在輿』是自家身己坐在這裏了，『倚於衡』又是自家身己，却是有兩個身己。又說格物做心〔二五〕，云『格住這心，方會知得到』，未嘗見人把物做心，與他恁地說，他只是自底是。以此知，人最是知見爲急。聖人尚說：『學之不講，是吾憂也。』若只恁地死守得這個心便了，聖人又須要人講學何故？若只守此心，據自家所見做將去，少間錯處都不知。」賀孫。

「今人作文，皆不足爲文。大抵專務節字，更易新好生面辭語。至説義理處，又不肯分曉。觀前輩歐、蘇諸公作文，何嘗如此？聖人之言坦易明白，因言以明道，正欲使天下後世由此求之。使聖人立言要教人難曉，聖人之經〔二六〕定不作矣。若其義理精奥處，人所未曉，自是其所見未到耳。學者須玩味深思，久之自可見。何嘗如今人欲説又不敢分曉説，不知是甚所見！畢竟是自家所見不明，所以不敢深言，且鶻突説在裏。」寓。

「前輩文字有氣骨，故其文壯浪。歐公、東坡亦皆於經術本領上用功，今人只是於枝葉上粉澤爾，如舞訝鼓然，其間男子、婦人、僧、道、雜色無所不有，但都是假底。舊見徐端立言，石林嘗云：『今世安得文章，只有個減字换字法爾。如言「湖州」必須去「州」字，只稱「湖」，此減字法也；不然，則稱「霅上」，此换字法也。』」方子〔二七〕。蓋卿録云：「今人做文字却是燕脂膩粉粧成，自是不壯浪，無骨氣。如舞訝鼓相似，也有男兒，也有婦女，也有僧、道、秀才，但都是假底。嘗見徐端立言，石林嘗云：『今世文章只是用换字、減字法，如説「湖州」，只説「湖」，此減字法；不然，則稱「霅上」，此换字法。嘗見張安道進卷，其文皆有直氣〔二八〕。』」謙録云：「『今來文字至無氣骨。向來前輩雖是作時文，亦是朴實頭鋪事實，朴實頭引援，朴實頭道理。看着雖不入眼，却有骨氣。今人文字全無骨氣,便似舞訝鼓者,塗眉畫眼,僧也有,道也有,婦人也有,村人也有,俗人也有,官人也有,士人也有,只不是本樣人。然皆足以惑衆,真好笑也。』或云:『此是禁懷挾所致。』曰:『不然。自是時節所尚如此,只是人不知學,全無本柄,被人引動,尤而效之。且如而今作件物事,一個做起,一人學起,有不崇朝而徧天下者。本來合當理會底事,全不理會,直是可惜。』」

「貫穿百氏及經史,乃所以辨驗是非,明此義理,豈特欲使文詞不陋而已?義理既明,又能力行不倦,則其存諸中者必也光明四達,何施不可?發而爲言,以宣其心志,當自發越不凡,可愛可傳矣。今執筆以習研鑽華采之文,務悦人者,外而已,可耻也矣!」人傑。以下論作文。

「道者文之根本,文者道之枝葉。惟其根本乎道,所以發之於文,皆道也。三代聖賢文章皆從此心寫出,文便是道。今東坡之言曰:『吾所謂文,必與道俱。』則是文自文而道自道,待作文時,旋去討個道來入放裏面,此是它大病處。只是它每常文字華妙,包籠將去,到此不覺漏逗。説出他本根病痛所以然處,緣他都是因作文,却漸漸説上道理來;不是先理會得道理了,方作文,所以大本都差。歐公之文則稍近於道,不爲空言。如唐禮樂志云:『三代而上,治出於一;三代而下,治出於二。』此等議論極好,蓋猶知得只是一本。如東坡之説則是二本,非一本矣。」僩。

「才要作文章，便是枝葉，害著學問，反兩失也。」壽昌。

「詩筆雜文不須理會，科舉是無可奈何，一以門户，一以父兄在上責望。科舉却有了時，詩文之類看無出時節。」芝。

一日說作文，曰：「不必著意學如此文章，但須明理。理精後，文字自典實。伊川晚年文字，如易傳直是盛得水住。蘇子瞻雖氣豪善作文，終不免疏漏處。」大雅。

問：「要看文以資筆勢言語，須要助發義理。」曰：「可看孟子、韓文，韓不用科段，直便說起去至終篇，自然純粹成體，無破綻。如歐、曾却各有一個科段。舊曾學曾，爲其節次定了。今覺得要說一意，須待節次了了，方說得到。及這一路定了，左右更去不得。」又云：「方之文有澀處。」因言：「陳阜卿教人看柳文了，却看韓文。不知看了柳文，便自壞了，如何更看韓文？」方。

因論文，曰：「作文字須是靠實，說得有條理乃好，不可架空細巧。大率要七分實，只二三分文。如歐公文字好者，只是靠實而有條理，如張承業及宦者等傳自然好。東坡如靈壁張氏園亭記最好，亦是靠實。秦少游龍井記之類全是架空說去，殊不起發人意思。」時舉。

「文章要理會本領，謂理。前輩作者多讀書，亦隨所見理會，今皆做賢良進卷胡作。」

「每論著述文章，皆要有綱領。」文定文字有綱領，龜山無綱領，如字說、三經辯之類。方。

「前輩做文字，只依定格依本分做，所以做得甚好。後來人却厭其常格，則變一般新格做，本是要好，然未好時先差去聲。異了。」又云：「前輩用言語，古人有説底固是用，如世俗常説底亦用。後來人都要別撰一般新奇言語，下梢與文章都差異了，却將差異底説話換了那尋常底説話。」燾。

問「舍弟序子文字如何進工夫」云云。曰：「看得韓文熟。」饒録云「看一學者文字，曰：『好好讀得韓文熟。』」又曰：「要做好文字，須是理會道理，更可以去韓文上一截如西漢文字用工。」問：「史記如何？」曰：「史記不可學，學不成，却顛了，不如且理會法度文字。」問後山學史記。曰：「後山文字極法度，幾於太法度了。然做許多碎句子，是學史記。」又曰：「後世人資禀與古人不同，今人去學左傳、國語，皆一切踏踏地説去，没收煞。」揚。

「文字奇而穩方好，不奇而穩只是闒靸。」燾。

「作文何必苦留意？又不可太頽塌，只略教整齊足矣。」文蔚。

「前輩作文者，古人有名文字，皆模擬作一篇。故後有所作時，左右逢原。」

因論詩曰：「嘗見傅安道〔二九〕説爲文字之法，有所謂『筆力』，有所謂『筆路』。筆力到二十歲許便定了，便後來長進，也只就上面添得些子。筆路則常拈弄時，轉開拓，不拈弄，便荒廢。此説本出於李漢老，看來做詩亦然。」雉。

因說伯恭所批文，曰：「文章流轉變化無窮，豈可限以如此？」某因說：「陸教授謂伯恭有個文字腔子，才作文字時，便將來入個腔子，故文字氣脉不長。」先生曰：「他便是眼高見得破。」

至之以所業呈先生，先生因言：「東萊教人作文，當看獲麟解，也是其間多曲折。」又曰：「某舊最愛看陳無己文，他文字也多曲折。」謂諸生曰：「韓、柳文好者不可不看。」道夫。

「人要會作文章，須取一部西漢文，與韓文、歐陽文、南豐文。」燾。

因論今日舉業不佳，曰：「今人要做好文者，但讀史、漢、韓、柳而不能，便請斫取老僧頭去。」

嘗與後生說：「若會將漢書及韓、柳文熟讀，不到不會做文章。舊見某人作馬政策云『觀戰，奇也；觀戰勝，又奇也；觀騎戰勝，又大奇也。』這雖是粗，中間却有好意思。如今時文，一兩行便做萬千屈曲，若一句題也要立兩脚，三句題也要立兩脚，這是多少衰氣。」賀孫。

「後人專做文字，亦做得衰，不似古人。前輩云『言衆人之所未嘗，任大臣之所不敢』，多少氣魄，今成甚麽文字！」節。

「人有才性者，不可令讀東坡等文。有才性人，便須取入規矩，不然，蕩將去。」

因論「今人作文好用字子，如讀漢書之類，便去收拾三兩個字。洪邁又較過人，亦但逐三兩行文字筆勢之類好者讀看。」因論「南豐尚解使一二字，歐、蘇全不使一個難字，而文章如此好。」揚。

「凡人做文字不可太長，照管不到，寧可說不盡，歐、蘇文皆說不曾盡。東坡雖是宏闊瀾翻，成大片衮將去，他裏面自有法。今人不見得他裏面藏得法，但只管學他一衮做將去〔三〇〕。」

「文字或作「做事」。無大綱領，拈掇不起。某平生不會做補接底文字，補湊得不濟事。」方子。

「前輩云：『文字自有穩當底字，只是始者思之不精。』」又曰：「文字自有一個天生成腔子，古人文字自貼這天生成腔子。」節。

因論今世士大夫好作文字，論古今利害，比並爲說，曰：「不必如此，只要明義理，義理明則利害自明，古今天下只是此理。所以今人做事多暗與古人合者，只爲理一故也。」大雅。

「人做文字不著，只是說不著，說不到，說自家意思不盡。」燾。

看陳蕃叟同合録序，文字艱澀，曰：「文章須正大，須教天下後世見之明白無疑。」揚。

因說作應用之文，「此等苛禮，無用亦可。但人所共用，亦不可廢」。曹辛問云：「尋常人徇人情做事，莫有牽制否？」曰：「孔子自有條法，『從衆』、『從下』，惟其當爾。」謙。

「大率諸義皆傷淺短，鋪陳略盡，便無可說。不見反覆辨論節次發明工夫，讀之未終，已無餘味矣，此學不講之過也。」抄漳浦課簿。道夫。

「顯道云：『李德遠侍郎在建昌作解元，做本强則精神折衝賦，其中一聯云「虎在山而藜藿不採，威令風行；金鑄鼎而魑魅不逢，姦邪影滅」，試官大喜之。乃是全用汪玉谿相黄潛善麻制中語，後來士人經禮部訟之。時樊茂實爲侍郎，乃云：「此一對當初汪内翰用時却未甚好，今被李解元用此賦中，見得工。」訟者遂無語而退。德遠緣此見知於樊先生。』」因舉舊有人作仁人之安宅賦一聯云「智者反之，若去國念田園之樂；衆人自棄，如病狂昧宮室之安」。

校勘記

〔一〕楚詞　朝鮮本此則末尾增小字：庚。

〔二〕問　朝鮮本作：賀孫問。

〔三〕賀孫　朝鮮本此下增：美厥靈根。

〔四〕然也無精彩　朝鮮本「彩」下有「揚雄老氏之學如藏心於淵」十一字。

〔五〕乃是凉武昭王之廟　朝鮮本作：乃是梁武昭王之廟，「梁」字恐是「凉」。

〔六〕才卿問　朝鮮本「才」上有「陳」字。

〔七〕拱壽　朝鮮本作：銖。

〔八〕儒用　朝鮮本作：元秉。

〔九〕荆公曾作許氏世譜寫與歐公看　「譜」原作「謂」，據朝鮮本、萬曆本改。

〔一〇〕做昌化峻靈王廟碑　「昌」原作「過」，據朝鮮本改。

〔一一〕但要説道理　「説道」，朝鮮本作「議論」。

〔一二〕似此議論　朝鮮本此下增：以道夫觀之。

〔一三〕賀孫　朝鮮本作：人傑。

〔一四〕只有子由文好　朝鮮本「好」下注云：庚。

〔一五〕拱壽　朝鮮本作：銖。

〔一六〕如賈誼董仲舒韓愈諸人還有一篇如此否　「否」原作「百」，據朝鮮本改。

〔一七〕義剛　朝鮮本「剛」下增「陳淳録同」四字。

〔一八〕佐録云便是今人文字都無他抑揚頓挫　朝鮮本有相關語録，少異，今附如下：李得之問：「陳無己文如何？」曰：「其文有法，黄樓銘出，想一時諸公皆斂衽。便是今人文字，都無他抑揚頓挫。」方子。

〔一九〕上殿劄子論元者好　「者」，萬曆本作「老」。

〔二〇〕佐　朝鮮本作：方子。

〔二一〕不尚如此　朝鮮本作：不當如此作。

〔二二〕義剛　朝鮮本作：德明。

〔二三〕仁宗　朝鮮本作：神宗。

〔二四〕纖巧　朝鮮本作：儉巧。

〔二五〕又説格物做心　朝鮮本作：又説格物把物做心。

〔二六〕經　朝鮮本作：言。

〔二七〕方子　朝鮮本作：公晦。

〔二八〕其文皆有直氣　朝鮮本「氣」下有二十九字，云：「德之問：『陳後山文字如何？』先生曰：『後山文有法度，黄樓銘既出，諸公皆斂袵。』」

〔二九〕傅安道　朝鮮本此下增小字：自得。

〔三〇〕但只管學他一衮做將去　朝鮮本「去」下注云：庚。

朱子語類卷第一百四十

論文下 詩

或言今人作詩多要有出處，曰：「『關關雎鳩』出在何處？」文蔚。

因說詩，曰：「曹操作詩必說周公，如云『山不厭高，水不厭深；周公吐哺，天下歸心』，又苦寒行云『悲彼東山詩』，他也是做得個賊起，不惟竊國之柄，和聖人之法也竊了。」夔孫〔一〕。

「詩見得人，如曹操雖作酒令，亦說從周公上去，可見是賊。若曹丕詩，但說飲酒。」

「古詩須看西晉以前，如樂府諸作皆佳。杜甫夔州以前詩佳，夔州以後自出規模，不可學。蘇、黄只是今人詩，蘇才豪，然一衮說盡，無餘意，黄費安排。」德明。

「選中劉琨詩高。東晉詩已不逮前人，齊、梁益浮薄。鮑明遠才健，其詩乃選之變體，李太白專學之。如『腰鎌刈葵藿，倚杖牧雞豚』，分明說出個倔强不肯甘心之意。如『疾風衝塞起，砂礫自飄揚。馬尾縮如蝟，角弓不可張』，分明說出邊塞之狀，語又俊健〔二〕。」方子。

「淵明詩平淡，出於自然。後人學他平淡，便相去遠矣。某後生見人做得詩好，銳意要學，遂將淵明詩平側用字一一依他做。到一月後便解自做，不要他本子，方得作詩之法。」

或問：「『形夭無千歲』改作『形天舞干戚』，如何？」曰：「山海經分明如此說，惟周丞相不信改本〔三〕。向薌林家藏邵康節親寫陶詩一冊，乃作『形夭無千歲』，周丞相遂跋尾，以康節手書爲據，以爲後人妄改也。向家子弟攜來求跋，某細看，亦不是康節親筆，疑熙、豐以後人寫，蓋贋本也。蓋康節之死在熙寧二三年間，而詩中避『畜』字諱〔四〕，則當是熙寧以後書。然筆畫嫩弱，非老人筆也。又不欲破其前說，遂還之。」雉。

「蘇子由愛選詩『亭皋木葉下，隴首秋雲飛』，此正是子由慢底句法。某却愛『寒城一以眺，平楚正蒼然』十字，却有力。」雉。

「齊、梁間人詩，讀之使人四肢皆懶慢不收拾。」

「晉人詩惟謝靈運用古韻，如『祐』字協『燭』字之類。唐人惟韓退之、柳子厚、白居易用古韻，如毛穎傳『牙』字、『資』字、『毛』字皆協『魚』字韻是也。」人傑。

「唐明皇資禀英邁，只看他做詩出來，是什麽氣魄！今唐百家詩首載明皇一篇早渡蒲津關，多少飄逸氣概，便有帝王底氣焰！越州有石刻唐朝臣送賀知章詩，亦只有明皇一首好，有曰：『豈不惜賢達，其如高尚何！』」雉。

「李太白詩不專是豪放，亦有雍容和緩底，如首篇『大雅久不作』，多少和緩！陶淵明詩人皆說是平淡，據某看，他自豪放，但豪放得來不覺耳。其露出本相者，是詠荆軻一篇，平淡底人如何說得這樣言語出來？」雉。

張以道問：「太白五十篇古風不似他詩，如何？」曰：「太白五十篇古風是學陳子昂感遇詩，其間多有全用他句處。」義剛。

「杜詩初年甚精細，晚年橫逆不可當，只意到處便押一個韻。如自秦州入蜀諸詩，分明如畫，乃其少作也。李太白詩非無法度，乃從容於法度之中，蓋聖於詩者也。古風兩卷多效陳子昂，亦有全用其句處。太白去子昂不遠，其尊慕之如此。然多爲人所亂，有一篇分爲三篇者，有二篇合爲一篇者。」方子。佐同。

「李太白終始學選詩，所以好。杜子美詩好者，亦多是效選詩，漸放手，夔州諸詩則不然也。」雉。

或問：「李白『清水出芙蓉，天然去雕飾』，前輩多稱此語，如何？」曰：「自然之好，又不如『芙蓉露下落，楊柳月中疎』，則尤佳。」雉。

「人多説杜子美夔州詩好，此不可曉。夔州詩却説得鄭重煩絮，不如他中前有一節詩好。魯直一時固自有所見，今人只見魯直説好便却説好，如矮人看戲耳。」問：「韓退之潮州詩、東坡海外詩如何？」曰：「却好。東坡晚年詩固好，只文字也多是信筆胡説，全不看道理。」雉。

「杜子美晚年詩都不可曉。呂居仁嘗言詩字字要響。其晚年詩都啞了，不知是如何，以爲好否？」

「杜詩『萬里戎王子，何年別月支』，後説花云云，今人只説道戎王子自月支帶得花來。此中嘗有一人在都下，見一蜀人遍鋪買戎王子，皆無。曰：『是蜀中一藥，爲本草不曾收，今遂無人蓄。』方曉杜詩所言。」

「文字好用經語，亦一病。老杜詩『致遠思恐泥』，東坡寫此詩到此句云：『此詩不足爲法。』」璘。

「杜詩最多誤字，蔡興宗正異固好而未盡。某嘗欲廣之，作杜詩考異，竟未暇也。如『風吹蒼江樹，雨灑石壁來』，『樹』字無意思，當作『去』字無疑，『去』字對『來』字。又如蜀有『漏天』，以其西北陰盛常雨，如天之漏也，故杜詩云『鼓角漏天東』，後人不曉其義，遂改『漏』字爲『滿』，似此類極多。」雉。

「『天閲象緯逼』，蔡興宗作『天闚』，近是。」蔡云：「古本作『闚』。」史：「以管窺天。」佐。

「杜子美『暗飛螢自照』語只是巧，韋蘇州云『寒雨暗深更，流螢度高閣』，此景色可想，但則是自在説了。」因言：「國史補稱韋『爲人高潔，鮮食寡欲。所至之處，掃地焚香，閉閤而坐。』其詩無一字做作，直是自在，其氣象近道，意當愛之。」問：「比陶如何？」曰：「陶却是有力，但語健而意閑。隱者多是帶性負氣之人爲之，陶欲有爲而不能者也，又好名。韋則自在，其詩直有做不着處便倒塌了底。晉、宋間詩多閑淡，杜工部等詩常忙了。陶云『身有餘勞，心有常閑』，乃禮記『身勞而心閑則爲之也』。」方。

「韋蘇州詩高於王維、孟浩然諸人，以其無聲色臭味也。」方。

「韓詩平易，孟郊喫了飽飯，思量到人不到處。聯句中被他牽得，亦著如此做。」

「人不可無戒謹恐懼底心。莊子説庖丁解牛神妙，然才到那族，必心怵然爲之一動，然後解去。心動便是懼處。韓文鬬雞聯句云：『一噴一醒然，再接再礪乃。』謂雖困了，一以水噴之便醒。『一噴一醒』即所謂懼也，此是孟郊語，也説得好。」又曰：「『爭觀雲填道，助叫波翻海』，此乃退之之豪。『一噴一醒然，再接再礪乃』，此是東野之工。」雉。

「韓退之詩『强懷張不滿，弱力闕易盈』，上句是助長，下句是歉。」雉。

「退之木鵝詩末句云『直割蒼龍左耳來』，事見龍川志，正是木鵝事。」

「李賀較怪得些子，不如太白自在。」又曰「賀詩巧」。義剛。

「劉叉詩『斗柄寒垂地，河流凍徹天』，介父詩『柳樹鳴蜩緑暗，荷花落日紅酣』，王建田家留客云『丁寧回語屋中妻，有客莫令兒夜啼』。」方子。

「詩須是平易不費力，句法混成。如唐人玉川子輩句語雖險怪，意思亦自有混成氣象。」因舉陸務觀詩「春寒催喚客嘗酒，夜静卧聽兒讀書」，「不費力，好。」賜〔五〕。

「『行年三十九，歲莫日斜時。孟子心不動，吾今其庶幾。』此樂天以文滑稽也。然猶雅馴，非若今之作者村裏雜劇也。」方子。佐同。

「白樂天琵琶行云『嘈嘈切切錯雜彈，大珠小珠落玉盤』云云，這是和而淫；至『凄凄不似向前聲，滿坐重聞皆掩泣』，這是淡而傷。」道夫。

「唐文人皆不可曉。如劉禹錫作詩説張曲江無後，及武元衡被刺，亦作詩快之。白樂天亦有一詩暢快李德裕，樂天，人多説其清高，其實愛官職。詩中凡及富貴處，皆説得口津津地涎出。杜子美以稷、契自許，未知做得與否？然子美却高，其救房琯亦正。」必大。

「木蘭詩只似唐人作，其間『可汗』『可汗』，前此未有。」方子。

「黄巢入京師，其夜有人作詩貼三省門罵之，次日盡搜京師，識字者一切殺之。詩莫盛於唐，亦莫慘於唐也。」揚。

先生偶誦寒山數詩，其一云：「城中娥眉女，珠佩何珊珊。鸚鵡花間弄，琵琶月下彈。長歌三日響，短舞萬人看。未必長如此，芙蓉不奈寒。」云：「如此類煞有好處，詩人未易到此，公曾看否？」壽昌對：「亦嘗看來。近日送浩來此灑掃時，亦嘗書寒山一詩送行云：『養子未經師，不及都亭鼠。何曾見好人，豈聞長者語？爲染在薰蕕，應須擇朋侶。五月敗鮮魚，勿令他笑汝〔六〕。』」壽昌。

因舉石曼卿詩「極有好處，如『仁者雖無敵，王師固有征。無私乃時雨，不殺是天聲』長篇。某舊於某人處見曼卿親書此詩大字，氣象方嚴遒勁，極可寶愛，真所謂『顏筋柳骨』！今人喜蘇子美字，以曼卿字比之，子美遠不及矣。某常勸其人刻之，不知今安在。曼卿詩極雄豪，而縝密方嚴，極好，如籌筆驛詩『意中流水遠，愁外舊山青。』又『樂意相關禽對語，生香不斷樹交花』之句極佳，可惜不見其全集，多於小説詩話中略見一二爾。曼卿胸次極高，非諸公所及。其爲人豪放，而詩詞乃方嚴縝密，此便是他好處，可惜不曾得用。」雉。子蒙同。

「東坡作詩譏一昏闇之人，有句云『煙雨塞九竅。』」黎曚子詩。璘。

蜚卿問山谷詩。曰：「精絶，知他是用多少工夫，今人卒乍〔七〕如何及得！可謂巧好無餘，自成一家矣！但只是古詩較自在，山谷則刻意爲之。」又曰：「山谷詩忒好了。」道夫。

「陳後山初見東坡時，詩不甚好，到得爲正字時，筆力高妙。如題趙大年所畫高軒過圖云：『晚知書畫真有益，却悔歲月來無多』，極其筆力。其中云『八二』者，乃大年行次也。」雉。

「『閉門覓句陳無己，對客揮毫秦少游。』無己平時出行，覺有詩思，便急歸，擁被卧而思之，呻吟如病者，或累日而後成，真是『閉門覓句』。如秦少游詩甚巧，亦謂之『對客揮毫』者，想他合下得句便巧。張文潛詩只一筆寫去，重意重字皆不問，然好處亦是絶好。」淳〔八〕。

「陳博士在坡公之門遠不及諸公，未説如秦、黄之流，只如劉景文詩云『四海共知霜滿鬢，重陽曾插菊花無』，何詩無此句矣！其雜文亦自不及備論。」道夫。

「山谷集中贈覺範詩乃覺範自作。」又曰：「山谷詩乃洪駒父輩删集〔九〕。」義剛〔一〇〕。

「覺範詩如何及得參寥。」義剛。

「張文潛詩有好底多，但頗率爾，多重用字。如梁甫吟一篇，筆力極健，如云『永安受命堪垂涕，手挈庸兒是天意』等處説得好，但結末差弱耳。」又曰：「張文潛大詩好，崔德符小詩好。」〔一一〕又曰：「蘇子由詩有數篇誤收在文潛集中。」雉。

「崔德符魚詩云：『小魚喜親人，可釣亦可扛。大魚自有神，出没不可量。』如此等作甚好，文鑑上却不收。不知如何正道理不取，只要巧。」

「潘邠老有一詩，一句説一事，更成甚詩？」必大。

「古人詩中有句，今人詩更無句，只是一直説將去。這般詩，一日作百首也得。如陳簡齋詩『亂雲交翠壁，細雨濕青林〔二三〕』、『暖日薰楊柳，濃陰醉海棠』，他是什麽句法！」雉。

「高宗最愛簡齋『客子光陰詩卷裏，杏花消息雨聲中』。」又問坐間云：「簡齋墨梅詩何者最勝？」或以「皐」字韻一首對，先生曰：「不如『相逢京洛渾依舊，惟恨緇塵染素衣』。」雉。

劉叔通屢舉簡齋「六經在天如日月，萬事隨時更故新。江南丞相浮雲壞，洛下先生宰木春。」前謂荆公，後謂伊川。先生曰：「此詩固好，然也須與他分一個是非始得。天下之理，那有兩個都是，必有一個非。」雉。

「有人過昭陵，題絶句云：『□□□□歲豐登，邊將無功吏不能。四十二年那忍説，西風吹淚過昭陵。』後來人説是劉信叔詩。」廣。

「『政爾雪峯千百衆，澹然雲水一孤僧。』曾文清詩。」璘。

舉南軒詩云「卧聽急雨打芭蕉」，先生曰：「此句不響。」曰：「不若作『卧聞急雨到芭蕉』。」又言：「南軒文字極易成，嘗見其就腿上起草，頃刻便就。」至。

「劉叔通、江文卿二人皆能詩，叔通放體不拘束底詩好，文卿有格律入規矩底詩好。游開子蒙嘗和劉叔通詩『昨夜劉郎叩角歌，朔雲寒雪滿山阿。文章無用乃如此，富貴不來爭奈何。』雉録又四句云「邴鄭鄉嘗依北海，晁張今復事東坡。吹噓合有飛騰便，未用溪頭買釣簑。」此詩若遇蘇、黄，須提掇他。」文蔚。雉録云〔一三〕「先生屢稱之曰：『詩須不費力方好。此等使蘇、黄見之，當賞音，人固有遇耳。』」

「方伯謨詩不及其父錢監公豪壯。黄子厔詩却老硬，只是太枯淡。徐思遠玉山人。與汝談比諸人較好〔一四〕。思遠乃程克俊之甥，亦是有源流。」雉。

或問趙昌父、徐斯遠、韓仲止。曰：「昌父較懇惻。」又問三兄詩文。曰：「斯遠詩文雖小，畢竟清。」文蔚。

「『力推獰龍借水飲，手却猛虎奪石坐。』劉淳叟詩。雲谷有虎挨石，淳叟作此，自以爲好，不可曉。」璘。

「谷簾水所以好處，某向欲作一詩形容之，然極難言。大概到口便空又滑，然此兩字亦說未出。」必大。

「龍衮新天子，羊裘老故人。」意味。道夫。

「群趨浴沂水，遥集舞雩風。」同安簾試風乎舞雩詩。

「蔡京父子在京城之西兩坊對賜甲第四區，極天下土木之工。一曰太師第，乃京之自居也；二曰樞密第，乃攸之居也；三曰駙馬第，乃鯈之居也；四曰殿監第，乃攸子之居也。攸妻劉，乃明達、明節之族，有寵，而二劉不能容，乃出嫁攸，權寵之盛亞之。京、攸四第對開，金碧相照。嘗見上官仲恭詩一篇，其間有城西曲，言蔡氏奢侈敗亡之事，最爲豪健。末云『君不見，喬木參天獨樂園，至今猶是温公宅』，仲恭乃上官彦衡之子也，惜乎其詩不行於世。」雉。

「本朝婦人能文只有李易安與魏夫人。李有詩，大略云『兩漢本繼紹，新室如贅疣』云云。『所以嵇中散，至死薄殷周』，中散非湯、武得國，引之以比王莽，如此等語，豈女子所能！」

「有鬼詩云：『鶯聲不逐春光老，花影長隨日脚流』。」庚。

「有僧月夜看海潮，得句云『沙邊月趁潮回』而無對，因看風飄木葉，乃云『木末風隨葉下』，雖對不過，亦且如此〔一五〕。」

問曾慥所編百家詩。曰：「只是他所見如此。他要無不會，詩詞文章字畫外更編道書八十卷。又別有一書甚少，名八段錦，看了便真以爲是神仙不死底人。」

「古樂府只是詩，中間却添許多泛聲。後來人怕失了那泛聲，逐一聲添個實字，遂成長短句，今曲子便是。」胡泳。

「作詩間以數句適懷亦不妨，但不用多作，蓋便是陷溺爾。當其不應事時，平淡自攝，豈不勝如思量詩句？至如真味發溢，又却與尋常好吟者不同。」

「近世諸公作詩費工夫，要何用？元祐時有無限事合理會，諸公却盡日唱和而已。今言詩不必作，且道恐分了爲學工夫。然到極處，當自知作詩果無益。」必大〔一六〕。

「今人所以事事做得不好者，緣不識之故。只如個詩，舉世之人盡命去奔去聲。做，只是無一個人做得成詩。他是不識，好底將做不好底，不好底將做好底。這個只是心裏鬧，不虛靜之故。不虛不靜故不明，不明故不識。若虛靜而明，便識好物事。雖百工技藝做得精者，也是他心虛理明，所以做得來精。心裏鬧，如何見得。」僩。

「詩社中人言，詩皆原於賡歌。今觀其詩，如何有此意？」

「作詩先用看李、杜，如士人治本經。本既立，次第方可看蘇、黄以次諸家詩。」廣。敬仲同〔一七〕。

因林擇之論趙昌父詩，曰：「今人不去講義理，只去學詩文，已落第二義。況又不去學好底，却只學去做那不好底。作詩不學六朝，又不學李、杜，只學那嶢崎底。今便學得十分好後，把作甚麼用？莫道更不好〔一八〕。如近時人學山谷詩，然又不學山谷好底，只學得那山谷不好處。」擇之云：「後山詩恁地深，他資質儘高，不知如何肯去學山谷？」曰：「後山雅健强似山谷，然氣力不似山谷較大，但却無山谷許多輕浮底意思。然若論叙事，又却不及山谷。山谷善叙事情，叙得盡，後山叙得較有疏處。若散文，則山谷大不及後山。」淳録云「後山詩雅健勝山谷，無山谷尖灑輕揚之態。然山谷氣力又較大，叙事詠物頗盡事情，其散文又不及後山」。擇之云：「歐公好梅聖俞詩，然聖俞詩也多有未成就處。」曰：「聖俞詩不好底多。如河豚詩，當時諸公説道恁地好，據某看來，只似個上門駡人底詩。只似脱了衣裳，上人門駡人祖駡人父一般，初無深遠底意思。後山、山谷好説文章，臨作文時，又氣餒了。老蘇不曾説，到下筆時做得却雄健。」義剛。淳略〔一九〕。

「今江西學者有兩種：有臨川來者，則漸染得陸子静之學〔二〇〕；又一種自楊、謝來者，又不好。子静門猶有所謂『學』，不知窮年窮月做得那詩，要作何用？江西之詩，自山谷一變，至楊庭秀又再變，遂至於此。本朝楊大年雖巧，然巧之中猶有混成底意思，便巧得來不覺。及至歐公，早漸漸要説出來。然歐公詩自好，所以他喜梅聖俞詩，蓋枯淡中有意思。歐公最喜一人送別詩兩句云『曉日都門道，微涼草樹秋』，又喜王建詩『曲徑通幽處，禪房花木深』，歐公自言平生要道此語不得。今人都不識這意思，只要嵌事使難字，便云好。」雉。

先生因説：「古人做詩不十分著題，却好，今人做詩，愈著題愈不好。」或舉某人會做詩。曰：「他是某人外甥，他家都會做詩，自有文種。」又云：「某嘗謂氣類近，風土遠，氣類才絶，便從風土去。且如北人居婺州，後來皆做出婺州文章，間有婺州鄉談在裏面者，如呂子約輩是也。」燾。

或問：「倉頡作字，亦非細人。」曰：「此亦非自撰出，自是理如此。如『心』、『性』等字，未有時，如何撰得？只是有此理，自流出。」可學。字附。

「大凡字，只聲形二者而已，如『楊』字，『木』是形，『昜』是聲，其餘多有只從聲者。」按：六書中，形聲其一。僩。

「凡字，如『楊』、『柳』字，『木』是文，『昜』、『卯』是字；如『江』、『河』字，『水』是文，『工』、『可』是字。字者，滋也，謂滋添者是也。」揚。

因說叶韻，先生曰：「此謂有文有字，文是形，字是聲。文如從『水』從『金』從『木』從『日』從『月』之類，字是『皮』、『可』、『工』、『奚』之類，故鄭漁仲云：『文，眼學也；字，耳學也。』蓋以形聲別也。」時舉。

「『壹、貳、叁、肆』皆是借同聲字，『柒』字本無此字，唯有漆沮之『漆』，『漆』字草書頗似『柒』，遂誤以爲真，洪氏隸釋辨不及此。」閎祖。

「『世〔二〕』字與『太』字古多互用，如太子爲世子，太室爲世室之類。」廣。

「黃直卿云：『如傭雇之「傭」，也只訓用，以其我用他，故將雇以還其力。由此取義，此皆是兩通底字。』」義剛。

「夷、狄字皆從禽獸旁，『苗』本有反犬。古人字通用，無亦得。」義剛。

「古人相形造字，自是動不得，如『轡』字，後面一個『車』，兩邊從『系』，即纏繩也，前面『口』字即馬口也，馬口中銜著纏繩也。」子蒙。

「秦篆今皆無此本，而今只是模本，自宋莒公已不見此本了。」義剛。

「説文亦有誤解者，亦有解不行者。音是徐鉉作，許氏本無。」必大。

「玉篇偏傍多誤收者，如『者、考、孝』是也〔二二〕。」僩。

「韻書難理會，如昨日檢『抑』字，玉篇、説文中檢『才』及『邑』附皆不見，後來在集韻中尋出，乃云『反印也』，却在『印』部尋得，元來無挑『才』，如此寫『印』〔二三〕。」義剛。

「字之反切，其字母同者便可互用，如『戎』、『汝』是也。『逝』字從『折』故可與『害』字叶韻。」必大。

「五方之民，言語不通，却有暗合處。蓋是風氣之中有自然之理，便有自然之字，非人力所能安排，如『福』與『備』通。」

「洪州有一部洪韻，太平州亦有一部韻家文字。」義剛。

「二王書，某曉不得，看著只見俗了。今有個人書得如此好俗。法帖上王帖中亦有寫唐人文字底，亦有一釋名底，此皆僞者。」揚。

「字說自不須辯，只看說文字類，便見王氏無意思。」字類有六，會意居其一。方。

「字被蘇、黃胡亂寫壞了。近見蔡君謨一帖，字字有法度，如端人正士，方是字。」揚。

論書，因及東坡少壯老字之異，南康有人有一卷如此。因說：「南軒喜字，然不甚能辨。因有一僞書東坡字，不好，南軒以「端莊」題之。因論麻衣易不難辨，南軒以快之故。」嘗勸其改一文，曰：「改亦只如是，不解更好了。」揚。

「子瞻單勾把筆，錢穆父見之，曰：『尚未能把筆邪？』」方。

「山谷不甚理會得字，故所論皆虛；米老理會得，故所論皆實。嘉祐前前輩如此厚重。胡安定於義理不分明，然是甚氣象！」

「魯直論字學，只好於印册子上看，若看碑本，恐自未能如其所言。」必大。

「字法在黑内，黃魯直論得玄甚，然其字却且如此。」揚。

「筆力到，則字皆好。不曰有筆力。如胸中別樣，即動容周旋中禮。」方。

「寫字不要好時，却好。」文蔚。

「南海諸蕃書煞有好者，字畫遒勁，如古鍾鼎款識。諸國各不同，風氣初開時，此等事到處皆有開其先者，不獨中國也。」或問古今字畫多寡之異。曰：「古人篆籀筆畫雖多，然無一筆可減。今字如此簡約，然亦不可多添一筆，便是世變自然如此。」僩。

「鄒德父楷書大學，今人寫得如此，亦是難得。只如黄魯直書自謂人所莫及，自今觀之，亦是有好處。但自家既是寫得如此好，何不教他方正？須要得恁攲斜則甚？又他也非不知端楷爲是，但自要如此寫；亦非不知做人誠實端慤爲是，但自要恁地放縱。」道夫

問：「何謂書窮八法？」曰：「只一點一畫皆有法度，人言『永』字體具八法。」行夫問：「張于湖字，何故人皆重之？」曰：「也是好，但是不把持，愛放縱。本朝如蔡忠惠以前，皆有典則。及至米元章、黄魯直諸人出來，便不肯恁地。要之，這便是世態衰下，其爲人亦然。」道夫言：「尋常見魯直亦説好話，意謂他與少游諸人不同。」曰：「他也却説道理。但到做處，亦與少游不爭多。他一輩行皆是恁地。」道夫曰：「也〔二四〕是坡公做頭，故他門從而和之。」曰：「然。某昨日看他與李方叔一詩，説他起屋，有甚明窗淨几，眼前景致，末稍又只歸做好吟詩上去。若是要只粗説，也且説讀書窮究古今成敗之類亦可，如何却專要吟詩便了？」道夫曰：「看他也是將這個來做一個要緊處。」曰：「他是將來做個大事看了，如唐韓柳皆是恁地。」道夫云：「嘗愛歐公詩云『至哉天下樂，終日在書案』，這般意思甚好。」曰：「他也是説要讀書。只歐公却於文章似説不做亦無緊要，如送徐無黨序所謂『無異草木榮華之飄風，鳥獸好音之過耳』，皆是這意思。」道夫曰：「前輩皆有一病，如歐公又却疑繫辭

非孔子作。」曰：「這也是他一時所見。如繫辭、文言若是孔子做，如何又却有『子曰』字？某嘗疑此等處如五峯刻通書相似，去了本來，所有篇名，却於每篇之首加一『周子曰』字。通書去了篇名，有篇内無本篇字，如『理性命』章者，煞不可理會。蓋『厥彰厥微，匪靈弗瑩』是說理，『剛善剛惡，柔亦如之，中焉止矣』是說性，自此以下却說命。章内全無此三字，及所加『周子曰』三字又却是本所無者，次第易繫、文言亦是門人弟子所勦入爾。」道夫問：「五峰於通書何故輒以己意加損？」曰：「他病痛多，又寄居湖、湘間，士人希疏。兼他自立得門庭又高，人既未必信他；被他門庭高，人亦一向不來。來到他處，一個又是不如他底〔二五〕，不能問難，故絶無人與之講究，故有許多事。」道夫曰：「如他說『孟子道性善』，似乎好奇，全不平帖。」曰：「他不是好奇，只是看不破，須著如此說。又如疑孟辨別自做出一樣文字，温公疑得固自不是，但他個更無理會。某嘗謂：今只將前輩與聖賢說話來看，便見自家不及他處。今孟子說得平易如此，温公所疑又見明白，自家却說得佶地聱牙，如何辨得他倒？」道夫曰：「如此則是他只見那一邊，不知有這一邊了。」曰：「他都不知了。只如楊氏爲我，只知爲我，都不知聖賢以天地萬物爲一體，公其心而無所私底意思了。又如老氏之虚無清浄，他只知個虚無清浄。今人多言釋氏本自見得這個分明，只是見人如何，遂又别爲一說。某謂豈有此理！只認自家說他不知，便得。」先生以手指庭下月〔二六〕，曰：「他若知之，則白處便須還是白，黑處便須還是黑，豈有知之而不言者？此孟子所謂『詖辭知其所蔽，淫辭知其所陷，邪辭知其所離，遁辭知其所窮。』辭之不平，便是他蔽了，蔽了便陷，陷了便離，離了便窮。且如五峰疑孟辨忽說出甚『感物而動者，衆人也；感物而節者，賢人也；感物而通者，聖人也。』劈頭便罵了個動。他之意，是說聖人之心雖感物，只靜在這裏，感物而動便不好。中間胡廣仲只管支離蔓衍說將去，更說不回。某一日讀文定春秋，有『何況聖人之心感物而動』一語，某執以問之曰：『若以爲感物而動是不好底心，則文定當時何故有此說？』廣仲遂語塞。」先生復笑而言曰：「蓋他只管守着五峰之說不肯放，某却又討得個大似五峰者與他說，只是以他家人自與之辨極好。道理只是見不破，後便有許多病痛。」道夫。

拾遺編成而猶有遺者萃此。

「志氣清明，思慮精一，烱然不昧，而常有以察於幾微之間，則精矣；立心之剛，用力之篤，毅然自守，而常有以謹於豪釐之失，則一矣。」

「人心之動，變態不一，所謂『五分天理，五分人欲』者，特以其善惡交戰而言爾。有先發於天理者，有先發於人欲者，蓋不可以一端盡也。」

「人心但以形氣所感者而言爾。具形氣謂之人，合義理謂之道，有知覺謂之心。」「便以動者爲危，亦未當。若動於義理，則豈得謂之危乎？」「『允執』，有常久不變之意者得之。」此建别録所載。廣録五條疑是答學者書語，今入此。「寤寐者，心之動静也；有思無思者，又動中之動静也；有夢無夢者，又静中之動静也。思有善惡，又動中動，陽明陰濁也。夢有邪正，又静中動，陽明陰濁也。但寤陽而寐陰，寤清而寐濁，寤有主而寐無主，故寂然感通之妙，必於寤而言之。」〔二七〕寤則虚靈知覺之體燁然呈露，如一陽復而萬物生意皆可見；寐則虚靈知覺之體隱然潛伏，如純坤月而萬物生性不可窺。此答陳日書而詳。

問遺書

「『忠信進德終日』以下，是説此一理，後言形器。今古人我皆一統，『神如在上，在左右』，是道體徧滿。『誠』字是實理如此。」

「『射中鵠，舞中節，御中度』。無誠心則不中。」言多不記。

「『理義悦心是愜當。玩理養心則兩進』。一是知而悦，一是養而悦。」

「『當知用心緩急』。如大經大體，是要先知用心，以次乃可緩緩進。」

「『曲能有誠』，有誠則不曲矣。蓋誠者，圓成無欠闕者也。」

「『萬物無一物失所』，是使之各得其分恰好處。」

「『人心活則周流』，無偏係即活。憂患樂好皆偏係也。」方謂：無私意則循天之理，自然周流。

「『事君有犯無隱，事親有隱無犯』，有時而可分。」言事君親之心本同也。

「『只歸之自然，則更無可觀，更無可玩索』。上句謂不求其所以然，只說一個自然，是顢頇也，謂不可如此爾」。「龜山答人問赤子入井令求所以然一段好。」

「『仁則固一，一所以爲仁』，言所以一者是仁也。」

「『仁在事』。若不於事上看，如何見仁？」

「『退藏於密』，密是主靜處，萬化出焉者。動中之靜，固是靜，又有大靜，萬化參然者。」

「『斷置』，言倒斷措置也。」

言四德，云：「不有其功，常久而已者也。」不有其功，言化育之無迹處爲貞。因言：「貞於五常爲智。孟子曰：『知斯二者勿去是也。』既知，又曰『弗去』，有兩義。又文言訓『正固』，又於四時爲冬，冬有始終之義。王氏亦云：胥有兩，有龜有蛇，所以朔易亦猶貞也。又傳曰『貞各稱其事』。」問：「咸傳之九四說虛心貞一處，全似敬。」答云：「蓋嘗有語曰：『敬，心之貞也。』」

「孔子既知桓魋不能害己，又却微服過宋一段。」有盡人事回造化立命之意〔一一八〕。方録止此。

「『知性善以忠信爲本』。須是的然識得這個物事，然後從忠信做將去。若不識得這個，不知是做甚麽，故曰『先立乎其大者』。」

問：「敬先於知，然知至則敬愈分明。」曰：「此正如『配義與道』。」

問：「心無私主，有感皆通。」曰：「無私主也不是悮悻没理會，只是公。善則好之，惡則惡之；善則賞之，惡則刑之。此是聖人至公至神之化。心無私主，如天地一般，寒則偏天下皆寒，熱則偏天下皆熱，便是有感皆通。」曰：「心無私主最難。」曰：「亦是克去己私，心便無私主。心有私主，只是相契者便應，不相契者便不應。如好讀書人，見書便愛；不好讀書人，見書便不愛。」寓。

問：「『應務不煩』是如何？」曰：「閑時不曾理會得，臨時旋理會，則煩。若豫先理會得，則臨時事來，便從自家理會得處理會將去。如理會得禮，則禮到面前便理會得；如理會得樂，則樂到面前便理會得，更不煩也。」燾。

「天機有不器於物者，在方爲方，在圓爲圓。」方。

先生曰：「自家理會得這道理，使天下之人皆理會得這道理，豈不是樂？」

嘗言坐即靠倚，後來捱三四日便坐得。先生云：「氣不從志處，乃是天理人欲交戰處也。」季通。方。

「神乃氣之精明者耳。」

「『有翼其臨』，翼，敬也。」

「『僂句成欺，黄裳亦誤』，事見左傳。」

問：「范氏言宋襄公出母事有『生則致孝，死則盡禮』之説，然出母既義不可迎之以歸，則所謂『致孝』、『盡禮』者，恐只是遣使命往來遺問否？」曰：「恐只是如此。如定省之類，自是都做不得了。」因言：「宣姜全不成人，却有賢女，許穆夫人、宋襄公母是也。春秋時，魯最號禮義之國，然其間成甚風俗！」必大。

「康節説形而上者不能出莊、老，形而下者則盡之矣。因誦皇極書第一篇。一先生説下者不盡，亦不甚説。關子明説形而上者亦莊、老。」季通。方。

校勘記

〔一〕夔孫　朝鮮本作：雉。按林夔孫録同。

〔二〕語又俊健　朝鮮本「健」下有注云：「略記當時語意如此。」

〔三〕惟周丞相不信改本　朝鮮本「相」下有注云：必大。

〔四〕而詩中避畜字諱　「字」原作墨丁，據朝鮮本補。

〔五〕賜　朝鮮本此則少異，作：詩須是平易不費力，句法混成。如唐人玉川子輩句，林本有「語」字。雖險怪亦林本無「亦」字，作「意思」二字。自有混成底林無「底」字。氣象。如林本作「因舉」。陸務觀林本有「詩」字：「春寒催唤客嘗酒，夜静卧聽兒讀書。」不費力，好。雉。賜録少異。

〔六〕勿令他笑汝　「汝」原作「汶」，據萬曆本改。

〔七〕乍　朝鮮本作：生。

〔八〕淳　朝鮮本作：義剛。陳淳録同。

〔九〕山谷詩乃洪駒父輩删集　朝鮮本「集」下有「古今擬騷之作惟魯直爲無謂」十二字。

〔一〇〕義剛　朝鮮本作：道夫。

〔一一〕小詩好　朝鮮本止此，然下增小字：又曰：「蘇子由詩有數篇没收在。」

〔一二〕細雨濕青林　「林」，萬曆本作「松」。

〔一三〕雉録云　朝鮮本此下增一節文字：「昨夜劉郎叩角歌，朔風思□動山河。文章無用乃如此，富貴不來爭柰何！邴鄭鄉嘗依北海，晁張今復事東坡。吹嘘合有飛騰便，未用溪頭買釣蓑。」此游開子蒙詩。

〔一四〕與汝談比諸人較好　朝鮮本「談」下有「詩宋子」三字。

〔一五〕亦且如此　朝鮮本「此」下有注云：庚。

〔一六〕必大　朝鮮本作：伯豊。

〔一七〕廣敬仲同　朝鮮本此則末尾小字作：游。

〔一八〕莫道更不好　「好」，朝鮮本作「學」。

〔一九〕淳略　朝鮮本具作：「陳淳録略，當時一時所聞，今附於下云：『今人不去講義理，只去學詩文，已落第二籌。況又不學做好文，只學做不好底文。詩不學李杜，只學不好底詩。不知學詩學得十分好，便要作何用？近世多學山谷詩，然又不學山谷好處，只學山谷不好處。後山詩雅健勝山谷尖灑輕揚之態，然山谷氣力又較大，叙事詠物，煩盡事情，其散文又不及後山。梅聖俞詩不好底多，如河豚詩，似上門駡人父祖一般，非有詩人微婉之意。後山、山谷好説文章，臨文時又氣餒了。老蘇不曾説，到下筆時做得雄健。』」凡一百八十八字。

〔二〇〕則漸染得陸子静之學　「染」，朝鮮本作「深」。

〔二一〕世　朝鮮本段首增一節文字，作：「或問中説廟制處，所謂『高祖』者何也？」曰：「四世祖也。」

〔二二〕如者考孝是也　「孝」，朝鮮本同原刊，萬曆本作「老」。

〔二三〕元來無挑扌如此寫印　「印」原作「知」，據萬曆本改。

〔二四〕也　朝鮮本此下增：自。

〔二五〕一個又是不如他底　「一」字原脱，據朝鮮本補。

〔二六〕先生以手指庭下月　「庭」原作「其」，據朝鮮本改。

〔二七〕必於痞而言之　朝鮮本此則末尾增小字：若海。

〔二八〕有盡人事回造化立命之意　朝鮮本、萬曆本均同原刊作小字注文，似當作大字正文，爲先生語。

附録一

朱子語録姓氏

廖德明字子晦，南劍人。　癸巳以後所聞。　池録一。饒録四六。

輔廣字漢卿，慶源人，居嘉興。　甲寅以後所聞。　池録二。

余大雅字正叔〔一〕，上饒人。　戊戌以後所聞。　池録三。

陳文蔚字才卿，上饒人。　戊申以後所聞。　池録四。

李閎祖字守約，邵武人。　戊申以後所聞。　池録五。

李方子字公晦，邵武人。　戊申以後所聞。　池録六。

葉賀孫字味道，括蒼人，居永嘉。　辛亥以後所聞。　池録七、八、九、十、十一。

潘時舉字子善，天台人。　癸丑以後所聞。　池録十二。饒録四六。

董銖字叔重，鄱陽人。　丙辰以後所聞。　池録十三。饒録四六。

竇從周字文卿，丹陽人。　丙午以後所聞。　池録十四。

金去僞字敬直，樂平人。　乙未所聞。　池録十五。

李季札字季子，婺源人。丙申、乙卯所聞。池録十六。

萬人傑字正淳，興國人。庚子以後所聞。池録十七。饒録四六。

楊道夫字仲思〔二〕，建寧人。己酉以後所聞。池録十八、十九。

徐寓字居父，永嘉人。庚戌以後所聞。池録二十、廿一。饒録四六。

林恪字叔恭，天台人。癸丑所聞。池録廿二。饒録四六。

石洪慶字子餘，臨漳人。癸丑所聞。池録廿三。

徐容字仁父，永嘉人。辛亥所聞。池録廿四。

甘節字吉父，臨川人。癸丑以後所聞。池録廿五。

黄義剛字毅然，臨川人。癸丑以後所聞。池録廿六、廿七。饒録三八。

曼淵字亞夫，涪陵人。癸丑所聞。池録廿八。

襲蓋卿字夢錫，□□人〔三〕。甲寅所聞。池録廿九。

廖謙字益仲，衡陽人。甲寅所聞。池録三十。

孫自修字敬父〔四〕，宣城人。甲寅所聞。池録三一。

潘履孫字坦翁，婺源人〔五〕，居紹興。甲寅所聞。池録三二。

湯泳字叔永，丹陽人。乙卯所聞。池録三三。

林夔孫字子武，三山人。丁巳以後所聞。池録三四、三五。陳埴録已削。

錢木之字子山，晉陵人，寓永嘉。	丁巳所聞。	池録三六。
曾祖道字□□，□□人〔六〕。	丁巳所聞。	池録三七。
沈僩字莊仲〔七〕，永嘉人。	戊午以後所聞。	池録三八、三九、四十、四一。
郭友仁字德元，山陽人，寓臨安。	戊午所聞。	池録四二。
李儒用字仲秉，岳陽人。	己未所聞。	池録四三。饒録三四。
黄榦字直卿，三山人。		饒録一。饒後録二。
何鎬字叔京〔八〕，邵武人。	乙未以前所聞。	饒録二。
程端蒙字正思，鄱陽人。	己亥以後所聞。	饒録三。
周謨字舜弼，南康人。	己亥以後所聞。	饒録四、五。
潘柄字謙之，三山人。	癸卯以後所聞。	饒録六。
魏椿字元壽，建陽人。	戊申五夫所聞。	饒録七。饒後録二四。
吳必大字伯豐，興國人。	戊申、己酉所聞。	饒録八。
黄罃字子耕，豫章人。	戊申所聞。	饒録九、十。
楊若海字□□，道夫之子。		饒録十一。
楊驤字子昂，道夫族兄。	己酉、甲寅所聞。	饒録十二。
陳淳字安卿，臨漳人。	庚戌、己未所聞。	饒録十三、十四。

童伯羽字蜚卿〔九〕，甌寧人。　庚戌所聞。　饒録十五。
鄭可學字子上，莆田人。　辛亥所聞。　饒録十六。
滕璘字德粹，新安人。　辛亥所聞。　饒録十七。
王力行字近思，同安人。　辛亥所聞。　饒録十八。
游敬仲字連叔，南劍人。　辛亥所聞。　饒録十九。
不知何氏　辛亥同舍共録。　饒録二十。
黄升卿　辛亥所聞。　饒録廿一。
周明作字元興，建陽人。　壬子以後所聞。　饒録廿二。
蔡懇字行夫〔一〇〕，平陽人。　壬子所録。　饒録廿三。
楊與立字□□〔一一〕，浦城人，道夫從兄。　壬子同劉韉、龔栗記見。　饒録廿四。
鄭南升字文振〔一二〕，潮州人。　癸丑所聞。　饒録廿五。
歐陽謙之字晞遜。　癸丑所聞。　饒録廿六。
游倪字和之，建寧人〔一三〕。　癸丑所聞。　饒録廿七。
楊至字至之，泉州人。　癸丑、甲寅所聞。　饒録廿八。　饒後録廿五。
潘植字立之。　癸丑所聞。　饒録廿九。
王過字幼觀，鄱陽人。　甲寅以後所聞。　饒録三十。

董拱壽字仁叔，鄱陽人。	甲寅所聞。	饒録三一。
林學蒙字正卿，三山人。	甲寅以後所聞。	饒録三二。
林賜字聞一。	乙卯以後所聞。	饒録三三。
胡泳字伯量，南康人。	戊午所聞。	饒録三五。
吕燾字德昭，弟焕，字德遠，南康人。	己未所聞。	饒録三六、三七。
不知何氏	己未同舍共録。	饒録三九。
不知何氏		饒録四十、四一、四二。
吳壽昌字大年，邵武人。	丙午同子浩録。	饒録四三。
楊長孺字伯子，廬陵人。	甲寅記見。	饒録四四。
吳琮字仲方，臨川人。	甲寅記見。	饒録四五。已上三家非柢本，覽者詳之。
楊方字子直，汀州人。	庚寅所聞。	饒後録一。間有可疑。
包揚字顯道，建昌人。	癸卯、甲辰、乙巳所聞。	饒後録三、四、五、六。間有疑誤。
劉炎字□□，□□人〔一四〕。	己酉、甲寅以後所聞。	饒後録七。
劉子寰字所父，建陽人。	己未所聞。	饒後録八。
邵浩	丙午所聞。	饒後録九。

劉砥字履之，三山人。　庚戌所聞。　饒後録十。

劉礪字用之，三山人。　己未所聞。　饒後録十一。

李煇字晦父。　饒後録十二。

陳芝字庭秀〔一五〕。　壬子所聞。　饒後録十三。

黄灝　饒後録十四。

黄卓字先之。　饒後録十五。

汪德輔字長孺，鄱陽人。　壬子所聞。　饒後録十六。

吳振　饒後録十七。

吳雉字和中，建陽人。　饒後録十八。

鍾震字春伯，潭州人。　甲寅所聞。　饒後録十九。

林子蒙　饒後録二十。

林學履　己未所録。　饒後録廿一。

蕭佐　甲寅所聞。　饒後録廿二。

舒高　甲寅所聞。　饒後録廿三。

李杞字良仲，平江人。　甲寅所聞。　饒後録廿六。

張洽字元德，清江人。　丁未、癸丑所聞。　附池録後黄士毅字子洪。　蜀類。徽續類。

李壯祖字處謙，邵武人。　蜀類。

李公謹　蜀類。

□一之　蜀類。

□枅　徽續類。

郭逍遥　建別録十八。

不知何氏　建別録十九、二十。

校勘記

〔一〕余大雅字正叔　「余」原作「佘」，據朝鮮本、萬曆本改。又朝鮮本此處「正叔」作「公晦」，下文李方子字「公晦」作「正叔」，互乙。

〔二〕楊道夫字仲思　「思」原作「愚」，據朝鮮本、賀本改。按：宋元學案亦作「思」。

〔三〕□□人　朝鮮本、萬曆本均同原刊；賀本據宋元學案填「常寧」。

〔四〕孫自修字敬父　「父」，朝鮮本作「友」。

〔五〕婺源人　「源」原作「女」，據萬曆本、賀本改。

〔六〕曾祖道字□□□□人　朝鮮本、萬曆本均同原刊；賀本據宋元學案填「擇之寧都」。

〔七〕沈僩字莊仲　「莊」原作「杜」，據朝鮮本改。按：宋元學案亦作「莊」。

〔八〕何鎬字叔京　「鎬」，朝鮮本作「鎘」。

〔九〕童伯羽字蜚卿　「羽」原作「雨」，據朝鮮本、賀本改。按：宋元學案亦作「羽」。

〔一〇〕蔡愳字行夫　「愳」下原有「録」字，據朝鮮本删。

〔一一〕楊與立字□□　朝鮮本、萬曆本均同原刊；賀本據宋元學案填「子權」。

〔一二〕鄭南升字文振　「振」原作「桓」，據朝鮮本改。

〔一三〕建寧人　「寧」原爲空格，據萬曆本、賀本補填。

〔一四〕劉炎字□□□□人　朝鮮本、萬曆本均同原刊；賀本據宋元學案填「潛夫邵武」。

〔一五〕陳芝字庭秀　「芝」，朝鮮本作「埴」，且無小字注「字庭秀」。

附録二

朱子語類大全序目

語録

池州所刊語録四十三卷

續增張洽録一卷

饒州所刊語續録四十六卷

饒州所刊語後録二十六卷

建寧新刊别録二十卷

語類

蜀中所刊語類一百四十卷

徽州所刊語續類四十卷

池州刊朱子語録後序

［宋］黄　榦

晦菴朱先生所與門人問答，門人退而私竊記之。先生没，其書始出。記録之語，未必盡得師傳之本旨，而更相傳寫，又多失其本真，甚或輒自删改，雜亂訛舛，幾不可讀。李君道傳貫之自蜀來仕於朝，博求先生之遺書，與之游者亦樂爲之搜訪，多得記録者之初本。其後出守儀真，持庾節於池陽，又與潘時舉、葉賀孫諸嘗從游於先生之門者互相讎校，重複者削之，訛謬者正之，有别録者，有不必録者，隨其所得爲卷帙次第，凡三十有三家。繼此有得者，又將以附於後，特以備散失、廣其傳耳。先生之著書多矣，教人求道入德之方備矣。師生函丈間，往復詰難，其辨愈詳，其義愈精，讀之竦然，如侍燕閒承謦欬也！歷千載而如會一堂，合衆聞而悉歸一己，是書之傳，豈小補哉！貫之既以鋟諸木，以榦與聞次輯而俾述其意云。嘉定乙亥十月朔旦，門人黄榦謹書。

饒州刊朱子語續録後序

［宋］李性傳

嘉定乙亥歲，仲兄文惠公持節江左，取所傳朱文公先生語録鋟木池陽，凡三十有三家。其書盛行。性傳被命造朝，益加搜訪，由丙戌至今，得四十有一家，率多初本。去其重複，正其訛舛，第其歲月，刻之鄱陽學宫。復考池録所餘，多可傳者，因取以附其末。合池録與今録，凡先生平生所與學者談經論事之語十得其九；嗣有所得，尚續刊之。池録之行也，文肅黄公直卿既爲之序，其後書與伯兄，乃殊不滿意，且謂不可以隨時應答之語易平生著述之書。性傳謂記者易差，自昔而然。河南遺書以李端伯師説爲首，蓋端伯所記，伊川先生嘗稱其最得明道先生之旨故也。至論浩氣一條，所謂「以直養而無害」云者，伊川乃深不謂然。端伯猶爾，況於其他，直卿之云真是也。然嘗聞和靖先生稱伊川之語曰：「某在，何必觀此書？」而文公先生之言則曰：「伊川在，何必觀？伊川亡，則不可以不觀矣。」蓋亦在乎學者審之而已。先生家禮成於乾道庚寅，通鑑綱目、西銘解義成於壬辰，太極通書義成於癸巳，論孟注問、詩集傳成於淳熙丁酉，易本義、啓蒙成於乙巳、丙午之間，大學中庸章句，或問成書雖久，至己酉乃始序而傳之，楚辭集注、韓文考異成於慶元乙卯，禮書雖有綱目，脱藁者僅二十有三篇，其著書歲月次第可考也。家禮編成而逸，既殁而其書出，與晚歲之説不合，先生蓋未嘗爲學者道也。語、孟、中庸、大學四書，後多更定。今大學「誠意」章，蓋未易簀前一夕所改也。是四書者，覃思最久，訓釋最精，明道傳世，無復遺藴。至其他書，蓋未及有所筆削，獨見於疑難答問之際，多所異同，而易書爲甚。晏淵所録一編，與本義異者十之三四，大率多合先君文昭本傳之説。文昭謂乾坤之用，主於誠敬；坎離之用，主於誠明。世未有通其義者，而先生獨稱之，其不執一説，惟是之從如此。故愚謂語録與四書異者，當以書爲正，而論難往復，書所未及者，當以語爲助；與詩易諸書異者，在成書之前亦當以書爲正，而在成書之後者，當以語爲是。學者類而求之，斯得之矣。不特此也，先生平日論事甚衆，規恢其一也。至其暮年，乃謂言規恢於紹興之間者爲正，言規恢於乾道以後者爲邪。非語録所載，後人安得而知之？是編也，真不爲無益，而學者不可以不之讀也。先生又有别録十卷，所諱者炎、興以來大事。爲其多省中語，未敢傳，而卯火亡之。今所存者，幸亦一二焉。嘉熙戊戌月正元日，後學三嵎李性傳書。

饒州刊朱子語後録後序

［宋］蔡杭

鄱陽所刊先師文公朱先生語録，固欲續池録所未備。然先師之言滿天下，二録所收，亦豈能遽盡哉？淳祐戊申，杭將詣江東，鄱陽洪叔魯芹以其外大父吏部楊公方手所録寒泉語見示，既又於安仁湯叔遜次得其家藏包公揚所録。二公在師門爲前輩，所録尚未編入，則所遺者亦多矣。既而東陽王元敬佖亦以所集刊本見寄，又得里中朋友所傳一二家，乃悉以次編入，爲二十六卷。先師之緒言，雖未敢謂無復遺逸，然所會稡益富矣。獨念先師又有親自删定與先大父西山講論之語及性與天道之妙，名曰翁季録者，久未得出以流行於世，豈斯文之顯晦固自有時乎？竊尤有感於此，故輒並識其拳拳之意云。淳祐己酉中秋日，門人建安蔡杭書。

建安刊朱子語别録後序

［宋］吴堅

子朱子語録行於世，尚矣。池録三十有三家；鄱本續録四十有二家，其三十四家，池本所未有也，再見者兩家，録餘凡六家。又後録二十三家，其二十家亦池本所未有也，再見者三家。合三録爲八十七家。及門之士，固有如謝先生在程門無録者，其有録可傳者既如此矣。堅末學生晚，嘉定癸未、甲申間，侍先君子官長沙，帥西山真先生、倅宏齋李先生，常進之函丈。又事長沙舒先生，列岳麓諸生。果齋李先生過潭，又獲侍講席焉。果齋，先君子畏友也，嘗介以登朱子之門。堅由是多見未行語録，手抄盈篋，凡六十五家，今四十年矣。晚得池、鄱本參考，刊者固已多。然黄士毅所録，朱子親筆所改定者，已見於輔廣録中，其所自録及師言，則亦三録所未有。若李壯祖、張洽、郭逍遥所録，亦未有也。竊來閩中，重加會稡，以三録所餘者二十九家，及增入未刊者四家，自爲別集，以附續録後集之末。泰華高矣，滄海深矣，非有待增益也。獨念早所聞於父師者，罔敢失墜。今幸是録所已行者如此，則其尚有所遺者，敢付之一筆删去哉！亦並行之可也。抑堅聞之，大易居行，先以學聚問辯；中庸篤行，先以學問思辯；程子以講明道義、論古今人物爲格物致知之首，則學非問辯不明審矣。朱子教人既有成書，又不能忘言者，爲答問發也。天地之所以高厚，一物之所以然，其在成書引而不發者，語録所不可無也。凡讀先生成書者，兼考乎語録可也。若但涉獵乎語録，而不玩味於成書，幾何而不爲入耳出口之資！爲己之學，蓋不然也。書於篇端，以諗同志，抑以自警焉！咸淳初元嘉平之月，後學天台吴堅敬識。

朱子語類後序

［宋］黄士毅

右語類總成七十家，除李侯貫之已刊外，增多三十八家。或病諸家所記互有重複，乃類分而考之。

蓋有一時之所同聞，退各抄録，見有等差，則領其意者斯有詳略。或能盡得於言，而首尾該貫；或不能盡得於言，而語脉間斷；或就其中粗得一二言而止。今惟存一家之最詳者，而它皆附於下。至於一條之内無一字之不同者，必抄録之際，嘗相參校，不則非其聞而得於傳録，則亦惟存一家，而注與某人同爾。既以類分，遂可繕寫，而略爲義例，以爲後先之次第。有太極然後有天地，有天地然後有人物，有人物然後有性命之名，而仁義禮智之理，則人物所以爲性命者也。所謂學者，求得夫此理而已。故以太極天地爲始，乃及於人物性命之原，與夫古學之定序。次之以羣經，所以明此理者也。次之以孔、孟、周、程、朱子，所以傳此理者也。乃繼之以斥異端，異端所以蔽此理，而斥之者，任道統之責也。然後自我朝及歷代君臣、法度、人物、議論，亦略具焉。此即理之行於天地設位之後，而著於治亂興衰者也。凡不可以類分者，則雜次之，而以作文終焉。蓋文以載道，理明意達，則辭自成文。後世理學不明，第以文辭爲學，固有竭終身之力，精思巧製，以務名家者。然其學既非，其理不明，則其文雖工，其意多悖。故特次之於後，深明夫文爲末而理爲本也。然始焉妄易分類之意，惟欲考其重複。及今而觀之，則夫理一而名殊，問同而答異者，淺深詳略，一目在前，互相發明，思已過半。至於羣經，則又足以起或問之所未及，校本義之所未定，補書說之所未成，而大學章句所謂「高入虚空」、「卑流功利」者，皆灼然知其所指，而不爲近似所陷溺矣，誠非小補者。故嘗謂孔孟之道至周程而復明，至朱子而大明。自今以後，雖斯道未能盛行於世，而誦遺書、私淑艾者，必不乏人，不至於千五百年之久絶而不續。反復斯編，抑自信云。

朱子語類跋

［宋］黄士毅

語類成編，積百四十卷。同志艱於傳録，而眉山史廉叔願鋟於木。士毅之類次，雖犯不韙，而不復固辭者，庶幾無傳録之艱也。獨池本陳埴一家，惟論仁一條，按遺文，乃答埴書，不當取爲類，故今不載。又輔廣所録，以先生改本校之，則去其所改而反存其所勾者，合三十餘條，今亦惟據改本。自首連數至「君子所貴乎道者三」而注云：「自此以前，皆先生親改。」亦傳聞之誤。當時雜改定者八十餘條耳。或有一條析爲三四條，如竇從周録所見先生語之類，今則復其舊。或士毅所傳本多於刊本，如黄義剛者，悉類入而不去。文異者，則姑注一二條云：「一本作某字。」以上皆與池本異者。蓋池本雖黄侯直卿之所次輯，然李侯貫之惟據所傳以授直卿，而直卿亦據所授以加讎校，且有增改於已讎校之後者不與焉。故近聞之直卿欲求元本刊改，而未能也。至於或出於追述，故得於傳聞，則文辭之間不無差誤。凡此之類，讀者詳考四書及他記録而折衷其所疑可也。惟學類七卷，雖出於臆見，而實本先生教人之方。後學於此三復而得夫入道之門，則能總會是編而體之於身矣。己卯九月望日，門人莆田黄士毅謹識。

眉州刊朱子語類序

［宋］魏了翁

開禧中，予始識輔漢卿於都城。漢卿從朱文公最久，盡得公平生語言文字，每過予，相與熟復誦味，輒移晷弗去。予既補外，漢卿悉舉以相畀。嘉定元年，予留成都，度周卿請刻本以幸後學。予曰：「予非敢靳也，所爲弗敢傳者，恐以誤後學耳。」周卿艴然曰：「奚至是！」予曰：「子知今之學者之病乎？凡千數百年不得其傳者，今諸儒先之講析既精，後學之粹類亦廣，而閩浙庸蜀之鋟刻者已徧於天下。若稍損貲用，則立可以充厨牣。凡苟有小惠纖能，涉其大指，則亦能以綴説緝文，或以語諸人，則亦若稍嘗從事焉者，奚必誦先聖書而後爲學乎？亦取諸此而足矣。且張宣公以程子之意類聚孔孟言仁，而文公猶恐長學者欲速好徑之心，滋入耳出口之弊。脱是書之行，其無乃非公所云云者乎？吾甚懼焉！」周卿由是姑徐之。後數年，竟從予乞本刊諸青衣，彼不過余所藏十之二三耳。然予且謂周卿曰：「子其以此意著於篇端，俾學者毋襲是弊也。」其後李貫之刊於江東，則已十之六七。今史廉叔所得黄子洪類本，則公之説至是幾無復遺餘矣。廉叔將板行，以予有志於斯也，屬叙所以作。予爲言嘗以告周卿者。廉叔曰：「然則已諸？」曰：「已之無傷。雖然，安於小成，甘於自棄者，氣質之偏，而無以矯之也。而秉彝好德之心，誰獨無之！予前所憂，蓋爲世之專事乎耳目口筆，苟以譁衆取寵而無志乎遠且大者也。儻不忍自薄其身，則無寧深體熟玩以爲求端用力之模準者乎！今未可概以是爲疑而闕其傳，盍遂以此冠篇而並刻之，將聽學者之自擇焉。」子洪名士毅，姑蘇人，嘗類文公集百五十卷，今藏之策府；又類注儀禮，未成書云。嘉定十三年九月丁亥朔，臨卬魏了翁序。

徽州刊朱子語類後序

［宋］吕午

孔孟之書，至濂洛講説而明；濂洛之書，得朱子講説而粹；朱子之書，恭遇皇上表章而益尊顯於天下。夫道固未易以言語求，捨言語亦無以求道。特儒先之言，散在方策，浩若煙海，學者不能盡得之，此類書所以不可無也。自周子太極通書得所傳授，二程子及高第弟子難疑答問，散見不一。朱子出，而應記備録，提要鈎玄，始融會而一之。既仿孔門會集夫子所言以爲論語之意，集爲程氏遺書。復仿程子取聖賢言仁處類聚以觀之意，而以程子發明語孟者蒐輯條流，附於本章之次，而益以十家之説，爲語孟集義。又纂爲近思録十有四篇，雖不明標篇目，而門分類聚，自可推見，使開卷者知其一又知其二，得於此又得於彼，所以惠後學甚渥。此意流傳，卓爲軌範。故因朱子與門人問答，各記所聞，李道傳貫之嘗合爲語録，而池本出焉。彼其會稡三十三家鋟之梓，雖未免重複，惟在學者參考而自得之，亦既得朱子編遺書之意矣。至嘉定庚辰、辛巳間，建安楊與立始約爲語略，行於東南。而眉丹稜史公説廉叔，時亦得莆田黄士毅子洪語類增於池本三十八家者，刊之於蜀，最爲詳備，而蜀本出焉。是又得朱子語孟集義與近思録之意矣。洪平齋獨先得是書，東南之士多未之見也。邇年蜀經兵火，廉叔之弟敏叔，崎嶇萬里，護是書之板至江陵，今置於鄂，東南諸郡，亦未有第二本也。僅有所謂格言、精語繼語略而出，皆非朱子語録全書也。吾郡貳車洪勳，實平齋嗣子，以朝命領袖紫陽書堂，繡使蔡杭首爲滄廩助，泉使程元鳳繼之。貳車謂增田以豐衿佩之養，不若刊書淑衿佩之心，既設朱子之學，又不可無朱子之書也。書之要切莫若語類，吾得之過庭遺訓，未嘗不惓惓於斯。乃以舊所得蜀本屬諸職事校正字之訛脱，而刊之書堂。然其費甚夥，山長張文虎，又撙節裒集以相繼；而大捐錢米，鳩工聚板以終成之者，太守謝堂也。板成，字畫明整，視蜀本爲勝。自是四方學者，可家有而人誦之。山長與諸職事合詞以序來請，午竊惟類分大概，黄子洪已於總目之末具言重複互相發明之義；而懼學者徒以是滋入耳出口之弊，而望其深體熟玩，以爲求端致力之標準者，魏鶴山又嘗丁寧告戒於蜀本之篇端矣。顧小學淺聞，奚敢復贅？抑聞之尹氏得朱氏所抄伊川先生語，質之先生，先生曰：「若不得某之心，所記者徒彼意耳。」朱子釋之曰：「學者未知心傳之要，而滯於言語之間，則失之毫釐，其謬將有不可勝言者。」於是有主敬立本、窮理致知之説，以爲是可得先生之心，而判疑信之傳。則今之讀朱子語類者，欲得於言傳，當得其心傳可也。其或不然，雖以近思録之十四篇，類聚剖析非不明也，而見其前説與後説不同，此説與彼説有異，或者未免猶有疑焉。朱子謂不知其中自有路陌推尋得通，只是一理。又援伊川所云「窮理得多，理自通徹」。其示人以讀近思録之要旨尤爲切至。然則讀語類者，亦當博學審問、慎思明辨以盡窮理功夫，而終之以篤行，則於朱子之心庶乎有得，而於朱子之語庶乎無差矣。雖然，子洪既類朱子之語，而廉叔又類南軒張子之語，何也？蓋得濂洛之學者，惟朱、張二子，道同志合，相與往返議論，切磋琢磨，卒歸於一。四德之説，可以合觀而類推矣。此千萬世學者之規矩準繩也。捨是而他求，夫豈無可觀者，而枝詞蔓語，易失本真，得無程子所謂「彼意」，朱子所謂「其謬有不可勝言」乎？學者其謹諸！淳祐辛亥良月望日後學新安吕午謹序。

徽州刊朱子語類後序

［宋］蔡杭

論語一書，乃聖門高第所集，以記夫子之嘉言善行，垂訓後世。朱子語類之編，其亦倣是意而爲之者也。或曰：「語必以類相從，豈論語意歟？」曰：「學而一篇所記多務本之意，里仁七章所記皆爲仁之方；若八佾之論禮樂，鄉黨之記言行，公冶長辨人物之賢否，微子載聖賢之出處，亦何嘗不以類哉！天下之理，同歸而殊塗，一致而百慮，非有以會而通之，則祇見其異耳。大傳曰：『觸類而長之，天下之能事畢矣。』而伊川之誨學者，亦必曰：『將聖賢言仁處類聚觀之。』然則語類之集，其有功於學者多矣！」新安舊有紫陽書堂，而紫陽之書未備也。通守洪君勳、教授張君文虎相與謀以蜀本語類刊之，越二歲而書成。郡侯謝工部堂屬余爲跋其梗概，予不得辭也。因僭爲之説曰，理有可以類通，而非可以類止；是其然，必有所以然。學者因其類以究極朱子之全書，使此理融會通貫，不梏於一事一物而止，則無愧於吾夫子觸類而長之訓也。若夫憚煩勞，安簡佚，以爲取足於此，則朱子固嘗以是爲學者病矣，烏乎可？抑二君推廣私淑之意，亦賢矣哉！淳祐壬子六月望日。

徽州刊朱子語續類後序

［宋］王佖

文公朱先生語類一百三十八卷，壺山黄子洪取門人所録語以類相從也。先是，池本、饒本，人各爲録，間見錯出，讀者病焉。子洪既以類流傳，便於玩索，而微言精語猶有所遺。佖每加訪求，得所未見。自是朋友知舊知其有心於纂輯，亦頗互出所有以見示，凡三十有餘家。既裒以爲婺録，而繼之者尚未艾也。佖幽居無事，蓋嘗潛心而觀之，審訂其複重，參繹其端緒，用子洪已定門目，粹爲續類，凡四十卷。

或謂前類不爲少矣，又以續類附益之，不已多乎？竊謂學固戒於徒博，然亦不可以不博而徑約也。又況文公先生之道高明廣大、致極無遺，學者正當盡博約之方，而後精微中庸之趣始可漸而求。佖每觀諸家所録，以其問有淺深，故於教告亦有不同，其視文公先生之精藴，不能得其全者尚多有之。必也篤信好學，反復尋繹，能知所盡心焉，雖以前、續之繁，固將無所厭斁。不然，則雖先生平日已著爲定論之書，尚有所憚而不肯觀，而況於此乎哉！然則先生片言半語，苟有所傳，固不容有所忽而不究其所歸也。新安魏史君，蓋鶴山先生之嗣也，近以紫陽所刊語類爲寄，因以續類爲請，而慨然欲並刊之，以全書院之傳布，其樂於闡明文公先生之遺訓蓋如此。遂舉以屬之，且竊識於後，庶幾乎與願學之士從事於詳説反約之功云爾。淳祐壬子上冬。

朱子語類大全序

［明］彭　時

自帝王道化不行於天下，而後孔孟道學之傳興。孟氏既没，其傳遂泯。歴秦漢隋唐至於有宋，周程張朱諸君子繼出，而後道學復明焉。然究其推演性命道德之精微，剖析天人事物之藴奥，而折衷羣聖賢之述作，俾學者有所據依，以爲學則，功未有盛於朱文公先生者也。文公傳注成言，至精至粹，固已家傳人誦之矣。而一時門人進而請益、退而各記所聞者，其語尤詳，其詳辨博喻尤爲易曉。如此者殆百餘家，蜀士李道傳始取而刻之爲語録，莆田黄士毅又因而類分之曰語類。語録之外有續録、後録、别録，語類之外有續類。諸書並行錯出，讀者病焉。最後導江黎靖德參校諸書，去其重複謬誤，因士毅門目，以類附焉，而名曰語類大全，凡一百四十卷。於是文公遺語備諸此矣。惜乎板本今不復傳，間有傳録者，又不免乎亥豕之訛也。三山陳君煒，自天順庚辰第進士爲御史，屢欲訪求善本而不得。成化庚寅，副憲江右，始訪於豫章胡祭酒頤庵先生家，得印本，中缺二十餘卷。明年，分巡湖東，又訪於崇仁吳聘君康齋家，得全本而缺者尚一二，合而校補，遂成全書。欲重刻以廣其傳，謀於憲使嚴郡余公。公喜，倡諸同寅各捐俸餘，並勸部民之好義者出貲，以相其成。自今春始工，期以秋畢。因寓書語予以其故，並徵序焉。豈愚謂文公遺語，無非譚經論事明理之言也，學者不循其言以求至乎聖賢之域，則理有不明，心無實得，豈善學哉？惟其不善學也，是以性汩於氣，私勝而理微，注措云爲，鮮有不戾道者。士習日以卑陋，民風日以頽弊，而治道不能復古，有由然也。竊嘗病此而力未能救，恒用愧歎而已。公暇覽閱秘書，喜誦語類以自益，因慨見此不早，且以不能人有是書爲恨。何則？聖賢格言大訓，世非不多，而此尤明切易曉，可爲入道之指南故也。陳君有見乎此，乃力求是書，刻而傳之，以惠學者，以端其習，以爲聖朝道化之助，其用心豈淺淺者哉！而是書之傳，今自江右始，抑非吾黨之士之幸歟！幸矣而不自勉不可。有志者誠以文公成言爲主，而以語類爲助，博觀精擇，以求入道，則塗轍正矣。慎毋憚其浩博而止，亦毋徒資其博而不實踐以要其成也。因書篇首，願與四方之士共勉焉。成化九年癸巳秋九月朔旦，賜進士及第、資德大夫、正治上卿、太子少保、吏部尚書、兼文淵閣大學士知制誥、同知經筵事、國史總裁後學安成彭時謹序。

刻朱子語類後序

〔明〕張元禎

伊川先生語質諸伊川，伊川曰：「某在，何必觀此！不得某之心，則所記者徒彼意耳。」夫伊川在，誠不必觀其言。伊川没，未有不因其言而得其心者，但在學者有以精擇而審取之耳。朱子教學者以讀程氏遺書，曰：「主敬以立其本，窮理以進其知。使本立而知益明，知精而本益固。則日用之間，將有以得乎先生之心。」愚於此編亦云然。此編江西憲副三山陳公文耀翻刻，以幸學者。公至存斯道，不欲一己獨得，而有望於天下，其用心仁矣。讀者盍相與戒乎愚之所慮，而以朱子之言勉之！成化癸巳十月甲子，賜進士出身、翰林院編脩南昌張元禎謹序

刻朱子語類後序

〔明〕陳煒

晦庵朱先生既没，諸從遊者追録其往還問答之語各自爲書，如池録、饒録、建録、蜀類、徽類，先後錯出。若是編者，乃導江黎靖德合三録二類，而名爲大全。其删定複訛，門分類列，用心亦勤矣。惜歲久板敝，學者多不及見。天順庚辰，煒舉進士，於同年讀書中祕者得寫本，手録未半而輟。繼因提學近畿，始得全録。魚陰之病，謾不可讀。成化辛卯，來佐憲江右，偶於豫章胡頤庵家訪得印本，缺卷二十餘，無

可補者。越二年，巡湖東，復得全本於吴康齋家。雖有殘缺，補以胡家本，斯無遺矣。竊惟皇朝承平日久，文字日繁，不根理、不載道，無益之言傳布滿天下，蠱惑人心目。若是書者，雖出朱氏門人追述之語，未必盡得師傳本旨，使人人得而讀之，安知無能精擇而審取者出爲之重加證定焉，則是書之嘉惠來學不小也！遂用胡家本重壽于木，其中遺訛悉仍其舊，即黎公所謂無别本可證定故爾。板工既畢，僭識末簡以俟。成化九年癸巳十一月望，賜進士、江西按察副使三山陳煒謹書。

重鋟朱子語類叙

［明］葉向高

或曰：朱子之學，其行于世也孰爲之？余曰：天爲之。何以明其天也？當夏商周之世，羣聖繼起，而孔子集其成；未幾有秦氏坑焚之厄也，於是漢祖興，折節崇祀于干戈擾攘之秋，使天下聞風而靡，而孔子之道尊。當漢唐宋之世，羣儒繼起，而朱子集其成；未幾有元人腥穢之厄也，於是高皇帝興，縣布考亭之傳註於學宫，使天下翿然一遵其説毋敢出入，而朱子之道尊。孔子大聖，朱子大賢，其道必尊且信于天下後世，固萬萬無疑者。然非有漢高帝與明高帝開天立極之聖人爲之發明表章，亦安能當坑焚腥穢之後，焕然揭日月而行天？故夫孔子、朱子之道，其尊且信於天下後世者，孰爲之？天爲之也！自孔子之道尊，而萬世之人得不淪於禽獸；自朱子之道尊，而孔學益明。萬世之人，願學孔子者，如登天然，若爲之梯；如泛海然，若爲之航。故有孔子，必不可無朱子也。近世之爲新學者，好齮齕朱子，其始直朱子耳，浸淫不已，且及孔子。蓋至今日，士大夫脩瞿曇淨土之業，其卑眥洙泗家言，以爲不足當靈山之下乘者，喙爭鳴也，孔子之道於是大厄。其原皆始于輕詆朱子，以至于此。夫朱子之學，吾不知其何如也，然而知其必爲孔子也；近世所崇尚之學，吾不知其何如也，然而知其未必爲孔子也。孔子之言多矣，挈其大旨，不過曰「博文約禮」。經禮三百，曲禮三千，如此其繁也。而孔子以爲約，何也？爲其有途而可遵也，有規矩準繩而可守也。夫可遵可守者，孔子之所謂約也。而今之人，爲簡易，爲直截，言之甚可聽也，而其實無可遵、無可守。夫無可遵，則其途愈岐；無可守，則必蕩然于規矩準繩之外。然則今之所謂簡易與直截者，皆惡吾道之拘而逃焉以自便者也。其與孔子約禮之教，已判然蒼素之不相入矣。又何怪其操入室之戈以自標於門墻之外哉！朱子之言曰：「近世學者，求道太迫，立論太高，往往嗜簡易而憚精詳，樂渾全而畏剖析，以此不見天理之本然，各墮一偏之私見。」嗚呼，此朱子之學所以不謬於孔子也！世之人，惟其不欲爲孔子也，是以輕詆朱子，其弊至于悖天侮聖而畔高皇帝之功令也，亦大惑已。侍御高安朱公，每與余言，輒慨然發憤，思欲廣朱子之遺言以行於世。會行海上，而錫山高君雲從出其所藏朱子語類一百四十卷，相與讀之而喜。以屬朱之裔孫諸生崇沐者校而梓焉。侍御復命余序。余非能明朱子之學者，顧嘗慕夫不爲朱子者之高，求其所謂簡易直截，而卒不可得也。反而繹朱子之言，則其説若煩，而爲途實甚夷，其教若拘，而其爲規矩準繩實一定而不可易。以質于孔子「博文約禮」之指，真有合者。竊以爲，今之人能爲孔子亦可矣，不必更陵孔子而出其上。夫欲陵孔子而出其上也，則必别有謬巧，無所用朱子矣。如其惟欲爲孔子也，而舍朱子，其將孰遵而孰守哉？今士大夫既以朱學起家，而弁髦其言，無所顧惜。乃侍御與高君獨篤好若是，此其人皆卓然欲爲孔子者。有其倡之，世必有和者。其使孔子、朱子之道復尊且信於天下後世，未必不由此矣。此亦天之所開，非人力也。余故喜而書此，以俟後之君子，因以復於侍御。侍御之先，故與紫陽共本，其躬脩實踐，大有家法。茲刻也，捐助爲多，乃崇沐能拄産成之，亦可謂無愧於先世者。故並及之。時萬曆三十一年癸卯長至日，賜進士出身、通議大夫、南京吏部右侍郎後學閩福清葉向高謹序。

重刻朱子語類大全序

［明］朱吾弼

紫陽先生語類一百四十卷，余得之同年高雲從氏。而婺源諸生崇沐者，先生裔孫也，請於余刻焉。刻成，少宰福唐葉公爲序其端，而余不佞，亦繼爲之説。曰：甚矣！先生之學，至今日而大厄，而先生之功，亦至今日而益明且信也。蓋自仲尼没，而群言亂學者之岐轍多矣，至先生而復定於一。由濂洛以達孔氏，其途可遵，其方不易。上者以徹道德性命之源，而中才守之，亦不離於尺寸繩墨。數百年間，經正民興，邪慝不作，先生摧陷廓清之功，不可誣也。世久蠹生，自新學一唱，而黠者和合禪悦以佐其焰，士皆化爲夷狄。其視先生成言，如所云「居敬窮理」、「下學上達」者，且以爲弁髦，且以爲土梗。上煩詔旨，不能諭下勸功，令不克禁也。故曰至今日而大厄。然彼之爲是説者，業已陰叛吾道而不能不陽竊之。以爲用語玅圓，則托大易之寂感；談止觀則依大學之静慮。與凡虞廷「道心」之旨、中庸「未發」之論，靡所不曲假而肆其説，變幻莫詰，湊泊無形，微直淄澠涇渭之淆而已。而獨於先生寧甘棄同即異，終不容援而入之於彼，與推而附之於此。蓋先生躬承百世之弊，而已逆知其有今日。故其爲學，藩籬固而操戈者不容入；其爲説，界限明而矯僞者無所藏。將使後之人得有所依據以求孔氏之真，而非百巧千幻之所能亂者，終必賴焉。故曰：先生之功，至今日而益明且信也。先生生平著述，具有成書。若語類，則出於一時之論議，而成於門人記録者之手，其間不能無小出入。要以互證旁通，愈詳而益暢，且因歲月之先後，考立言之同異，其有裨成書尤多，是在讀者精索明辨之而已。嗟乎，世有弱喪其鄉者，不幸而入於淫坊酒肆，沉湎流浪，自以爲至快矣，一日如夢而覺，而有指其父兄家業之所在者，有不痛泣匍匐而歸者耶？斯人也，其視父兄也必加親，其視桑梓也必加敬。夫至情無終泯，至理無常晦。孔氏之道、先生之學，亦儒者父兄家業之所在也，其痛泣匍匐而歸之也必有日矣。姑序以訂之。時萬曆三十一年癸卯至後三日，賜進士第、文林郎、南京浙江道監察御史宗後學筠陽朱吾弼謹序。

補刊朱子語類大全序

［明］朱吾弼

成化癸巳歲，江西藩司重刊朱子語類大全，凡百四十卷，傳之四方，學者賴焉。或者艱於應索，乃深秘之，久而蕪没，雖來旬者亦弗之知矣。予按是邦，求之以資淺薄，僉以無言。左轄孫君用吉，説道者也，驅吏遍索，於故櫝中獲之，蝕而逸者居半。遂謀諸同寅，相爲脩補，白於予曰：「江西爲朱子仕學之地，語類復傳，其神一蘇矣，宜有言□。」予曰：「簡首載安成彭文憲公序，善矣，兹不必爲也。」君以重木爲辭，請再四。予聞語類初刻時，康齋先生云：「江西欲刻語類，以揚絶學、惠後來，喜不自勝，恨不即覩盛事之成。」然則今日之補刊，必有聞之而喜如康齋者矣。矧引端自予也，歲月之紀，奚容於嘿。蓋朱子明道之功，當與霄壤同敝。傳註成書，其手澤之存也；語類大全，其口澤之存也。學者由口澤以究夫手澤之微，以達夫心學之妙，則道斯明矣。語類可無乎！夫以朱子之徒朝聞夕記，裒爲語録，導江黎子因三録二類，集爲大全，三山陳子訂訛補缺，鋟梓以傳，則是書之成，信爲不易。讀之者知君子用心之勤，必加重而深味焉可也，否則未免匵珠之誚。竊惟朱子語録，猶孔門之論語，未可擬議。彼倡爲詆訾之説者，祇以蠹吾道耳，亦名曰「録」，欲學者傳之，謬哉！讀語類者勿爲它語惑焉，是亦朱子徒矣。

宗後學監察御史高安朱吾弼重編

邑後學禮部郎中汪國楠

邑後學禮部主事江起鵬

宗後學婺源教諭新淦朱家栐同校

宗後學中書舍人休寧朱家用

歙後學中書舍人吴養春

歙後學光禄寺署丞吴勉學

十三世孫翰林院博士朱德洪同閲
宗後學庠生高安朱家紀
十三世孫庠生朱崇沐校梓

重鋟朱子語類大全序

［明］譚昌言

萬曆甲辰歲，婺邑重刻朱子語類成。兹刻也，侍御高安朱公以正學明道爲任，從錫山名家訪得江右善本，授朱裔諸生崇沐刻之，命學諭朱君家楙校焉。卯冬經始，辰之春遂成書矣。余令是邑，以辰歲元朔入境。竊意仕學之旨，而念婺固文獻里也，謁文公祠，私心瞻依，拱立廟庭下，敬進其衣冠之裔而問藏書。僉謂：「向無書，近始有書語類，且不日成，廼我宗侍御意也。」索閲數帙，較舊勒不啻琬琰。迨畢全書讀之，而疇昔之窺容光于纂録者，今其見日月乎？自宋儒易詞賦爲明經，而朱子之學著。我明高皇帝以傳註翼經書，而朱子之學益著。邇來學士大夫以異説矯傳註，而朱子之學更著而明。蓋非聖者出，願爲聖徒者並出。即今高安一倡，而福清、西京諸鉅公尊明而揚揭之。若邑中汪司空，學者目爲紫陽後身，正學明道，與高安侍御相表裏。其言載簡首，皦如也日月在中天，浮雲其何傷！彼辟此衷，不晦不朽，非獨朱學之幸，世道人心實攸賴焉。頃奉明詔，一切邪説僞書，盡行燒燬。部議憲約，行之有司。首嚴删註之禁，凡書籍與朱註相發明，有裨經傳者，方許刊行。余捧檄而喜曰：火，删朱者，以衛朱也；

録，明朱者，以翼朱也。况語自朱子，類自門人，直以朱裨朱者乎！兹刻成，可藉手以報功令矣。經正民興，邪慝不作。侍御所摽，良爲喫緊。往甲午，侍御以司李校浙，余兩受特知于江右師，而侍御賞余之宗朱也。公門六士，並儁南宫，宗朱心同，海内且合符焉。余今日之校朱承役，去甲午越十年耳，敢忘所自而不體侍御正學明道之意哉！幸朱子有後，崇沐克振家學，損産佐梓，而朱學諭苦心訂正，力相其成。續刊奏議諸書，而建藏書樓于邑治前善地，以守世寶。數仞高懸，中天顯揭，余輩羹墻見之，儼如瞻依廟庭間也。是邦學士大夫交勗此道，以先海内。語語篤信，中心藏之，四方亡誚櫝珠者。甲辰盛事，良足紀云。賜進士出身、婺源縣知縣浙嘉興後學譚昌言謹序。

重刻朱子語類大全叙

［明］汪應蛟

夫道之流行於天地也，豈不以人而任、以言而明哉！是故天無言，而聖人代言之；聖人有所未言，賢人代言之。然聖賢能以其言明道於天下，不能使天下之人常尊信其道而不流於邪詖。天必復生後聖後賢者，爲昭滌而羽翼之，然後前聖之道常尊且信於萬世而不變。昔周衰，王教陵夷，孔子以素王任道統，删定六經，爲萬世法，是謂代天而言，言之至也。孔子没，異學蜂起，思、孟二氏，不得不以言衛之。孟氏而後，不絶如綫。重以天竺厖鳴，道與世交喪。宋周、程繼作，復昌言以反之正，而吾紫陽朱子集其成。其爲學，以「居敬窮理」爲的；其爲言，自經書傳註以及門弟子問答。天人性命之奥，古今事變之賾，靡不精研洞貫，一歸於天，則俾後世學聖人者，有所持循而入。故夫孔子之道，得以常尊且信於天下者，朱子之力也。我明高皇帝御極，罷黜百家，令天下學術一尊孔氏，釁序明經，悉從朱子傳註。蓋治教之端醇，三代比隆已。乃近世學士大夫，厭故常而騖奇詭，憚拘檢而樂簡易，一倡百和，至標空寂爲上乘，無論詆背朱子，且並孔子而弁髦之。夫佛教之熾於中國，起於清談之徒爲之敷揚潤色，其後崇信彌深，亂亡彌促，效固可睹也。今世遭明盛，而襲齊梁晉宋之餘唾；身繫彝倫，而慕無父無君之異法。或稍見光景，則云平地證聖；或蕩踰繩墨，猶云不礙性體。藉令以其說試之天下國家，其不至綱淪法斁，胥斯人爲禽獸，能幾何哉！頃歲明詔屢下，令經生必遵朱註，毋參異說，士大夫有談虛寂者，聽歸山林。此天欲孔子之道復明於天下也。今天下惟無朱子耳，有如朱子者，精思力踐，實悟實脩，於以講明正學，振發一世之群蒙，吾見孔子之道，如日中天，寸雲尺翳，烏能爲世道患耶？侍御高安朱公得朱子舊刻語類百四十卷，以畀朱子裔孫諸生崇沐暨吾邑學博朱君家楙校而梓焉，少宰福清葉公既序之，侍御亦自有序矣。學博謂予生朱子之里，且深信其學，似不可無言。予嘗竊論老莊尚自然，而子思言戒慎；楊墨偏守仁義，而孟氏言時中；周子主靜，虛寂者猶或託口；而朱子專言主敬。此數大賢者，皆因邪說之横流而隨時立論，爲聖道羽翼。然言殊而指則一，總之不離虞廷一語，曰：「精一執中。」蓋天授之堯、舜，堯、舜授之孔子，萬古此人心，萬古此學脈，聖哲不能爲之益，異端不能爲之損。朱子雖往，而其言在則學在，朱子之學在，則孔子之道在也。侍御此舉，以承家則克紹先德，以衛道則聖人之徒。愧余謭陋無當，顧嘗感慨於正學之湮晦，欲出一言昭滌而不敢，今侍御與少宰鳴建鼓而先之，予敢不竭蹷以從！若學博方嚴，能樹師道；崇沐捐産成書，且建藏書閣世守之，皆無忝家學矣！時萬曆癸卯嘉平月望日，賜進士出身、嘉議大夫、工部右侍郎在告星源後學汪應蛟謹序。

重刻朱子語類全書叙

［明］汪國楠

蓋自紫陽傳註行，而千蹊萬徑，總歸一類矣。李道傳、黄士毅、王元敬諸氏，又有語類之纂，豈更有赤水玄珠勞索象罔乎？蓋道無畛域，學競門户。類與類溷，華夷燕越可易面也；類與類辨，毫釐繫縷若列眉也。蓋二氏與吾儒異類。儒者頓漸誠明又異類。即同類中，而論天、論人、論理、論事、論古、論今，又自爲類。藉棼而無緒，是燕之適而南其轅也。末學多歧，曷怪哉！故曰：方以類聚。又曰：觸類而推，聚則推，推則一以貫之矣。譬之水焉，浮而爲漚，鼓而爲浪，凝而爲冰，總水類耳；譬之木焉，盤而爲株，錯而爲節，斲而爲材，總木類耳。類也而逃於非類，非類也而托於類，始焉蔦蘿，卒焉陣壘，不啻糅於稗也、橘於枳也、碔砆於玉也。此之謂不知類，而本根於是乎撥。是編也，池本、饒本、蜀本、徽本畢矣。或一時答問與著述不同，紀載有詳略不同，見解有偏全不同，要以階梯可憑、蘧蘆可宿，如孔氏家語與六經並傳，所謂司南之車非耶？夫適異國者，見鄉人而喜；行空谷者，聞足音而喜。儻厭虚而就實，厭怪而就平，當不視爲駢拇也。余虹井里人，稔聞父老所傳。朱裔自閩還婺，則族侍御用晦公爲役，襲爵則族尚書東峰公爲役。余又從座師朱侍御後，與諸生崇沐重新剞劂，固禮官職也，亦氣類合也。時萬曆癸卯一陽月長至日，蘭臺大夫阪上汪國楠題。

朱子語類序

〔明〕王圖

道不可苟，學不可岐。彼亦意世必有藉口上達，造不深、學不篤，而以恍惚爲自得者矣；必有取捷于約而不得其方，私以其知見亂天下者矣。是故析義於毫釐，察幾於幽隱，究極於天人，綜心於物變，蹈迪於體驗。推而放之於天下國家，沛如也。其功似難而皆實，其説似常而愈有旨。今之操戈而尋焉者，吾推其意，大約有四端。非以其難而畏之，則嗛其實而避之；非厭常則騖高。夫知見之學，不可憑也而可匿，片言證聖，孰辯真似？今提而命之，曰躬行，曰敬義，曰存省。彼安所匿焉？故畏之也。夫九層之臺，實有其基；塔頂説鈴，等之風影。然虛者易欺，實則難掩矣。難掩則不樂趨，故避之。夫稷黍，生人者也，日見之，謂常食耳，然棄之則死。今之食紫陽之餘者久矣，彼且謂是不足自神，久則厭，厭則玩，玩則棄，是棄黍稷之類也。夫性命，即夫子罕言也。妄意而言之，即不必是，猶足駭衆。夫紫陽氏所謂「以道深造、下學上達」者也，然而不如禪悦之超脱可喜。夫以厭、以畏、以避之心忽見夫可喜之説，其不推高而徒入之乎？徒而入之，於彼必操戈而尋於此，其勢固然。吾請以一言斷之，彼雖易、雖新、雖可喜，然究之虛也；此雖難、雖常、雖無可喜，然究之實也。由彼者心無忌憚，儒爲霸，教爲夷；由此則心有所束而入，行有所約而正，功有所循，道有所極。以之爲己則治，以之爲天下國家則井而理。此孰是孰非，孰得孰失，必有能辯之者。況夫高皇帝之所崇，以一士習，詔旨之所惇切，童之所習，塾之所討，夙昔所北面焉者，而公然違悖。立私學、扞明詔，則無君也；抗顏自命，不顧傳習，則無師也。無君無師，反謂超筏，恬不知畏，使孟子見此，當何如發慨，而有世道之任者，寧能默默已哉？噫，今之世，有能歸命紫陽者，即亦聖人之徒而已。侍御高安朱公嘗與予嘆息此事，慨然有正人心、明聖學之志，因行部，得語類，欲廣其傳。而紫陽裔孫諸生崇沭者實任之，曰：「此吾家學，非子孫誰爲倡者！」噫，吾猶記童子時，里先生談説性理語録諸書，後乃有註不盡讀者，今乃益甚。蓋士習之變如此，孰有留意全書，縷析而臚列之，以爲道筏？偉哉，侍御之功！即若崇沭者，亦可謂無隕家聲者矣。萬曆甲辰上元日，賜進士第，奉議大夫，右春坊掌坊事、右庶子兼翰林院侍讀、東宫講官、前右中允、掌南京翰林院事後學西京王圖謹序。

朱子語類序

［明］楊宏科

朱子文公重於天下，匪其語之謂，矧其語之類之謂，以語類重，文公託之也。夫天地馮依，將在道矣；天地之道之馮依，將在人矣。道以人重，人以道重；人與道合并，而道統於人，始有統名。統如春蠶之絲，如綫而不絶；統如裔姓之譜，遇世而即承。要之，絲危於綫，而譜艱於世，其關鍵，聯絡爲最重焉。道之統，自宓羲以下，談者謂堯舜承天之統，而授之孔子；孔子承堯舜之統，而授之文公。其間世代遼濶，賢喆輩興，唯是性學淵源，儒術中正，絲牽繩聯，譜明派遠，此其犖犖大者。記曰：百世而一聖，若比肩也。豈虚也哉！以余觀于天地之道，彌漫布塞，浹洽旁皇，何嘗一日不明不行？其有不明不行，亦人爲之。易簡坦直之彝，厭以爲常；機智勇辯之術，翾以爲捷。矯稱紛起，各謂一道，沾沾自憙，高睨於天下，而天下爭相慕豔，至詆吾道出其下。嗟嗟，道於是裂，而天地亦塊然無用，不猶之乎敝哉！然則當斯道不明不行之日，得一人指吾道，號於天下：如是易簡，如是坦直，若揭日月，而道與天地從此不敝。唐虞之世，幾壞于弗詢無稽，震驚朕師，而堯舜執中精一之傳，爲吾道重。成周幾壞于道德亂賊，而孔子語仁語智、稱博稱約之教，爲吾道重。假令唐虞無讒説震驚，堯舜可共遊於狉狉蓁蓁之盛，而精一爲贅詞。孔子之時無道德亂賊，可相安于文武成康之舊，而仁智博約爲剩語。總之，託於空文，亦何以自見，可以輕重吾道？夫亦唯吾道幾晦，如絲將絶，如譜將斬，匪得聖喆直標宗旨以示天下，則無救於不明不行之道。故勲華事功不足多，禮樂删定不足盡。如所謂君臣相傳十六字、師弟問答二十篇，萬世遵信，奉爲吾道左券，是聖人不得不有託，而後世不得不因託之以重聖人。而道斯常明常行於天下，此其中維持吾道，均不操有微權哉！耀蟬者明其火，轉轂者利其轄，語所託耳。朱子文公起于宋季，應星奎之運，集關洛之成，於道無所不窺，而其學主格物窮理、主敬實踐，由堯舜至於孔子，統實歸焉。明興，太祖闢乾御宇，稽古崇儒，頒布經籍，疏傳獨宗朱。奕世以來，無不家習户誦，被服儒術，造次必於朱者，暨今文日盛，道日衰，學士大夫闊侈鉅衍，競於使人不能加己，往往齮齕朱，觀諸要難。嗚呼！唐虞之有弗詢無稽，而洙泗與道德相持，不復起于今天下哉！柄世道者有深悲矣。同臺高安朱公與其宗諸生崇沐、學博家楙，皆朱裔。朱公脩行好古，實學求是，祖述憲章，得文公與當時徒衆講解語類若干卷，大氏網羅已無遺。謀廣其行于世，而崇沐、家楙從臾之，剞劂竣事，已在今上之癸卯歲。而余於次年來南中視學，遊朱公，朱公出視是編，得寓目焉。余謂方受今上詔旨督責，遵誦文公傳註，諄諄執是，以風勵學者。吾道常明常行，不在兹乎！夫弦者高張急徽，則坐者不期而赴。曾欲章其教，可不申其説？覽者救世之微，權恒于斯。履者跡所出，下之循跡以求履，上之得履以忘跡。覺世之奥旨，亦恒于斯。覽者已過矣。篇之首諸名公皆有序，余烏得無序？會多病，浹月而始脱藁。人咸謂楊子與朱公同官同志，共憫道之不明不行，而重有味於是編也。雖然，無非託之也。文公之重，豈其語之謂也！楊子曰：信也。萬曆甲辰季秋，賜進士第、文林郎、江西道監察御史、奉勑提督南畿學校勾餘楊宏科撰。

重鋟朱子全書序

［明］曹楷

我國家統一，聖真所爲廣厲學官、以弘薪櫝者，壹稟於六經，此三代以還所未有也。故二百餘年於兹，家無異學，學無異門，道德一而風俗同。然而六經之説，惟考亭朱氏猶居其半。列聖表彰諸儒，以羽翼六經，亦惟考亭氏之説，更炳日星，蓋嚴且重矣。夫周東遷而孔子生，宋南渡而朱子起。先儒劉因有言：邵氏至大，周氏至精，程氏至正，而考亭則極其大、盡其精，而又貫之以正。陳蒙正亦言：孔子，天之孝子也；朱子，孔子之孝子也。世運升降，天必生大聖大賢，以繼往詔來。五帝三王之道，不得孔子則不明；孔子之道，非得朱子則不著。雖聖人復起，不易斯言矣。輓近士習佻蕩，敢於叛經，而朱子之説幾爲薄蝕。嗟嗟，諸人士之於朱子，蓋自角丱習之也，又其所階以進也。夫惟角丱習之也，既以狎焉而玩；其階之進也，又以有所嗜而汩。彼叛之也固宜。然未進而階之，既階而叛之，無論叛師，抑且叛聖，其可容於統一聖真之世乎？今侍御朱君有慨於中，乃採摭考亭遺書語録若干卷、奏議若干卷，都爲全集，梓於金陵，以嘉惠後學。梓成，屬余序。余謝不敏。夫今之叛考亭者，非以其卑卑無甚高論乎？夫不覩百官之富、宗廟之美，即吾孔子，亦曰數仞之墻耳，何問考亭！考亭之學，聖人全體大用之學也。本之身心，則爲德行，措之天下國家，則爲大業。其體有健、順、中、正之性，其用有治教農、禮、兵、刑之具，而其大根本，則窮理致知，反躬踐實，而一於主敬。今從事口耳，僅能於四書詩易數種帖括以取世資，宜其狎而玩、嗜而汩也。今全書梓行，學者誠人藏一編，則天地帝王、古今治亂、七略九流、稗官小説，無不畢具。至於正心誠意、紀綱修攘諸疏，非惟忠愛懇至，敷陳曲中，爲當時藥石，即施之今日，尤聖君賢相所宜講求者，豈第嘉惠後學已哉！語曰：「惟其有之，是以似之。」侍御君風采擅一時，貞度肅憲，江圯澄清，而尤精心名理，能以斯文爲己任，故於是書，獨惓惓而壽之梓。不佞蓋竊有感焉。考亭經世大業，屬權奸相繼用事，鬱鬱不得究其所用，而人且以僞學目之。幸我明興麗天，乃能以其遺書上繼孔孟之傳，懸之日月。今復得侍御君以行其説，六經之精藴，藉此以闡；孔孟之命脈，藉此以傳。其有功於考亭，不亦遠且大乎！不佞生而近聖人之居，是役也，不特爲考亭慶，且爲洙泗慶也。侍御君諱吾弼，豫章人，己丑進士。巡按直隸、監察御史清源後學曹楷撰。

重刻朱子語類序

[清] 賀瑞麟

子朱子平生所著述，如小學近思録四書章句集注詩易傳義諸書，固已昭垂前世，如日月經天，江河行地矣。文集語類卷帙浩繁，見者往往生畏，不能卒業。顧文集猶或寓目，且尚有傳布。至語録，當時三録二類，搜刻非一。厥後一百四十卷始編定於黎氏。而元明以來，重刻者絶少。無論購求匪易，世士率未之覩，或並不知有此書。幸而有意於學，亦多以門人記録不能無失而置之。薛文清，深得朱子之學者也，乃謂讀朱子語録，斷不若讀其手筆之書。而陳剩夫亦云，語類皆門人退録，豈盡得朱子之心？是皆以語類尚有差謬，恐學者不知抉擇，亦可謂慮之深矣！是意也，原序多詳言之。然以此而謂語類遂不可讀，則大不然。朱子當日不刻程子遺書乎？不更刻外書乎？夫朱子之學，固以程子爲宗。然竊意其得力所自，亦未必不在於遺書外書。如此，又何疑於語類？但朱子所謂「主敬立本」、「窮理致知」者，讀程書之法，即讀語類之法，是在學者立志何如耳。果於朱學深嗜而篤好之，既以小學近思録章句集注傳義諸書熟讀精思而體之於身，亦斷未有不求語類者。遍參互證，益見發揮，久之亦將默契乎精微嚴密之旨，而明辨乎深淺疑信之間，其於朱子之心，亦庶乎有以得之。蓋語類既無所不有，又多門人晚年所聞，或經朱子親手删定，其言義理工夫，尤爲透切明暢，意味無窮，較之文集間有少壯之作者尚不同。陸清獻所謂「傳注損益之妙，往往見於文集語類，手筆之書有得語類而益明者」，豈不信然乎哉！

熊愚齋直詆爲「駁雜汗漶之書」，則有激之論，亦見其或未嘗潛心遜志於斯也。是書國朝惟呂氏有刊本，然好者既少，故書肆罕見。近友朋間知好之矣，仍難其得。且不可以不廣傳也，乃屬門下劉昇之東初並文集刻於吾邑，而是書先成。其間譌字已改，與疑字而不敢遽改者，别爲正譌記疑兩卷，附刻於後，以俟後之君子。所改顯誤，更不記。司校諸子：朝邑楊鳳詔信甫、閿鄉韓止敬惺臣、華陰王守恭遜卿、李蔚坤匪莪、大荔扈森仲榮、興平馬鑒原養之、澄城連春魁梅軒、三原靳浩子直、曹如壎子伯。監刻：張怡繩宜堂、王守模小泉、劉懷璽爾玉、宜堂子濬、汝、深，皆三原人。例得並書。光緒庚辰十二月既望，清麓賀瑞麟謹序。

附録三

郡齋讀書志附志卷下語録類

［宋］趙希弁

晦庵先生語録四十三卷

右廖德明、輔廣、余大雅、陳文蔚、李閎祖、李方子、葉賀孫、潘時舉、董銖、竇從周、金去僞、李季札、萬人傑、楊道夫、徐寓、林恪、石洪慶、徐容、甘節、黄義剛、晏淵、龔蓋卿、廖謙、孫自修、潘履孫、湯泳、林夔孫、陳埴、錢木之、曾祖道、沈僩、郭友仁、李儒用三十三人記録晦庵先生之語也。李文惠公道傳持江東庾節，刻於池陽，黄榦書於目録之後。

晦庵先生語續録四十六卷

右黄榦、何鎬、程端蒙、周謨、潘柄、魏椿、吳必大、黄訔、楊若海、楊驤、陳淳、童伯羽、鄭可學、滕璘、王力行、游敬仲、黄升卿、周明作、蔡懇、楊與立、鄭南升、歐陽謙之、游倪、楊至、潘植、王過、董拱壽、林學蒙、林賜、李儒用、胡泳、吕燾、黄義剛、吳壽昌、楊長孺、吳琮等四十一家記録晦庵先生語也。内五家莫詳姓氏，後一卷則前録廖德明、潘時舉、董銖、萬人傑、徐寓、林恪所遺也。李性傳叙而刻之鄱陽。

朱子語略二十卷

右楊與立編次晦庵先生之語。蕭一致刻於道州。

師誨三卷附録一卷

右吳必大記録晦庵先生之語。朱鑑刻於興國。

直齋書録解題卷三語孟類

〔宋〕陳振孫

晦庵語類二十七卷

蜀人以晦庵語録類成編，處州教授東陽潘墀取其論語一類，增益其未備，刊於學宫。

直齋書録解題卷九儒家類

晦庵語録四十六卷

著作佐郎陵陽李道傳貫之裒晦翁門人廖德明子晦而下三十二家，刻之九江。

晦庵續録四十六卷

李太史之弟樞密性傳成之又得黄榦直卿而下四十一家，及前録所無者並刻之，合貫之前録，益見該備矣。

文獻通考經籍考卷三十七子儒家　［元］馬端臨

晦庵語録四十六卷

陳氏曰：著作佐郎陵陽李道傳貫之裒晦翁門人廖德明子晦而下三十二家，刻之九江。

晦庵續録四十六卷

陳氏曰：李太史之弟樞密性傳成之又得黄榦直卿而下四十一家，及前録所無者並刻之。

天禄琳琅書目卷六元版子部　［清］于敏中

朱子語類八函，九十六册。

宋黎靖德輯，一百四十卷。前載宋黄榦、李性傳、蔡杭、吴堅、黄士毅、魏了翁、王佖諸序並語録姓氏門目。目録後靖德識語二篇，考訂九條。

馬端臨文獻通考載李道傳輯晦庵語録四十六卷，其弟性傳又輯續録四十六卷。王圻續文獻通考載文公語類一百三十八卷，乃黄士毅所序次者。今按靖德識語稱李道傳刊語録於池，李性傳刊續録、蔡杭刊後録，皆於饒，是爲三録。黄士毅輯語類刊於蜀，王佖作續類又刊於徽，是爲二類。凡五書，靖德合而參校之，削其複者一千一百五十餘條云云。是靖德所見者博，而所採者精也。凌迪知萬姓統譜載靖德永嘉人，爲沙縣主簿，攝縣事。清謹，善理繁劇，博學能文，嘗修沙陽志。此書字畫不工，紙箆墨黯，乃元時坊刻之本。檇李項氏藏本。本朝黃虞稷亦經收藏。按虞稷字俞邰，晉江人。康熙間以諸生預修明史，食七品俸，一時以爲榮。

墨林項氏秘笈圖書　黃印虞稷　俞邰　朱文，俱每册。

闕補卷三十二六、二十一，卷三十五、二十七，卷八十一三十二，卷九十四十四、十五，卷一百十一，卷一百二十八十。

朱子語類四函，二十四册。

篇目同前，前有宋王柏序。

此與前部同出一板，槧印之時亦不相遠。而此書多王柏序，序作於宋咸淳乙丑，稱靖德編校成書，文公之遺語大備。是柏序專爲此書而作，前部無之，當屬闕佚。第柏序紙色與全部深淺迥殊，似非一時所印，或由取資於別本耳。

四庫全書總目卷九二子部儒家類二

朱子語類一百四十卷內府藏本。

宋咸淳庚午導江黎靖德編。初，朱子與門人問答之語，門人各録爲編。嘉定乙亥，李道傳輯廖德明等三十二人所記爲四十三卷，又續增張洽録一卷，刻於池州，曰池録。嘉熙戊戌，道傳之弟性傳，續蒐黄榦等四十二人所記爲四十六卷，刊於饒州，曰饒録。淳祐己酉，蔡杭又裒楊方等二十三人所記爲二十六卷，亦刊於饒州，曰饒後録。咸淳乙丑，吴堅採三録所餘者二十九家，又增入未刊四家爲二十卷，刊於建安，曰建録。其分類編輯者，則嘉定己卯黄士毅所編，凡百四十卷。史公説刊於眉州，曰蜀本。又淳祐壬子，王佖續編四十卷，刊於徽州，曰徽本。諸本既互有出入，其後又翻刻不一，譌舛滋多。靖德乃裒而編之，删除重複一千一百五十餘條，分爲二十六門，頗清整易觀。其中甚可疑者，如包楊録中論胡子知言以書爲溺心志之大穽之類，概爲刊削，亦深有功於朱子。靖德目録後記有曰：「朱子嘗言論語後十篇不及前，六言六蔽不似聖人法語。是孔門所記猶可疑，而況後之書乎。」觀其所言，則今他書間傳朱子之語而不見於語類者，蓋由靖德之删削。鄭任鑰不知此意，乃以四書大全所引不見今本語類者，指爲或問小注之證，其亦不考之甚矣。

鐵琴銅劍樓藏書目録卷十三子部儒家類

［清］瞿　鏞

朱子語類一百四十卷明刊本。

門人彙輯與朱子問答語，各録成編，咸淳間導江黎氏靖德合池録、饒録、饒後録、建録、建别録、蜀類、徽續類，考其同異，削其舛謁，分爲二十六門，序而刻置郡齋。此明人翻雕本，一遵宋刻之舊。

皕宋樓藏書志卷三十九子部儒家類

［清］陸心源

朱子語類一百四十卷宋刊元修本。

宋導江黎靖德類編。

黄榦池州刊本序嘉定乙亥。

李性傳饒州刊續録序嘉熙戊戌。

蔡杭饒州刊後録序淳祐己酉。

吳堅建安刊别録序咸淳初元。

黄士毅後序。

黄士毅跋。

魏了翁眉州刊本序嘉定十三年。

蔡杭徽州刊本序淳祐壬子。

王佖後録序淳祐壬子。

朱子遺語之行於世也，盛矣！蓋本其舊者有三，而從以類者二，靖德嘗受讀而病其難也。昔朱子嘗次程子之書矣，著記録者主名，而稍第其所聞歲月，且以「精擇審取」戒後之學者。李公道傳之刊池録也，蓋用此法。黄公榦既序之矣，後乃不滿意，蓋亦懼夫讀者之不得其方也。二公之心，其亦韓子所謂「堯舜之利民也大，而禹之慮民也深」者乎！是以黄公不自出其所録。其後李公性傳刊續録於饒，以備池録之所未，蔡公杭刊後録，又益富矣。然饒録最後三家，李公嘗附致其疑，而其四十二卷元題「文説」者，以靖德考之，疑包公楊所録。蓋公之子尚書恢，嘗刻公所輯文説一編，視此卷雖略，而饒後録所刊包公録中往往有此卷中語，是知此爲公所録亡疑。獨所載胡子知言一章，謂書爲溺心志之大穽者，最爲疑忌後學，使不知者謂爲先生語，是當削去亡疑，而李公不能察也。語録之難讀如此，黄公之慮豈爲過哉？語之從類，黄子洪士毅始爲之，史廉叔公説刻之蜀，近歲徽州又刻之。王公佖爲續類，徽州又刻之。昔張宣公類洙泗言仁，祖程子意也，而朱子以滋學者入耳出口之弊疑之。魏公了翁援是爲學者慮，當矣。蔡公乃曰，論語諸篇，記亦以類，則議者亦莫能破也。然三録、二類，凡五書者，並行而錯出，不相統壹。蓋蜀類增多池録三十餘家，饒録增多蜀類八九家，而蜀類、續類又有池饒三録所無者。王公謂蜀類作於池饒各爲録之後者，蓋失之。而今池録中語尚多蜀類所未收，則不可曉已。豈池録嘗再增定邪？抑子洪猶有遺邪？子洪所定門目頗精詳，爲力厪矣。廉叔刻之，不復讎校，故文字甚差脱，或至不可讀。徽本附以饒録、續類，又增前類所未入，亦爲有功。惜其雜亂重複，讀者尤以爲病。而饒後録新增數家，王公或未之見，未及收也。靖德忘其晚陋，輒合五書而參校之，因子洪門目，以續類附焉，饒後録入焉。遺者收之，誤者正之，考其同異，而削其複者一千一百五十餘條，越數歲編成，可繕寫。顧文字浩博，猶不敢謂亡舛誤，覽者幸哀其劬而正之。其或一二字可疑，則元録之訛，無別本可訂定，固不得輒改也。諸公序語，列之篇端，合而考之。黄公謂「歷千載而如會一堂，合衆聞而悉歸一己」，所以志學者之幸。李公謂語録與諸書異者，當以歲月先後求之，亦確論也。獨論記者易差，而謂李端伯猶爾，則不然。蓋以「至大至剛以直」爲句者，乃伊川之説，端伯不誤也。讀書之難，豈獨語録！朱子嘗言論語後十篇不及前，「六言六蔽」不似聖人法語，是孔門所記猶可疑也，而況後之書乎！讀者誠能服膺乎「精擇審取」之訓，以爲讀語類之法，而又以「滋入耳出口之弊」云者爲讀語類之戒，則庶乎可與共學矣！景定癸亥秋八月戊申朔，後學導江黎靖德書。

李公性傳叙饒録，謂先生有別録，多譚炎、興大事，未敢傳而亡於火，猶幸存一二。頃嘗問諸其家，則所云存者亦不存矣，甚可惜也！因讀蔡公所刻包公録凡四卷，其一卷既與元題「文説」者相出入，而他三卷所言大抵多炎、興間事，疑即李公昔藏而今亡者。但略無互見於諸家之所録，則與其子樞密所跋文説謂「公所録多且詳，與世所傳大概無異，故藏而不出」云者不相似。樞密又謂公所録已亡於建安之火，不復存，而湯氏乃有藏本，是皆不能使人亡疑焉者。靖德來盱江，樞密甫下世，恨不及質之也。近歲吳公堅在建安，又刊別録二册，蓋收池饒三録所遺，而亦多已見他録者，並參校而附益之，粗爲定編。靖德適行郡事，因輒刻之郡齋，與學者共之。咸淳庚午正月辛亥，靖德再書。

案此宋咸淳刊本也，間有元修之葉，每葉二十八行，每行二十四字，版心有字數，每卷下有計若干板等字。黎靖德，永嘉人，淳祐間爲沙縣主簿，攝縣事。清謹，善理繁劇，博學能文辭，嘗修清源縣志。